OLEN
SOWJETUNION
Matiašovce
Matliary
Tatranska Lomnica
Czernowitz
UNGARN
RUMÄNIEN
Cluj-Klausenburg
Bistrita
Sighişoara
Szeged
Sibiú-Hermannstadt
Galatz
Chilia Veche
Brăila
Tulcea
Sulina
Braşov-Kronstadt
Subotica
Timisoara
(Temeschburg)
Histriá
Novi Sad
Vršać
Bela Crkva
Pančevo
Belgrad
Turnu Severin
Kladovo
Djerdap
Bukarest
Donau
Konstanza
Adamclisi
Giurgiu
Ruse
Vidin
Lom
Kozlodúj
Belogradčik
Nikopol
Schwarzes Meer
BULGARIEN
Sofia
Plovdiv

Claudio Magris

Donau

Biographie
eines Flusses

Aus dem Italienischen
von Heinz-Georg Held

Carl Hanser
Verlag

Die Originalausgabe erschien 1986
unter dem Titel *Danubio* bei Garzanti.

ISBN 3-446-14970-8

Satz: Fotosatz Amann, Leutkirch
Druck und Bindung:
Franz Spiegel Buch GmbH, Ulm
Printed in Germany

Inhaltsübersicht

Sie reiten fort, fort, bis zur Donau hin…
Die Flucht König Matthias' (Slowenisches Volkslied)

Für Marisa, Francesco und Paolo

Eine Frage der Traufe

1.

Ein Hinweisschild

»Hochverehrter lieber Freund!

Der Kulturdezernent von Venedig, Herr Maurizio Cecconi, hat uns auf der Grundlage des beigefügten Projektes den Vorschlag unterbreitet, eine Ausstellung über das Thema ›Architektur der Reise: Geschichte und Utopie der Gasthöfe‹ zu organisieren. Vorgesehener Ausstellungsort ist Venedig. Hinsichtlich der Finanzierung sollen verschiedene Institutionen und Organisationen angesprochen werden. Wenn Sie so freundlich wären, sich an einer Mitarbeit interessiert zu zeigen...«

Die herzliche Einladung, die vor einigen Tagen zugestellt wurde, wendet sich an keinen namentlich genannten Adressaten, nennt die Person oder die Personen nicht, die sie so überschwenglich anspricht; die gefühlvolle Anwandlung der öffentlichen Institution transzendiert das Vereinzelte und Individuelle und erfaßt in einer großen Umarmung das Allgemeine, die Menschheit oder doch wenigstens die weite und fließende Gemeinschaft der Gebildeten und Intellektuellen. Das beigefügte Projekt, das von Professoren aus Tübingen und Padua stammt, ist genauestens durchdacht und mit einer Bibliographie versehen; mit strenger Logik wird versucht, die Unvorhersehbarkeit des Reisens, das Gewirr, die Verzweigungen der Wege, die Zufälligkeit der Aufenthalte, die Ungewißheit des Abends, die Asymmetrie einer jeden Strecke in die unerbittliche Ordnung einer wissenschaftlichen Abhandlung zu überführen. Wenn es stimmt, daß das Leben eine Reise ist und daß wir, wie man zu sagen pflegt, als Gäste über die Erde wandeln, so ist die Skizze zu diesem Projekt der Probeabzug zu einer Lebensverordnung.

Gewiß, in einer Welt, die global verwaltet und durchorganisiert ist, scheinen Abenteuer und Geheimnisse des Reisens Vergangenheit zu sein; schon die Reisenden Baudelaires, die auf der Suche nach dem Außerordentlichen und bereit waren, auf diesen Abwegen Schiffbruch zu erleiden, fanden trotz aller unvorhergesehenen Katastrophen im Unbekannten doch wieder den gleichen Überdruß, den sie zurückgelassen hatten. Wie auch immer, sich fortbewegen ist

besser als gar nichts; man schaut aus dem Fenster des Zuges, der die Landschaft beschleunigt; das Gesicht spürt etwas von der Frische, die von den Bäumen auf die Allee herabweht, man mischt sich mit den Passanten, und irgend etwas vergeht, durchzieht den Körper, die Luft dringt in die Kleider, das Ich dehnt sich und zieht sich zusammen wie eine Medusenqualle, ein wenig Tinte quillt aus dem Fläschchen, ergießt sich in ein Tintenmeer. Doch diese sanfte Entfernung von Bindungen und Beziehungen, wobei die Uniform durch einen Schlafanzug ersetzt wird, erscheint eher als eine Pause zwischen den Schulstunden, weniger als Versprechen einer allgemeinen Auflösung, eines wahnwitzigen Fluges, der die Grenze überschreiten würde. Anmaßende Reisetendenzen, heißt es bei Benn, auch wenn man das unbarmherzige Azur unter der fragwürdigen Wirklichkeit aufbrechen sieht. Allzu viele gefällige und endgültige Prophezeiungen haben uns gelehrt, daß die Formel »Alles im Preis inbegriffen« der Reisetarife auch den aufkommenden Wind mit einschließt. Doch bleibt glücklicherweise das Abenteuer der Klassifizierungen und der Preistabellen, die methodologische Verführung. Der vom Kulturdezernenten engagierte Professor aus Tübingen, der sich dessen bewußt ist, daß die Prosa der Welt die Odyssee, die konkrete und einmalige Erfahrung des Individuums, bedroht, faßt wieder Mut und zitiert auf der dritten Seite Hegel, den großen Schüler aus dem theologischen Stift seiner Stadt, um mit ihm zu wiederholen, daß die Methode die Konstruktion der Erfahrung sei.

Diese kleine Holzbank gegenüber dem Rinnsal weckt Sympathien für das systematische Projekt, das sich wenige Tage vor der Abreise im Briefkasten fand – Sympathien für die kleine Kunst der Fuge, die sich unter den Bögen ihrer logisch angeordneten Passagen verbirgt. Das Holz riecht gut, seine virile Trockenheit ist die des Ritters vom einsamen Tal, die Breg – oder die Donau? – ist ein bronzenes Band, ein leuchtendes Braun, das dahinfließt, und dank einiger weißer Schneeflecken im Wald erscheint das Leben als frischer, luftiger Tag, der Himmel und Wind verspricht. Eine glückliche Verkettung von Umständen, eine wohlmeinende Lässigkeit, die vielleicht auch durch die herzliche Anrede »Hochverehrter lieber Freund« begünstigt worden ist, sind einladend genug, Vertrauen in die Welt zu setzen und ruhig jene Synthese zu übernehmen, welche von dem deutschen Kollegen für das venezianische Vorhaben formuliert worden ist – zwischen der Hegelschen Wissenschaft der Logik und den Kategorien der Hotels.

Es ist tröstlich, daß Reisen eine Architektur hat und daß es möglich ist, einige Steinchen dazu beizutragen, auch wenn es so scheint, als sei der Reisende weniger jemand, der Landschaften konstruiert – eine Tätigkeit, die im Sitzen ausgeführt wird –, sondern vielmehr jemand, der sie zerstört und auseinandernimmt, wie der Baron von R., von dem Hoffmann erzählt, daß er durch die Welt reiste, um Sammlungen von Panoramen anzulegen, und der, wenn es ihm notwendig erschien, um einen schönen Ausblick zu genießen oder zu schaffen, Bäume fällen, Äste entlauben, Hügel abtragen, ganze Wälder abholzen oder Gutshöfe abreißen ließ, sofern sie den Blick störten. Doch auch die Zerstörung ist eine Architektur, eine Dekonstruktion, die Regeln und Berechnungen folgt, eine Kunst des Zerlegens und Wiederzusammensetzens, die Kunst, eine andere Ordnung zu schaffen: wenn eine solche Wand aus dichtem Laub unvermittelt zusammenfiel und den Blick auf die Ruinen eines fernen Schlosses im Licht des Sonnenunterganges freigab, verweilte der Baron von R. für einige Minuten in der Betrachtung des Schauspiels, das er selbst in Szene gesetzt hatte, und verließ gleich darauf eilig den Ort, um niemals wieder dorthin zurückzukehren.

Jede Erfahrung ist das Ergebnis einer festgelegten Methode, die Klarheit des fernen Sonnenunterganges für den Baron von R. ebenso wie die Schneeluft, die diese Bank im Schwarzwald umgibt. Gerade in den Klassifikationen enthüllt das Leben seine verzehrende Oszillation, in den Listen und Protokollen, die es zu katalogisieren suchen und auf diese Weise den nie ganz aufklärbaren Rest Geheimnis und Zauber erst recht deutlich machen. Der Projektentwurf der beiden Gelehrten, dessen Gliederung demjenigen in Wittgensteins *Tractatus* gleicht (1.1, 1.2, 2.11, 2.12 etc.), läßt in den winzigen Sprüngen zwischen einer Zahl und der nächsten die unendliche Wechselhaftigkeit des Reisens erkennen: er unterscheidet Luxushotels, Mittelklasse, einfache, populäre Gasthöfe, Hafenherbergen, Ausflugslokale, Landgasthöfe, Fürstenherbergen, Hospize, Ratsherrenstuben, Zunftstuben, Zollhäuser, Poststationen, Fuhrmannshöfe. Allein die wissenschaftlichen Einleitungen und Tabellen wissen die metaphysische Komik alltäglicher Dinge und Ereignisse, deren Zusammenhänge und Konsequenzen, angemessen hervorzuheben: in dem Abschnitt E, der den »Szenen« gewidmet ist – es sind diejenigen gemeint, die sich in Gasthöfen abspielen können –, findet man unter anderem: »2.13

Erotik: Flirten, Prostitution. 2.14 Badesitten. 2.15 Schlafzimmer. 2.16 Das Wecken.«

Ich weiß nicht, welcher Kategorie jener Gasthof in Neu-Eck zugehören würde, mitten im Schwarzwald, wenige Kilometer von dieser Bank entfernt, in dem sich, 23 Jahre zuvor, vor einem Bierdekkel der Brauerei Fürstenberg – ein kreisförmiger Pappdeckel mit einer Art rotem Drachen auf goldenem Grund mit blauer Umrandung, die ihrerseits von einem rot-weißen Hintergrund umfaßt wurde –, der zwischen unseren Händen hin- und herrollte, mein Leben entschieden hat. Abreise und Wiederkehr, *le voyage pour connaître ma géographie*, wie jener Verrückte aus Paris sagte. Das Schild, wenige Meter von der Bank entfernt, weist auf die – oder eine? – Donauquelle hin und hebt sogar hervor, daß es sich um die Hauptquelle handele. Der melodische Strom, so nannte ihn Hölderlin an seinen beiden Quellen; profunde und verborgene Sprache der Götter, Straße, die Europa mit Asien verband, Deutschland mit Griechenland, auf der in mythischen Zeiten die Poesie und das Wort gereist waren, um den Sinn des Seins in das deutsche Abendland zu bringen. An den Ufern des Flusses gab es für Hölderlin noch Götter: verborgen, unverstanden von den Menschen in der Dunkelheit ihres Exils, in der Zerrissenheit der Moderne, und doch lebendig und gegenwärtig. Ungestört von der Prosa der Realität und gleichwohl dazu bestimmt, in einer utopischen Zukunft aufzuwachen, ruhte im Schlaf Deutschlands die Poesie des Herzens, die Befreiung, die Versöhnung.

Der Fluß führt viele Namen. Bei mehreren Völkern bezeichnen Donau und Ister jeweils den Ober- beziehungsweise den Unterlauf, bisweilen aber auch den ganzen Strom. Plinius, Strabon und Ptolemäus stellten sich die Frage, wo der eine aufhöre und der andere beginne, ob vielleicht in Illyrien oder am Eisernen Tor. Der »zweinamige« Fluß – »bisnominis«, wie ihn Ovid nannte – führt die deutsche Kultur und Zivilisation mit ihrem Traum einer geistigen Odyssee, die nach Hause zurückführt, zum Orient, wo er sie mit anderen Kulturen und Zivilisationen zu den zahlreichen Metamorphosen und Mischgeburten verbindet, in denen ihre Geschichte ihre Erfüllung und ihren Untergang gefunden hat. Der Germanist, der mit Unterbrechungen – wann und wo auch immer er kann – dem Verlauf dieses Stromes reisend folgt, der seine Welt zusammenhält, schleppt ein umfängliches Reisegepäck an Zitaten und schrulligen

Vorstellungen mit sich; wenn sich der Dichter dem trunkenen Schiff anvertraut, so versucht seine Aushilfskraft dem Rate Jean Pauls zu folgen, wonach man auf seinem Wege Bilder, alte Vorworte, Theaterzettel, Gespräche auf der Poststation, Gedichte und Auseinandersetzungen, Grabinschriften, metaphysische Fragmente, Zeitungsausschnitte, Anschläge in Gasthäusern und Pfarrämtern sammeln und aufschreiben solle. *Souvenirs, impressions, pensées et paysages pendant un voyage en Orient* lautet der Titel von Lamartine. Aber wessen Eindrücke und Gedanken? Wenn man allein reist, wie es allzu häufig vorkommt, muß man auf eigene Kosten leben; doch manchmal zeigt sich das Leben von seiner freundlichen Seite und erlaubt es einem – wenn auch nur von Zeit zu Zeit und dann für kurze Dauer –, mit jenen vier oder fünf Freunden herumzureisen und die Welt zu besichtigen, die am Jüngsten Tag für uns Zeugnis ablegen und in unserem Namen sprechen werden.

Wenn man zwischen der einen Reise und der nächsten nach Hause zurückgekehrt ist, versucht man, die mit Aufzeichnungen überfüllten Karteikarten auf der planen Fläche des Papiers zu befestigen und die vollen Briefumschläge, Hefte, Prospekte und Kataloge auf Schreibmaschinenblätter zu übertragen. Literatur als Umzug: wie bei jedem Umzug geht etwas verloren und etwas anderes, das verlegt und vergessen worden war, findet sich wieder. Zwar gehen wir fast wie die Waisen, heißt es in dem Gedicht *Am Quell der Donau* von Hölderlin – der Fluß fließt und glitzert in der Sonne wie das verfließende Leben –, doch der Sinn, der zurückstrahlt, ist eine optische Täuschung wie die inexistenten Lichtreflexe auf einer Mauer, die das geblendete Auge wahrnimmt, Neonglanz des Verschwindens, Verführung des Scheins, illustrierte Titelseite.

Der Reflex des Nichts beleuchtet die Dinge, die leeren Konservendosen am Strand, die Rücklichter der Autos, so wie der Sonnenuntergang die Fenster rötet. Der Fluß habe keine Allheit, und Reisen sei unsittlich, behauptet der reisende Weininger. Doch ist der Fluß ein alter Tao-Meister, der das Ufer entlang seine Unterweisung über das große Lebensrad und die Zwischenräume in seinen Speichen erteilt. Auf jeder Reise gibt es wenigstens ein Bruchstück des Südens, Stunden der Entspannung, des Vergehens, des Fließens der Wellen. Unbekümmert um die Waisen an ihrem Ufer fließt die Donau ins Meer, der großen Überzeugung zu.

2.

Donaueschingen gegen Furtwangen

»Hier entspringt der Hauptquellfluß der Donau«, behauptet jene Hinweistafel an der Bregquelle; doch ungeachtet dieser lapidaren Erklärung ist die jahrhundertelang diskutierte Frage nach dem Ursprung der Donau bisher ungeklärt und überdies verantwortlich für heftige Auseinandersetzungen zwischen den Städten Furtwangen und Donaueschingen. Zusätzlich kompliziert wird die Sachlage noch durch eine kühne Hypothese, die Amedeo, renommierter Sedimentologe und geheimer Historiograph von Mißverständnissen, kürzlich aufgestellt hat, wonach die Donau einem Wasserhahn entspringt. Statt die über zweitausend Jahre umfassende Literatur zu diesem Thema – von Hekataios von Milet, dem Vorgänger Herodots, bis zu den *Merian*-Heften an den Kiosken – zusammenzufassen, braucht nur daran erinnert zu werden, daß die Quellen der Donau vergangenen Zeitaltern ebenso rätselhaft erschienen wie die des Nils, in dessen Wasser sich die Donau übrigens auch in anderer Hinsicht widerspiegelt und mit dem sie vieles, wenn auch nicht *in re*, so doch *in verbis*, verbindet: über Jahrhunderte haben die Gelehrten Parallelen und Vergleiche zwischen den beiden Strömen gezogen.

Dem Ursprung der Donau gelten Untersuchungen, Vermutungen und Bemerkungen von Herodot, Strabon, Cäsar, Plinius, Ptolemäus, Pseudo-Skymnos, Pomponius Mela, Erasthotenes; man vermutet oder bestimmt die Quellen der Donau im Harz, bei den Hyperboreern, in den Pyrenäen, im Land der Kelten oder bei den Skythen, auf dem Berg Abnoba oder im Land Hesperien, während andere Hypothesen eine Gabelung des Flusses annehmen, einen Arm, der sich in die Adria ergießen würde, oder widersprüchliche Beschreibungen von Mündungen im Schwarzen Meer heranziehen. Gelangt man über die Geschichte oder den Mythos der Argonauten, wonach diese die Donau entlang bis zum Adriatischen Meer gefahren wären, zu prähistorischen Zeiten, so verschwimmen die Erkenntnisse und verlieren sich in gigantischen Vorstellungen, in der tosenden Senkung ungeheurer Massen, in eine Geographie von Titanen: die *Urdonau* im Berner Oberland, die der Stelle

entsprang, wo sich heute die Gipfel der Jungfrau und des Eigers befinden, die ursprüngliche Donau, in die sich die Wassermassen des Urrheins, des Urneckars und des Urmains ergossen, und die um die Mitte des Tertiärs, im Eozän, im Zeitraum von vor 20 bis 60 Millionen Jahren ungefähr dort, wo heute Wien liegt, in einem Golf der Tethys, der ozeanischen Urmutter aller Gewässer, in das Sarmatische Meer einmündete, welches das gesamte südöstliche Europa bedeckte.

Wenig empfänglich fürs Archaische und seine indogermanischen Wurzeln, setzt sich Amedeo über die Urdonau hinweg, um sich statt dessen in die derzeitige Diskussion einzuschalten, welche die beiden im Schwarzwald gelegenen, etwa 35 Kilometer voneinander entfernten Kleinstädte Furtwangen und Donaueschingen austragen. Offiziell entspringt die Donau, wie allgemein bekannt, in Donaueschingen, und die Einwohner der Stadt versichern nach dem Buchstaben des Gesetzes die Einmaligkeit und Authentizität der Quelle. Seit der Zeit des Kaisers Tiberius wird jenes Rinnsal, das aus einem Hügel hervorquillt, als die Donau gefeiert; und darüber hinaus vereinigen sich in Donaueschingen zwei kleine Flüsse, die Breg und die Brigach, die – so lautet die allgemeine Ansicht, die sich auf Reiseführer, Fremdenverkehrsbüros und Redensarten stützt – dort, wo sie zusammenfließen, den Beginn der Donau bilden. Das *Incipit* des Stromes, der Mitteleuropa erzeugt und zusammenfaßt, gehört als integrierender Bestandteil zur alten Fürstenresidenz: wie das Schloß der Fürstenberg, die Hofbibliothek mit der Handschrift des *Nibelungenlieds* und des *Parzivals*, wie das Bier, das ebenfalls nach dem ortsansässigen Adel benannt ist, und die Musikfestspiele, die Hindemiths Ruhm begründet haben.

»Hier entspringt die Donau«, steht auf dem Hinweisschild im Fürstenbergpark zu Donaueschingen. Doch es gibt noch ein anderes Schild, welches Doktor Ludwig Öhrlein an der Quelle der Breg hat aufstellen lassen, und hier wird präzisiert, daß letztere von allen übrigen Zuflüssen die am weitesten vom Schwarzen Meer entfernte sei, und zwar bei einer Gesamtlänge von 2888 Kilometern um 48,5 weiter als Donaueschingen. Doktor Öhrlein, Besitzer jenes Grundstücks, auf dem die Breg wenige Kilometer vor Furtwangen entspringt, ist mit offiziellen Briefköpfen, Stempeln und Gutachten gegen Donaueschingen zu Felde gezogen; ein leiser und später Nachhall der Französischen Revolution in der rückständigen »deut-

schen Misere«, in welcher der Bürger, den freien Berufen und dem kleinen Grundbesitz zugewandt, sich gegen Adel und Wappen erhebt. Die braven Bürger von Furtwangen haben sich dicht um Doktor Öhrlein geschart, und alle erinnern sich an jenen Tag, da der Bürgermeister von Furtwangen, begleitet von zahlreichen Mitbürgern, in die Donaueschinger Quelle voller Verachtung eine Flasche Bregwasser goß.

3.

Der Bericht

Amedeos ausführlichen Brief habe ich mitgenommen, um seinen Bericht »vor Ort«, wie es heißt, zu überprüfen, bevor ich später, wenn er nachgekommen sein wird, mit ihm darüber diskutiere. Amedeo übernimmt – wenn auch mit einigen Modifikationen – die Furtwangen-These, wonach die Quelle der Donau die der Breg ist, die Breg folglich die wahre Donau und die nicht so weit vom Schwarzen Meer entfernte Brigach einer ihrer Nebenflüsse ist. Sein Reisebericht ist eine einprägsame Epistel, deren wissenschaftliche Genauigkeit mit der Eleganz des Humanisten gepaart und zugleich von Melancholie durchsetzt ist; man erkennt darin nicht allein den Wissenschaftler, dessen Studien über Bewegung und Einsturz von Gesteinsmassen Meilensteine in der Sedimentologie bedeuten, sondern auch den überaus scheuen, zurückgezogenen Autor weniger bekannter Texte wie etwa *Das Lob der Zerstreuung* oder eigenwilliger und bewegter Übersetzungen romantischer Lieder.

Man merkt seinem Bericht an, daß es ganz zu Anfang das Hotel gewesen sein muß, das ihn faszinierte, jenes »Gasthaus« mit seinem holzverkleideten Giebeldach, das in der Nähe der Bregquelle steht. In seinem Bericht kommen viele Gasthöfe vor, handelt es sich doch um eine echte Expedition wie jene zu den Quellen des Nils, und daher führt er auch die verschiedenen Etappen und Abschnitte seiner Wegstrecke auf: Herbergen mit steinernen Gartenzwergen, Buschen, alten Pianolas, Holztreppen, die bis unter das Dach führen. In dem Bericht, verfaßt von einem ansonsten liebenswerten und durchaus vertrauenswürdigen Menschen, wird zwischen den Zeilen ein heimlicher Fluchtversuch erkennbar, der Circulus vitiosus eines

Menschen, der ein Versteck zu suchen scheint, etwas, um verschwinden zu können, um niemand zu sein. Diese Gasthäuser sind gemütliche Orte, an denen man miteinander zechen und schwätzen kann, doch in den etwas düsteren Ecken der »Stube« oder in den kleinen Kammern mit ihren Dachschrägen ist der Autor auf der Suche nach anderem und Gegensätzlichem, nach dem Hexenhaus im Wald, das man in den Kinderbüchern entdeckt hatte und wo einen nie jemand aufspüren kann. Es ist, als habe er – im Gegensatz zu Tristram Shandy, der befürchtete, sich niemals einholen zu können – sich verirren wollen und sich selbst irreführende Hinweise geliefert.

Zu der Quelle war er von Furtwangen aus gelangt, wo er zunächst abgestiegen war, um das Uhrenmuseum zu besuchen; er war zwei Stunden zwischen Tausenden von Zifferblättern jeglicher Form und Größe umhergewandert, zwischen Räderwerken und Zeigern, Automaten und Klavieren, die der Ablauf der Stunden unaufhörlich bewegt, »Wälder von Pendeln«, wie er selbst schreibt. Aus seinem Brief entsteht der Eindruck, als sei diese ihn allseits umgebende isochrone Bewegung der geheime Rhythmus des Lebens, die automatische Skandierung einer reinen und leeren Zeit. Danach scheint die Existenz in sich geschlossene Bewegung zu sein, die immer wieder zu sich selbst zurückkehrt, so als sei zwischen den beiden äußersten und wiederkehrenden Punkten der Oszillation nichts außer der abstrakten Oszillation selbst und einer fortwährend in die Tiefe ziehenden Schwerkraft, bis schließlich durch den Zerschleiß der Jahre diese Arbeit zu einem Ende kommt und der Körper seinen endgültigen Zustand der Ruhe erreicht. Seine Lebenskurve streift wie eine Tangente die Linie der Realität, die sie immer wieder an demselben Berührungspunkt flieht, der ihm weh tut: so wie zwei übereinanderliegende Wirbel den Ischiasnerv einklemmen, daß man sich schließlich nach einem Korsett oder einer Traktion sehnt, um die schmerzhafte Berührung zu beseitigen.

Die kurze Exkursion zur Quelle war vermutlich ein Versuch, sich abzulenken, das Gefühl der Ausweglosigkeit abzustreifen, eine List, um mit einem schönen Spaziergang unter freiem Himmel den trüben Untiefen seines Innenlebens zu entgehen. Um den Blick von den eigenen Abgründen abzuwenden, gibt es kein besseres Mittel, als die Identität anderer zu analysieren, sein Interesse auf die Realität oder die Natur der Dinge zu richten.

Aber wie kommt es, daß sich die Phänomene am Horizont der

Welt und des Geistes abzeichnen? Dieses Buch ist blau und jener Aschenbecher ein Weihnachtsgeschenk, schreibt Paolo Bozzi in seinem 1969 erschienenen Buch *Einheit Identität Kasualität*, um dann aber sofort den Unterschied zwischen beiden Aussagen zu verdeutlichen: die Differenz zwischen der sichtbaren Eigenschaft jenes Blaus – das durch elektromagnetische Wellen und mittels der Impulse des Sehnervs auf die Netzhaut gelangt – und der Eigenschaft, ein Weihnachtsgeschenk zu sein, das nur im Denken desjenigen existiert, der es erhalten hat, und für einen ahnungslosen Beobachter, der in diesem Augenblick das Zimmer betritt, völlig inexistent ist.

Ist also jene Quelle, die auf dem Grundstück von Doktor Öhrlein entspringt, wirklich die Donauquelle, oder weiß man nur (denkt, glaubt, gibt vor), daß sie es sein soll? Amedeo hat sich offenkundig den Dingen selbst, ihrer ursprünglichen und unmittelbaren Manifestation im Bewußtsein zuwenden wollen. Er ist daher aus Furtwangen mit dem Entschluß abgereist, die Quellen der Donau so zu beschreiben, wie sie sich dem Beobachter darbieten, ihre reine Gestalt, ihre Essenz zu erfassen und von vornherein sämtliche mit Vorurteilen belasteten Theorien auszuschließen oder in der Schwebe zu lassen.

Sein Bericht ist anfangs sorgfältig und überzeugend. Das Wasser der Breg entspringt dem Erdreich in einer kleinen Mulde unterhalb eines kleinen Hügels, dessen Hang über der Quelle noch einige Dutzend Meter hoch ansteigt. Amedeo folgt der Steigung des kleinen Hügels und bekommt dabei ebenso wie Maddalena und Maria Giuditta nasse Schuhe, Strümpfe und Hosen. Das Gras und die Wiese, das ganze Erdreich ist wasserdurchtränkt, überall bilden sich kleine Rinnsale. Die beiden Schwestern bewegen sich freilich graziöser als Amedeo, werden auf anmutigere Weise naß als er, dessen Charme größtenteils in seinem massigen und Vertrauen einflößenden Körperbau à la Pierre Bezuchov besteht. Seine Feder dagegen ist durchaus jener Grazie ebenbürtig, so mühelos und präzis, wie sich ein Schmetterling auf diese oder jene Blüte setzt, registriert sie alle Einzelheiten, hält die luftige Klarheit des Tages fest. Die Phänomenologie hat doch recht, die reine Erscheinungsweise der Dinge ist gut und wahr, die Oberfläche der Welt hat mehr Realität als die gallertartigen Vertiefungen des Inneren; Augustinus war teilweise im Unrecht, wenn er dazu aufforderte, nicht aus dem eigenen Selbst

herauszutreten: wer stets bei sich bleibt, gerät ins Grübeln, geht in die Irre, wird schließlich irgendein nichtiges Idol beweihräuchern, das aus den Staubwolken seiner Ängste hervorgegangen sein wird, leer und verfänglich wie die Alpträume, die das Abendgebet zu vertreiben sucht.

Auf den Seiten über jene abschüssige Wiese findet der Sedimentologe zu dem großen Atem, zur klassischen Prägnanz des Epikers, der den verstreuten Einzelheiten ein universelles Gesetz entnimmt, das diese zu einer harmonischen Einheit verbindet. Die Wissenschaften arbeiten jeglicher Verwirrung entgegen, sie verhelfen dazu, die Dinge weiterlaufen zu lassen und führen zu dem Schluß, daß die Welt alles in allem gut und fest verankert sei; wer eine solide wissenschaftliche Ausbildung besitzt, wird sich am Ende wohl fühlen, auch unter den Objekten, die unablässig ihre Identität verändern und verlieren.

Amedeo hat sich die Frage gestellt – vielleicht hat er Angst, vielleicht sehnt er sich auch danach, zu letzteren zu gehören –, »welches«, so wörtlich, »die eigentliche Fortsetzung des Flusses am Berg ist«. Seit Heraklit ist der Fluß Sinnbild der Identitätsfrage par excellence – jener uralten Erwägung, ob man zweimal in demselben Fluß baden könne oder nicht; und auch Descartes mit seinem berühmten Wachsstück – das gewöhnlich kalt, hart und weiß ist, in der Nähe des Feuers aber Gestalt, Größe, Festigkeit und Farbe verändert und nichtsdestoweniger ein Stück Wachs bleibt – hat klar und präzis nirgends anders als an einem Fluß zu denken begonnen, nämlich in Neuburg an der Donau, am 10. November 1619, in seinem wegen des einbrechenden Winters und dank der Großzügigkeit des bayrischen Herzogs gut beheizten Zimmer.

Das Wasser, das in jener Mulde hervorquillt, kommt offensichtlich von der sumpfigen Wiese des wenige Meter darüber aufsteigenden Hügels; dies geht auch aus einer Photographie hervor, worauf Maddalena zu erkennen ist, auf Maria Giuditta gestützt und einen wohlgeformten nassen Fuß in die Höhe hebend. Die unzähligen Rinnsale versickern in der Erde, die sie filtert und die sie dort wieder hervortreten läßt, wo die Quelle – dicht neben dem Hinweisschild von Doktor Öhrlein – entspringt. Nun fragt sich der Gelehrte, wo das Wasser herkommt, welches die Wiese durchtränkt und mithin die Donau ist. Den Gewässern entlang, die den Abhang hinunterfließen, steigt er rinnsalaufwärts und steht nach kurzer Zeit vor

einem Haus aus dem 18. Jahrhundert, einem Holzschuppen und einer »langen hervorspringenden Rinne oder vielleicht sogar einem Rohr, das unmittelbar an dem Holzschuppen vorüberführt und in reichlichem Maße Wasser in die Richtung jener Mulde am Fuß des Hügels abfließen läßt. Es läßt sich nicht leugnen«, fährt er fort, »das Wasser, das den Abhang hinunter und in die Mulde fließt und diese als Donauquelle verläßt, kommt aus der Traufe oben am Berg. Wasser kann nur abwärts- und in keinem Rohr und über keine schiefe Ebene aufwärtsfließen (oder ist dies hier der einzige Ort auf der uns bekannten Welt, an dem das anständigste Gesetz der klassischen Physik keinen Gültigkeit besitzt?).«

Wenn also der Fluß sichtbares Gewässer ist, das sich dem Tageslicht und den Blicken der Menschen offenbart, so ist diese Traufe die Donau. Bis zu diesem Punkt läßt sich gegen den Bericht nichts einwenden. Wenn man am Ufer eines Flusses entlanggeht und an verschiedenen Stellen und zu verschiedenen Augenblicken mit dem Finger aufs Wasser zeigt und jedesmal dabei »Donau« sagt, so wird man zur Identifizierung der Donau gelangen – jedenfalls hat der Logiker Quine, dem diese Theorie der ostensiven Definition durch wiederholte Zeigeakte zu verdanken ist, den Kayster als Beispiel herangezogen. Die Donau existiert, daran besteht kein Zweifel, und zwar ohne Unterbrechung; wenn Amedeo schnaufend den ganzen Abhang hinaufklettert und dabei auf den Gipfel deutet und die Bregquelle, das Wiesenbächlein, aus dem sie sich speist, und die Traufe, die ihrerseits das Rinnsal entstehen läßt, ständig als »Donau« apostrophiert – dann ist dies auch die Donau.

Wer aber versorgt jene Traufe mit Wasser, welche verborgene, der Ostention entzogene Flußgottheit? Hier schlägt die gestrenge Wissenschaftlichkeit einen Purzelbaum, denn der Gelehrte schenkt einem approximativen Geschwätz Gehör, das sich auf Meinungen anderer Leute stützt. So berichtet Amedeo, daß Maria Giuditta mit ihren langen Beinen als erste auf der Anhöhe und an dem Haus angelangt sei, daß sie zum Fenster im Erdgeschoß hineingeschaut, die mürrische alte Bewohnerin des Hauses gefragt und von dieser erfahren habe, wie das Wasser zu jenem Ablauf gelange, nämlich aus einem Spülstein, der ständig vollaufe wegen eines Wasserhahns, den niemand richtig zudrehen könne und der mit einem »Bleirohr« verbunden sei, das »vielleicht so alt wie das Haus selbst ist und wer weiß wohin geht«.

Natürlich ist es überflüssig, diesen Dilettantismus zu kommentieren. Er erinnert an jene Veröffentlichungen über die Quellen des Nils, die der verwegene Captain John Speke verfaßt hat und die – seinem Rivalen Richard Burton und dem ebenso einflußreichen wie vorurteilsvollen Mitglied der Royal Geographical Society James M'Queen zufolge – eine Schande für die gesamte geographische Wissenschaft darstellten. Der Gelehrte, eigentlich daran gewöhnt, jedwede Hypothese zu überprüfen, macht sich hier nicht einmal die Mühe, die Existenz eines Wasserhahnes zu verifizieren, von dem er ausschließlich durch jemanden erfahren hat, der es seinerseits von einem Dritten gehört hat, dessen Glaubwürdigkeit sich jeder Beurteilung entzieht. Schon Herodot schenkte ausschließlich jenen seiner Gewährsleute Glauben, die selbst Augenzeugen gewesen waren. Vielleicht hat sich Amedeo auch durch eine Frage von Maddalena verwirren lassen, die, schön und bleich, hinter den anderen zurückgeblieben war: »Und was würde passieren, wenn man den Hahn zudrehen würde?« Die Vorstellung, daß Bratislava, Budapest und Belgrad austrocknen könnten, der Gedanke an uralte Objekte und Gebeine in der Weite des leeren Flußbettes müssen wohl seine ganze Aufmerksamkeit gefangengenommen und auf metaphysische Bereiche von Kausalität und hypothetischer Periode gelenkt haben. Was geschieht dort, wenn hier etwas passiert? Natürlich geschieht nichts, aber...

4.

Moralisten und Geometer an der Bregquelle

Zunächst einmal: dieser Wasserhahn existiert nicht. Den Weg nachzugehen, den Amedeo eingeschlagen hat, bereitet keine Schwierigkeiten. Ich gehe die wenigen Meter von meiner Bank zur Bregquelle hinunter und steige dann die Wiese hinauf zu jenem Haus, wobei ich mir nasse Schuhe und Strümpfe hole. Das Wasser glänzt zwischen dem Gras, die Quelle fließt ruhig hinab, das Grün der Bäume ist von guter Farbe, und es riecht auch gut. Der Reisende fühlt sich etwas schwerfällig und armselig und spürt die höhere Objektivität dessen, was ihn umgibt. Ist es möglich, daß diese Rinnsale auf der Wiese die

Donau sind, der Strom der Superlative, wie er mit seinem Flußbett von 817000 Quadratkilometern und 200 Milliarden Kubikmetern Wasser, die er jedes Jahr in das Schwarze Meer ergießt, genannt wird? Der Bach, der einige hundert Meter weiter talwärts glänzt und rasch dahinfließt, verdient bereits hier den Namen »schönströmend«, womit Hesiod den Ister bezeichnet.

Die Schritte zum Haus hin ähneln den Sätzen auf einem Blatt Papier, der Fuß berührt die vom Wasser aufgeweichte Erde und umgeht die tiefen Wasserstellen, wie die Feder die weiße Fläche des Papiers durchquert und ihr zugleich ausweicht; er vermeidet das Aussetzen von Herz und Gedanken, indem er voranschreitet, als wäre es ein Tintenfleck, und tut so, als habe er überwunden, wo er doch nur ausgewichen ist und ihn unschlüssig, feucht und glatt zurückgelassen hat. Das Schreiben müßte wie diese Wasserläufe sein, die sich durch das Gras schlängeln, doch jene reine, scheue und gleichzeitig unerschöpfliche Frische, jener leise, verhaltene Gesang des Lebens gleicht dem tiefen, selbstvergessenen Blick von Maddalena und nicht der trüben Sterilität der Schrift, seiner Wasserversorgung mittels Röhren und Leitungen, die häufig nicht funktioniert.

Die Seele sei kleinmütig, so lautet Keplers Vorwurf, sie verstecke sich ganz in literarischen Winkeln, statt den Plan Gottes bei der Erschaffung der Welt zu ergründen. Wer nur dem Papier vertraut, wird am Ende entdecken, daß er nur eine Silhouette ist, aus Seidenpapier ausgeschnitten, das sich bei jedem Windhauch zusammenrollt. Es ist gerade der Wind, den der Reisende sucht, das Abenteuer, die Kavalkade auf dem Gipfel des Hügels, er möchte wie der Mathematicus Kepler auf die Planskizze Gottes stoßen und auf die Naturgesetze und nicht nur auf die eigenen Idiosynkrasien, und er möchte, daß auch der Aufstieg zu jenem kleinen Haus ein ruhmreiches Vordringen sei: die Tiger von Mompracem, die unter dem feindlichen Feuer hinaufklettern, um ihre Heimat zu erobern oder zu befreien. Doch weht der Wind nicht ins Gesicht, sondern in den Rücken, drückt und drängt weit fort vom Elternhaus und dem Gelobten Land. Und so gelangt der Reisende vorwärts, zwischen den eigenen Allergien und Kompensationen hindurch, in der Hoffnung, daß es in diesen Spalten, die wie mit Degenstichen in die Kulissen des alltäglichen Theaters eingeritzt sind, wenigstens einen Windstoß, einen Luftzug vom wirklichen Leben her gäbe, das hinter dem Paravent der Realität verborgen ist. Die literarischen Manöver

werden dann zu einer Strategie, um diese nur schlecht ausgebesserten Risse im Vorhang der Entfernung zu schützen, um zu verhindern, daß diese winzigen Lücken sich gänzlich schließen. Die Existenz des Schriftstellers, meinte Monsignore Della Casa, sei ein Kriegszustand.

Ich steige auf den Hügel und erreiche das Haus. Ich steige hinauf, ich erreiche...? Der Gebrauch der ersten Person Singular ist alles andere als unumstritten, und insbesondere ein Reisender fühlt sich angesichts der Objektivität der Dinge durch ein lästiges Personalpronomen etwas behindert. Als Victor Hugo den Rhein entlangreiste, hätte er es gern loswerden wollen, so lästig war ihm dieses Ich, dieses Unkraut geworden, das sich überall auf dem Papier verbreitet. Doch ein anderer Tourist, der nicht weniger berühmt und dem verbalen und pronominalen Egoismus nicht weniger feindlich gesinnt war, nämlich Stendhal, fand auf seinen Reisen durch Frankreich, daß es schließlich doch eine bequeme Art sei zu erzählen.

Ich gehe um das Haus herum, ich betrachte es von allen Seiten, ich inspiziere und vergleiche es mit der Beschreibung aus dem Brief. Das Problem einer jeden Wissenschaft besteht darin, die Meere des Südens mit ihrem unendlichen, ausgefransten Blau mit jenem Blau der Landkarten, auf welchen die Meere des Südens verzeichnet sind, in Übereinstimmung zu bringen. Da er wenig Neigung zur Exaktheit verspürt, gibt der Literat einer anderen Neigung nach, nämlich sich über die Anmaßung wissenschaftlicher Genauigkeit moralisierend zu verbreiten. »Wir sind fortwährend Moralisten«, meinte Doktor Johnson, »Geometer hingegen nur gelegentlich.«

Ein Wasserhahn jedenfalls existiert in dem Haus nicht. Das Haus ist alt, die Küche geht auf das Jahr 1715 zurück; eine alte Frau, die auf der Schwelle erschienen ist, fordert brüsk dazu auf, nichts zu stehlen und – für zwei Mark fünfzig pro Kopf – einer Kassette zuzuhören, welche die dunkle Feuerstelle, die Küchenutensilien aus dem 17. Jahrhundert, die Sitten und Gebräuche jener Zeit beschreibt. Wir drücken der Alten fünf Mark in die Hand deren Runzeln wie die Rinde eines alten Baumes Respekt einflößen. Die Küche ist pechschwarz, ein elendes Loch, das nach Vergangenheit und nach Speck riecht; die Stimme, die vom Band spricht, ist die der Frau, die es sich auf diese Weise erspart, jedesmal dieselbe Geschichte zu wiederholen, und sich darauf beschränkt, den Vortrag mit autoritären Gesten zu begleiten und so ihren Bericht zu vervollständigen. Sie ist alt,

rauh, allein, vertraut mit ihrer Einsamkeit, gleichgültig gegenüber dem Leben, das vorüberzieht, und dem Schatten ihrer dunklen Küche, in der sie immer gelebt hat. Nur als ihre Stimme auf dem Band Sulina nennt, die weit entfernte Mündung der Donau in das Schwarze Meer, hellt sich ihr Gesicht auf und verharrt in einem Ausdruck undefinierbarer Abwesenheit.

Es existiert kein Wasserhahn, weder im Haus noch draußen. Das Wasser, das die Wiese durchtränkt und ihr als Breg wieder entquillt, kommt aus einer Röhre, die direkt ins Erdreich eingelassen ist; etwas höher kann man weiße Flecken erkennen, vielleicht ist es der schmelzende Schnee, der zusammen mit anderen Rinnsalen dieses Wasser bildet, mit dem die Erde angereichert ist. Wie auch immer, das Wasser fließt die Röhre entlang und aus ihr heraus. Die Alte hat unterhalb der Röhre ein Stück eines ausgehöhlten Baumstammes angebracht, das eine Art Traufe bildet. Das Wasser fließt aus der Röhre über diese primitive Traufe und von dort aus in einen Eimer, worin die Alte Wasser für den eigenen Bedarf auffängt. Der Eimer ist immer voll, und das überlaufende – da stets nachfließende – Wasser plätschert den Hang hinunter, überschwemmt und durchtränkt die Wiese, wässert die Erde, die dort, wo sich weiter unten jene Mulde befindet, die Breg beziehungsweise die Donau entquellen läßt.

Dabei handelt es sich um keine Entdeckung. In seinem großen Werk von 1785 spricht der Antiquarius des Donaustroms – Pseudonym von Johann Herm. Dielhelm – von einem Haus auf dem Berg Abnoba, von dessen Dach die eine Traufe ihr Wasser in die Donau, die andere in den Rhein abführe; im übrigen erwähnt er noch ein Gasthaus, das auf der Höhe der Straße nach Freiburg gelegen sei und Kalteherberg genannt werde, dessen Dach den Regen in zwei Wasserläufe teile, die in der Donau beziehungsweise im Rhein endeten. Seit alters bildet also die Traufe ein Leitmotiv in der Auseinandersetzung um die Frage nach der Donauquelle. Gewiß, in der gelehrten Darlegung des Antiquarius lassen die Traufen das Wasser in eine Donau fließen, die bereits existiert, während Amedeos Hypothese zufolge – abgesehen von dem Schnitzer mit dem Wasserhahn – die Traufe die Donauquelle, mithin die Donau wäre. Wir wissen so wenig, und bevor man eine endgültige Wahrheit verkündet, sollte man jedes Problem zumindest zweimal diskutieren, und zwar wie die Goten, die deshalb Sterne so gut gefielen: erst betrunken

und dann, wenn man den Rausch ausgeschlafen hat. Im übrigen schworen die Goten auch auf den Gott Ister, und in einigen Inschriften in Rätien wird der Gott Danuvius dem Juppiter Optimus Maximus gleichgestellt.

5.

Hinternationales oder gesamtdeutsches Mitteleuropa?

Auf die Donau schwören, daß die Traufe die Donau sei? In diesem Fall fehlt das grundlegende Fundament, die Basis, die alles übrige dominiert; die Traufe, welche die Quelle speist, speist sich ihrerseits aus der Quelle. Wir befinden uns bereits mitten in der Donaukultur, in der Parallelaktion; das Musil-Komitee schickt sich an, den siebzigsten Jahrestag der Herrschaft von Franz Joseph festlich zu begehen, das begründende Prinzip der österreichischen Zivilisation (und der europäischen *tout court*) zu feiern, aber sie kann sie nicht finden und stellt somit fest, daß sich diese Realität in Luft aufgelöst hat, daß ihr kompliziertes Gebäude sich auf ein Nichts stützt.

Die Traufe, die das Erdreich wässert, aus dem sie sich speist, mag die verfängliche Schlußfolgerung von Gelehrten auf Urlaub sein, doch ist zumindest sicher, daß die Donau von dem beglaubigten Brunnen in Donaueschingen aus in die Brigach beziehungsweise in einen eigenen Nebenarm fließt. An der runden Schale, die das Quellwasser auffängt, klärt eine Tafel darüber auf, daß vorzeiten die eigentliche Donau, das kleine Bächlein, aus dem sie hervorgeht, parallel zur Brigach und nach etwa zwei Kilometern mit Brigach und Breg zusammengeflossen sei, wodurch sich ein Fluß, eben die Donau, gebildet habe, daß aber seit 1820 eine unterirdische Verbindung das Wasser des Quellbrunnens in die Brigach ableite. Die eigentliche Donau ist also 200 Meter lang, sie ist ein winziger Zufluß der Brigach; die offizielle Donau jedoch beginnt ein kurzes Stück danach, nämlich an der erwähnten Vereinigung von Brigach und Breg und, genaugenommen, der Stillen Musel, einem kleinen Bach, der von Bad Dürrheim kommt und den man in einem Satz überspringen kann. In Immendingen jedoch, nach zwanzig oder dreißig Kilometern, verschwindet die Donau zumindest teilweise in den

Felsspalten; sie stürzt in die Tiefe, um vierzig Kilometer weiter südlich unter dem Namen Aach wieder hervorzutreten und dann in den Bodensee und somit in den Rhein zu fließen, dessen Quellen ebenso wie die der Donau heftig umstritten sind. Die Donau ist folglich zum Teil ein Nebenfluß des Rheins und mündet eher in die Nordsee als in das Schwarze Meer: Triumph des Rheins über die Donau, Revanche der Nibelungen gegenüber den Hunnen, Vorherrschaft Germaniens über Mitteleuropa.

Seit dem *Nibelungenlied* stehen Rhein und Donau sich voller Mißtrauen gegenüber. Der Rhein ist Siegfried, germanische Tugend und Reinheit, Nibelungentreue, heldenhaftes Rittertum, unerschrockene Liebe zum Verhängnis, deutsche Seele. Die Donau ist Pannonien, das Reich Attilas, orientalische, asiatische Flut, die am Ende des *Nibelungenliedes* die germanischen Werte und Tugenden untergehen läßt; indem die Burgunder die Donau überschreiten, um sich an den Hof des treulosen Hunnen zu begeben, ist ihr Schicksal – ein deutsches Schicksal – besiegelt.

In symbolischen Zusammenhängen erscheint die Donau häufig als das, was »dem« Deutschen entgegengesetzt und feindlich ist; sie ist der Fluß, an dessen Ufern die verschiedensten Völker sich begegnen und vermischen, ganz anders als der Rhein, der mythische Wächter über die Reinheit des germanischen Geschlechts. Die Donau ist der Fluß von Wien, Bratislava, Budapest, Belgrad und Dazien, das Band, das – wie das Meer einst die griechische Welt – das habsburgische Österreich durchzog und umschloß. Dessen Mythos und Ideologie ließen sie zum Symbol einer vielfältigen, übernationalen Koine werden, eines Reiches, dessen Herrscher sich »an meine Völker« wandte und dessen Hymne in elf verschiedenen Sprachen gesungen wurde. Die Donau ist das deutsch-ungarisch-slawisch-romanisch-jüdische Mitteleuropa, das dem germanischen *Reich* polemisch entgegengesetzt wird: eine »hinternationale« Ökumene, wie sie der Prager Johannes Urzidil begeistert nannte.

Die Donau-Aach-Version scheint hingegen jene gesamtdeutsche Ideologie zu symbolisieren, die in der habsburgischen Vielvölkermonarchie einen Arm der teutonischen Zivilisation, eine List oder ein Instrument der Vernunft zur kulturellen Germanisierung des mittleren und östlichen Europas sah, wie beispielsweise Heinrich von Srbik, der große österreichische Historiker, der Eugen von

Savoyen verherrlichte, Friedrich II. und das Preußentum bekämpfte und als Nationalsozialist endete.

Sicherlich hat es im habsburgischen Reich, in seinem letzten Stadium, dieses »hinternationale« Mitteleuropa, das heute als harmonische Koexistenz unterschiedlicher Völker idealisiert wird, real gegeben, ein tolerantes Zusammenleben, das nach seinem Ende und angesichts der totalitären Barbarei, die zwischen den beiden Weltkriegen im Donauraum folgte, verständlicherweise betrauert wurde. Die mitteleuropäische Berufung der Habsburger ist gleichwohl, zumindest teilweise, eine Ersatzideologie, die sich aus den Fehlschlägen der österreichischen Politik in Deutschland entwickelt hatte. Die Kriege zwischen Maria Theresia und Friedrich II. zerreißen das, was Heinrich von Srbik 1942 in seinem Buch *Deutsche Einheit* nannte; die Abspaltung Österreichs von Deutschland manifestiert sich in der nachfolgenden Epoche, die von den Napoleonischen Kriegen bis zur preußisch-österreichischen Auseinandersetzung von 1866 reicht und den Niedergang der habsburgischen Macht und insbesondere ihrer führenden Rolle in Deutschland sichtbar werden läßt. Da sie nicht in der Lage ist, die deutsche Einigung, welche nunmehr Preußen vorantreibt, zu verwirklichen, sucht die Habsburgermonarchie eine neue Mission und eine neue Identität in dem übernationalen Reich, einem Schmelztiegel von Völkern und Kulturen.

Der habsburgische Mythos, der Donau und Rhein einander gegenüberstellt, hat in diesem historischen Riß seinen Ursprung; je stärker er zutage tritt, desto intensiver gestaltet sich der Mythos. Während des Ersten Weltkriegs, als dieser schon seinem Ende zuneigt, feiert Hofmannsthal »den Österreicher«, rühmt seine traditionsreiche Selbstironie, seinen Skeptizismus gegenüber der Geschichte, und stellt ihn als Gegensatz zum staatsvergötternden Preußen dar, dem Nachfolger des dialektischen und auf virtuose Weise fanatischen Denkens. Die Identitätskrise der neugeborenen kleinen Republik Österreich, des Waisenkinds des Reichs, stimuliert und bringt in den zwanziger und dreißiger Jahren in noch weit größerem Ausmaß Theorien und kategorische Aussagen über die »Austriazität« hervor, Reflexionen über den ewigwährenden und vom Deutschen wohl zu unterscheidenden »österreichischen Menschen«.

Bei seinem Versuch, gegen den Nationalsozialismus zu opponie-

ren, fördert der Austrofaschismus – nicht ohne sich dabei in tiefgreifende Widersprüche zu verwickeln – genau diese Tradition. Aus der Weigerung, sich mit dem deutschen Element zu identifizieren, resultiert die fortdauernde Suche nach der eigenen, österreichischen Identität; eine Suche, die schließlich zu der Erklärung führt, zu der bereits Baron Adrian-Werburg im vergangenen Jahrhundert gekommen war, daß es nämlich überhaupt keine österreichische Nationalität gebe, zu einer verschärften Selbstreflexion bis hin zu gewinnender Selbstbezichtigung, zu der Entdeckung, daß die Austriazität undefinierbar sei, und daß gerade diese Undefinierbarkeit ihre eigentliche, willkommene, da anomale Essenz ausmache.

Führt somit die Donau immer weiter vom Rhein fort, oder ist es ihre Aufgabe, als Ab- oder Ausfluß, als Emissär deutscher Gewässer im Orient zu erscheinen? Die verschiedenen politischen Vorhaben mit Mitteleuropa schwanken zu verschiedenen Zeiten zwischen Plänen zu einer Vielvölkerkonföderation, wie jener von Frantz oder Popovici, und deutschen Hegemonieprogrammen wie dem von Naumann. Die Literaten kennen fast ausschließlich die hinternationale Donau, die Historiker rechnen auch mit dem Deutschtum von Donau-Österreich, mit dem Rheingold, das sich häufig in der blauen Donau spiegelt.

Die umfangreiche politisch-historiographische Debatte über Österreich bezieht sich weitgehend auf die Rolle deutscher Elemente, auf deren Verhältnis zu anderen Nationalitäten des Reichs, auf die Nähe und/oder Distanz zwischen »Deutschem« und »Österreichischem«. Die österreichisch-deutsche Perspektive impliziert nicht nur germanischen Nationalismus; zu bestimmten historischen Augenblicken – wie nach der Katastrophe von 1918, als Demokraten und Sozialisten eine Vereinigung von Deutschland und Österreich wünschenswert erschien – bezeichnet sie die Identifikation mit jener Zivilisation, die wie etwa in den Zeiten von Joseph II. und dem Liberalismus des 19. Jahrhunderts als die fortschrittlichere angesehen wurde. Der Anschluß von 1938 ist eine Karikatur, eine tragische Umkehrung dieser Symbiose von fortschrittlicher Gesinnung und deutscher Vormacht.

Der umstrittene Zusammenhang zwischen Mitteleuropa und Deutschtum erscheint häufig als ein geradezu dramatisches Motiv, wie Arduino Agnelli dies am Fall Heinrich von Srbik verdeutlicht hat. Dieser erblickte in der Habsburgermonarchie die Synthese aus

Universalidee, Reichsidee und mitteleuropäischer Idee, durch die in seinen Augen der deutsche Universalismus noch hervorgehoben wurde, die geschichtliche, über Jahrhunderte dauernde germanische Mission im Donauraum sowie das Bewußtsein einer solchen Mission. Srbik widerstrebte das kleindeutsche Ideal beziehungsweise die Identifizierung des Deutschtums mit dem Preußentum, ihm widerstrebte das großdeutsche Ideal, wie es die Wiener Tradition feierte; er widersetzte sich jeder »Austriazität« im Namen einer gesamtdeutschen Perspektive. Von diesem Standpunkt aus erscheint die österreichische Idee – und die mitteleuropäische Idee, über die Srbik 1937 einen berühmten Aufsatz schrieb – »als eine wesentlich deutsche Idee«: Österreich »war und ist ein Stück deutscher Seele, deutschen Ruhmes und deutschen Leides«, und die Mission des Habsburgerreiches sei es gewesen, die überlegene deutsche Idee in Mittel- und Osteuropa zu bestätigen, in diesem Raum eine universalistische Zivilisation zu schaffen, das heißt heilig-römisch-reichsgermanisch.

Sollte man demnach entlang der Donau in eine karolingische Gemeinschaft geraten? Srbik war kein Rassist; deutsche Zivilisation bedeutete für ihn die christliche Universalität des Heiligen Römischen Reiches, das jeden Einzelstaat transzendieren und den ihr eigenen höheren ethischen Wert jeder reinen Machtpolitik entgegenstellen müsse. Er spricht mehrfach von einem friedlichen Zusammenleben des deutschen Volkes mit anderen Völkern im mitteleuropäischen Raum, von der Zuerkennung eines uneingeschränkten Rechtes auf Leben für jede andere Nation. Das deutsche Volk sei aber unbestreitbar jenes, das allein zur Führung Mitteleuropas befähigt sei, das einzige, das Wortführer von Zivilisation und Universalität sein könne; das Heilige Römische Reich sei deutscher Nation.

Srbik nennt keine rassisch-biologischen Elemente, er begrüßt ethnische Mischehen, er vergißt nicht, daß seine Familie, wenngleich seit Generationen germanisiert, tschechischen Ursprungs war. Dennoch war für ihn nur das deutsche Blut Grundstoff der Zivilisation, der Kulturnation in Zentraleuropa; wer anderen Nationen zugehörte, konnte sich bis zu den höchsten Gipfeln der Kultur erheben, jedoch nur, indem er sich germanisierte, deutsch wurde wie auch Srbiks eigene Familie, oder aber auf dem Niveau seiner Nationalität verbleiben, das heißt auf einem niederen Niveau, respektiert, aber minderwertig. Die Slawen konnten Deutsche werden, wie die Bar-

baren römische Bürger hatten werden können, doch die höhere Kultur, *die* Kultur konnte allein die deutsche sein, wie sie zuvor nur griechisch-römisch hatte sein können.

Dieser deutsche Universalismus – »verzweifelt deutsch«, sagt Thomas Mann, um damit die oft gewundene und in sich verworrene Innerlichkeit, die Leidenschaft für Ordnung und die geheime Neigung zum Chaos zu bezeichnen – ist einer großen Seite der europäischen Kulturgeschichte verbunden, der Intensität einer Kultur, welche die Spannung zwischen Leben und Wert, zwischen Existenz und Ordnung in sich aufgenommen hat. Das Beispiel von Srbik zeigt deutlich, wie sich dieser Universalismus, sobald die deutsche Vorherrschaft bedroht ist, in die größte partikularistische Barbarei verwandeln kann. »Deutsches Schicksal«, von düsterem Pathos und schweigsamer Innerlichkeit, ist vor allem eine Art und Weise gewesen, die Begegnung, die Konfrontation zwischen Deutschen und Slawen in dem weiten Territorium während der jahrhundertelangen Dauer dieser Auseinandersetzung zu erleben. Der Nationalsozialismus ist das unvergeßliche Lehrstück der Pervertierung deutscher Präsenz in Mitteleuropa. Und doch ist die deutsche Präsenz in Mitteleuropa ein großes Kapitel in der Geschichte, ihr Zusammenbruch eine große Tragödie gewesen, die der Nationalsozialismus, der für ihre Entwertung und ihre Niederlage verantwortlich ist, niemals vergessen machen kann. Eine Auseinandersetzung mit Europa bedeutet heute, sich auch mit dem eigenen Verhältnis zu Deutschland auseinanderzusetzen.

Man hat uns allesamt dazu erzogen, den Weltgeist in den großen Bataillonen zu erkennen; wir sollten von Herder lernen, ihn auch dort zu erfassen, wo er noch schlummert – oder es auch nur so scheint –, oder wo er in seinen Anfängen begriffen ist; vielleicht werden wir nie ganz errettet sein, solange wir nicht lernen, mit einer geradezu körperlichen Konkretheit zu spüren, wie jede Nation ihre große Zeit erlebt, und daß es in einem absoluten Sinn keine höher- oder minderwertige Kulturen gibt, sondern vielmehr einen Wechsel, eine Abfolge von Blütezeiten der verschiedenen Völker. Leben und lesen bedeutet, jene »Seelenlehre der Menschheit« in allen Zeiten und in allen Ländern zu denken, die Herder in der wechselhaften Geschichte der Weltliteratur aufspüren wollte, ohne dabei die Idee einer überdauernden Universalität dieser Seele aufgeben zu wollen, aber auch ohne die verschiedenen vielfältigen Formen, in denen sie

sich verkörpert, einem einzigen Modell zu opfern. Die Liebe zur Vollkommenheit der griechischen Form konnte ihn nicht dazu bringen, den Gesang der lettischen Volksfeste für minderwertig zu erachten.

Wie alle Schriftsteller des Sturm und Drang liebte Herder den Strom, den jugendlichen, reißenden Fluß, der zum Tal hinabstürzt, der Fruchtbarkeit und Vitalität sprudelt. Während ich das junge Wasser der frisch entsprungenen Donau betrachte, frage ich mich, ob ich, wenn ich ihr zu den unterschiedlichen Völkern und Volksgruppen bis hin zum Delta folge, in eine Arena blutiger Schlachten gelangen oder in den Chor einer Humanität eintreten werde, die ungeachtet der verschiedenen Sprachen und Kulturen dennoch einheitlich ist. Ich frage mich, ob mich eine Reihe von vergangenen, gegenwärtigen oder zukünftigen Schlachtfeldern erwarten wird, oder jene »Donau-Konföderation«, an deren solidarische Einheit Graf Károlyi – der ungarische Aristokrat, der zu einem wahrhaften Patrioten werden konnte, indem er im Sozialismus die geistigen Grenzen seiner Klasse überwand – niemals aufhören wollte zu glauben, nicht einmal dann, als ihn ebenjene Gesinnung, nachdem er 1918 bis 1919 Präsident der Republik Ungarn gewesen war, im Londoner Exil dazu zwang, seinen Regenmantel zu verkaufen, um die Rechnung beim Drogisten bezahlen zu können.

6.

Noteentiendo

Vielleicht sind die Versprechungen dieses unschuldigen Wassers verlogen, vielleicht existiert das Allgemeinmenschliche nicht; der Besuch eines Konzentrationslagers läßt das Vertrauen auf den großen Baum der Menschheit, den sich Herder vollkommen harmonisch vorstellte, als lächerlich erscheinen. Wahrscheinlich ist diese Vorstellung, ist das Gefühl der Fülle, das von ihr ausgeht, nur eines unserer Bedürfnisse, welches das unsinnige Chaos der Ereignisse überlagert. Die Donaureise eines gewissenhaften Reisenden müßte im übrigen schon frühzeitig enden. Morgen abend erwarten wir, hier an der Bregquelle, die anderen; doch voller Ungeduld, die Hypothese dieses vorzeitigen Endes zu verifizieren, machen wir

einen kurzen Abstecher nach Immendingen, wo die Donau, wie schon gesagt, in den Felsspalten versickert, um mit dem Wasser der Aach vermischt wieder aufzutauchen und mit dieser gemeinsam in den Bodensee zu fließen. Ein freundlicher Herr, der am Ufer entlanggeht, erzählt uns, daß im Sommer das Flußbett an dieser Stelle vollkommen ausgetrocknet sei. In Ulm dagegen, wenige Kilometer flußaufwärts, ist der Fluß – den man gleichwohl Donau nennt – breit und schiffbar; im Sommer entspringt die Donau also viel weiter weg, in Tuttlingen, außerhalb des Ortes, wo wir uns heute abend befinden, entspringt aus den Zuflüssen und kleinen Gewässern, welche die Hügel hinabfließen und weder von Furtwangen noch von Donaueschingen etwas wissen.

Auch die Donau ist, wie jeder von uns, ein *Noteentiendo*, ein Versteh-dich-nicht, eine gezeichnete Figur in einem der sechzehn Quadrate auf dem »Las Castas«-Brett, das eine Art Gänsespiel der Liebe oder auch eine Herkunftstabelle darstellt, wie ich sie im Museum in Mexico City gesehen habe. Jedes der sechzehn Felder des Bretts zeigt drei Figuren, einen Mann und eine Frau, deren unterschiedliches Blut gebieterisch eine Verbindung fordert, und ein ruhiges Kind, das aus ihrer Begegnung entstanden ist und im folgenden Feld, nunmehr erwachsen, Protagonist einer erneuten Vereinigung wird, woraus wieder ein anderes Kind hervorgeht, dazu bestimmt, die Kette der Mischehen fortzuführen: der Mestize, Sohn eines Spaniers und einer Indianerin, der Castizo als sein Sohn, der Mulatte, den eine Spanierin einem aufgeputzten Morisco schenkt, und so weiter bis zum Chino, zum Lobo, zum Gibaro als Sohn des Lobo und der China, zum Albarazado als Sohn der Mulattin und des Gibaro und Vater eines Cambujo, seinerseits Elternteil eines Sanbaigo. Der Plan sucht die sozialen und ethnischen Kasten – auch in ihrer Kleidung – streng zu unterscheiden und zu klassifizieren, doch letztlich preist er unfreiwillig das kapriziöse und rebellische Spiel des Eros, des großen Zerstörers jeglicher geschlossener gesellschaftlichen Hierarchie, der jeden geordneten Kartenstoß durcheinanderbringt, Kreuz mit Karo oder Pik vermischt, um auf diese Weise das Spiel unterhaltsam und überhaupt erst möglich zu machen.

Im vorletzten Feld, bei dem Nachkommen des Tente En El Aire und der Mulattin, läßt den anonymen Klassifikator sein Talent zur Nomenklatur im Stich, er bezeichnet die Frucht dieser Liebe als »Noteentiendo«. Jene Donau, die es gibt und wieder nicht gibt, die

an mehreren Stellen entspringt und von mehreren Eltern abstammt, erinnert uns daran, daß jeder von uns dank der vielfachen und verborgenen Verbindungen, denen wir unsere Existenz verdanken, ein Noteentiendo ist, ganz wie die Prager mit deutschem oder die Wiener mit tschechischem Namen. Heute abend aber, am Fluß, der, wie man uns sagt, im Sommer bisweilen verschwindet, wird der Schritt neben meinem ebenso unwiderlegbar sein wie jener Wasserlauf, und in seinen Wellen vielleicht, indem ich der Biegung des Ufers folge, werde ich wissen, wer ich bin.

Subjektiver und weniger der privaten Historiographie verbunden, erkannte der sanftmütige, gelockte Barockdichter Sigmund von Birken, prominentes Mitglied des Löblichen Hirten- und Blumenordens an der Pegnitz, in dem gewundenen Lauf der Donau, die sich launenhaft erst nach Osten, dann nach Süden und schließlich gen Norden wendet, einen Plan der göttlichen Vorsehung, um dem Vorrücken der Türken entgegenzuwirken. In seinem Werk über die Donau von 1684, das die Gestade, die Provinzen, die alten und die neuen Namen der an ihren Ufern gelegenen Städte von der Quelle bis zur Mündung umfaßt, schreibt der Autor, nachdem er mit größter Sorgfalt umfangreiches und gelehrtes Material gesammelt hat, daß unsere Heimat Erde eine Stätte der Unvollkommenheit sei, und läßt alle Namen offen, die er nicht mit Sicherheit rekonstruieren konnte, wobei er den Leser auffordert, diese leeren Stellen der eigenen Erfahrung entsprechend und im Bewußtsein auch der eigenen Vergänglichkeit auszufüllen.

Vielleicht bedeutet Schreiben, jene Leerstellen der Existenz auszufüllen, jenes Nichts, das sich unvermittelt in den Stunden und Tagen auftut, zwischen den Gegenständen des Zimmers, und diese in einem Strudel desolater, unendlicher Bedeutungslosigkeit mit sich reißt. Es ist die Angst, so schreibt Canetti, die in ihrer Zerstreuung Namen sucht und findet; der Reisende liest und vermerkt Namen in den Bahnhöfen, an denen er vorbeifährt, an den Straßenecken, zu denen ihn seine Schritte geführt haben, und etwas erleichtert geht oder fährt er weiter, befriedigt über solche Ordnung, solche Aufteilung des Nichts.

Sigmund von Birken suchte die wahren Namen der Dinge und begab sich auf Reisen, wie er sagte, um die Donauquelle unmittelbar in Augenschein zu nehmen, von der so viele geschrieben hatten, die mit eigenen Augen zu sehen aber nur wenige sich hatten angelegen

sein lassen. Nicht vollständig überzeugt hatte ihn die *Cosmographia* von Sebastian Münster, die den Ursprung der Donau auf die Sintflut zurückführte (XI, 11) und er wollte sich vergewissern, ob der Name des Flusses tatsächlich auf das Geräusch, auf das Getöse der beiden Quellen zurückgehe, wie einige Etymologien behaupteten. Jedenfalls konnte sein barocker Geschmack an Scherzen und Extravaganzen nicht so weit führen, daß er an der Vorstellung Gefallen gefunden hätte, der große Fluß würde trockengelegt, wenn man einen Wasserhahn abstellte.

7.

Homunculus

Jener Scherz, sagt Gigi bei einer Flasche Gutedel in dem Gasthof nahe der Breg, in dem sich die *disjecta membra* der Gesellschaft, wenn auch provisorisch, wiedergefunden haben, jener Scherz kann nur einem Kind unseres Jahrhunderts einfallen, jemandem, der daran zweifelt, ob die Natur überhaupt noch existiert, ob sie die rätselhafte Herrin des Universums ist oder mittlerweile entmachtet durch das Künstliche; nicht zufällig wird die Donau gerade derzeit von dem geplanten großen Wasserkraftwerk zwischen Wien und Hainburg bedroht, das – den Protesten der Grünen zufolge – das ökologische Gleichgewicht der Donauauen zerstören würde: die fruchtbaren Landstücke längs des Flusses mit ihrem tropischen Reichtum an Flora, an Fauna, an Leben. Gigi, Essayist von sanguinischer und melancholischer Klassizität, insbesondere aber ein eigensinniger Feinschmecker, der leicht aufbraust, ist unter anderem ein bißchen ungeduldig geworden, weil Maria Giuditta, die versuchte, freilich etwas vage, die Ergebnisse jener Erkundung vom letzten Jahr auf dem Abhang zu verteidigen, unvermittelt den Ausdruck »alles klar« gebraucht hat, eine Redewendung, die immer dazu angetan ist, ihn aus der Haut fahren zu lassen.

Für Goethe, fährt Gigi fort, habe das Unnatürliche wahrscheinlich nicht existiert: die Goethesche Natur umfasse und umgebe alles und jedes, sie sei es, die in ihrer verhaltenen Ironie alle Formen und Gestalten hervorbringe und bewege, auch jene, die sie scheinbar verneinten und den Menschen als »unnatürlich« erschienen. Auch das

Individuum, das noch so sehr verwaist und steril sei, das sich ihrem Schoß nicht zugehörig glaube, gehöre ihr an, ohne es zu wissen, und sage die Rolle auf, welche die Natur ihm in dem ewigen Spiel zugewiesen habe: Wasserhahn und Traufe gehorchten somit dem Flußgott.

Doch an dem Tisch in dem Gasthaus an der Breg ist jemand vom Zweifel versucht. Die zweite Natur, die uns umgebe – der Wald von Symbolen, Vermittlungen, Konstruktionen –, erwecke den Verdacht, daß hinter ihr sich gar keine erste Natur verberge, daß ihre vorgeblich ewigen Gesetze durch Kunstfertigkeit und die verschiedenen Biotechniken überholt und verdrängt worden seien. Gerade die österreichische Kultur, die im Umfeld der Donau entstanden sei, habe mit desillusionierter Klarheit die Postmoderne als unecht verurteilt, sie als stupide verspottet und gleichzeitig als Schicksal akzeptiert.

Tatsächlich aber läßt auch der rätselhafte alte Goethe jenen Verdacht nicht unberücksichtigt, wenn er im *Faust II* nicht nur von der Geburt des Homunculus, des im Laboratorium verfertigten Menschen, erzählt, sondern auch einen vollkommenen Triumph des Unnatürlichen und die Niederlage, das Verschwinden der antiken Mutter, darstellt, die von der Mode, der Kunstgewerbeproduktion, den Fälschungen nachgeahmt wird. In diesem Übergang vom Entstehen der Moderne zur Postmoderne, der sich im zweiten Teil des *Faust* abzeichnet, sind die Wasserhähne bereits lebendiger und erfahrbarer als die Flüsse, und ihre Zuleitungen können jederzeit den Ausfluß des Wassers des Lebens unterbrechen, wie es die Apokalypse ankündigt. Die angsterfüllten Proteste gegen das Kraftwerk, das bei Hainburg entstehen soll, sprechen davon, daß Erde und Leben dort austrocknen würden, von einem Fruchtwasser, das trockengelegt und sterilisiert, von dem urwüchsigen Sumpfgebiet der Auen, das für immer verschwinden würde.

Die Tagediebe, die in jenem Gasthaus an der Breg ihre Sophismen zum besten geben, befürchten im Grunde genommen, sie könnten selbst wie Homunculus entstanden sein und ebenso im Humus ihres Herzens trockengelegt werden wie jenes ausgetrocknete Flußbett, das sie sich genüßlich ausmalen. Insgeheim hoffen sie dennoch auf das Lächeln, das sich Goethe auch angesichts des so unerbittlich dargestellten Karnevals der Künstlichkeiten im *Faust II* erlaubte. Auch wir in dem Gasthof stehen wie alle anderen vor jenem Dilemma, das

der alte Goethe formuliert, aber nach Art des Mephistopheles nicht gelöst hat: Ist die schaffende Natur ein endloser Horizont, der selbst jene epochalen Ereignisse umfaßt, innerhalb deren ihn die Menschen nicht mehr wahrzunehmen vermögen, oder hat auch sie auf einem Karnevalswagen des Nicht-Authentischen ihr Ende gefunden, außerhalb dessen es nichts mehr gibt? Ist die Atombombe eine perfide menschliche Erfindung, die eine ewige Harmonie gefährdet und mit ihr den jahrtausendealten Gedanken, der jenen Sinn von Ewigkeit übermittelt hat, oder ist sie ein unbedeutendes Phänomen, das in einem vergleichsweise lächerlich geringen Maßstabe die Kernspaltung und die gigantischen Explosionen nachahmt, die sich unablässig auf der Sonne ereignen, die Gott geschaffen hat, um der Erde Leben und Wärme zu schenken?

Diese Antithese läßt uns freilich dort, in jenem Gasthof, ziemlich gleichgültig, denn auch wenn das überall hinausposaunte Ende aller Zeiten nur ein Platzregen wäre, der leicht verfrüht den Sommer beenden würde, so wäre dies doch auf jeden Fall das Ende unserer Jahreszeit. Die Beine der Kellnerin, die uns bedient und mit ihren Holzschuhen *ad maiorem Dei gloriam* und zur Erbauung der Anwesenden auf dem Holzboden auf und ab gehen, sind ein mehr als hinreichender Grund, noch etwas länger auf dieser Welt zu bleiben – oder jedenfalls in diesem Gasthof, um Gigi zuzuhören, der doziert, und in die Gesichter um ihn herum zu schauen. Maria Giuditta arbeitet an ihrem Würstchen mit Senf, Francesca hört schweigend zu, bedeutungslos und faszinierend wie Fontanes Effi Briest: Zauber des Wassers, das leicht und durchsichtig wie jener etwas weiter entfernte Bach fortzufließen scheint, ohne etwas zu verbergen, reine und klare Oberfläche, die wie die eines kaum vom Windhauch gekräuselten Meeres unerforschlicher ist als die Wassertiefen mit ihren dunklen, geheimnisvollen Höhlen und an eine zärtliche und schweigsame Unendlichkeit erinnert.

In der Periode des Sturm und Drang mit ihren vorrevolutionären Hoffnungen galt der Strom als Symbol des Genies, der Lebensenergie, der schöpferischen Energie des Fortschritts. Im fünften Band der *Encyclopédie* wird der »enthousiasme« mit einem kleinen Bächlein verglichen, das wächst, fortfließt, sich windet und immer größer und mächtiger wird und sich schließlich in den Ozean ergießt, »nachdem es die glücklichen Länder, die es bewässert, reich und fruchtbar gemacht«. Einige Jahrzehnte später dagegen gedachte

Grillparzer in Versen von ganz anderer Art den Lauf eines Baches anzuhalten, er beschrieb, wie er anwuchs, sich aber auch in der Geschichte verlor, die bescheidene, aber friedliche Harmonie seiner reinen, ungestörten Kindheit hinter sich ließ, sich fortbewegte und sich verirrte, um sich schließlich im Meer, im Nichts aufzulösen.

Die Donau ist ein österreichischer Fluß, und österreichisch ist das Mißtrauen in die Geschichte, welche die Widersprüche löst, indem sie sie durch eine Synthese beseitigt, die die Kräfte, die im Spiel sind, überwindet und annulliert, in einer Zukunft, die den Tod näher bringt. Vielleicht erscheint uns das alte Österreich heute oft als kongeniales Vaterland, da es die Heimat von Menschen war, die bezweifelten, daß ihre Welt eine Zukunft haben könnte; die die Widersprüche des alten Reiches nicht auflösen, sondern deren Lösung aufschieben wollten, da sie sich dessen bewußt waren, daß jede Lösung die Zerstörung einiger für die Heterogenität des Reiches lebenswichtiger Elemente mit sich gebracht hätte und somit auch das Ende des Reiches selbst. Um die Mulde der Breg zu erreichen, muß man, wenn auch nur einige Meter, den kleinen Abhang hinuntergehen. Hier beginnt der Fluß, hier beginnt sein Lauf. Folgt man ihm, wird es zweckmäßig sein, auch Verzögerungen, Umwege, Aufenthalte wahrzunehmen, denn wie Rilke wußte, nicht das Siegen, überstehen ist alles.

8.

Die Zeitgeleise

Das deutsche Uhrenmuseum, der Stolz Furtwangens, ist ein Wald aus allen möglichen kostbaren, schlichten, selbstbewegten musikalischen Instrumenten jeglicher Art und Form, die der Zeitbestimmung dienen. Es überwiegen natürlich die Schwarzwälder Kuckucksuhren, deren Urheberschaft einem böhmischen Handwerker, einer anderen Überlieferung zufolge einem Franz Anton Ketterer um 1730 oder auch dessen Vater Franz zugeschrieben wird. Es gibt Pendeluhren, astronomische, planetarische und Quarzuhren. Man stellt sich automatisch die Frage, ob die Zeit unabhängig von diesen Instrumenten verrinne, die sie mit verschiedenartigen

Bewegungen skandieren, oder ob sie nur das zusammenhängende Resultat dieser Einschnitte und Messungen darstelle.

Zwischen diesen unzähligen Pendeln denkt man nicht an die Überlegungen von Aristoteles oder Augustinus, an deren metaphysische Fragen über die Zeit, sondern an wesentlich bescheidenere chronologische Unstimmigkeiten und Deformationen. Nur wenige Monate zuvor feierten beispielsweise einige Plakate des *Movimento Sociale Italiano* den vierzigsten Jahrestag der Republik von Salò. Jene Bilder mit den zum faschistischen Gruß erhobenen Händen, die noch mehr in die Höhe gereckt wirkten, weil sie Dolche umklammert hielten, waren zugleich eine Allegorie auf die Elastizität, auf das dehnbare Maß der individuellen wie der historischen Zeit. Während der berühmten Wahlkampagne im Jahre 1948 gehörte das Jahr 1918, das Ende des Ersten Weltkriegs und der Anschluß Triests an Italien, einer inzwischen weit entfernten und befriedeten Vergangenheit an, die keine heftigen Leidenschaften mehr wecken konnte. Die dreißig Jahre, die zwischen 1918 und 1948 lagen, hatten solche Ereignisse ad acta gelegt, daß sich dort kein schädlicher Zorn mehr entzünden konnte. Der vierzigjährige Abstand zwischen der Republik von Salò und dem vor kurzem gefeierten Jahrestag stellt einen kurzen Zeitabschnitt dar, innerhalb dessen die Leidenschaften noch keineswegs archiviert worden waren, und die auf den Plakaten angekündigte Versammlung hätte zu Unruhen, zu Schlägereien, zu Verletzten führen können.

Ereignisse, die vor vielen Jahren oder gar vor Jahrzehnten sich zugetragen haben, sind so gegenwärtig, als ereigneten sie sich heute, und Tatsachen und Empfindungen, die kaum einen Monat vergangen sind, werden als weit zurückliegend, definitiv abgeschlossen, wahrgenommen. Die Zeit vermindert sich, sie dehnt sich aus oder zieht sich zusammen, sie gerät zu Klumpen, die, wie es scheint, mit Händen zu greifen sind, oder sie vergeht wie eine Nebelbank, die sich auflöst und im Nichts verschwindet: so als gäbe es viele Geleise, die sich gabelten und überkreuzten, auf denen man in verschiedene und entgegengesetzte Richtungen führe. Seit einigen Jahren ist das Jahr 1918 wieder in die Nähe gerückt; das Ende des Habsburgerreichs, das bereits in der Vergangenheit verschwunden war, ist in die Gegenwart zurückgekehrt, ist Gegenstand leidenschaftlicher Auseinandersetzungen geworden.

Es gibt den einen und einzigen Zug nicht, der die Zeit bei gleich-

bleibender Geschwindigkeit in eine einzige Richtung brächte; bisweilen kreuzen sich seine Geleise mit denen eines anderen, der aus der entgegengesetzten Richtung kommt, aus der Vergangenheit, und für eine Weile befindet sich dann diese Vergangenheit neben uns, an unserer Seite, in unserer Gegenwart. Die Zeiteinheiten, welche die Handbücher der Geschichte unterscheiden, beispielsweise das Quartär oder das Augusteische Zeitalter, oder die Zeitabschnitte unseres Lebens – die Zeit auf dem Gymnasium, die Zeit, in der man eine bestimmte Person liebte –, sind geheimnisvoll, sie sind nur schwerlich meßbar. Die vierzig Jahre seit der Republik von Salò erscheinen kurz, die dreiundvierzig Jahre der Belle Époque dagegen äußerst lang; das Napoleonische Reich scheint erheblich länger als die christdemokratische Regierung, die inzwischen einen viel längeren Zeitraum überdauert hat.

Große Historiker wie Braudel haben sich vor allem mit diesem rätselhaften Aspekt der Zeitdauer auseinandergesetzt, mit der Ambiguität, der Vieldeutigkeit dessen, was sich »zeitgenössisch« nennt. Dieses Wort nimmt ganz verschiedene Bedeutungen an, wie in den Science-fiction-Geschichten je nach der Bewegung im Raum: für jemanden, der in Görz lebt und in der Alltagswelt, die ihn umgibt, ständig auf die Spuren eines Kaisers Franz Joseph stößt, ist dieser ein Zeitgenosse, während er für jemand anderen, der in Vignale Monferrato lebt, einer weit zurückliegenden Zeitepoche angehört. Für Hamsun, der bereits zu der Zeit der Schlacht von Sedan geboren war und noch den Beginn des Koreakrieges erlebte, waren diese beiden Ereignisse gewissermaßen von einem einzigen Horizont eingefaßt, während sie für einen Weininger, der 1903 sehr früh starb, einerseits einer vor seiner Geburt liegenden Vergangenheit und andererseits einer noch ganz fernen Zukunft, einer Welt, die er sich nicht einmal hätte vorstellen können, zugehören.

Die »Ungleichzeitigkeit«, die, wie Bloch schreibt, die Gefühle und Gewohnheiten einzelner Personen oder gesellschaftlicher Klassen voneinander trennt, ist einer der Schlüssel zum Verständnis der Geschichte und der Politik. So scheint es uns völlig unmöglich, daß für unsere Kinder bereits unwiderrufliche und unbekannte Vergangenheit sein soll, was für uns noch beschwerliche Gegenwart ist. Jeder ist in dieser Hinsicht ein Opfer dieses Mißverständnisses, jeder hat daran schuld. Derjenige, der zehn oder fünfzehn Jahre jünger ist als ich, wird nicht verstehen können, daß der Exodus aus

Istrien nach dem Zweiten Weltkrieg einen Teil meiner Gegenwart ausmacht, so wie ich nicht recht verstehen kann, daß sich für jenen die Jahre zwischen 1968, 1977 und 1981 in gänzlich unterschiedliche Zeitperioden einteilen, während sie sich für mich, ungeachtet ihrer Erschütterungen und Unterschiede, aneinanderreihen und überlagern wie das wogende Gras auf einer Ebene.

Die Geschichte erhält ihre Realität immer ein wenig im nachhinein, erst wenn sie vergangen ist, und die allgemeinen Zusammenhänge, die Jahre später in den Annalen festgelegt und beschrieben werden, ordnen einem Ereignis Rolle und Bedeutung zu. In Erinnerung an die bulgarische Niederlage – ein entscheidendes Ereignis für den Ausgang des Ersten Weltkrieges und somit auch für das Ende einer ganzen Kultur – schreibt Graf Károlyi, daß er, während er sie erlebte, ihre Bedeutung nicht wahrgenommen habe, weil »in jenem Augenblick« »jener Augenblick« noch nicht »jener Augenblick« geworden war. Auch die Schlacht von Waterloo existiert für Fabrizio del Dongo, während er sich mitten darin befindet, noch gar nicht. In der reinen Gegenwart, in der einzigen Dimension, in der gelebt wird, gibt es keine Geschichte; in keinem Augenblick gibt es den Faschismus oder die Oktoberrevolution, weil in jenem minimalen Bruch es nur den Mund gibt, der Speichel schluckt, eine Geste mit der Hand, einen Blick zum Fenster hin. Wie Zenon die Bewegung eines vom Bogen abgeschossenen Pfeils leugnete – weil er in jedem Augenblick in einem Punkt des Raumes verharre und eine Abfolge von unbeweglichen Augenblicken nicht Bewegung heißen könne –, so müßte man auch sagen, daß es nicht die Abfolge jener Momente ohne Geschichte sei, welche die Geschichte hervorbringe, sondern die Wechselbeziehungen und die nachträglichen Ergänzungen der Geschichtsschreibung. Das Leben, sagt Kierkegaard, könne nur verstanden werden, indem man rückwärts schaue, auch wenn es gelebt werden müsse, indem man nach vorn sehe – das heißt auf etwas, was nicht existiert.

9.

Bissula

Die Skulptur an der Donauquelle in Donaueschingen zeigt die Donau als ein zartes Kind auf den Knien einer weiblichen Figur, welche die Baar darstellt, das liebliche Hügelland, das sich ringsherum erstreckt. Die kindliche Gestalt ist in der Ikonographie des großen Flusses ungewöhnlich, der sonst als Figur von mächtiger und majestätischer Reife abgebildet wird, beispielsweise in der Brunnenskulptur, welche die Vorderseite der Albertina in Wien schmückt. Auch auf dem Engelsplatz in Budapest thront auf dem von Miklós Ybl entworfenen Donaubrunnen die hochaufgerichtete Figur eines alten Mannes, auch hinsichtlich der dichten Mähne eine Art michelangelesker Moses, der sich auf einen Stock oder ein Zepter stützt und in der Linken eine Muschel hält, während aus seinem Mantel der Schwanz eines Fisches hervorguckt. Es umgeben ihn seine getreuen Nebenflüsse – die Theiß, die Drau, die Save –, die als Brunnenstatuen wohlgestaltete weibliche Formen annehmen.

Auch die Figuren, die das große Buch des Marschalls Luigi Ferdinando Marsili schmücken, den *Danubius Pannonico-Mysicus, Oberservationibus Geographicis, Astronomicis, Hydrographicis, Physicis Perlustratus et in sex Tomos digestus* (1726), erscheinen als alte, kraftvolle, männliche Personifikationen des Flusses, eine Art wohlwollender königlicher Saturn, ein Titan, der noch nicht von den Kraftwerken, der Kanalisation und anderen Machenschaften jener unbesiegbaren Zwerge bedroht wird, die sich die Erde untertan gemacht haben. Zwar ist der deutsche Name des Flusses weiblichen Geschlechts; ein Bild von O. Friedrich aus dem Jahre 1938, das im Wiener Kriminalmuseum hängt und die Leiche eines Ertrunkenen darstellt, ist mit *Mutter Donau* betitelt – ein mäßiges Bild, wie der freundliche Kriminalrat mir sagte, der mich bei meinem Privatbesuch begleitete, denn die Polizei könne sich nur geringe Ausgaben leisten und müsse daher auf weniger anspruchsvolle Künstler zurückgreifen. Männlich und erwachsen ist aber auch die Donau, die auf dem Vierströmebrunnen Berninis auf der Piazza Navona Europa symbolisiert.

Vertraut war jene Quelle in Donaueschingen – vor eintausendsechshundert Jahren – einem Mädchen mit blonden Haaren und

blauen Augen, einem Wesen wie jene, die sehr viel später Thomas Mann faszinieren sollten. Dies wenigstens bezeugen die Verse von Decimus Magnus Ausonius, der als Rhetoriklehrer und Erzieher des kleinen Gracianus, dem Sohn des Kaisers Valentinianus I., im Jahr 368 die Armee des Römischen Reiches auf dem Feldzug gegen die Sweben begleitete. Das Feldlager befand sich nahe bei dem Zusammenfluß von Brigach und Breg. Der vorhersehbare Sieg der römischen Legionen, der die Niederlage von Châlons-sur-Saône wettmachen sollte, erbrachte dem Literaten eine Sklavin, die er Bissula nannte; der Name leitet sich wahrscheinlich aus einem alemannischen Wort ab, das entweder die Beweglichkeit der jungen Barbarin, oder – anderen Quellen zufolge – die Gabelung der beiden Zuflüsse bezeichnet.

Ausonius war achtundfünfzig Jahre alt, er verliebte sich in seine Bissula, die ihm nach Rom folgte, nachdem er ihr sofort den Stand einer freien Frau erwirkt hatte. Aus den Episteln, die er an seinen Freund Paulus schreibt, liest man die innige und gleichsam über sich selbst verwunderte Leidenschaft des sechzigjährigen Literaten heraus, seine Achtung vor der Geliebten, die ehrfurchtsvolle Dankbarkeit für dieses unvorhergesehene Geschenk des Schicksals, das zum Mittelpunkt seines Lebens geworden war.

Ausonius konnte Verse komponieren und Grammatik lehren, und als ehrenwerter Rhetor ließ er die rätselhaften Machenschaften des Universums auf sich beruhen; er wird sich schwerlich gefragt haben, weshalb es eines so langen Marsches über die Alpen, eines Krieges sowie der ganzen römischen Kriegskunst bedurft hatte, nur damit er mit einer Frau glücklich sein konnte. Eine Hand, die wir küssen, die wir berühren mögen, fasziniert uns auch deswegen, weil sie von ganz weit herkommt, weil an der verführerischen Form ihrer Finger der Urknall, das Quartär, die Wanderung der Hunnen von den Steppen Asiens hier in aller Bescheidenheit zusammengearbeitet haben.

Ausonius hat Verse für Bissula geschrieben. Es sind keine bedeutenden Verse, da der aus Bordeaux – damals Burdigala – gebürtige Professor ein sorgfältiger Handwerker war, der Hexameter und Pentameter verfertigen konnte, aber ganz bestimmt kein Dichter, wie sein ebenso ausführliches wie langweiliges Elaborat über die Mosel zeigt. Die Liebe reicht nicht aus, um Dichtung hervorzubringen, auch wenn sie bisweilen dazu notwendig ist; wer Distichen über

seine eigene Leidenschaft verfaßt, ist oft mehr um erstere als um letztere bemüht. Die Distichen von Ausonius sind gleichwohl mehr als bloß ordentlich, sie besingen Bissulas doppelte Natur, blondhaarige und blauäugige Germanin und Römerin in Kleidung und Sitte, Tochter des Rheins, die an der Donauquelle Bürgerin des Latiums geworden war. Ausonius, der sie wohl in römischen Gewändern bewundert, verlangt keineswegs von der geliebten Frau, die ihm nach Rom gefolgt war, daß sie ihren Ursprung, die Flüsse und Wälder Germaniens, verleugnet. Eine neue Identität anzunehmen bedeutet nicht, daß man die alte verriete, sondern vielmehr die Bereicherung der eigenen Person um neue Gefühle und Empfindungen, um ein neues Leben.

Gewiß, es ist Bissula gewesen, die Ausonius nach Rom gefolgt ist, und nicht er, der im Swebenland blieb. Bei jeder Begegnung von Kulturen und Zivilisationen – sei sie harmonisch oder konfliktreich, zwischen verschiedenen Personen oder in der Erfahrung einer einzigen – gibt es immer und unausweichlich ein Entscheidungsmoment, wodurch man, und sei es nur für einen Augenblick, sich eher in der einen als in der anderen wiedererkennt. Es sind keine Entscheidungen, die a priori zu treffen wären; Borges hat in einer seiner Parabeln dargelegt, wieso ein langobardischer Krieger, der seine Angehörigen verläßt, um zum Verteidiger von Ravenna und seiner Basiliken zu werden, und die englische Dame, die ihre Welt hinter sich zurückläßt, um sich einem Indianerstamm anzuschließen, zwei Seiten derselben Medaille und vor Gott gleich sind.

Vielleicht hat Bissula in der Latinität sich selbst gefunden, so wie die Barbaren Aetius und Stilicho, die zu den letzten großen Verteidigern des Römischen Reiches wurden, sich als römischer als die Römer und ihre kraftlosen Kaiser erwiesen, oder wie jene englische Adelige, von der Borges erzählt, daß sie sich in den Indianern wiedererkannt habe. Die Identität ist eine stets offene Suche, und auch die obsessive Verteidigung der Ursprünglichkeit kann bisweilen regressive Sklaverei oder, unter anderen Umständen, Erfüllungsgehilfe der Entwurzelung sein. Nicht empfandest du schmerzlich dein Los und das deiner Heimat, konnte Ausonius seiner Bissula sagen und hinzufügen, daß im Vergleich zu ihr, die germanisch geblieben war, die römischen Frauen wie Puppenlärvchen erschienen.

10.

Die Quelle der Brigach

Bei der Querele der Quellen hat die Brigach praktisch keine Anhänger, obwohl die Verbindung zu Donaueschingen die noch ganz kurze Donau zu ihrem Nebenfluß macht. Einzig und allein M.F. Breuninger optiert in seiner Abhandlung von 1719 über die Quellen der Donau für die Brigach; die Gründe jedoch, die er anführt, beschränken sich letztlich auf einen einzigen und kaum haltbaren, nämlich die Frische ihres Wassers. Die unauffällige Hinweistafel spricht nicht von der Donau, es ist ein ruhiger Ort an einer großen Wiese, in einer friedlichen Atmosphäre. Einen Gasthof gibt es hier nicht, nur eine Bank, die, wie die Inschrift erklärt, von der Landesbausparkasse gestiftet worden ist.

Die kleine Quelle entfließt dem Erdreich und mündet in einem Tümpel, auf dessen Grund ein Eisenrohr das Wasser sammelt, es wiederum unter der Erde entlangführt und es wenige Meter weiter abermals entspringen läßt, von wo aus es bergab fließen kann. Auch in diesem Falle würde ein geringfügiger Schaden an dem einfachen Eisenrohr die Physiognomie der Donau verändern…

So viel Ruhe ist hier, ein sanfter, frischer Wind kommt auf, als wolle er daran erinnern, wie das Leben auch sein könnte, ein gespanntes Segel, und hinter ihm eine Spur von Schaum und Gischt. Wer bei diesem Wind der Teilnahmslosigkeit nach- oder sich ihr hingibt, fühlt sich schuldig beim Ritual der kleinen Phobien, hinter denen man sich versteckt wie ein kafkaesker Junggeselle. Wie ein Schleier legt sich etwas vor die Dinge, verdunkelt sie und verhindert, daß man sie begehrt. In solchen Augenblicken innerer Dürre fürchtet man das offene Feld, wünscht sich ein geschlossenes und wenig belüftetes Zimmer, um sich darin zu verschanzen und eine klägliche Abwehr aufzubauen. Zwei pannonische Jochbögen aber beseitigen wieder einmal diese Verstopfung, fegen die verbrauchte Luft, die sich in irgendeiner Ecke angesammelt hat, hinweg, und alles beginnt von neuem zu fließen, so gelöst und befreit wie jenes Wasser, das dem alten Breuninger so gut gefallen hatte. Während wir etwas später dem Lauf der Brigach folgen, um wieder auf die anderen zu stoßen, fallen mir die Worte aus dem Talmud und die von Bertoldo

ein – die ersten sind lakonisch, die zweiten mitreißend, aber beide stimmen überein – über das, was ein Mann ohne Frau sei.

11.

Die Mesner von Meßkirch

Vor der Sankt-Martins-Kirche in Meßkirch erinnert ein Schild am Kirchplatz Nr. 3 daran, daß in diesem Haus in der kleinen Stadt nahe der noch jungen Donau als Kind Heidegger gewohnt hat. Das Haus ist niedrig, beigefarben; auf der Straße, vor den dürftigen Fensterbrettern, die mit Kupfer verkleidet sind, steht ein verkümmerter alter Baum, in dessen Stamm jemand, weshalb auch immer, Nägel eingeschlagen hat.

Am Kirchplatz Nr. 3 wohnt nunmehr die Familie Kaufmann, und die Frau, die mir die Tür öffnet, fragt zurück, als ich nach Heidegger frage, ob ich den Sohn oder den Enkel des Mesners meine. Sicherlich hätte es Heidegger gefallen, nicht als der gefeierte Philosoph, sondern als der Sohn des örtlichen Mesners bezeichnet zu werden: nicht als der berühmte Protagonist, der dem Namen seiner Familie Ansehen verschafft hat, sondern als jemand, der seine Identität und sein Ansehen, der seinen Platz in dieser Welt durch den ehrenvollen Namen seiner Familie und die bescheidene Würde des väterlichen Berufs erlangt hat. Wahrscheinlich hätte er sich mit der Tradition vereinigt, sich in ihr bewahrt gefühlt, eingefügt in die Landschaft und in die Spur der Generationen, eine schlichte, aber authentische Weise, sich im Sein zu befinden.

Aber Heidegger, der mehr als einmal seine Zugehörigkeit zu den Bauern des Schwarzwalds betonte, hat gerade dieses Gefühl des Vertrauens, der Bescheidenheit, diese *religio* profaniert. In jener pathetisch vorgetragenen Identifizierung mit einer unmittelbaren, ihm nahestehenden Gemeinschaft – mit ihren Wäldern, ihrem Dialekt, mit Heim und Herd – war implizit der Anspruch auf ein Authentizitätsmonopol enthalten, gewissermaßen auf ein exklusives und geschütztes Warenzeichen, als ob die unverfälschte Nähe zur eigenen Scholle die Treue anderer Menschen zu anderen Schollen, zu einer anderen Heimat – zu ihren Holzhäusern, ihren mietpreisge-

bundenen Wohnungen oder ihren Wolkenkratzern – in Frage oder in Abrede stellen würde. Wenngleich brüderlich mit seinen Landsleuten verbunden, kannte Heidegger in der Einsamkeit seiner berühmten und mit keinerlei Komfort ausgestatteten Hütte im Schwarzwald, in die er sich als alter Mann mit Vorliebe zurückzog, vielleicht doch nicht die Bescheidenheit eines Hirten des Seins, die ihm durch seine eigensinnige, wenn auch unbewußte Anmaßung verwehrt blieb, mit der er sich für den Oberhirten, den vom Sein delegierten Geschäftsführer hielt.

Heidegger war sich der irdischen Vorgänge durchaus bewußt, die jedes Individuum aus seiner Welt und seinen grundlegenden Bindungen zu entwurzeln drohten, als er seine eigene Bindung an den Schwarzwald und zu dessen Bewohnern hervorhob. Die begeisterte Strenge jedoch, mit der er seine *religio* bekräftete, verführte ihn dazu, nur diesen Wald vor seiner Hütte für authentisch zu halten, diese Bauern, die er beim Namen kannte, diese Bewegung, mit der die Axt über den Hackklotz gehoben wurde, oder dieses Wort im alemannischen Dialekt. Die anderen Bauern, Wälder, Wörter, Bräuche und Gewohnheiten jenseits der Berge und Meere, die man weder sehen noch berühren konnte und von denen nur indirekt und vermittelt Kenntnis zu erlangen war, wurden somit abstrakt, ideologisch, irreal, als gäbe es sie nur in trockenen Statistiken und als wären sie eine Erfindung demagogischer Propaganda, obgleich sie ebenso lebendig und konkret waren, ebenso aus Fleisch und Blut wie der Hirte des Seins, der sie mit seinen Sinnen nicht wahrzunehmen vermochte und in seiner Nähe nur den Geruch des Schwarzwalds spürte.

Das faschistische Mißgeschick Heideggers ist kein zufälliger Unglücksfall gewesen, denn Faschismus ist, auf einer weniger niederträchtigen, wenngleich nicht minder zerstörerischen Ebene, auch ebendiese Haltung, sich als guter Freund des früheren Schulkameraden zu erweisen, ohne sich darüber klarzuwerden, daß auch andere Menschen sich ihren Schulkameraden als gute Freunde erweisen könnten. Eichmann war vollkommen aufrichtig, als er sich in Jerusalem über die Mitteilung entsetzte, daß der Vater von Hauptmann Less, dem israelischen Offizier, der ihn über Monate verhört hatte und dem gegenüber er tiefen Respekt bezeugte, in Auschwitz ermordet worden sei. Er entsetzte sich, weil sein Mangel an Phantasie ihn daran gehindert hatte, sich hinter den Zahlen

der Opfer Gesichter, Züge, Blicke, konkrete Menschen vorzustellen.

Die deklamatorische Erklärung der eigenen Authentizität wird zur Pose eines Parvenu, wenn man gegen die Masse polemisiert und dabei vergißt, daß man selbst dazugehört. Jene Rhetorik der Verwurzelung und des Authentischen bringt im übrigen, wenngleich in entstellter Form, ein reales Bedürfnis zum Ausdruck, das Bedürfnis nach einem politischen und sozialen Leben, das nicht entfremdet ist, und denunziert dabei die Unzulänglichkeit eines nur positiven Rechts, einer rein formalen Legalität, die auch Ungerechtigkeit rechtfertigt, und stellt jener die Legitimität gegenüber, einen Wert, worauf sich wahre Autorität gründen könnte.

Der Legalität die Legitimität entgegenzusetzen und sich gegenüber Webers Entzauberung der Welt und der Kälte der Demokratie auf »warme« Werte (die Gemeinschaft, die gefühlvolle Unmittelbarkeit) zu berufen, bedeutet jedoch die Zerstörung jener Regeln des politischen Spiels, die es den Menschen gestatten, um die Werte zu streiten, die sie für heilig halten; es bedeutet somit die Einführung einer tyrannischen Legalität, die jegliche Legitimität leugnet. Sich gegenüber dem Recht auf die Liebe zu berufen, ist eine Profanierung der Liebe zu einem Instrument, um andere Menschen ihrer Freiheit und der Liebe selbst zu berauben.

Gerade Heidegger ist es im übrigen gewesen, der sich eindringlich gegen den Kult der Verwurzelung gewandt hat; in den größten Momenten seines Werks hat er gelehrt, daß »Unheimlichkeit... die obzwar täglich verdeckte Grundart des In-der-Welt-seins« sei, daß es ohne Desorientierung oder Verlust, ohne daß man auf Holzwege geriete, die sich im Wald verlören, keinen Ruf gebe und unmöglich sei, das authentische Wort des Seins zu vernehmen.

Der Sohn des Mesners von Meßkirch wußte in seiner alten schwäbischen Religiosität nur zu gut, daß man, um zur Liebe und zur Wahrheit zu gelangen, sich entwurzeln, weggehen, sich weit von zu Hause entfernen, sich jeder unmittelbaren Bindung und jeder ursprünglichen Religion entledigen müsse, so wie in jener harten Formulierung des Evangeliums Christus seine Mutter fragt, was er mit ihr zu schaffen habe. Wenn Heidegger auf der einen Seite sich in gewisser Weise dem Mythos von Blut und Boden annähert, so nähert er sich andererseits der Wahrheit Kafkas, die fort- und weitertreibt, sich der Wüste aussetzt, immer weiter fort vom Verheißenen

Land. Vielleicht konnte darum ein jüdischer Dichter wie Celan, gepeinigt von dem Massenmord der Nazis und der Wüste, die dieser hinterlassen hatte, den Weg finden, der ihn zu Heideggers Haus führte, hinaufsteigen zu jener Hütte und in einem wirklichen Dialog dem Ex-Rektor der Freiburger Universität begegnen, der 1934 – wenngleich vielleicht nur für einen Augenblick – die Philosophie in den Dienst des neuen Reiches gestellt hatte.

Der Schwarzwald, der jene Hütte umgibt, ist eine transzendentale und universale Landschaft geworden. In der Lichtung – wie in den Lichtungen auf meinem Monte Nevoso gibt es dort nichts Faßbares, nur den Horizont, an dem die Dinge erscheinen – hat Heidegger ein Symbol für die höhere Bescheidenheit des Denkens gefunden: ein Ort, an dem man dem Sein lauscht.

Heidegger wußte um die Objektivität und Notwendigkeit jenes Prozesses, welcher der Technik zum Triumph verholfen und – wie er sagt – zur Seinsvergessenheit geführt hat. In dieser Vision verabsolutiert er das Relative, er hält die Technik für ein Grundübel der Moderne und vergißt dabei, daß bereits der Pflug, der die Erde aufreißt, Herrschaft und Künstlichkeit bedeutet, und daß ein Intellektueller aus der Zeit des Römischen Reiches mit nicht geringerer Intensität die Entfernung von der Natur und die Entfremdung des »man« – der inauthentischen Existenz, die dem Unpersönlichen verbunden ist – hätte empfinden können.

Heidegger war keine naive schöne Seele, davon überzeugt, daß es hinreichen würde, die besseren Gefühle anzusprechen und das einfache Leben zu predigen, um wieder Harmonie herzustellen. Er diagnostizierte die erdumfassende Technisierung ohne moralistisches Pathos, so wie es einem Philosophen zukommt, dessen Aufgabe es ist, die eigene Zeit gedanklich zu erfassen und ihre Gesetzmäßigkeiten zu begreifen und nicht, die Schlechtigkeit seiner Zeit zu beklagen. Doch bedeutet dies nicht, wie oft behauptet wird, daß er damit zum Verfechter dieses Triumphs würde. Die Seismologen bestimmen die Stärke eines Erdbebens auf der Richterskala, ohne die Opfer zu betrauern, aber auch ohne diese Erderschütterung gutzuheißen. Während ich mit Frau Kaufmann, die übrigens nicht willens ist, mich eintreten zu lassen, an der Tür spreche, erblicke ich hinter ihr einen engen, dunklen Korridor, der nicht gerade darauf schließen läßt, daß hier eine glückliche Kindheit verbracht worden wäre. An der Nachbartür weist ein kleines Schild darauf hin, daß hier

ein Steuerberater wohne, ein eminent wichtiger Funktionär des Zeitgeistes einer Epoche, deren Geist rechnendes Denken geworden ist.

12.

Die Führerin von Sigmaringen

In den Mauern dieses Schlosses am Donauufer hat ein anderer Protagonist des blutigen Theaters unseres Jahrhunderts die Entwurzelung, den Alptraum des totalen Krieges erlebt, erlitten und seine Rolle rezitiert: Céline. Er sah, wie der Fluß wütend gegen die Brükkenbögen schäumte, und stellte sich vor, wie er wild und zerstörerisch die Türme einreißen, die Säle verwüsten, das Porzellan zerschmettern und alles mit sich bis zur Deltamündung führen und so die Geschichte unter den schlammbedeckten Trümmern der Jahrtausende zermalmen und begraben würde. Diese gespenstische Vorstellung von endgültiger Vernichtung gab ihm bitteren Trost, sie ermöglichte ihm, seine Verfolgung und Flucht mit dem grausamen und unsinnigen Schicksal aller Dinge zu vereinigen.

Der hellblaue Himmel, die Schneeluft und die ruhige Donau, die Enten, das Schilfrohr können dem Germanisten, der vierzig Jahre danach hierher gereist ist, ohne daß ihn die Bomben der R.A.F. bedrohten oder er von den Senegalesen der Leclercschen Armee mit ihren bereits gezückten Degen verfolgt wäre, keine Bilder der Zerstörung vermitteln. Die Orte entlang des Weges laden sämtlich zur Rast ein: der Reisende wird nicht zur Flucht getrieben, sondern möchte vielmehr innehalten, sich Personen und Landschaften einprägen, auch das Zimmer des Gasthofes in Tuttlingen, das er vor wenigen Stunden verlassen hat, auch die darin verbrachten Stunden, die Gewässer der Träume, die Amphore, die auf dem Grund jenes Meeres zum Vorschein kam. Die Reise ist die Treue des Seßhaften, der sich überall seine Gewohnheiten und seine Wurzeln bestätigt und dabei versucht, mit seiner Beweglichkeit im Raum die Erosionen der Zeit zu verwischen, um stets die vertrauten Dinge und Gesten zu wiederholen: sich zu Tisch setzen, reden, lieben, schlafen. Unter den lateinischen Motti, die mit der Autorität der toten

Sprache die Säle des Schlosses von Sigmaringen zieren, feiert eines die Liebe zum Geburtsort, den Genius loci, die in der eigenen Bleibe wurzelt und von jeglicher Begierde, sie zu verlassen, frei ist: »Domi manere convenit felicibus« – den Glücklichen ziemt es, daheim zu bleiben.

Das Sigmaringer Schloß, das sich am Ufer der Donau erhebt, ist keineswegs eine Stätte der Harmonie und Beglückung gewesen, sondern häufiger ein Ort der Abreise, der Flucht, des Exils. Auch erinnert man sich vornehmlich an diejenige seiner Herren, der Fürsten von Hohenzollern-Sigmaringen, die es verließen, um Herrscher in anderen Ländern zu werden (etwa Karl oder Carol I. von Rumänien im vergangenen Jahrhundert), oder nächtens verjagt wurden, um 1944 der kollaborierenden Vichy-Regierung Platz zu machen, die sich dem Rückzug des deutschen Heeres anschloß, dem irrealen und machtlosen Hof des Marschalls Pétain und seines Premierministers Laval. In diesem Schloß hat sich eine Szene jener Tragödie abgespielt, die den Verfall Deutschlands und in seinem Gefolge den Untergang des deutschen Elements im Europa der Donau zeitigte.

Ein junges Mädchen führt die Reisenden durch das Schloß. In einem mechanischen Singsang leiert sie ihre Sprüche herunter und weist auf alles hin, was an Kunst und Geschichte vorhanden ist, auf die Gobelins aus dem 17. Jahrhundert, die Kanonen, ein Geschenk Napoleons III. Als ich sie frage, wo der Marschall Pétain gewohnt habe, zuckt sie verwirrt die Achseln, mit einem Gesichtsausdruck, als habe sie diesen Namen zum erstenmal gehört. Als sie wenig später durch weitere Zimmer führt, erwähnt sie, daß es sich um die Wohnung von Laval gehandelt habe. »Vichy« und »Laval« sind die Stichwörter, auf die hin ihr Gedächtnis gewissermaßen anspringt, so daß sie Daten und Details hervorkramen und zum besten geben kann, aber von Pétain hat sie noch nie gehört.

Dieses bruchstückhafte Wissen der unbegabten Museumsführerin hätte Céline gefallen; er hätte in ihr jene tragikomische Schizophrenie der Geschichte wiedergefunden, die er gerade in Sigmaringen erlebt hatte, wohin er im Gefolge der Vichy-Regierung während der Katastrophe gelangt war. In *Von einem Schloß zum anderen*, worin jener Aufenthalt in Sigmaringen ausführlich geschildert wird, schreibt Céline: »Wenn ich meckere, fasele, dann ähnele ich im Grunde nur den Fremdenführern.« Sein Buch ist auf seine Weise ein

Baedeker, ein Kompendium der Geschichte oder, für Céline selbst, das ihrer Verrücktheit, ihres Deliriums. In *Nord* hatte er vorhergesagt, daß innerhalb von zehn Jahren die Leute nicht mehr wissen würden, wer Pétain gewesen sei, oder ihn mit dem Namen einer Drogerie verwechseln würden.

Während er sich zusammen mit seiner Frau Lucette, dem Freund La Vigue und dem Kater Bébert in Sigmaringen unter anderen Kollaborateuren und Vertriebenen inmitten eines allgemeinen Chaos von Flüchtlingen aller Nationalitäten befand, wurde er von Radio London als »ein Feind der Menschen« bezeichnet; in der Meinung der gesamten freien Welt war er nicht mehr der große Volksschriftsteller seiner ersten Bücher, welche die existentielle und soziale Verrohung denunziert hatten, sondern ein infamer Verräter, ein Komplize der Nazis, der Antisemit, der Pamphlete gegen die Juden verfaßt hatte, nunmehr selbst genauso wie die Nazischlächter gehetzt und zum Abschaum der Menschheit degradiert. In jenem Palast aus Pappmaché und unter den höhnisch grinsenden Masken der porträtierten alten Feudalherren linderte Céline, wie er nur konnte, die Leiden einiger Kranker, er verteilte Morphium an diejenigen, die vor Schmerzen stöhnten, er gab denen Zyanid, deren Ende er kommen sah; die Donau unter ihm mit ihren Windungen, welche die Jahrhunderte geformt hatten, erschien ihm mit ihrer imperialen Tradition als verfaulter Fluß der Geschichte, die für ihn Unmut und universale Gewalt bedeutete. Im Plätschern der Seine und im Atem des Meeres hatte Céline die Stimme eines noch nicht von der Geschichte korrumpierten Lebens vernommen, von absoluter Poesie und frei von Falschheit und Lüge; die geschichtsträchtige Donau hingegen flößte ihm Schrecken ein, und für ihn waren alle großen Persönlichkeiten seines Jahrhunderts »Donaugangster« wie die Fürsten von Hohenzollern-Sigmaringen.

Céline verachtet die neuen Herren des Schlosses zu Sigmaringen, mit denen er durch seine Entscheidung für den Faschismus gleichwohl schicksalhaft verbunden war; er verachtet sie, weil sie über den Dingen stehen, weil sie das gemeine Elend und die verstopften Aborte ihrer Anhänger nicht teilen, weil sie – wie Pétain – glauben, irgend etwas Höheres zu verkörpern, und daher in einer falschen Welt, weit entfernt vom Schlamm und vom Kot der authentischen Existenz leben. Céline hingegen spricht aus der Tiefe des brutalen, unmittelbaren Leidens, er schreit mit der erstickten Stimme der zer-

malmten Kreatur, er beteuert die Unannehmbarkeit und die Unsinnigkeit des Übels. Seine Verabsolutierung wird zur Verzerrung, und schließlich stellt er sämtliche irgendwie relevanten Akteure der Geschichte auf dieselbe Ebene, Adolf Hitler und Léon Blum, insofern sie ihm alle gleichermaßen als Ausdruck eines Willens zur Macht erscheinen, als Günstlinge der Massen und somit Träger von Macht. Wie ein leidender und schuldbeladener Messias identifiziert er sich mit den nationalsozialistischen Mördern, weil er erkennt, daß sie verlieren werden.

An dem blutigen, unflätigen Karneval von Sigmaringen erscheint ihm alles töricht und austauschbar: der ohnmächtige Pétain, der verrückte Corpechot, der sich zum Admiral der Donau proklamiert, Laval, der in diesem völligen Zusammenbruch Céline zum Gouverneur der Inseln Saint-Pierre und Miquelon ernennt, die französischen Kollaborateure, die amerikanischen Bomben und die Konzentrationslager der Nazis verschmelzen zu einem einzigen gräßlichen Hexensabbat. Céline erlebt diese Zusammenhangslosigkeit am eigenen Leibe, diesen roten Faden der Geschichte, der »durch mich hindurchläuft von oben nach unten, von den Wolken zu meinem Kopf, bis zum After«.

Céline hat das Medusenhaupt gesehen, die Leere, die sich hinter dem Drängen und Fließen des Lebens verbirgt, wie bei den durch Bomben zerstörten Häusern, deren Fassaden zufällig stehengeblieben sind, während sich hinter ihnen nichts mehr befindet. Mehrfach hat er mit Nachdruck diese Epiphanie des Nichts wiederholt, die – wie jede Erfahrung des Absoluten – wie das plötzliche Aufleuchten eines Blitzschlages, nicht aber Gegenstand einer insistierenden Predigt sein kann. Gigi, der Céline sehr liebt, ist wie dieser in der Lage, das Medusenhaupt zu betrachten, doch das sanguinische Wohlwollen, mit dem er es verbirgt, wobei er Karosieben aufspielt oder den Wein verschüttet, läßt dem Ganzen und dem Nichts des Lebens vielleicht mehr Gerechtigkeit widerfahren.

Größe und Verfall bilden im Gesamtwerk von Céline eine Lebensgemeinschaft. Das erschreckendste seiner Bücher – *Die Judenverschwörung in Frankreich* – ist eine der wenigen tatsächlichen, schuldhaften und sträflichen Überschreitungen unter so vielen harmlosen Freizügigkeiten von Literaten, die es nach Überschreitung verlangt hat, aber unter Wahrung der Immunität und mit allen Garantien der Sozialversorgung. Es ist der langatmige und langweilige Gefühls-

ausbruch eines Kleinbürgers und Ladenbesitzers, der sämtlichen Vorurteilen seiner verarmten und desorientierten Schicht anhängt, doch ist es zugleich eine geniale, verzerrte Momentaufnahme des 20. Jahrhunderts, an der man nicht vorbeikommen wird. Der vom Haß getrübte, bisweilen aber auch geschärfte Blick Célines entlarvt die frenetische Betriebsamkeit der Kulturindustrie und erkennt in ihrer sterilen, kalten Aufregung, in ihrer fortwährenden, hektischen vorzeitigen Ejakulation ein Potential dumpfer Gewalttätigkeit. Diese fieberhafte Mobilisierung, die gebieterisch das Individuum zu den Manövern der Symposien, Debatten und Interviews abkommandiert, ist die Hysterie eines überfüllten Zimmers, einer Welt, an der an allen Türen das Schild hängt: »Alles belegt«.

Das kollektive Bewußtsein, das die Gewalt nicht überwinden will, ihr aber nicht einmal ins Angesicht zu schauen wagt, sublimiert den Egoismus und die Gewalttätigkeit zu einem leeren Kult aus Gefühl und Leidenschaft, zu einer Kultur, die Céline als »lyrisches Bidet« bezeichnet hat und die – in Unkenntnis der elementaren Wahrheit der Sexualität und jener umfassendenden der Liebe – den Bereich der großen Ausreden darstellt, die Poetisierung der Geschlechtsdrüsen, das Herzklopfen der *amour-passion*, das beschworen wird, um Betrug und Selbstbetrug zu rechtfertigen. Als Dichter der Sexualität und der Sehnsucht nach Liebe hat Céline unerbittlich die Gefühlsverfälschungen, die Abwesenheit der wahren Sexualität und der wahren Liebe demaskiert, jene Ansammlung von Blut im Unterleib, die das Bedürfnis empfindet, sich zu adeln, indem sie nach oben steigt und sich in bewegten Seufzern Luft macht, die Unfähigkeit zu lieben und die Feigheit, wenn man nicht lieben kann, der Sexualität eine sentimentale Krücke anzukleben, die schließlich andere straucheln läßt und ihnen das Bein bricht. Das lyrische Bidet hat im Unterschied zu den großen Religionen immer das Bedürfnis, die bittere Pille zu versüßen.

Von der Idee eines bevorstehenden Krieges besessen, der zu totaler Vernichtung führen wird, wird der reaktionäre Céline zu der schrillen und mächtigen Stimme eines realen Unbehagens, auch wenn die Heilmittel, die er vorschlägt, ihrerseits zu den verheerenden Symptomen und Wirkungen derselben Krankheit gehören: Lebensrezepte, die wie eine unfreiwillige Parodie auf die großen, über dem Abgrund des Todes aufgeschlagenen Seiten von *Reise ans Ende der Nacht* klingen.

So feiert der große Rebell, der in der *Reise* unvergeßliche Passagen über die Schrecken des Krieges geschrieben hat und über die Unfähigkeit der Menschen, sich ihn vorzustellen, selbst wenn sie ihn selbst erleben, am Ende die Feuerlinie als den Augenblick der Wahrheit; der Dichter der brutal mißachteten Kindheit entschließt sich, jener gesunden Erziehung nachzuweinen, die keine Rücksicht, dafür aber Stockschläge kennt; der Pamphletschreiber macht sich die furchtbaren antisemitischen Banalitäten zu eigen, die der Erzähler der Figur des Vaters in *Tod auf Kredit* als dümmliche Vorurteile in den Mund gelegt hat; der Anarchist, der im Namen der Verborgenen und Unbekannten sprach, beklagt, daß die christlichen Kirchen die Vorherrschaft der Weißen zersetzt hätten. Seine Trilogie des Zweiten Weltkrieges vereinigt in einer einzigen umfassenden Lüge sämtliche rechten, linken, demokratischen, faschistischen Ideologien und auch den Antisemitismus in einer globalen Ablehnung der Gesellschaft, die nicht mehr eine jüdische Weltverschwörung in Betracht zieht, sondern eine weltweite Verschwörung aller Sieger und Mächte, die Juden eingeschlossen, eine Allianz aus Banken, Vietkong und Raumstationen.

Céline hat sich von der Enthüllung des Bösen täuschen lassen. Er hat die Stimme der Verworfenheit gehört, meinte Bernanos, wie ein Beichtvater in einem Elendsviertel; er hat es jedoch nicht vermocht, zwischen dem einen reuigen Sünder und dem nächsten ein kurzes Nickerchen zu machen, wie es zuweilen alte Beichtväter tun, die die Wiederholung der vorhersehbaren Sünden leid sind, er hat die gleichförmige Banalität des Bösen nicht wahrgenommen. Wie andere französische Schriftsteller seiner Generation, die mit Gide sagen zu können glaubten »J'ai vécu«, suchte auch er »das Leben«, ohne zu ahnen, wie größenwahnsinnig diese Anmaßung war. Grölend und schreiend, wie er selbst schrieb, glaubte er, eine wilde und jungfräuliche Unschuld des Ichs zu verteidigen. Er rühmte sich voller Herablassung, niemals ein Angestellter gewesen zu sein, als würde ihm dies eine besondere Authentizität sichern und als müßten die Schlägereien eines Hemingway a priori poetischer sein als die Büroarbeit Kafkas.

Den Begriff »Angestellter« als Beleidigung zu gebrauchen, ist nichts anderes als eine vulgäre und abgedroschene Phrase; Pessoa und Svevo hätten das Wort jedenfalls als eine passende Bezeichnung des Dichters aufgegriffen. Letzterer ähnelt weniger einem Achilles

oder Diomedes, die auf ihren Streitwagen der Zorn ergreift, als einem Odysseus, der weiß, daß er niemand ist. Seine Epiphanie ist diese Enthüllung der Unpersönlichkeit, die ihn in der Weitschweifigkeit der Dinge verbirgt, wie die Reise den Wanderer im Lärm der Straße untergehen läßt. Kafka und Pessoa reisen nicht an das Ende einer finsteren Nacht, sondern einer farblosen Mediokrität, die noch bei weitem beunruhigender ist, die erkennen läßt, daß man nur ein Garderobenständer des Lebens ist, und auf deren Grund sich dank dieses Bewußtseins ein äußerster Widerstand der Wahrheit finden lassen kann.

Der Messias wird für die Namenlosen und Demütigen kommen, nicht für die Kraftmenschen des Lebens; für den armen Virgilio Giotti, dessen Poesie bescheiden und unverdorben zwischen der Liebe zu seiner Frau und seinen Kindern und seiner Beschäftigung im Rathaus aufstrahlt, nicht für den pompösen Pablo Neruda, der seine Memoiren betitelt: *Ich bekenne, ich habe gelebt*. In einem Aufblitzen von Größe erkennt Céline im übrigen die Eitelkeit jeder Art von hervorgekehrtem persönlichen Vitalismus: »Mein Leben ist beendet, Lucie, ich fange nicht an, ich ende in der Literatur.« Er kann qualvolles Mitleid empfinden mit einzelnen Individuen, für die mongoloiden Kinder beispielsweise, deren er sich auf seiner Flucht durch Deutschland annimmt und in deren Augen er eine Würde liest, die den Schlachthof der Geschichte überwinden könnte, doch er ist unfähig, die eigenen Fehler zu erkennen. Nicht ein einziges Mal findet er ein Wort aufrichtiger Reue angesichts der Vernichtung der Juden, da es ihm unmöglich ist, das konkrete Menschsein von Personen zu erkennen, die er nicht unmittelbar gekannt hat.

Im Schloß zu Sigmaringen gibt es eine Kirche und ein Museum. In einem der drei Teile der Legende der heiligen Ursula, die um 1530 vom Meister des Thalheimer Altars gemalt worden ist, fällt das boshafte Auge eines Bogenschützen auf; Dornenkrönung und Kreuzigung zeigen bestialische Volksmengen, grausame Fratzen, obszöne Nasen, widerwärtige Zungen. In derartig leidvoller, plebejischer und elementarer Gewalttätigkeit hätte sich Céline vielleicht wiedererkannt, weil er wußte, daß auch er zu der namenlosen Volksmasse gehörte, wie sie von dem Meister von Meßkirch in seinen Verkündigungen und Geburten Jesu dargestellt wurden. Daraus hat er seine Größe gewonnen: nur die Erfahrung proletarischer Armut hat es

einigen Reaktionären ermöglicht, ungeachtet ihrer abwegigen Entscheidungen wirkliche Dichter zu sein: Hamsun und Céline sind dies dank ihrer Odyssee durch Hunger und Finsternis; in Ermangelung dessen ist die aristokratische Patina eines Ernst Jünger steril.

Anarchisch und selbstzerstörerisch hat Céline sowohl poetisch als auch intellektuell für die Verachtung, von der er sich nährte, seinen Preis gezahlt. Diese Verachtung hat leichtes Spiel; ein jeder Satz, jedes Verhalten, jede Behauptung erscheint demjenigen schwachsinnig, der dies mittels einer Art vorurteilsvoller Metaphysik wahrnimmt, die dies auf einen vagen, unantastbaren und unzweifelhaften Untergrund des Lebens stellt, gegenüber dem sich jedes moralische Prinzip als unzureichend und anmaßend erweist. Die Erklärung der Menschenrechte klingt lächerlich wie ein Donnerbüchsenschuß, weil sie sicherlich dem Abgrund der Existenz auf erbarmungslose Weise unangemessen ist. Aber wer sie mit altklugem Hohnlachen aufnimmt und sich für den inspirierten und kongenialen Interpreten dieses Abgrunds hält, ist zumindest ein ebenso hochtrabender Schönredner und ebensowenig der Sphinx ebenbürtig. Céline kann jeden verhöhnen, der von Demokratie spricht, doch könnte auch noch der letzte Schwätzer mit gleichem Recht – auf der Basis jener mechanischen Logik des Verspottens – auch seine Worte verhöhnen. Céline ist in Wirklichkeit auch ein Tartuffe, selbst wenn er sich absichert, indem er diese beleidigende Definition seiner eigenen Person dem Professor Y. in den Mund legt. »Meine Ankläger sind ausnahmslos Angestellte – ich bin es nicht« – dies ist ganz sicherlich der Ausspruch eines Tartuffe. Kafka, der ein Angestellter war, ist bestimmt nicht spießiger gewesen als Céline. Schon wahr, aber Kafka war Jude.

Die universale Donau des Ingenieurs Neweklowsky

1.

An Ulm glauben

Glaubst du denn an Ulm? Bissig und sarkastisch fragte sich Céline auf seiner Flucht durch ein verwüstetes Deutschland, ob die Stadt noch existiere oder ob sie bereits im Bombenhagel untergegangen sei. Wenn die Realität gewaltsam ausgelöscht wird, so wird der Gedanke an sie zu einem Glaubensakt. Doch wird jede Realität in jedem Augenblick ausgelöscht, wenn auch glücklicherweise nicht immer durch ein so blutiges Szenarium wie das der Phosphorbomben, sondern auf unmerkliche Weise, und es bleibt nichts anderes übrig, als zu glauben, daß sie existiert. Dieser Glaube, der in die körperlichen Gesten eingegangen ist und darin lebt, vermittelt jene ruhige, vitale Sicherheit, die es erlaubt, ohne Verstörung des Herzens durchs Leben zu gehen. Graf Helmuth James von Moltke, Urenkel des preußischen Feldmarschalls, des Siegers von Sedan, der als Schlachtendenker bezeichnet worden war, glaubte fest an Jesus Christus, und als der Volksgerichtshof des Dritten Reiches ihn 1945 aufgrund seines Widerstandes gegen Hitler zum Tode verurteilte, sah er seiner Exekution entgegen, wie man sonst eine unangenehme, aber unumgängliche Abendeinladung annimmt.

Ein Glaube an Gott ist gar nicht notwendig, es genügt der an die geschaffenen Dinge, der es ermöglicht, daß man sich zwischen den Objekten bewegt und sich davon überzeugen läßt, daß sie existieren, daß man überzeugt ist von der unwiderlegbaren Existenz des Stuhls, des Schirmes, der Zigarette, der Freundschaft. Wer an sich selbst zweifelt, ist verloren, so wie es dem, der fürchtet, nicht körperlich lieben zu können, auch nicht gelingt. Man fühlt sich glücklich inmitten der Personen, welche die unzweifelhafte Gegenwart der Welt fühlen lassen, so wie ein geliebter Körper die Gewißheit dieser Schultern, dieser Brüste, dieser sich wiegenden Hüften gibt, die uns tragen wie die Wellen des Meeres. Und wer keinen Glauben hat, lehrt Singer, kann sich so verhalten, als glaubte er; der Glaube wird sich hernach schon einstellen.

Ich glaube daher an Ulm, während mich der Zug wahrscheinlich dorthin und zum verabredeten Treffpunkt mit den Freunden bringt,

wie ich in der dritten Oberschulklasse an die Existenz von Cerrapungi (oder Cerrapongi) glaubte, an die Stadt in Indien, von der das Geographiebuch – *Der Kosmos* von S. Crinò – nicht nur behauptete, daß es sie gebe, sondern darüber hinaus verkündete, daß sie mit dreizehn Meter Jahresniederschlag der regenreichste Ort der Welt sei, während es an anderer Stelle hieß, daß die Niederschlagsmenge in Honolulu vierzehn Meter betrage. Mein Freund Schultz erhob daher Protest und meinte, daß, wenn die Dinge so stünden, der Weltrekord im Regnen Honolulu und nicht Cerrapungi zugesprochen werden müßte. Andere hingegen, die in einer minder strengen Philosophie erzogen worden waren, vermochten sich dadurch zu behelfen, daß sie die beiden Aussagen rigoros auseinanderhielten, so daß sie – unverbunden – gegen Widersprüche immun waren, wie etwa die Behauptung »die Sonne ging ruhig unter«, die in einem Roman aufgestellt wird, durchaus nicht der Behauptung »die Sonne ging stürmisch unter« eines anderen Romans widerspricht.

Hier ist die Donau jung und Österreich noch fern, und doch ist der Fluß bereits ein Meister an gewundener Ironie, jener Ironie, welche die mitteleuropäische Zivilisation groß gemacht hat: die Kunst, die eigene Kälte indirekt zu erwärmen, die eigene Schwäche in Schach zu halten; der Sinn für die Duplizität der Dinge und zugleich für ihre verborgene, aber einzige Wahrheit. Diese Ironie leitete dazu an, die Irrwege und Widersprüche des Lebens zu respektieren, den Unterschied zwischen der Ober- und der Unterseite eines Blattes, die miteinander nicht übereinstimmen, auch wenn sie ein und dieselbe Sache sind, die Verschiebungen zwischen der Zeit und der Ewigkeit, zwischen der Sprache und der Realität, zwischen dem Regen, der in Honolulu und in Cerrapungi fällt, und den Statistiken über Niederschlagsmengen, wie sie im Lehrbuch von S. Crinò verzeichnet sind. Die Toleranz gegenüber der Unausgeglichenheit und den Deformationen dieser Welt, gegenüber ihren Parallelen, die sich niemals schneiden, trübt nicht das Vertrauen, daß diese sich doch im Unendlichen überschneiden werden, doch zwingt sie sie nicht gewaltsam, dies schon vorher zu tun.

Ich erwarte daher, daß Ulm nicht allein aus dem Hinweisschild »Ulm« auf dem Bahnhof einer zerstörten Stadt besteht, wie dies Céline erlebte, als er schließlich dort ankam. Ich habe Riedlingen hinter mir gelassen, jenes Städtchen, das den ersten Vorposten der Habsburger an der Donau bildete und von den Störchen bevorzugt

wird. In diesem Zug bedrohen mich weder die Bomben, die über Céline abgeworfen wurden, noch die Wölfe, Gespenster und Irrlichter, von denen ein Reiseführer aus der Mitte des 17. Jahrhunderts, verfaßt von Martin Zeiller, einem Ulmer Wahlbürger, berichtet, wobei detailliert beschrieben wird, wie sie in die Flucht zu schlagen seien *(Fidus Achates oder getreuer Reysegefährt)*. Es wäre vielleicht ebenso klug, einem anderen Ratschlag Zeillers zu folgen, nämlich vor der Abreise sein Testament zu machen; hat man seine testamentarischen Verfügungen getroffen, seine Obliegenheiten, Nachlassenschaften, den gesamten Nachlaß genau geordnet, so reist man unbeschwert, befreit von der Schule des Lebens, losgelöst von allen Verpflichtungen und Funktionen in jenes geheimnisvolle, anarchische und glückliche Land, wohin man den Fuß nur dann setzt, wenn man eine Bühne verlassen hat, ganz gleich welche.

2.

Zweitausendeinhundertvierundsechzig Seiten und fünf Kilo und neunhundert Gramm Obere Donau

Es ist unzweifelhaft, daß sich Ulm an der Oberen Donau befindet. Nur – bis wohin reicht diese, streng genommen, welches ist ihr Anfang und ihr Ende, ihr Bereich, ihre Identität, der Begriff? Der Ingenieur Neweklowsky hat sein Leben damit zugebracht, die Grenzen der »Oberen Donau« aufzuspüren und, nachdem er dieses Territorium einmal bestimmt hatte, sie Schritt für Schritt genauestens zu prüfen, zu klassifizieren und zu katalogisieren, Zeit und Raum, die Farben des Wassers und die Verzeichnisse der Zollstationen, die Landschaft, wie sie sich spontan dem Blick darbietet, die Jahrhunderte, die sie haben entstehen lassen. Wie Flaubert oder Proust, so hat Neweklowsky seine ganze Existenz dem Werk, der Schrift, dem Buch gewidmet; das Resultat besteht aus drei Bänden von insgesamt 2164 Seiten einschließlich der Abbildungen, das Kompendium wiegt fünf Kilo und neunhundert Gramm und befaßt sich, wie der Titel sagt, nicht etwa mit der Donau, sondern viel

bescheidener mit der *Schiffahrt und Flößerei im Raume der oberen Donau* (1952–1964).

In seinem Vorwort präzisiert Ernst Neweklowsky, daß sich seine Abhandlung mit den 659 Kilometern beschäftige, welche die Quelle der Iller, die der Donau kurz vor Ulm zufließt, und Wien umfassen, eingeschlossen natürlich alle Nebenflüsse und die in einen Nebenfluß mündenden Flüsse des Gebietes; in der Einführung zum dritten Band gesteht er – mit der Unparteilichkeit dessen, der einer überpersönlichen Sache dient – jedoch zu, daß der Begriff der Oberen Donau und das Gebiet, das damit gemeint ist, je nach Standpunkt variieren könne: Unter einem streng geographischen Gesichtspunkt umfasse sie die 1100 Kilometer zwischen der Quelle und dem Wasserfall von Gönyü, unter hydrologischem Gesichtspunkt die 1010 Kilometer zwischen den Quellen und dem Zufluß der March; in völkerrechtlicher Hinsicht erstreckt sie sich über 2050 Kilometer bis hin zum Eisernen Tor und somit bis zur ehemaligen türkischen Grenze. Die Bayern mit ihrer etwas enger gefaßten regionalen Perspektive lassen sie an der Brücke in Regensburg enden, wobei sie auch eine Gesellschaft für die elektrische Nutzung der Wasserkraft nach ihr benennen und als »Untere Donau« das kurze Stück zwischen Regensburg und Passau betrachten. In der während des Ersten Weltkrieges verbreiteten militärischen Terminologie verstand man hingegen unter der »Oberen Donau« den für die Militärtransporte relevanten Flußverlauf zwischen Regensburg und Gönyü.

Da er sich der chaotischen Redundanz des Realen bewußt ist, bewertet der Ingenieur Neweklowsky, untersucht, konfrontiert, verbindet und verallgemeinert alle diese klassifikatorischen Hypothesen, auch wenn sein Standpunkt, der der nautischen Wissenschaft, ihn dazu führt, als »Obere Donau« jene 659 Kilometer zwischen der Mündung der Iller und Wien anzusehen. Zwischen 1910 und 1963, seinem Todesjahr, schreibt Neweklowsky, der frühere Strombauleiter in Linz ab 1908 und bis 1925 »Chef der Donau« zwischen Puchenau und Mauthausen, zu diesem Thema über hundertfünfzig Abhandlungen in Fachzeitschriften nebst Vorträgen, Ausstellungen, verstreuten Aufsätzen und einer Dissertation; zwischen 1952 und 1964, einem Jahr nach seinem Tode, erschienen die drei Bände, das Monument seines Lebens.

In diesen drei Bänden ist alles vorhanden: die Geschichte der

Schiffahrt von der vorrömischen Zeit bis zur Gegenwart, die Strekken und die Arten der Wasserfahrzeuge, Pirogen und Dampfschiffe, Schiffsschrauben und Bodenwrangen, die Teile und Gebrauchsgegenstände der Boote und ihre über die Jahrhunderte und von Gegend zu Gegend variierenden Benennungen, die Strudel und Untiefen, die unzähligen Arten von Flößen und Fähren, die Vorzüge und Nachteile der verschiedenen Holzsorten, die dabei Verwendung finden; die Züge, Furten und Durchgänge, die Trift der Stämme, die Zusammensetzung und die Sitten und Gebräuche der Schiffer, die abergläubischen Vorstellungen und die Sagen, die sich um den Fluß ranken, die Zollrechte, die Reisen der Herrscher und der Gesandten, die Dichtungen, die Lieder, die Dramen und Romane, die aus dem Wasser der Donau entstanden sind.

Die »Obere Donau« ist für Neweklowsky eine universale Donau, es ist die Welt und gleichzeitig ihre Landkarte, das Alles, das sich selbst enthält. Und weil es, um wirklich sicher durchs Leben zu reisen, am besten ist, die Totalität im Handgepäck mit sich zu führen, hat der Ingenieur, der auch an die Bedürfnisse des eiligen Reisenden dachte, außerdem eine Zusammenfassung der drei Bände zu einem schmalen, aber essentiellen Taschenbuch von 59 Seiten besorgt. Neweklowsky ordnet, klassifiziert, schematisiert, unterteilt seine Enzyklopädie in Kapitel und Paragraphen, versieht den Text mit Anhang, Index, Illustrationen und geographischen Karten. Der Ingenieur, der 1882 geboren wurde, besitzt die Leidenschaft für die Totalität, den systematischen Dämon der großen Philosophie des 19. Jahrhunderts; er ist ein Epigone, eines Hegel oder Clausewitz nicht unwürdig, er weiß, daß die Welt existiert, um geordnet zu werden, damit ihre verstreuten Details im Denken fest verbunden sind. Als er seine »Gesamtdarstellung« zur Veröffentlichung übergibt, sagt er, daß er in diesem Werk die Erfüllung einer ihm »vom Schicksal gestellten Aufgabe« erblicke.

Jede Totalität – auch diejenige Hegels, wie Kierkegaard mit parteiischer Schärfe formulierte – ist den Göttern Anlaß zu Heiterkeit und Gelächter. Es gibt Jahrhunderte oder Kulturepochen, in denen auch die Genialität des Spekulierens, indem sie sich anmaßt, jede flüchtige Einzelheit der Existenz wie in Schubfächern ordnen zu wollen, auf fatale Weise der Komik anheimfällt. Gewisse Stellen bei Thomas von Aquin oder Hegel entbehren ebensowenig der Lächerlichkeit wie manche Passagen Heideggers. Dieser komische Aspekt

mindert gewiß nicht die Größe Thomas', Hegels oder Heideggers; jeder wirklich große Gedanke zielt zwangsläufig auf Totalität, und diese Spannung enthält immer in seiner Größe auch ein Moment der Selbstkarikatur, der Selbstparodie.

Die Doktorarbeit und danach jene drei Bände bilden den Triumph Neweklowskys, das Erreichen der Totalität, die nur erlangt werden kann, indem sich die Unordung der Welt zu einem Buch ordnet und in Kategorien artikuliert. Neweklowsky setzt dazu so viele Kategorien wie möglich ein, zähmt die Erscheinungen, reiht sie nebeneinander auf und wendet sich gleichwohl mit geradezu qualvoller Aufmerksamkeit den vergänglichen und wahrnehmbaren Einzelheiten, der unwiederbringlichen Einzelexistenz zu. Seine Abhandlung umfaßt auch die Veränderungen des Wetters, den Wind, die unvorhergesehenen Unfälle, die Auflistungen von tödlichen oder nicht tödlichen Unglücksfällen, die sich an Bord zugetragen haben, Morde und Selbstmorde, Flußgottheiten, die Büsten der 132 Bootsführer von Ulm und die Verslein, die jedem von ihnen gewidmet sind; er beschreibt die Köpfe der heiligen Beschützer der Brücken, führt die für den Schiffskoch vorgesehene Strafe an, so dieser zuviel Salz in die Suppe geben sollte; er zählt die Namen der Schiffer auf, die sich zugleich als Gastwirte betätigten, und ebenso die Orte, wo sie sich als solche betätigt haben.

Als fleißiger Systematiker gibt er die phonetischen und orthographischen Varianten des Ausdrucks *Zille* wieder, was ein kleines Wasserfahrzeug bedeutet *(Zilln, Cillen, Zielen, Zülln, Züllen, Züln, Zullen, Zull, Czullen, Ziln, Zuin)*, sowie von zahllosen anderen technischen Ausdrücken; als gewissenhafter Ingenieur vermerkt er die Maße der verschiedenen Bootstypen, ihrer Traglast und ihrer Tonnage. Der umfassende Wissenschaftler zeigt sich auch als gewissenhafter Historiker, denn sein Verlangen nach Totalität zielt auf die Welt und ihr Werden. Er weiß, daß auch die Vergangenheit immer gegenwärtig ist, weil die Bilder all dessen, was gewesen ist, vom Licht getragen werden und von irgendwoher das Universum durchreisen und darin bestehen bleiben. Die Aufgabe des Enzyklopädisten ist ein vollständiges Porträt; seine Donau ist die Gleichzeitigkeit aller Ereignisse, das synchrone Wissen des Ganzen. So berichtet er beispielsweise, daß im Jahre 1552 elf Soldatentrupps des Herzogs Moritz von Sachsen auf siebzig Flößen Bayern verlassen haben und daß es gegen Ende des vergangenen Jahrhunderts noch 130 bis 140

Pirogen im Salzburgischen gab, 60 auf dem Wolfgangsee, 25 auf dem Attersee, fünf auf dem Altaussersee, zwei oder drei auf dem Grundlsee, auf dem Hallstätter See und auf dem Gmunder See.

Verzehrt von der Vorstellung einer mangelnden »Vollständigkeit«, die er aufrichtig eingesteht, fühlt sich Neweklowsky bedrängt von der ruhigen Obsession der Totalität; wenn er die Reise von Linz nach Wien erwähnt, die Kaiserin Maria, die Gemahlin von Ferdinand III., am 13. und 14. März 1645 unternahm, listet er sämtliche 52 Schiffe auf, wobei er bei jedem einzelnen genau anführt, für wen es bestimmt war, für den Oberkämmerer Graf von Khevenhüller oder drei spanische Kammerjungfern und die Gräfin Villerual, den Beichtvater der Kaiserin, den Beichtvater des Fürsten, für die Stühle und die Stuhlträger. Wenn er auf die literarischen Werke zu sprechen kommt, welche die Flußschiffahrt beschreiben, betont er ihre technischen Unstimmigkeiten, Ungenauigkeiten, Unwahrscheinlichkeiten, ihre poetischen Vorstellungen, die mit nautischer Wissenschaft unvereinbar sind. Die Landkarte, und folglich auch die Literatur, muß mit der Welt übereinstimmen wie jene kartographischen Werke des von Borges imaginierten Reiches; sein Buch über die Obere Donau muß mit dieser deckungsgleich übereinstimmen. Unerbittlich entlarvt Neweklowsky Lügen der Dichter und freut sich, sobald er unter den Musen nicht das aristotelische Wahrscheinliche antrifft, das er verachtet, sondern das Wahre; so kommentiert er ein Hörspiel von C.H. Watzinger, das am 8. Oktober 1952 vom Studio Linz ausgestrahlt wurde *(Von der Schiffsmeisterei zur Dampfschiffahrt)*, indem er feierlich verkündet: »Das Hörspiel atmet Donauluft.«

In dem systematischen Aufbau Neweklowskys öffnet sich von Zeit zu Zeit ein kleiner Spalt von Fragmentarischem, zeigt sich die Präsenz irgendeines umherirrenden Details. Melancholisch beklagt der Ingenieur, daß ein von Caracalla drei Meilen außerhalb von Passau aufgestellter Meilenstein spurlos verschwunden sei; in der geordneten Auflistung der historischen Reisen auf dem Fluß findet sich plötzlich zwischen kaiserlichen Flotten und den Schiffen, die den Gesandten der Hohen Pforte zur Beförderung dienten, die Überfahrt »eines gewissen Stefan Zerer« im Jahre 1528, der, nachdem er sich in Regensburg eingeschifft hatte, ein kurzes Stück donauabwärts reiste.

Gewiß, auch für Neweklowsky schwankt die Konstruktion bis-

weilen; der unvorhergesehene Wind einer flüchtigen und unwiederholbaren Eigentümlichkeit bringt die Karten durcheinander, löst die Heftklammern der Protokolle, und die Existenz dringt unvermittelt und augenblicklich ein. Wenn er sich mit dem Jargon und dem Vokabular der Schiffer befaßt, verbreitet er sich natürlich auch über die dazu bestehenden Wörterbücher, die er erläutert und kommentiert, aber er ist nicht so sehr verblüfft als fasziniert von einer anarchischen Erklärung, die in dem Werk *Donaureisen* von J. A. Schultes aus dem Jahre 1819 enthalten ist.

Im ersten Band auf Seite zwölf schreibt Schultes, daß er mit der Zusammenstellung eines Wörterbuches der Fährleute begonnen, es aber dann wieder aufgegeben habe, da es seiner Ansicht nach zur Erlernung ihrer Sprache genüge, wenn man beobachte, was die Schiffer täten, während sie sich dabei etwas zuriefen, statt jedesmal das Wörterbuch aufzuschlagen. Verwirrt ahnt Neweklowsky einen Augenblick lang, daß man, nur indem man jene Gesten und Gesichter sähe und jene Geräusche am Flußufer hören würde, tatsächlich ein Wort begreifen könnte, seinen unwiederholbaren Klang, seine Färbung, wie es in seiner Fülle nur in solchen unmittelbaren Zusammenhängen existiert, in dieser Umgebung, unter diesen rüpelhaften Fährleuten, die gegenseitig Beleidigungen austauschen (und deren Ruf als Raufbolde und Zecher durch besorgte Verordnungen der Reichsregierung bezeugt und von dem großen barocken Prediger Abraham a Sancta Clara gebrandmarkt worden ist). Jene Schimpfworte aber, jene ungehörigen Gesten, jene Gesichter und jener Jargon sind verschwunden, sind vom Wasser des Flusses fortgetragen worden in die Abgründe der Zeit, und kein Wörterbuch vermag sie festzuhalten, was Schultes wußte und weshalb er sich die Mühe ersparte. Vielleicht begreift Neweklowsky, daß die Strömung der Donau auch seine fünf Kilo und neunhundert Gramm Papier über die Obere Donau mit sich zieht und verschluckt, doch er erholt sich sogleich, drängt jenen nihilistischen Schauder in die unerforschten Gewässer seines Herzens zurück und beklagt, daß Schultes sein Wörterbuch nicht zu Ende gebracht habe.

Neweklowsky ist in der Tat gegen solche Windstöße gefeit, die aus dem Nichts hervorkommen; seine verdienstvolle Existenz ist vollkommen zugedeckt und beschützt von jenen 2164 Seiten, sie ist in ihrem Innern gewachsen wie im Hofe einer Festung, jene schwarzen Einbände und jene dicken Bücher sind eine unein-

nehmbare Mauer, ein Glaube, der weder enttäuschen noch verraten wird.

Dies ist unbestreitbar ein Vorteil gegenüber den Gläubigen anderer Kulte. Wer an Gott glaubt, kann sich plötzlich von ihm verlassen fühlen wie Jesus am Kreuz, er kann die Wirklichkeit in sich oder unter seinen Füßen verschwinden sehen. Der fromme Chaim Cohen, später Richter in Israel, ging mit dem orthodoxen Glauben seiner Väter nach Auschwitz; doch als er von dort zurückkehrte, war auch sein Gott vernichtet, in den Öfen der Krematorien zu Asche geworden. Auch die Revolution, der Kommunismus, die messianische Erlösung von der Geschichte können sich als ein Gott erweisen, der seine Anhänger verrät oder der keiner war, wie dies Koestler und viele andere erfahren haben. Swann lebt ausschließlich seiner Leidenschaft für Odette und erkennt am Ende, daß er sich für eine Frau verzehrt hat, die dessen nicht wert gewesen ist. Auch die blinde und unsinnige Liebe zu einem intensiven Leben, die manchen Menschen zu heftigem Begehren und großer Verführungskraft verhilft, kann unversehens ermatten, so daß der erotische Zauber der Vitalität wie bei Falstaff in einem Korb voll schmutziger Wäsche endet und die in den Wind gehißte Flagge zum Scheuerlappen für den nächsten Hausputz wird.

Die Donau hingegen, und sei es auch nur jene Obere, gibt es, sie verschwindet nicht, sie verspricht nicht, was sie nicht hält, sie verläßt niemanden, sie fließt treu und verifizierbar dahin, sie weiß von keinen theologischen Hasardspielen, ideologischen Perversionen und Enttäuschungen der Liebe. Sie ist da, berührbar und wahrhaftig, und der Gläubige, der ihr seine Existenz weiht, fühlt diese in harmonischer und unauflöslicher Einheit mit der Strömung des Flusses dahinfließen. Diese fortdauernde Harmonie läßt vergessen, daß beide, der Flußgott und sein treuer Anhänger, zu Tal fließen, zur Mündung hin. Es ist, als ob Neweklowsky, ebenso wie Quine, unaufhörlich mit dem Finger zeigte und »Donau« sagte und als ob diese ununterbrochene Ostension sein Leben mit einer unaufhörlich erwiderten Leidenschaft bezeichnen würde.

3.

Der Ingenieur zwischen Überzeugung und Rhetorik

War Neweklowsky ein Überzeugter? Der »gnädig rasche« Tod, der ihn seinem Biographen zufolge kurz nach seinem achtzigsten Geburtstag ereilte und ihm das Hinscheiden leicht und harmonisch werden ließ, scheint dies zu bestätigen. Die Überzeugung, schreibt Michelstaedter, ist der gegenwärtige Besitz des eigenen Lebens und der eigenen Person, die Fähigkeit, den Augenblick bis zum Grunde auszuschöpfen, ohne den begierigen Trieb, ihn rasch aufzuzehren, ihn zu gebrauchen und im Hinblick auf eine Zukunft zu nutzen, die so rasch wie möglich eintreffen soll, und ihn folglich durch die Erwartung zu zerstören, daß das Leben, das ganze Leben, schnell vergehen möge. Wer nicht überzeugt ist, verzehrt sich in der Erwartung von etwas, das immer zu kommen hat und niemals ist: das Leben als Mangel, als *deesse*, beständig von der Hoffnung zerstört, daß die gegenwärtige schwere Stunde bereits vergangen und ihre Auswirkung überwunden sei, das Examen bestanden, die Hochzeit gefeiert oder die Scheidung ausgesprochen, die Arbeit beendet, der Urlaub angebrochen, das Ergebnis der ärztlichen Untersuchung bereits mitgeteilt. Man hofft in der Hoffnung / die Stunde soll kommen / so schnell wie nur möglich / zum Teufel zu gehn / um nicht mehr auf ewig / hoffen zu müssen.

Die »Rhetorik«, das heißt die Organisation des Wissens, ist das ungeheure Räderwerk der Kultur, der fiebrige Mechanismus der Aktivität, dank dem es den zum Leben unfähigen Menschen gelingt, sich selbst zu betrügen, sich gegen das vernichtende Wissen um ihren Mangel an Leben und Werten zu sperren, sich ihrer Leere nicht bewußt zu werden. Sind auch die 2164 Seiten von Neweklowsky, so frage ich mich, als ich die Bibliothek verlasse und mich in Richtung auf das Fischerviertel bewege, sind auch sie ein Bollwerk innerhalb der großen Mauer der Rhetorik, die den Blick für die eigene Nichtigkeit versperrt?

Ich weiß nicht, ob Neweklowsky ein Überzeugter oder ein Rhetor gewesen ist, ob er in den Tausenden von Seiten heiteren Sinnes seinem Dämon folgte oder ob er darin eine Zuflucht vor seinen

Dämonen gesucht hat. Der gnädig rasche Tod scheint anzudeuten, daß auch die Existenz ohne Angst zugebracht worden ist. Entscheidend im Leben ist die größere oder geringere Fähigkeit, überzeugt zu sein, jede Reise spielt sich zwischen Aufenthalt und Flucht ab. Mit liebenswürdiger Insistenz verbreitet sich Neweklowsky in seinem Buch wiederholt über das »Moidle-Schiff«, über das fröhliche Schiff der 150 schwäbischen und bayrischen Mädchen, die Herzog Karl Alexander von Württemberg 1719 nach dem Frieden von Passarowitz zu den als deutsche Siedler im Banat verbliebenen Unteroffizieren geschickt hatte, damit diese deutsche Frauen heiraten könnten und somit jene schwäbische Präsenz begründen, die zu einem zentralen Kapitel in der Geschichte und der Zivilisation Südosteuropas werden sollte. Jenes Boot mit 150 Mädchen an Bord, deren viele unbefangenen Tugenden von zahlreichen Liedern überliefert sind, wäre ein ideales Schiff, um diese Reise zurückzulegen, als Überzeugter und ohne jede Eile, vielmehr mit dem Wunsch, niemals anzukommen.

4.

Die Donaunegerin

In seiner Aufzählung der schönen Literatur, die der Oberen Donau gewidmet ist, erinnert Neweklowsky an die anmutige, längst vergessene Erzählung *Mohrenfranzel* von Hermann Schmid. Die Erzählung spielt um 1813 unter Schauspielern des Schiffertheaters in Laufen, das im übrigen schon zuvor vom Ingenieur erschöpfend abgehandelt worden war. Die Protagonistin, Franzel, ist die Tochter eines napoleonischen Soldaten, genauer gesagt eines Negers, Trompeter im Heer des Kaisers, und eines deutschen Mädchens. Die Novelle erzählt von den Schwierigkeiten und Demütigungen, die sie ihrer Hautfarbe wegen erleidet, von ihrer Berufung zum Theater, das sie zurückweist, ihrer Liebe zu Hanney (einem Schauspieler, der für sie eine Komödie, *Die Königin von Saba*, schreibt, worin sie auftritt und Erfolg hat, eben weil sie schwarz ist), den Intrigen, welche die Liebenden trennen, dem Verrat, aber auch der Reue Hanneys, der sie davonjagt, ihr aber anschließend bis zur Unteren Donau nahe der türkischen Grenze folgt, wo Franzel auf dem Jahrmarkt in

einem Mohrentheater auftritt; am Ende heiratet er sie und kehrt mit ihr nach Laufen zurück.

Diese kleine Donauromanze zeigt die Grausamkeit des Rassismus, entmystifiziert dessen Vorurteile, löst sie auf wie eine Bühnenillusion, hinter der die menschliche Wahrheit einer Person zum Vorschein kommt, welche die Farbe der Haut ebenso transzendiert wie die Komödienrolle. Die Novelle ist ein bescheidenes Werk, doch die Eingebung jenes schwäbischen Schauspielers, der aus Liebe für die dunkelhäutige Geliebte die Rolle der schönen und schwarzen Königin von Saba erfindet, demaskiert die Unhaltbarkeit des Rassismus. Der Geist weht, wo er will, und niemand kann fortwährend des eigenen Genies oder der eigenen Wenigkeit ganz sicher sein; der apokalyptische Ton, mit dem der große Céline von der »kleinen Idylle zwischen Ihrer weißen Putzfrau und Ihrem schwarzen Briefträger« spricht, steht intellektuell auf einer tieferen Stufe als diese kleine Novelle von Hermann Schmid, die ansonsten zu Recht vergessen ist.

5.

Die deutsche Idylle

Ulm ist eine Stadt der deutschen Idylle, des alten Heiligen Römischen Reichs Deutscher Nation. Der Antiquarius begrüßt sie als »erste Hauptstadt an dem Donaustrom« und als »Decus Sueviae«, als Zierde Schwabens; die Chroniken rühmen ihre bürgerlich-patrizische Würde, das gute alte Recht ihrer Unabhängigkeit, den Reichtum, der, wie ein gereimtes Sprichwort sagt, dem Vermögen Venedigs, Augsburgs, Nürnbergs und Straßburgs gleichkam.

Indem er diesen kleinen Vers zitiert, bemerkt der Antiquarius in einer Fußnote, daß er nunmehr ein Mahnmal der Vergänglichkeit sei, da diese Städte ihren Ruhm verloren hätten und ihrem Niedergang anheimgegeben seien, doch hebt auch er den ehemaligen Reichtum Ulms hervor und insbesondere die Unabhängigkeit seiner Zünfte, die Privilegien, die seine Autonomie gegenüber den Institutionen des Reiches schützten, das *Jus de non appellando* und die Unzahl von Rechten, Befugnissen, Ermächtigungen, welche die freie Reichsstadt im Lauf von Jahrhunderten gegenüber dem Reich

hatte durchsetzen können. Als Kaiser Karl IV. 1376 Ulm belagerte und dadurch der Bevölkerung den Zutritt zu der Kirche verwehrte, die sich außerhalb der Mauern befand, beschlossen die Bürger, ein Gotteshaus innerhalb der Stadt zu bauen, und legten 1377 den Grundstein zu jenem großen Münster, das 1890 zu dem höchsten der Welt werden sollte. Die Chroniken erzählen, daß der Bürgermeister, Ludwig Krafft, den Grundstein mit hundert Gulden aus seiner eigenen Geldbörse bedeckte, um den Reichtum der Stadt Ulm zu demonstrieren, und daß die anderen Patrizier es ihm gleichtaten, indem auch sie Hände voll Gold- und Silberstücke auf den Stein warfen, gefolgt von dem »ehrbaren Volk« und schließlich vom »gemeinen Volk«.

Ulm ist ein Kernstück des deutschen Partikularismus im Heiligen Römischen Reich und im alten Deutschland, das sich auf das Gewohnheitsrecht stützte, Traditionen und geschichtliche Unterschiede festigte, sich jeder zentralen Gewalt, jeder staatlichen Form und auch jeder einheitlichen Gesetzgebung widersetzte. Der Reichsuniversalismus, dem es – ungeachtet der großen Anstrengungen der sächsischen und schwäbischen Herrscher – nicht gelingt, einen zusammenhängenden und einheitlichen Staat zu schaffen, schlägt um in die Auflösung jeglicher politischer Einheit oder spaltet sich auf zu einem Archipel von Lokalautonomien und Zunftprivilegien. Der *Schwabenspiegel*, die Gesetzessammlung aus dem 13. Jahrhundert, kodifiziert die Freiheit der sozialen Körperschaften und ihre Abtrennung voneinander, aus der die verkrampfte und sehnsüchtige deutsche Idylle hervorgeht, der Partikularismus, die gesellschaftliche Fraktionierung, der Widerspruch zwischen Ethik und Politik, das Durcheinander der »deutschen Misere«, wie sie Heine später genannt hat.

Das gemeine Recht bildete die juristische Grundlage für dieses Mosaik von Kompetenzen und Sonderrechten, es schützte die lebendige Vielfalt von Institutionen, die sich im Laufe der Jahrhunderte entwickelt hatten, und sträubte sich gegen jede einheitliche und vereinheitlichende Gesetzgebung. Als der aufklärerisch gesinnte Jurist Thibaut für eine Legislative eintrat, die im Namen der Gleichheit und der Universalität der Vernunft Differenzen und Privilegien abschaffen sollte, hielt ihm Savigny das gemeine Recht entgegen, die Verteidigung der Unterschiede unter den Menschen und die Gesetze, welche diese Unterschiedlichkeit, Frucht einer organi-

schen Entwicklung in der Geschichte und nicht Ergebnis eines »abstrakten« Rationalismus, bewahrten.

Somit werden in deutschen Landen der Freiheit im modernen und demokratischen Sinn die Freiheiten der verschiedenen Gesellschaftsschichten und Zünfte entgegengesetzt, »das gute alte Recht«, der Schutz der sich über Jahrhunderte gebildeten Ungleichheiten. Nicht eine universale menschliche Natur, sondern die historische Realität entscheidet über den Rang und die Rechte eines Menschen; für Möser, den Patriarchen von Osnabrück, bedeutete die Verteidigung der althergebrachten deutschen Freiheiten vor der Tyrannei des Totalitarismus die Verteidigung der Leibeigenschaft ebenso wie die der Autonomie des freien Bauern. Die deutsche Idylle ist somit die Verinnerlichung gesellschaftlicher Unbeweglichkeit, zu der auch Paulus und Luther mahnend angehalten haben, nämlich nicht die eigene gesellschaftliche Schicht zu verlassen und die »natürliche« Vielzahl der Stände und Schichten zu respektieren.

Der Klassenstolz, der die Darsteller dieser Idylle beseelt, bedeutet nicht allein eine Distanzierung von den jeweiligen unteren Schichten; es ist ein Stolz, der sorgsam die eigenen Bereiche auch gegenüber den jeweils höheren Schichten behauptet. In einer Erzählung von E. T. A. Hoffmann weigert sich Meister Martin der Küfner, seine Tochter einem jungen Patrizier zur Frau zu geben, da er sie mit einem tüchtigen Vertreter der Küfnerzunft zu verheiraten gedenkt. Als Faust sich Gretchen zu nähern versucht und sie als »schönes Fräulein« anspricht, erwidert sie, bescheiden, doch nicht ohne Stolz, daß sie kein Fräulein sei – also ein Mädchen aus dem Volk. Das »Streben«, Faustens ungestüme Sehnsucht, ist diesem deutschen Geist genau entgegengesetzt, der Carlo Antoni zufolge der am wenigsten faustische in der europäischen Geschichte gewesen ist.

Bisweilen verkörpert die »freie Reichsstadt« wie in Ulm die Unbeweglichkeit der Privilegien gegenüber der rechtlichen Gleichstellung, bisweilen verteidigt sie den Anspruch auf individuelle Freiheiten gegenüber einer totalitären Gleichschaltung – so zum Beispiel gegen den nationalsozialistischen Zentralismus. Im allgemeinen neigt die deutsche Idylle dazu, das Individuum in enge Dimensionen und eine nach undurchlässigen Klassen unterteilte Gesellschaft einzusperren und aus ihm, wie Lukács schreibt, einen »Bürger« und keinen »Citoyen« zu machen; somit entsteht jene pathetische und abweisende »unpolitische« und »verzweifelt deut-

sche« innere Isolation, deren großer Interpret und – wenigstens teilweise – Repräsentant Thomas Mann gewesen ist. Diese Situation manifestiert sich in einer in der deutschen Literatur häufigen Figur, dem »Sonderling«, jener einsamen und bizarren Persönlichkeit, die Giuseppe Bevilacqua als »Ausdruck eines tiefen Mißverhältnisses zwischen einer außerordentlich empfindsamen Natur und einer Gesellschaft, die unfähig ist, seinen besonderen Talenten ein entsprechendes Betätigungsfeld zu überlassen«, definiert hat.

Sonderlinge sind viele Helden von E. T. A. Hoffmann und Jean Paul, Kanzleisekretäre, Referendare, Provinzlehrer oder pedantische Gelehrte, beseelt von lebhafter Sehnsucht und methodischer Strenge; ihre heftige innere Leidenschaft, die sich hinter dem erstikkenden Vorhang beschränkter gesellschaftlicher Konventionen verbirgt, äußert sich häufig als leidvolle und groteske Extravaganz.

Charles Nodier führte die Blüte der phantastischen Literatur in Deutschland auf die Vielzahl lokaler Abgrenzungen und besonderer Gebräuche zurück. Das Genre des Phantastischen entsteht aus dem Partikularismus, der sich seinerseits auf das gemeine Recht stützt, denn bereits an den Stadttoren beginnt mit den verschiedenen Gesetzen und Sitten die beunruhigende Welt des Unbekannten; dieses Weiterleben des Vergangenen umgibt die Realität mit einer quälenden und zugleich gespenstischen Aura. Auch die Lyrik und die Satire Heinrich Heines, der im übrigen Schüler der großen Vertreter der historischen Rechtsschule gewesen ist, entstehen auf dem Boden dieses rechtlichen Partikularismus. Der Sonderling ist insbesondere eine Figur der deutschen Innerlichkeit, der Zerrissenheit zwischen Politik und Ethik, die beispielsweise den moralischen Widerstand vieler Menschen gegen den Nationalsozialismus ermöglichte, aber vielleicht auch dazu beigetragen hat, daß ein organisierter politischer Widerstand sich nicht bildete. Die Idylle von Ulm hörte auf unter den Bomben des Zweiten Weltkriegs, der am Ende von 12795 Gebäuden nur 2633 verschont hatte.

6.

Die Einnahme von Ulm

Die deutsche Idylle hat etwas Enges, Beschränktes, wie im übrigen auch die Etymologie des Wortes nahelegt: »Idylle« meint in der hellenistischen Literatur ein kleines Bild. Die deutsche Geschichte, die von Zeit zu Zeit zu universalen und tausendjährigen Reichen tendiert, nimmt häufig von einem provinziellen Rahmen, von einem kleinstädtischen Gesichtspunkt ihren Ausgang. So berichtet beispielsweise ein Historiker von dem Geheimplan zur Einnahme Ulms im Jahre 1701 durch die mit Ludwig XIV. verbündeten bayrischen Truppen; einigen Soldaten war es gelungen, als Bäuerinnen und Bauern verkleidet in die Stadt zu gelangen, wo sie ihren Truppen die Festungstore öffnen sollten, was ihnen im übrigen auch gelang: »Leutnant Baertelman trägt ein Lamm, Feldwebel Kerbler trägt Hühner… Leutnant Habbach in Weiberkleidern trägt Eier…«

Die Bayern, die sich dank dieses Handstreichs der Stadt Ulm bemächtigen konnten – sie befindet sich heute auf der Grenze zwischen Baden-Württemberg und Bayern –, waren zwar mit dem Sonnenkönig verbündet, doch gehört die Politik Ludwigs XIV., die Modernisierungen im Sinne des Zentralismus und eines Reiches, welche die lokalen Feudalmächte beschnitt, einer ganz anderen Geschichte an, gehört zu einem Kapitel, in dem auch die Namen Robespierre, Napoleon und Stalin ihren Platz haben, während die deutschen Verbündeten des französischen Autokraten jenem mittelalterlichen, engen und »idyllischen« Partikularismus zugehören, den die moderne Geschichte, und insbesondere die Frankreichs, hinweggefegt hat.

7.

Mit bloßen Händen gegen das Dritte Reich

Die deutsche Innerlichkeit hat in Ulm eine ihrer größten Blüten hervorgetrieben. Hans und Sophie Scholl, die beiden Geschwister, die 1943 wegen ihres aktiven Widerstands gegen das Hitler-Regime verhaftet, zum Tode verurteilt und hingerichtet wurden, stammen aus dieser Stadt, wo heute ein Gymnasium ihren Namen trägt. Ihre Geschichte ist das Beispiel des absoluten Widerstands von Ethos gegen Kratos; sie vermochten sich gegen das aufzulehnen, was nahezu allen eine unvermeidliche Realität schien, der man sich fügen mußte. Sie kämpften, wie Golo Mann schreibt, mit bloßen Händen gegen die ungeheure Macht des Dritten Reichs, sie stellten sich dem politischen und militärischen Apparat des NS-Staates entgegen, mit nichts anderem versehen als mit ihrem Vervielfältigungsgerät, mit dem sie ihre Aufrufe gegen Hitler druckten. Sie waren jung, sie wollten nicht sterben, es tat ihnen leid, die Verführung der schönen Tage an sich vorübergehen zu lassen, wie Sophie am Tage ihrer Exekution ruhig sagte, doch sie wußten, daß das Leben selbst nicht der höchste Wert ist, daß es erst dann liebens- und lebenswert wird, wenn es im Dienste von etwas anderem steht, das mehr ist als es selbst, das es erhellt und wärmt wie die Sonne. Deshalb gingen sie heiter ihrem Tod entgegen, ohne Angst und mit der Gewißheit, daß der Fürst dieser Welt bereits gerichtet ist.

8.

Ein Begräbnis

Ebenfalls in Ulm, auf dem Platz vor dem Rathaus, hat sich eine andere Theaterszene der deutschen Innerlichkeit abgespielt. Am 18. Oktober 1944 fand im Beisein von Rundstedt das Staatsbegräbnis für den Feldmarschall Rommel statt. Die ahnungslose Menge gab ihm das letzte Geleit in dem Glauben, daß er im Dienste des Reiches einer Verwundung erlegen sei, während er, als Mitverschwörer vom 20. Juli vor die Wahl zwischen Prozeß und Selbstmord gestellt, Gift

genommen hatte. Auch dies ein Paradox deutscher Innerlichkeit: gewiß fürchtete Rommel die Exekution nicht, gewiß fehlte auch ihm nicht der Mut eines Helmuth James von Moltke, der dem Volksgerichtshof und seiner Hinrichtung durch den Strang furchtlos entgegensah. Die Briefe, die Rommel an seine Frau schrieb, zeigen in aller Eindringlichkeit der Zuneigung das Verantwortungsgefühl eines integren Menschen. Wahrscheinlich glaubte er in diesem Moment, dem schon so sehr gefährdeten Vaterland einen Dienst zu erweisen, indem er die Verwirrung und Unsicherheit vermied, die der Prozeß – und die plötzliche Verwandlung des großen Soldaten in einen Feind des Vaterlands – ausgelöst hätte.

Mit nüchterner Selbstbeherrschung und höchster, wenngleich paradoxer Opferbereitschaft brachte er die Stimme des Gewissens zum Schweigen und wurde damit zu einem indirekten, aber wichtigen Helfershelfer des Hitler-Regimes, das er hatte stürzen, des Führers, den er hatte töten wollen. Seine Ausbildung, sein Charakter erlaubten ihm auch zu jenem Zeitpunkt keine deutliche Unterscheidung zwischen dem Land und dem Regime, das es verriet und pervertierte, indem es mit dem Anspruch auftrat, es zu verkörpern. Die Alliierten, die sich gegenüber den Vorschlägen von Exponenten des Generalstabs, den Nationalsozialismus niederzuschlagen, mißtrauisch oder taub zeigten, haben im übrigen, und zwar seit dem karthagischen Frieden von Versailles, eine beträchtliche Verantwortung für diese tödliche Gleichsetzung von Land und Regierung auf sich geladen. Bei der Entscheidung Rommels hat sicherlich jene deutsche Erziehung zum Respekt und zur Treue, die an sich ein großer Wert ist, die Loyalität gegenüber dem Mitmenschen, die Unverbrüchlichkeit des gegebenen Wortes eine wesentliche Rolle gespielt: eine Erziehung, die jedoch so tiefe Wurzeln geschlagen hatte, daß jener sich nicht einmal dann von ihr lösen konnte, als sich die heimatliche Scholle in einen fauligen Morast verwandelt hatte. Jene Treue erweist sich als so mächtig, daß sie zuweilen den Blick für den Betrug, dem man zum Opfer gefallen ist, verstellt, daß sie die Erkenntnis verhindert, daß man nicht mehr den eigenen Göttern, sondern monströsen Idolen die Treue hält und daß es vonnöten wäre, im Namen der wahren Treue sich gegen jene zu erheben, die sie mißbrauchen.

Auch der Hitler-Attentäter von Stauffenberg war von dem deutschen Widerspruch zwischen Treue gegenüber dem Vaterland und

Treue gegenüber der Menschheit innerlich zerrissen; er verdeutlicht damit die Schwierigkeit eines bewaffneten und organisierten Widerstands in Deutschland. Doch zeigt sich dieses grundsätzliche Dilemma, das sich hinter so vielen Masken verbirgt, keineswegs nur im Deutschland des Nationalsozialismus; es ist der Widerspruch zwischen der Treue zum Universalen und der Treue zur unmittelbaren Pflicht, zwischen einer Gesinnungs- und einer Verantwortungsethik, wie Max Weber gesagt hat, der bis heute in seinen Diagnosen zu den Widersprüchen zwischen den Wertsystemen, innerhalb deren sich unsere Zivilisation bewegt, unübertroffen geblieben ist. Zu den Verbrechen des Nationalsozialismus gehört auch die Pervertierung der deutschen Innerlichkeit; die Tragödie eines aufrechten Mannes ist in jener Inszenierung vor dem Ulmer Rathaus zu einer Lüge geworden.

9.

Ein Laib Brot

Im Brotmuseum von Ulm gibt eine Tabelle Überblick über die Preise für einen Laib Brot innerhalb des Jahrzehnts von 1914 bis 1924. So kostete er 1914 0,15 Goldmark, im Jahre 1918 0,25 Papiermark, 1919 0,28 (ebenfalls Papiermark), 1922 10,57, 1923 220000000 Mark. Im Jahre 1924 war der Preis wieder annähernd der von 1914, nämlich 0,14 Goldmark, allerdings unter veränderten Bedingungen und mit anderer Kaufkraft.

Ich habe nicht die geringste Hoffnung, die Gesetze der Volkswirtschaft oder des Finanzwesens zu begreifen, jene Knoten zu erkennen, zu denen sich die mathematischen Kurven wirtschaftlicher Prozesse verwickeln, wobei sie mit der unvorhersehbaren Unregelmäßigkeit des Lebens durcheinandergeraten und sich mit den Zufälligkeiten der Ereignisse, den Leidenschaften und Täuschungen kreuzen. Ein Uneingeweihter, der die Zeitung liest, wird denken, daß die Finanzwelt häufig an einer Gehirnhautentzündung erkrankt sei, schreibt Laffitte, der Bankier Louis Philippes.

Der Uneingeweihte, der von seiner germanistischen Bildung dazu verführt wird, seine Unwissenheit hinter literarischen Metaphern zu verbergen, denkt freilich nicht so sehr an eine Gehirnhautentzün-

dung als an eine Psychose, an einen Simulationsrausch, ähnlich jenem der manisch Verrückten, die in der Lage sind, Ruhe und Selbstbeherrschung vorzutäuschen, oder dem von Schwachsinnigen, denen es gelingt, wie eine Leuchte der Wiener Psychiatrie zu Beginn dieses Jahrhunderts sagte, ein großes Maß an Intelligenz vorzutäuschen. Die Finanzstatistiken erscheinen ebenso beruhigend wie unwahrscheinlich: das Programm eines Theaterstücks, das vielleicht nicht gegeben wird, die Vorstellung von etwas, was gar nicht existiert.

Die schwindelnde Irrealität jener 220 000 000 Mark für einen Laib Brot ist Realität, die Realität jenes »großartigen« 20. Jahrhunderts, wie Rudolf Brunngraber – Autor im übrigen von eher mittelmäßigen Werken – 1932 in seinem Meisterwerk *Karl und das 20. Jahrhundert* schreibt; es ist einer der wenigen Romane, denen es gelingt, den Automatismus der Geschichte und der Weltwirtschaft darzustellen, jene Mechanik, die das persönliche Leben erfaßt und es in eine statistische Information verwandelt, das Individuum in den kollektiven Prozessen zermalmt und reduziert und die Universalität zum Gesetz der großen Zahl deklassiert. In dem Roman, der die große Inflation nicht so sehr in Deutschland als vor allem in Österreich schildert, nimmt Taylor, der Rationalisator der wirtschaftlichen Produktion, die Rolle des Schicksals ein, welches das Individuum überflüssig werden läßt; die allgemeinen Weltgesetze und die objektiven Zahlen der Ökonomie – der Produktion, der Arbeitslosigkeit, der Geldabwertung, der Löhne und Preise – werden zu richtigen Personen, phantomhaft und doch ganz konkret bedrohlich, und sie entscheiden, wie die Tyrannen der antiken Tragödie, über das Los der Menschen.

Das Leben von Karl – mit seinen Träumen und seinen Hoffnungen und gerade auch der Unfähigkeit zu begreifen, was um ihn herum geschieht – wird von den allgemeinen Mechanismen bestimmt und zergliedert, ebenso wie das Zusammenwirken von Strömung und Wind den Kamm der Meereswelle bildet und wieder auflöst; doch auch dieses – wie jedes, auch das flüchtigste Leben – verlangt danach, ewig zu sein; der Tropfen weigert sich unter heftigen Leiden, sich in dem Meer der gesellschaftlichen Totalität aufzulösen, zu dem er gehört. Der Roman von Karl, dessen Blick nicht das gesellschaftliche Netz zu erkennen vermag, das ihn umgibt, ist der Roman unseres Lebens, in unregelmäßiger Folge in einer Zei-

tung veröffentlicht, von der man weder den Verleger noch den Herausgeber kennt, eingerahmt von Schreckensnachrichten, betrügerischen Ankündigungen und Sensationsüberschriften, die unserer Geschichte, in einem Kontext, der uns entgeht, eine ebenso flüchtige Bedeutung verleihen. Das Buch von Brunngraber, das eine reale, körperliche Angst vor einem dritten Weltkrieg einflößt, den sein Leser überrascht als unabwendbar empfinden muß, verdeutlicht, daß jene 220 000 000 Mark für ein Brot in ihrer Unvorstellbarkeit bedrohlich real sind, eine ungeheure Person aus Fleisch und Blut, der Riese aus einem monströsen Epos.

10.

Auf dem Schweinemarkt

Bezaubernd ist das Fischerviertel von Ulm mit seinen intimen und behaglichen Gassen, den großzügigen Lokalen, wo es Forellen und Spargel gibt, den Bierschänken im Freien, der Uferpromenade an der Donau, den alten Häusern und den Glyzinien, die sich in der Blau spiegeln, jenem vertrauten Bächlein, das sich in aller Stille in den großen Fluß ergießt.

Die Luft ist frisch und leicht; Amedeo hat Maddalena eingehakt, während Gigi die verschiedenen Gasthäuser kritisch begutachtet; Francescas Gesicht spiegelt sich in einem alten Fenster, das zum Kanal hinausgeht, und das Leben scheint ebenso leicht und diskret wie das Wasser in den geheimnisvollen Abend zu fließen. Die Stadt ist liebenswert, die 548 Bierschänken, welche die Statistiken von 1875 aufführen, scheinen auf ideale Weise den rebellischen Dichter Friedrich Daniel Schubart mit dem berühmten Schneider Albrecht Ludwig Berblinger, der fliegen wollte und dabei wie ein Stein in die Donau gefallen ist, den neuen deutschen Film, der zu großen Teilen aus dieser Stadt hervorgegangen ist, mit der berühmten Hochschule für Gestaltung zu verbinden. Ein Beispiel für diesen freundlichen Genius loci hat auch der berühmteste Sohn der Stadt, nämlich Albert Einstein geliefert, als er in einem hübschen gereimten Vierzeiler schreibt, daß die Sterne – ungeachtet der Relativitätstheorie – in aller Ewigkeit gemäß den Newtonschen Axiomen ihre Bahn ziehen.

Eine Gedenktafel am Rathaus erinnert daran, daß Kepler seine Tabulae Rudolphinae in Ulm veröffentlicht und ein von der Stadt übernommenes Gewichtsmaß erfunden hat; auf dem Viehmarkt steht indessen eine andere Tafel, die überheblich die deutschen Siege von 1870/71 und die Gründung des Deutschen Reiches feiert und hinzusetzt: »Auch auf dem Markt der Säue / wohnt echte deutsche Treue«.

Die beiden Reimwörter Säue und Treue bilden, wenngleich unfreiwillig, eine boshafte Karikatur dessen, was innerhalb weniger Jahre zum vulgären Tenor des reichen und mächtigen Zweiten Reiches werden sollte. Von ganz anderer Grazie hingegen ist jenes 1717 gemalte Bild einer Stadt, Weißenburg, das heißt Belgrad, welches *Das schöne Haus unter den Fischern* am Fischerplätzle schmückt. Der Maler, der Zunftmeister Johann Matthäus Scheiffele, wollte die Militärtransporte verewigen, die von Ulm aus die Donau hinuntergelangten und gegen die Türken geführt wurden; das damals eroberte Belgrad war während dieses Krieges ein strategisch wichtiger Punkt. Von Ulm aus fuhren auch, auf alten Barkassen, bekannt unter der Bezeichnung »Ulmer Schachteln«, Scharen von Deutschen, die »Donauschwaben«, die sich im Banat angesiedelt und dort über zwei Jahrhunderte – von Maria Theresia bis zum Zweiten Weltkrieg – einen grundlegenden, wiewohl heute ausgelöschten Beitrag zur Kultur des Donauraums geleistet haben. Meine Reise der Donau entlang ist insbesondere eine Reise in den Banat, auf den Spuren einer nunmehr verschwundenen Expansion, die sich vom Ende des Zweiten Weltkrieges bis in unsere Tage in einen Rückzug, den deutschen Exodus aus Südosteuropa, verkehrt hat.

11.

Der Archivar der Grobheiten

Auf dem Ulmer Marktplatz erhebt sich das Münster mit dem höchsten Turm der Welt und der ganzen Vielgestaltigkeit seines sich über Jahrhunderte hinstreckenden Baus, der im Jahre 1377 begonnen und – von anschließenden Restaurationsarbeiten abgesehen – 1890 beendet wurde. Es hat etwas Unstimmiges, zeigt jenes Maß an Unhöf-

lichkeit, das häufig Rekorden und Bestleistungen eignet. Maddalenas Nase, die perplex zum Turm hinaufweist, darum bemüht, sich von der Qualität der Dinge zu überzeugen, beschreibt in der Luft eine unerschrockene und unruhig gekrümmte Linie, der sich das gewaltige fromme Bauwerk mit der ganzen Schwerfälligkeit des Steins entgegenstellt.

Unter den zahlreichen Führern, die es über das Münster gibt, sticht jener genaue und pedantische von Ferdinand Thrän heraus, der jedes Detail beschreibt und erläutert, von den Ornamenten der Säulen bis hin zu dem Erlös aus dem Verkauf einer Hose, die ein frommes Gemeindemitglied, der Müller Wammes, für die Kirchenarbeiten gestiftet hat (6 Schillinge und 2 Heller). Über seine schriftstellerische Tätigkeit als Autor dieses Führers hinaus war Thrän auch ein gotisierender Architekt, der das gesamte Münster beinahe in eine Ruine verwandelt hätte, da er fest davon überzeugt war, ein »Gesetz« der Bögen entdeckt zu haben. Auf der Titelseite des gelehrten Heftchens (*Münster in Ulm. Eine genaue Beschreibung desselben*, 1857) hat der Drucker aus Versehen, was allerdings angesichts des Schicksals Ferdinand Thräns eher eine Notwendigkeit darstellt, den Namen des Autors vergessen, der in der Wiener Nationalbibliothek mit Bleistift hinzugefügt worden ist, zumindest auf dem Exemplar, das in der Albertina aufbewahrt wird.

Jenes Versäumnis ist eines der zahllosen Mißgeschicke, denen Thrän ausgesetzt war, Architekt und Restaurator des Münsters im vergangenen Jahrhundert und zugleich ein hypochondrischer Experte für Unverschämtheiten, wie die minutiös ausgeführte *Fascikel für empfangene Grobheiten* bezeugt, die er über Jahre führte und die nun unveröffentlicht und unbeachtet in einer Kiste in einem Abstellraum im Ulmer Münster liegt. Als starrköpfiger Pechvogel und unempfindliche Zielscheibe fortwährender Angriffe scheint Thrän mit bitterer Befriedigung zu verdeutlichen, daß das Leben aus Bosheit und Beleidigungen bestehe, so daß nichts anderes übrigbleibe, als ein strenges Inventar seiner Übergriffe anzulegen. Wenn authentisches Schreiben aus dem Wunsch hervorgeht, sich Rechenschaft abzulegen über die vielfältigen Hindernisse, die einem das Leben in den Weg legt, so ist Thrän ein wahrer Schriftsteller. Die Literatur ist Buchführung, Hauptbuch von Soll und Haben, unvermeidliche Bilanz eines Defizits. Die Ordnung des Registers jedoch, die Präzision und die Vollständigkeit des Protokolls können

ein Vergnügen bereiten, das für die Unannehmlichkeit des Verbuchten entschädigt. Wenn Sartre sagt, daß er die Ausführung des Geschlechtsakts im Vergleich zu den vorausgehenden und dazwischenliegenden Spielen für mittelmäßig erachte, so ist die Befriedigung unverkennbar, mit der er das unbefriedigende Endvergnügen wahrnimmt.

Der Buchhalter der An- und Übergriffe schafft unter diesen Ordnung, hält sie unter Kontrolle, wird Herr über die beklagenswerte Welt und die erlittenen Schmähungen. Als er von seinem Architekturexamen erzählt, das er als Privatstudent 1835 in Stuttgart ablegt, erwähnt Thrän nur flüchtig die gute Beurteilung, die er erhält, verbreitet sich aber über das frühzeitige Aufstehen bei Tagesanbruch, über die Unannehmlichkeiten der Reise und die Unfreundlichkeit der Zöllner, über das äußerst schlechte Bier, von dem ihm folgerichtig übel wurde, über die Auslagen, 77 Gulden und 47 Kreuzer. Nachdem er Straßenbauinspektor geworden ist, muß er sich dareinfinden, in zeremonieller und untertäniger Ehrerbietung einflußreiche Persönlichkeiten aufzusuchen, Finanzräte und Bezirksdirektoren, während einer seiner Onkel sich darauf versteift, ihn begleiten zu müssen, da er ihn für derartige Besuche als zu dumm und zu wenig gewandt erachtet.

Bei seinen Restaurationsarbeiten für das Münster gibt es Zusammenstöße mit den Vorgesetzten und den städtischen Behörden, die ihn überzogener Ausgaben beschuldigen, während er genauestens die Zänkereien aufschreibt, die Kritiken, die Polemiken mit seinen Gegnern in den Zeitungen, die juristischen Scherereien aufgrund verschiedener Klauseln seines Arbeitsvertrags, die Geldbußen, die Beschwerden, die Verleumdungen, die Mißachtung und die Quälereien von seiten der Honoratioren, die Streitigkeiten um die Einführung der Gasbeleuchtung, die Intrigen seiner Rivalen, die es nicht verhindern können, daß der König von Württemberg ihm für seine künstlerischen und wissenschaftlichen Verdienste die Medaille in Gold verleiht, die aber die offizielle Veröffentlichung seiner Ehrung zu hintertreiben versuchen.

Thrän fühlt sich als ein »gehetztes Wild«, doch beschränkt sich sein Groll nicht allein auf seine Feinde, die ihn verfolgen, denn er erhebt sich über kleinliche persönliche Beweggründe. Nicht das einzelne neiderfüllte, böswillige Individuum, sondern das Leben insgesamt verursacht Ärger und Ungemach, es ist ein einziger Tort. Thrän

vermerkt unparteiisch die kleinherzige Niedertracht der Menschen und Dinge, die Ränke des Bauinspektors Rapp-Reutlingen und die Boshaftigkeit des Gewitters, das ihm das Mittelschiff zerstört, ihm das Münster mit Kalkschutt anfüllt, die Entscheidung, ihm ein Gehalt ohne Pensionsberechtigung zuzuweisen, sowie das Nervenfieber, das ihn quält, die elf Stürze vom Pferd, die allein durch die Minderwertigkeit des Kleppers verursacht werden, das einzige Pferd übrigens, das er sich mit seinen geringen Mitteln leisten kann, den Tod von vier Kindern, die wiederholten Unfälle, bei denen er vom Gerüst oder in die Donau stürzt, das Risiko, aufgespießt, und die Schwierigkeit, mit einer Stange herausgefischt zu werden. Tragödien und Unannehmlichkeiten werden auf die gleiche Stufe gestellt, denn die eigentliche Tragödie des Lebens ist die, daß es selbst nur eine einzige Unannehmlichkeit darstellt.

Die mitteleuropäische Literatur kennt, auch in großem Format, diese Figur des Selbstverstümmlers, der über die Dummheit und Ungerechtigkeit der Existenz dank der Radikalität triumphiert, mit der er über seine Schicksalsschläge Buch führt. Thrän ist ein kleiner Bruder Grillparzers und Kafkas, er gehört zu den Landvermessern der eigenen Niederlagen. In deren Grundbuch zeigt sich das Leben in seiner ganzen Engstirnigkeit und Boshaftigkeit; wer diese erfährt und sie aufschreibt, kann dem Leben mit diesem Protokoll seiner Frechheiten vor dem Gesicht herumwedeln, kann es folglich schulmeistern und von oben herab behandeln wie der Oberlehrer, der dem Letzten der Klasse das Zeugnis überreicht.

Thrän ist stolz darauf, die Unverschämtheiten, die er seitens der öffentlichen Autoritäten und auch von Privatpersonen, von Vorgesetzten oder Nachbarn, über sich ergehen lassen muß, zu dokumentieren; denn in der Mißachtung, die man ihm entgegenbringt, findet er die Bestätigung seiner Würde, die Untauglichkeit, die ihn verachtenswert macht, jene Unzulänglichkeit gegenüber dem Leben, die Zeichen einer wahren charakterlichen Rechtschaffenheit ist. In einem Artikel zum hundertsten Geburtstag von Thrän erinnert Professor Dieferlen an einen Mann mit langen Haaren und dichtem Bart, unermüdlich beschäftigt mit der Restaurierung des verwahrlosten Münsters, das mit Gras überwachsen und von Schleiereulen und Fledermäusen heimgesucht war, die zwischen den gotischen Ornamenten nisteten, Kälte und Wind ausgesetzt, die durch die zerbrochenen Fenster eindrangen, und wo das Zwitschern der Spatzen

die Predigt von der Kanzel übertönte. Wahrscheinlich liebte Thrän diese Öde und diesen Verfall; er notiert beispielsweise befriedigt, daß die Spatzenstatue, das Wahrzeichen von Ulm, in Stücke gegangen sei, »alt und gebrechlich... konnte auch sie der Vergänglichkeit aller Dinge nicht widerstehen«, und er fügt hinzu, daß der neue Spatz aus Ton in den Keller verfrachtet worden sei, um darauf zu warten, daß sich die Behörden darauf einigen, ob man ihn an Ort und Stelle des alten oder doch nicht aufstellen solle; er wartet geduldig auf das Ende dieser Streitigkeiten, er bekommt Risse und verfällt unmerklich bei diesem Warten, doch glücklicherweise langsamer, als die Räte altern und verfallen, die über sein Schicksal diskutieren.

Der Archivar der Grobheiten nimmt mit Befriedigung den Verfall des Lebens zur Kenntnis, der zwar auch ihn ausradieren wird, aber auch und insbesondere jene Grobheiten. Die Universalität des Todes korrigiert die der Dummheit und der Boshaftigkeit. Doch jedes Buch, sagt Thomas Mann, das gegen das Leben geschrieben worden ist, bedeutet eine Verführung, es zu leben; hinter der starrköpfigen Verweigerung, mit welcher Thrän der Niedertracht der Dinge begegnet, erscheint eine verschämte Liebe zur Realität, zu jenen Flüssen und Straßen, die er mit zäher Genauigkeit vermaß. Vielleicht ist der ernsthafte Freund des Lebens nicht jener, der es umwirbt, mit sentimentalen Schmeicheleien hofiert, sondern der unglückliche verschmähte Liebhaber, der sich, so Thrän, hinausgeworfen fühlt wie ein altes Möbel.

12.

Grillparzer und Napoleon

In der Nähe der Abtei von Elchingen, nur wenige Kilometer von der Stadt entfernt, liegt der Ort, wo am 19. Oktober 1805 die »Kapitulation von Ulm« stattfand, die Übergabe des österreichischen Generals Mack – des »unglücklichen Mack«, wie ihn Tolstoi in *Krieg und Frieden* nennt – an Napoleon. Ein Gedenkstein erinnert an die Gefallenen des Napoleonischen Heeres, Franzosen und Deutsche verschiedener Staaten, die zu jenem Zeitpunkt mit Napoleon verbündet waren: »À la mémoire des soldats de la Grande Armée de

1805 Bavarois, Wurtembergeois, Badois et Français«. Die Landschaft mit ihren nebelverhangenen Wäldern am Flußlauf sieht aus wie der Stich von einem Schlachtfeld; eine Bresche markiert die Stelle, wo Marschall Ney die österreichische Verteidigung überrannte.

Dieser Abschnitt der Donau ist ein Schauplatz großer Schlachten wie etwa der von Höchstädt (oder Blindheim), bei der Prinz Eugen und Lord Marlborough während des Spanischen Erbfolgekrieges im Jahre 1704 das französische Heer des Sonnenkönigs schlugen. Doch sind diese Schlachten entlang der Donau Schlachten des alten, vorrevolutionären und vormodernen Europas, die mit dem ständigen Wechsel von Siegen und Niederlagen der verschiedenen Mächte das Gleichgewicht zwischen den absoluten Monarchien bis zum Jahre 1789 erhalten. Das Donaureich ist die Verkörperung par excellence jener traditionellen Welt, während Napoleon die Modernität verkörpert, welche die alte habsburgische Ordnung an der Donau bedroht und immer weiter einschnürt, kontinuierlich verfolgt und 1918 schließlich beendet.

Die Bemerkungen Grillparzers über Napoleon sind ein beispielhafter Ausdruck für diesen österreichischen, zugleich prä- und postmodernen Geist, für den die Moderne den symbolischen, von der Donau repräsentierten Damm der Tradition zerstört. Scharfsichtig und mit trotziger Einseitigkeit erkennt Grillparzer in Napoleon, der 1809 siegreich in Wien einmarschiert, die Vorherrschaft einer entfesselten Phantasie, einer subjektivistischen Hybris gegenüber der Realität, wie er sie auch an sich selbst wahrnimmt, als Gefahr für sein moralisches Gleichgewicht wie auch für sein dichterisches Werk. Epigone und gleichzeitig Vorläufer, ist Grillparzer, der Klassiker des österreichischen Theaters des 19. Jahrhunderts, der erste Mann ohne Eigenschaften – und ebenso Schöpfer von Menschen ohne Eigenschaften – in der habsburgischen Literatur. Er ist ein gespaltenes, ein doppeltes Individuum, dabei durchdrungen von einer tiefen Ehrfurcht vor jener Einheit der Persönlichkeit, den er als höheren Wert – den er selbst nicht zu erlangen vermag – begreift. Der verdrehte, hypochondrische Grillparzer, der pedantisch seine Hemmungen organisiert, der sich auf verfängliche Weise der Freude verweigert, der zwischen heftigen Leidenschaften und selbstquälerischer Gefühlskälte hin- und hergerissen wird – Grillparzer, den Kafka nicht zufällig mit Begeisterung gelesen hat, ist der Schriftstel-

ler, der sein Selbstporträt eigenhändig entstellt, indem er in den Tagebüchern seine negativen Seiten betont und dabei in die unsympathische Gestalt seines Alter ego Fixlmüllner schlüpft.

Sobald das Leben als Mangel, als Insuffizienz, als ein *deesse* erfahren wird, besteht die Verteidigung in einer eigensinnigen Selbstausschließung, in der Weigerung, daran teilzuhaben. Die Kultur der Donau, die für die Flucht vor dem Leben so empfänglich gewesen ist, hat diese Verteidigungsstrategie meisterhaft entwickelt. Doch hat diese Kultur, welche die Leere der Parallelaktionen entdeckte und, wie Karl Kraus, die verkehrte Welt pries, jene Ökumene nicht vergessen, deren Untergang sie beiwohnte, jenen geordneten, harmonischen barocken Kosmos, der sich vor ihren Augen auf den Kopf stellte. Wie später Kafka, so ließ es auch Grillparzer nicht zu, daß seine persönlichen Überempfindlichkeiten – die nicht als psychologische Zufälligkeiten, sondern als geschichtliche Notwendigkeit, als Ungleichgewicht zwischen Individuum und Gesamtheit empfunden wurden – den objektiven Sinn des Gesetzes und der Welt entstellten: einer Welt, die in der Wiener Tradition eine von Gott geschaffene blieb.

Im Gegensatz zu Hegel vermag Grillparzer allerdings nicht in Napoleon die Weltseele zu Pferde zu erblicken, sondern nur den Parvenu, der im Namen eines enthemmten Egozentrismus – und mitnichten einer höheren Idee – Macht ausübt; tatsächlich entsteht aus den Erfahrungen mit Napoleon im Jahre 1825 das Drama *König Ottokars Glück und Ende*, in dem Rudolf von Habsburg, Stammvater des Herrscherhauses und Inkarnation einer demütig als überpersönliches *officium* ausgeübten Macht, und Ottokar von Böhmen, der aus persönlichem Ehrgeiz nach Macht strebt, einander gegenübergestellt werden. Napoleon ist für ihn somit das Symbol einer Epoche, in der sich die (nationale, revolutionäre) Subjektivität von der *religio* der Tradition löst und durch die Nationalisierung der Massen das Ende des rationalistischen und toleranten Kosmopolitismus des 18. Jahrhunderts herbeiführt.

Napoleon ist das »Fieber einer kranken Zeit«, und doch, wie jedes Fieber, eine gewaltsame Reaktion, welche »des Übels Sitz zu heben« vermag und wieder zur Gesundung führen kann. Grillparzer bezeichnet ihn als »Sohn des Schicksals«, und er gesteht ihm die Aureole dessen zu, der wie Hamlet dazu bestimmt war, die aus den Fugen geratene Zeit wieder einzurichten; dem Korsen aber fehlt

Hamlets Demut, den das Wissen um seine schreckliche Mission »weh mir« rufen läßt und der sich der eigenen Unzulänglichkeit bewußt ist. Napoleon hingegen ist klein, da er sich Größe anmaßt, und gewinnt diese erst nach seinem Fall in der religiösen Buße, in der Erkenntnis der eigenen Eitelkeit und Vergänglichkeit, so wie in dem Drama Ottokar, erst nachdem er auf dem Schlachtfeld und in der Liebe besiegt und gedemütigt worden, gealtert, zum Bettler und dabei zum wahren Menschen geworden ist, auch zu einer wahren königlichen Haltung gelangt.

Napoleon, der sagt, daß im modernen Zeitalter die Politik die Stelle des Schicksals übernommen habe, repräsentiert für Grillparzer den Totalitarismus, das heißt die totale Politisierung des Lebens, das Einbrechen der Geschichte und des Staates in die Existenz des Individuums, die Absorbierung des individuellen Lebens durch gesellschaftliche Mechanismen. Diese allgemeine Mobilisierung, Kennzeichen der modernen Gesellschaft und des Napoleonismus – worin Grillparzer zwar den Aspekt eines Führerkults erkennt, wobei er aber den demokratischen Stimulus, die emanzipatorische Tat übersieht –, wird das josephinische Ethos des treuen Staatsdieners entgegengestellt, der entsagungsvoll seine Pflicht erfüllt, aber auch die Grenzen des Einflußbereiches der Politik absteckt und eine strenge Unterscheidung von öffentlicher und privater Sphäre wahrt.

Als »fürchterlich« bezeichnet Grillparzer die Einseitigkeit Napoleons, »die Art, wie Napoleon überall nichts sieht als seine Ideen und bereit ist, ihnen alles aufzuopfern«; gegen den ideologischen Totalitarismus verteidigt die österreichische Tradition die sinnlich wahrnehmbare Einzelheit, das freie, ungebundene Detail, das Leben, das gegenüber dem System irreduzibel bleibt. Eine religiöse Vision wie diejenige Rudolfs II. – jenes stillen Herrschers in dem großen, erst spät geschriebenen Drama *Ein Bruderzwist in Habsburg* – respektiert auch das »Ich weiß nicht was«, die irreguläre oder verformte Individualität, da der Sinn für die religiöse Transzendenz daran hindert, sich in der irdischen Hierarchie Idole zu schaffen, und statt dessen auf eine höhere Ebene verweist, auf der auch die Ausnahme ihren Platz in den göttlichen Plänen hat. Eine ausschließlich irdische historische Perspektive ist auf dogmatische Weise brutal gegenüber dem, was zweitrangig oder geringer scheint; Grillparzer unterstellt Napoleon, allein auf die »Hauptsache« zu zielen und dabei die »Nebensache« zu übergehen, die gleichwohl in den Augen

des österreichischen Dichters und Verteidigers des Besonderen eine eigene autonome Würde besitzt und dem totalisierenden und tyrannischen Vorhaben nicht geopfert werden darf.

Die österreichische Kultur inspiriert sich an einer die Geschichte transzendierenden barocken Totalität oder an einer posthistorischen Zertrümmerung und Auflösung, die der Flut der modernen Geschichte folgt; in beiden Fällen weigert sie sich, die Kriterien einer rein historischen Bewertung anzuerkennen, die Maßstäbe, wonach den Phänomenen entsprechend ihrer Größenordnung Bedeutung zugesprochen wird. Die österreichische Kultur verteidigt das Marginale, das Vorübergehende, das Sekundäre, die Unterbrechung, das Aussetzen des Mechanismus, der dies alles zu beseitigen sucht, um zu wichtigeren Resultaten zu gelangen.

Napoleon hingegen verkörpert das moderne Fieber eines Handelns, welches das *otium* und alles Ephemere zunichte macht und den Augenblick durch die Ungeduld, fortschreiten zu wollen, zerstört. In seinem Roman *Die hundert Tage* greift Joseph Roth auf das alte Gerücht der Ejaculatio praecox des Kaisers zurück, um dessen ängstliche Hast zum Ausdruck zu bringen, das Bestreben, alles eilig und sofort zu erledigen, immer etwas anderes tun zu müssen und in jedem Augenblick bereits an den nächsten zu denken, ohne sich jemals – und nicht einmal bei der Liebe oder der Lust – aufhalten zu können. Denn wer nicht überzeugt ist, der will nicht etwas tun, sondern will, daß es schon getan ist.

Im Vergleich zu dem europäischen Mythos Napoleon ist die österreichische Anschauung exzentrisch, unterscheidet sich von anderen Auffassungen und Deutungen, die von der Faszination durch ein großes, aus dem Nichts emporstrebendes Leben – so wie bei Stendhal oder Dostojewski – bis zu dem apokalyptischen Pathos eines Léon Bloy reichen. Grillparzer ahnt einige Aspekte der Modernität Napoleons, stellt dieser aber ein aufklärerisch-bürokratisch-josephinisches Ethos entgegen, das zu seiner Zeit radikal innovatorisch war, sich aber während der Napoleonischen Ära, ungeachtet der hartnäckigen Resistenz seiner großen und fortschrittlichen ethisch-politischen Tradition, zu einem starren Apparat verfestigt hatte. Grillparzer ist bemüht, die »grandiose Statik« in der Figur Rudolfs I. zu feiern, doch gerät dieser, »ein gar stiller Mann«, im Drama zu einer farblosen, unbedeutenden Gestalt, während Ottokar, der besiegte Titan, ihn bei weitem überragt. Außerdem ist es

Rudolf, der Theoretiker der Geduld, der bei aller Umsicht und Klugheit doch handelt – denn seine Vorsicht ist Bestandteil einer politischen Kunst –, während Ottokar von großen Taten nur träumt und sich diesem ungestümen apokalyptischen Traum passiv hingibt.

Mit dem »napoleonischen« Drama *König Ottokars Glück und Ende* preist Grillparzer den Beginn der habsburgischen Ostpolitik, die Selbstbehauptung des Hauses Österreich, seine schicksalhafte Hinwendung nach Osten und seiner Donaumission zu. Ottokar verkörpert das vom Heiligen Römischen Reich Deutscher Nation besiegte Böhmen, dessen Krone Rudolf trägt. Aber im Drama erscheint Ottokar als derjenige, der Böhmen modernisiert und germanisiert, als der Souverän, der das deutsche Element favorisiert und in sein eigenes Land einführt, um dieses zu stärken und zu entwickeln, und der seine widerwilligen Untertanen verachtet, die ihren archaischen und primitiven Lebensrhythmus ebensowenig aufgeben wollen wie die agrarische Welt jener slawischen Völker, die im 19. Jahrhundert als »geschichtslos« bezeichnet wurden.

Ottokar versucht, sie in die Geschichte zu integrieren, und geht dabei zugrunde; der böhmische Herrscher will sein Volk verdeutschen, damit es über die Deutschen triumphiere, und zerstört dabei seine Macht und seine Unabhängigkeit – so zumindest dem habsburgischen Pessimismus Grillparzers zufolge, der den Eintritt in die Geschichte als Niedergang ansieht. Böhmisch ist im übrigen ein ambivalentes Wort – und wird dies noch über ein Jahrhundert lang bleiben –, das sowohl Tschechen als auch in Böhmen lebende Deutsche bezeichnen kann; es bezeichnet vor allem eine Identität, die wie jede gemischte und zwischen Dialog und Auseinandersetzung gespaltene Identität an einer Grenze nur schwierig zu definieren ist. Insbesondere eine überempfindliche Identität, die niemals zufrieden ist mit dem Verhalten der anderen ihr gegenüber, wie immer es sein mag. Aus Furcht, die Böhmen zu beleidigen, wurde das Drama lange zurückgehalten, und Grillparzer erzählt selbst, daß er sich zu dem Grab Ottokars begeben habe, um ihn um Verzeihung zu bitten, und daß er in Prag viele unfreundliche Gesichter um sich herum gesehen habe.

13.

Spaziergangstherapie

In Ulm wurde, der Überlieferung zufolge, im 17. Jahrhundert der Schuh von Ahasver, dem Ewigen Juden, aufbewahrt. Mit diesen über Jahrhunderte bewährten Sohlen hätte man jedwede Wanderung aufnehmen können – eine Tätigkeit, welche die Ärzte einst als wohltuend für das seelische Gleichgewicht ansahen. Eine Fußnote in der italienischen Gesamtausgabe der Erzählungen von E. T. A. Hoffmann nennt als reales Vorbild für eine seiner Erzählungen einen F. Wilhelm C. L. von Grotthus (1747–1801), von dem es weiter heißt: »Er versuchte die in seiner Familie erbliche Geisteskrankheit durch überaus weite Fußwanderungen zu bekämpfen. In Bayreuth starb er in geistiger Umnachtung.«

14.

Von Lauingen nach Dillingen

Die alte, von den Alemannen gegründete Stadt besitzt zahlreiche Türme, unter denen der elegant emporragende Schimmelturm besonders ins Auge fällt; das legendäre, über fünfzehn Fuß lange Streitroß soll in einem Satz über die Donau gesprungen sein. Wie im benachbarten Dillingen, so haben auch in Lauingen theologische Studien, Kollegien und Seminare Tradition, herrscht eine Aura von stiller, gesammelter schwäbischer Religiosität, einer in sich selbst versunkenen und bescheiden fröhlichen Innerlichkeit, die ungeachtet der lautstarken und erbitterten konfessionellen Auseinandersetzungen die deutsche Landpfarre, insbesondere die schwäbische, auszeichnet – wenn auch Lauingen seit 1269 offiziell zu Bayern gehört. Die kleine Stadt ist ein Ort der Kollegien, wie das vom Pfalzgrafen Wolfgang 1561 erbaute und heute von der Geschichte überlebte Gymnasium Illustre; es ist ein Ort der der Pfarrer und Hauslehrer wie Deigele, genannt der schwäbische Mendelssohn, Komponist von Kirchengesängen, die noch heute in manchen Dorfkirchen angestimmt werden und die ein ergebenes Vertrauen in Gott zum Ausdruck bringen, ein

Gefühl, das man beinahe als Glückseligkeit bezeichnen könnte, auch wenn man darin den Schatten, die Kürze, die Nichtigkeit des Lebens verspürt. In Lauingen ist Albertus Magnus, der Lehrer von Thomas von Aquin, geboren; sein Standbild befindet sich heute gegenüber dem Rathaus. In seinem Werk *De animalibus* spricht der heilige Enzyklopädist auch von den Fischen, die er, wie er sagt, in seinem Geburtsort an der Donau beobachten konnte.

In der deutschen Provinz des 18. Jahrhunderts, zwischen Schwaben und Bayern, spielen die kleinen Irrfahrten von Jean Pauls Hauslehrern und Pfarrern; der Autor begleitet sie auf ihren Landstraßen, er folgt ihrem Lebensweg mit jenem charakteristisch gewundenen, vielfach gegliederten, aufreizend hypotaktischen und sich wie Fangarme ausbreitenden Satzbau, den Ladislao Mittner als Versuch begreift, das bewegliche Band des All-Einen und die asymptotische Annäherung an die unerreichbare Unendlichkeit in der Syntax darzustellen.

Doch ist diese Syntax auch ein Spiegel jenes Heiligen Römischen Reiches, von dem in Goethes *Faust* gefragt wird, wie es eigentlich noch zusammenhalte; die Sätze Jean Pauls, die allesamt den Anschein von Nebensätzen haben, denen der Hauptsatz fehlt, die ins Leere taumeln oder jedenfalls von einem Zentrum getragen werden, das nur schwer zu entdecken ist, reflektieren ein politisch-soziales Gefüge, das von Peripherien, Partikularismen, Abweichungen, separaten Körperschaften und Sonderstatuten überhäuft ist und einer festen, zentralen Struktur ermangelt – das Gefüge des Deutschen Reichs, das sich nun auch formal seinem Ende nähert.

Auch von jener Welt, die ein reichhaltiges Repertoire des Satirischen abgab, lernte Jean Paul das Leben als Auflösung, als Mangel, als *deesse* zu empfinden. Der Weg des Menschen schien ihm ein kontinuierlicher Fall, ähnlich dem eines physischen Körpers. Er ist der Dichter einer Existenz, die er als Mangel an Überzeugung, als Mangel an wahrem Leben versteht, doch er ist auch der scharfsinnige, haarspalterische Stratege, welcher dank der Poesie der Wüste der Abwesenheit und der Zeitlichkeit Territorien der Überzeugung, Momente absoluter Bedeutung entreißt. Als Zeitgenosse Goethes und Schillers und als antiklassischer Schriftsteller wurde Jean Paul von den großen Klassikern auf Distanz gehalten, und er wahrte sie auch seinerseits; er schrieb satirisch über den heiligen römischen

Reichspartikularismus, doch blieb er in gewisser Weise selbst Gefangener seines provinziellen Gesichtskreises. Indem er den Stuhl in die Nähe des Ofens rückt und sich die Schlafmütze auf dem Kopf zurechtsetzt, bevor er sich anschickt, die Geschichte des Schulmeisterleins Maria Wuz zu erzählen, ironisiert er die Naivität dessen, der jenseits der Gasse die *grande monde* vermutet, aber er selbst bleibt dieser »großen Welt« der Politik fern, in die die klassische Literatur während dieser Jahre Einzug hält, um dabei wie Faust auf den Weg der Geschichte der Menschheit zu stoßen.

Jean Paul hingegen bringt die Aufspaltung zum Ausdruck, die innere Zerrissenheit, die erst später, und dann gewaltsam, Eingang in die europäische Literatur finden sollte und welche die deutsche Klassik zu verdrängen oder auszuschließen sucht; er erfaßt die Leere, die sich hinter den Worten verbirgt, die Umkehrung der Werte und ihrer Grundlage, er begreift den Nihilismus, der jede Realität verschlingt, der die Natur in einen Kadaver verwandelt und die Gegenwart zunichte macht. Der sanftmütige Dichter häuslicher Freuden und religiöser Schlichtheit ist zugleich jener Autor, der die schauerliche, wenngleich als Traum ausgegebene Rede vom toten Christus erdacht hat, der verkündet, daß es keinen Gott gebe. Jean Paul bringt jenen Nihilismus – die Vernichtung der Werte und der endlichen Realität – zur Darstellung, den die Klassik überwinden zu können glaubt. Er erkennt die Nicht-Identität des Subjekts mit sich selbst und wagt sich in die Mäander des Traums und des Unbewußten, in jene dunklen Gänge, in denen seine Figuren voll Entsetzen auf ihre Doppelgänger treffen. Allein der Humor vermag diese Furcht vor der Aufspaltung zu beschwichtigen, weil er das Endliche voller Güte und anteilnehmender Sympathie verkleinert und zerteilt und es auf das Unendliche überträgt, das es transzendiert, aber zugleich mit universeller Bedeutung versieht.

Es ist ganz verständlich, daß Jean Paul Hegel nicht gefiel, da jener sich weigerte, in der Realität – und gar in der modernen Realität – die Erfüllung und vollständige Selbstverwirklichung des Weltgeists zu erkennen. Für Jean Paul ist die irdische Sphäre mit Ritzen und Löchern durchsetzt, durch die hindurch ein Luftzug, das Rauschen des Transzendenten, die Reflexe des Unendlichen uns erreichen. So schreibt er im *Siebenkäs*, daß man in dieser Welt immer auch ein Stück der anderen malen sollte, damit diese vollständig würde; ihm zufolge verweist die Realität auf ein Anderswo, auf die roten Stra-

ßen, die sich hinter dem Sonnenuntergang abzuzeichnen scheinen, oder auf den Sommer, den der Bewohner des Nordpols nach der Finsternis seiner überlangen Nacht erwartet. Wenn Modernität jener mächtige Gedanke ist, der alles systematisch verbindet, so ist Jean Paul kein Moderner, sondern eher ein Zeitgenosse, wenn zeitgenössisch vor allem das Gefühl für die Unvollständigkeit des Wirklichen und seiner fragmentarischen Gegenwart ist.

Was auch immer die Meinung oder der Glaube sein mag, zu dem sich die Menschen bekennen – was sie unterscheidet, ist vornehmlich die Gegenwart oder Abwesenheit dieses Anderen in ihrem Denken und in ihrer Person, das Gefühl, in einer vollständigen Welt zu wohnen, die sich in sich selbst erschöpft, oder aber in einer unvollständigen Welt, die zu einem Anderswohin geöffnet ist. Vielleicht ist die Reise immer ein Weg zu jenen Fernen, die in Rot und Violett am Abendhimmel leuchten, über den Horizont des Meeres und der Berge hinweg zu den Ländern, über denen die Sonne, die bei uns untergeht, sich erhebt. Der Wanderer nähert sich dem Abend, jeder Schritt führt ihn weiter in den Sonnenuntergang hinein und über jenen entflammten und verlöschenden Streifen hinaus. Der Reisende, schreibt Jean Paul, ähnelt dem Kranken, er befindet sich in einem Schwebezustand, er steht zwischen zwei Welten. Der Weg ist lang, auch wenn man sich nur von der Küche ins Zimmer bewegt und zu den nach Westen gehenden Fenstern, an denen der Horizont aufflammt; denn das Haus ist ein großes und unbekanntes Reich, und ein einziges Leben reicht nicht für die Odyssee zwischen dem Spielzimmer, dem Schlafzimmer, dem Korridor, auf dem die Kinder Fangen spielen, dem Eßtisch, auf dem die Korken der Flaschen wie der Salut einer Ehrenwache in Salven verschossen werden, und dem Schreibtisch mit seinen paar Büchern und Papieren, welche die Bedeutung dieses Kommens und Gehens zwischen Küche und Wohnzimmer, zwischen Troja und Ithaka, auszusprechen suchen.

Jetzt ist es wirklich Abend geworden, zwischen Lauingen und Dillingen, und der rote Himmel ist nicht mehr nur ein Bild, das symbolische Bedeutung beansprucht, sondern auch eine meteorologische Tatsache. In Lauingen haben wir vor der Glockengießerei, ganz nach den Plänen der prästabilierten Harmonie, Amedeo getroffen, der in diesem Augenblick, bedingt durch eine hartnäckige Retention seiner Zirbeldrüse, in Schweigen versunken ist. Das Rosa auf dem

Gesicht Maddalenas ist noch kräftiger als sonst, die Transparenz des Abends und die ihres Herzens mischen die Farben auf ihren Wangen, und der Germanist als pflichtschuldiger Kenner der *Farbenlehre*, die Goethe, wiewohl vergeblich, Newton entgegensetzte, denkt vielleicht, daß Goethe doch nicht unrecht hatte, daß sich zwar das Licht, wie Newton sagt, ausbreitet, daß wir aber glücklicherweise keine Wellenlängen sehen, sondern Grün und Blau und das Rot dieses Abends und in dem Gesicht Maddalenas.

Würde doch dieser Abend niemals enden und wir niemals nach Dillingen gelangen, wie man auch niemals den Horizont erreicht! Der Fluß des Lebens rinnt durch unsere Adern, und mit jedem Schlag des Herzens läßt er, wie bei dem Schulmeisterlein Maria Wuz, etwas von dem Schlamm der Zeit in uns zurück, bis dieser eines Tages auch zum Herzen ansteigen und uns ganz bedecken wird; doch reißt uns in diesem Augenblick der Strom nicht mit sich fort, sondern wiegt und schaukelt uns. Der Sonnenuntergang beleuchtet auch Francescas Gesicht, die sich leicht und geheimnisvoll bewegt wie eine Fahne im Wind. Die Sinne bevorzugen eine genußvolle Stunde lang die runden Formen des Klassischen und Vollendeten, die vollkommen aufgeblühte Weiblichkeit, all das, was nicht noch werden kann, die geschwungene, laszive Kurve der Frau, die vollendete Feinheit der Sünderin des Fin de siècle. Die reine Lust sucht das Berührbare und Endliche, sie liebt nicht, was darüber hinausgeht. Wenn sich aber auch nur das flüchtigste An- oder Vorzeichen einer *perditio* in die Lust einzuschleichen vermag, wird diese nur von der Verlockung des Jenseits geweckt und liebt das Rätsel dessen, was noch im Werden begriffen ist, die spröde Unvollkommenheit neben uns, die schlanke, lufterfüllte Bewegung, die gerade Linie, das Mädchen, ein Baum, der sich unvermittelt vor uns in den Abendhimmel erhebt.

Francesca ist jetzt vorausgelaufen, zu den anderen; wir – die Sprache, in der ich schreibe, ist mangelhaft, ihre Grammatik kennt nicht den Dual, der notwendig ist, damit man unmißverständlich die unauflösliche Substanz des Lebens konjugieren und deklinieren kann –, wir sind etwas hinter ihnen zurückgeblieben. Doch auch jene anderen Gestalten vor uns, jene Dritten, sind ein Teil von uns. Der Spaziergang in der kahlen grauen Landschaft wird bald zu Ende sein, Dillingen ist schon ganz nah, und somit wird sich auch die Gemeinschaft dieses Abends, unser Einklang wieder auflösen. Die

Trennung ist die Unvollständigkeit der Existenz, ihr Mangel; das Leben zerbröckelt in kleinste Zeitabschnitte, in denen – und folgerichtig auch in deren Summe – nichts mehr existiert.

Wie später bei den alternden Romanfiguren Svevos verdüstert sich auch für Jean Pauls sanftmütige Gestalten das Licht des Lebens häufig durch die Angst vor dem Leben, durch die zufälligen Sorgen, die es bedrohen. Die Existenz ist erfüllt von zu vielem und zu wenigem: ein schwerfälliger Haufen aus unwesentlichen Störungen, welche die Luft zum Atmen nehmen, und zugleich ein Mangel an essentiellen Dingen. Jene zaghaften Hauslehrer sind Experten in der Guerillastrategie, dem Abwesenden auszuweichen und seinem Griff, der das Herz beklemmt, zu entfliehen. Sie versuchen, das Leben zu genießen, indem sie es von der Organisation befreien, die es gänzlich absorbiert und ihm keinen Augenblick der Überzeugung zugesteht, so wie das Reiseprogramm, das Rektor Florian Fälbel, ein anderer Held Jean Pauls, mit seinen Primanern am Fichtelberg absolviert, sich völlig in den Vorbereitungen zu ebendiesem Programm erschöpft: die Aufmerksamkeit, die der Landkarte zugewendet wird, verhindert, daß man sich die Orte, die man durchfährt, auch ansieht, und das Vorlesen aus dem Handbuch von Büsching, in dem ein Bauwerk beschrieben wird, zieht aller Augen von ebendiesem Gebäude ab.

Die umherreisenden sanften Pädagogen Jean Pauls bekämpfen das *deesse* mit einer radikalen homöopathischen Therapie, indem sie sich beständig entziehen. Sie suchen nach einem Freiraum, einem reinen Schwebezustand, dem das Licht des Essentiellen oder doch wenigstens einer seiner Reflexe aufleuchtet; dazu befreien sie die Wirklichkeit von allen Hindernissen, von ihrem gesamten schwerfälligen Mobiliar. Maria Wuz schließt die Augen, während Wind und Schnee die Fenster verdunkeln, und überzieht den Frost auf den Wiesen mit Bildern des Frühlings; seitdem er erwachsen ist, verbringt er die Abende damit, seine Kindheit zu rekapitulieren, und zwar insbesondere jene Momente, da er als kleines Kind glücklich die Augen schloß, während die Mutter das Mittagessen zubereitete. Die Subtraktion potenziert sich im Quadrat, das Licht scheint aus einer Erinnerung der zweiten Potenz, wenn man sich der Momente erinnert, da man sich der Glückseligkeit erinnerte oder davon träumte; und diese zieht sich zurück in einen zeitlosen Raum, in das Dunkel unterhalb der Treppe, wo das Spielzeug und die Erinne-

rungsstücke der Kindheit aufbewahrt werden, und für Wuz leuchtet das Grün dieser Kindheit unter dem Schnee hervor, der es seit so vielen Jahren bedeckt.

Jean Paul liebt die Gegenwart – die sehnlich erwartet oder der nachgetrauert wird, wenn sie noch Zukunft oder bereits Vergangenheit ist, die aber vernachlässigt oder mißachtet wird, wenn sie gegenwärtig ist. Die reine Gegenwart existiert nicht innerhalb der Zeit, die sie in jedem Augenblick zerstört; sie existiert außerhalb der Zeit und somit außerhalb des Lebens, in der Verdünnung durch die Erinnerung oder durch das Schreiben. Sie ist ein Rauch, wie es in dem Roman *Quintus Fixlein* heißt, der über unserem verpuffenden Leben aufsteigt, sich wie bei dem vergehenden Spießglas in neuen, obwohl poetischen Freudenblumen anlegt, oder auch in den Bildern, welche die Schrift aus dem sich verbrauchenden Leben gewinnt. Das Licht dieses immateriellen, dem Nichts entrissenen Raumes, dessen konkave Wände die Gestalten des Herzens widerspiegeln, strahlt auf die konkrete Wirklichkeit zurück und verändert die Intimität des Hauses in ein »aus dem unabsehlichen Gewölbe des Universums herausgeschnittenes oder hineingebautes Klosett ihrer Stube«. Die familiäre Idylle, die von Jean Paul mit soviel Zärtlichkeit besungen wird, nimmt kosmische Dimensionen an, und das häusliche Epos – die eheliche Liebe, die Hausarbeit, ein glücklicher Tag, die Wiege, die Bahre -- verknüpft und verbindet sich mit dem Handlungsgeflecht des Unendlichen. Indem der Biograph des Schulmeisterleins Maria Wuz hört, wie die Zeit vergeht, fühlt er »unser aller Nichts« und schwört, »ein so unbedeutendes Leben zu verachten, zu verdienen und zu genießen«.

Jede Reise ist, wie auch unser Spaziergang nach Dillingen, ein Widerstand gegen die Entbehrung, denn man reist nicht, um irgendwo anzukommen, sondern um zu reisen, und zwischen den Aufenthalten schimmert reine Gegenwart. Wer aber macht sich wirklich auf die Reise? Während er die Geschichte der Vorrede zu der Biographie von Quintus Fixlein erzählt, berichtet Jean Paul, daß er auf einer Reise einen »Kunstrat« getroffen und sich diesem gegenüber als Fixlein, als seine eigene Romanfigur, ausgegeben habe. Doch vielleicht ist jeder, der schreibt, und nicht nur Jean Paul, ein Fälscher seiner selbst und setzt mit passionierter Aufrichtigkeit, aber völlig willkürlich, das Pronomen »ich« an die Stelle irgendeines anderen, der in Wirklichkeit seine eigenen Wege geht. Und wer geht

überhaupt an jenem unwiederholbaren Abend in Richtung Dillingen und folgt dabei nicht etwa der Spur seines Weges, sondern jenem Verlauf, den die Feder nun auf das Papier zeichnet? Wer dem Papier sein Schicksal anvertraut, ist ein pathetischer Epigone Kafkas: wenn er die Türklinke bereits in der Hand hat und in das Zimmer der geliebten Frau treten will – wie Kafka in das Zimmer Milenas –, zieht er die Hand wieder zurück, um zur kartographischen Wissenschaft zurückzukehren.

Die Figuren von Singer weichen keineswegs zurück, sie betreten ohne weiteres jenes Zimmer, da sie keine Angst vor dem Risiko haben, dem Leben gegenüberzustehen und dabei festzustellen, daß man sich nicht auf seiner Höhe befindet; sie akzeptieren ohne Überheblichkeit den Augenblick des Triumphes und furchtlos auch den ihres Scheiterns, denn in der Unbefangenheit ihres Körpers spüren sie die tiefe Gewißheit, daß beide, wie Ebbe und Flut, einem notwendigen Gesetz gehorchen. Wer wie Zeno oder Josef K. Angst vor der Niederlage hat oder sie nicht ertragen kann, zieht sich in die Literatur zurück, zwischen die Blätter, die ermöglichen, daß man mit dem Gespenst der Niederlage spielt, auf indirekte Weise mit ihr umgeht, sie hinhält und mit ihr kokettiert, sie umschmeichelt und sie hinauszögert. Die Literatur bietet Schutz vor dem Mangel dank dem, was sie auf das Papier überträgt und dabei dem Leben wegnimmt, das dadurch noch leerer und mangelhafter wird. Ein Schriftsteller, schreibt Jean Paul, bewahrt alle seine Kenntnisse und Ideen einzig in dem, was er schreibt, und wenn ihm jemand das beschriebene Papier verbrennt, so sind sie ihm verloren, und er weiß nichts mehr davon; wenn er ohne sein Notizbuch die Straße entlanggeht, so ist er »ordentlich unwissend und dumm, gleichsam ein schwacher Schattenriß und Nachstich seines eigenen Ichs, ein Figurant und *curator absentis* desselben«.

Doch ist das Papier gut, denn es lehrt genau diese Bescheidenheit und öffnet die Augen für die Leere des Ichs. Wer eine Seite schreibt und eine halbe Stunde später, wenn er auf die Straßenbahn wartet, gewahr wird, daß er nichts versteht, nicht einmal das, was er geschrieben hat, erkennt dabei die eigene geringe Größe und begreift, denkt er an die Eitelkeit des Geschriebenen, daß ein jeder die eigenen, mühsam ausgetüftelten Überlegungen für den Mittelpunkt des Universums hält, aber eben ein jeder. Und vielleicht wird er sich mit dieser Unzahl von Jeden brüderlich verbunden fühlen,

die sich wie er auserwählt wähnen und sich mit ihren Macken und Schrullen auf den Weg zum Tode begeben, und verstehen, wie dumm es ist, sich auf diesem gemeinsamen, vielbegangenen Weg Wunden zuzufügen. Die Schriftsteller bilden einen gemeinsamen universalen Orden, eine Freimaurerloge, eine Loge der Dummheit; nicht zufällig sind sie es, die – von Jean Paul bis Musil – das Lob der Dummheit gesungen haben.

Doch verhilft diese Armseligkeit des Schreibens dazu, das Elend und die Relativität der Intelligenz zu erkennen, und kann somit den Weg zu einer wechselseitigen Unterstützung ebnen. Das Papier selbst legt nahe, daß man es nicht allzu ernst nehme; auch wer größere Affinität zu Kafka als zu Singer verspürt, wird aus dem *Schloß* oder den *Briefen an Milena* lernen, daß man jene bewußte Klinke herunterdrücken, jene Tür öffnen und in jenes Zimmer gehen sollte. Einige Zeit später wird er dann mit Freuden bemerken, wie seine Kinder die Manuskriptseiten durcheinanderwerfen und daraus Papierschiffchen oder Blasrohre herstellen. Wenn Buffetto II., mein hochgeschätztes Meerschweinchen, die Titelseite der *Genealogie der Moral* anknabbert, wobei es mit seinem ebenso würdevollen wie verstaubten Schnurrbart bis zur Höhe des untersten Bücherbords reicht, lasse ich es im vollen Vertrauen auf Nietzsche gewähren und freue mich über seine ungetrübte Vertrautheit mit der Welt jenseits von Gut und Böse.

Dem Literaten, der sich bewußt ist, daß er als solcher ein Dummkopf ist, sei es daher gestattet, kraft dieser Selbsterkenntnis des Geistes, der weiß, daß er sich nicht verwirklicht, seine Leidenschaft für das geschriebene Wort gleichwohl zu kultivieren, das ihm hilft, sich durchzuschlagen, sich – wie eine Figur Jean Pauls – mit alten Vorreden, Programmen, Reklamezetteln, Nekrologen, Ankündigungen zu ernähren; und dabei so zu schreiben, wie es ihm gerade einfällt, Bilder und Sätze zu erhaschen, so gut er kann. Wenn das Notizbuch vollgekrakelt ist, hat die arme Seele ihre Ruhe und pfeift im Takt der Zeit, die vorübergeht. Es ist schon fast Nacht, wir sind in Dillingen angelangt, die Melancholie des Abends ist in die Flucht geschlagen; es ist möglich, ohne Verwirrung jenem Gebot zu folgen, das dem Zauber dieser Stunden befiehlt, vorüberzugehen und aufzuhören. Die Königsstraße mit ihrem mittelalterlichen Stadttor und den barocken Gebäuden zu beiden Seiten empfängt uns in friedvoller Stille, in der entspannten und diskreten deutschen Intimität der

alten Straßen, welche die in sich versunkene Stille eines Platzes in alle Richtungen auszubreiten scheinen.

Der Gasthof mit seinem dunklen Holz, den Bierkrügen und den igluartigen Federbetten ist gemütlich. Wir verabschieden uns und verteilen uns auf unsere Zimmer, bis morgen. Welch ein dummes Wort, morgen. Der Traum des Lebens, sagt Jean Paul, wird ja auf einem zu harten Bett geträumt, aber zusammen schlafen vervollständigt gewisse grammatikalische Mängel, verschiebt das *deesse*, ist Überzeugung.

15.

Der Kitsch des Bösen

In der kleinen Stadt Günzburg, während der habsburgischen Epoche auch Klein-Wien genannt, ehrte die Bürgerschaft am 28. April 1770 die Prinzessin Marie Antoinette, die sich mit ihrem Hochzeitszug aus 370 Pferden und 57 Kutschen auf die Reise begab, um Ludwig XVI. zu ehelichen und später Bekanntschaft mit der Guillotine zu schließen.

Diese reizenden Häuser, diese gemütlichen, sauberen Straßen oder das Schild an dem Hotel *Goldene Traube* mit seiner vergoldeten Rebe lassen jedoch weniger an Marie Antoinette denken. In diesem Ort ist Josef Mengele geboren, der Folterarzt von Auschwitz, vielleicht der furchtbarste Mörder in den Konzentrationslagern; hier hat er sich bis 1949 in einem Kloster versteckt gehalten, und hierher ist er 1951 heimlich zur Beerdigung seines Vater zurückgekehrt. In Auschwitz warf Josef Mengele, stets heiter und ausgeglichen, Kinder ins Feuer, riß Säuglinge aus den Armen ihrer Mütter, um sie auf dem Fußboden zu zerschmettern, zog Föten aus dem mütterlichen Leib, experimentierte mit Zwillingen – besonders gern mit Zigeunerzwillingen –, riß Augen aus, die er aufgespießt an der Wand seines Arbeitszimmers aufbewahrte und dann Professor Otran von Verschuer überließ, dem Direktor des Kaiser-Wilhelm-Instituts für Anthropologie in Berlin und – auch noch nach 1953 – Professor an der Universität Münster; er injizierte Viren und verbrannte Genitalien. Vielleicht lebt er noch, mehr als vierzig Jahre

lang ist er der Verfolgung entgangen. Und freilich kann auch jemand, der zum Vergnügen einen Menschen tötet und dessen Kind zwingt, dabei zuzusehen, den eigenen Vater lieben.

Die Infamie verlockt zur Komplizenschaft: Mengele wurde von den Amerikanern aus der Haft entlassen, von den Engländern vielleicht bei seiner Flucht unterstützt, von den Mönchen versteckt, schließlich beschützt vom paraguayanischen Diktator. Sicherlich ist der Nationalsozialismus nicht die einzige Barbarei, die es auf der Welt gegeben hat, und die nazistischen Gewalttaten, die nicht mehr unmittelbar bedrohlich sind, heutzutage zu verurteilen, hilft vielen, dadurch andere Gewalttaten zu verschweigen, die anderen Opfern von anderer Rasse und Hautfarbe zugefügt werden, und nützt nicht minder, um das eigene Gewissen mit solchen antifaschistischen Glaubensbekenntnissen zu beruhigen. Aber andererseits ist der Nazismus ein Höhepunkt, ein unübertroffener Gipfel der Infamie gewesen, die engste Verknüpfung von gesellschaftlicher Ordnung und menschlicher Roheit. Es wäre völlig abwegig, hinsichtlich des ständig lächelnden sadistischen Arztes auf pathologische Erklärungen zurückzugreifen, so als wäre er ein Kranker, den ein unbezwinglicher Raptus hinriß. In dem Kloster bei Günzburg, wo er sich versteckt hielt, riß er keine Augen aus, zerfetzte keine Leiber, und ich glaube nicht, daß er deswegen unter Mangelerscheinungen litt; er wird sich anständig aufgeführt haben, ein ruhiger, diskreter Herr, der vielleicht sogar die Blumen goß und andächtig den Vespergottesdiensten zuhörte. Er tötete nicht, weil er es nicht tun durfte, weil es ihm die Umstände verwehrten, und er ergab sich widerspruchslos in sein Schicksal, akzeptierte die Grenzen, welche die Realität seinen Wünschen setzte, so wie jemand sich damit abfindet, daß er kein Millionär werden oder nicht mit den Filmdiven aus Hollywood schlafen kann. *Timor Domini, initium sapientiae*; wenn ein Gesetz fehlt, eine Furcht, ein Damm, der all das zurückhält und verhindert, was in Auschwitz ungestraft geschehen konnte, kann nicht nur Doktor Mengele, sondern vielleicht jeder von uns zu einem Doktor Mengele werden.

Wie jede verbrecherische Leidenschaft, so zeigt auch Mengeles Lust zu quälen, sein stupides Lächeln bei der Ausführung seiner Mordtaten eine ungeheure Banalität. Ein jüdischer Arzt, den man dazu zwang, ihm bei seinen Experimenten zu assistieren, fragte ihn einmal, wie weit dieses Vernichtungswerk eigentlich führen solle. Und freundlich

lächelnd gab Mengele zur Antwort: »Mein Freund, es geht immer weiter, immer weiter.« Diese schwachsinnige ekstatische Phrase enthält die ganze stumpfe Beschränktheit des Bösen: es ist die mechanische, faszinierte Wiederholung einer Art rituellen Formel zwischen dem Refrain eines psychedelischen Lieds und einer religiösen Litanei, das Stammeln eines von Grausamkeit berauschten armseligen Geistes.

In jenem Augenblick ist Mengele verzaubert von der Überschreitung, er begeht sie wie eine kultische Handlung, sie läßt ihm das Alltagsleben in einem höheren Licht erscheinen. Was er tut, ist nicht nur grauenhaft, sondern auch von äußerstem Stumpfsinn, es sind Tätigkeiten, die jeder ausführen könnte, von denen er in seiner von kitschigen Vorstellungen getragenen Ignoranz aber glaubt, sie seien nur wenigen Auserwählten vorbehalten.

Die Rhetorik der Überschreitung stellt das Verbrechen dar, als enthielte es, vielleicht des Unglücks wegen, von dem man meint, daß es das Verbrechen begleite, seine Sühne in sich selbst, ohne daß eine weitere Katharsis notwendig wäre. Die Gewalt erscheint mit der Erlösung identisch, scheint eine Art Unschuld der Triebe zu konstituieren. Die Mystik der Überschreitung – ein Wort, das häufig mit erbaulicher Emphase ausgesprochen wird – bildet sich ein, in Verachtung jeglicher Moral das Böse um seiner selbst willen zu verherrlichen; der suggestive, geheimnisvoll düstere Farbfilm des Bösen ist verführerischer als das nüchterne Schwarzweiß des Guten, und ein Werk, das jegliche Art von Übertretung feiert, wird mit Ehrfurcht aufgenommen, als genügte es, wie Verlaine auf einen Freund zu schießen, um auch Gedichte wie Verlaine zu schreiben.

Die Faszination der Überschreitung hat alte Ursprünge; die jüdische Überlieferung spricht von dem Messias, der erscheinen werde, wenn das Böse seinen Höhepunkt erreicht habe, und einige extreme Sekten behaupten, daß der Beginn der Erlösung und somit das Ende des Bösen beschleunigt werde, wenn man dieses unterstütze und seinen Triumph befördere. Angesichts der dunklen, latenten Gewalt, die sich auf dem Grunde der eigenen Persönlichkeit verbirgt, möchte sich jeder wie die alten Gnostiker davon überzeugen lassen, daß seine Handlungen, und seien sie noch so sehr mit Schlamm und Grausamkeit bedeckt, nicht das verborgene Gold seiner Seele beflecken könnten, und fordert daher die Berechtigung oder besser noch den Befehl, jener Gewalt freien Lauf zu lassen – in der Illusion, daß sie unschuldig sei oder unschuldig mache.

Soweit sich die Überschreitung auf sexuelle Verhaltensweisen bezieht, sind die Dinge einfach, da eine Durchbrechung erotischer Tabus, wenn sie von Menschen, die sich frei entscheiden können, ausgeführt werden und niemand sonst in Mitleidenschaft gezogen wird, nichts Böses darstellt; der Eifer der Orgienapostel ist bloß lächerlich und harmlos. Die Dinge liegen ein wenig anders, wenn Mengele jemandem Genitalien ausreißt, der mit diesem Spiel nicht einverstanden ist, wenn unser Begehren, das wie jedes Begehren sich verständlicherweise dagegen sträubt, verdrängt zu werden, allein um den Preis, anderen Leid zuzufügen, befriedigt werden kann. Das Verbrechen Raskolnikovs oder jenes von M, dem Kindermörder aus dem berühmten Film von Fritz Lang, entsteht nicht aus irgendwelchen Launen heraus, sondern aus realen, zerstörerischen Leidenschaften, deren Qualen nicht unberücksichtigt bleiben dürfen, die aber deswegen das Leid, das sie anderen zufügen, nicht rechtfertigen können. Die Kunst bevorzugt diese extremen und abnormen Beispiele, doch ist auch unsere geringe alltägliche Existenz in den Konflikt zwischen unserer Lust und dem Recht der anderen und umgekehrt verflochten.

Der Mystizismus der Überschreitung will nicht so sehr den Sünder als die Sünde lieben, und indem er glaubt, daß das einzige Verbot die Sexualität betreffe, verehrt er jeden beliebigen Impuls als sexuellen in der Meinung, daß damit seine Befriedigung autorisiert und durchzusetzen sei. Es ist wahrscheinlich, daß Mengeles Sexualität mit jenen seinen Vorlieben zu tun hatte und daß sein Sexualleben in Auschwitz befriedigt wurde, doch ist fraglich, ob dies seine Handlungen rechtfertigen und dazu führen dürfe, in ihm einen ungehemmten, von jeglicher Moral befreiten Menschen zu sehen, der, wie man so sagt, sein Leben gelebt habe.

Die Kunst, die von solch erlösenden Überschreitungen inspiriert wird, kann in Wirklichkeit nur drittklassige Verbrecher preisen, nur die Handlanger des Bösen: die Deliquenten und zugleich Erlöser, welche diese Kunst – wie im Werk Genets – als Vorbilder darstellt, sind Diebe, Vergewaltiger, Mörder, grausame, unglückliche und unbedeutende Verbrecher. Man wagt es nicht, den sündigen Messias in dem Staatsoberhaupt zu entdecken, das den Befehl zur Zündung einer Atombombe gibt oder eine ganze Stadt ausradieren läßt, ihn in dem korrupten Machtpolitiker zu sehen, der die Gelder etwa für ein Krankenhaus in die eigene Tasche fließen läßt, in dem Rüstungsfa-

brikanten, der ein Land in den Krieg treibt, um seine Profite zu erhöhen, oder auch in dem Bürochef, der seine Untergebenen demütigt. Es ist richtig, mehr Mitgefühl für den Straßenräuber als für den Schreibtischtäter zu entwickeln, wenn man der Ansicht ist, daß man jenem seines Unglücks oder seiner Bedürftigkeit halber mildernde Umstände zugestehen müsse; wer aber so denkt, beruft sich dabei auf Werte: ein aufrichtiger Mensch, der das Gute will, auch wenn er es aus Koketterie nicht zugeben mag.

Wenn der Erlöser hingegen jener ist, der am tiefsten im Bösen verstrickt ist, so ist der Regierungschef, der die Atombombe zünden läßt, der Kriegsgewinnler, der Mafiaboß, der Streiks verhindert, oder der betrügerische Politiker ein authentischerer Messias als Jack the Ripper. Der naive Schriftsteller, der letzteren bewundert und rühmt, ist fasziniert von dessen erotischer Perversion, von der sexuellen Erregung, die er in dessen Handlungen vermutet; doch vielleicht verspürt auch jener, der mit Knopfdruck die Atomexplosion auslöst, oder der die anderen um ihren Lebensunterhalt betrügt, in seiner Befriedigung irgendeinen perversen Orgasmus, der ihn in den Augen jener nobilitieren müßte, für die sexuelle Erregung jegliche Handlung aufwertet. Das honigsüße Lächeln, die sanften Worte Mengeles, durch die er dem Todesengel zu gleichen hoffte, sind der authentische, schwachsinnige Ausdruck jeglicher Faszination des Bösen, jeglicher Halbkultur, die sich von den Abfällen der Finsternis eine Kompensation für ihre eigene Bedeutungslosigkeit erwartet. Die verbotene Handlung, die häufig ebenso abgeschmackt ist wie das Wegwerfen von Abfällen aus dem Zugfenster, ist nicht weniger dumm und stumpfsinnig, wenn sie Qual und Folter bedeutet. Die Medusa, sagte Joseph Roth in Hinblick auf den Nationalsozialismus, sei banal. Die Opfer Mengeles sind Figuren einer Tragödie; er selbst ist eine Schießbudenfigur.

16.

Ein leeres Grab

»Die Donaukarte«, schreibt Trost in seinem Buch, nachdem von der Schlacht bei Blindheim und Gustav Adolfs Belagerung von Donauwörth im Jahre 1632 die Rede gewesen ist, »gleicht auch weiterhin einem militärischen Atlas.« Kurz vor Neuburg, zwischen den Wiesen und Feldern von Oberhausen, gibt es ein kleines Stück Erde, das zu Frankreich gehört; es ist vom französischen Staat gekauft worden, weil sich dort der Sarkophag von Théophile Malo Corret de Latour d'Auvergne befindet, des Grenadiers der republikanischen Armee, der erst Offizier des Königs, dann Mitkämpfer in der Amerikanischen und später in der Französischen Revolution gewesen war, sich schließlich als einfacher Soldat dem Heer Napoleons anschloß und auf dem Schlachtfeld der Donau gefallen ist.

Der Sarkophag ist leer, die Gebeine sind nach Paris überführt worden; in der Einsamkeit der Felder halten ein paar Bäume wie eine Ehrenformation am Grab Wache. Es ist zugleich die Ruhestätte von de Forty, dem Kommandanten der sechsten Halbbrigade der Infanterie, der an demselben Tag starb; der Protagonist aber ist der einfache Soldat, »Premier Grenadier de France, tué le 8ième Messidor, an 8 de l'ère republicaine«. Wie geziert und gelackt im Vergleich zu diesem Grab erscheint die Renaissance-Landschaft von Neuburg: Kirchen, Paläste, Patrizierhäuser, noble Innenhöfe vermitteln den Eindruck einer historisierenden Theaterbühne mit künstlichen, stilisierten Kulissen, welche die Grazie der italienischen Kunst am Donaugestade nachahmen. Das verlassene Grab hingegen ist der Ruhm und zugleich seine Eitelkeit, es umschließt den Sinn eines Lebens, das sich dem Kampf für eine neue Fahne weihte, statt durch seinen Waffendienst an dynastischen Lokalkriegen teilzunehmen. Es birgt aber auch jene große Leere, die im Gefolge einer jeden ruhmreichen Reiterparade zu finden, die an jeder flatternden Fahne zu erkennen ist; es zeigt den unendlichen, unsinnigen Hintergrund des Himmels, vor dem sich in dem Film der Universalgeschichte die Reiterarmee der zum Sterben rekrutierten Menschen abzeichnet.

Die Grabdenkmäler der deutschen Fürsten sind Museumsstücke, jener Sarkophag des republikanischen und napoleonischen Grenadiers ist, wie die Revolution überhaupt, ein kleines Monument für

die großen Freiheitsträume. Die Kaserne, die heute den Namen Tillys trägt, erinnert hingegen an andere Kriege, an Waffengänge, unternommen im Namen eines fürstlichen Geschlechts und nicht um einer Sache willen. Sicherlich, auch Latour ist ein Betrogener, den Napoleon den eigenen Ambitionen opferte, ebenso wie die Hunderttausende von Menschen, die er bereit war – wie er sich gegenüber Metternich zynisch äußerte –, um seines Erfolges willen sterben zu lassen. Die subjektive Kläglichkeit eines Napoleon verhinderte jedoch nicht, daß sich unter seinen Fahnen die Größe einer wahren, wenngleich bald verfälschten Revolution sammelte.

Gigi und Amedeo, die den Nimbus der *gloire*, aber auch die analytische Präzision lieben, sind vom Descartes-Gymnasium angezogen – gewiß nicht seiner Schachtelform, sondern nur seines Namens wegen. In diesem Städtchen verbrachte Descartes 1619 die Wintertage in seinem behaglichen und gut geheizten Zimmer, in dem ihn seine berühmte Erleuchtung überkam. Maria Giuditta ist verschwunden, Maddalena steht vor dem Gymnasium und wartet darauf, daß die beiden ihr Geplauder mit dem Hausmeister beenden. Ihre klar umrissene, aufrechte Gestalt mit den offenen Haaren scheint demonstrieren zu wollen, daß es keinen Unterschied gibt zwischen den klaren, erhellenden Ideen und der Aura jenes wahren Ruhms, der dem Glanz der Person entstammt, von jenen, die das Evangelium Salz der Erde und Licht der Welt nennt.

Das Herz bedarf des *esprit de géometrie* wie die Beweisführung eines Theorems. Das Reich des Sichtbaren wird mit Winkel und Kompaß vermessen, die Schicksalskurve enthüllt sich mit Hilfe eines Koordinatenkreuzes, in das man sie abträgt. Nur eine präzise Erfassung des Sichtbaren erlaubt es, an seine Grenzen zu gelangen und einen Blick über diesen Rand hinaus zu werfen: dorthin, von wo Maddalenas Licht und Francescas Schweigsamkeit herkommen. Auch dieses Licht, auch diese Schweigsamkeit mit ihrem verborgenen Grund, auch das Drüben, das Unsichtbare – all dies ist von scharf umrissenem, geometrischem Charakter und verabscheut die Konfusion des Ununterscheidbaren. Die Geometrie dieses Lichtes vermag Ordnung und leidenschaftliche Klarheit zu schaffen, für ein ganzes Leben und nicht bloß für eine Reihe von Gleichungen. Es wird Zeit, daß Gigi und Amedeo den Hausmeister stehen- und Maddalena nicht zu lange warten lassen.

17.

Marieluisefleißerausingolstadt

Wie der Name der mittelalterlichen Chronisten wird auch der der kraftvollen Schriftstellerin immer zusammen mit ihrer Geburtsstadt genannt, fast als handele es sich um ein einziges Wort. Marieluisefleißerausingolstadt ist sicherlich auf eine ebenso profunde wie polemische Weise in ihrer bayrischen Heimatstadt verwurzelt, deren militärischen Stolz die Überlieferung rühmt, die Virginität der häufig belagerten, aber nie eroberten Bergfestung, von der heute die berühmte Erdölleitung nach Triest ihren Ausgang nimmt.

Ingolstadt ist eine Stadt mit militärischer Tradition, von dem Überfall Gustav Adolfs 1632 bis zum Tode Tillys, des großen Reichsfeldmarschalls im Dreißigjährigen Krieg, von der berühmten Festung, in der während des Ersten Weltkrieges de Gaulle und der Marschall Tuchatschewski gefangengehalten wurden, bis zur berühmten gegenwärtigen Pionierschule. Den *Pionieren von Ingolstadt* ist jenes große, 1928 bis 1929 geschriebene – und 1968 nochmals überarbeitete – Drama gewidmet, das seinerzeit einen großen Skandal auslöste und Marieluise Fleißer – wie es häufig mit Autoren geschieht, die ungeschminkt ihre Provinzwelt darstellen – Ablehnung, Schmähungen, Verunglimpfungen seitens der öffentlichen Kleinstadtmeinung eintrugen.

Wie das andere und noch bedeutendere Drama, *Fegefeuer in Ingolstadt* und wie ihr Werk überhaupt zeigt *Pioniere in Ingolstadt* mit lakonischer Eindringlichkeit die erstickende Gewalt der Provinz, das soziale und kreatürliche Leiden des einzelnen und insbesondere der Frau, deren Schmerzensschreie und Proteste ständig in den Texten der Autorin anklingen; eine Stimme der Auflehnung, manchmal heiser wie die der Möwen, die über den Fluß und durch die Dunkelheit dieses Abends streifen.

Marieluise Fleißer, die Bruno Frank als »die Frau von schönstem Busen Mitteleuropas« definierte, hat die demütigende Situation der unterdrückten Frau gelebt und zugleich repräsentiert, sie hat jene Situation der Gewalt selbst erlitten, sie hat auf widersprüchliche und pathetische Weise dagegen aufbegehrt und hat sie in der Epizität ihrer dichterischen Gestaltung überwunden. Sie hat sich in leidenschaftlicher Unmittelbarkeit mit der weiblichen Unterordnung

identifiziert, so weit und so vollständig, daß sie Gefahr lief, selbst darin umzukommen, und sie hat sich gleichzeitig darüber erhoben, indem sie ihr in ihrem Werk eine feste und objektive Form zu geben vermochte. Ihr Stil – insbesondere der ihrer Theaterstücke – ist von nüchtern realistischer Genauigkeit, er verbindet lebensvollen plebejischen Naturalismus mit visionärer Kraft. Brecht, der sie in die lärmende Berliner Welt einführte und sie berühmt machte, erkannte in ihr zu Recht eine Vertreterin jener realitätsnahen und gegen realistische Plattheiten oder folkloristische Töne gefeiten Volksliteratur, die ihm als die einzige der deutschen Situation angemessene Literatur erschien; ebendiese Eigenschaften haben nach langen Jahren der Vergessenheit zu einer Wiederentdeckung der Fleißer geführt.

Die Begegnung mit Brecht war für die Schriftstellerin intellektuell ein Glücksfall und wahrscheinlich ein existentielles Unglück. In ihrer Liebesbeziehung zu Brecht, deren Auflösung sie als dringende Notwendigkeit empfand, erlebte und erlitt Marieluise Fleißer jene männliche Überheblichkeit, jene weibliche Unterwürfigkeit, die sie in ihrer Dichtung angeklagt hat: jene erzwungene Mischung aus Mitarbeit und Unterwerfung, Kultur und Sexualität, leidenschaftlicher Hingabe und leidenschaftlicher Revolte, welche die Gleichheit ausschließt und von vornherein, wenn auch unter zornigen Protesten, die Schicksalhaftigkeit männlicher Gewalt über die Frau akzeptiert. Brecht, schrieb die Fleißer, verschliß die Personen; sie selbst entging jener Rolle eines Konsumobjektes nicht.

Wie ihre Berta in *Pioniere in Ingolstadt* war Marieluise Fleißer ein Opfer, das an seinem unglückseligen Schicksal mitwirkt, indem es seine untergeordnete Rolle für unabänderlich hält, sie verinnerlicht und sie vor allem durch ihr eigenes Verhalten autorisiert. In ihrer Beziehung zu Brecht und zu anderen Männern konnte sie ein leidenschaftliches Wesen annehmen, sanft und rebellisch, behütet und mißhandelt, immer aber wehrlos; sie konnte keine gleichrangige Partnerin mit gleichen Rechten sein, weil sie wahrscheinlich – in diesem Sinne völlig in ihrer traditionellen Weiblichkeit verwurzelt – sich nicht als solche fühlte. Gegenüber Lou Andreas Salomé – aber auch gegenüber einigen meiner Klassenkameradinnen – hätte Brecht niemals den Pascha spielen können, einfach weil er vom ersten Moment an begriffen hätte, und zwar mit seiner ganzen Persönlichkeit noch eher als mit seiner Intelligenz, daß es ihm nicht

möglich wäre, sich so zu verhalten, so daß es ihm auch überhaupt nicht in den Sinn gekommen wäre, es zu tun.

Die Opfer ebnen bisweilen denen den Weg, die ihnen Schaden und Leid zufügen, freilich ohne daß diese darum minder schuldig würden. In ihrem schriftstellerischen Werk, das vollkommen frei ist von sentimentaler Verwirrung, zeigt Marieluise Fleißer, was mit Frauen wie ihr geschieht.

18.

Der Limes

In der Volksüberlieferung, die auch Johann Alexander Döderlein, der Rektor des Lyzeums zu Weißenburg, in einem gelehrten Büchlein mit einem überlangen und weitschweifigen Titel gesammelt hat, wird der Bau dieser Mauer, dieser nunmehr abgetragenen steinernen Spur, dem Teufel zugeschrieben. Für den Bauern des späten Mittelalters, der nicht über das Feld, das er pflügte, hinausblicken konnte, war überhaupt die Vorstellung des Limes, eines Walles, der bis zum Schwarzen Meer die Grenzen des Römischen Reiches markieren sollte, etwas Undenkbares, etwas Übermenschliches, das weit über die alltägliche, berührbare Unmittelbarkeit hinausging und als Werk geheimnisvoller Mächte erscheinen mußte. Nicht der Teufel jedoch, sondern die römischen Kaiser – von Augustus bis Vespasian, von Hadrian bis hin zu Marc Aurel und Commodus – haben diese Grenzlinie aus Stein gezogen. Auf deren einen Seite befanden sich das Reich, die Idee, die Universalherrschaft Roms, auf der anderen Seite die Barbaren, die das römische Imperium zu fürchten begann, so daß man dazu überging, nicht weiter zu erobern und zu assimilieren, sondern vielmehr sich selbst zu schützen.

Wie die Bauern der *Raetia secunda* oder der *Germania superior*, als diese Gebiete längst von den Römern aufgegeben worden waren, so haben auch die Zeitgenossen Mühe, die Größe dieses Bauwerks zu begreifen, und erblicken nicht minder darin ein Werk des Teufels, vielleicht des Imperialismus-Teufels. Sicherlich bedeutete Rom auch und vor allem Herrschaft, und die Universalität, die es für sich beanspruchte, war nur eine Maske für die Herrschaft und als solche – ungeachtet ihres Ewigkeitsanspruches – der Vergänglichkeit preis-

gegeben; für jede Macht, die sich dazu versteigt, Universalität und Zivilisation zu repräsentieren, kommt der Augenblick, da sie dafür büßen und den Waffen jener weichen muß, die sie noch kurz vorher als minderwertige Rasse angesehen hat. Die verachteten Barbaren wurden die Baumeister des neuen Europa; später waren es die Slawen, die über Jahrhunderte als ein obskures, der Scholle verhaftetes und geschichtsloses Volk angesehen wurden und nunmehr erkannten, daß ihre Stunde gekommen war; die Chinesen, die vor nicht langer Zeit die Weißen in Rikschas fuhren, sind heute eine Weltmacht.

Jedem seine Stunde, seine Aufgabe in der Geschichte. Jener Wall, dessen Ruinen sich zwischen Wäldern und Wiesen erheben, spricht von der großen Stunde des Römischen Reiches, seiner Einigung und Grundlegung der damaligen Welt. Unsere Geschichte, unsere Zivilisation, unser Europa sind Kinder des Limes. Seine Steine verkünden das große Pathos der Grenze, der Notwendigkeit und der Fähigkeit, sich abzugrenzen und sich eine Form zu geben. Das Imperium ist Abgrenzung, Verteidigung, Wall gegen die Barbarei des Undifferenzierten, ist Individualität. Auch dieser Mund, den ich gerade betrachte, ist Linie, Form, präzise Grenze eines Bereiches, worin die nicht definierte – und mithin irreale – Möglichkeit des Eros Wirklichkeit wird. Man küßt und liebt einen Mund, eine Form, einen Limes. Freilich, in Vergleich zu einem geheimnisvollen Gesicht oder einem Blick aus schräggeschnittenen Augen erscheint auch die Grenze des Römischen Reiches als eine antiquarische Kuriosität, wertvoll und zugleich unerheblich wie das gelehrte Büchlein von Rektor Döderlein.

19.

Eine Walhalla und eine Rose

Die »Befreiungshalle«, das Monument, das Ludwig I. von Bayern zur Erinnerung an die deutschen Befreiungskriege gegen die Napoleonische Herrschaft errichten ließ, erhebt sich samt den hundert Metern des Michelberges über die Donau und das Städtchen Kelheim. Die Idee dazu kam dem romantischen Bayernkönig im Jahre

1836 auf einer Reise nach Griechenland; der Grundstein wurde 1842 gelegt, doch als das Bauwerk schließlich fertiggestellt und 1862 eingeweiht wurde, war der Monarch längst von der politischen Bildfläche verschwunden, überwältigt von den Ereignissen des Jahres 1848 sowie von seiner Leidenschaft für die schöne Lola Montez, in deren Armen, wie Grillparzer sagte, ein König zu einem Menschen ward.

Der Rundbau, zum deutschen Ruhme der Kriege von 1813 bis 1815 errichtet, scheint ein Gasometer zu sein, ein nicht minder kühnes und vergängliches Denkmal menschlicher Unternehmungen. Die äußere Rundfassade ist mit achtzehn Statuen aus Kalkstein geschmückt, die über sechs Meter hoch und auf gigantische Pilaster gestellt sind, sie stellen die achtzehn deutschen »Stämme« dar (zu denen auch die Böhmen und die Mähren gezählt werden), die an den Feldzügen gegen Napoleon teilgenommen hatten; im Inneren tragen achtzehn weiße, dreieinhalb Meter hohe Siegesgöttinnen aus carrarischem Marmor ebenso viele Bronzeschilde, worin die Namen der Schlachten eingemeißelt sind, während die Hinweisschilder über ihren Köpfen die Namen der großen Feldherren nennen.

Dieser plumpe Gipspantheon verblaßt angesichts der Wiesen, die den Gasometer umgeben, es fehlt ihm die Glorie der zerfetzten Fahnen im Invalidendom zu Paris, jenes ungewisse Licht aus Staub und Wind und Vergänglichkeit, das eine Schlacht dem Leben ähnlich werden läßt. Die deutschen Kriege von 1813, die allgemeine nationale Erhebung und der dabei verfochtene reformerische Geist einiger aufgeklärter Politiker und preußischer Generäle – Stein, Scharnhorst, Gneisenau, York, Clausewitz – haben wenig gemeinsam mit jener nationalistischen Pose, wie sie dem monumentalen Bauwerk anhaftet. Jenes Deutschland und insbesondere Preußen – doch nicht Preußen allein –, das in diesen Jahren erwachte, erlebte eine kurze Zeit des Fortschritts und der Erneuerung, der bürgerlichen Hoffnungen; das Deutschland, das wenige Jahrzehnte später jenes Monument errichtete, stagnierte, befand sich bereits in einer Zeit der Restauration und Reaktion, hatte inzwischen die vaterländischen Empfindungen von denen der Freiheit getrennt, um die nationale Einheit auf Kosten des Nationalismus voranzutreiben; das wilhelminische, ja schon das Bismarck-Deutschland wurde zumindest teilweise eine Negation jenes Staates, den Humboldt und Stein angestrebt hatten. Gewiß, Ludwig I. regiert in Bayern, er ist Souverän eines Staates, der die bemerkenswerteste, bald regressive, bald liberale

Alternative zur germanischen Vereinigung unter preußischer Führung und zum hegemonialen Deutschnationalismus des späteren Preußentums bildet. Doch zeigt diese Friedhofsglorie bereits völlige Erstarrung, ist die Parodie des liberalen Patriotismus von 1813.

Mit seiner romantischen Liebe zu Hellas und dessen Unabhängigkeitskampf – die so weit ging, daß er seinen Sohn Otto, kaum daß Griechenland von den Türken befreit war, auf den neuen Thron setzte – ist Ludwig I. auch Initiator eines weiteren Monuments deutschen Ruhmes, der Walhalla, des dorischen Tempels, der sich wenige Kilometer hinter Regensburg über der Donau erhebt. Der weiße Hellenentempel, der einen Namen aus der nordischen Mythologie trägt, symbolisiert jenen Traum von einer Symbiose zwischen Deutschland und Griechenland; die Germanen als Abkömmlinge der antiken Dorer sollten die Griechen des neuen Europa sein, sollten Europa eine neue, universale Kultur geben wie einst die Griechen der antiken Welt. Für Hölderlin war dies ein freiheitlicher, ein revolutionärer Traum gewesen, eine Freiheits- oder Befreiungsutopie, die sich der ganzen Welt öffnete. Zu diesem Traum verhält sich die Walhalla etwa so wie der Film über die Arbeiten des Herkules mit Steve Reeves und Sylva Koscina zu dem griechischen Mythos. Die Walhalla enthält 161 Büsten großer Deutscher; einige von ihnen sind nur mit einem Namen versehen (Goethe), andere zusammen mit ihrer jeweiligen Tätigkeit (Mozart, Tondichter) oder einer feierlichen Umschreibung (Klopstock, der heilige Sänger). Weitere Aufnahmen in diesen Pantheon gab es noch nach Ludwig I., und sogar heute ist es für Volontäre der Unsterblichkeit nicht ausgeschlossen, vorbehaltlich umfangreicher vorangehender bürokratischer Abläufe, dort Eingang zu finden. Doch hatten Metternich und Hebbel beide recht, der eine, weil ihm die Walhalla nicht gefiel, der andere, weil er dort nicht einzugehen wünschte.

Die Walhalla ist ein Wachsfigurenkabinett. Unschwer erkennt man darin ihre Vergänglichkeit im Gegensatz zu den Grashalmen im Wind, zu den Schatten der Bäume, zu den Wassern der Donau, die hundert Meter weiter unten glitzern. Es ist leicht, die Poesie gegen die Literatur, die Authentizität gegen das Künstliche, das Leben gegen die Dinge und ihr Museum auszuspielen. Doch vielleicht kann auch die Parteinahme für die Blume und gegen die Säule zu einer vitalistischen Rhetorik gehören, die das Leben, das sie zu lieben vorgibt, und sein geheimes Leiden beleidigt. Zumindest legt

dies eine dichte Geschichte nahe, die in einer Grundschule vervielfältigt und verteilt wurde; sie ist von einem kleinen Mädchen für das »Karussellchen oder Die Gazette von San Vito«, die kleine Zeitung des zweiten Schulbezirks in Triest, geschrieben worden und im ersten Jahrgang im Mai 1973 erschienen. Die Autorin, Monica Favaretto, ist eine Schülerin der ersten Klasse in der Schule De Amicis.

Der Titel der Geschichte lautet *Die Rose*. »Die Rose war glücklich. Sie vertrug sich gut mit den anderen Blumen. Eines Tages fühlte die Rose, daß sie welkte und dabei war zu sterben. Sie sah eine Papierblume und sagte zu ihr: ›Was für eine schöne Rose bist du!‹ – ›Aber ich bin eine Papierblume.‹ – ›Aber weißt du, daß ich sterbe?‹ – Die Rose war nun tot und sprach nicht mehr.«

Diese kleine Fabel, die eigentlich alles über die Zärtlichkeit des Lebens und den unergründlichen Schmerz des Sterbens sagt, erinnert daran, daß die Dinge etwas länger dauern als das Leben, daß aber auch sie vergehen und verschwinden werden und daß es angesichts des Todes wenig Sinn macht, das Authentische über das Künstliche zu erheben. Wenn man den Tränen der lebendigen Dinge traut, so gewahrt man darin ihren Wunsch, ein wenig länger zu dauern, so lange wenigstens wie die nachgemachten Dinge, wie die dorischen Säulen jener künstlichen Walhalla.

Ich habe keine Ahnung, was diese unbekannte Schülerin der Grundschule inzwischen ist oder macht, ob sie dazu bestimmt ist, eine große Schriftstellerin zu werden, oder ob jener Geistesblitz dazu bestimmt war, eine einzige und unwiederholbare Erleuchtung zu bleiben und sie nun irgendein unauffälliges Mädchen geworden ist. Die Poesie ist unpersönlich, wie der Wind weht sie, wo und wann sie will, sie gehört nicht dem, dessen Name auf der ersten Seite steht. Sie entsteht bisweilen ganz von selbst, wie Figuren, die zerstreut auf ein Stück Papier gezeichnet werden und sich schließlich zu wunderbaren Kompositionen zusammenfügen, oder wie bestimmte Gesten, in denen eine Person, ohne sich dessen bewußt zu werden, eine Anmut gewinnt, von der sie nichts ahnt und die sie vielleicht auch gar nicht mehr haben wird.

20.

Regensburg

Auch das Volksbuch des Doktor Faust rühmt die Stadt Regensburg mit ihrer Steinernen Brücke, einem Wunderwerk der Jahrhunderte und der Welt. Die Chronisten erwähnen ihren Glanz als Bischofssitz und freie Reichsstadt; Maximilian I., der kaiserliche Ritter, bezeichnet sie 1517 als »einst unter den reichen und berühmten Städten unserer deutschen Nation die blühendste«. Belobigung und Trauer umgeben die prächtige romanisch-gotische Stadt mit den hundert Türmen, den Gassen und Plätzen, wo sich in jedem Steinfries die Schichten einer über viele Jahrhunderte andauernden Geschichte abgelagert haben. Die Lobsprüche und Panegyriken auf die Stadt füllen Bibliotheken; die Elogen beziehen sich jedoch immer auf den Ruhm und Glanz einer vergangenen Zeit – »einst« sagt bereits Kaiser Maximilian. Die Kirchen, die Türme, die Patrizierhäuser, die Skulpturen sprechen von einer majestätischen Vergangenheit, von einer Blütezeit, deren man sich nur noch erinnern, aber niemals habhaft werden kann, die immer schon vergangen und niemals Gegenwart ist.

Die Nostalgie der Epigonen wacht über die Reste einer Vergangenheit, die ihrerseits die Reliquien und Erinnerungen einer noch früheren Epoche kultivierte. »Die Stadt ist altmodisch und platt, der Senat spricht im Tone des 15. Jahrhunderts«, schrieb Johann Andreas Schmeller im Jahre 1802, doch bereits im 15. Jahrhundert trauerte man dem verlorenen Glanz früherer Zeiten nach. Vielleicht ist Regensburg auch deshalb – und nicht nur seiner Türme wegen – mit Prag verglichen worden, der Goldenen Stadt, die ebenfalls stets und ausschließlich aus der Erinnerung an entschwundene Glanz- und Ruhmeszeiten zu bestehen scheint.

Regensburg ist die Stadt derer, die in ihren Stadtstaat verliebt sind und die Erinnerung daran, die über jedem Portal und auf jedem Kapitell sorgsam geschützt wird, pflegen und verehren. Diese Gelehrten, die in der Vergangenheit anderen Gelehrten begegnen, die ihrerseits die Bewahrung der vergangenen Jahrhunderte zu ihrer Aufgabe gemacht haben, sind wie alle Lokalgelehrten immer heiter und bewegt, auch wenn sie unter ihren Erinnerungsstücken einmal nicht auf antiquarische Kuriositäten stoßen, sondern auf die ganz großen Augenblicke der Geschichte, etwa als Friedrich Barbarossa

die Steinerne Brücke überschritt. Auf 665 überfüllten, eng bedruckten Seiten rekonstruiert Karl Bauer Stein für Stein den alten Stadtplan von Regensburg, die Geschichte und die Bedeutung eines jeden Hauses, eines jeden Bauwerkes, die Schatten, die Hunderte und Aberhunderte von Jahren auf die Gassen, die Bögen, die Türen und die Ecken der kleinen glanzvollen Plätze geworfen hatten. So verbreitet er sich in einem 1980 erschienenen Buch über das Haus Nummer 19 in der Kreuzgasse, er beschreibt Christian Gottlieb Gumpelzhaimer, den Historiographen von Regensburg, der 1841 in diesen Mauern starb und dessen Leidenschaft ganz auf die Vergangenheit seiner Heimatstadt gerichtet war; im ersten Band seines Werkes *Regensburgs Geschichte, Sagen und Merkwürdigkeiten*, das in den Jahren zwischen 1830 und 1838 herauskam, spricht er von seiner Liebe zu den Altertümern dieser Stadt.

Seit 1663 Sitz des immerwährenden Reichstags ist Regensburg ein Zentrum des Heiligen Römischen Reiches; vielleicht auch deshalb entsteht die Stadt unter dem Zeichen nostalgischer Rückwendung zur Vergangenheit, denn das Heilige Römische Reich ist in seinem innersten Wesen von Beginn an der Reflex vergangener Größe gewesen, der Traum, diese wiedererstehen zu lassen und mit neuem Glanz zu erfüllen, *translatio* und *renovatio* des Römischen Reiches, das es nicht mehr gibt, Widerschein der römischen Universalidee, deren politische Form sich aufgelöst hat. Wie die einsichtsvollsten und nüchternsten Historiker festgestellt haben, war das Heilige Römische Reich gewiß nicht das Universalreich, wie es von den kirchlichen Denkern gedacht wurde, es war weder identisch mit der *res publica christiana* noch mit der abendländischen Christenheit (Julius Ficker); es war darin nicht, wie Barraclough schreibt, der Anspruch auf universelle Herrschaft enthalten. Die großen deutschen Herrscherpersönlichkeiten – von Otto dem Großen bis zu Heinrich IV. und Friedrich Barbarossa, vom sächsischen über das salische bis zum schwäbischen Kaiserhaus – erstrebten und verwirklichten teilweise eine starke deutsche Monarchie, einen konkreten einheitlichen Staat, und verstiegen sich keineswegs zu dem Traum einer Weltherrschaft.

Doch nicht nur der Mensch, wie Herodot meint, sondern auch eine Idee – in diesem Fall die Reichsidee – ist dem Wechsel der Ereignisse unterworfen. Im Verlauf der Jahrhunderte und durch die Veränderung der historischen Situation verändert sich auch die Bedeu-

tung der Reichsidee; je mehr das Reich an politischem Gewicht verliert (indem es durch die autonome Machtstellung der Fürsten als Institution praktisch außer Kraft gesetzt oder, wie es bei den Habsburgern geschieht, den dynastischen Interessen untergeordnet wird), desto mehr behauptet sich, gewissermaßen aus kompensatorischen Gründen, ein universalistisches Pathos der Reichsidee, das über die Krise, über das Machtvakuum hinwegtäuscht. Daher kann zu einer Zeit unsicherer deutscher Politik und angesichts drohender ausländischer Interventionen Alexander de Roes vor der Zerstörung des Reiches warnen, weil dann die Weltordnung zusammenbrechen würde.

Das Reichspathos ist das Pathos einer Abwesenheit, eines Mißverhältnisses zwischen der Größe der Idee und der Armut der Realität, wie es D'Annunzio in dem Schicksal des langmähnigen Sigismund dargestellt hat: »die stürmische kaiserliche Seele, / die wenige Schlösser und nicht die Welt besaß«. Die Reichsidee richtet sich auf eine utopische Zukunft und nährt sich dabei von einer mythischen Vergangenheit, sie schöpft aus vergangener und entschwundener Größe; ihr Ruhm ist immer jenes »einst« einer längst vergangenen Zeit, das Kaiser Maximilian auf den Ruhm der Stadt Regensburg bezog.

Die Donau unter der Steinernen Brücke, groß und braun im Abendlicht, das das Spiel der Wellen reflektiert, scheint die Erfahrung all dessen, was fehlt, zu evozieren, das Strömen des Wassers, das verflossen ist oder fortfließen wird, aber niemals da ist. Die Luft und das dunkle Wasser sind voller Wind, voller Reflexe und Farben und Geräusche, Flügelschlagen der Vögel, Gras, das sich wiegt und im Schatten versinkt; doch als ich die turmreiche Stadt betrete, habe ich das Gefühl, zwischen zwei Seiten eines Buches geraten zu sein, desjenigen von Gumpelzhaimer, der die vergangenen Jahrhunderte beschwört, und desjenigen Karl Bauers, der sich auf Gumpelzhaimer bezieht. In diesem ganz schmalen Zwischenraum – vielleicht sind es nicht einmal zwei verschiedene Blätter, sondern Vorder- und Rückseite desselben Blattes – lebt es sich gut, man ist geschützt vor den Unbilden der Ereignisse. Heinrich Laube träumte 1834 von einem idyllischen alten Regensburg mit sanften Mädchen, die sich mit niedergeschlagenen Augen küssen ließen, von wellenweichen Liedern und ohne Polizei oder Rezensenten in der Nähe. Die Idylle liebt weder die Mobilmachung noch die Organisation, sie meidet die

Vorschriften der öffentlichen Sicherheit ebenso wie die Ordnungshüter der Kulturindustrie.

Um die Wahrheit zu sagen: ich bin nicht auf der Suche nach der Abwesenheit hierhergekommen, auch wenn die Vergangenheit in gewisser Weise mit diesem Aufenthalt in Regensburg zu tun hat. Die Marschallin erwartet mich am Anfang der berühmten Steinernen Brücke, auch wenn ich von der anderen Seite in die Stadt gekommen bin. Das ist keine unvorhergesehene Laune, die Flüsse und die Brükkenbögen, unter denen sie sich teilen, um danach wieder zusammenzufließen, haben ihr schon zu unserer Schulzeit gefallen, als es den Anschein hatte, ihr Lachen würde die Dinge konkret werden lassen und die Papierschlange am Lampion in einen leuchtenden Kometen verwandeln.

Ich erinnere mich nicht mehr, wer von uns ihr jenen von Flaubert inspirierten Spitznamen gegeben hatte; seit vielen Jahren lebt sie weit entfernt, erst in Wien, dann in Linz und jetzt in Regensburg, zusammen mit ihrem Mann und ihren beiden Töchtern, deren vollkommene Ähnlichkeit mit der Mutter noch heute für uns alle aus jener Klasse und aus jenen Sommern die sicherste Garantie für die Kontinuität des Lebens und die Zuverlässigkeit der Dinge darstellt. Die Zeit, deren Macht bisweilen durchaus anfechtbar ist, hat ihren Glanz in diesen Jahren nur erhöht, hat ihr Tribut entrichtet wie ein Vasall, hat ihre Raubgier um mütterliche Zärtlichkeit bereichert, hat ihrer Vitalität den tiefen Zauber der Bewußtheit verliehen. Die Marschallin hat ihre Krallen noch, sie hebt den Kopf und entbietet dem Abendwind ihr Lachen mit jener leichtsinnigen und gebieterischen Hochherzigkeit, die ihr schon damals in der Schule das Aussehen einer Nomadenkönigin gab und den Klassenlehrer dazu verleitete, wenn er einen ihrer Aufsätze oder eine ihrer Klassenarbeiten lobte, sie anschließend zu ermahnen: »Denk aber daran, daß qui proficit litteris sed deficit moribus magis deficit quam proficit...« Wer sich in den Wissenschaften hervortut, es aber an Sittlichkeit mangeln läßt, verliert mehr, als er gewinnt.

Die Marschallin liebte Latein, worin sie die besten Zensuren erhielt, derenthalben ihr dann andere Geniestreiche verziehen wurden; in der unbedingten Klarheit, mit der sie durch das Leben und der Zukunft entgegenstürmte, war eine klassische Reinheit enthalten, eine Syntax, die den chaotischen Staub der Welt ordnet und die Dinge an ihren rechten Ort zu setzen vermag, das Subjekt in den

Nominativ, das direkte Objekt in den Akkusativ. Wer sie damals gesehen hat, wie sie lachend dem Meer entstieg, an jenen letzten Oktobertagen, die sie am meisten liebte, wird sich schwerlich von falschen Lehrern betrügen lassen.

Mit der unendlichen, irreduziblen Vielfalt an Erinnerungen, Stilen, Bildern, Vorstellungen, die sich gleichwohl zu einer grundlegenden tonalen Einheit zusammenfügen, ist Regensburg der Marschallin durchaus angemessen. An der Fassade des bewundernswürdigen Doms tritt ein ganzes Heer von Figuren aus dem Stein hervor, Tiere, Gesichter, Fabelwesen und monströse Ungeheuer, ein üppiger Wald von Leben, das eine höhere Harmonie, die Einheit der Schöpfung zeigt. Die grinsenden Gesichter, die aus den Nischen hervorlugen, sind gezähmt, tragen fast klare und entspannte Züge als Ausdruck eines christlichen Lebensmutes, der sich zu der Vielfalt der Existenz bekennt, zu jeder ihrer unzähligen Kreaturen, eben weil er sie als Geschöpfe Gottes erkennt, als Figuren eines universalen Plans, innerhalb dessen es keine Monster gibt.

Auch die Marschallin ist ein Geschöpf dieses wilden christlichen Waldes, sie tritt aus dem Stein hervor, um sich kühn in die Lüfte zu schwingen, aber sie sieht sich als Teil jener Totalität. Das Leben ist nicht sanft mit ihr umgegangen, wie es niemals sanft ist zu den Starken oder jenen, die ihre Schwächen zu verbergen suchen, um nicht andere damit zu belasten und um ihnen statt dessen Trost und Kraft zu geben. Mit dem, der bewußt lebt, der um seine Vergänglichkeit weiß, geht das Leben hart um; es ist hingegen nachsichtig mit den Schwachen oder vielmehr jenen, die ihre Schwächen hervorkehren, um alle ihre Lasten anderen aufzubürden, und verwöhnt, bedauert, verhätschelt werden als schöne, edle Seelen. Selbst Jesus ist ungerecht gegenüber Martha gewesen; offenbar fand er es selbstverständlich, daß sie das Essen zubereitete, während Maria glückselig und bequem seinen Worten lauschte. Und doch ist es Martha gewesen, die das intensivste Glaubensbekenntnis abgelegt hat, eindringlicher vielleicht noch als das des Petrus.

Wie schwierig ist es, eine Marschallin zu sein – die Welt verlangt stets von ihr diese eine Rolle und erlaubt ihr nicht, Zahnschmerzen zu haben oder melancholisch zu sein, legt alles auf ihre schönen Schultern, die so stark zu sein scheinen. Auch jenes Herz kennt jedoch die Schwäche, zittert manchmal, fühlt aus dem tiefsten Grund die Phantasmen der eigenen Dunkelheit aufsteigen. Wie in

den Allegorien am Portal von Sankt Jakob in Regensburg vertreibt sie jedoch jene bösen Geister wieder, wirft sie zurück in die Gestaltlosigkeit, fesselt sie in ihrem trüben Nichts und entwaffnet sie. Eine heitere Nacht und Unsterblichkeit, heißt es im Abendgebet. Wäre ich über längere Zeit ihr Schulkamerad gewesen – meine Bekehrung hätte vielleicht stattgefunden.

21.

Im Reichssaal

In diesem Saal versammelte sich der immerwährende Reichstag des Heiligen Römischen Reiches, auf diesem leeren Stuhl nahm der Kaiser Platz, der von den Fürsten und den Ständen immer mehr entmachtet wurde und seinerseits, häufig eher ein *administrator* als ein *dominus*, dem Reich zunehmend gleichgültig gegenüberstand. Um den Saal herum gruppieren sich das Kurfürstliche Zimmer, das Fürstenzimmer, das Reichsstädtische Kollegium. Als Regensburg 1663 Sitz des immerwährenden Reichstages wurde, war die Institution des Reiches längst erstarrt und entleert; in diesem Saal, wo über die Welt regiert werden sollte, fehlt diese Welt. Diese Leere erinnert an jenes »Nichts, das durch die Grenze nur gemessen«, von dem der von der deutschen Vergangenheit faszinierte Achim von Arnim in seiner Komödie *Das Loch* spricht. Die schwache Konjunktion, das »und« in der Formel »Kaiser und Reich«, scheint ihrerseits ein Nichts, eine Disjunktion zu sein, eine Null, etwas, das nur noch trennt. Das Reich sei eine Ellipse, deren Brennpunkte die Fürsten und die Stände gewesen, schrieb Werner Näf, während der Mittelpunkt – der Kaiser – als eine Abstraktion erscheine. *Irregolare aliquod corpus et monstro simile* (ein beliebiger ungestalteter Körper und einem Ungeheuer ähnlich), sagte im Hinblick auf das Reich ein Jurist des 17. Jahrhunderts.

Diesen Mangel eines Zentrums, das Fehlen einer bindenden Kraft, einer politischen Einheit erinnern nicht an den durchdringenden und unerbittlich klarsichtigen Blick Friedrichs II. von Hohenstaufen, der die Dinge so sah, wie sie sich auf der nackten Oberfläche und bar jeder inneren Bedeutung zeigen; sie erinnern vielmehr an den verstohlenen Blick der spanischen Habsburger, der sich der

verborgenen, verzerrten, obskuren Seite der Dinge zuwandte – an jenen Blick, den die Überlieferung Don Juan d'Austria, dem Sieger der Schlacht bei Lepanto, zuschreibt, der als illegitimer Sohn Karls V. und eines bürgerlichen Mädchens aus Regensburg, der schönen Barbara Blomberg, in einem Haus in der Tändlergasse geboren wurde. Barbara Blomberg war achtzehn Jahre alt, der Kaiser, seit sieben Jahren Witwer, war sechsundvierzig, früh gealtert, von Müdigkeit und Schwermut gezeichnet, durchdrungen von jenem Bewußtsein der *vanitas*, das ihn – nach den Versen von Platen – wie das Reich dem Niedergange entgegensehen ließ, auch wenn dieser Untergang des mittelalterlichen Erbes eine moderne Weltmacht unter seiner Krone entstehen ließ.

Eingedenk dieser Leidenschaft und dieser Frau, die er niemals wiedergesehen hatte, hinterließ ihr Karl V. auf dem Totenbett wenige Stunden vor seinem Ableben die beträchtliche Erbschaft von 600 Goldдukaten. Die Liebe pflegte ich achtlos, lautet ein Vers von Brecht. Don Juan d'Austria war für den Sieg bei Lepanto, nicht aber für das Glück geschaffen, sein Schicksal führte ihn nicht zur Helligkeit des Lebens, sondern in dessen dunkle, heimliche Abgründe.

Der Doppeladler an der Wand des Reichssaals bezeichnet eine schattenreiche, eine melancholische Landschaft. Vermutlich war allerdings jener Sekretär oder Schreiber, der das Ende der »Konfekttischlein«-Tradition verursachte, nicht vom Pathos des Untergangs angezogen. Auf diesem Tischlein wurde den Delegierten des Reichstags von der Stadt Erfrischungen, Wein und Süßigkeiten angeboten, über die sich offenbar insbesondere die Schreiber und Sekretäre hermachten. Einer von ihnen hatte während des Reichstages etwas allzu großzügig dem Wein zugesprochen, so daß er während der Sitzung, deren Wortlaut er festhalten sollte, einschlief und dabei so laut zu schnarchen begann, daß er die Debatte störte, von der das Schicksal des Heiligen Römischen Reiches und somit der Welt abhing. Seitdem hat der städtische Senat keine Erfrischungen mehr gereicht.

22.

Die sechs Ecken des Nichts

Ja, ich weiß es, gerade Du liebst das Nichts; gewiß nicht wegen seines geringen Wertes, vielmehr des witzigen und anmutigen Spiels halber, das man wie ein munterer Spatz damit treiben kann. So bilde ich mir leicht ein, eine Gabe müsse Dir um so lieber und willkommener sein, je mehr sie dem Nichts nahekommt. Das Geschenk, das Kepler seinem Freund und Gönner Johannes Matthäus Wackher von Wackenfels 1611 zum Geburtstag überreicht, ist der kleine Traktat *Strena seu De Nive Sexangula*, der mit diesen Worten beginnt und dann die Frage aufwirft, warum der fallende Schnee zu winzigen sechseckigen Sternen kondensiere, und in dieser ebenso scherzhaften wie strengen Abhandlung mit jenem Bereich spielt, der zwischen dem kleinsten Raum und dem Nichts ironisch aufleuchtet. Das kleine Werk, das auf die Prager Zeit des Wissenschaftlers zurückgeht, wird heute am Eingang des Regensburger Kepler-Museums verkauft, das sich in jenem Haus befindet, wo er 1630 starb, und das neben seinen eigens für seine Experimente gebauten Apparaten auch das heißgeliebte Faß mit dem Meßgerät beherbergt, das er erdacht und konstruiert hatte, um jedesmal genau errechnen zu können, wieviel Wein in dem Faß geblieben sei.

Die Barockliteratur ist reich an Elogen und Verherrlichungen des Nichts, voller intellektueller und poetischer Schärfe gegenüber der faszinierenden Undenkbarkeit ihres Gegenstandes, dem Nichts, das schwieriger zu begreifen ist als die Ewigkeit Gottes, und gegenüber dem Wunsch, der Herausforderung durch diese begriffliche Unmöglichkeit zu begegnen oder sie zu umgehen. Kepler versucht, die sechseckige Formation des Schneekristalls zu erklären, und bei der Prüfung der verschiedenen Hypothesen, die er gewissenhaft abwägt und durch eine Reihe von Deduktionen und Negationen wieder verwirft, gleitet er zwischen kleinsten Zwischenräumen und nicht mehr wahrnehmbaren Dimensionen hindurch, so daß das Geschenk, das er seinem Freund überreicht, sich darin zu verlieren droht wie das Wasser des Choaspes, das die Perser in der hohlen Hand ihrem König darbrachten.

Der scherzhafte Ton reduziert die Abhandlung auf eine *nugella*, auf

eine Bagatelle, doch spricht hinter dieser heiteren Maske der Wissenschaftler, der an Wahrheit und Präzision glaubt, der aus der Geometrie die göttlichen Proportionen der Schöpfung ableitet und sie in aller Strenge und Genauigkeit und in dem Bewußtsein studiert, daß Wissen das Mysterium bereichert und daß das wahre Mysterium nicht das ist, welches sich der menschliche Geist selbstgefällig und abergläubisch zurechtlegt, sondern das, was die Vernunft unaufhörlich mit ihren Geräten zu ergründen sucht. Es ist der Geometer, der sich dem göttlichen Plan annähert. Sir Henry Wotton schrieb 1620 an Bacon, daß er in Keplers Arbeitszimmer in Linz ein Bild von ihm gesehen habe, eine Landschaft, und fügt noch an, was Kepler ihm dazu gesagt hatte: »Ich zeichne die Landschaften als Mathematicus.«

Die Farben, das Licht, die Schatten, die Bäume und Sträucher, die Vielfalt der Natur, die so weitschweifig und ungeordnet erscheint, gehorchen Gesetzmäßigkeiten, Proportionen und Beziehungen, sind ein Spiel aus Winkeln und Linien, dessen wesentliche Aspekte allein der Mathematiker erfaßt. Ein Mathematiker aber, schreibt Kepler an seinen adligen Freund, hat nichts und kriegt nichts; vielleicht weil seine Tasche leer ist und seine Feder mit Abstraktionen spielt, umschreibt er mit dem runden Zeichen der Null ein Nichts, kennt er nur Zeichen und nicht die Dinge selbst. Deswegen sei es ihm angemessen, sich mit dem Schnee zu befassen, der sich in Nichts auflöse – in ein Nichts, das im Lateinischen – *nix* – ganz ähnlich klingt.

Kepler vertrat die Auffassung, daß das Sonnensystem in gewisser Weise das Zentrum des Universums sei; er haßte das Unendliche, das für ihn das Chaos war, und empfahl seine Seele dem Herrn, unter Beihilfe des evangelischen Pfarrers von Regensburg, Sigismund Christoph Donauer, der ihm »männlich« Trost zusprach, »wie es sich für einen Knecht Gottes ziemt«. Der »Mathematicus, Philosophus, Historicus«, als der er sich verstand, lebte fröhlich in einem von Gott geschaffenen Kosmos, doch ist unsere heutige Genauigkeit weniger empfehlenswert geworden, und vielleicht sollte man es doch nicht Mathematikern überlassen, die Landschaft unseres Lebens zu malen. Diese Operation könnte sich als eine ebenso simple wie unanwendbare Subtraktion erweisen, deren Ergebnis – eine runde weiße Null – wie Keplers Schneeflocke eine formlose Auflösung der ganzen Landschaft mitsamt ihren Bewohnern wäre.

23.

Der Palmesel

In Regensburg war die Tradition des Palmesels lebendig, jene Prozession, auf der zur Erinnerung an den feierlichen Einzug in Jerusalem vor der Passionswoche eine Jesusfigur auf einem Holzesel herumgeführt wurde. Es scheint, daß der Protagonist dieser Tradition der Esel gewesen ist; und das gepeinigte und verachtete Tier verdient auch diesen Ruhm. Die Konvention erniedrigt den Esel, sie verabreicht ihm Schläge in der Realität und beleidigt ihn in der Umgangssprache; der Esel zieht den Karren, schleppt, was man ihm aufbürdet, trägt die Last des Lebens, und das Leben zeigt sich, wie man weiß, undankbar und ungerecht gegenüber dem, der Hilfe bringt. Das Leben läßt sich von Kitschromanen und Farbfilmen bezaubern, es bevorzugt gegenüber der Prosa der Wirklichkeit glänzende Schicksale und ist deswegen eher von den Pferderennen in Ascot als von dem Esel auf der Landstraße fasziniert.

Doch ist die Poesie von größerem Genie als das Leben und kann daher die Würde des Esels besingen. Ein Esel und kein Rassepferd wärmt das Jesuskind im Stall; Homer vergleicht Ajax, der die Schiffe der Achäer rettet und dabei ganz allein einem trojanischen Angriff widersteht, mit einem Esel, dessen Rücken unter Lasten und Schlägen stark geworden ist wie der Schild des Telamon. Mit einem Esel und dessen geduldigem Leiden wird auch Christus verglichen, der um seiner Hilfe für die Menschen willen geschlagen und verspottet wird.

Die Kraft des Esels hat die Merkmale der klassischen Helden: die Geduld, die ruhige, demütige, unbezwingbare Beharrlichkeit, die ihn niemals von seinem Weg abweichen läßt und ihn ebenso hoch über das nervöse Tänzeln eines Turnierpferdes erhebt, wie Odysseus einen Paris überragt. Deshalb ist auch der Esel seit Apuleius' Zeiten für seine sexuelle Potenz gerühmt worden. Diese Potenz, über die sich auch Buffon verbreitet, ist weder die Dreistigkeit des Stieres, die dem Machismo taugt, noch die widerliche Satyriasis des Hahnes, sondern ist ein Bestandteil jener bescheidenen Geduld, jener ruhigen Kraft, mit der er dem Leben gegenübertritt. Die Bewunderung der wunderschönen und anspruchsvollen Dame von Korinth in Apuleius' Roman kompensiert hinreichend die in der

Umgangssprache erhaltenen Beleidigungen. In den *Stimmen von Marrakesch* beschreibt Canetti die plötzliche Erektion eines geschlagenen und völlig erschöpften Esels, eine rebellische Vitalität, die Rache zu nehmen scheint für alle Erniedrigten und Beleidigten.

24.

Das große Rad

Die Steine auf dem Friedhof von Sankt Peter am Stadtrand von Straubing, die sich wie in einem Garten um die Kirche herum gruppieren, zeugen von ruhigen Lebensläufen und Standesstolz: Hier ruht Adam Mohr, Bierbrauer, Municipal – Rath, Oberlieutnant der bayër. Nationalgarde, † 1826. Der Stolz auf den eigenen Stand beglaubigt eine einträchtige Harmonie zwischen Individuum und Gemeinschaft, wird aber sogleich zu Wut und Haß, wenn andere Gesetze oder andere Stimmen des Herzens das Individuum in Gegensatz zur gesellschaftlichen Ordnung bringen und dazu führen, daß diese, wenn auch unwillentlich, gestört wird. In einer der drei Kapellen steht das berühmte Denkmal der Agnes Bernauer, der schönen Barbierstochter aus Augsburg, die Herzog Ernst von Bayern am 12. Oktober 1435 in der Donau ertränken ließ, da sie seinen Sohn Albrecht geheiratet und mit dieser Mesalliance die Erbfolgepolitik und die Ordnung des Staates selbst bedroht hatte.

Das Grabmonument, das Agnes Bernauer mit einem Rosenkranz in der Hand und zwei Hündchen zu ihren Füßen als Symbol der ehelichen Treue zeigt, die das Mädchen aus dem Volk mit ihrem fürstlichen Gemahl verband, ist von ihrem Mörder, Herzog Ernst, errichtet worden. Die Überlieferung, die in Hebbels Drama wiederaufgenommen wurde, erzählt eine Geschichte der Staatsraison: der Herzog habe demnach die Tugend und die Persönlichkeit des Mädchens und die reine Liebe, die Agnes mit seinem Sohn verband, zutiefst bewundert, dann aber standhaft und schweren Herzens beschlossen, sie auf diese brutale Weise zu beseitigen, um den politischen Konsequenzen und den nachfolgenden Komplikationen zuvorzukommen, die sich aus dieser Heirat ergeben würden: Unordnung, Kriege, Unruhen, Teilung und Zusammenbruch des Staates, bürgerkriegsähnliche Zustände und Armut. Nachdem er

dieses Opfer dem Staat gebracht hatte, ehrte der Herzog die moralische Standhaftigkeit und die Unschuld des Opfers und errichtete ihr – da sie nun keine Gefahr mehr bedeutete – ein Grabmal, damit man sich ihrer über Jahrhunderte erinnern möge, und zog sich selbst in ein Kloster zurück. Sein Sohn Albrecht, der sich gegen ihn bewaffnet hatte, um seine Gattin zunächst zu verteidigen und sie anschließend zu rächen, kehrte bald in seine politische und dynastische Stellung zurück, versöhnte sich im Namen der Staatsraison mit dem Vater, der ihn zum Witwer gemacht hatte, übernahm das herzogliche Zepter und ging später eine Ehe ein, die seiner Position entsprach.

Agnes wurde in der Donau ertränkt; sie lehnte es bis zum Schluß ab, ihr Leben dadurch zu retten, daß sie ihren Mann aufgegeben und verleugnet hätte. Um sie zu ertränken – denn sie konnte sich zunächst über Wasser halten –, mußten die Büttel des Herzogs ihre legendären Haare um eine Stange wickeln und sie so lange unter Wasser halten, bis sie tot war. Die Anklage war – der Form halber – die der Hexerei. Der Antiquarius, der gegen Ende der Aufklärung diese Begebenheit wiedergibt, vermag Agnes nicht mehr als Hexe anzusehen; als ordentlicher Bürger säkularisiert er diesen Aberglauben, indem er mißbilligend feststellt, daß sie mit »unverschämter Liebe« den Sohn des Herzogs verführt habe, der im übrigen kein Kind mehr gewesen war, sondern ein Ritter in der Blüte seiner Jahre; er hatte sie auf einem Turnier in Augsburg kennengelernt und ihr den Hof gemacht. Ein roter Faden zieht sich von dem Juristen Emmeran Rusperger, der die Anklage gegen Agnes formulierte, zu dem Antiquarius, der sie nur für ein schamloses Ding hielt, bis hin zur noch heute verbreiteten öffentlichen Meinung, die dazu neigt, wenn ein Familienvater Frau und Kinder verläßt, um sich mit einer Zwanzigjährigen zusammenzutun, allein diese als die Schuldige und ihn als armes Opfer anzusehen.

Schade, daß nicht Marieluise Fleißer das Drama über Agnes Bernauer verfaßt hat, denn sie hätte es aus der Sicht der Protagonistin geschrieben. Statt dessen hat 1851 Friedrich Hebbel diesen Stoff zu einer kraftvollen Tragödie gestaltet. Hebbel ist voller Bewunderung für die reine und schöne Frau, welche die Glaubensartikel ebenso kennt wie Goethes Gretchen und bei der man den Wein, den sie trinkt, durch ihre Kehle schimmern sieht wie durch einen Kristall. Agnes muß sterben, »nur weil sie schön und sittsam« ist und weil,

wenn die Ordnung der Welt gestört wird und der Herr nicht mit einer Harke interveniert, sondern mit einer Sichel, die unterschiedslos Gerechte und Missetäter trifft, »nicht mehr nach Schuld und Unschuld, nur noch nach Ursache und Wirkung gefragt werden kann«, beziehungsweise nur noch die Frage gestellt wird, wie die Ursache dieser Störung beseitigt werden könne. Hebbel berauscht sich an diesem Pathos der Staatsraison; die Nobilität und Reinheit des einzelnen dienen allein dazu, die feierliche stimmungsvolle Sakralität dessen zu steigern, der sich wie der Herzog Ernst und wie der Dichter selbst auf die Seite der Totalität stellt, die immer im Recht ist und desto mehr recht zu haben scheint, je unschuldiger und bewundernswürdiger, subjektiv gesehen, der einzelne ist, der dabei geopfert wird.

Die Dichtung wird dazu benutzt, dieses Opfer zu verherrlichen; es ist zugleich ihre Selbstopferung, denn es verdrängt die liebevolle Zuneigung der Poesie, die diese naturgemäß dem einzelnen, dem Opfer, Agnes Bernauer, entgegenbringt. »Das große Rad ging über sie weg«, sagt Herzog Ernst, nachdem er sie hat töten lassen, »nun ist sie bei dem, der's dreht.« Wie jedes Pathos des Objekts, das sich über die Vernichtung und Selbstvernichtung des Subjekts begeistert, so ist auch dieses verdächtig: jede Erhabenheit der Totalität ist zugleich die sublime Travestie eines vulgären Philistertums wie das des Antiquarius. Es gibt eine Rhetorik der Objektivität, die in all ihrer lautstarken Brutalität wie eine Parodie des Verhältnisses zwischen den kollektiven Bedürfnissen einer Gemeinschaft und der persönlichen ihrer Individuen erscheint. Der jubelnde Ton, in dem so zahlreiche Advokaten des Ganzen unaufgefordert Hegels Ausspruch – »Wo gehobelt wird, fallen Späne« – wiederholen, ist eine Karikatur des Hegelschen Denkens und jedes Denkens, das auf verantwortliche und nicht emphatische Weise der gesellschaftlich-politischen Wirklichkeit Rechnung trägt.

Hebbel ist sich dessen sicher, daß jene »Gewalt« eine »Gewalt des Rechts« sei. Der Anwalt der Totalität ist in der Tat stets von etwas überzeugt, das es gleichwohl immer noch zu beweisen gälte, und zwar, daß er die Geschichte, das allgemeine Interesse vertritt. So könnte beispielsweise auch das Gegenteil richtig sein: die Heirat von Agnes und Albrecht, heißt es in der Tragödie, drohe das bayrische Herzogtum zu spalten, und von dieser Spaltung, so wird hinzugefügt, könnte der Kaiser einen Nutzen haben, um gegenüber den

Fürsten seine übergreifende Autorität wieder zur Geltung zu bringen, so wie sich der Adler der Beute bemächtigt, um die sich die Bären streiten. Doch könnte die Geschichte, könnte das Ganze gerade diesen Sieg des Kaisers über den Partikularismus der Fürsten gewollt haben, so daß Herzog Ernst nichts anderes als der Repräsentant eines subjektiven Ehrgeizes und die Heirat von Agnes Bernauer nicht Bruch, sondern Ausdruck der Totalität wäre. Es hätte auch Agnes sein können, die in diesem Augenblick den Weltgeist verkörperte.

Ein Register, das dessen rechtmäßige Prokuranten enthielte, existiert nicht, und das Getümmel derer, die sich diesen Titel anmaßen, ist ebenso unschicklich wie unabsehbar. Das Verlangen, mit der Zeit zu gehen und sich ihrem Geleitzug anzuschließen, ist die faszinierende, regressive Sehnsucht, von jeder Entscheidung, jedem Konflikt befreit zu sein – oder auch von der Freiheit selbst –, um die eigene Unschuld in der Überzeugung wiederzufinden, daß es unmöglich sei, schuldig zu werden, weil es unmöglich sei, selbständig zu handeln und zu entscheiden. Die Dichtung in Hebbels Drama ist die Sirene dieser Illusion, dieser Entsagung; unschuldig an der Tragödie ist demnach nicht nur Agnes, sondern auch und vor allem ihr Mörder. »Es gibt Dinge«, sagt Herzog Ernst und meint damit sein Verbrechen, »die man im Schlaf thun muß. Dies gehört dazu.«

Auch Grillparzer hat ein Drama über die Staatsraison geschrieben, *Die Jüdin von Toledo*, worin die spanischen Granden beschließen, Rahel, die schöne und dämonische Geliebte des Königs von Kastilien, zu töten, die diesen in einem Zustand verliebter Knechtschaft gefangenhält und das Königreich paralysiert, das somit feindlichen Angriffen, Krieg und Verheerung ausgesetzt und dem Untergang geweiht ist. Grillparzer aber konfrontiert, wie Max Weber sagen würde, die Ethik der Gesinnung mit der Ethik der Verantwortung, indem er beider Gründe abwägt und nicht die eine der anderen aufopfert, so daß eine Versöhnung des Konflikts – der unheilbar und darum tragisch erscheint – ausgeschlossen ist. Die spanischen Granden, die »das Gute wollend, aber nicht das Recht«, Rahel ermordet haben, sind der Überzeugung, ihre Pflicht gegenüber dem Staat getan zu haben; sie glauben deswegen jedoch nicht, daß eines solchen Ziels wegen ihre Tat weniger verbrecherisch sei oder die Verletzung eines universalen Gebotes rechtfertige. Sie halten sich für

schuldbeladene Mörder und bitten nur einen weit entfernten, rätselhaften Gott um Verzeihung.

Die Notwendigkeit des Geschehens – und als notwendig erachten sie ihre Handlung – beinhaltet nicht seine Rechtfertigung oder Unschuld; für den Österreicher Grillparzer ist der Verlauf der Weltgeschichte nicht wie für den Deutschen Hebbel gleichbedeutend mit dem Urteil des Weltgerichts. Das moralische Urteil über die Welt ist nicht identisch mit dem Weltgeschehen, weder koinzidieren die Tatsachen mit den Werten noch das Sein mit dem Sollen. Der Hegelschen Identität von Realität und Rationalität widerspricht die österreichische Kultur mit einer wechselseitigen Ausschließung beider, widerspricht im Namen all jener Dinge, die auch anders hätten verlaufen können, setzt dagegen eine Geschichte im Konjunktiv, ein ironisches Fehlen; der Herrscher ist in Grillparzers Dramen abwesend oder inadäquat, streng genommen gibt es ihn überhaupt nicht, er kann nur – und dann unvollkommen – repräsentiert werden.

Dies ist eine österreichische Einsicht. In Straubing wurde Schikaneder, der Librettist der *Zauberflöte*, geboren, der Dichter der dem Märchen verwandten Wiener Volkskomödie, der kapriziös jede Realität beiseite schiebt, um darunter eine andere, mögliche hervorzuzaubern, um dem Pathos des Objektiven, dem großen Rad, das über Agnes Bernauer hinweggeht, die Triller und Läufe Papagenos und Papagenas entgegenzusetzen, von denen nicht einmal Sarastro verlangen könnte, daß sie auf sich selbst, auf ihre Ziele und ihre Kapriolen verzichteten.

25.

Eichmann im Kloster

Auf dem Bogenberg findet jedes Jahr zu Pfingsten eine Prozession statt; von Holzkirchen bis nach Bogen, fünfundsiebzig Kilometer weit tragen die Bauern zwei dreizehn Meter hohe Kerzen, die von Schulter zu Schulter weitergereicht werden. Die Pilger durchqueren den Bayerischen Wald, der ganz in der Nähe in den Böhmischen Wald übergeht; es ist der Wald Stifters, jahrhundertewährende Stille, Generationen, die gelebt und vergangen sind wie die Jahreszeiten, uralte Frömmigkeit. Wenn sie einen Baum fällten, nahmen früher

die bayrischen Waldarbeiter ihre Mütze vom Kopf und beteten zu Gott, daß er ihm den ewigen Frieden gewähren möge. Es gibt eine Religion des Holzes; das Wachsen, Aufblühen und Altern eines Baumes machen, daß man ihn als einen Bruder empfindet. Kein lebendes Wesen kann von der Erlösung ausgeschlossen bleiben oder von der Ewigkeit getilgt werden; wie die Figuren Singers müßten wir für den sterbenden Schmetterling, für das herabfallende Blatt das Kaddisch aufsagen, das Totengebet.

In den bayrischen Wäldern gab es auch Propheten, die »Waldpropheten« wie den Mühlhiasl, der um 1800 in der Nähe des Klosters von Windberg arbeitete und von Apokalypsen und der Entstehung einer neuen Welt predigte. Im Jahre 1934 war es allerdings Adolf Eichmann, der sich für eine Woche ins Kloster von Windberg zu einer Art spirituellen Sammlung zurückzog. In dem Gästebuch, berichtet Trost, steht noch seine eigenhändige Danksagung für den Aufenthalt und die Gastfreundschaft, Ausdruck einer intensiven Erfahrung und einer bewegenden Beziehung. »Treue um Treue«, schreibt Eichmann am 7. Mai 1934 in das Gästebuch des Klosters. Der Technokrat des Massakers liebt die Meditation, die innere Sammlung, den Frieden der Wälder und vielleicht auch das Gebet.

26.

Die Doppelkinne von Vilshofen

Die Photographien von der Versammlung zeigen speckige Nacken, Doppelkinne, die unter der Erschütterung der Lachsalven hin- und hertanzen, aufgedunsene Bäuche, wie Schläuche randvoll gefüllt, Schweinsgesichter, die wegen des Bieres und des höhnischen Gelächters schwitzen. Man begreift sofort, warum Dionysos, der Gott der Trunkenheit, nur der Gott des Weines und nicht der Gott des Bieres sein konnte. Es ist die Aschermittwochsversammlung zu Vilshofen in Niederbayern, ein traditionelles politisches Treffen, das auf die Jahrmärkte, die Viehmärkte der vergangenen Jahrhunderte zurückgeht. Auf diesem Volksfest, das einst Ausdrucksform bäuerlicher Welt gewesen und seit kurzem teilweise in die Nibelungenhalle in Passau umgezogen ist, triumphiert die CSU und stellvertretend

für diese Franz Josef Strauß, der auch physiognomisch alle Voraussetzungen mit sich bringt, um dank seiner vitalen und überquellenden Mischung aus Schweiß, Energie, Vulgarität, plebejisch-reaktionärer Demagogie und außergewöhnlichem politischen Spürsinn aus den anderen herauszuragen. Bis 1957 war Vilshofen nicht so sehr das Parkett der CSU oder ihres Parteichefs, als vielmehr das der Bayernpartei und ihres brüllenden und tobenden Vorsitzenden Josef Baumgartner. Die Bayernpartei, schreibt Carl Amery, war noch ursprünglich in jener volkstümlichen, ländlichen und religiösen Tradition verwurzelt, die über ein Jahrhundert ein Gegengewicht zu den sich zu Beginn des 19. Jahrhunderts mit Hilfe des bedeutenden Ministers Montgelas durchsetzenden aufklärerisch-liberalen Kräften gebildet hatte.

Montgelas hatte einen aufklärerisch-autoritären, von einem bürokratischen Apparat geführten Staat geschaffen, eine politische Maschinerie, die im Namen der Vernunft und des Fortschritts der Gesellschaft eine Zwangsjacke anlegte. Der Dialektik der Aufklärung entsprechend, hatte die bayrische Staatsmaschinerie auf dem Weg der Modernisierung Reformen durchgeführt und beträchtliche bürgerliche Freiheiten verwirklicht, während gleichzeitig ihr perfektes Funktionieren dazu führte, daß die Gesellschaft unterdrückt und gewaltsam in das administrative Räderwerk integriert wurde. Ihre Gegner – die »Schwarzen«, Bauern und Klerikale – repräsentierten zugleich Tradition und Reaktion, rückständige Volkstümlichkeit und bisweilen aber auch authentische Bedürfnisse des Volkes, Freiheit und Autonomie, die historische Individualität, die sich berechtigterweise dagegen verwahrte, von einem jakobinisch-absolutistischen Despotismus verdrängt zu werden.

Es ist dies der alte, fortdauernde Konflikt zwischen einer fortschrittlichen und tyrannischen Rationalität und der bald konservativen, bald liberalen Vielfalt. Carl Amery, der sein geliebtes bayrisches Volk verschwinden sieht, erkennt in der Geschichte Bayerns eine langsame und unaufhaltsame Verschmelzung beider Kräfte, deren Antagonismus eine gewisse Dialektik, die Möglichkeit einer Alternative innerhalb der politischen Macht, sicherte. Nach und nach hat die Maschinerie auch jene volkstümlichen Elemente, die sie zuvor bekämpft hatten, in sich aufgenommen und den eigenen Mechanismen anverwandelt; inzwischen hat sie ihrem Waffenarsenal auch jene plebejisch-konservative Leidenschaftlichkeit einverleibt, gegen

die sie mit dem Zepter der aufklärerischen Vernunft zu Felde gezogen war, während die volkstümlichen Kräfte ihrerseits keinen Protest mehr von unten, sondern vielmehr den Willen der politisch Mächtigen zum Ausdruck bringen.

Die CSU hat diesen perfekten Totalitarismus, diese Symbiose von Bürokratie und volkstümlichen Funktionen verwirklicht; deswegen regiert sie unangefochten den Freistaat Bayern. Die Bayernpartei Baumgartners, die drei Jahre lang mit Hilfe einer Koalition, welche die CSU ausschloß, eine Regierung bilden konnte, war noch das Sprachrohr des alten bayrischen Partikularismus und seiner ursprünglichen Volksschichten, und zwar mit allen Tugenden und Lastern, die sich aus diesen archaischen Verhältnissen ergaben. Die Koalition wurde 1957 aufgelöst, und wenig später bereitete ein etwas dubioser Prozeß der politischen Karriere Baumgartners ein Ende. Seit dieser Zeit stellt ausschließlich die CSU die politische Macht in Bayern dar, gegenüber der selbst die Kirche eher schwach erscheint. Sie hat zwei gegensätzliche Traditionen geerbt und in sich verschmolzen und repräsentiert nunmehr die Gesamtheit. Vilshofen wird damit zu einem kleinen Spiegel für die Gleichschaltung der Welt, für jene umfassende Integration, die in den westlichen Gesellschaften in einem einzigen beherrschenden Mechanismus Aufklärung und volkstümliche Romantik, Rationalisierung und Irrationalität, unerbittliche Planung und lässige Unordnung, Serienproduktion und vielfache Überschreitungen vereinigt.

27.

In der Stadt Passau

In der stat ze Pazzouwe / saz ein bischof, heißt es in der 21. Aventüre des *Nibelungenliedes*. Dieser Bischof aus dem großen deutschen Epos des Mittelalters ist Pilgrim, der ein Onkel Kriemhilds und der Burgunder zu sein scheint; freilich ist die gesamte Geschichte der Stadt Passau vollkommen von bischöflicher Würde umgeben. Vom sechsten Jahrhundert an bis heute rühmen unzählige Elogen die Pracht und die Schönheit der »glänzenden und blühenden Stadt« mit ihren drei Namen und ihren drei Flüssen, das schöne, herrliche,

bayrische Venedig, dessen Diözesen sich einst bis nach Österreich und Ungarn erstreckten und dessen Bischöfe über Pannonien herrschten und dem Patriarchen von Aquileia vorstanden. Passau ist bis 1803 freie Reichsstadt und insbesondere Sitz des Fürstbischofs gewesen. Von der Höhe des Hügels aus – dem Oberhaus, der bischöflichen Festung – befanden sich die Bürger und ihr Rathaus unter dem wachsamen Blick und den Kanonen der Bischöfe, die eine aus religiöser Andacht, autoritärem Klerikertum, barockem Glanz, bedeutenden klassischen Studien und liebenswerten sinnlichen Vergnügen zusammengesetzte Ordnung bewahrten.

Das antike Bojodurum oder Batavis der Kelten, der Römer und der Bayern ist ein Mittelpunkt dieses Landes; die Eingliederung von 1803 in den bayrischen Staat wurde jedoch wie die Besetzung durch eine fremde Macht empfunden. Die tausendjährige, vielschichtige Geschichte Passaus, während deren sie vorübergehend zu einer europäischen Hauptstadt wurde, manifestiert sich in einem stolzen städtischen Patriotismus, der bereits Enea Silvio Piccolomini, den späteren Pius II., zu der Bemerkung veranlaßte, daß es leichter sei, in Rom Papst als in Passau Kanonikus zu werden.

Ungeachtet der Beziehungen zu dem tragischen und heroischen Epos der Nibelungen scheinen die drei Kompanien der fürstbischöflichen Armee keine große militärische Tradition begründet zu haben. Als im Jahre 1703 der österreichische General, der die Garnisonen der von bayrischen Truppen belagerten Stadt befehligte, die Bürger zur Verteidigung aufrief, entschuldigten sich diese damit, daß ein heftiges Fieber dies ihnen zum gegenwärtigen Zeitpunkt unmöglich mache; 1741 konnte Graf Minucci dem Kurfürsten von Bayern mitteilen, daß die Stadt ohne einen einzigen Verletzten erobert worden sei. Reisende und Chronisten berichten von dem fröhlichen Leben der Kleriker, das sich zwischen Musik, Gottesdienst, Schokolade, Bonbons und Galanterien abspielte, von der großen Zahl der Bierschänken und dem Entgegenkommen der Mädchen, Najaden der Donau, wie Karl Julius Weber 1834 schreibt, die gerade für jene geschaffen seien, *qui amant parabilem venerem facilemque*. Als Ludwig I. von Bayern in seiner philhellenischen Begeisterung seinen Sohn Otto samt der bayrischen Bürokratie auf den Thron des neuen, befreiten Griechenland setzte, schiffte sich sein Minister Rudhard, ein Sohn Passaus, von seiner Heimatstadt aus direkt nach Athen ein; er trank während der Reise aus einem eigens

mitgeführten Bierfaß und sang dabei bajuwarische Lieder, in denen ein Hans Jörgl hinter seiner Liesl herläuft. Die in Griechenland eingesetzte Bavarokratie sorgte in Athen sogleich für die Eröffnung einer großen Brauerei sowie von Lokalen, die – wie von Wastlhuber, der geheime Ministerial-Kanzlei-Konzipist, sagte – »Athen in eine Vorstadt Münchens« verwandelten.

Dem Passauer Bier kommt eine unverändert wichtige Bedeutung zu: der zurückhaltende und melancholische Stifter, ein Dichter der Entsagung, der durch tragischen Selbstmord enden sollte, lobt es wiederholt und bittet seinen Freund Franz X. Rosenberger, ihm fünfzig Liter zukommen zu lassen, fünfundzwanzig für sich und fünfundzwanzig für seine Frau. Ernst von Salomon und Herbert Achternbusch haben spöttisch, mit anarchistisch-faschistischem beziehungsweise revolutionär-libidinösem Sarkasmus beschrieben, wie diese katholisch-epikureische Gesellschaft das Dritte Reich und den Zusammenbruch erlebt hat.

Passau liegt am Zusammenfluß dreier Flüsse: der Donau, des Inn mit seinem blauen und der Ilz mit ihrem schwarzen Wasser und ihren Perlen, die Stadt ist ein einziges Ufer, ein Gestade, sie schwimmt auf dem Wasser, sie fließt mit dem Wasser. Der Himmel ist kornblumenblau, das Licht der Flüsse und des Hügels verschmilzt freudig und glanzvoll mit dem Gold und dem fleischfarbenen Marmor der Paläste und der Kirchen, das Weiß des Schnees, der Waldgeruch und die Frische des Wassers verleihen der episkopalen und aristokratischen Großartigkeit der Gebäude eine zarte nostalgische Anmut, sie umgeben die runde geschlossene Linie der Kuppeln und der Straßen, die unter Arkaden und Vorbauten verlaufen, mit einer Aura der Ferne.

In Passau dominiert das Runde, die Kurve, die Kugel, ein in sich abgeschlossener Kosmos, ein sphärischer Körper, der von der Bischofsmütze bedeckt und beschützt wird. Die Schönheit der Stadt ist die einer reifen Frau, die behagliche und konziliante Verführung des Endlichen. Die Kurve der Kuppel löst sich jedoch in die mütterliche Biegung des Ufers auf, geht in die der Wellen über, die sich auflösen und entschwinden; die Ungreifbarkeit und Leichtigkeit des Wassers läßt den Prunk der Kirchen und Paläste luftig und schwerelos erscheinen, rätselhaft, fern und unwirklich wie ein Schloß am abendlichen Horizont.

Passau ist eine Stadt des Wassers; die barocke Majestät seiner

Kuppeln kommt jener Flüchtigkeit entgegen, dem Vorbeifließen der verschieden gefärbten Gewässer und aller Dinge, eine Vergänglichkeit, die die geheime Inspiration jeder Barockkunst ist. Der Zusammenfluß jener drei Flüsse vermittelt etwas von der Freiheit des Meeres, des Südens, lädt dazu ein, sich dem Fluß des Lebens und seiner Begierden zu überlassen; das klare Profil der Formen, der Friese über den Portalen oder der Statuen auf den Plätzen evoziert die Liebesgöttinnen und die Najaden, die unvermittelt aus dem Schaum aufzutauchen scheinen, vereint sich mit dem Wasser wie die Brunnenfiguren, die das Wasser in dünnen Strahlen in das Becken werfen.

In Passau fühlt der Reisende, daß das Fließen des Wassers Sehnsucht nach dem Meer bedeutet, Verlangen nach der Glückseligkeit der offenen See. Jenes Gefühl der Lebensfülle, jenes Geschenk der Endorphine und des Blutdrucks oder irgendeines vom Gehirn freundlicherweise abgesonderten Sekrets – habe ich es wirklich auf den Gassen und Uferwegen von Passau verspürt, oder glaube ich nur, derartige Empfindungen gehabt zu haben, weil ich sie jetzt an einem der kleinen Tische im Café San Marco zu beschreiben versuche? Wahrscheinlich erfindet und fingiert man jede Glückseligkeit nur auf dem Papier. Vielleicht vermag das Schreiben der absoluten Trostlosigkeit, dem Nichts des Lebens, jenen Augenblicken, in denen es nur Leere, Mangel, Schrecken gibt, nicht wahrhaft Ausdruck zu verleihen. Allein die Tatsache, daß man darüber schreibt, füllt in gewisser Weise jene Leere wieder auf, gibt ihr eine Form, macht den Schrecken mitteilbar und triumphiert über ihn – und sei es auch nur um ein weniges. Es gibt großartige Verse in manchen Tragödien, aber für den, der sterben will oder muß, klängen in dem Moment, da er stirbt, selbst diese großartigen, schmerzerfüllten Verse allzu erhaben und dem Schmerz dieses Augenblicks entsetzlich unangemessen.

Der absolute Mangel kann nicht sprechen; die Literatur spricht von ihm und vertreibt ihn in gewisser Weise, überwindet und verändert ihn zu etwas anderem, konvertiert sein irreduzibles und unnahbares Anderssein in eine gebräuchliche Münze. Der unentschlossene Reisende, der nicht recht weiß, wohin er sich wenden soll, bemerkt, wenn er seine Aufzeichnungen durchliest, einigermaßen überrascht, daß er etwas unbeschwerter und heiterer und insbesondere wesentlich entschlossener gewesen ist, als er auf seiner Reise – während er dies alles erlebte – zu sein glaubte; er entdeckt, daß er

auf die Fragen, die ihn bedrängten, klare und deutliche Antworten gegeben hat – in der Hoffnung, eines Tages selbst daran zu glauben.

Und so gelangt man zur beruhigenden Literatur. In ihr wird alles liebenswürdiger und heiter wie die Portale und Plätze in Passau. Der Reisende, der sich vom monotonen Schlagen der Zeit in seinen Adern ablenken läßt, ähnelt jenem Kaufmannslehrling aus Nürnberg, der 1842 artige Briefe aus Passau schrieb, worin er den Weinen, den Bibliotheken, den Kaufläden, dem Handel und einer schönen Therese hohes Lob zollt und sich höchstens darüber beklagt, daß es ihm nicht gelungen sei, sich während eines Mittagessens neben sie zu setzen, sondern daß er statt dessen neben eine ihrer Tanten geraten sei, eine imposante Matrone mit Haube, die von der Vorspeise bis zum Dessert nichts anderes getan habe als ihm von ihren Krankheiten, Zipperlein, Malaisen und von den Mitteln zu erzählen, die ihr der Hausarzt, Doktor Gerhardinger, dagegen verabreichen wollte.

28.

Kriemhild und Gudrun oder Die beiden Familien

Im Rathaussaal ist auf einem Kolossalgemälde von Ferdinand Wagner, einem Historienmaler aus der Münchner Schule des späten 19. Jahrhunderts, Kriemhild dargestellt, die durch das Paulustor in Begleitung ihres Onkels, des Bischofs Pilgrim, und umgeben von den Bürgern der Stadt, die ihr Geschenke darbringen und Ehrenbezeugungen entbieten, in Passau Einzug hält. Das Bild enthält nichts von dem düsteren Wesen des *Nibelungenliedes*, sondern erinnert an die grandiosen Kulissen, die im 19. Jahrhundert die Wiedergeburt des Mythos begleitet haben, an die *Nibelungen*, den grandiosen Ausstattungsfilm von Fritz Lang. In der von Ferdinand Wagner dargestellten Szene befindet sich Kriemhild auf ihrem Weg nach Pannonien, sie begibt sich zu Etzel, um ihn zu heiraten und damit den ersten Schritt ihrer geplanten Rache auszuführen.

Diese Rache, von der das Epos so großartig berichtet, bezeugt ein Familienethos, dem die nordische Überlieferung des Mythos ein

anderes entgegensetzt. Im *Nibelungenlied* wird Siegfried der strahlende Held, der meuchlings im Wald getötet wird, tatsächlich von seiner Frau gerächt. Kriemhild verbindet sich in zweiter Ehe mit dem mächtigen Hunnenkönig Etzel, um mit dessen großem Heer ihre eigenen Brüder, die Burgunderfürsten, die Siegfried ermordet haben, vernichten zu können. Auch in den altnordischen Versionen des Mythos, wie sie in der *Edda* erzählt werden, überwältigen die Heerscharen Etzels die Mörder des Helden, der hier den Namen Sigurdhr trägt, und auch in der *Edda* hat Etzel die Witwe geheiratet, die Gudrun heißt und die Schwester jener Fürsten ist, die ihren Ehemann zu Fall brachten. In beiden Fällen wird zunächst der mythische Heros gefeiert, der den Drachen getötet hat und die Macht des Lichtes und des Frühlings verkörpert; anschließend werden seine Mörder und deren Tapferkeit gerühmt, mit der sie den hunnischen Heerscharen und dem unausweichlichen Ende begegnen. Der Autor oder die Autoren besingen die kriegerische Tugend der Germanen, die dem Schicksal trotzen und doch wissen, daß sie ihm erliegen werden; beide Dichtungen berichten von dem Untergang des burgundischen Reiches zur Zeit der Völkerwanderung.

Zwischen den beiden Fassungen gibt es jedoch einen wesentlichen Unterschied. Im *Nibelungenlied* will Kriemhild ihren Geliebten rächen und daher ihre Brüder töten lassen, sie gibt keine Ruhe, bis alle, einer nach dem anderen, umgekommen sind. In der *Edda* jedoch versucht Gudrun, obwohl sie Sigurdhr geliebt und unter seinem Tod gelitten hat, die Falle, die Etzel ihren Brüdern stellt, zu vereiteln, statt sie selbst zu legen, wie es in dem deutschen Epos geschieht; ihre Rache gilt nicht ihren Brüdern, die ihren Mann getötet, sondern Etzel und den Hunnen, die ihre Brüder niedergemetzelt haben.

Im *Nibelungenlied* überwiegt die Liebe, die eheliche Bindung, die in freier Wahl getroffen wird, die Neigung des Herzens und die freiwillig eingegangene Verpflichtung zur Treue; in der *Edda* dominiert das Stammesethos, die schicksalhafte Treue zu Blutsbanden, die sich niemals lösen lassen, da sie einen naturgesetzlichen Zusammenhalt bilden und über jegliches persönliches Gefühl hinausgehen. Die Liebe kommt und geht, eine Ehe kann wieder aufgelöst werden; Bruder oder Schwester zu sein, ist eine epische und objektive Tatsache wie die Gesichtszüge oder die Farbe der Haare.

Häufig entstehen Spannungen und Gegensätze, und zwar sowohl

in der Kulturgeschichte als auch im Leben des einzelnen, zwischen der Familie, von der man abstammt, in der man Sohn oder Bruder ist, und der Familie, die man gründet und in der man Ehegatte oder Elternteil ist. Es ist ganz natürlich, daß in der *Edda* erstere dominiert; jene harte Sprache hat die Leidenschaftlichkeit des Notwendigen und nicht der Freiheit. In der Welt der *Edda* gibt es nur unabwendbare Dinge und Ereignisse: ein Krieger, der einen anderen in der Schlacht überwindet, so wie sich die Esche über das Brombeergesträuch erhebt, Pferde unter einem fahlen Himmel, das rote Gold barbarischer Juwelen – es ist die Welt des Unveränderbaren, der Dinge, wie sie sind, die Borges so sehr fasziniert hat, die Welt, deren Urteil dem Schwert anvertraut ist, den Ereignissen, und in der Sterben das Erkennen bedeutet, daß die Zeit, die das Schicksal zugeteilt hat, nun abgelaufen ist.

Die Literatur verbreitet sich gewöhnlich lieber über die epische Geschlossenheit der ursprünglichen Familie, die das Individuum wie ein Chor umgibt: die Rostows in *Krieg und Frieden* mit der Harmonie und dem einheitlichen Ton ihres Hauses; die Buddenbrooks, für die die kollektive Loyalität gegenüber dem ehrenwerten Firmenschild stärker ist als die Verführung durch die geheimnisvollen Augen Gerdas, der fremdartigen Gattin Toms, oder als die Liebe der schönen Tony zu dem jungen Morten; die Buendías in *Hundert Jahre Einsamkeit*, deren Mitglieder zusammengehören wie die Steine der Chinesischen Mauer.

Die gesellschaftlichen Veränderungen, welche die patriarchalischen Bindungen aufgelöst haben und zu einer Lockerung der familiären Einheit tendieren, haben die Sehnsucht nach der Geschlossenheit der Saga nicht beseitigt; die Dichtung hat die erstikkende Unterdrückung innerhalb der epischen Familie häufig aufgezeigt, ist aber auch ebensooft ihrer Faszination erlegen, verführt geradezu von einer Einheitlichkeit, die unumstritten scheint wie das Leben selbst.

Die andere Familie, jene, die erst gegründet wird, ist eine beschwerliche, unvorhersehbare Odyssee, voller Schwierigkeiten und Verführung, Untergang und Wiederkehr. Diese riskante Fülle des bewußten und leidenschaftlichen Zusammenlebens hat nicht viele angemessene poetische Darstellungen gefunden, vielleicht weil man fürchtet, diese Bewußtheit schließe auch die Entzauberung mit ein, so daß man sich lieber in die Kindheit zurückflüchtet.

In den Werken der Weltliteratur lassen sich viele Familien wie die Buddenbrooks oder die Buendías finden, dagegen aber nur wenige Szenen wie jene, in der Homer Hektor, Andromache und Astyanax beschreibt: ein Leben, das die erhabenste Größe kennt und das sich um die eheliche und väterliche Liebe dreht, um Astyanax, der vor dem Helmbusch des Vaters erschrickt, um dessen Hoffnungen, daß einst sein Sohn ihn noch überragen werde.

Die große Poesie weiß erotische Leidenschaften zu besingen, und doch bedarf es ganz großer Dichtung, um jene schwierigere, tiefergehende, radikalere Leidenschaft darzustellen, die den eigenen Kindern gilt und von der zu sprechen so schwer fällt.

Die von Homer gefeierte Fülle ist das Gegenteil der engherzigen häuslichen Idylle, die von der Welt nichts weiß und in ihrer dürftigen Intimität eingeschlossen bleibt; die Liebe zu Andromache und Astyanax läßt Hektor zu einem Heros werden, der sich für alle anderen der Gefahr aussetzt, der zu Freundschaft und Brüderlichkeit, zu Pietät und mitmenschlicher Freundlichkeit fähig ist. Heute ist es Singer, der das eheliche Mysterium als Welttheater zur Darstellung bringt, entsprechend der jüdischen Literatur, die dem Familienepos besondere Gerechtigkeit hat widerfahren lassen. Scholem Aleichem, der Klassiker der jiddischen Literatur, legt in seinen komischen Vagabundengeschichten seinen Humor und all seine Tiefe in Personen, die wie Tewje der Milchmann vor allem Väter sind und ihre Vaterschaft als die größte und intensivste aller Leidenschaften erleben.

Der größte zeitgenössische Dichter der Ehe und des familiären Zusammenlebens ist vielleicht Kafka, der sich jenem Abenteuer nicht gewachsen fühlte und dem seine Misere und seine Last nicht unbekannt waren; der jedoch so heftig die Größe jener Realität wahrnahm, von der er selbst ausgeschlossen war und der er sich – wenngleich nicht ohne sie zu beneiden – zu entziehen suchte, um damit jeder Beziehung und jeder Macht zu entfliehen. Kafka und seiner Einsamkeit gleichen viele Figuren seines Werks, die leicht abstoßend wirkenden schmuddligen Hagestolze einiger seiner Erzählungen, die in untervermieteten Zimmern leben und die schlecht beleuchteten Treppenabsätze überwinden, wie Nomaden die Wüste durchqueren. Jenes leere Territorium, in dem sie fortschreiten, ohne jemals darüber hinauszugelangen, ist auch der Raum, den Kafka ebenfalls hätte überschreiten müssen, um sich

vom elterlichen Haus zu entfernen, von jenem »einzigen Organismus« der Familie, jenem »tierischen Organismus« und »erstem formlosen Brei«, die ihn auf schuldhafte Weise umschlungen hielten, wie er an Félice, seine Verlobte, schrieb, die niemals seine Frau werden sollte.

29.

Am schönen blauen Inn?

In Passau fließen drei Flüsse zusammen; die kleine Ilz und der große Inn ergießen sich in die Donau. Warum aber soll der Fluß, der aus dieser Vereinigung hervorgeht und zum Schwarzen Meer fließt, gerade die Donau sein oder Donau heißen? Vor zwei Jahrhunderten bemerkte Jacob Scheuchzer auf Seite 30 seiner *Hydrographia Helvetiae*, daß der Inn in Passau größer, wasserreicher und tiefer sei als die Donau und zudem einen längeren Weg zurückgelegt habe. Doktor Metzger und Doktor Preusmann, die in Fuß Länge und Tiefe der beiden Flüsse gemessen haben, geben ihm recht. Ist also die Donau ein Nebenfluß des Inn, und hat Johann Strauß den Walzer *Am schönen blauen Inn* komponiert, der überdies mit größerem Recht diese Farbe für sich beanspruchen könnte? Es ist offensichtlich, daß ich kein Anhänger dieser Theorie sein kann, nachdem ich mich einmal entschieden habe, ein Donaubuch zu schreiben, ebenso wie der Theologieprofessor einer katholischen Universität nicht die Existenz Gottes, des Gegenstands seiner Wissenschaft, leugnen dürfte.

Glücklicherweise kommt mir aber gerade die Wissenschaft zu Hilfe, nämlich die Wahrnehmungspsychologie, derzufolge bei einem Zusammenfluß zweier Gewässer als Hauptfluß derjenige angesehen wird, der dort, wo beide Flüsse ineinander übergehen, einen größeren Winkel mit dem daraus entstehenden Strom bildet. Das Auge erkennt (oder bestimmt?) die Kontinuität und Einheit des einen Flusses sowie den anderen als Nebenfluß. Vertrauen wir daher der Wissenschaft und vermeiden wir vorsichtshalber, den Zusammenfluß der drei Gewässer in Passau allzu genau zu untersuchen und die Größe der jeweiligen Winkel zu verifizieren, denn der Blick, wenn er sich nur lange genug auf einen Punkt einstellt, trübt sich und spaltet die Figuren, entstellt die Klarheit der Wahrnehmung und

riskiert dabei Entdeckungen, die für den Donaureisenden unerfreulich wären.

Jedenfalls steht fest, daß der Fluß talwärts fließt, wie der, der ihm folgt; unwichtig ist der Nachweis, woher all dieses Wasser stammt, das er mit sich führt und das sich in seinen Wellen vermischt. Kein Stammbaum vermag hundertprozentig blaues Blut zu garantieren. Die heterogene Masse, die sich in unserem Schädel zusammendrängt, kann keine unwiderlegbare Geburtsurkunde vorzeigen, sie weiß weder, woher sie kommt, noch, wie ihr wahrer Name lautet, Inn oder Donau oder wie auch immer, doch sie weiß, wohin sie fließt und wie sie enden wird.

In der Wachau

1.

Ein Nachruf in Linz

Die Fenster gehen zur Donau hinaus, blicken auf den großen Strom und auf die Hügel, die ihn umgeben, auf eine bewaldete Landschaft, die von den Zwiebeltürmen der Kirchen überragt wird. Im Winter scheinen die anmutigen Formen der sanft ansteigenden Hügel, die Windungen des Flusses ihr Gewicht, ihre Körperhaftigkeit zu verlieren und in die zarten Linien einer Zeichnung, in eine elegante heraldische Melancholie überzugehen. Linz, die Hauptstadt Oberösterreichs, war Hitlers Lieblingsstadt, die er in eine monumentale Donaumetropole verwandeln wollte. Als Architekt des Dritten Reiches hat Albert Speer die Pläne von gigantischen, pharaonischen, niemals verwirklichten Bauwerken entworfen, in denen Hitler seinen fieberhaften Traum erkennen läßt, alle zuvor erreichten Größenordnungen zu durchbrechen, seine kämpferische Obsession, jeden Rekord zu überbieten, wie Canetti schreibt.

Heutzutage ist Linz, die beschauliche Stadt, die sich in so vielen Geschichten auf »Provinz« reimt, das industrielle Zentrum Österreichs, sie hat eine recht hohe Rate an nervösen Erkrankungen von Jugendlichen sowie Einwohner, die einer vor wenigen Jahren durchgeführten Untersuchung zufolge ausgesprochen wenig Vertrauen zu der Justiz ihres Landes besitzen. Die Frömmigkeit der Menschen, die schon die reisenden Engländer des 18. Jahrhunderts beeindruckte, scheint noch nicht erloschen; an dem eiskalten, verschneiten Abend steht eine kleine Gruppe von Personen vor der Trinitätssäule – einer jener Säulen, die sich in Erinnerung an eine überstandene Pest oder zum Ruhm der Majestät der Schöpfung auf den Plätzen ganz Mitteleuropas erheben – auf dem größten Platz der Stadt und betet mit lauter Stimme. Ein kämpferisches Kirchenblättchen ruft zur Solidarität mit den entlassenen Arbeitern einer steirischen Fabrik auf, polemisiert gegen die Industriellen, fordert zum Boykott gegen die südafrikanische Regierung wegen deren rassistischer Politik auf und regt an, in einem Sturm von Telefonanrufen von der Botschaft die sofortige Freilassung Smanga-

liso Mkhatshwas, eines verhafteten schwarzen Priesters, zu verlangen.

In den Träumen des Führers wäre das zyklopenhafte Linz, das er errichten wollte, sein Alterssitz geworden, der Ort, an den er sich zurückzuziehen wünschte, nachdem er das Tausendjährige Reich endgültig konsolidiert und irgendeinem würdigen Nachfolger übergeben hätte. Wie viele erbarmungslose Tyrannen war auch er, der millionenfach mordete und ganze Völker auszulöschen gedachte, sentimental, war gerührt, wenn er an sich selbst dachte, wiegte sich in idyllischen Phantasien. In Linz, vertraute er bisweilen seinen Intimi an, würde er abseits der Macht leben, bestenfalls bereit, wie ein gutmütiger Großvater den Erben des Reiches, die ihn aufsuchen würden, Ratschläge zu erteilen; doch vielleicht, setzte er dann hinzu, indem er mit der Möglichkeit seiner Absetzung kokettierte, die er um jeden Preis zu verhindern entschlossen war, würde ihn auch gar niemand aufsuchen.

In Linz, wo er heitere Jahre verbracht hatte, träumte der blutgierige Despot davon, eine Art Kindheit wiederzufinden, eine Zeit, die frei sein sollte von Plänen und Zielen. Wahrscheinlich dachte er sehnsüchtig an jene leere Zukunft, in der er die Sicherheit dessen würde genießen können, der gelebt hat, der um die Weltherrschaft gekämpft und gewonnen und seine Träume auf eine Weise verwirklicht hat, daß niemand sie mehr zu vereiteln vermöchte. Wenn er sich eine solche Zukunft vorstellte, war er vielleicht von der angstvollen Unruhe gequält, möglichst schnell seine Ziele zu erreichen, fürchtete wohl, sie überhaupt nicht erreichen zu können. Er wünschte, daß die Zeit schnell vergehen möge, um sich möglichst schnell seines Sieges gewiß zu sein, er sehnte in anderen Worten den Tod herbei, und in Linz phantasierte er ein Leben in einer dem Tode ganz ähnlichen sanften Sicherheit, geschützt vor den Überraschungen und Wechselfällen des Lebens.

Die Fenster dieses Hauses unmittelbar an der Donau – seine Adresse heute ist Untere Donaulände Nr. 6 – hätten ihm eine andere Art von Dasein vor Augen führen können, einen Maßstab, einen Stil, den er gleichwohl niemals in der Lage gewesen wäre zu begreifen. In dem Haus, das damals der Donau-Dampfschiffahrts-Gesellschaft gehörte und ihr noch heute gehört, lebte still und unauffällig über zwanzig Jahre und starb auf tragische Weise Adalbert Stifter, einer der geheimnisvollsten österreichischen Schriftsteller des

19. Jahrhunderts, der versuchte, das Chaos des Lebens durch die bescheidene unpersönliche Wiederholung der einfachen täglichen Verrichtungen einzudämmen.

Von 1841 bis 1868, also bis zu seinem Tode, konnte Stifter aus seinem Fenster auf die Donau sehen, auf die geliebte österreichische Landschaft, die ihm Jahrhunderte von Natur gewordener Geschichte zu enthalten schien, Reiche und Traditionen, die zu Erde geworden waren wie Laub oder morsche Bäume. Jene vertraute Landschaft ohne kräftige Farben oder herausragende Elemente lehrte ihn den Respekt vor dem, was ist, die ehrfurchtsvolle Aufmerksamkeit gegenüber den kleinen Ereignissen, in denen das Leben eher als in großen Umstürzen oder eindrucksvollen Theatercoups sein Wesen enthüllt; sie zeigte ihm die Unterwerfung der armseligen Ambitionen und der persönlichen Leidenschaften unter das große objektive Gesetz der Natur, der Generationen, der Geschichte.

In seinen Romanen und insbesondere in seinen Erzählungen, deren viele er in ebendiesen Zimmern geschrieben hat, erforscht Stifter mit unruhiger Meisterschaft das Geheimnis des Maßes, der Anerkennung jener Grenzen, die es dem Individuum erlaubt, die eigene subjektive Eitelkeit einem übergreifenden Wert unterzuordnen, sich der Geselligkeit, dem Dialog mit anderen zu öffnen – eine liebevolle Nähe, die vor allem Diskretion, Respekt gegenüber der Autonomie des anderen und dessen Bedürfnis nach Distanz bedeutet.

Dieses defensive Pathos bleibt nicht ohne Folgen für Stifters Kunst. In seinem Roman *Der Nachsommer* erzählt er die schwierige Entwicklung seines Protagonisten Heinrich, dessen werdende Persönlichkeit von der Prosa der Wirklichkeit, von objektiven Hindernissen bedroht wird, wie sie die moderne Realität der harmonischen und umfassenden »klassischen« Bildung des Individuums entgegensetzt. Der Preis, den Heinrich für diese Art von Bildung entrichten muß, ist ein teilweiser Verzicht auf die Welt, ist aristokratische Einsamkeit gegenüber der prosaischen Unordnung der Dinge. Bei Flaubert, stellt Schorske fest, hat sich die Prosa der Wirklichkeit bereits der Herzen der Protagonisten bemächtigt, sie erhebt sich nicht vor ihnen wie ein Feind, sondern ist längst – auf viel verfänglichere Weise – zu einer Struktur ihrer Persönlichkeit geworden, ihrer Natur, ihrer Art zu leben. Daher ist auch die Enttäuschung Frédéric Moreaus in der *Education sentimentale*, die von der profunden Gegenwart des Lebens und der Geschichte gezeichnet ist, so viel

qualvoller und eindringlicher als das Zeremoniell, mit Hilfe dessen sich Heinrich die Vulgarität der Moderne vom Leibe hält, wobei er der Illusion nachhängt, seine Innerlichkeit könne von jener unberührt bleiben. Flaubert malt unser Porträt, Stifter scheint sich darauf versteifen zu wollen, die Ecken und Kanten zu glätten und die Auflösung in einer feudalen Idylle festzuhalten, auch wenn sein Öldruck von dem leidenschaftlichen Versuch lebt, die Abgründe der Realität zu meiden.

Stifter übersah keineswegs diese Abgründe, die Regellosigkeit und Irrationalität, die jähen, unsinnigen Wendungen des Schicksals, wie beispielsweise seine tragische Erzählung über den Juden *Abdias* beweist; er verschloß die Augen nicht vor der Tragödie, doch suchte er sich nicht daran zu berauschen, verweigerte sich jenem Kult des Tragischen, der Leidenschaftlichkeit und des Abnormen, der sich insbesondere während der Spätromantik in der europäischen Kultur zu verbreiten begann. Seine Erzählungen sind getragen von Melancholie, Verzicht, Einsamkeit, vor allem aber wird in ihnen jeglicher Kult der Einsamkeit und des Unglücks heftig verurteilt. Im *Hagestolz* erwidert eine betagte Frau einem jungen Mann, der zuvor erklärt hatte, sich an nichts mehr freuen zu können, daß dies ganz und gar ungerecht und daß es nicht erlaubt sei, zu sagen, daß man sich über nichts mehr freue.

Die Freude sucht Stifter in der offenkundigen Monotonie, in der tagtäglichen Wiederholung. In seinem Hause schrieb er, versorgte seine Pflanzen, insbesondere Kakteen, restaurierte und polierte Möbel, etwa sein Schreibpult, das sich noch heute in seinem Zimmer befindet; er malte, unternahm methodische Spaziergänge, lobte den Verlauf von Tagen und Wochen, lauschte dem Murmeln des Flusses und hörte seinen gemächlichen Rhythmus im Takt seines Lebens und Schreibens fließen. Diese ruhige und an immer neuen Klängen reiche Kadenz schien ihm Glückseligkeit, und er wünschte nur, daß die Gegenwart niemals vergehen möge.

Glückseligkeit fand er wenig; in jene Wellen hatte sich eine Adoptivtochter gestürzt, und selbst beschleunigte er sein Ende in einer hypochondrischen und von körperlichen Schmerzen bedingten Krise mit Hilfe eines Rasiermessers. Deshalb hatte er begriffen, daß das Außergewöhnliche, Abnorme, Dramatische, mit dem jene liebäugeln, die ein heroisches Schicksal außerhalb des Gewohnten herbeisehnen, in Wirklichkeit leidvolles Elend und nichts anderes

bedeutet. Seine Figuren sind fast immer damit beschäftigt, irgend etwas zu ordnen, die Wäsche zusammenzulegen, Schubfächer in Ordnung zu bringen, Rosen zu beschneiden; ihr Ziel ist das gemeinsame Gespräch, die Ehe, die Familie. Der Emphase der Überschreitung, die wirkungsvolle und schauerliche Effekte liebt, stellt Stifter die Epizität der Familie entgegen, die schwierige Originalität der Ordnung und der Kontinuität, die Fähigkeit, den Riß zu verschweigen.

In dieser Hinsicht ist er in der konservativen österreichischen Tradition verwurzelt, in der Treue gegenüber einer jahrhundertealten Gesinnung, gegenüber einem Überdauern, das kurzlebige Veränderungen und die Aktualität sensationeller Ereignisse kaum zur Kenntnis nimmt. Auch Grillparzers *Armer Spielmann* wundert sich, als man ihn bittet, seine Lebensgeschichte zu erzählen, weil er nicht glaubt, überhaupt eine Geschichte zu haben, sich nicht vorstellen kann, daß der Ablauf seiner Tage – wenngleich reich an verborgenem Sinn – irgend etwas Besonderes oder Bemerkenswertes enthielte. Diese Menschen lieben das Leben, die einfache Gegenwart ihrer bescheidenen und doch zaubervollen Stunden, und wollen daher nicht Protagonisten irgendwelcher großer und außergewöhnlicher, privater oder geschichtlicher Begebenheiten sein. Sofern sie können, vermeiden sie jedes bedeutende Ereignis; wie Musil später schreiben wird, hat man im alten Österreich, wenn man sonst auf der Welt glaubte, etwas Erstaunliches erlebt zu haben, stets lieber nonchalant gesagt: »Es ist passiert...« Als Stifter starb, wurde der Begräbnischor von einem Mann geleitet, der in gewisser Hinsicht ebenso ein Mensch »ohne Geschichte« war: Anton Bruckner, der große moderne Komponist, der als Domorganist in Linz tätig war und dem es nicht so sehr darum ging, ein Künstler zu sein, als sich vielmehr einer ehrenhaften Arbeit und einem religiösen Amt zu widmen.

Die häusliche Ordnung Stifters ist sehr viel rätselhafter als die von Hitler erträumten Monumentalbauten. In Stifters Zimmern, in denen sich heute ein nach ihm benanntes literarisches Institut befindet, suche ich nach Spuren jener Ordnung, dem Schlüssel zu jenem reinlichen Geheimnis. Währenddessen diskutieren einige Vertreter ebendieses Instituts am Telefon lebhaft darüber, ob man in dem Nachruf auf eine tags zuvor verstorbene angesehene Persönlichkeit das Adjektiv »unvergessen« oder »unvergeßlich« gebrauchen solle. Die Diskussion ist erregt, verschiedene Wörterbücher werden zu

Rate gezogen und polemisch zitiert, jemand beruft sich auf einen Präzedenzfall; als ich gehen muß, ist die Diskussion noch im Gange. Das skrupulöse Festhalten an den genauen Normen der Konvention und der Rhetorik paßt zum Tod und zu dem Bedürfnis, ihm eine Form zu verleihen. Die Komik, die aus jener pedantischen Suche nach einem angemessen feierlichen Ausdruck entsteht, verleiht auch dem Tod seine richtige Dimension, läßt ihn vom Sockel der Außergewöhnlichkeit herabsteigen und reiht ihn wieder in die gute Alltäglichkeit ein. »Vergeben hast Du, wenn Du wieder lachen kannst«, heißt es auf einem Plakat des Linzer Doms. »Trag nichts nach!«

2.

Suleika

An dem Haus Nummer 4 des Pfarrplatzes, das heute die Pfarrei von Linz beherbergt, verkündet ein Schild, daß an dieser Stelle das Geburtshaus von »Marianne Jung, verehelichte Willemer – Goethes Suleika« gestanden haben soll. Diese Leidenschaft paßt eigentlich nicht in ein Pfarrhaus, wenngleich in Goethes Leben seit seiner Jugendliebe zu Friederike Brion unzweifelhaft eine Beziehung zwischen Herzensangelegenheiten und Pfarreien bestanden hat.

Marianne Jung, die wahrscheinlich am 20. November 1784 geboren wurde, war eine Künstlertochter obskurer Herkunft; sie spielte als Komparse oder in Nebenrollen, war Tänzerin, sang im Chor mit oder kam, als Harlekin verkleidet, in Tanzschritten aus einem großen Ei heraus, das über die Bühne rollte. Der Bankier und Senator Willemer, zugleich Finanzbevollmächtigter der preußischen Regierung und Autor politisch-pädagogischer Artikel und nicht zuletzt Liebhaber des Theaters und der Nachtmahle im Anschluß daran, sah sie, als sie sechzehn war, während einer dieser Aufführungen in Frankfurt und nahm sie mit sich nach Hause, bezahlte ihrer Mutter zweihundert Gulden und setzte ihr eine jährliche Pension aus. In seinem Landhaus zwischen Frankfurt und Offenbach, das nahe einer alten Mühle gelegen war, lernte Marianne gute Manieren, Französisch, Lateinisch, Italienisch, Zeichnen und Gesang; nach vierzehnjährigem Zusammenleben kam Willemer schließlich auf die Idee, sie

zu heiraten, da ihn das Erscheinen Goethes in ihrem ruhigen Lebenskreis einigermaßen beunruhigte.

Der fünfundsechzigjährige Goethe durchlebte zu dieser Zeit eine seiner fruchtbarsten Schaffensperioden; er schrieb an den Gedichten des *Westöstlichen Diwans*, seiner genialen Nachdichtung der persischen Lyrik Hafis', die er in der Übersetzung Joseph von Hammer Purgstalls las, er suchte Lebenskraft aus der ewigen Morgenröte des Orients zu schöpfen und dabei der stürmischen Gegenwart der letzten Napoleonischen Feldzüge zu entraten.

Goethe ist glücklich, persische Kleidung zu tragen und sich einer Tradition anzugleichen, in der die gesamte wahrnehmbare Realität in allen ihren Einzelheiten zu einem Symbol wird, durch das die göttliche Totalität des Lebens hindurchscheint. Seine in Staub geschriebene und vom Wein erheiterte Existenz öffnet sich dem Unendlichen und nimmt eine neue Farbe an, wird ephemer und zugleich ewig, wie die Mohnblumen, die an die bunten Zelte eines Wesirs erinnern. Seine Vorliebe gilt nicht mehr dem klaren Profil der klassischen Statue, sondern dem Fließen des Wassers. Doch auch das Wasser ist Form, ist Grenze, es ist die bewegliche, zugleich aber reine, deutliche Form, die von dem Spiel einer Fontäne gezeichnet wird. Der große Klassiker liebt immer noch die Form, das Endliche, das Begrenzte und das Bestimmte, doch er sucht nunmehr eine Form, die wie die Gestalt einer Fontäne oder eines geliebten Körpers keine strenge Unbeweglichkeit, sondern Fließen und Werden – die Leben ist.

In einem Gedicht des *Diwan* sagt die wunderschöne Suleika, daß vor dem Blick Gottes alles ewig stehe und daß man dieses göttliche Leben für einen Augenblick in ihr selbst, in ihrer zarten und flüchtigen Schönheit lieben könne. Suleika weiß, daß sie nur ein vorübergehender Moment ist, der Kamm einer Welle, ein Wolkenrand, und ist doch ganz einfach glücklich, für einen Moment den Rhythmus des Fließens zu verkörpern. Weder ist sie fasziniert noch verängstigt durch die unaufhörliche Bewegung; so vollkommen eingebettet in das vielfältige, sich verändernde Leben fühlt sie sich, daß sie nicht das Bedürfnis verspürt, die eigene Metamorphose zu beschleunigen oder zu forcieren, so wie Goethe es nicht nötig hat, das Versmaß und den Reim des Vierzeilers aufzubrechen, um zu jener offenen und des Werdens mächtigen Sprachmelodie zu gelangen, in der sich sein Gesang erfüllt.

Goethe lernt Marianne kennen, und Marianne wird im *Diwan* zu Suleika. So entsteht eine Liebesdichtung, die zu den größten aller Zeiten gehört; es entsteht dabei aber etwas, das noch größer ist. Der *Diwan* – und der erhabene Liebesdialog, den er enthält – trägt den Namen Goethes; Marianne aber ist nicht nur die geliebte und in der Dichtung besungene Frau, sie ist auch die Autorin einiger Gedichte, die zu den besten des *Diwan* zählen. Goethe fügte sie in seine Sammlung ein und veröffentlichte sie unter seinem Namen, und erst 1869, viele Jahre nach dem Tod des Dichters und neun Jahre nach Suleikens Tod, wurde durch den Philologen Hermann Grimm bekannt, daß Marianne, die ihm dieses Geheimnis anvertraut und den treu und verschwiegen aufbewahrten Briefwechsel mit Goethe gezeigt hatte, jene wenigen großartigen Gedichte geschrieben habe.

In der Vertonung von Schubert sind diese Gedichte überall auf der Welt unter Goethes Namen bekannt geworden, so daß man jedesmal in Erich Trunz' Kommentaren zu der kritischen Ausgabe von Goethes Werken nachschlagen muß, um zu erfahren, welche Verse der Geheimrat geschrieben habe und welche dagegen die kleine Tänzerin, die als Harlekin verkleidet aus einem Ei heraustrat und ihren Bankier zweihundert Gulden kostete.

Es ist nicht allein die Mimese, die daran auffällt, jene Vereinigung von Stimmen, die in dem leidenschaftlichen Dialog miteinander verschmelzen wie die Körper in der Liebe oder die Gefühle und Werte in einem gemeinsamen Leben. Sicherlich ist dabei auch männliche Anmaßung im Spiel, ein typischer, beinahe ein Extremfall dafür, wie sich der Mann die Arbeit der Frau anzueignen weiß; ein Werk, das unter dem Namen eines Mannes erscheint, impliziert häufig – wie bei Goethes *Diwan* – die Enteignung weiblicher Arbeit. Und doch ist dies nicht alles. Marianne hat innerhalb des *Diwan* ganz wenige Gedichte geschrieben, die zu den Meisterwerken der Weltlyrik gehören, und hat dann nichts weiter, hat danach nie wieder etwas geschrieben. Wenn man ihre Oden an den Ost- und an den Westwind liest – ein Liebesgesang, der zum Atem der Existenz selbst wird –, so erscheint es ganz unmöglich, daß Marianne nichts anderes geschrieben haben soll. Wie die kleine Geschichte jener Schreiberin aus der ersten Klasse über die sterbende Rose, so bezeugen auch die Gedichte Mariannes das Überpersönliche der Dichtung, die geheimnisvolle Verbindung und das Zusammentreffen von Elementen, das sie hervorbringt: wie ein bestimmter Kondensationsgrad

des Wasserdampfes, der durch eine zufällige – oder wenigstens schwer vorhersehbare – Kombination verschiedener Faktoren einerseits Regen, andererseits eine Absatzsteigerung von Regenschirmen nebst einem – verglichen mit der Nachfrage – unzureichenden Angebot an Taxen bewirkt.

Auch im Hinblick auf die Schaffung ihrer Meisterwerke hätte die in Österreich geborene Marianne jene Redensart wiederholen können, die Musil so sehr geliebt hat, »es ist passiert«: ein unvermitteltes und vollkommenes Zusammentreffen der Seele und der Welt, eine Hand, die Worte hinschreibt, so wie eine andere zerstreut in den Sand oder auf ein Blatt Papier eine Zeichnung hinkritzelt, ohne sich ein Patent ausstellen oder die ausschließlichen Rechte an dieser Skizze sichern zu lassen. Marianne ließ zu, daß diese Gedichte den Namen Goethes trugen; in ihrer Hingabe wußte sie sehr gut, wie überflüssig in der Liebesvereinigung die Unterscheidung zwischen mein und dein ist. Doch ihre unter dem Namen eines anderen erschienenen Gedichte verweisen auch auf die Eitelkeit, die Vergänglichkeit eines jeden Namens, der unter einem Gedicht oder auf der Titelseite eines Lyrikbandes erscheint; denn die Dichtung gehört wie die Luft und die Jahreszeiten niemandem, nicht einmal dem, der sie schreibt.

Vielleicht fühlte Marianne Willemer, daß die Poesie nur dann Sinn haben könne, wenn sie aus einer vollkommenen Erfahrung entstehe, einer Erfahrung wie jener, die sie erlebt hatte, und daß zugleich mit diesem Augenblick der Gnade auch die Poesie vergehe. »Einmal in meinem Leben«, sagte sie viele Jahre später, »war ich mir bewußt, etwas Hohes zu fühlen, etwas Liebliches und Inniges sagen zu können, aber die Zeit hat alles nicht sowohl zerstört als verwischt.« Sie war ungerecht gegenüber sich selbst, denn die Bewußtheit und der Stil, mit dem sie das Schwinden dieser Fülle und das Versiegen solcher Gefühle erlebte, beweisen ihrerseits Seelenadel und Intensität des Gefühls, waren selbst Poesie und keineswegs eine geringere als jene, die sie in den längst vergangenen Monaten der Leidenschaft erfahren hatte. Marianne hatte sich als größer und großzügiger gezeigt als Goethe, der sie archiviert und zu den Akten gelegt hatte, nach jener Fluchtstrategie, welche die Brutalität der Gesundheit und ängstliche Unsicherheit miteinander verbanden; auch Willemer, der unverändert liebevoll und respektvoll war, hatte sich nobler verhalten als der Dichter.

Sicherlich hätte Marianne mit ihrer Intelligenz und ihrer verfeinerten literarischen Bildung, die sie erworben hatte, auch ohne jenes auslösende Ereignis von 1814/15 Bücher voller guter Verse schreiben können, die es wert gewesen wären, in einer Literaturgeschichte Erwähnung zu finden. Ein jedes Mitglied der literarischen Gesellschaft kann ein verdienstvoller Autor sein, und häufig ist er es sogar wirklich; die ganz schlechten Bücher sind selten, und ein aufsehenerregender literarischer Fehlschlag ist ein ungewöhnlicher Fall in Anbetracht der durchschnittlichen Bildung, ähnlich wie ein auffälliger orthographischer Fehler im Rahmen einer allgemein verbreiteten Alphabetisierung. Auch Marianne Willemer hätte sicherlich fünf oder zehn solcher Bücher in Versen oder Prosa schreiben können, wie sie die Literatur eines Landes zu Tausenden – in dem automatischen und regelmäßigen Rhythmus einer physiologischen Sekretion – hervorbringt.

Sie zog es vor zu schweigen. Ihre wenigen Verse gehören zu den größten, die je geschrieben wurden, und doch genügt dies nicht, Marianne Willemer Einlaß in die Literaturgeschichte zu verschaffen, trotz der Beachtung, die ihr scharfsinnige Gelehrte zuteil werden ließen. Die Literaturgeschichte ist ein Instandhaltungs- und Wartungssystem; es genügen ihr nicht einige Zeilen von absolutem Wert, sondern sie bedarf einer produktiven Maschinerie – und es zählt wenig, ob aus banalen oder genialen Seiten –, um darauf ihre Verteilungskette aufzubauen, den Kreislauf von Ausgaben, Rezensionen, Doktorarbeiten, Debatten, Preisen, Lehrbüchern, Vorträgen. Mit den Versen Marianne Willemers kann man innerhalb dieses Mechanismus überhaupt nichts anfangen. Und daher bleibt Marianne, die einige der schönsten Gedichte des *Diwan* geschrieben hat, für die Geschichte der Literatur eine Frau, die Goethe geliebt und besungen hat, und wird nicht in das Berufsregister der Poeten eingetragen.

3.

A. E. I. O. U.

Es ist ein kalter, stiller Abend; auch die wenigen Kinder, die ihre Schlitten hinter sich herziehen, ändern nichts an der Einsamkeit und Verlassenheit der Straßen und deren schwerfälliger kontinentaler Melancholie. Auf dem Friedrichstor von Linz erscheint die berühmte sibyllinische Signatur, die der wahrscheinlich unweit von hier – in Nummer 10 der von stummen Palästen mit strengen Wappen charakterisierten Altstadt – verstorbene Kaiser Friedrich III. seinen persönlichen Gegenständen und seinen Gebäuden einprägen ließ: A. E. I. O. U., vielleicht *Austriae est imperare orbi universo* (Österreich steht es zu, über den ganzen Erdkreis zu herrschen) oder aber *Austria erit in orbe ultima* (Österreich wird bis zum Ende der Welt dauern). Dieses sich bis zu den Grenzen der Welt und der Zeit erstreckende Reich erschien demselben Friedrich durch Niederlagen erschüttert und vom Untergang bedroht, so daß er sich in seinem Tagebuch darüber beklagte, wie wenig siegreich doch das österreichische Banner sei, und den Schwierigkeiten mit jener Strategie des Ausweichens und der Unbeweglichkeit zu begegnen suchte, die in den folgenden Jahrhunderten zu der von Grillparzer und Werfel gefeierten grandiosen habsburgischen Statik werden sollte, zum Widerwillen gegenüber dem Handeln, zum defensiven Pathos dessen, der nicht zu gewinnen, sondern zu überleben sucht und der den Krieg nicht liebt, weil er wie Franz Joseph weiß, daß man Kriege verliert.

Der 1493 gestorbene Friedrich III. weist bereits, wie Adam Wandruszka bemerkt, die typischen Züge auf, die später vom habsburgischen Mythos kanonisiert werden: jene Verbindung von Untüchtigkeit und Weisheit, die Unfähigkeit zu handeln, die in kluge Vorsicht und umsichtige Strategie übergeht, das Zaudern und die zur beständigen Richtschnur erhobene Widersprüchlichkeit, der Wunsch nach Ruhe, verbunden mit der Kraft, endlose und unlösbare Konflikte zu akzeptieren.

Die Abkürzung A. E. I. O. U., von der es auch weniger respektvolle Interpretationen gibt, ist zu einer Chiffre der Postmoderne geworden, zum Emblem einer Unangemessenheit, einer indirekten Abwehr, die unser schiefes, ärmliches Ich kennzeichnen. Jene groß-

artige und sehnsüchtige Taktik des Überlebens, die mir so häufig als ein unauffälliger, aber darum nicht minder wirksamer Schutzschild als der des Ajax erschien, zeigt sich mir an diesem Abend in ihrer harten, gefühllosen Kälte; eine Weisheit voller Würde und Ironie, der jedoch – um ein weniges – die Enthüllung der letzten Dinge verwehrt ist, jener Liebe, die schöpft und erlöst und von der das *Veni Creator Spiritus* singt.

Dieser Donauabend, der im Zeichen des von Ruhm und Niedergang geprägten A. E. I. O. U. steht, ist von kontinentaler Trostlosigkeit, er hat die Undurchsichtigkeit flacher Landschaften und staatlicher Gebäude, welche die umfassende Monotonie des Lebens betont und Sehnsucht nach dem Meer aufkommen läßt, nach seiner unendlichen Vielfalt, nach dem Wind, der Flügel verleiht. Unter dem Himmel des Binnenlandes gibt es nur die Zeit und die Wiederholung, die sie skandiert wie der Morgenappell in einer Kaserne, ihr Gefängnis. Im Schaufenster eines Antiquariats verspricht das Buch *Danube et Adriatique* des Préfet Honoraire G. Demorgny (1934) eine dokumentierte Darlegung der diplomatischen Fragen, die mit der Freiheit der Donauschiffahrt und der Politik der Staaten Mitteleuropas und des Balkans verbunden sind, doch begeistert mich in diesem Augenblick die blaue Schrift auf dem weißen Umschlag nicht der Analyse jener Donauprobleme als vielmehr seiner Farbe wegen, die an ein anderes Blau erinnert, an das des Meeres. Auch das Ocker und das Gelborange der Donaugebäude mit ihrer beruhigenden und melancholischen Symmetrie sind Farben meines Lebens, die Farbe der Grenze, des Endes, der Zeit. Doch jenes Blau, das die Kultur der Donau nicht kennt, ist das Meer, das gespannte Segel, die Reise nach Westindien, und eben nicht nur in die Bibliothek des geo- und karthographischen Instituts.

Im kontinentalen Gefängnis der Zeit träumt man von der Meeresfreiheit des Ewigen, so wie Slataper, der Ibsen und dessen rigorose Strenge studierte, bisweilen von den offenen Räumen Shakespeares träumte. Es wäre mir keinesfalls unangenehm, wenn sich in diesem Moment plötzlich die alte unhaltbare Hypothese doch als wahr erweisen würde, die Doktor Guglielmo Menis, Regierungsrat Seiner Majestät, Leibarzt und Gesundheitsreferent für Dalmatien, auf Seite 250 seines Buches *Das Adriatische Meer, beschrieben und illustriert* (Zara 1848) erwähnt: »Nach Plinius wurde von glaubwürdigen Schriftstellern behauptet, daß der Fluß Quieto der Ister sei, ein

Nebenarm der Donau, durch den das Schiff der Argonauten auf seinem Rückweg von Kolchos in die Adria gelangte.«

Der Quieto mündet an der istrischen Küste in der Nähe von Cittanova, Novigrad, in die Adria. Fänden die glaubwürdigen Schriftsteller noch heute Glauben, so würde ich statt zum Banat – wie die schwäbischen Siedler auf den »Ulmer Schachteln« – den Weg zum Meer nehmen, zu den adriatischen Inseln, zu den Orten, wo ich manchmal den Eindruck hatte, daß der Fortsetzungsroman, der mit dem Urknall beginnt, doch keine Schundliteratur sei, und daß man Geburt und Tod akzeptieren könne. Wenn man Zeno Cosini oder der Mann ohne Eigenschaften ist, weiß man genau, daß es sich nicht lohnt, die Partie zu spielen, so unterhaltsam manche ihrer Züge auch sein mögen. Es ist nicht angebracht, viel Lärm darum zu machen; vielmehr gehört es sich, so zu tun, als sei nichts geschehen; aber die habsburgische Ockerfarbe der Zeit suggeriert diskret, daß es vielleicht besser gewesen wäre, wenn jene unmanierlichen Kohlenwasserstoffmoleküle mit ihrer unvorsichtigen Libertinage die ganze Geschichte gar nicht erst in Bewegung gesetzt hätten.

Die Menschen ohne Eigenschaften, deren Binnenlandodysseen in den Bibliotheken stattfinden, tragen die Verhütungsmittel stets in der Tasche, und die mitteleuropäische Kultur ist in ihrer Gesamtheit auch eine grandiose intellektuelle Empfängnisverhütung gewesen. Aus dem epischen Meer hingegen wird Aphrodite geboren, auf dem Meer erlangt man, wie Conrad schreibt, die Vergebung der Sünden und das Heil der unsterblichen Seele, das Meer erinnert uns, daß wir einst Götter gewesen sind.

4.

Mit Hieb und Stich

Im Haus Zum schwarzen Adler, in dem auch Beethoven wohnte, starb 1680 in Linz Raimund Montecuccoli, Reichsfürst, Feldmarschall und Theoretiker der Kriegskunst; in der Kirche der Kapuziner mahnt ein Epitaph den Reisenden, vor dem Grab zu verweilen, das, einem etwas makabren Barockgeschmack entsprechend, seine Innereien aufbewahrt, während sein Körper in Wien begraben liegt. Montecuccoli hat gegen Gustav Adolf und den Son-

nenkönig gekämpft, er ist bei Lützen verwundet und in Stettin gefangengenommen worden; er hat 1646 die Schweden gezwungen, sich nach Pommern zurückzuziehen, und 1673 den legendären Turenne auf die andere Seite des Rheins zurückgedrängt, und 1664, in der berühmten Schlacht an der Raab, die Türken versprengt, die nach Ungarn eingedrungen waren.

Die Kirche der Kapuziner ist dunkel, die lateinische Grabinschrift ist trotz der großen Buchstaben kaum zu erkennen; man muß sie mühselig entziffern, ganz so, als wolle das geringe Licht des Nachmittags eine barocke Allegorie über die Vergänglichkeit des Ruhmes inszenieren. Montecuccoli war einer jener alten Degen des Reiches, die das Gleichgewicht der Kräfte während des Dreißigjährigen Krieges und der Türkenkriege verteidigt und damit das Ende Mitteleuropas – die Auflösung jener Ökumene, die durch Vorsicht, konservativen Skeptizismus, Kunst des Kompromisses, aber auch durch Lebenskunst zusammengehalten wurde – um einige Jahrhunderte hinausgezögert haben. Der Schatten seines Degens, der – wie auch derjenige Prinz Eugens – Mitteleuropa schützte, reicht bis zum Jahre 1914 und wird erst durch andersartige, mit anderen Mitteln und zu anderen Zwecken geführte Kriege zunichte gemacht werden: durch den totalen Krieg, der nicht mehr von höfischen und dynastischen Interessen bestimmte Berufsheere mobilisiert und vernichtet, sondern die Massen, die gesamte Bevölkerung dazu aufruft, für bestimmte Ideale (das Vaterland, die Nation, die Freiheit, die Gerechtigkeit) zu töten oder selbst zu sterben; Ideale, die uneingeschränkte Selbstopfer ebenso verlangen wie die vollständige Zerstörung des Feindes, da dieser nicht mehr gegensätzliche Interessen verkörpert, sondern das Böse schlechthin (die Tyrannei, die Barbarei, die minderwertige Rasse).

Montecuccoli schlägt sich auf der Bühne der großen Weltpolitik, doch seine Strategie, seine Sichtweise ist die der Kabinettskriege, in denen sich die feindlichen Milizen wie zu einem Turnier treffen und dabei eher darum besorgt sind, nicht zu verlieren als zu gewinnen und aus ihren Siegen einen – sei es auch nur bescheidenen – Vorteil zu erringen, der dann in einem diplomatisch ausgehandelten Frieden abgesichert wird. Der große Heerführer kann sicherlich auch rasch und unvermittelt handeln, doch besteht seine Kriegskunst vornehmlich aus Einschätzung und Abwägung, in der wohldurchdachten geometrischen Ordnung, in dem sorgfältigen und ausgewoge-

nen Wissen um Bedingungen und Regeln, in dem gelassenen »Reflektieren über die Dinge«, ohne das die »Unzahl von Möglichkeiten«, innerhalb deren sich der Soldat befindet, ungenutzt bliebe.

Das Pathos, der Enthusiasmus, die mystischen und sakralen Gefühle, die so oft die Seiten der Bücher über den Krieg füllen werden, sobald der Krieg vom 19. Jahrhundert an als Schicksal, als Mission oder geradezu als Pädagoge, der Individuen wie Völker formt und bildet, betrachtet, erlebt und gepredigt wird – all dies gibt es bei Montecuccoli nicht und kann es auch gar nicht geben. Für den Reichsmarschall, den Magalotti als »lebenden Escorial« bezeichnet, ist die Kriegskunst einfach eine Wissenschaft, die aufgrund der Boshaftigkeit der Geschichte oder, allgemeiner, des Lebens unerläßlich ist, eine Notwendigkeit, die der Verstand anerkennen zu müssen glaubt, weshalb er auch meint, ihre Grammatik und Logik erlernen zu müssen.

Während der Gefangenschaft in Stettin und während der Zeit zwischen dem Dreißigjährigen Krieg und den Feldzügen gegen die Türken hat Montecuccoli diese Grammatik geschrieben: die *Abhandlung über den Krieg, Von der Kriegskunst, Vom Kriege mit den Türken in Ungarn* und noch andere Werke. Seine scharfe Beobachtungsgabe, die sich auf alle Instrumente, Apparate und konkreten Einzelheiten erstreckt, auf die Pike, Königin der Schlachten, und die Verteidigungstaktik, die in ihrer gesamten Tiefe in mindestens drei Linien angelegt ist, hindert ihn nicht daran, auch die Verbindung zwischen Krieg und Politik aufzugreifen; der große Heerführer weiß, daß es für den Sieg notwendig ist, auch die näheren und ferneren Gründe des Krieges zu kennen, die Stimmung und die Fähigkeit der Soldaten, das heißt, die soziale und politische Verfassung der einzelnen Staaten, welche die Verschiedenartigkeit, die Beschaffenheit, den Charakter der Menschen bestimmt. Drei Jahrhunderte später wird Mao Tse-tung mit unvergleichlicher Genialität in seinen Werken über die Strategie des revolutionären und des Partisanenkrieges zeigen, wie sich auch die kleinste kriegerische Aktion an einer umfassenden Kenntnis nicht allein der militärischen, sondern auch der gesamten politisch-sozialen Verhältnisse orientieren müsse, so daß jedes Einzelphänomen mit dem Ganzen, wodurch es seine eigentliche Bedeutung erhält, verknüpft ist und der Befehlshaber die unmittelbare Situation, die seine Intelligenz zu überwältigen droht, dialektisch meistern kann, indem er sie auf die generelle

Gesetzmäßigkeit zurückführt, für die jeder einzelne Fall nur ein Beispiel liefert, und dadurch vermeidet, »im Ozean des Krieges«, im stürmischen Chaos des Augenblicks unterzugehen.

Montecuccoli konnte Hegels Dialektik nicht kennen, die es Mao gestattete, die Einzelheit in ihrer Zufälligkeit zu erkennen und deren trügerische und entstellende Gewalt zu überwinden. Er beherrschte bescheidenere Künste, eine Logik und eine Rhetorik, die es ihm erlaubten, sich der Realität – der ungestümen und unvorhersehbaren Realität des Krieges – dadurch zu nähern, daß er das Meer von Tatsachen schematisierte, teilte und unterteilte. Eingedenk einer Gewohnheit der Mathematiker schreibt er in der *Abhandlung*, er wolle ausgehen von »jenen Hauptsätzen, auf welche sich der Intellect, Schlüsse ziehend, natürlich stützt«, und sie »auf jene allgemeinen Regeln zurückführen, auf welche jede Wissenschaft gleichsam als auf ihre Wurzeln gegründet ist«, um dann zu den konkreten Beispielen für die praktische Anwendung überzugehen. In seiner geometrischen Strenge und seiner Leidenschaft für Kartographie und Topographie findet sich auch etwas von dem melancholischen Pessimismus des Florentiner Sekretärs, die Überzeugung – wie es Machiavelli formulierte –, daß die Ordnungen, die von einer Gesellschaft geschaffen wurden, »um in Furcht vor den Gesetzen und vor Gott zu leben, vergeblich wären, wenn nicht Anstalten zu ihrer Verteidigung getroffen würden«, und daß man zur Verteidigung dessen, was einem lieb ist, den Frieden lieben und Krieg zu führen verstehen müsse.

Der geniale, aber konservative und der Vergangenheit zugeneigte Montecuccoli rühmt die Karrees von Pikenieren und die alte Lanze, den mit Eisen bewehrten Menschen auf dem ebenso gerüsteten Pferd, während die Füsiliere sich bereits anschicken, diese Säulen der kriegerischen Taktik hinwegzufegen. Doch auch seine Achtung vor den klassischen, inzwischen dem Untergang geweihten Regeln beweist eine unermüdliche Liebe zur Ordnung, das Bewußtsein, daß diese die Furcht vertreibt, und daß es in jedwedem Moment, im Chaos der Schlacht und in dem der Existenz, unerläßlich ist, sich an Vertrautem festzuhalten, sich in einer Gewohnheit wiederzuerkennen, denn angesichts gewohnter Dinge – das hatte ihn Machiavelli gelehrt – leiden die Menschen nicht, oder leiden doch weniger.

Die alte Kriegskunst war eine Verteidigungsstrategie, die sich der grausamen Unwägbarkeit des Lebens entgegensetzte, eine Leiden-

schaft für die Präzision, auf fatale Weise komisch und schmerzvoll zugleich, da die Lücke nicht geschlossen werden kann, die zwischen den Vorkehrungen gegen den Tod und deren Vergeblichkeit besteht. Als Heinrich Dietrich von Bülow glaubte – wie Gerhard Ritter berichtet –, mit dem militärischen Operationswinkel, der mindestens sechzig Grad und nach Möglichkeit mehr als neunzig Grad betragen sollte, eine Formel für den kriegerischen Erfolg gefunden zu haben, vertraute er das Leben der Mathematik an, einer exakten, da abstrakten und von der Welt unabhängigen Wissenschaft. Von der Goltz belächelte diese Utopie der Genauigkeit, derzufolge ein Kommandotrupp keinen Bach überqueren dürfe, ohne vorher in der Logarithmentafel nachgeschlagen zu haben. Doch liegt in dieser Unterordnung eines Rinnsals unter die Logarithmen ein defensives und selbstzerstörerisches Verlangen, die unerfüllbare Sehnsucht, der Ungunst des Schicksals eine Barriere entgegenzustellen, es zu beherrschen, indem es in ein Klassifikationsschema gezwängt wird. Kafka und Canetti haben auf großartige Weise von diesem sehnsüchtigen Delirium der Intelligenz erzählt, die sich gegen die Welt sperrt und dabei, aus Angst vor Stürmen, erstickt.

Gigi ist ein Stück zurückgeblieben, er wartet außerhalb der Kirche, in der es fast schon Abend geworden ist, zusammen mit Francesca und Maria Giuditta vor einer kaum beleuchteten Konditorei. Alle drei stehen sie an der Tür mit den Kuchen in der Hand, beleuchtet von dem fahlen Licht, das aus dem Laden dringt, und einen Moment lang scheint es, als habe ein geheimes Unbehagen sie blockiert und auf dieser Schwelle festgebannt.

Weiter entfernt fließt die Donau, ein Stück Papier, achtlos hineingeworfen, ist bereits im Wasser verschwunden, verloren in eine Zukunft, ein Später, wo wir noch nicht sind. Die Strömung zerschneidet das Wasser wie ein Schwert, wühlt es auf, der Schaum der Wellen schillert in der untergehenden Sonne, eine Gloriole entzündet sich inmitten des Stroms, der entschlossen und mit ruhigen, tiefen Atemzügen vorwärtsfließt. Auswählen, unterteilen, ausspielen, eliminieren, ausschließen, mit Hieb und Stich treffen, Wunden schlagen und verbinden, das Gewirr durchhauen, das den freien Fluß verhindert.

Wir müssen die Reise fortsetzen und – wie der Marschall Marsili in seinem großen *Opus Danubiale* – das wahre Gespür für die Großartigkeit des Flusses dem übersichtlichen Verlauf mitsamt dem sei-

ner Nebenflüsse und deren Nebenflüsse entnehmen, müssen uns der Strömung und ihrer Bestimmtheit anvertrauen und die Gedanken von jenen Überresten säubern, die sie verstopfen und verschließen und vor jeglicher Entscheidung ängstlich werden lassen. Wenn die Reise, wie Embser sagt, ein Krieg ist, der Grenzen beseitigt und Horizonte erweitert, so ist es zweckmäßig, *more geometrico* zu reisen, ein Karree zu bilden wie die Kommandoabteilung Montecuccolis oder die Regimenter im Zinnsoldatenmuseum, das wenige Kilometer weiter im Schloß von Trauttmannsdorf in Pottenbrunn untergebracht ist; die kleinen Soldaten haben sich in Marsch gesetzt, die Symmetrie annulliert die Unterschiede, ein Bataillon besteht allein aus seiner Farbe, reiht die Männer ein, macht sie gleich, läßt sie gemeinsam furchtlos vorwärtsschreiten.

Diese Ordnung der Militärparaden kann im übrigen auch ein Mittel sein, um zu verhindern, daß man miteinander handgemein wird, um Schlachten zu vermeiden, so wie Kaiser Franz Joseph Manöver und Truppenaufmärsche veranstaltete, weil er glaubte, daß diese dazu dienen könnten, den Krieg auszutreiben. Ein großer General, meinte Friedrich II., befinde sich niemals in der Situation, sich schlagen zu müssen, da sein Kalkül und sein Genie die Dinge bereits so geordnet hätten, daß die Auseinandersetzung überflüssig und daher sinnlos geworden sei. Wie jede wahre Wissenschaft müßte sich auch die des Krieges auf dem Gipfel ihrer Perfektion selbst abschaffen, indem sie sich den Boden unter den Füßen wegzieht.

Und somit bliebe als Ergebnis dieser Aufrechnung nur noch der Frieden, ein totaler Frieden; die Felder, auf denen die Kämpfe der *Äneis* stattfinden, würden den friedvollen Tätigkeiten der *Georgica* überantwortet. Leider stellt die Realität solchen geometrischen Utopien häufig ein Bein, verstreut die Zinnsoldaten über das ganze Zimmer und läßt sie schließlich unter dem Schrank oder im Müll enden. Und sicherlich ist es auch nicht angebracht, allein den strategischen Plänen der Generalstäbe die Bemühungen um Frieden oder dessen Bewahrung zu überlassen. Nach den beiden Weltkriegen, schreibt Stefano Jacomuzzi, kann auch die Literatur die Paraden nicht mehr lieben. Neben dem Gebäude, in dem Montecuccoli gestorben ist, verspricht das Schild der Privatdetektei Lidea diskrete und wirkungsvolle Nachforschungen in Eheangelegenheiten. Eine andere Geometrie, ein anderes Kalkül, andere Operationswinkel und andere Kriege.

5.

Ein Rauchfaden

Im Schloßmuseum von Linz zeigt ein Stich aus dem 19. Jahrhundert eine Ansicht von Mauthausen. Sanfte Hügel, behagliche Häuser, Boote auf der Donau voller winkenden Menschen in Festtagsstimmung, die idyllische Atmosphäre eines Ausflugs. Von den Schiffen auf dem Fluß erhebt sich fröhlich ein Rauchfaden.

6.

Mauthausen

In diesem Konzentrationslager, das nicht zu den schlimmsten gehört hat, sind mehr als hundertzehntausend Menschen umgekommen. Das furchtbarste Bild, vielleicht noch schrecklicher als das der Gaskammern, bietet der große Platz, auf dem die Gefangenen zum Appell versammelt und in Reih und Glied aufgestellt wurden. Der Platz ist leer, es ist heiß und stickig. Nichts kann die Unvorstellbarkeit dessen, was sich auf diesem Platz abgespielt hat, besser verdeutlichen als jene Leere. Wie das Antlitz der Gottheit in den Religionen, die jenes abzubilden verbieten, so läßt sich auch die Vernichtung, die absolute Verworfenheit nicht darstellen, eignet sich nicht, wie die schönen Formen der griechischen Götter, für Kunst und Phantasie. Literatur und Dichtung ist es nie gelungen, diesen Schrecken angemessen wiederzugeben; auch die eindrücklichsten Werke verblassen angesichts des nackten Dokuments der Realität, die jede Vorstellung übersteigt. Kein Schriftsteller, und auch nicht der größte, vermag an seinem Schreibtisch an das Zeugnis, an die getreue und konkrete Beschreibung der Tatsachen heranzureichen, die sich zwischen den Baracken und den Gaskammern abgespielt haben. Nur wer in Mauthausen oder Auschwitz gewesen ist, kann versuchen, diesen radikalen Schrecken auszusprechen; Thomas Mann oder Brecht sind große Schriftsteller, doch wenn sie versucht hätten, eine Geschichte über Auschwitz zu erfinden, wäre daraus vermutlich – im Vergleich zu *Ist das ein Mensch?* von Primo Levi – gehobene Unterhaltungsliteratur geworden.

Vielleicht sind die angemessensten Zeugnisse jener Realität gar nicht von den Opfern geschrieben worden, sondern von den Schlächtern, Eichmann oder Rudolf Höss, dem Kommandanten von Auschwitz – wahrscheinlich ist es so, denn um zu sagen, was dieses Inferno wirklich gewesen ist, braucht man es nur wörtlich zu zitieren, ohne Kommentar, ohne menschliches Engagement. Ein Mensch, der davon im Zorn oder voller Mitleid erzählt, beschönigt, wenn auch wider Willen, überträgt auf die geschriebenen Seiten einen geistigen Elan, der für den Leser den Schock jener Monstrosität mildert. Vielleicht ist es deswegen besonders heikel, bei einem harmlosen und angenehmen Essen einen Überlebenden aus einem Konzentrationslager anzutreffen, auf dem Arm unseres freundlichen oder unsympathischen Tischnachbarn die KZ-Nummer zu entdecken; stets gibt es eine lähmende Kluft zwischen seiner unvorstellbaren Erfahrung und den ungenügenden Gesten oder Worten, mit denen er darauf anspielt und sie fast wie eine Routineangelegenheit erscheinen läßt.

Das wichtigste Buch über die Lager hat Rudolf Höss in den Wochen zwischen seiner Verurteilung zum Tod und der Hinrichtung geschrieben. Seine Autobiographie *Kommandant in Auschwitz* ist ein objektiver, unparteiischer Bericht, schildert getreu das Grauenhafte, das jedes menschliche Maß überschreitet, Leben und Realität unerträglich werden läßt und das auch seine Darstellung, die Möglichkeit, überhaupt davon zu erzählen, erschüttern und ausschließen müßte. In dem Buch von Höss scheint die Vernichtung von dem Gott Spinozas erzählt zu werden, von der Natur, die gegenüber dem Schmerz, der Tragödie und der Infamie völlig indifferent bleibt; unbeirrbar zählt die Feder auf, was geschehen ist, die Schändlichkeit und Feigheit, niederträchtige und heroische Begebenheiten unter den Opfern, die Ausmaße des Massakers, die groteske automatische Solidarität, die sich während der Bombenangriffe für einen Augenblick zwischen den Mördern und den Verfolgten einstellte.

Höss ist nicht der gewöhnliche Bürokrat, der bereit gewesen wäre, je nach Anordnung mit der gleichen Effizienz zu töten oder zu retten; er ist kein Folterer wie Mengele, er ist auch kein Eichmann, der seine Geschichte erzählt und neu aufbereitet, weil er von den Israelis verhört wird und er alles daransetzt, um nicht für sein Verbrechen büßen zu müssen. Höss schreibt nach seiner Verurteilung, ohne daß ihn jemand darum gebeten hätte. Die Triebfeder, die

ihn zum Schreiben drängt, ist unklar, läßt sich nicht aus dem Wunsch erklären, die eigene Person dadurch zu adeln, denn das Selbstporträt, das dabei entsteht, ist unzweifelhaft das eines Verbrechers; das Buch scheint einem gebieterischen Bedürfnis nach Wahrheit zu folgen, einem Zwang, das eigene Leben, nachdem es gelebt worden ist, aufzuarbeiten, es genauestens zu protokollieren und ohne persönliche Anteilnahme zu den Akten zu legen. Daher ist das Buch ein Denkmal, ein Register der Barbarei, wertvoll im Hinblick auf die wiederholten abscheulichen Versuche, sie zu leugnen oder abzuschwächen und verschwinden zu lassen. Der Kommandant von Auschwitz, der Mörder von Hunderttausenden unschuldiger Menschen, ist nicht abnormer als der Professor Faurisson, der die Realität von Auschwitz geleugnet hat.

Ich gehe die Todestreppe hinab, die zu dem Steinbruch von Mauthausen führt. Über diese 186 hohen Stufen trugen die Gefangenen große Felsbrocken, stürzten dabei vor Erschöpfung oder weil die SS-Leute sie stolpern und unter die Steine fallen ließen zu Boden, wurden dort zu Tode geprügelt oder erschossen. Die Stufen bestehen aus ungleichen, roh behauenen Blöcken, die Sonne brennt, das Massaker ist noch präsent, es kommt die Erinnerung an archaische Gottheiten, die begierig waren auf Menschenopfer, an die Pyramiden von Teotihuacán und die aztekischen Götzen, obwohl auch modernere und zivilere Götter die Folterer nicht an der Folter gehindert haben. Das Buch von Höss ist schrecklich, schrecklich instruktiv, denn seine epische Aneinanderreihung von Fakten zeigt, wie man im mechanischen Räderwerk der Dinge Schritt für Schritt nicht einfach Verkehrspolizist oder Militärkoch des Dritten Reiches, nicht nur Komparse des Schreckens, sondern auch Hauptdarsteller und Regisseur der Vernichtung, nämlich Kommandant in Auschwitz werden kann.

Adorno hat gesagt, daß es nach den Vernichtungslagern unmöglich geworden sei, Gedichte zu schreiben. Der Satz ist falsch und ist in der Tat auch von der Dichtung beispielsweise Sabas widerlegt worden, der wußte, was es bedeutet, »nach Maidanek« zu schreiben, aber doch »nach Maidanek« geschrieben hat; er ist auch deswegen falsch, weil es nicht nur den Nationalsozialismus gegeben hat, und auch nach den Konquistadoren, dem Sklavenhandel, nach den Gulags oder nach Hiroshima war – und ist – der Reim Herz und Schmerz problematisch.

Und dennoch ist der Satz paradoxerweise richtig, denn das Konzentrationslager ist ein extremes Beispiel für die Annullierung des Individuums, jener Individualität, ohne die es keine Poesie gibt. Auf dieser Treppe von Mauthausen verspürt man körperlich, daß das Individuum überflüssig geworden ist, fühlt man dessen Vernichtung, sein Verschwinden, so als wäre es ein Dinosaurier oder ein Okapi, eine Gattung, die ausgestorben oder auf dem Wege ist, ausgerottet zu werden.

Nicht nur das Hakenkreuz, sondern die Weltgeschichte, die allgemeinen Prozesse haben sich verschworen, es zu entmachten. Das Protokoll des Eichmann-Verhörs ist das Extrembeispiel einer Aufteilung der Existenz, der Person und ihres Handelns, eine Aufspaltung, die Verantwortung und Kreativität abschafft. Eichmann tötet nicht, er sorgt für die Eisenbahnzüge und den Transport derer, die getötet werden müssen; die Verantwortung scheint niemanden zu betreffen – denn jeder, auch der an höchster Stelle, ist immer nur ein Glied in der Kette der Übermittlung von Befehlen und Anordnungen – oder aber alle, und somit auch die jüdischen Organisationen, die von den Nazis gezwungen wurden, mit ihnen zusammenzuarbeiten und die zu deportierenden Juden auszuwählen. Auf diesen Stufen fühlt sich der einzelne als einer aus der großen Zahl, die der Weltgeist – der offensichtlich in geistige Verwirrung verfallen ist – zermalmt hat, als eine jener Nummern, die im dafür zuständigen Büro des Konzentrationslagers auf den Arm des Ankömmlings tätowiert wurden.

Doch hat auf diesen Stufen das Individuum auch einzigartig und unvergänglich werden können, größer als Hektor vor den Mauern Trojas. Jene junge Frau, die sich auf der Schwelle zur Gaskammer zu Höss umwandte und – verächtlich, wie er berichtet – ihm sagte, daß sie sich nicht habe selektionieren lassen, obwohl sie es gekonnt hätte, um bei den Kindern zu bleiben, die ihr anvertraut waren, und die dann völlig sicher mit ihnen in den Tod ging –, jene Frau ist der Beweis für den unglaublichen Widerstand, den das Individuum dem entgegenbringen kann, der seine Würde, seine Bedeutung auszulöschen droht. In den verschiedenen Konzentrationslagern und auch auf dieser Treppe von Mauthausen haben sich viele solcher Taten ereignet, Thermopylen, die die unabsehbare Niedertracht zurückdrängen.

Während ich noch auf der Treppe stehe, habe ich eine der Photo-

graphien vor Augen, die ich kurz zuvor im Konzentrationslager gesehen habe, die Photographie eines namenlosen Mannes, dem Aussehen nach wahrscheinlich ein Südosteuropäer aus dem Balkan. Das Gesicht ist von den Schlägen entstellt, die Augen sind blutig geschwollen, sein Ausdruck zeigt Geduld, ergebene und feste Widerstandskraft. Er trägt eine geflickte Jacke, an den Hosen sieht man sorgfältig, mit Hang zur Sauberkeit und zum Anstand zusammengenähte Stücke. Dieser Respekt vor sich selbst und der eigenen Würde, der sich inmitten des Infernos erhalten hat und sich sogar noch auf die zerlumpten Hosen erstreckt, läßt die Uniformen der SS oder der Nazi-Würdenträger bei der Inspektion des Lagers als einen lumpigen Faschingsaufzug erkennen, als armselige Kostüme, die sie aus einem Pfandhaus entliehen haben in der Überzeugung, daß jene mit Hilfe eines Blutbads tausend Jahre halten würden. Sie haben zwölf Jahre gehalten, weniger lang als meine alte Windjacke, die ich gewöhnlich bei Ausflügen trage.

7.

Ein Tröpflein Vergessenheit

In Sankt Florian triumphiert *ad majorem gloriam* Gottes und der Habsburger spätbarocke Herrlichkeit: kaiserliche Treppen, Fluchten von Korridoren, Gobelins, das Zimmer Prinz Eugens mit dem Bett, verziert mit Figuren von Türken und aufständischen Ungarn, die in der unterwürfigen Pose der Besiegten dargestellt sind. Doch befindet sich dort auch Bruckners armseliges kahles Zimmer mit einem Messingbett, einem Tisch, einem Stuhl, einem Klavier und ein paar wertlosen Bildern; in der Kirche von Sankt Florian steht seine berühmte große Orgel. Der Prunk der großen österreichischen Klöster – Sankt Florian, Göttweig, Maria Taferl und insbesondere das majestätische und glanzvolle Melk – verhüllt nicht ihr eigentliches Wesen, ihre geheimnisvolle Schlichtheit, die ihre Kuppeln und Glockentürme mit der jahrhundertealten Frömmigkeit der Landschaft verbindet und sie in die geschwungene Linie der Hügel, in das Schweigen der Wälder, in den Frieden der Tradition einfügt. Bruckner, der eine seiner Symphonien »dem lieben Gott« widmete, ver-

körpert diese Art von Sammlung und Innerlichkeit, die in der Religion wie in den heimatlichen Gefilden lebt und die Dissonanz der Moderne dank ihres reinen, schmerzvollen Harmonieempfindens begreift.

Bruckners und Stifters Kunst entsteht aus der Ehrfurcht vor der sanften und idyllischen österreichisch-böhmischen Landschaft mit ihren Wäldern, den Zwiebeltürmen der Dorfkirchen und ihrer häuslichen Ruhe. Der Frieden von Haus und Wald stellt eine Idylle dar, eine Versöhnung der Widersprüche in einer geschützten und begrenzten Sphäre. Das Leben in den Wäldern entsteht und verändert sich zwar, doch in so langsamen Rhythmen, daß es dem einzelnen Individuum völlig unbeweglich erscheint und ihm ein Gefühl von Ewigkeit vermittelt. Das sanfte Gesetz schreitet über Jahrhunderte voran, organisiert vorausschauend und vorsorgend die Bedingungen des Lebens nach einer gültigen Regel und führt es langsam in die Tiefe der Zeit. Diese Moralität der Zeit, bemerkt Sergio Lupi, läßt die Vergangenheit als gut erscheinen, denn aus ihr wird erkennbar, wie gut das sanfte Gesetz gewirkt und wie gut es die Welt geordnet hat. Stifter liebt die Vergangenheit und fürchtet den Augenblick; sein Schrecken gilt jenem faustischen Moment, der inmitten seiner Fülle verweilt, der den langsamen Fluß des Lebens unterbricht.

Der Doppeladler hat versucht, die Welt der Tradition – und Tradition meint dieses lange Zeitmaß, das als Ewigkeit empfunden wird – gegen die schnellen und sich überstürzenden Rhythmen der Moderne zu verteidigen. Die Generationen, schreibt Stifter im *Haidedorf*, sind ein Rosenkranz, der eine Perle nach der anderen gebetet wird: »Die Arbeit und Freude des Landmanns, durch Jahrtausende einförmig und durch Jahrtausende unerschöpft, zog auch hier geräuschlos und magisch ein Stück ihrer uralten Kette... und an jedem ihrer Glieder hing ein Tröpflein Vergessenheit.«

Faustens Augenblick oder Stifters Rosenkranz? Maddalena steht vor der Kirche von Sankt Florian und ist dabei, sich einige Postkarten zu kaufen, sie bückt sich, um sie alle zu prüfen, und verzieht ein wenig den Mund, wie immer, wenn sie etwas aufmerksam betrachtet. Die Furche, die sich dabei auf ihren Wangen abzeichnet, ist etwas tiefer, und der Goldglanz ihrer Haare scheint etwas angelaufen, so als sollte man daran erinnert werden, daß auch das Leben oxydieren kann. Auch ihre blonden – noch blonden – Haare sind

eine Perle des Rosenkranzes, ein Tröpflein Vergessenheit. Ist die Überzeugung Faust oder Stifter zugehörig, ist sie die Fähigkeit, den Augenblick, das unveränderbare Gold festzuhalten, oder in Frieden den Rosenkranz herunterzubeten und ohne Erregung das Hinunterfallen der Perlen hinzunehmen?

»Alles spricht, alles erzählt, und nur der Mensch erschaudert«, sagt Stifter; denn die Dinge sprechen das allgemeine Gesetz aus, das Fließen der Gegenwart in die Vergangenheit. Vielleicht bedeutet Überzeugung, mit diesem Fließen eins zu werden, mit dem Infinitiv Präsens des Verbs, mit Bewegung und Dauer, Zeit und Ewigkeit. Überzeugung war für Michelstaedter *peithó*, ein griechisches Wort, und im Griechischen gibt es den Dual. Jene Gestalt weiter vorn, die gleich hinter der Ecke verschwinden wird – ist sie ein Tropfen, eine Perle, oder ist sie der Rosenkranz selbst, das Abbeten der einzelnen Perlen? Die Zeit der gemeinsam verlebten Existenz ist eine Reise, die auf ihrem Fortgang kontinuierlich die Orte und Augenblicke der eigenen Odyssee wieder durchlaufen und wiederfinden läßt. Mit einer Sechzigjährigen schlafen? ereiferte sich neulich mein Freund Roberto im Café. Um Himmels willen. Aber, so fügte er hinzu, indem er die rhetorische Frage richtigstellte, Paola hat nicht nur ihr heutiges Alter von sechzig Jahren, sie ist zugleich die Vierzigjährige, die Dreißigjährige, die Fünfundzwanzigjährige, mit der ich meine Tage verbracht habe. Der Durchschnitt ergibt somit ein jugendliches Alter und wird es auch morgen noch ergeben. Ein Gesicht wird eindringlicher, markanter und bewußter, erfüllter und verführerischer. Um diesen Mund, unter dieser Nase, in der leichten Andeutung einer Falte, in dem dunklen Glanz der Augen wandern die vergangenen und gegenwärtigen Jahre, hat die Zeit sich eingeprägt und eingezeichnet; die geschwungene Linie des Halses ist das Bett der Zeit, das Bett ihres Flusses. Der Mund, den dieser Fluß mit sich führt, ist der gestrige und heutige; vielleicht hat Heraklit unrecht, man badet doch immer in demselben Fluß, in derselben unendlichen Gegenwart seines Fließens, und jedesmal ist sein Wasser klarer und tiefer. Dem Gefälle zum Schwarzen Meer hin folgen, die Strömung akzeptieren, mit den Strudeln und Wirbeln spielen, mit den Linien, die sie auf die Wasseroberfläche und in die Geschichte zeichnet.

Stifter liebte die Pflanzenwelt und vielleicht sogar noch mehr die unbelebte Natur; er bezeichnete den Stein als moralisch, da in ihm das Gesetz niedergelegt sei und sich in seiner kristallinen Struktur

enthülle. Um im *Haidedorf* die Gestalt der Großmutter zu beschreiben, vergleicht er sie mit einem Stein, den die Sonne zum Erleuchten bringt. Die Dinge scheinen dem Menschen übergeordnet, denn in ihrer undurchdringlichen Statik und ruhigen Objektivität stimmen sie mit dem langsamen, undurchschaubaren Gesetz des Realen überein. Die höchste Wahrheit fällt mit dem radikalen Verzicht auf die individuelle Hybris und sogar auf die Intelligenz zusammen.

Stifter ist meisterhaft, wenn er keine positiven oder erbaulichen Geschichten erzählt, sondern dunkle Parabeln, Begebenheiten von trüber Lethargie, worin Menschen sich zu Objekten, zu passiven und toten Gegenständen zu degradieren scheinen, um jenseits persönlicher Ambitionen eine geheimnisvolle Harmonie mit dem unerforschlichen Fluß des Lebens wiederzufinden. In der Erzählung *Turmalin,* einem seiner Meisterwerke, schreibt ein etwas zurückgebliebenes Mädchen großartige Zeilen, doch versteht sie nicht, was sie schreibt, sie verkörpert eine stumpfe Unzugänglichkeit, die an eine höhere Einsicht der Dinge rührt. Auch ihr Vater, der Protagonist der Erzählung, ist eine dunkle, gequälte Gestalt, die dank einer vollkommenen Isolation, die sie aus der Gesellschaft, der Dialektik der Geschichte und des Fortschritts ausgrenzt, eine höhere Übereinstimmung mit dem Leben, mit dem Zusammenfließen von Gegenwart und Vergangenheit erreicht.

Um sich der Natur zuzuwenden, übergeht Stifter, der sie in ihren kleinen Manifestationen, im Wachsen des Grases und nicht in Vulkanausbrüchen erkennt, deren schöpferische und destruktive Tätigkeiten und konzentriert sich statt dessen auf ihre Fähigkeit zum Bewahren und Erhalten. Wenn er gezwungen ist, das Furchtbare, die Zerstörung, die Tragödie in Betracht zu ziehen, so kommentiert er: »Der Starke unterwirft sich auch ergeben, der Schwache stürmt mit Klagen darwider, und der Gemeine staunt stumpf.« Stifter hat seine bedeutendsten Seiten geschrieben, wenn er angesichts der Grausamkeit des Schicksals – wie etwa in *Abdias* oder *Turmalin* – ohne moralische Predigten und ideologischen Protest diesen Standpunkt eines stumpfen Verwunderns eingenommen hat. Wenn er sich die positive Sichtweise des Starken zu eigen machen wollte, der sein Schicksal hinzunehmen vermag, hat er erbauliche und bisweilen auch unerträglich langweilige Literatur geschrieben. Die großen Einfältigen und Unschuldigen wie Stifter oder Bruckner, die sich als bei weitem bessere Kenner des Bösen erweisen, als sie selbst glau-

ben, sind dann Dichter, wenn sie sich sanft und unnachgiebig mit der Dunkelheit und der Negativität auseinandersetzen, wie etwa der Professor Andorf in *Turmalin*, der das Welken, den Verfall der Dinge beobachtet, die Vögel und die anderen Tiere, die nach und nach von den verfallenden, verlassenen Behausungen Besitz ergreifen, die Feuchtigkeit, die die alten Mauern entlang heruntertropft.

In Sankt Florian gibt es noch einen anderen, beunruhigenderen Kenner des Bösen. Auf dem Sebastiansaltar hat Albrecht Altdorfer einige seiner erschütterndsten Bilder gemalt, Szenen aus der Passion Christi und vom Martyrium des Heiligen. Unter dramatisch aufgewühlten und entflammten Himmeln wird eine bestialische, dumpfe Gewalttätigkeit entfesselt, die gegen die beiden Verurteilten wütet; düstere, schwachsinnige Gesichter heben sich ab, die die ganze Stumpfsinnigkeit des Bösen erkennen lassen. Unweit entfernt schlägt auf einem Gemälde von Wolf Huber, das den Tod des heiligen Sebastian darstellt, eine Frau mit einer Art Pfanne brutal auf den Märtyrer ein, auch ein verblödetes, perverses Kind beteiligt sich an der Lynchjustiz. Altdorfer läßt Mauthausen begreiflich werden, seine wilden Farben schreien auch gegen den Wahnsinn der Konzentrationslager an.

Die österreichisch-barocke Rundform der Kloster, die Kuppeln von Sankt Florian und Melk umgeben diese tragische und grausame Seite der Realität, schwächen sie ab und werden auf diese Weise beinahe zu Komplizen, indem sie sie verbergen und vergessen lassen. Die sanften barocken Kurven gehören zu einer positiven und beruhigenden Wissenschaft, zum Frohsinn der Mönche von Melk, die in der *Fabel von der Freundschaft* von Albert Paris Gütersloh, dem vor wenigen Jahren verstorbenen thomistischen Totalerzähler, Ball spielen und zutiefst davon überzeugt sind, daß die runde Form und die Leichtigkeit des Balls ebenso wie die bewegliche Symmetrie des Klosterbrunnens die Sphärenharmonie zum Ausdruck brächten.

Diese Harmonie des Kreises hat ihre ökumenische Grandezza, die ausholende und umfassende Geste, die bei der abendlichen Segnung der Welt Ordnung und Sicherheit verleiht. Aber die großen Barockklöster, die zu den berühmten Kapiteln der Kunstgeschichte gehören, glätten und polieren diese Rundheit doch zu sehr, die manche abgelegene Pfarre nur annäherungsweise und im Ungefähren zu konservieren weiß, so daß noch Raum bleibt für Dystonien und Risse. Unter den geschliffenen Kuppeln dieser Klöster ist hingegen

kein Platz für den unsinnigen Schmerz, für die Asymmetrien, für die barbarischen Passionen und Kreuzigungen, die Menschen tagtäglich erleiden. Nicht die Baldachine der triumphierenden Kirche, sondern die blutigen, tragischen Himmel Altdorfers lassen der Apokalypse, die sich kontinuierlich wiederholt, lassen den lebenden Skeletten von Mauthausen Gerechtigkeit widerfahren.

8.

Enten in Grein

In Grein gibt es jene von Eichendorff beschriebenen Wirbel und Strudel nicht mehr, die die Reisenden erschreckten und Boote und Flöße in die Tiefe rissen. Weise Vorkehrungen, die bereits Maria Theresia hatte ausführen wollen, die aber erst vor nicht allzu langer Zeit beendet worden sind, haben die Wasser der Donau beruhigt; heute morgen erscheinen sie ganz in Nebel eingehüllt, während bereits die Sonne durchschimmert. Das alte Stadttheater in unmittelbarer Nachbarschaft zum Gefängnis, von dem aus die Häftlinge durch die Gitter den Aufführungen verstohlen beiwohnen konnten, so daß ihre Seele auf aristotelische Weise von verbrecherischen Leidenschaften gereinigt wurde, hüllt sich in Schweigen; einige Meter weiter unten schaukeln in dem sich allmählich auflösenden Nebel etwas unbeholfen die vertrauten, heraldischen Enten wie Sturmtaucher, die eine bürgerliche Existenz angenommen haben und sich wohl noch an der fernen Norden erinnern, aber doch lieber auf dem heimatlichen Landungssteg bleiben.

An diesem Uferstrich wohnte Strindberg mit seiner österreichischen Frau; er fand dort, behaupten die Gelehrten, die Inspiration zu *Inferno* und *Nach Damaskus*. Ich schaue mich um; es ist leicht, sich vorzustellen, wie diese verschwommene Landschaft in die romantische Sehnsucht eines Eichendorff eingehen konnte, aber nur schwer zu verstehen, was die visionäre Gewalt des Schweden darin hat lesen können.

9.

Eine Torte für den Erzherzog

Im Jahre 1908 bezeichnete Franz Ferdinand, Erzherzog von Österreich-Este und Thronerbe des österreich-ungarischen Reiches, die Krone der Habsburger als Dornenkrone. Dieser Satz sticht hervor in dem ihm gewidmeten Museumssaal im Schloß von Artstetten, etwa achtzig Kilometer von Wien und nicht weit von der Donau entfernt. Die Schüsse von Sarajewo haben Franz Ferdinand daran gehindert, sich diese Dornenkrone aufs Haupt zu setzen; doch selbst wenn er Kaiser geworden wäre und ebenso lange wie Franz Joseph regiert hätte, wäre er doch nicht wie seine Ahnen in der Kapuzinergruft begraben worden: er wollte neben seiner Frau ruhen, und diese, Sophie Chotek von Chotkowa und Wognin, war nur Gräfin, sie entstammte einem der ältesten tschechischen Adelsgeschlechter und hatte daher nicht das Recht, in die habsburgische Kaisergruft aufgenommen zu werden; wie auch ihre allzu bescheidene Herkunft sie daran hinderte, nach ihrer Heirat mit dem Thronerben in der Hofburg zu residieren und die kaiserlichen Kutschen und Logen zu betreten.

Heute liegen beide in der Krypta der dem Schloß benachbarten Kirche von Artstetten in zwei schlichten weißen Sarkophagen. Von »Franziskus Ferdinandus, Archidux Austriae-Este« nennt der Stein weder seinen Rang als Thronfolger noch andere Würden oder Ruhmestitel; seine Existenz ist auf lateinisch in drei wesentliche Begebenheiten und den entsprechenden Daten zusammengefaßt: *Natus, Uxorem duxit, obiit*. Auch die Geschichte von Sophie wird auf diese drei Augenblicke verteilt und darin kondensiert. Geboren werden, heiraten und sterben: in solcher lakonischen Epik wird die Essenz eines Lebens erfaßt, das des Erzherzogs und das eines jeden Menschen; jedes andere auch noch so hochtrabende Attribut scheint sekundär und verdient nicht, in Erinnerung gerufen oder in den Marmor gemeißelt zu werden. In diesem Grab ruht nicht nur irgendein Erbprinz, sondern jemand, der viel mehr gewesen ist, nämlich ein Mensch, der das gemeinsame Schicksal aller geteilt hat.

Die Heirat mit Sophie, die unerwünschte Mesalliance mit einer

Frau, die nur Gräfin war, hatte ihn nicht nur gezwungen, auf die Thronnachfolge seiner Kinder zu verzichten, sondern ihn auch schlimmen Demütigungen und der erbarmungslosen Feindschaft der höfischen Kamarilla ausgesetzt, die auch nach Sarajewo – während des Begräbnisses – Anlaß zur Genugtuung hatte. Franz Ferdinand hatte seiner Liebe wegen nicht wie ein romantischer Philister auf den Thron verzichtet, weil sein Leben in der Hingabe an die hohe Verantwortung des Reiches seinen Sinn fand und es nur, indem er dieser Berufung folgte, ein erfülltes Leben sein konnte, würdig jener Liebe, die es krönte; aber er hatte auch nicht auf seine Liebe zugunsten des Throns verzichtet, was ebenso philisterhaft gewesen wäre.

Alle hatten sich dieser Heirat widersetzt, auch sein Bruder, Erzherzog Otto, der mit Vorliebe nackt – nur mit Gürtel und Säbel bekleidet – im Hotel Sacher auftauchte oder zu Pferd in jüdische Trauerzüge sprengte und seine Kritiker von seinem Gefolge zusammenschlagen ließ. Wie alle Halbstarken, die sich vorurteilslos und unkonventiell geben, befolgte Erzherzog Otto brav die Rangkonventionen innerhalb der Gruppe; die Mißgunst der höfischen Aristokratie gegenüber Franz Ferdinand demonstriert die Vulgarität jeder gesellschaftlichen Gruppe, die sich für eine Elite hält und damit die anderen auszuschließen glaubt, während sie sich in Wirklichkeit selbst ausschließt und von der Welt isoliert: wie der Betrunkene, der auf einem kleinen runden Blumenbeet ständig im Kreis herumläuft in der Überzeugung, daß dies die Welt sei und daß jenseits des kleinen Mäuerchens das Gefängnis beginne, in dem alle anderen gefangengehalten würden.

In den Zimmern des Artstetter Schlosses, die das Leben Franz Ferdinands in Erinnerung rufen und illustrieren, erkennt man alle Anzeichen einer widersprüchlichen Persönlichkeit: eines Menschen, der mit überholtem Pathos die Autorität der Monarchie als eine Macht kraft göttlichen Rechts empfand und sie gleichzeitig gegen die Privilegien der Aristokratie und zugunsten der unterdrückten Völker seines Reiches zu nutzen gedachte. Die Briefe, Photographien, Dokumente, Gegenstände entwerfen das Bild eines ungestümen und eigensinnigen Charakters, unangenehm aggressiv und fanatisch autoritär, aber mit unermüdlicher Energie seiner überpersönlichen Mission ergeben und zu intensiven Gefühlen fähig.

Jene Raritäten und Erinnerungsstücke sind zugleich Relikte eines verliebten und familiären Glücks, welches das Schicksal der beiden in Sarajewo ermordeten Ehegatten beneidenswert erscheinen läßt. Die Bilder zeigen Sophie, ernst und schön, ein wenig Ingrid Bergman ähnlich, eingehüllt in das Mysterium einer sinn- und geheimniserfüllten Ruhe. Die Verführung, die von Sophie ausgeht, ist die eines befriedigten und in seiner Klarheit unerforschlichen Lebens; die Photographien des Erzherzogs und seiner Frau bezeugen die Vertraulichkeit von Zärtlichkeit und Sensualität, zwei heitere, gelöste Körper. Diese Harmonie erstreckt sich auf die Bilder der Kinder; die kleine Sophie auf einem Kostümfest in Schönbrunn, mit einem rosa Bändchen und in die Höhe blickend, daneben die Brüder Maximilian und Ernst, die Hitler nach dem »Anschluß« Österreichs nach Dachau deportieren ließ. Die Karten von Franz Ferdinand an seine Kinder sind an Ihre Hoheiten adressiert, aber mit »Papi« unterschrieben.

Diese liebevollen Züge erhalten in den auf der Jagd aufgenommenen Photographien einen Stich ins Vulgäre; sie bekunden die unersättliche Lust des Thronerben am Töten, eine geschmacklose Leidenschaft für Rekorde – der Abschuß von 2763 Lachmöwen an einem einzigen Tag, das Erlegen des sechstausendsten Hirsches. Der Erzherzog und andere Jäger, die auf einer Photographie über den zu einem großen Haufen zusammengetragenen Rehböcken thronen, werden zu dickbäuchigen und ungeschlachten Metzgern eines Schlachthofs.

Zu diesem Familienepos gehören auch Geschenke und Schulzeugnisse, Namenstage, Zinnsoldaten und Süßigkeiten. Wer weiß, ob die kleine Sophie im Jahre 1908, als sie – ganz in Rosa gekleidet – in Schönbrunn war und ihr Vater an die Dornenkrone dachte, von jener Torte gekostet hat, von der in einem Brief des Konditormeisters Oskar Pischinger die Rede ist; der Inhaber der gleichnamigen Firma für Süßspezialitäten wendet sich darin an Ihre Allergnädigste Hoheit, nämlich die vom Gemahl in den Rang einer Herzogin erhobene Gattin des Erzherzogs. Der Brief trieft vor klebriger Unterwürfigkeit und zeugt zugleich von penetranter Hartnäckigkeit, der Untertänigst Gefertigte nimmt sich hiemit die Freiheit, die ehrerbietigste Bitte zu unterbreiten, die mitfolgende von ihm erfundene Torte Ihrer Durchlaucht der Frau Fürstin Hohenberg zum Versuche überreichen zu dürfen, und würde sich derselbe überglücklich

schätzen, von Ihrer Durchlaucht ein Urteil zu vernehmen. Indem er einen neuen Absatz beginnt, wirft sich Oskar Pischinger erneut voller Dank und Ehrerbietung auf die Knie, wobei er die Hoffnung erneuert, die ersehnte Ansicht über seine Creation zu erfahren.

Vom Hause des Erzherzogs muß offenbar eine Antwort ergangen sein, und zwar allem Anschein nach eine unvorsichtigerweise ermutigende Antwort, denn in einem nachfolgenden Brief spricht der Konditor von seinem Glück und seiner Dankbarkeit, die Erlaubnis erhalten zu haben, einige Vanillekrapfen seiner Herstellung offiziell »Herzogin Sophie« nennen zu dürfen. Von der Torte ist seltsamerweise nicht mehr die Rede; vielleicht hatte sie keine besondere Gnade gefunden, doch Oskar Pischinger tröstet sich über den vermutlichen Mißerfolg mit dem Volltreffer der Krapfen, deren Benennung einen breiten Zuspruch seitens der Kundschaft verspricht. Dann aber scheint es die Herzogin, die jene zerstreut zugestandene Erlaubnis vielleicht bereute, für angemessen gehalten zu haben, dem aufdringlichen Bäcker mit einiger Kühle zu begegnen; dieser jedenfalls übermittelt ihr, daß er den Auftrag sogleich ausgeführt und die sechs bestellten Krapfen nach Belvedere geschickt habe, wo die Familie des Erzherzogs während ihrer Aufenthalte in Wien residierte. Sechs Krapfen – zwei vielleicht für jedes Kind – waren dann doch etwas wenig für ein erzherzogliches Haus, selbst wenn man die sprichwörtliche Sparsamkeit Franz Ferdinands berücksichtigt.

Den Briefen läßt sich eine ganze häusliche Geschichte entnehmen: das mysteriöse Schweigen hinsichtlich der Torte, die Aufregung, in der sich Oskar Pischinger wahrscheinlich befand, als er die Krapfen, das Werk seines Lebens, zubereitete, die Ohrfeigen, die er aus Nervosität seinem Lehrjungen verabreicht haben wird, die karge, in frostigem Ton erteilte Bestellung, das winzig kleine Tablett, das in dem grandiosen Palast von Belvedere in Empfang genommen wird. Etwas weiter entfernt zeigen einige Photographien den Ablauf des Attentats von Sarajewo, ganz ähnlich jenem von Dallas; in diesen wenigen Augenblicken, von einer Photographie zur anderen, haben sich die Pistolenschüsse gelöst, hat Europa Selbstmord begangen – und vielleicht haben diese Schüsse, die uns tödlich verletzt haben, auf den listigen und gewundenen Wegen der Vernunft das Signal für die Befreiung der asiatischen und afrikanischen Länder gegeben, welche die alten europäischen Mächte, falls sie vereint geblieben wären, sonst hätten weiterhin beherrschen und ausbeuten können.

Die Krapfen »Herzogin Sophie« haben vielleicht die Dornenkrone überlebt, ebenso wie die heute berühmte Torte von Pischinger. Die Welt geht weiter, das Familienepos wird Gegenstand soziologischer und religiöser Fürsorge; vor der erzherzoglichen Krypta weist das Schwarze Brett der Gemeinde von Artstetten auf einen »Besinnungstag für Schwiegermütter« in der kommenden Woche hin.

10.

Kyselak

Vielleicht ist es die Vergänglichkeit des Flusses gewesen, die – gewissermaßen kontrapunktisch – in Herrn Kyselak, Registraturakzessist bei der Hofkammer zu Wien und fleißiger Spaziergänger, im frühen 19. Jahrhundert die Leidenschaft weckte, dem unsteten Gewässer etwas Stabileres entgegenzusetzen. Leider fiel ihm nichts Besseres als sein eigener Name ein, und so machte er sich daran, sein Autogramm J. (Joseph) Kyselak in großen schwarzen Buchstaben und mit nicht abwaschbarer Ölfarbe auf allen seinen Wegen entlang des Donauufers, insbesondere aber in der Gegend von Loiben und bei den Weinbergen der Wachau, zu hinterlassen. Er schrieb auf irgendwelche Gegenstände, etwa auf Felswände, und wie alle diejenigen, die griechische Säulen oder Berggipfel beschmieren, hoffte Kyselak auf eine kleine Unsterblichkeit, die er im übrigen auch erlangt hat. Gerhard Rühm und Konrad Bayer, zwei Dichter der mythischen »Wiener Gruppe«, der teilweise im nachhinein erfundenen literarischen Avantgarde der Nachkriegszeit, haben ein Bild von ihm entworfen, wie er vollkommen in dieser totalisierenden Leidenschaft befangen ist, darauf bedacht, seine Unterschrift mit immer größerer kalligraphischer Sorgfalt zu zeichnen, und besessen von dieser Manie, die jener göttlichen gleichkommt, die der platonische Ion im Dichter erkennt.

Sicherlich ist die Flucht des Wassers großartiger als jene megalomanische Neigung zum Festen und Fixierbaren. Es wäre besser gewesen, wenn Joseph Kyselak das Antlitz der Welt – oder, etwas bescheidener, das der hübschen Gegend in der Wachau – mit irgendeinem anderen Namen beschrieben hätte, mit dem einer geliebten

Person oder mit einem jener sinnlosen Worte, die man wie eine magische Formel wiederholt; und mehr Größe hätte er sicherlich gezeigt, wenn er, statt seinen Namen zu schreiben, umhergewandert wäre, um ihn überall auszustreichen. Doch war der Registraturakzessist ein Kontinentaler, ein Mensch vom Festland, ungeachtet seiner Exkursionen in der Umgebung der Donau; um wie Odysseus Niemand sein zu können, bedarf es vielleicht des Meeres. Mitteleuropa bedeutet Landbewohner, Alpenstock und Anzüge aus schwerem grünen Tuch, die genaue Ordnung der staatlichen Kassen und Kanzleien. Es ist die Zivilisation dessen, dem die Vertrautheit mit dem flüssigen Element, mit dem Fruchtwasser und den uralten Gewässern des Ursprungs abhanden gekommen ist; man zieht sich nicht so leicht aus, denn ohne Anzug, Grenze, Rang, Distinktion und Registrationsnummer fühlt man sich exponiert und unbehaglich.

Mitteleuropa stellt die große Kunst der Verteidigung dar, der Barrieren, wie sie das Leben von Joseph K. oder eines Doktor Kien beschränken, eine Kultur der Schützengräben und unterirdischen Stollen, die man gräbt, um gegenüber Anschlägen von außen geschützt zu sein. Die Zivilisation der Donau ist eine Festung, die größten Schutz gewährt, wenn man sich von der Welt bedroht und vom Leben überfallen fühlt und fürchtet, sich in der trügerischen Realität zu verirren, so daß man sich im Hause verschanzt, hinter den Papieren und Kanzleiprotokollen, in der Bibliothek, um Stifters Weihnachtsbaum, in grober, warmer Lodenkleidung. Zwischen vier Wänden hat man das Bedürfnis, den eigenen Namen in den Personalakten der Bürokratie geschrieben zu finden und ihn vielleicht auch wie Kyselak an die Wände selbst zu schreiben.

Das Meer hingegen ist der Aufbruch zu Neuem und Unbekanntem, bedeutet, sich dem Wind zu widersetzen, aber sich auch von den Wellen treiben zu lassen. Mit einem alten Hemd bekleidet steht man an irgendeinem kleinen Hafen, während einem die Steine unter den Füßen brennen, mit einer Hand, die bereit ist, sorglos Vergnügen und Liebe zu empfangen, die sich nicht mühsam zwischen warmen Mänteln und Vorsorgemaßnahmen für den Winter ihren Weg bahnen müssen, und man ist bereit, das erstbeste Schiff zu nehmen und zu verschwinden, wie die Figuren Joseph Conrads, die sich, sobald sie das Hafenamt verlassen haben, in der Unendlichkeit der pazifischen Küste verlieren und sich von dem unermeßlichen Leben jener Tausende von Kilometern aufsaugen lassen. Der mitteleuro-

päische Kontinent ist analytisch, das Meer episch, und auf dessen Wegen lernt man, sich von der Angst eines Kyselak zu befreien, von dem Wahn, sich fortwährend der eigenen Identität versichern zu müssen.

Kyselak hat 1829 auch zwei Bände mit Reiseskizzen geschrieben, die inzwischen weniger interessant sind als seine Autogramme. Auf dem Schiff, mit dem er die Donau entlangreist, beklagt er sich über die Trivialität der Passagiere, Lehrjungen, Domestiken, Straßenhändler und Bootsleute. Er ist so vulgär wie jene Touristen, die saubere Orte haben wollen und glauben, daß es nur die anderen seien, die sie verschmutzen. Kyselak hält sich für den einzigen, der edler Empfindungen fähig ist sowie das Authentische zu schätzen weiß. Die anderen sind »Halbmenschen«, eine stupide, beschränkte Masse, der er nicht anzugehören meint.

Kyselak ist einer jener Verächter der Massen, die, noch heute überaus zahlreich, einer neben dem anderen zusammengedrückt im überfüllten Autobus oder auf der Autobahn im Stau stehen und sich, einer wie der andere, für Bewohner sublimer Einsamkeiten oder raffinierter Salons halten und dabei, einer wie der andere, den jeweiligen Nachbarn verachten, ohne zu ahnen, daß ihnen mit gleicher Münze heimgezahlt wird, oder aber jemandem zublinzeln, um ihm zu verstehen zu geben, daß sie in diesem Gedränge die einzigen auserwählten geistvollen Seelen seien, gezwungen, den engen Raum mit der Herde zu teilen. Der Dünkel des Bürovorstehers, der behauptet, »Sie wissen wohl nicht, wer ich bin«, ist das genaue Gegenteil eines wirklich autonomen Urteils, eines Stolzes wie der Don Quijotes, der, aus dem Sattel geworfen, vor sich hin murmelt: »Ich weiß, wer ich bin«; eines Stolzes, der sich niemals zu einer billigen, undifferenzierten Verachtung des Nächsten herabläßt.

Der standardisierte Hochmut gegenüber der Masse ist ein typisches Massenverhalten. Wer von der allgemeinen Dummheit spricht, sollte wissen, daß er nicht dagegen immun ist, denn manchmal schläft auch der gute Homer; er sollte sie auf sich nehmen als gemeinsames Risiko und Schicksal der Menschen, und sich dessen bewußt sein, daß er bisweilen intelligenter, bisweilen dümmer ist als sein Wohnungsnachbar oder sein Gegenüber in der Straßenbahn, denn der Wind weht, wo er will, und niemand kann jemals sicher sein, daß ihn der Geisteswind der Inspiration nicht in diesem oder jenem Moment verläßt. Die großen Humoristen, die großen Komi-

ker von Cervantes über Sterne bis zu Buster Keaton, lassen über das menschliche Elend lachen, weil sie es auch und vor allem an sich selbst gewahr werden, und dieses erbarmungslose Lachen schließt ein liebevolles Erkennen des gemeinsamen Schicksals mit ein.

Die Dummheit ist nicht zuletzt auch ein zeitgebundenes Phänomen, ihre Formen und Konnotationen entsprechen der historischen Situation, sie bedroht somit und betrifft alle und jeden – nicht nur die anderen, wie Kyselak meinte. Der geringschätzige Schriftsteller, der wahllos jeden verspottet, verletzt in Wirklichkeit niemanden, da er sich an jeden seiner Leser wendet und diesen glauben macht, daß er ihn für die einzige intelligente Person in einer Masse von Idioten hält – während er sich dergestalt an eine Masse von Lesern wendet. Die Technik ist im allgemeinen erfolgreich, da der Leser sich als ebenjene Ausnahme empfinden kann, die der Verächter der Masse aus dieser hervorhebt, ohne sich dessen bewußt zu werden, daß der Autor dies ja mit allen seinen Lesern macht. Doch die wirkliche Literatur ist nicht die, welche dem Leser schmeichelt, ihn in seinen Vorurteilen und Gewißheiten bestätigt, sondern die, die ihn bedrängt, ihn in Schwierigkeiten bringt und ihn zwingt, seine Welt und seine Selbstsicherheit zu überdenken.

Es wäre gar nicht schlecht, wenn jemand, der dazu neigt, seine Mitmenschen als »Halbmenschen« anzusehen, wie Kyselak zur Feder griffe, nur um sein eigenes Autogramm hinzuschreiben. Wer weiß, vielleicht würde das ständige Kopieren dieses Schnörkels schließlich den Sinn seines Namens entleeren – wie ein Wort, das man allzu häufig wiederholt hat –, so daß er ihn vergäße und jede Anmaßung ablegte und am Ende zu einem Niemand würde.

11.

Vineta der Donau

Die beiden benachbarten Städtchen Krems und Stein – nach dem alten Witzwort einzig und allein durch das *und* voneinander getrennt oder miteinander verbunden – sind berühmt für ihren Wein und die populäre Barockmalerei von Schmidt (dem sogenannten »Kremser Schmidt«); einstmals blühendes Zentrum des Flußhandels, sind sie von Fortschritt und Industrialisierung des 19. und 20.

Jahrhunderts völlig unberührt geblieben. Sie bilden heute ein ruhiges Dorf mit leeren, ansteigenden Gassen, kleinen, vorspringenden Balkonen, die auf verschlafene kleine Plätze hinausgehen, kleinen, verborgenen Treppen, die bis zu einem Wald von Dächern führen, geschlossenen Gasthöfen, verlassenen Arkaden. Alles schweigt, alles ist klein und tot; in den Höfen hört man nur den dünnen, beharrlichen Regen fallen.

Im Jahre 1153 rühmte der arabische Geograph Idrisi die Pracht von Krems und meinte, daß die Stadt Wien übertreffe; heute ähnelt es Vineta, der vom Wasser überfluteten Stadt, in deren Straßen auf dem Meeresgrund man der Legende nach bisweilen jemand in altertümlichen Gewändern umhergehen sieht. Wenn man einen Passanten aus einem der engen Gäßlein oder aus einem Portal kommen sieht, denkt man unwillkürlich an jene Bilder oder Wandteppiche, aus denen in einer Geisterstunde die Figuren heraus- und ins wirkliche Leben treten. In dem noch verschlafeneren Stein, nahe bei der Gedenktafel für Köchel, dem die Verzeichnung sämtlicher Kompositionen von Mozart zu verdanken ist, zeigt sich der Apotheker ganz begeistert von dem außergewöhnlichen Eintreffen eines Fremden, er führt ihn mit Stolz durch die ganze Apotheke, rühmt die Vorzüge von Stein und versäumt es nicht – Reflex der alten Rivalität zwischen den beiden Städten –, sich polemisch über Krems zu äußern.

Es herrscht eine tödliche Unbeweglichkeit, die jeden an sein eigenes Ebenbild zu ketten scheint. Man verspürt Lust, sich in diesem lethargischen Schlummer zu verlieren, doch auch die Sehnsucht nach Flucht, den ungeduldigen Wunsch nach einer Metamorphose; den Wunsch, jener *Pilot von der Donau* aus dem gleichnamigen Roman von Jules Verne zu sein, in dem Herr Jaeger alias Karl Dragoch, ein ungarischer Polizist, Ilias Brusch alias Serge Ladko mit Ivan Striga verwechselt, dem Chef der Flußpiratenbande (der sich als Ladko ausgibt), und seinerseits mit diesem verwechselt wird.

12.

10 Uhr 20

In Tulln schlägt, beißt und sticht die Zeit, das Leben ist ein Pfeil, ins Nichts verschossen, jener unumkehrbare Dissipationsprozeß, von dem die Physiker reden. Im *Nibelungenlied* erwartet und empfängt Etzel in Tulln seine burgundische Braut Kriemhild, und das Gedicht beschreibt die kosmopolitische Schar der Fürsten und ihrer Gefolgschaften und Vasallen, die sie begleiten, Walachen und Thüringer, Dänen, Petschenegen und Krieger aus Kiew, die kurz darauf von Kriemhilds Rache in die Schlacht und in den Tod getrieben werden.

Der Tag ist kalt und regnerisch, der Wald um das Städtchen ist von einem phosphoreszierenden Grün, von Wasser und Feuchtigkeit durchnäßtes Moos. In Sankt Stephan, einer dreischiffigen Basilika aus dem 11. oder 12. Jahrhundert, heißt es auf einem Grabstein: »Hier liegt Maria Sonia«. Der Tod bezeichnet Ort und Stelle mit einem Pfeil, die Uhr steht unverändert auf 10 Uhr 20, ihre Zeiger sind Pfeile wie die des mit Köcher und Bogen dargestellten Todes.

Der Pfeil ist das Leben, unwiederbringlich fortgeschossen, dazu bestimmt, zu Boden zu fallen, wenn die Schwerkraft über seinen Flug triumphiert, doch er ist ebenso der Tod, der das Leben mitten im Laufe trifft, er ist die Zeit, die jede Stunde durchbohrt, ist die Uhr, die den kurzen Aufschub unterbricht und damit verletzt. Hier liegt Maria Sonia, unsere Schwester im Tod, wir möchten sie aufwecken, nicht mit einem brüderlichen Kuß, sondern einem Kuß auf den Mund, der ihren Körper aus den Gewässern des Schlafs auferstehen ließe, Busen und Beine, die aus dem Schatten hervorträten, Schultern, in der Nacht zu umarmen. Welch kosmischer Regierungserlaß hat verfügt, daß wir Maria Sonia niemals treffen sollen, welcher Aufsichtsrat der Welttheater-Gesellschaft hat angeordnet, daß wir auf zwei verschiedenen Bühnen spielen und in zwei verschiedenen Theatern mit zeitlich verschobenen Rollen auftreten? Wenn wenigstens die Cutterin oder der Vorführer unsere beiden Filme wie in *Hellzapoppin'* verwechseln und jeden von uns aus Versehen in dem jeweils anderen Film auftreten ließe! Vielleicht ist *Hellzapoppin'* das Paradies, und alle spielen darin mit, ein festliches Getümmel wie in der Schule während der Pausen.

Der Pfeil hat Maria Sonia bereits getroffen, aber er wird auch uns treffen; vielleicht hat er uns schon beinahe eingeholt, die Präzision, mit welcher der Tod genau die Stelle bezeichnet, wo sie liegt, schmerzt wie eine Wunde. Auf dem Portal befindet sich ein Doppeladler, der zwischen den Krallen den Kopf eines Türken hält, sowie der Grabstein eines Zigeunerfürsten. Der barbarische, rohe Stein dieser Kirche läßt auch dem stolzen, nomadischen Königtum eines dunklen und mißachteten Volkes Gerechtigkeit widerfahren, das abseits von unserem Bewußtsein und in aller Regel auch außerhalb der geschichtlichen Erinnerung lebt.

13.

Doppeladler und Seeadler

Die Waldungen und wasserreichen Wiesen um Tulln waren das Reich von Konrad Lorenz, in dem er seine Streifzüge auf der Donau und ihren Seitenarmen und Kanälen unternahm. Die Geschichten, welche die Fährten seinen Augen und der Nase seines Hundes erzählten, während er in Altenberg, einem kleinen Dorf zwischen Tulln und Klosterneuburg, lebte, sind interessanter als jene, die ich aus den Hinweistafeln der Häuser, aus alten Büchern oder aus irgendwelchen Museen zusammentrage. Auf meiner Reise begegne ich allzuoft dem Doppeladler des Wappens und viel zu selten einem richtigen Adler, einem Stein- oder Seeadler, wie sie über dem Wasser der Donau kreisen; Musil, Franz Joseph, der Halbmond und das Café Central drängen ältere und legitimere Bewohner Mitteleuropas in den Schatten, Ulmen und Buchen, Wildschweine und Reiher.

Und so werden in diesem Privatatlas der pontisch-pannonischen Region, wie sie die Zoologen nennen, nur die letzten Ankömmlinge verzeichnet, die so verwegen sind, wie Faulkner sagen würde, daß sie sich für die Herren des Waldes halten. Ich bin mir darüber im klaren, wie unzulänglich daher meine Flußkunde werden wird. In seinem *Opus Danubiale* von 1726 spricht der Marschall Marsili von Völkern und Monumenten, von Städten und Kronen, aber auch von Metallen, *de piscibus in aquae Danubii viventibus;* er beschreibt und klassifiziert die *aves vagantes circa aquas Danubii et Tibisci*, Vögel an

den Gewässern der Donau und der Theiß, die Vögel, die keine Fische fressen, und diejenigen, die in Sumpfgebieten leben; er erläutert die Techniken, wie sie ihre Nester bauen, er fügt anatomische Zeichnungen von Adler und Stör an.

Doch der Marschall aus Bologna lebt in einem Zeitalter, das um ein universales Wissen bemüht ist und dieses auf die ursprüngliche und naturhafte Wurzel des Menschen und der Zivilisation gründet. Als Soldat des Reiches kämpft er in Transsylvanien und belagert Belgrad; er schreibt über den *Militärischen Stand im Osmanischen Reich, Wachstum und Niedergang desselben*, aber auch eine *Histoire physique de la mer*, Abhandlungen über Pilze und Phosphor und Schriften über die Hydraulik stehender Gewässer. Der Stratege und Flußkundler ist gleichzeitig Historiker, Literat, Mineraloge, Limnologe und Kartograph. Er besitzt noch die umfassende klassische Auffassung vom Leben, welche die konkrete Struktur des Individuums nicht außer acht läßt und Geschichte und Natur zu verknüpfen sucht.

Die große Dichtung ist häufig durchdrungen von diesem Bewußtsein der Naturgeschichte des Menschen: Lukrez, Leopardi, die chinesischen Lyriker, die das Individuum und dessen Sehnsucht nach einem weit entfernten Freund in die tausendjährige Geschichte der Landschaft einfügen, in der es vor dem Hintergrund eines Berges oder eines Sees lebt. Auch die großen Religionen berücksichtigen die Materie, mit der wir verwoben sind; was diese von künstlichen und abergläubischen Vorstellungen unterscheidet, ist, wie Chesterton sagt, ihr authentischer Materialismus.

Eine Art Gentilescher Reform auf planetarischer Ebene hat uns daran gewöhnt, daß wir kein Tier mehr erkennen und die Namen jener Pflanzen nicht mehr wissen, die um unser Haus wachsen; die verachteten Pseudowissenschaften sind – den Lehrplänen der Kultusministerien entsprechend – den *humanae litterae* gewichen, so daß von Linnés *Systema Naturae* allein die lateinische binominale Benennung übriggeblieben ist und nicht das lebendige Wesen dessen, was sie bezeichnet: ein Katalog von bloßen Namen wie eine Liste von Fabeltieren, von denen nur das Wort – Einhorn oder Phönix – existiert, so daß wir nur noch mit diesem Abrakadabra spielen können und dabei hoffen, daß die Ironie das Fehlen von Realität ausgleicht. Wenn ich die Vögel oder Pflanzen benennen will, die ich während der verschiedenen Jahreszeiten am Ufer der Donau gese-

hen habe, muß ich auf ein Handbuch der Flora und Fauna im Donauraum zurückgreifen, auf die Bücher von Bauer und Glatz oder auf das des alten Mojsisovics.

Die Aufspaltung von Natur und Kultur bringt das Unbehagen an dieser hervor. In der deutschen Kultur ist zumindest das Bewußtsein dieses Unbehagens ebenso lebendig wie die messianische Sehnsucht, es zu heilen. Die Lyrik Eichendorffs mit ihrem Waldesrauschen und das utopische Denken Ernst Blochs erinnern uns an unsere Verstümmelung; Hölderlin sagt, daß wir Waisenkinder der Götter seien und daß es ohne das Wissen um unser Exil nicht einmal die Hoffnung auf Erlösung gebe. Doch entstammt unsere Kultur weder Eichendorffs Wald noch Melvilles Meer, sie entsteht eher aus den monotonen Phantasien eines de Sade, in denen – wie Flaubert feststellte – weder ein richtiger Baum noch ein richtiges Tier vorkommt. Gesellschaftliche Mondänität bildet unseren einzigen Horizont.

Das Unbehagen in der Kultur, wie es Freud meisterhaft diagnostiziert hat, entspringt auch aus einem heillosen Widerspruch. Kultur und Moral basieren auf einer unverzichtbaren und schwierig zu begründenden Unterscheidung – der zwischen Menschen und Tieren. Es ist unmöglich, zu leben, ohne tierisches Leben zu vernichten, und sei es nur das Leben winziger Existenzen, die sich unserer Wahrnehmung entziehen, und es ist unmöglich, Tieren die universalen und unverletzlichen Rechte zuzugestehen und jedes Tier kantianisch als Zweck statt als Mittel zu betrachten; eine solidarische Brüderlichkeit kann die gesamte Menschheit umfassen, aber darauf beschränkt sie sich auch. Diese Unmöglichkeit bewirkt eine unvermeidliche Trennung zwischen der Welt des Menschen und der Natur und zwingt die Kultur, die gegen das menschliche Leiden ankämpft, ihr Gebäude auf dem Leiden der Tiere zu errichten, wobei sie dieses Leiden zu lindern sucht und sich gleichzeitig damit abfinden muß, daß sie es nicht zu beseitigen vermag. Der unheilbare Schmerz der Tiere, dieses dunklen Volkes, das wie ein Schatten unsere Existenz begleitet, belädt diese mit der ganzen Last der Erbsünde. Canettis Werk, insbesondere *Masse und Macht*, ist die Entdeckung der Finsternis, die sich in uns mit dem Tod der Lebewesen, von denen wir uns ernähren, allmählich ausbreitet.

Der Naturforscher, der mit seinen Graugänsen in den Sümpfen der Donau lebt, ist der Auffassung, daß jene Unterscheidung auf

einem willkürlichen Anthropomorphismus beruhe; die Verhaltensforschung hat ihn zu der Erkenntnis geführt, daß Tiere nicht allein von automatischen Mechanismen und Instinkten bestimmt werden, wie man der Einfachheit halber annehmen möchte; er neigt daher wie Linné – und im Gegensatz zu Buffon, der zwischen Mensch und Tier eine »unendliche« Distanz gewahrte – eher dazu, die Menschen schlicht und einfach zu den Säugetieren zu zählen. In den kosmopolitischen Idealen sieht der Naturforscher vornehmlich einen »Chauvinismus der Menschheit«, einen Nationalismus, der vom Stamm über die Nation auf die gesamte Menschheit ausgedehnt worden sei und dabei stets all jenen Recht und Respekt abspricht, die nicht zu der Gruppe gehören.

Der Demokrat ist Humanist; der Naturwissenschaftler – auch wenn er sich gegenüber nationalsozialistischen Tendenzen, wie sie sich in Lorenz' Vergangenheit nachweisen lassen, immun zeigt – wird nur schwerlich an die »Humanitätsreligion« glauben, weil er im Menschen nur eine, wenngleich auch die entwickelteste, Form des Lebens zu erkennen vermag, und wird wahrscheinlich wie jene Figur bei Musil der Auffassung sein, daß Gott, wenn er Mensch geworden, so auch Katze oder Blume hätte werden können oder müssen. Der Naturwissenschaftler, der Ratten und Fischotter beobachtet, ist der Ansicht, daß der Existenzkampf unvermeidlich sei, und glaubt im übrigen auch nicht, daß die Menschen Protagonisten oder gar der Endzweck des Universums seien und deshalb jenem Schicksal – sich gegenseitig umzubringen – entgehen könnten. Er sucht daher Schmerzen und Grausamkeiten gegenüber allen Lebewesen, Menschen oder Tieren, nach Möglichkeit einzuschränken, ist aber bereit, jenes Gesetz zu rechtfertigen, das auf schicksalhafte Weise das eine Rudel einem anderen gegenüberstellt – wobei das Rudel je nach historischer Konstellation zu einer Stadt, einer Partei, einer Klasse, einem Stamm, einer Nation, einer Rasse, zum Abendland oder zur Weltrevolution werden kann. Im Augenblick des Kampfes gelten keine allgemeinen Prinzipien, sondern einzig und allein das instinktive Gefühl der Zusammengehörigkeit zum Rudel, in dessen Namen es erlaubt und sogar geboten ist zu töten, gleichgültig ob Mensch oder Tier; denn in beiden Fällen handelt es sich um eine Tragödie, in beiden Fällen um eine notwendige Tragödie.

Der Naturwissenschaftler ist überzeugt, daß jeder Chauvinismus relativ sei; er weigert sich, den der Menschheit für heilig und absolut

anzusehen, und somit rechtfertigt und erhöht er jede Art von Chauvinismus, das elementare Gesetz der Gruppenbindung, die in der Begeisterung des Kampfes Urteile und Werte trübt. Auf diese Weise läßt sich schließlich jede Art von Gewalt akzeptieren, die aus der emphatischen Solidarität zum Clan hervorgeht, und auch das Vernichtungswerk des Dritten Reiches erscheint dann qualitativ gar nicht so verschieden von jenem Blutbad, das die braunen Ratten bei ihrem Vordringen nach Europa im 18. Jahrhundert unter den schwarzen Ratten anrichteten.

Nicht einmal die Farbe des Wassers oder der Bäume an den Donauauen oder die Rufe der Vögel können dazu verführen, dem Chauvinismus der Menschheit abzuschwören, ohne den man das Leiden der Tiere gewiß nicht lindern, sondern vielmehr einer stumpfsinnigen Barbarei verfallen und dem unvermeidlichen noch vermeidbares Leid hinzufügen wird. Doch auch wenn die Trompete aus *Fidelio* ertönen sollte, müßte sich die befreite Menschheit in der höchsten Etage des Wolkenkratzers, in der sie sich eingerichtet hätte, all jener Erniedrigten und Beleidigten in den unteren Stockwerken erinnern, die, wie Horkheimer schreibt, die oberen tragen. Im tiefsten Keller, am Fundament des ganzen Gebäudes, in dem oben ein Konzert von Mozart gegeben oder ein Bild von Rembrandt ausgestellt wird, befindet sich die leidende Kreatur, fließt das Blut des Schlachthofes.

14.

Kierling, Hauptstraße 187

In einem dieser Zimmer ist Kafka am 3. Juni 1924 gestorben. Das kleine zweistöckige Haus in dem Dorf bei Klosterneuburg, worin sich heute bescheidene Wohnungen befinden, beherbergte das Sanatorium Doktor Hoffmanns, wo Kafka in der Hoffnung auf Heilung die letzten Wochen seines Lebens verbrachte. An dem Eingang im Erdgeschoß grüßt eine Inschrift mit »Salve«. Kafkas Zimmer, das wahrscheinlich im zweiten Stock gelegen war, ging auf den Garten hinaus; der heutige Besitzer ist Herr Bacher, an der Eingangstür sind mehrere Hinweise angebracht, daß der Schornsteinfeger jeden

dritten Montag im Monat kommt, daß es verboten ist, Holz im Haus zu hacken sowie ohne schriftliche Genehmigung schwere Gegenstände über die Treppe zu transportieren.

Ich schelle an der Wohnungstür im zweiten Stock, eine freundliche ältere Dame, Frau Dunay, läßt mich eintreten und auf den Balkon gehen. Das Geländer ist aus Holz, es hängt Wäsche zum Trocknen, ein Teddybär aus Stoffflicken sitzt auf der Erde. Auf dem Balkon darunter hantiert Frau Hascher inmitten zahlreicher Hirschgeweihe und anderer Jagdtrophäen; nur schwerlich lassen sich damit Kafkas letzte Stunden in Übereinstimmung bringen, als er unter furchtbaren Schmerzen die Fahnen des *Hungerkünstlers* korrigierte, den Band, der die gleichnamige Erzählung enthält, die Parabel auf eine Perfektion, die das Leben ausdörrt.

Von hier sah Kafka von seinem Liegestuhl aus in den Garten hinunter, wo heute ein Holzschuppen für Schubkarren, Harken und andere Gartengeräte steht. Er sah dieses Grün, das sich ihm entzog, das Blühen, die Jahreszeit, er spürte den Lebenssaft, den ihm das Papier aus dem Körper sog, das ihn austrocknete und das Gefühl reiner, kraftloser Leere zurückließ. Angesichts dieses so femininen Grüns empfand Kafka vielleicht – eben in seiner Größe – eine beinahe groteske Zuspitzung seiner männlichen Unsicherheit, seiner hartnäckigen Verteidigungsmaßnahmen, seines Bedürfnisses nach fortwährender Bestätigung. Vor diesem epischen Grün hatte Kafka schließlich doch eine Frau um sich, Dora Dymant, eine Frau, bei der er keine Angst hatte, sich hinzugeben, die er heiraten und mit der er leben wollte. Es ist niemals zu spät, nicht einmal auf der Schwelle des Todes, um zu der Wahrheit dieser Worte zu gelangen: »Was wäre ich ohne sie?« Diese Kraft, Hilfe anzunehmen, stellt ihn über seine literarischen Figuren, in denen er seine angsterfüllte Unfähigkeit dargestellt hatte, sich selbst als unzulänglich zu erkennen und mit dieser Unzulänglichkeit zu leben.

Es mag sein, daß ihm die Krankheit, indem sie ihm die eigensinnige Kraft zu schreiben nahm, die ihn vom Leben entfernt hatte, dazu verhalf, dieses wiederzufinden, und zwar mit einer Bescheidenheit, wie sie ihm das Schreiben niemals gestattet hätte. Vielleicht ist die Rettung das Ergebnis von Schwäche, der körperlichen Unmöglichkeit, allein zu leben und zu schreiben. Doch hindert dies nicht, daß es Rettung ist. In seinen Tagebüchern weist Kafka darauf hin, daß sein jüdischer Name Amshel ist – ein Name, der die

menschliche Identität ausdrückt, die ihm verwehrt gewesen ist, ein erfülltes Leben, Liebe, Familie. Auf dies alles hat er verzichtet, um »einsam wie Franz Kafka«, um Schriftsteller zu sein. Was mit ihm ganz am Ende seines Lebens geschieht, als ihn seine Liebe zu Dora wieder dem Judaismus annähert und dem Abenteuer einer gemeinsamen Existenz zuführt, gehört nicht mehr zur Geschichte des Schriftstellers Kafka, wie Giuliano Baioni schreibt, »sondern betrifft nur noch den Menschen, dessen jüdischer Name Amshel lautet«.

Amshel vermag diesen Schritt zu tun, zu dem Kafka unfähig ist, er kann die eigenen Schwächen akzeptieren, er kann sich seiner Liebe hingeben und eingestehen, daß er nichts ohne Dora wäre. Wenn ein Mann ohne eine Frau, wie es in einem Passus des Talmud heißt, den Kafka besonders schätzte, kein Mensch ist, so ist es Amshel, der zu einem Menschen geworden ist, und sei es auch erst im Augenblick des Todes, aber es ist Franz, der diese Odyssee – um Amshel, um zu einem Menschen zu werden – erzählt und darlegt.

In einem anderen Zimmer beugt sich Alberto Cavallari über ein Blatt Papier, auf dem die Fieberkurve verzeichnet ist; am 12. April hatte Kafka 38,5. Albertos shakespearehaftes Gesicht wirkt konzentriert, während er die Namen der Patienten liest, die am selben Tag wie Kafka in dem Sanatorium im Wienerwald aufgenommen wurden: Kraus, Olga; Kovacs, Bianca; Kisfaludi, Etelka. In diesem großzügigen und markanten Gesicht erkenne ich die große und illusionslose Freundschaft mit der Welt, die *pietas*, die sich jenen unbekannt gebliebenen Namen zuwendet, den Wunsch, ihr Schicksal zu ehren, die Erinnerung an sie zu bewahren und ihre Geschichte mit dem Spürsinn des alten Reporters zu entdecken. Unsere Blicke begegnen sich für einen Moment. Auch dieser Augenblick wird wie jene drei unbekannten Namen in der Ewigkeit dieser Zimmer bewahrt bleiben. Hier ist, wie in den mittelalterlichen Mysterienspielen, wahrhaftig Jedermann gestorben.

Café Central

1.

Die Gipsfigur des Dichters

Wien. An einem der ersten Tische links, wenn man das Café Central betritt, sitzt die Gipsfigur von Peter Altenberg; sie hat seine melancholischen, tief eingesunkenen Augen und seinen berühmten Walroßschnurrbart. Zwischen den mit Leuten besetzten Tischen liest sie Zeitung. Ich sitze ganz in der Nähe und vergesse ab und zu, daß dieser schnurrbärtige unbewegliche Herr mit den irgendwie vertrauten Gesichtszügen und dem altmodischen Anzug nur nachgemacht ist. Wie es häufig in Cafés geschieht, werfe ich einen verstohlenen Blick auf die Zeitung, die er in der Hand hält; vielleicht ist es die von heute, die gleiche, die wir lesen; es mag durchaus sein, daß ein Kellner sie ihm jeden Morgen zwischen die Finger steckt.

An diesen Wiener Kaffeehaustischen schrieb zu Beginn des Jahrhunderts Peter Altenberg – der Dichter ohne Zuhause, der die anonymen Zimmer der Gasthäuser und Ansichtskarten liebte – seine feinen, dichten Parabeln, seine kurzen Skizzen, die den geringfügigsten Einzelheiten gelten, einem Schatten auf einem Gesicht, der Leichtigkeit eines Schrittes, der Brutalität oder Trostlosigkeit einer Geste: jenen Details, in denen das Leben seine Anmut oder seine Nichtigkeit enthüllt, die Geschichte ihre noch kaum merkbaren Unstimmigkeiten und Risse, Anzeichen eines baldigen Niedergangs, erkennen läßt. Mein künstlicher Nachbar versteckte sich im Halbschatten dieses Sonnenuntergangs, verbarg sich in der Anonymität und im Schweigen, er weigerte sich, als er in der Zeit nach dem Ersten Weltkrieg Hunger litt, eine Arbeit anzunehmen, indem er auf das Angebot antwortete, er könne sich ausschließlich mit der Beendigung seines Lebens beschäftigen. Hier saß auch Bronstein alias Trotzki, und zwar so häufig, daß ein österreichischer Minister, der vom Geheimdienst informiert wurde, daß in Rußland eine Revolution vorbereitet werde, einer berühmten Anekdote zufolge darauf antwortete: »Und wer sollte sie machen, die Revolution in Rußland? Etwa jener Herr Bronstein, der Tag für Tag im Café Central sitzt?«

Jene Puppe läßt nicht an den wirklichen Altenberg denken, denn

gerade er, der auf diesen Tischchen – wie auf den Tischen eines untergehenden Schiffes – seine Geschichten schrieb, wußte nur zu gut, wie wahres und falsches Leben sich miteinander verwirren, und hätte nicht geglaubt, viel authentischer zu sein als jene Puppe. Die eigene Existenz war ein Theater, in dem man selbst auch noch Publikum spielte, und Altenberg ruft dazu auf, sein eigenes Leben nicht ernster, aber auch nicht minder ernst zu nehmen als ein Stück von Shakespeare, der ideale Zuschauer seiner selbst zu sein, ganz drin zu sein und dennoch aus den facheusen Complicationen herauskommen können in die frische Nachtluft, erlebt haben, was man nicht erlebt hat, und umgekehrt.

Im Café Central befindet man sich zugleich in einem Innenraum und im Freien, in einer Vortäuschung von beidem; durch das Glas der hohen Kuppel, die eine Art Binnengarten überdeckt, gelangt so viel Tageslicht hinein, daß man nicht mehr an das Glas denkt, aber gleichwohl vom Regen unbehelligt bleibt. Die große Wiener Kultur demaskierte die zunehmende Abstraktion und Irrealität des Lebens, das immer weiter von den Mechanismen der kollektiven Information absorbiert und in seine eigene Inszenierung umgewandelt wurde. Altenberg, Musil und ihre großen Zeitgenossen hatten zutiefst begriffen, wie es immer schwieriger werden würde, die Existenz, auch die eigene, von deren reproduzierten und in zahllosen Kopien vervielfältigten Bild zu unterscheiden, die falsche Information über angebliche Zahlungsschwierigkeiten einer Bank von ihren tatsächlichen Liquiditätsproblemen, da auf jene Nachricht hin alle Kunden ihre Guthaben auflösen, oder die Affäre Mayerling von dem Klischee, das daraus ein Theaterstück werden läßt. Nunmehr stellen sich jene zur Schau, welche die Zurschaustellung des Lebens denunziert hatten, ohne sich der Illusion hinzugeben, selbst dagegen gefeit zu sein. Die glaubwürdige Gipsfigur von Altenberg zeigt diese Fiktion in potenzierter Form, und Wien ist der Ort dieser Repräsentation der Repräsentation der Existenz.

Und doch verteidigten die Unsteten und Vagabundierenden, die Ironiker und Desillusionierten, die an diesen Tischen ihr Papier vollkritzelten, einen äußersten Randbereich unveräußerlicher Individualität, die Überreste eines Zaubers, etwas Unwiederholbares, das sich von der Serienproduktion nicht völlig verflachen läßt. Die verborgene oder unzugängliche Wahrheit war für sie nicht inexistent, und vor allem verkündeten sie nicht, wie die wortreichen Theoreti-

ker der Nichtigkeit, voller Befriedigung deren Ableben. In Wien ist die zeitgenössische Realität, die mit der Inszenierung ihrer selbst identisch wird (wie jene Realität, die Altmann in seinem Film *Nashville* auf geniale Weise dargestellt hat), durchzogen von der barokken Auffassung von der Welt als Theaterbühne, auf der man, auch ohne sich dessen bewußt zu sein, Rollen und Szenen von universaler Bedeutung spielt. Unser diskreter Nachbar aus Gips erweckt jedenfalls den Anschein, nicht allzu ernst zu nehmen, was um ihn herum geschieht, und sich dessen zu erinnern, daß die Dinge auch und vor allem zufällig so verlaufen und daß sie ebenso auch ganz anders verlaufen könnten.

2.

Wittgensteins Haus

Es befindet sich im dritten Bezirk, genauer, wie die Führer gewissenhaft vermerken, in der Kundmanngasse Nr. 19. Es ist das berühmte Haus, das Paul Engelmann 1926 für Wittgenstein gebaut hatte; er selbst hat an den Plänen mitgewirkt. Im ersten Moment scheint es, als gäbe es das Haus, das Wittgenstein für seine Schwester hat erbauen lassen, gar nicht: die Straßennumerierung springt von Nr. 13 zu Nr. 21 und läßt die dazwischenliegenden aus; die Straßen sind aufgerissen, es sieht aus, als habe man mit Arbeiten begonnen, die dann unterbrochen wurden. Mit einiger Mühe entdeckt man, daß sich das Haus auf der anderen Straßenseite befindet und der Eingang an der Parkstraße liegt. Mit seinen kubischen Formen, die ineinandergesetzt sind, und seinem schmutzigen ockergelben Anstrich wirkt das Haus wie eine große leere Schachtel. Es ist heute der Sitz der bulgarischen Botschaft, die es in den siebziger Jahren bezogen und restauriert hat, sowie ihrer Abteilung für kulturelle Angelegenheiten. Es ist sechs Uhr abends, die Tür ist offen, einige Fenster sind erleuchtet, aber niemand ist zu sehen, auf einer Veranda steht ein Tisch, darauf vier umgedrehte Stühle; im Garten thronen zwei große Bronzestatuen von Kyrill und Method, den beiden Slawenheiligen, die offenkundig nicht von Wittgenstein aufgestellt worden sind.

Die geometrische Rationalität dieser architektonischen Formen,

die der Philosoph, der so unerbittlich die Möglichkeiten und Grenzen des Denkens erforscht hat, so verwirklicht haben wollte, läßt nunmehr in einer kalten, leeren Epiphanie eine solche Nutzlosigkeit erkennen, daß es einem das Herz zusammenschnürt. Man fragt sich, was Wittgenstein mit diesem Gebäude beabsichtigt hat, ob er ein Haus bauen oder die Unmöglichkeit eines wirklichen Hauses – dessen, was einst Heimstatt genannt wurde – hat erbringen wollen. Wer weiß, welche Grenzen er mit diesen quadratischen Formen in seinem Geist idealiter ziehen wollte, welche unsagbaren Räume und Vorstellungen er asketisch ausschließen und unberücksichtigt lassen mußte.

3.

Sankt Stephan

Auf dem Platz vor dem Dom gibt es ein auf dem Boden eingezeichnetes unregelmäßiges Fünfeck. Es ist nichts Besonderes, bezeichnet nur die Stelle, an der sich unter der Erde zwei Kapellen befinden. Es ist jedoch bezeichnend, daß ein Stadtführer fälschlicherweise behauptet, auf diesem Fünfeck hätte sich ein Monument erheben sollen, das dann aber, nach vielen Projekten verschiedener Art und verschiedenen Inhalts, nie gebaut worden sei. Die Information stimmt zwar nicht, aber sie zeugt von dem Interesse für jene Leerräume, jene Abwesenheiten, jene Dinge, die es nicht gibt und die gleichwohl Österreich zum Ausdruck bringen, wie etwa Musils Parallelaktion, das heißt Begebenheiten, die sich nicht zutragen, Initiativen, die nicht ergriffen werden. Die österreichische Kultur, die nach vollkommener Totalität gestrebt hat, nach einer harmonischen und erfüllten Einheit des Lebens, hat die Stücke ans Licht gebracht, die immer fehlten, die den Kreis schließen sollten, die Leerräume zwischen den Dingen, zwischen den Tatsachen und den Gefühlen, die Risse und Brüche, die sich in jedem Individuum und in jeder Gesellschaft finden.

Bisweilen kann ein Leerraum dazu dienen, etwas wiederzugewinnen, was die Geschichte bereits in ihre Rumpelkammer gepackt hat. Christian Reder erinnert im Wiener »Stadtbuch 1983« an das Denkmal der Republik, das nach dem Ersten Weltkrieg errichtet worden

war und nach 1945 am Ring wiederaufgestellt wurde. Die Faschisten, die es 1934 demontieren ließen, hatten es in einem Depot aufbewahrt. Man soll nichts wegwerfen, man weiß ja nie. In fast jeder Familie möchten sich die Männer – da sentimentaler, zynischer und unsicherer als die Frauen – gern dieser österreichischen Vorsichtsmaßnahme anschließen und den Zeitpunkt, da man sich der Dinge entledigen muß, immer wieder hinausschieben; sie sind stets besorgt, wenn die Hausfrauen dazu übergehen, Ordnung zu schaffen, alte Gegenstände und Papiere und vermeintlich unbrauchbares Gerümpel wegzuwerfen.

4.

Die Baronesse, die Wagner nicht mochte

Die Baronesse Maria Vetsera mochte Wagners Musik nicht und erklärte sogar, daß sie sie nicht ertragen könne; als die Wiener Oper am 11. Dezember 1888 mit dem *Rheingold* einen Zyklus von Wagner-Aufführungen einleitete, lieferte diese Abneigung den Vorwand dafür, daß sie nicht mit ihrer Mutter und der Schwester in die Oper ging und sich statt dessen – während jene dem Zwerg Alberich lauschten, der aus Goldgier die Liebe verfluchte – heimlich mit Erzherzog Rudolf von Habsburg traf, dem Kronprinzen des alten Reiches, den sie wenige Wochen zuvor kennengelernt hatte. Sie verließ das Haus, bestieg, genau an jener Ecke der Marokkanergasse, einen Fiaker, der sie auf Anordnung des Erzherzogs erwartete, und begab sich zur Hofburg, wo sie ein Diener an den Wachtposten vorbeiführte und sie in die Gemächer des Thronerben geleitete. Gegen neun Uhr war sie wieder zu Hause und empfing Mutter und Schwester, die aus der Oper zurückkamen.

Die Tragödie von Mayerling, der mysteriöse Tod von Rudolf von Habsburg und Maria Vetsera am 30. Januar 1889 in einer Jagdhütte, ist ein trauriges Märchen, das ein Jahrhundert lang die Phantasie des Volkes erregt hat, echtes Mitleid erweckt und einen heroisch-sentimentalen Kult genährt hat: ein Doppelselbstmord aus Liebe, der Romanzen in Technicolor und Vermutungen über finstere Machenschaften der Staatsraison angeregt hat. Jene Tragödie ist die armse-

lige, zarte Geschichte eines der vielen Mißverständnisse, die aufgrund irgendeines banalen und fatalen Hindernisses das Leben aus seinen alltäglichen Bahnen entgleiten lassen und es in zerstörerischer Emphase zugrunde richten.

Maria Vetsera war zum Zeitpunkt ihres Todes nicht einmal achtzehn Jahre alt; im vorangegangenen Sommer hatte sie sich, noch bevor sie ihn persönlich kennenlernte, von fern in den Erzherzog verliebt, mit all der Überschwenglichkeit einer schutzlosen Seele, die das Bedürfnis hat, ein Absolutum zu schaffen, dem sie sich restlos hingeben und opfern kann und das sie bewundern muß, um davon überzeugt zu sein, poetisch zu leben, um der eigenen, noch ungeformten Existenz einen Sinn zu geben, die sich sonst in einer leeren, undefinierbaren Melancholie zu verzehren scheint. Der Erzherzog hatte gerade die Dreißig überschritten, er war bekannt für seine liberalen Ideen, für seine arrogant zur Schau getragenen Ausschweifungen und für seine herrische Impulsivität, die ihn zu großzügigen Gesten und plumpen Dreistigkeiten veranlaßte und zugleich eine argwöhnische Reizbarkeit verursachte, die insbesondere seine Gattin, die Erzherzogin Stefanie, zu spüren bekam.

Maria Vetsera, so erzählt ihre Mutter, die Baronin Helene, in ihrem Erinnerungsbuch *Mayerling*, sah den Erzherzog bei Pferderennen und im Prater, sie vertraute ihrem Kammermädchen an, daß Rudolf sie bemerkt, und kurze Zeit darauf, daß er sie mit besonderer Aufmerksamkeit gegrüßt habe, und schwur, daß sie niemals einen anderen lieben würde. Sie durchlebte auf jener schmalen, glücklichen und unglücklichen Grenze zwischen Adoleszenz und Jugend die Zeit der großen Manöver des Herzens und der Sinne, unternahm ihre ersten Schritte in der Erziehung der Gefühle, bei der man durch das Spiel und den Zauber der ersten Begegnungen sich den Weg zur Liebe vortastet.

Jene Blicke auf den Wegen des Praters, jene flüchtigen Zusammenkünfte bald darauf, die Vorwände und Listen hätten auch für Maria Vetsera die noch unsicheren Anfangsakkorde sein sollen, die Orchesterprobe der Gefühle, ein noch verworrenes Vorspiel der Stimmen und Töne zu der großen, einheitlichen Melodie der Liebe. Wenige Wochen später war jedoch alles vorbei, endete mit dem Tod in Mayerling, in der Zerstörung, die der Pistolenschuß durch die Schläfe und die Totenstarre in dem anmutigen Körper bewirkt hatten, wie der dokumentierte gerichtsmedizinische Befund in allen

Details und mit solcher protokollarischen Genauigkeit feststellt, daß er nur noch dazu beiträgt, das sogenannte Geheimnis von Mayerling zu verwirren. Betrachtet man die Porträts der Baronesse, die feinen, wenig ausdrucksvollen Züge ihres Gesichtes, das nichts als die allgemeine, unpersönliche Anmut einer Achtzehnjährigen erkennen läßt, so denkt man an die Tragödien, die sich noch im Schüleralter ereignen, junges Leben, das an der ersten schlechten Note oder an dem ersten Tadel zerbricht, das an einem ähnlichen Gewirr von Absolutheit und Zufälligkeit zugrunde geht, an einem Hindernis scheitert, das den anderen, den Überlebenden, so ungefährlich scheint und für jene doch unüberwindlich gewesen ist.

Auch Helene Vetsera zählt in ihren Memoiren die schmerzlichsten Einzelheiten dieser Geschichte und ihres Endes auf – oder wenigstens ihre Version des Endes, die nur eine von vielen ist; ihr widersprechen zahlreiche andere, noch unglaubwürdigere, wie die Phantastereien der Kaiserin Zita. Das Büchlein, das 1891 gedruckt und von der österreichischen Polizei beschlagnahmt wurde, ist ein dürftiges, rührendes Elaborat; aus der nachlässigen Prosa spricht sicherlich die mütterliche Liebe, in erster Linie aber eine andere, ebenso starke Leidenschaft – der Wunsch nach Respektabilität. Die Baronin Vetsera sucht ihre Tochter von der Anschuldigung zu entlasten, daß diese aktiv zu jener Tragödie beigetragen habe und dafür verantwortlich sei, und will insbesondere jenen Gerüchten begegnen, die ihr unterstellen, von der illegitimen Beziehung gewußt und diese begünstigt zu haben.

Das Buch besteht aus einer schmerzerfüllten, ressentimentgeladenen Zusammenstellung kriminalistischer Details, die die Geschichte jeder verbotenen Leidenschaft skandieren und durch eine geringfügige Veränderung in Ton oder Stil aus einem großen Abenteuer oder einem maliziösen Spiel eine Geschichte von entwürdigender Kläglichkeit machen können: das Zigarettenetui, ein Geschenk des Liebhabers, das durch Zufall entdeckt wurde, und die gewundenen Ausreden, um sein Vorhandensein zu erklären, die heimlich empfangenen Briefe, die kleinen Lügen, die Komplizenschaft der beflissenen Gräfin Larisch. Das Buch wird spannender, wenn es von den abstoßenden Begebenheiten um den Tod und von dessen Verheimlichung erzählt, von jenen Anstalten, die sogleich getroffen wurden, um den Skandal zu vertuschen: der Leichnam Marias, der achtunddreißig Stunden lang unberührt und ohne pietätvolle Zuwendung

liegengelassen wird, der Abtransport in der Kutsche, damit niemand etwas merkt, die Verhandlungen zwischen Behörden und Familienangehörigen über die Beerdigung der lästigen Leiche, der einfache Sarg, das rasche Begräbnis, das Grab, das für einige Monate, bis zur anschließenden Überführung, anonym und unbezeichnet bleibt.

Die Besorgnis um Respektabilität, die dieses barocke Finale, diese Allegorie des Verfalls bestimmt, ist ihrerseits eine Leidenschaft – mit all der Absolutheit und Unvernunft einer einseitigen Leidenschaft, die nicht die Gesamtheit der Person und des Lebens einbezieht, sondern sie aufteilt und emphatisch einen Teil davon ausschließt. Auch die Geschichte von Rudolf und Maria, wie sie in diesem Buch geschildert wird, ist die Geschichte einer abstrakten, exaltierten Leidenschaft, die man nicht mit Liebe gleichsetzen kann, sowenig wie man einen seelischen Erregungszustand oder Phantastereien mit poetischer Inspiration verwechseln darf.

Diese *amour-passion* ist spätromantisch, und die Romantik, schreibt Bloch, ist auch Ersetzung eines Absoluten, das man verloren zu haben glaubt, durch einen – gleich welchen – Teil, durch ein Surrogat, das sämtliche Werte aufwiegen soll. Wird dieses Surrogat in der Liebe gesucht, so wird diese zu einer schmerzerfüllten und schwülstigen Rhetorik, zu einem überzogenen sentimentalen Pathos; zu einem phantastischen Schmachten, bei dem man nicht den anderen, sondern nur das eigene Schmachten liebt; die romantische Verführung von Liebe und Tod verweist auch auf die Sterilität jener Fieberglut, die weder im Fleisch noch im Geist schöpferisch ist oder zeugt.

Auch diese Leidenschaft kann Größe haben, und groß kann auch die Dichtung sein, die sie darstellt. Flaubert hat im übrigen ein für allemal gezeigt, wie eine Leidenschaft zugleich wahr und falsch sein kann; die unbefriedigten Phantasien und die Fluchten Emma Bovarys sind das Gegenteil von Liebe, doch die Intensität, mit der Emma sowohl ihr prosaisches Schicksal als auch die falsche Poesie lebt, mit der sie selbst es zu bemänteln sucht, ist ein authentisches Zeugnis für einen Mangel an Liebe.

In der mondänen, libertinen Welt des 18. Jahrhunderts war die Liebe, jedenfalls dem Anschein nach, durch eine chemische Analyse der Leidenschaften und des Verhaltens in Liebesdingen zerlegt worden; jenes Jahrhundert scheint, wie es in einem berühmten Satz

heißt, das Gehirn an die Stelle des Herzens gesetzt zu haben. In Wirklichkeit hatte gerade diese mathematische Nüchternheit es erlaubt, die Abgründe und die Totalität der Liebe wie in den *Liaisons dangereuses* zu ergründen, ihre Konflikte, aber auch ihre Zärtlichkeit, die Verlorenheit des Herzens, die desto unweigerlicher zutage tritt, je abgeklärter sie sich in den Schlingen der Beweisführung zeigt; es ist der *esprit de géométrie,* der den *esprit de finesse* ermöglicht. Diese entheiligende und desillusionierte Kultur hatte manche schwülstige Trunkenheit säkularisiert und entmystifiziert; die spätere sentimentale Kultur ängstigte sich vor solcher Strenge und fing häufig wieder an, Tugend und Reinheit zu predigen, doch bildete sie sich bisweilen ein, ihre Werte in einem unschuldigen und spontanen Ausfluß eines stürmischen Verlangens finden zu können, und verwechselte dabei die Gemütsverfassung mit der Wahrheit, subjektive Psychologie mit moralischer Erwägung, gefühlvolle Exaltation mit der Poesie des Lebens.

Während die Protagonisten der Libertin-Literatur sich als intelligente Machiavellisten erweisen, ewige Liebe schwören und zugleich wissen, daß sie die Unwahrheit sagen, belügt der romantische Held auch sich selbst, er zieht den Gegenstand seines Verlangens ins Verderben, nicht nur im Namen seines eigenen und gegenüber der anderen Person und deren Bedürfnissen indifferenten Vergnügens, sondern zugleich auch in der Überzeugung, dabei einer sublimen Berufung zu folgen. Erzherzog Rudolf mit seinem schönen Gesicht und dem etwas trüben Blick des Pflichtvergessenen, der die eigene Sinnlichkeit mit einer freiheitlichen Mission verwechselt, macht aus Maria die Heldin seines Dramas, und zwar mit der Anmaßung dessen, der sich zum Regisseur des Schicksals anderer erhebt.

Die Photographien von Mayerling zeigen die sanfte, heitere österreichische Landschaft der Familiensommerfrische, die zu der Vorstellung eines väterlichen Franz Joseph in Jagduniform viel eher paßt als zu jener stürmischen Tragödie. Der Kaiser erfuhr von jenem Tod durch seine Freundin Katharina Schratt, deren ruhige und diskrete Zuneigung ihn über die unruhevolle Gemütsverfassung der Kaiserin Elisabeth hinwegtröstete. Es ist nicht gesagt, daß die Stunden, die der Kaiser mit Frau Schratt verbrachte, die für ihn Kaffee kochte, weniger intensiv gewesen wären als die Leidenschaften des Erzherzogs; es ist schwierig zu entscheiden, was in einem Herzen oder einem Kopf vorgeht. Auch die Wissenschaftler sind nicht mehr

so naiv wie Professor von Hoffmann, eine Leuchte der medizinischen Fakultät von Wien, der den Studenten die Tragödie von Mayerling mit der »vorzeitigen Verwachsung der Pfeil- und Kranznaht« erklärte, die sich bei der Autopsie Seiner Königlich- und Kaiserlichen Hoheit, dem Erzherzog Rudolf, gefunden hatte.

5.

Die Strudlhofstiege

Die fließende Welle ihrer Voluten und der einnehmende Rhythmus ihres Gefälles hat einen weitläufigen Roman Hemito von Doderers entstehen lassen, der von der Hingabe an den Fluß des Lebens, wie er diese Stufen entlangfließt, inspiriert sein wollte. Die Treppe bildet ein kleines Herz Wiens, sie evoziert die mütterliche Rundung und Umarmung seiner Kuppeln, den Raum, der sich weit und behaglich auf einem Platz oder entlang des »Rings« öffnet. Wenn man diese Stufen hinuntergeht, scheint es, als würde man sich der Strömung eines Flusses überlassen, der das Leben selbst sei, der uns fortträgt und irgendwo wieder ans Ufer bringt, an einen Ort, wo wir uns zu Hause fühlen.

Österreich ist häufig ein solcher Ort, wo man sich zu Hause fühlt, in jener Harmonie zwischen Vertrautheit und Ferne, wie sie Joseph Roth gefiel. Inzwischen ist das Buch einer früheren Geliebten Doderers erschienen und im Buchhandel erhältlich, das die Feigheiten und Gemeinheiten, die Kleinlichkeiten und Egoismen des Schriftstellers aufzählt, jene zurechtgeschusterten Ausreden und Lügen, die eine Liaison zu den beschwerlichsten aller Alltagsbeschwerlichkeiten werden lassen können. Jenes lebendige Fließen, das so verführerisch am oberen Ende der Treppe beginnt, kann auch in einer schäumenden, mit Unterwäsche gefüllten Waschmaschine enden. Die Donau ist nicht blau, wie es die Verse von Karl Isidor Beck wollen, die Strauß zu seinem verführerischen und verlogenen Titel seines Walzers inspiriert haben. Die Donau ist blond, »a szöke Duna«, wie die Ungarn sagen, doch ist dieses Blond eine magyarische oder französische Galanterie, *Le Beau Danube blond* nennt sie Gaston Lavergnolle 1904. Der nüchternere Jules Verne dachte daran, einen seiner Romane *Le Beau Danube Jaune* zu nennen. Ein

schlammiges Gelb, Wasser, das am Ende dieser Treppe trübe geworden ist.

Wahrheit ist vielleicht nur in der umfassenden und überdauernden Liebe oder aber in der erklärten animalischen Sexualität, die sich in ihrer unmittelbaren Befriedigung erschöpft, ohne dabei zu täuschen oder selbst von anderen enttäuscht zu sein, während die differenzierte Skala der verschiedenen Zwischenstufen in den Liebesbeziehungen – eine typisch menschliche Empfindung – häufig eine Abfolge aus Unwahrheit und Gewalttätigkeit darstellt, die von sentimentalem Kitsch ausgeschmückt werden. Ich kann und will die Wahrheit dessen, was jene nachtragende Geliebte Doderers behauptet, nicht einschätzen; sicherlich ist Wien – vielleicht mehr als andere Städte – auch der Ort für solchen Klatsch und derartige mißgünstige und zudringliche Indiskretionen, da es eben eine große Provinzstadt ist. Es ist das Wien, das Karl Kraus haßte und das mit seiner Treppenvulgarität seine beißende Satire nährte. Die großen Dichter der Wiener Anmut haben seit den Genies der Volkskomödie aus dem vergangenen Jahrhundert, Raimund und Nestroy, diesen Zauber geschildert, indem sie ihn mit der Aggressivität, der durch Jovialität maskierten Grausamkeit konfrontierten, die aus Wien auch einen Unterleib der Geschichte gemacht hat, eine »Versuchsstation des Weltuntergangs«, wie Karl Kraus sagte.

6.

Dorotheum

Es ist der Berg der Pfänder, der in grotesker Gestalt und unter anderem Namen in Canettis *Blendung* wiederkehrt. Fast direkt gegenüber liegt das legendär verräucherte Café Hawelka. Vor der Tür des Dorotheums steht ein Mann neben einem Automobil, unter dem Arm trägt er ein Paket, wahrscheinlich ein Bild. Er rührt sich nicht, das Gesicht ist starr und wächsern, viel künstlicher als der künstliche Altenberg im Café Central.

7.

Die Lügen der Dichter

Um die Mitte des 16. Jahrhunderts vergleicht Wolfgang Schmeltzl in seinem dichterischen Werk Wien mit Babel, da er, wie er sagte, um sich Hebreisch, Griechisch, Lateinisch, Teutsch, Frantzösisch, Türkisch, Spanisch, Bahaimisch, Windisch, Italienisch, Hungarisch, Niederländisch, Syrisch, Crabatisch, Rätzisch, Polnisch, Chaldeisch sprechen hörte. Gewiß, der griechische Spruch weist darauf hin, daß die Dichter vielfach lügen und übertreiben, aber…

8.

Die Türken vor Wien

Der Karlsplatz unweit der Wiener Oper wird beherrscht von der fingierten Tür eines riesigen Zeltes, das die Fassade des »Künstlerhauses« bedeckt; in diesem befindet sich derzeit die größte der zahlreichen Ausstellungen, die dem dreihundertsten Jahrestag der Belagerung und der Schlacht von 1683, den »Türken vor Wien«, also einem der großen historischen Augenblicke der direkten Konfrontation zwischen Orient und Okzident gewidmet ist. Der Besucher der Ausstellung hat im ersten Augenblick den Eindruck, in das gigantische Zelt eines osmanischen Heerführers einzutreten: in jenes Zelt, das Kara Mustafa, der Befehlshaber des türkischen Heeres, in vollem Prunk auf der Höhe der Kirche von Sankt Ulrich im heutigen siebenten Bezirk aufschlagen ließ.

Die unmäßigen Proportionen des imaginären Zeltes evozieren die Gestalt des Großwesirs, der die osmanische Neigung zum Grandiosen und Übertriebenen verkörperte; unter den fünfundzwanzigtausend Zelten der türkischen Armee, die seit Beginn des Juli 1683 Wien belagerte, befanden sich auch inmitten von Springbrunnen und Bädern die in aller Eile, aber auch mit allem Aufwand bereitgestellten Luxusquartiere, in denen Kara Mustafa seine von siebenhundert schwarzen Eunuchen bewachten eintausendfünfhundert Konkubinen untergebracht hatte.

Der Kopf des Wesirs wird heute im Historischen Museum der

Stadt Wien aufbewahrt, das – gegenüber dem »Künstlerhaus« – ebenfalls eine Ausstellung zu diesem Thema zeigt. Nachdem er am 12. September 1683 von den Reichstruppen unter dem Befehl Karls von Lothringen und den mit ihnen verbündeten polnischen Truppen unter Führung ihres Königs Johann Sobieski geschlagen worden war, wurde Kara Mustafa verfolgt und erneut in Gran geschlagen. In Belgrad erreichte ihn der Bote des Sultans, der ihm die seidene Schnur sandte, mit der die Großen des Halbmondes, wenn sie bei ihrem Souverän, dem »Schatten Gottes auf Erden«, in Ungnade gefallen waren, erdrosselt wurden. Nachdem er seinen Gebetsteppich ausgerollt hatte, bot der Großwesir den Henkern seinen Hals und nahm sein Schicksal im Namen Allahs an. Als die kaiserlichen Truppen Jahrzehnte später Belgrad eroberten, grub jemand seinen Leichnam aus und trug seinen Kopf als Trophäe nach Wien.

Der Besucher, der das simulierte Zelt betritt, wird sogleich selbst zu einem Ausstellungsobjekt; er ist unsicher, er weiß nicht, ob er sich als Kriegsbeute imaginieren soll, als einen der vielen Gefangenen, die als Sklaven in die Zelte der Invasoren geführt wurden, oder lieber als einen der Beutenehmer, als Ritter in Sobieskis Gefolge, die nach dem Sieg einen ganzen Tag lang das Lager und das Zelt Kara Mustafas plünderten.

Die Ausstellung will nicht Sieger und Besiegte gegenüberstellen und noch weniger Zivilisation und Barbarei, sondern das Gefühl der Vergeblichkeit von Sieg und Niederlage vermitteln, die bei jedem Volk abwechselnd aufeinander folgen wie Krankheit und Gesundheit oder wie Jugend und Alter bei jedem Individuum.

Der abendländische Besucher, der sich durch diese Ausstellungsräume bewegt und trotz allem den Sieg vom 12. September, der Wien und Europa rettete, für einen Glücksfall hält, empfindet sich nicht nur als Kind und Erbe jener Schwerter Karls von Lothringen und Johann Sobieskis und jenes von den großen Predigern geschwungenen Kreuzes, die dazu aufriefen, den Glauben zu verteidigen, wie Abraham a Sancta Clara, demzufolge der liturgische Kanon durch Kanonen ersetzt werden sollte, oder wie der friaulische Kapuziner Marco d'Aviano. Der Besucher, der an diesen Siegestrophäen, die zugleich Überreste eines Schiffbruches sind, vorbeigeht, empfindet sich auch als Kind und Erbe einer in ihren Fragmenten einheitlichen Geschichte, wenngleich diese Einzelteile zerstreut wie die Gegenstände eines geplünderten Lagers erscheinen, einer Geschichte, die

aus Kreuzen und Halbmonden, aus Kapuzinerschnüren und Turbanen besteht.

Die Ausstellung versucht, sich explizit von den vorangegangenen Feiern jenes Datums von 1683 zu unterscheiden. Fünfzig Jahre zuvor verherrlichte der christlich-soziale Kanzler Dollfuß die Befreiung Wiens im Sinne eines korporativen und autoritären Katholizismus, der sich dem Bolschewismus wie dem Nationalsozialismus entgegenstellen sollte; wenige Jahre später trug die Fahne der besiegten Türken auf einer nationalsozialistischen Gedenkbronze anstelle des Halbmondes den Davidstern; die Türken wurden mit dem Feind schlechthin, mit den Juden identifiziert, eine Verfälschung, die sich heutzutage durch die ausländerfeindliche Haltung gegenüber Gastarbeitern auf tragische Weise zu bewahrheiten droht. Wir wollen nicht die Juden von morgen sein, heißt es auf einem Bild von Akbar Behkalam, das in einer anderen Ausstellung – über türkische Künstler und die gegenwärtige Realität ihres Landes und ihrer Mitbürger im Ausland – im Museum des 20. Jahrhunderts zu sehen ist.

Der Schatten eines neuen, wenngleich andersartigen Konflikts lastet auf den Beziehungen zwischen Türken einerseits und den Europäern, insbesondere den Deutschen, auf der anderen Seite; nur ein klares Bewußtsein für diese Problematik kann verhindern, das dieser Konflikt auf zerstörerische Weise aufbricht. Nachdem sie vor dreihundert Jahren aus Europa vertrieben worden waren, kehren die Türken nunmehr dorthin zurück, nicht mit Waffen, sondern mit ihrer Arbeitskraft, mit der Hartnäckigkeit der Gastarbeiter, die Erniedrigungen und Entbehrungen auf sich nehmen und dabei nach und nach Wurzeln in eine Erde setzen, die sie mit ihrer verborgenen Mühe und Zähigkeit erobern. In verschiedenen Städten Deutschlands und anderer Länder füllen sich die Schulklassen, in denen die Zahl der deutschen Kinder immer weiter abnimmt, dafür mit türkischen Schülern; das Abendland, das seinen Untergang an den Geburtenrückgang delegiert, reagiert mit ängstlichem Hochmut auf die Auswirkungen eines gesellschaftlichen Mechanismus, den es selbst in Gang gesetzt hat. Es ist durchaus möglich, daß der Augenblick bevorsteht, da die geschichtlichen, gesellschaftlichen und kulturellen Unterschiede die Schwierigkeiten des Zusammenlebens auf gewaltsame Weise hervorkehren; unsere Zukunft hängt auch davon ab, ob wir fähig sein werden, zu verhindern, daß sich jener unter-

schwellige Haß entlädt und daß neue Schlachten vor Wien die Menschen in Ausländer und Feinde verwandeln.

Die Geschichte beweist, wie schwierig es ist, und nicht nur töricht und grausam, zu definieren, was »Ausländer« bedeutet. Alessio Bombaci weist darauf hin, daß im 18. Jahrhundert die Türken selbst den Ausdruck »Türke« als Beleidigung empfanden; ihre Geschichte ist eine Abfolge jahrhundertelanger Kämpfe zwischen verschiedenen Völkern, die aus den Steppen Zentralasiens stammten und das Bewußtsein für eine gemeinsame Identität erst zu entwickeln begannen, als das Osmanische Reich bereits im Sterben lag. Der erste einheitliche Name, den die Türkei von den verschiedenen, häufig sich gegenseitig feindlich gesinnten Völkern türkischen Ursprungs erhalten hat, war derjenige Roms, *mamālik-i-Rūm*, und bezeichnete das Reich der Seldschuken.

Jede Geschichte jedoch, jede Identität ent- und besteht aus jenen Ungleichheiten, aus jener Pluralität, aus jenen Wechselbeziehungen und Subtraktionen zwischen verschiedenen ethnischen und kulturellen Elementen, die aus jeder Nation und aus jedem Individuum den Sohn eines Regiments machen. Der habsburgische Adler, der den Großtürken zum Stehen brachte, bedeckt mit seinen Schwingen eine fast ebenso verschiedenartige Vielfalt von Stämmen und Kulturen: während des Ersten Weltkrieges, als das Habsburger- und das Osmanische Reich miteinander verbündet waren, verkündeten Flugblätter und Plakate die Waffenbrüderschaft der früheren Feinde.

Die Begegnung zwischen Europa und dem Osmanischen Reich ist ein bedeutendes Beispiel dafür, wie zwei Welten, die übereinander herfallen und sich gegenseitig zerfleischen, schließlich unmerklich einander durchdringen und sich zum wechselseitigen Nutzen verbünden. Ivo Andrić, der größte abendländische Schriftsteller, der die Begegnung dieser beiden Welten beschrieben hat, ist nicht zufällig so fasziniert vom Bild der Brücke, das stetig in seinen Romanen und Erzählungen wiederkehrt und den rauhen und steilen Verbindungsweg symbolisiert, der sich über wilde Flußlandschaften und steile Abgründe, über Stammes- und Glaubensgrenzen erstreckt; einen Weg, auf dem Heere aufeinanderstoßen und der schließlich doch die Feinde nach und nach in einer vielfältigen und gleichwohl – wie in einem epischen Fresko – vereinten Welt miteinander verbündet; auch in den Schlachten des Balkans enden die Kämpfe zwischen türki-

schen Soldaten und Haiducken, den Räuber-Guerillas, damit, daß sich die Parteien schließlich nicht mehr voneinander unterscheiden.

Eines der ersten Ausstellungsstücke ist eine wundervolle Karte von der ersten Belagerung Wiens im Jahre 1529 durch Soliman den Prächtigen, jenen großen Sultan, der bei der Belagerung von Szigetvár starb und dessen Tod, um das Heer nicht zu entmutigen, mehrere Tage lang verheimlicht wurde, so daß die Boten vor seinen einbalsamierten Körper gebracht wurden, der unbeweglich auf seinem Thron saß und mit der Majestät des durch unerschütterliche Herrscherwürde maskierten Todes ihnen zuhörte, ohne jemals zu antworten. Jener Plan von Wien ist an den Rändern mit blauen Strichen versehen, so als wäre es die gesamte Welt, wie sie die Alten vom Okeanos umgeben glaubten. Für die Türken war Wien die »Stadt des goldenen Apfels«, das mythische Antlitz jenes Reiches, das es um jeden Preis zu erobern galt; die Nomaden der asiatischen Steppe, die »wilden Esel«, die jede städtische Ansiedlung als verderblich verachtet hatten, schienen mit Wien, der Stadt par excellence, das ganz andere besitzen zu wollen; die Sultane, die nach Wien strebten, sahen darin vielleicht die Hauptstadt jenes universalen »römisch-muselmanischen« Reiches, das sie nach Jorga, dem rumänischen Historiker, gründen wollten, auch wenn der mystische persische Dichter Gialālu'-d-Dīn Rūmi der Auffassung war, daß es den Griechen bestimmt gewesen sei, aufzubauen, und den Türken, zu zerstören.

In einer Mischung aus Film und Roman führt die Ausstellung in das Innere der belagerten Stadt, zeigt ihren Heroismus, ihre Grausamkeit, ihre Hysterie, führt auf das Schlachtfeld, das in einem großen Saal und durch eine Reihe von audiovisuellen Effekten rekonstruiert wird. Der strategische Fehler Kara Mustafas, der die umliegenden Hügel unbewacht gelassen hatte, wirkte sich als Katastrophe auf das türkische Heer aus, das gegen fünf Uhr nachmittags, insbesondere dank eines blitzschnellen Ablenkungsmanövers durch Karl von Lothringen, in Auflösung geriet. Das christliche Heer umfaßte etwa 65 000 bis 80 000 Mann, das islamische ungefähr 170 000; es gab, neben den 4000 Toten unter den Belagerten, 2000 Tote auf der einen und 10 000 Tote auf der anderen Seite, unzählige Verletzte, Gefangene, von verschiedenen Krankheiten Infizierte, auf dem Rückzug oder auf der Flucht Getötete, Episoden hartherziger Grausamkeit wie ritterlicher Großmut. Sobieski, der bei der

Messe auf dem Kahlenberg ministrierte, hatte gegenüber Karl von Lothringen erklärt – wie ein italienischer Chronist berichtet –, daß der König in Polen geblieben und zur Schlacht nur der polnische Soldat gekommen sei; und gleichwohl brachte die Begegnung zwischen Sobieski und dem nach Wien zurückgekehrten Kaiser Leopold eine Reihe von protokollarischen Peinlichkeiten und Ärgernissen.

Die Geschichte besteht auch aus solchen Nebenschauplätzen der großen Spektakel, auch aus falschen Legenden wie jener, wonach das erste Wiener Kaffeehaus aus der Belagerung hervorgegangen und von einem aus Galizien stammenden Armenier namens Koltschitzky, einem unternehmungslustigen Schwindler, gegründet worden sei. Wie jede Ausstellung, so vermittelt auch diese in Wien über die Türken das unterschwellige Gefühl von Unwirklichkeit, von der Unwirklichkeit unseres Lebens und unserer Geschichte, die wir leben und die häufig wie ein Film vor uns abzurollen scheint, als wäre alles schon geschehen und wie in einem Film das Ende bereits enthalten, das wir zwar nicht kennen, das aber längst von der Spule aufgezeichnet ist.

Als wäre auch dies eine Ausstellung, verweisen die Organisatoren auf den Park und das Schloß Belvedere, die berühmte Residenz des Prinzen Eugen von Savoyen, des Türkenbesiegers, der 1683 vor Wien in ganz jungen Jahren seine ersten Waffenproben ablegte. An jenem Wohnsitz wird das Leben zum Symbol seiner selbst. Die Symmetrie jenes Parks, der mit seinen Statuen, Brunnen und anderen Verzierungen sich allegorisch von der Anmut der Jahreszeiten bis zur Apotheose des Ruhmes und des Sieges über den Halbmond erhebt, ist der Triumph einer Zivilisation, welche die Begrenzung liebte, über den Ansturm einer anderen, die, wie es heißt, in unbegrenzten Räumen dachte.

Wir Epigonen, Besucher, Touristen durchwandern nun diese geordneten Symmetrien, diese Grenzen und Maßverhältnisse, die wir lieben, durchlaufen sie wie Komparsen eines Theaterstücks im großen Stil, wie in einem Film von Abel Gance. Die Bilder und die grauen, opaken Photographien, die von den heutigen türkischen Künstlern im Museum des 20. Jahrhunderts ausgestellt werden, lassen andere Gesichter und andere Gesten ans Licht kommen, die verborgene und erniedrigte Würde der gegenwärtigen Emigranten, die nicht – nicht mehr und noch nicht – einem großen Schauspiel zugehören. Unsere Ahnen, lautet eine Unterschrift zu einer Photo-

graphie, sind zu Pferde durch die Straßen geritten, die wir heute kehren. Die Schuld, so wird ehrlich und ohne Trost zu spenden hinzugefügt, liegt bei uns, nicht bei den Österreichern.

9.

Blutflecken

Nicht immer verblaßt und verschwindet Blut so schnell, wie Lu-Hsün, der große chinesische Dichter an einer wunderschönen Stelle schreibt. Im Heeresgeschichtlichen Museum sind an der Uniform des in Sarajewo erschossenen Erzherzogs Franz Ferdinand die Flekken auf dem blauen Rock mit den Durchschüssen am Ärmel und auf der linken Brustseite noch zu sehen. Der Hut neben der Uniform hingegen, mit den großen grünen Federn, ist unbeschädigt und imposant. Die Wunde vom 28. Juni 1914 ist noch offen, in ganz Europa. Möglicherweise könnte erst eine dritte und endgültige Katastrophe sie auf zerstörerische Weise schließen, denn zwei Weltkriege haben das in Sarajewo zerbrochene Gleichgewicht nicht wiederhergestellt. Das Menu von Franz Ferdinand an jenem 28. Juni umfaßte Consommé en tasse, Œufs à la gelée, Fruits au beurre, Bœuf bouillé aux légumes, Poulets à la Villeroy, Riz Compote, Bombe à la Reine, Fromage, Fruits et Dessert.

Jene Flecken erinnern auch daran, daß nichts vergeht, daß die Dinge existieren und daß kein bedeutsamer Augenblick unseres Lebens archiviert wird. Meine Freunde machen sich häufig über mich lustig, denn für mich sind alle unsere früheren Schulkameradinnen immer noch jung und schön; die Zeit hat weder Macht über sie noch über die Art und Weise, wie ich sie betrachte. Sicherlich herrscht Ungerechtigkeit auch unter den Blutflecken: die des Erzherzogs sind unter Glas konserviert worden, die der 85 Demonstranten, die am 15. Juli 1927 am Justizpalast von der Polizei erschossen worden sind, hat der Regen, haben die Schritte der Passanten weggewischt. Aber auch diese Flecken *sind*, existieren für immer.

10.

Unter den anderen Wienern

Wien ist auch eine Stadt der Friedhöfe, die sich ebenso majestätisch und vertraulich geben wie die Porträts von Franz Joseph. Der Zentralfriedhof stellt eine große Parade vor, ein einzigartiges Manöver, eine Inszenierung um der Illusion willen, den Triumph der Zeit aufhalten zu können. Die Gräber der großen Wiener – die Sektion, die den berühmten Persönlichkeiten vorbehalten ist, beginnt links vom Haupteingang, Tor Nr. 2 – bilden die erste Reihe einer Garde, die sich der Vergänglichkeit entgegenstellt; doch im Unterschied zur napoleonischen, die sich, ohne zu zögern, bei Waterloo zu einem Karree formierte, hat diese Garde eine flexible Kampftaktik, scheint sich in Sichtdeckung bringen zu wollen, versucht eine Finte, umzingelt den Tod, scherzt dabei, zögert und verzögert, um das methodische Vorgehen der Sense zu verwirren. Um fünf Uhr morgens ist diese Schar aus Steinen, Büsten und Grabmälern noch beinahe unsichtbar, verborgen in einer nebligen und regnerischen Nacht, in einer farblosen, trüben Wirklichkeit, die nur hier und da vom Schein der Votivlichter unterbrochen wird. Herr Baumgartner hält sein Gewehr fest – ein Gewehr, das er seit drei Jahrzehnten besitzt, wie er mir vor wenigen Minuten gesagt hat. Seine Hand umfaßt es voller Zuneigung und mit der ruhigen Vertrautheit eines langjährigen Zusammenlebens: so wie ein Musiker dabei Vergnügen empfindet, in seiner Hand die Violine zu spüren, die er nicht allein um ihres schönen Klanges willen liebt, sondern auch ihrer Form, ihrer Rundungen, ihrer Oberfläche, der Farbe ihres Holzes wegen.

Es ist das erste Mal, daß ich jemanden auf einem Friedhof begleite, der nicht mit Blumen, Schaufeln oder Gebetbüchern hantiert, sondern mit Flinten und Patronen. Heute aber ist für einige Stunden, bis es hell werden wird, der Wiener Zentralfriedhof ein Wald, ein Dschungel, die Prärie von Lederstrumpf, die Steppe Turgenjews, das Reich der Diana und des heiligen Hubertus, ein Ort, an dem nicht bestattet und gesegnet wird, sondern wo man sich in Stellung bringt, auflauert, schießt, wo uralte Verwandte getötet werden, ohne daß irgendein Ritus sie feiern, ohne daß ihnen ein Requiem

gesungen oder ein Kaddisch für sie gebetet würde. Heute früh wird auf dem Zentralfriedhof gejagt, auch wenn Herr Baumgartner dieses Wort nicht gerne hört und lieber von einem notwendigen und autorisierten Zwangsabschuß des Wildes spricht, das, wenn es überhandnehme, oder auch aus anderen Gründen Schaden anrichte. Er ist einer der drei Jäger, die von der Wiener Stadtverwaltung beauftragt sind, in dieser Totenmetropole – der »Stadt der anderen Wiener«, wie die Österreicher sagen – das rechte Gleichgewicht zwischen den hier mißbräuchlich und entgegen aller Vorschriften Lebenden herzustellen, um mit anderen Worten zu verhindern, daß es unter den Toten zu viele Lebewesen gibt, und diese, sofern sie sich auf dieser Welt allzu wohl fühlen und sich dabei noch vermehren sollten, alsbald in Tote zu verwandeln. Der Tod ist harmlos, umsichtig und diskret, er ärgert niemanden und tut keinem weh; es ist das Leben, das stört, Lärm macht, Schaden anrichtet, angreift und das daher gezügelt werden muß, damit es nicht allzu lebendig ist. Die Hasen zum Beispiel haben eine wahre Leidenschaft – zerstörerisch und sträflich wie alle Leidenschaften – für die Stiefmütterchen, die pietätvolle Angehörige auf die Gräber gepflanzt haben; sie begnügen sich nicht damit, ihren Hunger zu stillen, sondern sie verwüsten und verheeren, sie richten ein Gemetzel an wie der Marder im Hühnerstall. Auf der Ehrengrabstätte des Bundespräsidenten liegen tatsächlich ganze Büschel von ausgerissenen und angeknabberten Stiefmütterchen verstreut.

Rechtfertigt solch harmlose Respektlosigkeit die Erlaubnis zu töten? Die Genehmigung ist übrigens sehr beschränkt und wird streng überwacht. Die beiden Hähne an Herrn Baumgartners Gewehr bedrohen ausschließlich männliche Fasane, Hasen und Wildkaninchen, und auch dies nur im Rahmen genau festgelegter Vorschriften. Österreich – so heißt es bei uns – war und ist ein ordentliches Land; eine Jagdgenehmigung unterliegt strengen Kontrollen, Verstöße werden unnachsichtig bestraft, und daher gibt es auch nicht jene Sonntagsjäger, die – berauscht von infantilen Allmachtsgedanken – in Italien ihr Schrot auf Wild und Leute verschießen und weit eher als die Stiefmütterchen verschlingenden Hasen eine Intervention seitens Herrn Baumgartners verdienen würden.

Letzterer hat sich neben mir ins Gras auf die Lauer gelegt; sein massiger, väterlich wirkender Körper hebt sich allmählich von der

Dunkelheit ab, er ist kein Jagdbesessener, zeigt nicht jene dümmliche Lust am Töten, das Leben all dessen, was sich bewegt, zu beenden, er verliert sich in keine zurechtgelegten Philosopheme über eine totemistische Kommunion zwischen denen, die töten, und denen, die getötet werden; er läßt keinerlei banale Erregung erkennen, seine gutmütige Gelassenheit ist eher die eines Gärtners. Er kann gut zielen und tut das, was er tun muß, Österreich ist ein ordentliches Land, aber vielleicht mißfällt es ihm nicht allzusehr, wenn er, natürlich ohne eigenes Verschulden, mit leeren Händen nach Hause zurückkehrt.

Anfangs wird er nicht gerade davon begeistert gewesen sein, mich auf Schritt und Tritt um sich zu haben, da sonst niemandem zu dieser Zeit Einlaß gewährt wird; am Friedhofseingang hatte er dem Nachtwächter erklärt, ich sei Professor – ein Titel, den man hierzulande ehrt – und dürfe ausnahmsweise und auf Fürsprache der Kanzlei des Oberbürgermeisters von Wien mit ihm eintreten. In dieser naßkalten Morgendämmerung, die allmählich die wolkenverhangene Dunkelheit aufhellt, erlebe ich nicht gerade ein großes Jagdabenteuer, dafür aber vielleicht den Gipfel meines Ruhms, denn meine Bücher über das habsburgische Mitteleuropa, dank deren mir das Wiener Rathaus die Sondergenehmigung erteilt hat, mich zu dieser Stunde in das nasse Gras des Zentralfriedhofs zu kauern, werden schwerlich jemals größeren Einfluß auf die Realität ausüben, werden kaum mehr deren Grenzen und Verbote so wie jetzt antasten können. So mag es sein, daß ich in dieser Dämmerung meinen Tag gehabt habe, wie König Lear sagt.

Wir bewegen uns zum Rand des Friedhofs, an den Gräbern vorbei, die nach und nach erkennbar werden. Auf der Grabstätte von Castelli, dem heiteren und überaus fruchtbaren Autor von volkstümlichen Lustspielen, befindet sich eine Inschrift des Tierschutzvereins; an dem einfachen hohen Kreuz, das sich aus dem Morgennebel abhebt, ist in einem Satz das Leben Peter Altenbergs lakonisch umschrieben, ganz Toccata und Fuge: »Er liebte und sah.« Ein nackter, essentieller Kubus ist das Grabmahl von Loos; dasjenige Schönbergs, Vertreter einer weitaus beunruhigenderen Geometrie, bildet ebenfalls ein Kubus, allerdings ein schiefer.

Herr Baumgartner späht umher, achtet auf jedes Geräusch, sein Blick durchforscht das in der Dämmerung undurchdringliche Laubwerk. Er kann schießen, wohin er will, auch zwischen die Kreuze

und die noch frischen Blumengewinde; doch ist er vorsichtig, denn dieser Teil des Gottesackers, ungefähr ein Drittel des ganzen (die anderen fallen unter die Kompetenz seiner beiden Kollegen), ist ihm anvertraut, er ist dafür verantwortlich, er muß über seine Kugeln Rechenschaft ablegen und über einen eventuellen Fehlschuß, der ein ewiges Licht auslöschen oder einen jener Engel verunzieren könnte, die nachdenklich über manchen Gräbern wachen. Die Angehörigen, die in ein paar Stunden, wenn der Friedhof geöffnet werden wird, die Photographie ihres lieben Verblichenen wie den Sombrero in einem Western durchlöchert fänden oder aber den Grabstein mit dem Blut eines Wildkaninchens befleckt, das im unrechten Augenblick getroffen worden wäre, wüßten nur zu gut, bei wem sie sich beschweren könnten. »Es muß nicht, aber es kann passieren«, wiederholt er mehrmals mit heiterer Miene.

Wir sind an der Eingrenzung der letzten Grabreihe angelangt, haben Stellung bezogen auf einer kleinen Erhebung, die aus angehäufter Erde, Schutt, Gras und dem auf den Wegen zusammengeharkten und hier aufgeschichteten Laub besteht, so daß man einen schönen Rundblick genießt. Die Erde in dieser Gegend ist besonders geeignet, Kadaver rasch verwesen zu lassen, und dies wußten im vergangenen Jahrhundert die Behörden ebensogut wie die Besitzer der Parzellen, die während der Bauplanung für den Friedhof um den Preis hinsichtlich einer raschen oder langsameren Verwesung stritten und feilschten und schließlich Schmähschriften widereinander schrieben wie der Gemeinderat Doktor Mitlacher und der Baron Lasky im Jahre 1869. Es ist ein düsterer Bezirk, in dem wir uns befinden, ein Stück Grasland zwischen dem Waldsaum und einer Mauer, welche das Zentraldepot der Wiener Verkehrsbetriebe umgibt. Wenige Schritte entfernt steht auf einem Grabstein der Familie Pabst »Auf Wiedersehen«. Jene Wiese bildet – obgleich weitläufig – eine kleine Naturlandschaft für sich, eingegrenzt von der Gesellschaft, von der Symmetrie der Wege, von der Bestattungsindustrie auf der einen, von den Verkehrsbetrieben auf der anderen Seite; und doch ist dieser kleine Raum wie eine Taiga oder Savanne, wie diese eingekreist von Zivilisation, aber zugleich bestimmt von dem archaischen Gesetz der Tierwelt, das umherstreichen, wittern und anschleichen bedeutet, Nahrungssuche und Paarung, nachstellen und fliehen: jenem Gesetz, das noch im Blumenbeet im Garten oder im Gefäß der Topfpflanze Gültigkeit besitzt.

Das farblose Gras wird mit einem Mal grün, zwischen den Bäumen wird ein erstes Schwirren und Zwitschern vernehmbar; die großen Krähen, die jedes Jahr von Rußland herüberkommen, fliegen in Scharen, im Osten steigt eine fahle Zitronenscheibe empor; der unverwechselbare Geruch des Morgens erfüllt einen, sogar in diesem Vorstadtwäldchen, mit einem körperlichen Glücksgefühl, mit der Lust des Körpers an der eigenen Bewegungsfreiheit, dem Genuß zu fühlen, zu tasten, zu betrachten. Zu den geschützten Weibchen, die seit einiger Zeit auf der Wiese umherhüpfen, hat sich vorsichtig und noch in beträchtlicher Distanz ein männlicher Fasan gesellt; mein Nachbar nimmt sein Ziel ins Visier. Gewohnt, auf dem heimischen Monte Nevoso, dem Šneznik, die Fallen der Jäger zu zerstören, beschleicht mich die vage Empfindung, ein Verräter zu sein, jemand, der zur anderen Seite übergelaufen ist. Geht nicht jeder von uns auf diese Weise seinem Schicksal entgegen, wohlgewappnet und mit unnützer Vorsicht? In dem unbeweglichen Zustand, in dem ich mich befinde, frage ich mich, welche Konstellation möglicher atomarer oder mikrobiologischer Gefahr – Sternenkriege, rezidive Viren oder Überholmanöver in Kurven – mein Leben bedrohen mag, so wie das Gewehr meines Nachbarn diesen Fasan bedroht, den eine unendliche Kette von Kombinationen dazu auserwählt hat.

In dieser absurden und schuldbewußten Spannung denke ich mit Bedauern daran, daß im Jahre 1874 die hohen Kosten (eine Million Gulden) den von Felbinger und Hudetz ausgearbeiteten Plan zu einer Rohrpostbestattung vereitelt haben. Dieses Projekt sah vor, die in der Stadt Verstorbenen mittels Luftdruck durch eine kilometerlange Führung direkt in das ihnen bestimmte Grab zu befördern. Die Luft, so stelle ich mir vor, müßte unter dem dumpfen Aufschlagen der unaufhörlich eintreffenden Leichen erdröhnen, und der Fasan würde die Flucht ergreifen.

Doch das Spiel des Zufalls und der Verkettungen, welches das Universum verbindet, hat entschieden, daß die Exekution des Fasans aufzuschieben sei, was auf österreichisch-bürokratische Weise geschieht. Kurz bevor der Schütze sein Ziel definitiv aufs Korn genommen hat, erscheint am Waldrand, dicht bei dem »Auf Wiedersehen« der Familie Pabst, ein knatternder kleiner Lastwagen, vollbeladen mit verfaultem Laub und anderen Abfällen, die die Friedhofsgärtner – beinahe ebensosehr Frühaufsteher wie die Jäger – auf den Wegen gesammelt haben und hier in der Nähe abladen wol-

len. Der aufgeschreckte Fasan fliegt davon; Herr Baumgartner gestattet sich ein wohltönendes »Scheiße!«, doch grüßt er die Spielverderber auf das herzlichste.

Wir bewegen uns dem Ausgang zu, in Kürze werden die gewöhnlichen Friedhofsbesucher eintreffen. Im Grunde genommen paßt diese Morgendämmerung durchaus zum wienerischen Geist, der den Tod verspottet, ihn umschmeichelt, aber auch verlacht, ihn hofiert und – da man ihn eben nicht endgültig sitzenlassen kann wie einen Lebenspartner, dessen man überdrüssig geworden ist – ihm wenigstens eins auszuwischen versucht. Am Tor treffen wir einen Kollegen von Herrn Baumgartner. Der Hase, den er in der Hand hält, ist das Bild eines defizitären Universums, des Sündenfalls eines Lebens, das sich vom Tode nährt. In einigen Stunden wird aus diesem Hasen eine hübsche Trophäe und noch etwas später ein schmackhafter Braten geworden sein; doch jetzt ist er noch ganz Flucht und Schrecken, ist das Leiden aller Kreatur, die weder um Leben gebeten noch den Tod verdient hat, ist das Mysterium des Lebens selbst, jenes seltsamen Etwas, das noch bis vor kurzem in diesem Hasen gewesen und nun nicht mehr da ist, und worüber nicht einmal Wissenschaftler Auskunft zu geben vermögen, wenn sie, um es zu definieren, auf Tautologien zurückgreifen wie »die Gesamtheit der Phänomene, die dem Tod entgegenwirken«. Ich weiß nicht warum, denn wie alle Komparsen auf dem Welttheater spiele ich in diesem Drama keine Hauptrolle und trage daher keine unmittelbare oder eindeutige Verantwortung, und dennoch empfinde ich beim Anblick des Hasens so etwas wie Scham.

11.

Eine fruchtbare Arbeit

Wo sich heute die Kammer für Arbeiter und Angestellte befindet, war seinerzeit das Büro Eichmanns, von dem aus er die bürokratischen Maßnahmen zur Verwirklichung des Rassenprogramms im Dritten Reich dirigierte. Während seines Prozesses gedachte Eichmann seiner Zeit in Wien als der »glücklichsten und erfolgreichsten« seines ganzen Lebens. Offenbar brachte ihn jene Arbeit nicht allzu-

sehr in Schwierigkeiten in einer Stadt, die der österreichische Nationaldichter Grillparzer im 19. Jahrhundert als das »Kapua der Geister« bezeichnet hatte und die stets Meisterin der Selbstmystifikation geblieben ist. Beim Volksbegehren über den »Anschluß« Österreichs von 1938, das sicherlich rein formalen Charakter hatte, stimmten nur 1953 Wiener – so Christian Reder in dem erwähnten *Stadtbuch* – gegen die Annexion durch das Dritte Reich, wenngleich die Zahl der Selbstmorde in jenem Jahr auf 1358 gegenüber einem sonstigen Jahresdurchschnitt von etwa 400 anstieg.

12.

Gentzgasse 7

Einer dieser Selbstmorde hat sich hier ereignet, als sich am 16. März 1938 Egon Friedell aus dem Fenster stürzte – der konservative Kulturkritiker und Verfasser jener ephemeren, kurzen humoristischen Geschichten, in denen die beißende Ironie, die jegliche Vollkommenheit herabzusetzen weiß, einen kleinen Spalt zur Unendlichkeit öffnet, zu dem, was unsere Unbedeutendheit fortwährend transzendiert, so daß sie uns um so wertvoller wird. Jener Sprung aus dem Fenster ist sein letzter Witz gewesen, ein Streich, den er der Gestapo spielte, die ihn gerade verhaften wollte. Die Fassade des alten Hauses ist düster und verwahrlost, der Putz heruntergefallen; einige schmiedeeiserne Balkone tragen einen pathetisch-ornamentalen Anspruch zur Schau. Friedell war Jude, der Nazismus zwang ihn dazu, im Namen der Reinheit der Rasse aus dem Fenster zu springen. Die Mieter dieses Hauses, deren Namen auf den Klingelschildern der Haustür stehen, heißen heute Pokorny, Pekarek, Kriczer, Urbanck. Jeder echte Wiener, lautet ein alter Spruch, ist ein Böhme.

13.

Lukács in Wien

Im Café Landtmann am Ring, in der Nähe des Burgtheaters, erzählt mir Wolfgang Kraus, Gründer der »Österreichischen Gesellschaft für Literatur«, die über viele Jahre während des kalten Krieges eine der wenigen wirklichen Brücken zwischen Ost- und Westeuropa gewesen ist, von einem Vortrag, den Georg Lukács im Keller dieses Lokals gehalten hat. Es dürfte, wie mir Kraus sagt, um 1952 gewesen sein; er erinnert sich, daß der Vortrag von Lukács eine farblose Propagandarede für die Sowjetunion gewesen sei; von nur wenigen Zuhörern, vielleicht dreißig, besucht, dafür aber vom Radio direkt in mehrere kommunistische Länder übertragen.

Diese gleichermaßen bescheidene und weltweite Resonanz seines Vortrages ist auf paradoxe Weise bezeichnend für Lukács' Pathos der Objektivität, der die eigene Person ganz in den Dienst einer höheren Wahrheit stellt und von der Höhe des großen Stils auf das bescheidene und ungehobelte Niveau jener Mikrophone herabsteigt, sich auf jene gefährliche Komplizenschaft einläßt und dabei zugleich uneigennützig bereit ist, wie bei jedem Dienst, von der eigenen Person abzusehen.

Lukács ist ein Antipode zum Wiener Geist, dem er im übrigen – als guter Ungar – wenig Sympathien entgegenbrachte. Wien – jenes Wien, das für ihn der Ort seines Exils war – ist die Stadt des Unbehagens an der Gegenwart, das er in der *Zerstörung der Vernunft*, so als wolle er sein eigenes Denken karikieren, in Bausch und Bogen verdammt hat. Wien ist ein Ort der Schiffbrüche, auch wenn sie durch Ironie getarnt sind, ein Ort der Skepsis gegenüber dem Universalen oder irgendwelchen Wertsystemen. Über solcher Skepsis kann höchstens noch der Widerschein von etwas Transzendentem stehen, das dem dialektischen Denken völlig fremd ist. Lukács ist der moderne Denker par excellence; er argumentiert innerhalb feststehender Kategorien, fügt die Welt in ein System und etabliert jenseits aller Bedürfnisse unumstößliche Werte. Wien ist die Stadt der Postmoderne, in der die Realität hinter ihrer eigenen Darstellung und hinter ihrer Erscheinung zurücktritt; die feststehenden Kategorien zersetzen sich, das Universale bewahrheitet sich im Transzendenten

oder löst sich auf im Ephemeren, der Mechanismus der Bedürfnisse schließlich saugt alle Werte in sich auf.

Die Zerstörung der Vernunft, schreibt Augusto del Noce, ist getragen von der unterschwelligen Angst, daß Nietzsche gegenüber Marx die Oberhand behalten könnte. In der abendländischen Gesellschaft ist ebendies geschehen und geschieht weiterhin: das Spiel der Interpretationen, der in den Automatismen der gesellschaftlichen Prozesse verborgene Wille zur Macht, die engmaschige und sich nach allen Seiten ausbreitende Organisation der Bedürfnisse, ununterscheidbare, kollektive libidinöse Ströme scheinen jenes Denken verdrängt zu haben, das die Gesetze des Realen erforscht, um sie zu ändern, das die Welt einer allgemeinen Prüfung unterzieht, um sie zu verbessern. Die Kultur als Spektakel scheint die Idee der Revolution überwunden zu haben.

Lukács kämpft gegen das Gespenst Nietzsches, das er siegreich umhergeistern sieht; *Die Zerstörung der Vernunft* ist ein Buch gegen die Avantgarde, gegen die Negation und folglich auch gegen Wien – auch wenn Wien die Satire auf jegliche anmaßende Negation bedeutet, auf die postmoderne Arroganz, die sich als tolerante und vergnügliche Oberflächlichkeit verkleidet. Doch Lukács hatte keinen Blick für diese metaphysischen Hintergründe und für die Rückzieher auf der Bühne der Wiener Welt. »Solange er sprach, hatte er recht« , meinte Thomas Mann, indem er auf seine dialektische Kraft anspielte. Kafka, mit dem der alte Lukács aufgrund einiger spukhaften Kulissenwechsel in der Weltgeschichte abrechnen mußte, hätte ihm erklären können, daß man bisweilen dadurch recht hat, daß man schweigt. Doch das Schweigen ist nicht dialektisch, es ist nicht hegelianisch, es ist mystisch oder ironisch (oder auch beides), es paßt nicht zu Marx, sondern zu Wittgenstein oder zu Hofmannsthal, es ist wienerisch.

14.

Nur eine Frage

Unter den zahlreichen Photographien in der Wiener Ausstellung über das Ostjudentum befindet sich die eines alten Schirmflickers, der sich, die Kappe tief in die Stirn gezogen, mit wallendem Bart, eine Brille auf der Nase, mit Öse und Faden abmüht. Auf der dunklen Photographie, die das Gewand des Handwerkers fast vollständig in ihren schattigen Partien verschwinden läßt, leuchten sein Gesicht und seine Hände wie bei einem Bild von Rembrandt, sie besitzen ehrfurchtgebietende, beinahe sakrale Ausstrahlung, die keine Schmähung, kein Gewaltakt zerstören kann. Vielleicht werden auch die Fensterscheiben seiner Werkstatt so wie die der verwüsteten Häuser, die auf den danebenhängenden Photographien zu sehen sind, bei einem Pogrom zerschlagen werden, man wird an seinem Bart ziehen, ihm vielleicht sogar das Leben nehmen. Und dennoch gibt es nichts, was diesem Schirmflicker etwas von seiner Bedeutungsfülle nehmen könnte, von jener entschlossenen Selbstsicherheit, wie sie sich in seinem Körper, seinen ruhigen Gesten ausdrückt.

Hinter der Brille, die auf seiner Nase sitzt, untersuchen die Augen geduldig die widerspenstige Öse des ausgebesserten Schirmstabes, in ihnen glänzt die schalkhaft-liebevolle Ironie eines Menschen, der weiß, daß die Welt von einem Tag zum anderen in Trümmer versinken kann, daß man sie aber dennoch nicht allzu ernst zu nehmen braucht, ihre Prunksucht ebensowenig wie ihre Versprechungen oder Drohungen; denn die Thora lehrt, daß nichts zum Idol gemacht werden darf, nicht einmal das Wort Gottes.

Dieser Alte ist der »ewig unversehrte« Jude, wie Joseph Roth sagt, unbeirrbar, gelassen, ein fürstlicher Bettler, der nach jeder Verfolgung wieder aufsteht, der in seinem schmuddeligen Kaftan den Pharao wie den KZ-Kommandanten, den spießigen Kleinadligen und den antisemitischen Bürovorsteher mit seiner unbezwingbaren Vitalität einschüchtert, der unauslöschlichen Kraft seiner Zuneigung zur Familie und seiner Frömmigkeit, aus denen jene Vitalität entsteht. Außerhalb, unter den Fenstern des westlichen Geistes, der fortschreitend seine innere Aufspaltung, seine innere Zerrissenheit spürte, hat der – reiche oder arme – Jude sich umhergetrieben wie

der König der Schnorrer, der furchtlosen, hartnäckigen Bettler und Nassauer: ein aufdringlicher Vagabund, Spott und Übergriffen ausgesetzt, aber bereit, beides gleichmütig abzuschütteln; heimatlos, aber verwurzelt in einem Buch, in einem Gesetz; im Leben thronend wie ein König und mit der Gabe versehen, sich überall zu Hause zu fühlen, als wäre die ganze Welt ein vertrauter Stadtteil, die Straße der Kindheit, wo man den heimatlichen Dialekt spricht. Auf einem Literaturkongreß im Jüdischen Museum von Eisenstadt, der Hauptstadt des Burgenlandes, nur wenige Kilometer von Wien entfernt, fragte mich einmal ein Rabbiner, der an unserer Diskussion teilnahm, mit einem vorsichtigen Unterton: »Sie sind aber doch kein Jude, nicht wahr?« Ich hatte noch kaum antworten können, daß ich kein Jude sei, als er sich bereits, die Hände wie zur Abwehr erhoben, als wolle er einem möglichen Mißverständnis vorbeugen oder irgendeiner Befürchtung meinerseits zuvorkommen, zu versichern beeilte: »Es war nur eine Frage...«

15.

Das Übliche, mein Herr?

Leben und leben lassen ist die Devise wienerischer Lebensweisheit, eine liberale Toleranz, die leicht in zynische Gleichgültigkeit umschlägt, in ein »Sterben und sterben lassen«, wie Alfred Polgar formulierte. Der Biedermeierfriedhof von Sankt Marx ist völlig verkommen. Die Metallornamente an den rostzerfressenen Grabplatten sind zerbrochen, die Inschriften unleserlich, das Adjektiv »unvergeßlich«, so vielen Namen beigefügt, ist selbst der Vergessenheit anheimgegeben. Der Friedhof ist ein Wald voll kopfloser Engel, die Vegetation überwuchert die Gräber, Stelen im Dschungel. Ein Engel mit einer nach unten gekehrten Fackel, der seine Hand nachdenklich an das Haupt legt, bezeichnet das Grab, in dem Mozart bestattet wurde; auf dem unauffälligen Kenotaph liegen frische Chrysanthemen.

Es gibt viele mazedonische, griechische, polnische, rumänische Gräber. Ici est déposé Kloucerou Constantin Lénsch, fils du Chevalier Philippe Lénsch, Grand Logothet de Droit. Wie der Harlekin

oder Hanswurst zahlloser Wiener Volkskomödien wird der Besucher dieser herbstlichen Wege, an denen das Vergessen in voller Blüte steht, vom Gedanken an den Tod zu dem an die Liebe geführt, denkt nicht an die *perditio* oder *affectio*, sondern an den *appetitio*, ans Bett und an den einen oder anderen liebenswerten und vergnüglichen Augenblick. Dieses Schwelgen der Vergänglichkeit ruft Treue hervor, die Erinnerung, den Kleinkrieg mit der Zeit. Man bekommt Lust, sich unverzüglich in die nächste Telefonzelle zu begeben und mittels einer Handvoll Schillinge jene Spielkameradinnen *d'antan* anzurufen, die einem jetzt nicht mehr aus dem Sinn gehen wollen. Glücklicherweise kann man von den Zellen aus Ferngespräche führen.

Auch die Zimmer des Gastwirtes beim Friedhof der Namenlosen lassen einen angenehmen Aufenthalt und gastfreundliche Zimmermädchen erwarten. Das Gasthaus gehört heute Josephine Piwonka; es gibt den »Sturm« einen schlanken, moussierenden Treberwein, die »Stube« ist von österreichischer Gemütlichkeit. Auf dem Friedhof der Namenlosen werden die aus der Donau gezogenen Leichen begraben; es sind nicht viele, die Blumen, die man ihnen hingestellt hat, sind frisch, und ein paar von ihnen haben, ungeachtet der Bezeichnung des Friedhofs, einen Namen. Hier ist der Tod elementar, essentiell, beinahe brüderlich in jener Anonymität, die uns alle, Sünder und Kinder Evas, einander gleichmacht. Allein die Gleichheit, die Entäußerung von allem, der Verzicht insbesondere auf die eitle Identität, läßt dem Tod und somit der Wahrheit des Lebens Gerechtigkeit widerfahren. Wer hier ruht, kann wie Don Quijote sagen: »Ich weiß, wer ich bin.«

Gegenüber diesen vielen kleinen Kreuzen ist die runde, zu Dollfuß' Zeiten und im austrofaschistischen Stil erbaute Kapelle nebensächlich und irrelevant, eine große, weggeworfene Tonne, die der frommen und zugleich respektlosen Wiener Vertrautheit mit dem Tod gar nicht würdig ist. Mein Freund Kunz, der diese Kultur besser noch als Joseph Roth verkörpert, verteilt seine Repräsentationsausgaben zu gleichen Teilen auf käufliche Liebe und prächtige Totenkränze, die er zu dem Begräbnis eines jeden, selbst noch des entferntesten Bekannten überbringen läßt und die ihrer Aufwendigkeit halber die näheren Verwandten des Verstorbenen in Verlegenheit versetzen. Wahrscheinlich fragt ihn der Blumenhändler, wenn er den Laden betritt, sogleich beflissen: »Das Übliche, mein Herr?«

16.

Josephinum

Es ist das Institut – und zugleich Museum – für Medizingeschichte, die alte, von Joseph II. zur Ausbildung seiner Militärärzte gegründete Akademie, aus der die bedeutende Wiener klinische Schule entstanden ist. Der Kaiser ließ anatomische Modelle aus Wachs in Originalgröße oder sogar noch größer herstellen, die dem Besucher den nach verschiedenen horizontalen und vertikalen Sektionen aufgeteilten vollkommenen Mechanismus der inneren Organe zeigen, die Nervenfasern und die Verzweigungen, die von den zerebralen Zentren ausgehen, das Labyrinth der Nerven und Sehnen, der Muskeln, Venen und Arterien. Ein weiblicher Kopf mit einem horizontal sektionierten Schädel ist vorn mit sanften, halbgeschlossenen Augen und einem lieblichen Mund versehen, während er von oben Einblick in die Gehirnwindungen gewährt. In einem durch die Mitte verlaufenden Längsschnitt entblößt ein schönes, farbloses männliches Profil mit der ungetrübten Indifferenz einer klassizistischen Statue und den zu einem archaischen Lächeln geschwungenen Lippen die graue und weiße Substanz eines Hemienzephalon und den »Lebensbaum« des Kleinhirns; eine Frau, der man die Bauchdecke aufgeschnitten hat, um die Geschlechtsorgane freizulegen, liegt gelassen da, mit künstlichen blonden Haaren, die ihr über die Schultern fallen, und einer Kette um den Hals.

Diese vollkommene und vergängliche Topographie unseres Körpers, diese Nervenstränge und schleimigen Hüllen, die unsere Organe schützen, erlauben uns, über etwas nachzudenken, das Sonett zu erfinden oder es zu verändern, von einem Gesicht fasziniert zu sein, sich einen Gott vorzustellen. Dieses Wachsfigurenkabinett ist nicht etwa ein Museum des Schreckens: denn die Wahrheit macht frei, und die Kenntnis der Materie, aus der wir bestehen, macht diese der Liebe würdig. Jedes wahre Wort wird Fleisch, und diese aufgeschnittenen Gliederpuppen lassen die Natur der Körper erkennen, die im Augenblick der Gnade in ihrer Herrlichkeit erscheinen. Noch die Modelle deformierter Feten oder miteinander verwachsener siamesischer Zwillinge erinnern uns daran, daß *de nostra re agitur*, es sich um unsere Sache handelt. Zur Zeit sind Wahlen an der Universität; an einer Mauer klebt ein Plakat der Gruppe

»Jes«, die Krawattenpflicht und das Verbot linker Bewegungen fordert; für den 1. Juni wird im Rahmen einer Diskussionsreihe über »Konservative Sexualität« der Vortrag eines Doktor Knax angekündigt: »Wichsen: ein Massenmord?«

17.

Ein Kabarett der Realität

Christa Janata zeigt mir den alten jüdischen Friedhof in der Seegasse Nr. 9. Christa war in den fünfziger Jahren das Maskottchen der »Wiener Gruppe«, der legendären und heute kanonisierten Wiener Avantgarde. Sie war die Freundin von Artmann, Bayer und Rühm, die sie mit dem Spitznamen Maaike versahen, sie betrachtete mit hingerissener Verwunderung die Extravaganzen dieser Gruppe, die alles verspotteten außer sich selbst. Sie hatte vielleicht mehr Poesie als sie alle, mit Ausnahme vielleicht von Bayer; und gewiß hat sie heute noch weit mehr. Sie ist schön, desillusioniert, weiß, wie die Dinge enden, doch sie kennt Respekt und Zuneigung gegenüber den anderen – ganz im Unterschied zu den seiltänzerischen und gefühllosen Tricks der Literaten, die dadurch, daß sie die Bürger foppen, schließlich soweit kommen, daß sie sich selbst zum Narren halten.

Es ist Sonntag, die Straßen sind verlassen. Wir betreten das Gasthaus Fuchs in der Rogergasse, um einen Kaffee zu trinken. Wien – Canettis Wien – ist auch ein Unterleib der Welt, der noch in der Erniedrigung etwas Familiäres hat. Die drei oder vier Kunden deklinieren die verschiedenen Stadien des Alkoholismus. Ein alter Kroate spricht mit sich selbst und merkt nicht einmal mehr, wenn man ihm ein Glas in die Hand gibt. An einem anderen Tisch spielen drei Leute Karten; einer von ihnen hat ein völlig verrohtes Gesicht, wie eine Gestalt von Brueghel, der Körper eines anderen rundet sich dank des Bieres zu einer unförmigen weibischen Verfettung; die einzige Frau hat ein deformiertes Gesicht wie in einem expressionistischen Gemälde. Plötzlich betritt das Lokal ein Verrückter mit einem Hammer und einigen Nägeln, die er sogleich in die Tische und Bänke einschlägt. Es ist eine echte Wiener Kabarettszene – aber ein Kabarett des nackten, ungezähmten Lebens, unerreichbar für die

Literatur, die falsch und oberlehrerhaft wirkt, wenn sie versucht, diese elementare Natur wiederzugeben. Die Wirtin ist ungezwungen und gutmütig, doch vielleicht wird sie in einigen Jahren ebenso aussehen wie manche ihrer jetzigen Gäste. »Du siehst aus wie fünfzig«, sagt zu ihr galant ein Betrunkener. Christa sieht mich an, fast als wollte sie mich fragen, ob sich ihre fünfzig Jahre, die sie gerade hinter sich hat, eigentlich so sehr, wie es den Anschein hat, von jenen unterscheiden.

18.

Rembrandtstraße Nr. 35

Hier wohnte Joseph Roth 1913, als er gerade aus Galizien angekommen war und sich an der Wiener Universität mit seinem vollständigen Namen eingeschrieben hatte: Moses Joseph Roth. Das Haus ist grau, es befindet sich in einem trostlosen Vorstadtviertel; die Treppe ist dunkel, in dem düsteren Hof steht ein schief gewachsener, verkrüppelter Baum. Wenn man in diesem Haus wohnte, konnte es nicht schwierig sein, ein Spezialist für Melancholie zu werden, das dominante Merkmal Wiens und Mitteleuropas, Traurigkeit des Internats oder der Kaserne, Traurigkeit der Symmetrie, der Flüchtigkeit und der Desillusionierung. In Wien gewinnt man den Eindruck, daß man in der Vergangenheit lebt und immer gelebt hat, in einer Vergangenheit, deren Falten auch Freuden bergen und behüten, wie in dem Lied vom »Lieben Augustin«, dem Säufer und Vagabunden, der immer den letzten seiner Tage lebt, in einem verlängerten Epilog, in der Zeit zwischen Untergang und Ende, in einem hinausgezögerten und aufgeschobenen Abschied. Dieser Augenblick wird der Flucht entrissen und bis zur Neige genossen; es ist die Kunst, am Rande des Nichts zu leben, als sei alles in Ordnung.

19.

Am Rande des Realen

Auch die große Ökonomie kann in Wien zu einer Kunst des Nichts werden. Unter den Papieren von Schumpeter, einem Meister in dieser schwer zugänglichen Wissenschaft, fanden sich auch die Skizzen zu einem Roman, der, wie Arthur Smithies in seinem Nachruf erwähnt, *Schiffe im Nebel* heißen sollte. Wie aus den Vorarbeiten zu diesem niemals geschriebenen Roman ersichtlich wird, sollte der sanfte und unentschlossene Protagonist Henry – Sohn einer Engländerin und eines Triestiners unbestimmter Nationalität – nach Amerika gehen, um sich dort Geschäften zu widmen, wobei ihn nicht der Gewinn, sonden die intellektuelle Vielschichtigkeit des Wirtschaftslebens fasziniert hätte, die Verknüpfung von Mathematik und Leidenschaft, worin sich die allgemeinen Gesetze der Ökonomie mit der Zufälligkeit des Lebens durchdringen.

In diesem fragmentarischen und flüchtig angedeuteten Selbstporträt beschreibt Schumpeter eine typisch habsburgische Gestalt, Erbe und Waise dieses Schmelztiegels verschiedener Völker, dessen Verschwinden bei ihm das ausgeprägte Gefühl hinterlassen hatte, eigentlich keiner Welt wirklich anzugehören, ihn aber zugleich davon überzeugte, daß diese sich auflösende Identität, die sich aus Vermischungen, Ausschließungen, Aufhebungen zusammensetzte, nicht allein das Schicksal der Donauepigonen sei, sondern vielmehr die allgemeinen geschichtlichen Bedingungen und die Existenz eines jeden Individuums betreffe.

Als Zeitgenosse von Hofmannsthal und Musil und aus jener Zeit stammend, da die Wissenschaften wie die Mathematik das Fehlen ihrer Grundlagen bloßlegten, teilt Schumpeter – wie auch Wittgenstein – jenen Lebensstil, jene Art zu denken, die sich in Musils Doppelbegriff von Seele und Genauigkeit wiederfinden: eine Intelligenz, welche die doppeldeutige Tiefe der Seele mit analytischer, wissenschaftlicher Strenge zu erkunden sucht, eine schamhafte Zurückhaltung, die sich jedes billige Pathos versagt und sich aus Gründen der Kohärenz und der Aufrichtigkeit auf das Gebiet beschränkt, innerhalb dessen man auf rationalem Wege etwas verifizieren kann, während man sich bewußt ist, daß sich erst außerhalb dieses erforschbaren Territoriums die großen Fragen der Existenz

erheben, nach den Werten, nach der Bedeutung des Lebens. Die genialen Untersuchungen Schumpeters über die Gesetze der ökonomischen Entwicklung sind ein Beispiel für jene Mathematik des Denkens, die – wie in den Romanen Hermann Brochs – leidenschaftlich und sehnsüchtig den Empfindungen und Phänomenen nachschaut, die sich ihrer Herrschaft entziehen.

In dem Roman sollte Henry – genauso wie der Autor – in einem Milieu bester und raffinierter gesellschaftlicher Beziehungen und dabei von mütterlicher Liebe umgeben aufwachsen. Vielleicht wollte Schumpeter in seiner Geschichte das liberale Bürgertum im Wiener Fin de siècle porträtieren, das – der These von Schorske zufolge – seinen ökonomischen Aufstieg zu tarnen versuchte, indem es die ästhetische Kultur der Aristokratie übernahm. Henrys Leben verliert sich schließlich in diesen gesellschaftlichen Formen, es trübt und verdunkelt sich in einer eleganten Leere, in doppeldeutigen Vertauschungen von wahr und falsch, in einem fortwährenden Ausweichen vor jeglicher Wahrheit. Henry sollte in jedem Land, in jeder Gesellschaftsschicht, in jeder menschlichen Gemeinschaft die eigene Entfremdung gewahr werden: die Unmöglichkeit, sich an seine Familie, einen Freund, eine geliebte Frau zu binden. Das Individuum wäre dahin geraten, nur noch die eigene Arbeit zu haben, und auch diese wäre nichts anderes als das Relikt aus einem Schiffbruch: »effizient arbeiten, ohne Ziele, ohne Hoffnung«.

Smithies erinnert an die Ironie, mit der Schumpeter seinen Gesprächspartnern die Argumente lieferte, die seine Theorien entkräfteten, und die zu den Mißverständnissen beitrug, welche die Verbreitung seiner Arbeiten begleiteten; eine Haltung, die absolute, klare, wissenschaftliche Strenge mit einer unterschwelligen Neigung zum Untergang verband. Auch diese unstete Affinität zu den Unstimmigkeiten der Geschichte, verbunden mit einer rationalen Klarsicht, die sich dadurch niemals in Verwirrung bringen läßt, ist ein Vermächtnis des alten Österreich. Das Leben Schumpeters ist von Versehen und Mißverständnissen begleitet: der zeitliche Abstand zwischen seinen Entdeckungen und dem Zeitpunkt, da diese rezipiert wurden, die weltweiten Katastrophen, die den Erfolg einiger seiner Bücher hinauszögerten, die zu den bedeutendsten Werken der Ökonomie in diesem Jahrhundert gehören, sein Scheitern als Finanzminister und Bankpräsident, obwohl er zu den ganz wenigen zählte, welche die Situation richtig einzuschätzen

und die geeigneten Maßnahmen zu ihrer Bewältigung anzugeben wußten.

Wie Henry verschloß sich Schumpeter jenem Ausweg, der in Reaktion und Verachtung besteht; er machte nicht die Welt verantwortlich für seine Enttäuschungen, er legte niemandem die Absurdität der Dinge zur Last. Die österreichische Kultur hatte ihn das diskrete Lächeln gelehrt, das jede Gewißheit entlarvt, das eigene Unbehagen hingegen verbirgt und jenes bißchen täglicher Dummheit zu schätzen weiß, deren die Intelligenz bedarf, um zu überleben. Das ökonomische Genie, das Theorien zur unternehmerischen Dynamik und freien Initiative entwickelte, dachte wie Musil, daß das rechnende Denken ein alter Bankier sei, daß die Geschicklichkeit der Kalkulation zwar notwendig, aber nicht ausreichend sei, um leben zu können. Die Geschichte, heißt es in einer seiner Aufzeichnungen, könnte als eine der verpaßten Gelegenheiten geschrieben werden. Der Sohn des alten Kakanien wußte sehr wohl, daß die Dinge, wenn sie so verlaufen, auch ganz anders verlaufen könnten.

20.

Wiener Gruppe und Striptease

Auf der kurzen Strecke, die von der Kärntnerstraße auf den Platz führt, an dem die Kapuzinergruft gelegen ist, befindet sich neben der berühmten, von Adolf Loos erbauten Bar der Art-Club, auch Strohkoffer genannt, einst das Stammlokal der »Wiener Gruppe«. In der bedrückenden konservativen Atmosphäre der fünfziger und sechziger Jahre griff diese Künstlervereinigung gleichermaßen auf surrealistische, dadaistische und volkstümliche Traditionen zurück, um sich der wachsenden Entfremdung zu widersetzen, die das Individuum immer mehr seiner unmittelbaren sinnlichen Erfahrung beraubte; sie suchte die Poesie im Experiment, das bis zum Äußersten getrieben wurde, in der Montage, im Wortspiel, in phonetischen Balanceakten und Happenings, in der Mischung von Reklame und Nonsense, in höhnischen Provokationen, in Projekten wie etwa jenem, einen Chor von Vögeln zu dirigieren, ein zehn Kilometer

langes Haus zu bauen oder falsche Zeitungen für eine einzige Person zu drucken.

Diese Zauberkünstler und Jongleure belebten das erschlaffte österreichische Kulturklima, und unter ihnen befand sich ein wirklicher Dichter, Konrad Bayer, der schon 1964 sterben sollte. In ihren ostentativen »poetischen Acten«, die den Anspruch erhoben, das Leben zu verändern, lag auch die freche Naivität derer, die glauben, das Gesetz des Vaters zu übertreten, wenn sie nur die Hosen herunterlassen, die pathetische Anmaßung, die Spontaneität planen oder kommandieren zu können, die Arroganz, sich als Verkünder eines neuen clownesk-orgiastisch-kybernetischen Evangeliums zu fühlen, das im übrigen keineswegs neu war.

Heute rühmen ganze Bände akademischer Werke jenen poetischen »Aktionismus« und führen voller ideologischer Gravität jene Photographien vor, auf denen sich Schriftsteller nackt dem Publikum präsentieren, dabei pinkeln, ihren Pimmel in überschäumende Bierkrüge tauchen und sich zu einem Haufen und zu Posen zusammendrängen, die obszön sein sollen und somit originell und unschuldig. Alldem fehlt peinlicherweise die Idee, der authentische Nonsense, die unvorhersehbare Phantasie, die Ironie; jene Schaustellung der Nacktheit, jene provokanten Gesten sind genauso absehbar wie die Uniformen der Kadetten in einer Militärschule. Inzwischen sind diese Ikonoklasten vernünftig geworden, so wie ehemals aufsässige Studenten Notare geworden sind, sie halten Vorträge an der Universität und kritisieren die 68er Zeit. Anstelle jenes Lokals, erzählt mir Christa, gibt es heute eines, das – wenngleich vorübergehend geschlossen – normalen Striptease anbietet, der vielleicht jenen prätentiösen Entkleidungsnummern gar nicht so unähnlich ist: eine konsequente Parabel vom Striptease zum Striptease, wie sie Joseph Roth gefallen hätte.

21.

Karl-Marx-Hof

Die berühmte Arbeitersiedlung, die vom »roten Wien«, der sozialistischen Stadtverwaltung, nach dem Ersten Weltkrieg gebaut wurde, ist aus einem Reformbedürfnis entstanden, aus dem Glauben an den

Fortschritt, aus der Absicht, eine andere Gesellschaft aufzubauen, die neuen Klassen offenstehen sollte und dazu bestimmt war, von diesen angeführt zu werden. Es fällt heute leicht, über die graue Uniformität dieser Kaserne zu lächeln. Die Höfe jedoch und die Beete haben eine ganz eigene, melancholische Fröhlichkeit, sie zeugen von den Spielen der Kinder, die zuvor in armseligen Behausungen oder namenlosen Elendsquartieren lebten, von dem Stolz der Familien, die in diesen Häusern erstmalig Gelegenheit bekommen haben, menschenwürdig zu leben.

Dieses Denkmal der Moderne verkörpert zahlreiche enttäuschte Fortschrittsillusionen aus der Zeit zwischen den beiden Kriegen, es bezeugt aber zugleich die Tatsache eines wirklichen Fortschritts, den nur böswillige Ignoranz unterschätzen kann. Diese Häuser waren 1934 das Zentrum des großen Arbeiteraufstandes in Wien, den der austrofaschistische Kanzler Dollfuß niederschlagen ließ. Die Rechte ist patriotisch, sie schießt aber häufiger und lieber auf die eigenen Landsleute als auf die Invasoren ihres Vaterlandes.

Heute fühlt man sich als Waisenkind dieser Moderne und ihrer Versprechungen. In den Jahren des Exils zwischen den Kriegen ist Wien auch jenes Welttheater gewesen, auf dessen Bühne – wie in den barocken Allegorien – viele ideologische Gewißheiten und große revolutionäre Hoffnungen zusammengebrochen sind.

Was während der Zeit Hitlers und Stalins im Denken und Fühlen vieler Menschen zusammenbrach, war insbesondere der Glaube an den Kommunismus. Der Parteiflüchtige ist eine Waise der Totalität, heißt es in einem – auch in Wien spielenden – Roman von Manès Sperber; wenn der kämpferische Kommunist, der sein Leben der Weltrevolution geweiht hat und in den von faschistischen Diktatoren beherrschten Ländern im Untergrund arbeitet, die stalinistische Pervertierung der Revolution entdeckt, befindet er sich in einem Niemandsland, jeglicher Gesellschaft entfremdet, ausgeschlossen vom Leben selbst.

Jene Zeugen und Ankläger des »Gottes, der keiner war«, die zwischen beiden Kriegen die Straßen und Cafés von Wien bevölkerten, als seien jene die Bühne des Exils, hatten den revolutionären Kampf als übergreifende Weltanschauung gelebt, wonach die politischen Entscheidungen auch die Fragen nach den letzten Dingen einbezogen. Die Abtrünnigen des stalinistischen Kommunismus haben eine wichtige Lehre hinterlassen; sie haben vom Marxismus die einheitli-

che klassische Vorstellung vom Menschen bewahrt, den Glauben an das Universalmenschliche, der sich bisweilen ganz naiv in den Erzählformen der Vergangenheit ausgedrückt hat. Ihre Humanität aber, die aus der zeitweiligen Desillusionierung ihrer Träume mitnichten das Recht auf unverantwortliche intellektuelle Ausschweifungen ableitet, unterscheidet sich erheblich von der Koketterie, welche die heutigen Waisenkinder des Marxismus an den Tag legen, die – enttäuscht, daß das Sesam, öffne dich der Geschichte darin nicht zu finden war – all das mit skurrilen Schmähungen überhäufen, was ihnen gestern noch als heilig und unfehlbar erschien.

Die schmerzliche, unsentimentale Standhaftigkeit der damaligen Emigranten kann dazu beitragen, unter den heutigen Bedingungen richtig zu leben. Waisenkinder einer Ideologie zu werden, ist nur natürlich: ebenso wie auch Eltern irgendwann ihre Kinder als Waisen zurücklassen; es ist ein schmerzvoller Augenblick, der aber dennoch nicht die Entweihung oder Verwerfung des verstorbenen Vaters bedeutet, da man sich nicht notwendigerweise damit auch von dessen Lehren abwenden wird. Ein politischer Kampf impliziert keine mystische Glaubensgemeinschaft, die alles enthält und erfaßt, sondern ist ein Tageswerk, das die Erde nicht ein für allemal erlöst, das Fehlern und Irrtümern ausgesetzt ist, die man zu korrigieren bereit sein muß. Auch für den Marxismus ist die freiheitliche Stunde einer solchen Säkularisierung gekommen, die weder Götzenanbeter noch Waisen Vietnams zulassen wird, sondern reife Persönlichkeiten ausbildet, die sich jener fortwährenden Desillusionierung zu stellen vermögen; der Zeitpunkt ist gekommen, da der Austritt aus der kommunistischen Partei nicht mehr den Verlust der Totalität bedeutet, und das könnte auch ein Grund dafür sein, nicht aus der Partei auszutreten. Doch jene Nomaden von damals in ihrem Niemandsland waren dieser Leere mit Wertvorstellungen begegnet, ohne die jene Säkularisierung keine Befreiung mehr von den Dogmen bedeutete, sondern nur gleichgültige und passive Unterordnung unter die gesellschaftlichen Mechanismen. Jene Nomaden waren, wie Sperber sagt, Exterritoriale im Hinblick auf die Geschichte, sie lebten in der Erinnerung an die Vergangenheit und in den Träumen von der Zukunft, aber niemals in der Gegenwart. Dieses Schicksal ist auch ein österreichisches Schicksal gewesen: in den Cafés und Herbergen der Exilanten, so fügt Sperber hinzu, starb 1938 abermals, und diesmal endgültig, das alte Österreich.

Dieser Tod aber und dieses Exil waren auch Protest gegen das erschöpfte Auseinanderfallen der Postmoderne; genauso wie der Karl-Marx-Hof den Kanonen von Dollfuß und zugleich auch der Versuchung Widerstand geleistet hat, zu glauben, daß solcher Widerstand sinnlos wäre. Die armselige, graue und massive Modernität jener Mietskaserne beeindruckt durch ihre Kompaktheit. Etwas ganz anderes ist es, wenn man sechzig Jahre danach solche Bauten wieder schick findet, sie auf kokett-progressive Weise rühmt, weil sie so schön »nostalgisch« sind, und gar versucht, wie es etwa in Triest – und mit katastrophalen Ergebnissen – geschehen ist, die Mietskasernen als Modell des Wohnens und Zusammenlebens wiederaufleben zu lassen. Diese Schrulle, Formen außerhalb ihrer geschichtlichen Notwendigkeit wiederherzustellen, aus der sie erwachsen sind, ist postmodern, ist das Vergnügen am Kitsch, am Falschen und Geschmacklosen, es ist der Geschmack an der von Ideen entleerten Ideologie: eine Kultur ohne Grundlage, die mit den schweren und robusten Fundamenten des Karl-Marx-Hofes nichts gemein hat.

22.

Onkel Ottone

Mariahilfstraße. In diesen Zimmern wohnte mein Onkel Ottone, ein Großonkel mütterlicherseits. Die Wogen der Geschichte hatten ihn jahrzehntelang hin und her geworfen, ihn aber schließlich immer wieder und wie zufällig in sichere und hohe Positionen getragen. Während des Ersten Weltkrieges war er in Triest als österreichischer Beamter für die Lebensmittelversorgung zuständig, ein Amt, das er mit Gerechtigkeit ausübte und das ihm gleichzeitig ermöglichte, in jenen Jahren der Entbehrung nicht allzuschlecht zu leben. Als Triest 1918 italienisch wurde, berief ihn General Petitti di Roreto zu sich; er traf mit einer geringfügigen Verspätung ein, da eine kleine Ansammlung auf der Straße gerade einen früheren Kollegen aus demselben Amt mißhandelte und dabei »Nieder mit den österreichischen Aushungerern!« rief, wobei sie ihren Zorn schon so sehr ausgetobt hatte, daß sie sich nun nicht auch noch mit meinem Onkel befassen konnte. Der General, dem die ordentlich

geführten Listen und Aufstellungen imponierten, bat ihn, auch in dieser schwierigen Übergangszeit sich des Problems der Lebensmittelversorgung anzunehmen und nahm ihn mit sich in eine Theaterloge, wo man die Befreiung Triests feierte und wo die Ovationen und »Viva l'Italia«-Rufe auch ganz automatisch über meinen Onkel herniedergingen.

Als der Faschismus ausbrach, zog er nach Wien, wo er während der Weltwirtschaftskrise dank seiner Erfahrungen ein ganz ähnliches Amt bekleidete. Er erzählte mir, daß manchmal vor einer Demonstration ein paar Sozialisten in sein Büro gekommen seien, um ihm zu sagen, daß sie ihn am darauffolgenden Tag zwingen würden, beispielsweise 100 Zentner Mehl herauszugeben; er solle sich bereit erklären, ihnen 50 zu überlassen, so daß man sich schließlich auf 75 einigen könnte. Sie baten ihn dann noch, ihnen die Zimmer des Büros anzugeben, in denen er seltener zu tun habe, für den Fall, daß es vielleicht doch notwendig sei, einige Scheiben zu Bruch gehen zu lassen. Nachdem Ottone sich aus dem öffentlichen Dienst zurückgezogen hatte, half er während der Naziherrschaft manchem verfolgten Sozialisten und Kommunisten; vielleicht wurde er deswegen 1945 während der russischen Besetzung von den Sowjets aufgefordert, bei der Beschaffung und Verteilung von Lebensmitteln mitzuwirken. Als alter Mann zum Malteserritter ernannt, verzichtete er aus Instinkt auf ein weiteres Amt, das kurze Zeit später auf bedenkliche Weise ins Gerede kam. Er wurde Großmeister, verbrachte die Hälfte des Jahres in Rom im Palazzo des Ordens mit einem uralten Kammerdiener, dem er, der über Achtzigjährige, beim Essen und Gehen behilflich war. Komm, Giovanni, gehen wir in die Berge, pflegte er zu ihm zu sagen, und dann nahmen sie einen Schluck aus dem Sauerstoffgerät. Zwischen all den wechselvollen Ereignissen war er hindurchgeglitten wie ein guter Tänzer, der die anderen Paare im überfüllten Saal nicht einmal streift.

23.

Im Kriminalmuseum

Der freundliche Polizeibeamte, der im Kriminalmuseum für mich den Cicerone spielt, ist so stolz auf all die Delikte und Delinquenten, die er mir vorführt, wie es der Direktor der Uffizien auf seine Raffaels und Botticellis sein dürfte. Wenngleich ein treuer Hüter des Gesetzes, so verhehlt auch er nicht wohlwollende Sympathie für den Einbrecherkönig Breitwieser, der unter den Wienern so beliebt war, daß ihm, als er 1919 auf dem Friedhof von Meidling begraben wurde, eine große Menschenmenge das letzte Geleit gab.

In diesem Museum gibt es zwei unvergeßliche Photographien, zwei Frauen, Mörderin und Opfer. Die Täterin ist eine begüterte Dame, Josephine Luner, mit harten Gesichtszügen, fett, aufgeblasen, mit dem kräftig ausgebildeten moralisierenden Oberkiefer der respektablen Hausfrau, hinter der man die Megäre ahnt. Das Opfer heißt Anna Augustin, ist vierzehn Jahre alt, hat braune Zöpfe, leuchtende und furchtsame Augen, eher ein schutzloses, verzagtes Kind als ein junges Mädchen. Anna Augustin kam vom Land und wurde in Wien Bedienstete im Hause Luner. Frau Luner begann sie zu quälen, ihr völlig grundlos Liederlichkeit vorzuwerfen und damit zu drohen, ihre Familienangehörigen davon zu unterrichten, ging zu Ohrfeigen, Fußtritten und Stockschlägen über, schloß sie schließlich ein, ließ sie hungern, unterzog sie furchtbaren Mißhandlungen und quälte sie auf die grauenhafteste Weise. Anna starb nach etwa einem Jahr; Josephine Luner wurde als Täterin überführt und zum Tode verurteilt, doch dann wurde die Strafe in eine lebenslängliche Zuchthaushaft umgewandelt, was in Österreich häufig bei Frauen geschah, bis der Nationalsozialismus nach 1938 dieses weibliche Privileg abschaffte. Ihr Ehemann, der von allem wußte, sich aber nicht an den Torturen beteiligt hatte, erhielt einige Monate Gefängnis.

Annas jugendliches Alter, jene kindlichen, zarten, wehrlosen Augen schreien nach Rache. Das, was diesem Wesen angetan wurde und was auf unterschiedliche Weise vielen anderen täglich angetan wird, negiert die Weltgeschichte. Die erhabensten Werke des Menschen, die man in die Waagschale werfen könnte, gleichen diesen

Schrecken nicht aus, reinigen die Schöpfung nicht von diesem unauslöschlichen Makel. Wie Aljoscha Karamasow im Hinblick auf den General, der einen Jungen von seinen Hunden zerreißen läßt, so stellt man auch hier fest, daß Gott nicht allmächtig ist und daß er Josephine Luner nicht vergeben kann, daß eine endgültige Harmonie undenkbar ist, worin die vierschrötige Peinigerin in den Reigen der Seligen aufgenommen würde.

Diese Gewalt ist auch gesellschaftliche Gewalt. Anna wagte nicht, sich dagegen aufzulehnen oder zu flüchten, als sie dies noch hätte tun können, wenn die Hausherrin, nachdem sie das Mädchen mißhandelt hatte, es zum Einkaufen schickte und es gehorchte. Niemand hatte sie gelehrt, daß sie gleiche Rechte wie jedweder andere besaß; die gesellschaftliche Autorität der Hausherrin flößte ihr Furcht und Unterwürfigkeit ein, so daß die andere ihre bestialische Grausamkeit ungehindert austoben konnte. Josephine Luner ihrerseits hätte niemals die Tochter eines Hofrats traktiert; es wäre ihr nicht einmal in den Sinn gekommen. Im übrigen hatte sie zuvor niemanden auf solche Weise gequält und unter dieser Abstinenz auch nicht gelitten. Als sie jenes kleine Mädchen vor sich hatte, das völlig wehrlos und sicherlich weder aufgeweckt noch flink war, riefen dieser Mangel an Widerstand sowie die Mühelosigkeit des Verbrechens den Wunsch hervor, es zu begehen.

Die Schwachen müssen lernen, den Starken angst zu machen, das heißt sich bewußt werden, daß – wenn sie wollen, wenn sie sich von ihrer Angst befreien – auch sie stark sein können und einer Frau Luner ihre Prügel Schlag um Schlag zurückgeben können. Wer sich zum Dienst erniedrigt, hat, wie Kiplings Elefant, seine eigenen Kräfte vergessen. Wenn er sich daran erinnern und die Lust verspüren wird, dem ersten, der ihn reizt, einen kräftigen Schlag mit dem Rüssel zu versetzen, wird vielleicht Ruhe im Zoo einkehren.

24.

Froh gelebt, leicht gestorben

Für Grillparzer war der Augarten, der große Park zwischen Brigittenau und Leopoldstadt, ein Ort des Vergnügens und der Glückseligkeit, zumindest während des Volksfests, das er in seiner Erzählung *Der arme Spielmann* von 1848 beschreibt. Heute vermittelt der Augarten mit seinen geraden und beinahe kahlen Wegen das Gefühl von Einsamkeit, wie sie aus jeder Geometrie entsteht; es ist ein Park, in dem Pensionäre ihre Hunde spazierenführen und die drei rissigen, trostlosen Flaktürme, die mittlerweile außer Gebrauch sind, erheben sich wie ungestalte, barbarische Ruinen.

Wie Grillparzers Erzählung – ein hypochondrischer und zugleich ergreifender Abschied von einer Welt, die vertraut war und nunmehr entschwindet – ist auch das alte Wien eine Landschaft des Abschieds: des Abschieds vom Glück. Amedeo ist mit einem gründlichen Vergleich zwischen »Most« und »Sturm« beschäftigt, Gigi erheitert die Damen mit der Geschichte seines Onkels, der seiner Mutter auf dem Totenbett versprochen hatte, ein bestimmtes Fräulein zu heiraten, und unter gar keinen Umständen diesen heiligen Schwur gebrochen hätte, aber sich vor der Hochzeit doch erst verloben mußte und dann immer so viel zu tun hatte, daß er noch mit dreiundachtzig Jahren verlobt war, wenngleich mit dem offenkundigen und festen Vorsatz, so bald wie irgend möglich zu heiraten, was dann nur durch seinen unvorhergesehenen Tod vereitelt wurde. Francesca hebt mit einer für sie typischen Geste ganz leicht den Kopf und bringt dadurch ihren Hals zur Geltung, der weiß im Abendlicht schimmert. Die Jahre haben ihr Porträt noch nicht vollendet, lassen noch nicht erkennen, was aus diesem Gesicht werden wird, das stumm die Wellen hinter sich gelassen hat, so daß das Wasser von den Wangen und den Haaren abperlt, ein wunderschönes, unauffälliges Gesicht, ein Blick, der nach gewöhnlichen und nach abseitigen Gestaden sucht, die sich der Aufmerksamkeit entziehen; farblose Transparenz, deren Tiefe nur eine leidvolle Ozeanographie zu erfassen vermag.

Und doch wird dieses Umherschweifen enden, denn wenngleich wir uns das Aussehen von Flaneuren und Tagedieben geben, sind

wir doch alle brave und ordentliche, eifrige und vertrauenswürdige Berufstätige; das Räderwerk der Rhetorik hält uns an der Leine und wird uns zur Ordnung rufen, die Leine anziehen, damit jeder in sein Körbchen zurückkehrt und genauso bellt, wie es der vom Ernst des Lebens eingestimmte Chor verlangt.

Die Stämme und das Laub dieser Bäume reflektieren mit einer Helligkeit, die weder von dem bedeckten Himmel noch vom Wetteramt vorgesehen war, den Glanz des Festes, das Grillparzer beschrieben hat, das Licht seiner Zeilen, die vor hundertdreißig Jahren die Bäume und das Laub des Augartens eingefangen haben. Der arme Spielmann ist ein Mensch, der nichts gehabt und nichts gewollt hat, ein Bettler, der auf eine religiöse Art die Musik verehrt und ganz erbärmlich auf seiner Geige herumkratzt, ein Mensch, der mit gründlicher, qualvoller Aufrichtigkeit das eigene Scheitern vorbereitet hat und in seinem existentiellen und gesellschaftlichen Abstieg die bescheidene, verborgene Harmonie mit dem Lebensfluß, die Erfüllung eines jeden Augenblicks, die Überzeugung findet. Kafka sah in dem armen Spielmann denjenigen, der auf alles verzichtet hat und von Grund auf das Leben genießen kann, da der Verzicht ihn von jedem quälenden Plan befreit; er vergleicht die Erzählung mit Flaubert, der Leere der *Education sentimentale*. Grillparzers Gestalt lebt »dans le vrai«, nach den Worten Flauberts; doch für den armen Spielmann fallen Wahrheit und Einfachheit in der Kunst zusammen, in seiner Hingabe an die Musik, während für Flaubert und Kafka die gebieterische Berufung zur Kunst von jener menschlichen Wahrheit entfernt. Das verfehlte Leben des armen Spielmanns ist dennoch das, was ihn erlöst; es entzieht ihn jeglicher Rolle in der Gesellschaft oder der Geschichte, es erlaubt ihm, sich Lappalien zu widmen, seine Zeit zu vergeuden und zu vertrödeln, sich an kleinen und absurden Dingen zu erfreuen, in seiner ungeschickten Plumpheit die Leichtigkeit Mozarts zu streifen.

Austriazität, das ist die Kunst der Fuge, das Vagabundentum, die Liebe zur Rast, während man auf eine Heimat wartet, die – wie Schuberts Wanderer sagt – immer gesucht, geahnt und nie gekannt werden wird. Diese unbekannte Heimat, in der man wie mit einem Schuldenkonto lebt, ist Österreich und zugleich das Leben selbst, das liebenswerte und – am Rande des Nichts – leichte Leben. Ferdinand Sauter, ein mäßiger Dichter und umherschweifender Trinker

aus der Zeit Grillparzers, der sein Leben in den Wiener Gasthäusern verbrachte, schrieb für sich selbst folgenden Epitaph: »Viel empfunden, nichts erworben / froh gelebt und leicht gestorben.«

25.

Berggasse 19

Als er dort wohnte, gingen wenige hin; jetzt kommen alle, sagt der Taxifahrer, der mich zu Freuds Haus fährt. Diese Zimmer sind berühmt; auch ich bin häufig hiergewesen, doch jedesmal bin ich beeindruckt, man spürt den Respekt, die väterliche Melancholie, mit der dieser Herr aus dem 19. Jahrhundert in den Acheron gestiegen ist. In der Diele liegen Stock und Hut, als wäre Freud gerade zurückgekommen, die Arzttasche, ein Reisekoffer befinden sich dort, die kleine Flasche im Lederfutteral, die Feldflasche, die er auf seinen Ausflügen in die Wälder immer mit sich trug, jene Ausflüge, die er mit der unerschütterlichen Gewohnheit eines Familienvaters liebte.

Die Photographien und Dokumente, mit denen seine eigentliche Praxis überreich ausgestattet ist – Porträts von Freud und anderen Gründern der neuen Wissenschaft, Erstausgaben der berühmten Texte –, erscheinen auf banale Weise illustrativ; dies ist nicht mehr die Praxis Sigmund Freuds, es ist ein didaktisches Museum der Psychoanalyse, das sich beinahe auf jene stereotypen Formeln beschränkt, wie sie heute in jeder Diskussion obligatorisch sind.

In dem kleinen Warteraum aber stehen einige Bücher aus Freuds wirklicher Bibliothek: Heine, Schiller, Ibsen, die Klassiker, die ihn Diskretion, Strenge und *humanitas* lehrten, die unverzichtbar sind, um in die Unterwelt hinabzusteigen. Der Stock und die Feldflasche sprechen von der Größe Freuds, von seinem Gespür für das rechte Maß, seiner Liebe zur Ordnung, der Einfachheit des entschlossenen und gelassenen Menschen, der – eben weil er sich mit den Untiefen menschlicher Ambivalenz befaßt – lernt und lehrt, jene Familienausflüge in die Berge mehr und unbefangener zu schätzen.

Von alldem ist auf den heutigen psychoanalytischen Kongressen nur wenig übriggeblieben; häufig degradieren unüberlegte und konfuse Redereien ohne Sinn und Verstand die Psychoanalyse zu ihrer

unfreiwilligen Parodie, indem sie den Ödipuskomplex auf die Straßenreinigung oder die Währungsschlange anwenden. Die wahren Erben Freuds sind nicht jene nebulösen Ideologen, welche die Psychoanalyse wie einen Kaugummi auf spektakuläre Weise benutzen, sondern Therapeuten, die geduldig jemandem helfen, etwas besser zu leben. Die bescheidene, beruhigende Ledertasche erinnert mich an die, denen ich das bißchen Sicherheit, das ich besitze, verdanke, jene minimale und unverzichtbare Fähigkeit, mit meiner eigenen Dunkelheit und Unverständlichkeit zu leben.

Am Ende der Himmelsstraße, an einer schönen Stelle im Wienerwald mit Panoramablick, daher Bellevue genannt, steht auf einem 1977 hier errichteten Denkmal nicht ohne Emphase: »Hier enthüllte sich am 24. Juli 1895 dem Dr. Sigm. Freud das Geheimnis des Traumes.« Es ist komisch, sich diesen geheimnisvollen Herrn vorzustellen, der wie der Betrüger in einer Komödie am Schluß die Maske fallen läßt. Doch denkt man vornehmlich an jene Landschaft, an Freud, der sie betrachtete und in der geschwungenen Silhouette der fernen Stadt eine Landkarte der nie gänzlich erforschten inneren Mäander erblickte. Rührend an dieser rhetorischen Inschrift ist das »Dr.«, jener Doktor als Widerhall akademischer Würden und gewichtiger Studien, die nicht ohne Stolz betrieben wurden.

26.

Odyssee im Weltraum

Der umfangreiche Gebäudekomplex an der Oberen Donaustraße Nr. 95 entlang des Donaukanals ist die Zentrale von IBM. Ein Schild am Haupteingang erinnert daran, daß an dieser Stelle, wo sich früher das Dianabad befand, Johann Strauß am 15. Februar 1867 erstmals seinen Walzer »An der schönen blauen Donau« spielen ließ. Sicherlich war das Dianabad attraktiver als dieser riesige Block, doch stören die Rechner und Elektronengehirne, die anstelle des einstigen Tempels der Vergänglichkeit, in dem eine Kultur mit Hilfe der Leichtigkeit der Tragödie zu entgehen suchte, installiert worden sind, keinesfalls die kreisenden Bewegungen dieses Walzers, der, wie Stanley Kubrick in *2001: Odyssee im Weltraum* auf geniale Weise gezeigt hat, einen Einklang mit dem Rhythmus und dem Atem der

Welten zum Ausdruck bringt. Wenn die Japaner verkünden, daß sie in naher Zukunft einen Computer von der Komplexität eines Menschen konstruieren werden, so könnte jener vielleicht auch eines Tages den kreisenden Rhythmus jenes Walzers hervorbringen: eine Freude, die immer flieht, um immer wieder zurückzukehren, doch schwächer und weiter entfernt, nostalgisch und zugleich skeptisch, die Vergänglichkeit überwinden zu können.

Auch Rechner und Elektronenhirne sind wie das Raumschiff, dessen Funktionen sie ermöglichen, in die Sphärenmusik einbezogen, die jenes durchquert. In der ewigen Wiederkehr des Walzers liegt etwas wie Ewigkeit, nicht nur das Echo der Vergangenheit – der Epoche Franz Josephs, die, wie der alte Witz lautet, mit dem Tode von Strauß zu Ende gegangen ist –, sondern die fortwährende Projektion dieser Vergangenheit auf die Zukunft: wie die Bilder längst vergessener Ereignisse, die durch den Raum wandern und für jemanden, der sie – wann und wo auch immer – empfängt, bereits Zukunft geworden sind.

Die IBM-Zentrale ist ein Zentrum des weltweiten Handels; doch auch Strauß, ein wahrer Künstler, den Brahms bewunderte, war ein Industrieller, der mit fieberhafter Eile leicht konsumierbare Produkte herstellte, die freilich auf wunderbare Weise die Poesie streiften. Die Hinweistafel an dem Gebäude erinnert daran, daß wir gar nicht so verschieden sind von Hal, dem Elektronenhirn, das in *Odyssee im Weltraum* so weit menschliche Züge annimmt, daß es sich irrt und Leidenschaften und Ängste entwickelt. Wer den Walzer liebt, wird sich nicht darüber erregen dürfen, daß 1982 ein Computer zum Mann des Jahres gewählt worden ist.

27.

Der Blick zurück

Wie einem Hinweisschild in der Schwarzspanierstraße Nr. 15 zu entnehmen ist, stand hier anstelle des jetzigen Gebäudes – es wird von einer unleidlichen Concierge bewacht, die mich sogleich schimpfend davonjagt – bis 1904 das Haus, in dem Beethoven gestorben ist. In ebendiesem Haus hat sich in der Nacht vom 3. auf den 4. Oktober 1903 Weininger ins Herz geschossen. Wenige

Wochen zuvor hatte er jenes verwirrende Gefühl beschrieben, das man empfindet, wenn man sich auf der Straße zurückwendet und den zurückgelegten Weg betrachtet, dessen indifferente Fluchtlinien die Irreversibilität der Zeit zum Ausdruck bringen. Am Ende bleibt allein dies – der Blick zurück, der das Nichts erkennt.

28.

Words, words, words

Die Hermesvilla in dem von Damhirschen und Wildschweinen bevölkerten Park an der Peripherie Wiens wurde ihrer jugendstilvollen Zweideutigkeiten wegen von der Kaiserin Elisabeth besonders geschätzt, der mythischen, unglücklichen und nur schwer erträglichen Gattin Franz Josephs, der spröden scheuen Sissi, die der Phantasie des Volks so teuer war. Hans Makart, der offizielle Dekorateur und Illustrator Wiens jener Zeit (der Bau der Villa geht auf die Jahre 1882 bis 1886 zurück), hatte die Aufgabe übernommen, das Schlafzimmer mit Szenen aus Shakespeares *Sommernachtstraum* auszumalen; er selbst hat die Kartons zu den Wandmalereien gezeichnet, die dann von seinen Nachfolgern ausgeführt wurden.

Die Farben sind düster und morbid, das Bett der Kaiserin ist ein veritables Totenbett, das von einer Allegorie der Melancholie bewacht wird, die Shakespeare-Szenen sind von ebenso einschmeichelnder wie eisiger Laszivität, die auch in den mythologischen Figuren des Gymnastikraumes wiederkehrt, wo Elisabeth ihren androgynen Körper – so als wären es geistige Exerzitien – sportlichen Übungen unterzog. Die Villa ist ein angemessener Aufenthaltsort für die ermattete, frigide Zartheit der Kaiserin, die gegenüber der konkreten Sexualität fühllos blieb und dafür nach immateriellen Höhen verlangte, so daß sie mit asketischem Narzißmus die Zierlichkeit und Magerkeit ihres Körpers zu kultivieren begann und am männlichen Begehren Gefallen fand, ohne das Bedürfnis zu verspüren, es zu erwidern, sich keusch an weiblicher Schönheit begeisterte und die habsburgischen Botschafter bat, ihr die Porträts der schönsten Frauen des jeweiligen Landes mitzubringen. Sissi verkörperte eine hermaphroditische Reinheit, welche die Körperlichkeit der Sexualität verabscheut und nur in der Sublimierung und in der Abwesenheit lieben kann.

Wie es häufig der Fall ist, so suchte auch Sissi ihre Unbefriedigtheit in Poesie umzugestalten, die qualvolle Sterilität als Zeichen der Auserwähltheit zu empfinden. Die Kaiserin schrieb Gedichte, und sie hatte nicht ganz unrecht, wenn sie glaubte, in diesen Versen, die sie sorgfältig versteckte, die Essenz und das leicht zu erratende Geheimnis ihrer Seele niederzulegen. Im alten Habsburgerreich war es selbst für einen Gymnasiasten so unpassend, Verse zu schreiben, daß beispielsweise Hofmannsthal seine genialen Jugendgedichte unter einem Pseudonym veröffentlichen mußte; und auch eine Herrscherin, die wie Elisabeth gegenüber protokollarischen Formen äußerst unduldsam war, mußte ihre Gedichte für sich und einige wenige Vertraute behalten und bewahrte sie daher in einem kleinen Kästchen für die Nachwelt auf, mit genauen Anweisungen, wie darüber zu verfügen sei.

Elisabeths Gedichte bilden, wie ihr umfassender Titel besagt, ein poetisches Tagebuch, sind Aufzeichnungen nicht der täglichen Ereignisse, sondern des darin aufleuchtenden geheimen Sinns, der sie aufklären könnte, den aber die Undurchlässigkeit des Alltags auslöscht oder doch verbirgt. Die Gedichte Sissis sind Gedichte der Ferne, der Sehnsucht nach dem, was das Leben nicht ist, aber sein sollte, eine Dichtung, die der unmittelbar erlebten Existenz entgegengesetzt ist. Diese Existenz ist nicht unbekannt: die noch ganz junge bayrische Prinzessin, Cousine Ludwigs von Bayern, die Franz Joseph heiratet; die zu Beginn glückliche und dann deprimierende Ehe in einem familiären und höfischen Kreis, der immer bedrückendere Formen annimmt; der wachsende Unmut gegenüber ihrer Rolle als Kaiserin, die innere Distanz zu Ehegemahl und Kindern, die Melancholie und die Unruhe, die Reisen und die immer häufigere Abwesenheit, die Entfremdung von allem, schließlich auch von sich selbst; der absurde Tod in Genf durch die Hand des italienischen Anarchisten Luccheni.

Die Gedichte bezeugen das Verlangen nach einem eigenen und die Rebellion gegenüber dem höfischen Leben, die bis zu einer wirklichen Kritik am habsburgischen System und zu republikanischen Glaubensbekenntnissen reicht. Vor allem aber sind sie Ausdruck einer Unzufriedenheit, einer Sehnsucht, die sich nicht präzisieren kann und will und sich somit in jenen Fernen verliert, in der Abwesenheit von etwas, das sich nicht genau fassen läßt, dessen Fehlen aber den eigentlichen und unabänderlichen Lebensinhalt Sissis dar-

stellt, die sich mit dieser angsterfüllten Leere einhüllt und sich daran festklammert. Der große Hintergrund dieser Gedichte ist das Meer, dessen unsagbare Unendlichkeit, das Rauschen seiner Wellen, ewig und unübersetzbar wie das Geflüster der Seele; Sissi ist die Möwe, der Meeresvogel ohne Frieden und ohne Ziel, so wie ihr Cousin Ludwig, der ihr in manchem ähnelt, der königliche, doch der Erde fremde und ferne Adler ist. In der Hermesvilla hängt auch das von Gräfle gemalte Porträt Ludwigs: der fürstliche Liebhaber der Schönheit, der Schwan und Adler, erscheint hier dicklich und gelockt, wirkt schwerfällig in seiner levantinischen Vulgarität.

In ihrer Exaltiertheit glaubte die Kaiserin, daß ihre banalen und häufig hinkenden Verse aus dem Jenseits diktiert würden, und zwar durch den Kontakt eines Mediums, von Heine. Und wirklich schreibt Elisabeth, was Melodie und Thematik ihrer Lyrik betrifft, »à la Heine«, der im 19. Jahrhundert zahllose Nachahmer und Epigonen gefunden hatte, so daß sich daraus eine regelrecht stereotype poetische Sprache bildete.

Das Generische der Musik schmälert nicht die ergreifende Individualität der Stimme, die sie intoniert, wie auch die Gleichförmigkeit des Lebens die Intensität, mit der der einzelne es lebt, nicht mindert. Auf die überpersönliche Melodie dieser Sprache, die sich ihr darbietet wie eine Musik ohne Worte, wie eine leere Struktur, die sich auf beliebige Weise ausfüllen läßt, überträgt Elisabeth ihr authentisches, leiderfülltes Drama, ihre Leidenschaften. Auch diese Leidenschaften waren – wie der kitschige, verrückte Kult, den sie mit Achill trieb – historisch gesehen überlebt, gehörten zu dem Klima ihrer Epoche; doch Elisabeth lebte sie, wie auch Ludwig, unmittelbar in ihrer sterilen und schmerzvollen Existenz, in ihrer Melancholie, die Züge einer Geistesverwirrung trug. Elisabeth war exzentrisch bis zu grausamer Indifferenz, was Franz Joseph mit großer Zuneigung und großem Taktgefühl zu tolerieren wußte, doch sie konnte sich auch großherzig zeigen, etwa als sie den Kaiser, nachdem er seine Schlachten gegen die Preußen verloren hatte, bei seiner Heimkehr auf dem Wiener Bahnhof empfing und ihm vor aller Augen die Hände küßte.

Trotz ihrer vier Kinder war sie für weitere Küsse nicht geschaffen. Ihre unruhige Persönlichkeit bleibt ohne Überzeugung, kennt keine Werte, keine unbefangene Sexualität, ist unfähig, im Leben zu wohnen, im Augenblick, in der Gegenwart. Daher vertraut Elisabeth

ihre eigentliche Natur – die des ständig umherschwirrenden Zugvogels – nur den Versen an. Diese Gedichte, die bald melodiös, bald unbeholfen sind, hätte auch irgend jemand anderer schreiben können; sie gehören zu einem öffentlichen poetischen Kompendium, einem Reimlexikon, das vielen zugänglich war und worin der persönliche Seelenschmerz sich wie in einem Meer auflöst. Ähnliche Gedichte hat auch ein anderer unzulänglicher Herrscher geschrieben, Maximilian von Mexiko, der mehr für das Meer als für den Thron geboren war, auch wenn er andererseits dazu fähig war, sein Schicksal mit nüchternem Pflichtgefühl zu ertragen. Sissis poetische Existenz besteht nicht in ihrem höchst mittelmäßigen schriftlichen Werk, sondern in der Spannung zwischen einsamem Leid und der Unbestimmtheit, mit der dieses ausgedrückt wurde. Die Gedichte der Kaiserin sind ein poetisches Tagebuch von allen und niemandem, doch dieses Schicksal, das die Kaiserin mit so vielen – auch erfolgreichen – Literaten gemein hat, läßt sie zu einer kleinen, aber immerhin realen Persönlichkeit in der Literaturgeschichte werden, in dem Dialog zwischen der Stimme des Herzens und der »words, words, words«.

29.

Eckhartsau

In diesem kleinen Jagdschloß, zwischen diesen Blautannen ist die jahrhundertelange Geschichte der Habsburger zu Ende gegangen, hier hat der letzte Kaiser, Karl, abgedankt. Die Triestiner nannten ihn Carlo Piria (das heißt Trichter) wegen seiner Liebe zum Wein; nach allgemein verbreiteter Auffassung galt er als gutmütig und beschränkt, er war jedoch nicht nur gutmütig, sondern auch gut, und Güte im Leben ist eine Herrschertugend. Als er zur Front an den Isonzo kam und dort das furchtbare, sinnlose Massaker sah, rief er aus, daß er es um jeden Preis beenden werde. Der Mut, die abgrundtiefe Dummheit des Krieges zu erkennen und ihn zu beenden, ist sicherlich nicht geringer als der, einen Krieg zu beginnen; ein Mut, der eines Kaisers würdig ist.

Das Schlößchen vermittelt den Eindruck einer friedlichen, familiären Wohnstätte; auf dem Dach befindet sich ein Sicherheit garan-

tierendes Storchennest. Diese liebenswerte und diskrete familiäre Vertrautheit ist der passende Rahmen für das Ende der Habsburger, einer Dynastie, die reich an mütterlichen und väterlichen Figuren gewesen ist, angefangen bei der großen Maria Theresia bis hin zu der letzten kaiserlichen Symbolfigur, Franz Joseph, der die Ausstrahlung eines gutmütigen, weisen und etwas vertrottelten Großvaters hatte. Ein großer Baum im Park bildet mit seinen Ästen einen richtigen Saal, prächtiger als alle Königssäle. Dieser Baum hat nicht abgedankt. Auf dem umliegenden Land weisen einige Schilder auf die Kultivierung der Sieglinde hin; der wagnerianische Name bezeichnet eine besondere Kartoffelsorte.

30.

Carnuntum

Zwischen den Ruinen dieser römischen Stadt schrieb – als diese noch weit davon entfernt war, eine Ruinenstadt zu sein – Marc Aurel das zweite Buch seiner *Selbstbetrachtungen*. »Meine Vaterstadt, mein Vaterland ist für mich, den Antonius, Rom, für mich als Mensch aber ist es das All.« Marc Aurel konnte römischer Kaiser sein und dieses Schicksal, diese Verantwortung, wie sie ihm zugeteilt worden, ohne Eitelkeit oder Ruhmsucht annehmen, und zugleich Weltbürger, der jedem anderen Menschen auf dieser Erde, sogar jeder lebenden Kreatur des Universums gleichgestellt war, wie diese einbezogen in den unaufhörlichen Fluß, die ewige Verwandlung der Dinge, und bereit, seine Lebensbahn ohne Murren zu durchlaufen. Er war sich seiner Stellung als der »eines Staatsbürgers, eines Römers, eines Herrschers, der sich selbst seinen Posten zugewiesen hat«, durchaus bewußt, er wußte wie ein Soldat eine Mauer zu erstürmen, ohne sich zu schämen, wenn er die Mauer nicht allein zu überschreiten vermochte, sich dabei helfen zu lassen; und wußte gleichzeitig um die Gleichheit und Gleichberechtigung aller Menschen, weswegen der Sieger über die Sarmaten wie jeder, der tötet, zwangsläufig auch ein Mörder sein mußte.

Der römische Kaiser war ein großer Schriftsteller und ein großer Lehrer. Er war fromm, herzlich und rücksichtsvoll gegenüber dem Leben und trieb gleichwohl keine Idolatrie, da er wußte, daß es nur

»Meinung« ist. Er kämpfte mit den Quaden und den Markomannen und stieß mit seinen Legionen bis zur Porta Hungarica vor, in jenes Gebiet zwischen den Flüssen March und Leitha, wo er die Invasionswellen der Barbaren noch einmal zurückdrängte, bevor sie jahrhundertelang Europa überfluteten. Er verteidigte das Imperium, doch ließ er sich nicht von dessen Pathos hinreißen, gestattete sich nicht – wie er selbst sagte – sich zu verkaisern, da er erkannt hatte, daß es nur seine Pflicht und nicht irgendein absoluter Wert war. »Asien, Europa«, schrieb er, »zwei Winkel des Kosmos«.

Er pflegte die letzten und wesentlichen Dinge; er wußte, daß eine Person aus den Werten besteht, an die sie glaubt und die ihrem Gesicht das Siegel ihrer Nobilität oder Vulgarität aufdrücken; die Seele, so bemerkt er, erhalte die Färbung der Bilder, die sich in ihr formten, und der Wert eines jeden habe einen unmittelbaren Bezug zu den Dingen, denen man jeweils Bedeutung zumesse. Vielleicht ist dies einer der größten Geistesblitze gewesen, wie das Wesen eines Menschen zu erkennen, wie der Schlüssel zu seiner Geschichte und zu seiner Natur zu finden sei: wir sind das, woran wir glauben, die Götter, die wir in unserem Geist beherbergen, und diese erhabene oder abergläubische Religion prägt uns ihr unauslöschliches Zeichen ein, prägt unsere Züge, unsere Gesten und Handlungen, wird zu unserer Art, unserem Sein.

Wenngleich überzeugt von der Einheit des Universums in all seinen unaufhörlichen Aus- und Umformungen, wollte Marc Aurel doch keineswegs zulassen, daß die Aktivität des Geistes – so als wäre diese nur eine physiologische Sekretion des Gehirns – mit dem Prinzip des Lebens verwechselt würde, sondern war der Ansicht, daß sich der Geist zu einem Urteil über ebendieses Universum erheben solle, dessen vorübergehender Bestandteil er sei; andererseits fehlte ihm gewiß nicht das großartige intellektuelle Vertrauen in die Materie, aus der das Leben besteht, und die animalischen Vereinigungen, die es erzeugt, die »Reibung eines Darms und Aussonderung von etwas Schleim unter Zuckungen«.

Der gelassene Kaiser, der sich darüber freute, keine Probe seiner Männlichkeit gegeben zu haben, bevor die Zeit dazu reif gewesen sei, fürchtete – im Gegensatz zu seinen sehr viel späteren habsburgischen Nachfolgern, deren Reich und Krone ebenfalls als römisch bezeichnet wurden – keineswegs die Veränderung; denn nichts kann sich ereignen, ohne daß es zu Veränderungen käme. Eingedenk der

wichtigen platonischen Unterscheidung zwischen Rhetorik und Philosophie, dankte der Herrscherphilosoph seinem Lehrer Rusticus, daß er ihm seine Aversion gegen Rhetorik und Dichtung, gegen eine geschliffene Sprache vermittelt habe. Marc Aurel will die Wahrheit; für ihn ist die Dichtung Lüge. Als Leser von Saba ist es einfach, ihn zu widerlegen und jene Wahrheit zu zeigen, welche die Poesie erreichen kann und die sich nicht nur der Literatur oder der Rhetorik, sondern auch der Philosophie entzieht.

Marc Aurel wußte wohl nicht, daß er ein großer Dichter war, weshalb er auch den Göttern dafür dankte, »daß ich mich nicht zu den Schriftstellern verirrte«. Seine Poesie ist die des moralischen Ichs, sie widersetzt sich einer anderen Poesie, der phantastischen Auflösung aller logischen und ethischen Fesseln, wie sie derjenige anstrebt, der von der göttlichen *mania* der Musen erfüllt ist; sie widersetzt sich jener Dichtung, die dem Gesang der Sirenen lauscht und sich sehnt nach der Speise der Lotophagen. In diesem Sinn ist der Kaiser, der sich in das abgelegene Pannonien begibt und weit entfernt von Rom in Vindobona stirbt, ein Sitzender – wie Gadda sagen würde –, der mit geduldiger Konsequenz seine eigentliche Persönlichkeit geformt hat; die Dichternomaden, Baudelaires *vrais voyageurs*, irren umher ohne Ziel, machen beliebige Erfahrungen und verlieren dabei absichtlich ihre besondere persönliche Identität, sie verlieren sich, lösen sich auf im Nichts.

Die unerschrockene Reise Marc Aurels zur Bildung des eigenen Ichs widerlegt diejenige Rimbauds nicht, die auf Zersetzung, auf das Verschwinden seiner selbst zielt. Vielleicht jedoch wollte der Kaiser ganz einfach sagen, daß der Philosophie das Denken und die Welt genügten, die Redekunst hingegen der poetischen Handbücher, Nachschlagewerke, Bibliotheken bedürfe, die immer mit sich zu schleppen nicht so angenehm ist. Und gerade hier in Carnuntum – als wollte er die zukünftigen Donaureisenden ermahnen, die so übermäßig mit Büchern und Bibliographien bepackt sind, daß sie sie nur noch wie eine Litanei herbeten können, als Stecken und Stab ihrer Eitelkeit – schreibt Marc Aurel im Hinblick auf die Leere des Geschriebenen: »Den Durst aber nach den Büchern wirf weg, damit du nicht murrend stirbst...«

31.

Eine Minderheit, die sich assimilieren will

Eisenstadt liegt bereits jenseits der Leitha, welche die Grenze zum Königreich Ungarn markierte, und gehörte somit zu Ungarn. Hier beginnen die pannonische Trägheit, die niedrigen Häuser in der Ebene wie schlaftrunkene Augenlider, die Storchennester auf den Dächern von Illmitz, Binsen und Pfahlrohr vom Neusiedler See, Dächer aus Stroh und Lehm, die ockergelbe Farbe am Palast der Esterházy, die sich in allen Ländern der ungarischen Krone findet. Im Burgenland, dessen Hauptstadt Eisenstadt ist, regieren heutzutage keine Feudalherren mehr, sondern der Landeshauptmann Theodor Kery, genannt der »Landesfürst« wegen seiner magyarisch-patriarchalischen Art, in der er das Burgenland regiert; er gewährt seltener Audienzen als früher die Fürsten, er unterbindet Diskussionen mit der Feststellung »Ich irre mich nie«, und an seinem Geburtstag wird er gefeiert wie ein gekröntes Haupt.

Kery, der die Gerüchte um sein angeblich blaues Blut mit Vergnügen fördert und vor einiger Zeit das Interesse der Staatsanwaltschaft wegen einer Straße auf sich zog, die geradewegs zu seiner Villa führte und mit öffentlichen Mitteln finanziert wurde, ist Sozialist und steht, wie man sagt, dem Bundeskanzler Sinowatz politisch nahe. Auch Sinowatz stammt aus dem Burgenland und ist kroatischer Herkunft; seine Person scheint das Schicksal seiner Landsleute – der kroatischen Minderheit und ihrer zunehmenden Assimilation – zusammenfassend und exemplarisch wiederzugeben. Die Kroaten leben in diesem Gebiet seit 450 Jahren und scheinen immer mehr zu verschwinden; bei der nächsten Zählung, so rechnet Martin Pollack, werden es voraussichtlich nur noch 10000 sein.

Während fast überall in Europa das Selbstbewußtsein kleiner Völker erwacht und Minderheiten wie etwa die Basken, die Korsen, die Albanier von Kosowo hartnäckig und bisweilen sogar aggressiv sich ihrer eigenen Identität versichern, beschleunigen die Kroaten des Burgenlandes ihre Assimilation. So wie die Slowenen in Kärnten kämpferisch ihre Forderungen nach ethnischer Selbstbestimmung vertreten, so scheinen die Kroaten, wie Martin Pollack in seiner Untersuchung feststellt, am eigenen Aussterben mitzuwirken.

Die kroatischen Ortsnamen verschwinden nach und nach und werden hauptsächlich noch in den Kirchen beibehalten, etwa auf den Hinweistafeln für die Meßzeiten in der Gemeinde Hornstein/Vorištan. Josef Vlasits, Gymnasiallehrer in Eisenstadt und Mitglied der Burgenländischen Nomenklaturkommission, hebt das geringe Interesse der kroatischen Minderheit an ihrer Sprache hervor, und Fritz Robak, der frühere Bürgermeister der gemischtsprachigen Gemeinde Steinbrunn/Štikapron und Vorsitzender der Konferenz der Bürgermeister und Vizebürgermeister der kroatischen und gemischtsprachigen Gemeinden, versichert, daß man die Sprache wechseln könne, wie man die Religion oder die Partei wechselt; er erzählte Pollack, daß er um die Mitte der siebziger Jahre Tito vergeblich zu überzeugen versucht habe, daß die Kroaten keine gewaltsame Assimilation erführen, sondern im Gegenteil diese selber wünschten.

Robak ist Sozialist, und vielleicht gefällt ihm diese Tendenz, da die kroatischen Bauern bei ihrer Eindeutschung sich auch von ihrem traditionellen Katholizismus abkehren. »Da«, so äußerte er sich gegenüber Pollack mit zufriedener Miene, indem er auf die Landkarte zeigte, »Kroatisch Tschantschendorf, früher gab's nur Krowodn, heute gibt's keinen einzigen mehr.«

Einige junge Kroaten versuchen, anders auf diese Entwicklung zu reagieren und zu dem Kroatisch ihrer Großeltern zurückzukehren – die typische Rückwendung der dritten Generation, wie sie übrigens auch für die Wiederentdeckung des Judentums durch junge Juden zur Zeit Kafkas in Prag charakteristisch gewesen ist. Ihre Eltern hingegen hatten den Wunsch, daß das Kroatische in den Schulen abgeschafft würde, so daß die Kinder besser Deutsch lernen und sich somit besser in die österreichische Gesellschaft integrieren lassen würden; das Kroatische sollte demnach höchstens als Dialekt weiterleben. Traurig? Professor Josef Breu verneint die Frage mit einem hegelianisch-goethischen Pathos der Verwandlung: »Die Welt ist nun einmal ständig in Bewegung; wenn immer alles gleichbliebe, dann würden wir heute noch Keltisch sprechen…«

32.

Wo Haydn ist, kann nichts geschehen

Eisenstadt ist die Stadt Haydns, der Ort seines Grabes sowie eines Museums, in dem man anhand von Erinnerungsstücken seinen Lebenslauf verfolgen kann. Das *Wienerische Diarium* vom 18. Oktober 1766 bezeichnet seine Musik als »ein reines und helles Wasser«, auch wenn es sie – im Glauben, ihr damit größte Ehre zu erweisen – mit der Poesie Gellerts vergleicht, der heute fast nur noch Germanistikprofessoren bekannt ist. Haydn ist vielleicht eine der letzten – oder einfach eine der ganz seltenen? – Manifestationen einer ungebrochenen harmonischen Totalität, einer Schöpfung ohne Schatten. Eines seiner Vokalquartette, dessen Manuskript in dem Museum ausgestellt ist, trägt den Titel *Der Alte*; wie das Lied vom »Lieben Augustin« oder der Epitaph von Sauter oder auch die Heiterkeit des armen Spielmanns hat dieses Stück die kristalline Ruhe des Abschieds. »Hin ist alle meine Kraft, / Alt und schwach bin ich... (...) Der Tod klopft an meine Thür / unerschreckt mach' ich ihm auf, / Himmel, habe Dank! / Ein harmonischer Gesang / war mein Lebenslauf.« Diese Gewißheit ermöglichte es dem Komponisten, die französischen Kanonen während der Belagerung Wiens nicht zu fürchten und mit kindlich-naivem Vertrauen auch die anderen zu beruhigen. Wo Haydn ist, kann nichts geschehen, sagte er mit einer Sicherheit, die zugleich die eines vollkommen freien und gelösten Menschen ist: eines Menschen, der – wie Freud schreibt – unbewußt weiß, daß nichts ihn bedrohen kann.

33.

Dunkler und ruhmreicher

Noch ein Aufenthalt in Wien. Einsamkeit und zugleich Vertrautheit. »Erinnere Dich an das Gefühl der unendlichen Entfernung in dem Gasthof inkognito«, schreibt D'Annunzio in Wien am 10. April 1900 anläßlich der österreichischen Erstaufführung der *Gioconda*, die

von der Duse gespielt wurde. Dieses Gefühl einsamer Intimität gleicht dem Gefühl, nach Hause zurückzukehren, in ein Zuhause, das sich allerdings in den Jahren der Abwesenheit verändert hat.

Eine Identität besteht auch aus den Orten und Straßen, wo wir gewohnt und einen Teil von uns zurückgelassen haben. Die Karte des Monte Nevoso mit den Namen der Waldwege und Lichtungen ist auch ein Porträt von mir, ein Bild dessen, was ich erlebt habe und was ich bin. Bisweilen können solche Orte geradezu atavistisch sein, aus einer platonischen Anamnese der Seele hervorgehen, die sich darin wiedererkennt. Wien ist einer dieser Orte, in denen ich das Bekannte und Vertraute wiederfinde, den Zauber der Dinge, die – wie die Freundschaft oder die Liebe – mit der Zeit immer neuer werden. Vielleicht entstammt diese Vertrautheit Wiens seiner Funktion als Kreuzweg, einem Ort der Abreise und Rückkehr von berühmten und unbekannten Menschen, welche die Geschichte zusammenführt, um sie wieder zu zerstreuen; ein verwirrendes Provisorium, das unser Schicksal ist.

So ist die Stadt ein einziges großes Café, ein Ort methodischer Gewohnheiten, eines zufälligen Kommens und Gehens. Sie erinnert auch an den Tod, an das endgültige Verlassen des Cafés; sie führt jeden – wie jene Figur von Roth – in die Kapuzinergruft, damit er begreift, was der Tod bedeutet. Nicht einmal hier findet sich eine Antwort. Während ich die Gräber der Kaiser betrachte, fällt mir ein Passus aus einem unveröffentlichten Manuskript ein, das ich kürzlich gelesen habe. Darin erzählt die Autorin, wie sie als Kind aus der Fassung geriet, als sie der Religionslehrer fragte, was der Tod sei, und auf ihr Schweigen hin erklärte: »die Trennung der Seele vom Körper«. Das kleine Mädchen war enttäuscht, weil es sich, ohne es genauer erklären zu können, etwas vorgestellt hatte, was »dunkler und ruhmreicher« wäre. Das Kind dachte gewiß an einen anderen Ruhm, nicht an den dieser majestätischen Gräber und sicherlich auch nicht an jenen, den ein habsburgischer Beamter einem Schriftsteller versprach, als dieser sich darüber beklagte, so gänzlich unbekannt zu sein: »Warten Sie, bis Sie sterben, und dann werden Sie sehen – dann werden Sie gewiß berühmt werden.«

Burgen und Drevenice

1.

Zum roten Krebs

Bratislava. In der alten Apotheke *Zum roten Krebs* in der Michalskástraße zeigt ein Deckenfresko im Vorraum den Gott der Zeit. Die Arzneien und Mixturen, die ihn wie eine stumme Herausforderung umgeben, und das vor ihm aufgeschlagene gelehrte Buch sind ein Versprechen, seine Macht einzudämmen, ihm den Zutritt zu verwehren. Jener Laden aus dem 18. Jahrhundert, der heute in ein Museum umgewandelt ist, weckt den Anschein einer symmetrisch geordneten militärischen Parade, die Darstellung eines ebenso diskreten wie mutigen Krieges gegen den Gott Chronos. Die kobaltblauen, hellblauen, smaragdgrünen Vasen, die mit Blumenzeichnungen und Bibelversen verziert sind und eine neben der anderen in den Regalen stehen, ähneln den Reihen der Zinnsoldaten in den Schaukästen, die den Verlauf berühmter Schlachten rekonstruieren; die Tinkturen und Salben, die Melissenöle, die allopathischen Heilmittel, die Abführ- und Brechmittel stehen in Reih und Glied bereit, je nach strategischen Erfordernissen auf die Attacken des Feindes zu reagieren. Sogar die Etiketten erinnern mit ihren Abkürzungen an militärische Abzeichen: Syr., Tinct., Extr., Bals., Fol., Pulv., Rad.

Die Kunst der Apotheker sucht der Schäden, welche die Jahre anrichten, Herr zu werden, den Körper und das Gesicht wiederherzustellen, wie man die Fassade eines alten Gebäudes restauriert. In diesem kleinen Museum fühlt man sich wohl, trotz des heißen Sommertages ist es ruhig und kühl wie in einer Kirche oder unter der Laube einer Wirtschaft; man erfreut sich einer diskreten, sanften bürgerlichen Intimität, während man die Destillierkolben eines alchemistischen Laboratoriums betrachtet, die Büste von Paracelsus, die an dessen Tätigkeit in Bratislava erinnert, die Gefäße mit Eisenhut und Zimt, die Dokumente über die Arzneikunst in der Renaissance und in der Aufklärung, die Holzstatue der heiligen Elisabeth, Schutzpatronin der Apotheker in der Barockzeit.

Dieses Museum der Linderungen aller Wunden, die die Zeit schlägt, ist auch eines der Geschichte: Geschichte als der weltliche Zugriff der Zeit, als Instrument des Werdens und der Zerstörung,

und zugleich als ihr Heilmittel, als Erinnerung und Errettung all dessen, was gewesen ist, vor dem Verschleiß und dem Vergessen. Neben der deutschsprachigen Zeitschrift des österreichischen Apothekerverbandes liegen im Regal das Handbuch der *Pharmacopea Hungariae*, ein voluminöser Band, die *Taxa Pharmaceutica Posoniensis* von Ján Justus Torkos, die 1745 in vier Sprachen – Lateinisch, Slowakisch, Ungarisch und Deutsch – in Bratislava erschien. Diese Stadt, die Hauptstadt der Slowakei, ist ein Zentrum jenes Mitteleuropas, das wie die Gesteinsablagerungen vergangener Zeitalter stets Gegenwart bleibt: Risse und ungelöste Konflikte, nicht vernarbte Wunden, unversöhnte Widersprüche. Das Gedächtnis ist auf seine Weise eine Heilkunst, sie bewahrt die Wundmale und die Leidenschaften, die sie verursacht haben, hinter Glas.

Die Wissenschaft des Vergessens, die Methode, die Ereignisse zu den Akten zu legen und zu archivieren, ist in Mitteleuropa unbekannt. Jenes viersprachige pharmazeutische Handbuch und das Adjektiv »Posoniensis« in seinem Titel erinnern mich daran, daß wir auf dem Gymnasium einmal unter Freunden die Vorteile eines jeden für die jeweiligen Namen diskutierten: Bratislava, der slowakische, oder Preßburg, der deutsche Name, oder schließlich Pozsony, der ungarische Name, abgeleitet von Posonium, dem alten Vorposten der Römer an der Donau. Der Zauber dieser drei Namen strahlte die Faszination einer aus verschiedenen Nationalitäten gemischten Geschichte aus, und in der Vorliebe für den einen oder anderen Namen drückten sich auf kindliche Weise Grundhaltungen gegenüber dem Weltgeist aus: die instinktive Hinwendung zu einer großen und mächtigen Kultur, die – wie die deutsche – große Geschichte gemacht hat; die romantische Bewunderung für die Taten eines rebellischen, ritterlichen und abenteuerlustigen Volkes wie das der Magyaren; oder aber die Sympathie für das Kleine und Verborgene, für die kleinen Völker, die wie die Slowaken über lange Zeit unbemerkt ihr Substrat ausbilden wie ein bescheidener und fruchtbarer Boden, der jahrhundertelang auf den Augenblick seiner Blüte wartet.

In Bratislava, das in der Vergangenheit für seine geschickten Uhrmacher und Uhrensammlungen berühmt gewesen ist – letztere befinden sich im Museum der Židovskástraße –, spürt man die gebieterische Gegenwart von konfliktreichen Epochen. Die Hauptstadt eines der ältesten slawischen Völker ist über zwei Jahrhunderte

die Hauptstadt des ungarischen Reiches gewesen, als dieses nach der Schlacht von Mohács im Jahre 1526 fast vollständig von den Türken besetzt war; nach Bratislava kamen die Habsburger, um sich die Krone von Sankt Stefan aufzusetzen, und die junge Maria Theresia präsentierte sich nach dem Tod ihres Vaters Karl VI. mit ihrem gerade geborenen Sohn Joseph auf dem Arm, um die ungarischen Adligen um Hilfe zu bitten. In der Stadt zählte damals nur das dominante ungarische Element oder höchstens noch das österreichisch-deutsche; der bäuerlich-slowakischen Bevölkerung wurde weder Würde noch Bedeutung zugestanden.

Vor 1918 betrachteten die Wiener Bratislava gewissermaßen als eine liebenswerte Vorstadt, die man in weniger als einer Stunde erreichen konnte, um sich an den berühmten Weißweinen gütlich zu tun, deren Tradition schon zu Zeiten des Großmährischen Reichs im 9. Jahrhundert blühte und die unter dem Patronat des heiligen Urban, des Schutzheiligen der Weinbauern, gedeihen. Geht man heute durch die Stadt, an bezaubernden Barockpalästen und verlassenen Winkeln vorbei, so entsteht der Eindruck, daß die Geschichte im Vorübergehen hier und da manche Dinge vergessen hat, die noch voller Leben und Blüte sind. Ladislav Novomeský, der größte slowakische Dichter des 20. Jahrhunderts, spricht in einem seiner Gedichte von einem Jahr, das wie ein Schirm im Café vergessen wurde. Doch die Dinge treten ans Tageslicht, und die Schirme unseres Lebens, die wir irgendwo haben stehenlassen, befinden sich früher oder später wieder in unserer Hand.

2.

Wo unsere Burgen sind

Einen Essay mit diesem Titel hat Vladimir Mináč im Jahre 1968 geschrieben. Der Hrad erhebt sich mit seinen mächtigen Türmen und seiner kräftigen Symmetrie oberhalb von Bratislava: eine gewaltige Festung, welche die unverbrüchliche Treue des Wachpostens mit märchenhafter Ferne verbindet. Die Slowakei ist übersät mit Burgen, Festungen, Adelssitzen; uneinnehmbaren Kastellen auf Hügeln oder auf Bergeshöhen, mit verschnörkelten Türmen, die, obwohl sie echt sind, an Disneyland erinnern, herrschaftlichen Wohnsitzen

neben gedrungenen, meist ockerfarbigen Bauwerken, die allmählich zu den etwas familiäreren Ausmaßen großer Bauernhäuser übergehen.

Diese Burgen aber, scheint Mináč sagen zu wollen, befinden sich anderswo, in einer anderen Geschichte, die nicht die der Slowaken ist. Zum überwiegenden Teil waren es ungarische Herren, die an diesen Orten residierten. Für die slowakischen Bauern gab es die *drevenice*, Hütten oder kleine Häuser aus Brettern, die mit Stroh und getrocknetem Mist verputzt wurden. Im Schloß Oravaský Podzámok im Oravatal sieht man auf einem Bild die weiße Hautfarbe und die dicken Hände des Celsissisimus Princeps Nicolaus Esterházy, während die Hände der Bauern im Dorf unterhalb des Schlosses noch heute die Farbe der Erde haben, knotig und ausgetrocknet sind wie die Wurzeln der Bäume, die sich ihren Weg zwischen den Steinen bahnen. Die Verschiedenheit der Hände symbolisiert die Geschichte dieser Menschen; über Jahrhunderte sind die Slowaken ein unbeachtetes Volk gewesen, ein dunkler Nährboden ihres Landes, ein Stoff ähnlich jenem aus Stroh und getrocknetem Mist, der die *drevenice* zusammenhält. Wir haben keine Geschichte, schreibt Mináč, sofern diese aus Königen, Kaisern, Herzogen, Fürsten, Siegen, Eroberungen, Gewalttaten und Raubzügen besteht. In einem Gedicht von Petöfi, dem ungarischen Nationaldichter, wird der Slowake – und zwar ohne Boshaftigkeit – als ein Kesselflicker mit roter Nase und verschlissenem Mantel beschrieben.

Jene Völker aber, die in der Auffassung des 19. Jahrhunderts als »geschichtslose Nationen« galten – fast als wären es mythische Gemeinschaften, welche die Natur für alle Zeit zu bäuerlichen und subalternen Lebensbedingungen bestimmt hätte –, waren Nationen, die aufgrund militärischer oder politischer Niederlagen ihrer herrschenden Klasse beraubt worden waren. Mináč weist polemisch auf die Rolle hin, welche die Slowaken bei dieser Aufbauarbeit gespielt haben, die geduldig und im verborgenen verrichtet wurde und keine destruktive Gewalt gegenüber anderen Völkern gekannt hat, aber über lange Zeit eine Angelegenheit der Verlierer gewesen ist. 1848, als sich revolutionäre Hoffnungen über ganz Europa verbreiteten, richteten die Slowaken an ihre ungarischen Herrscher – und in Auflehnung gegen die Habsburger – die sogenannten Aufrufe von Liptovský Mikuláš, die Forderung nach grundlegenden nationalen Rechten, welche die magyarischen Behörden mit Verhaftungen und

harten Repressionsmaßnahmen beantworteten, während andererseits die Österreicher, nachdem die 48er Revolution niedergeschlagen worden war, sich mit den Ungarn auszusöhnen suchten und ihnen die Slowaken vollkommen überließen. Deren Schicksal war das massiver Unterdrückung, insbesondere seit der Gründung der Doppelmonarchie im Jahre 1867; sie wurden – namentlich durch das ungarische Gesetz von 1868 – praktisch als eine folkloristische Gruppierung innerhalb des ungarischen Volkes angesehen, ihre Identität wurde verleugnet, ihre Sprache abgelehnt, ihre Schulen wurden verboten, ihre Forderungen blutig unterdrückt, der soziale Aufstieg sowie jegliche parlamentarische Vertretung verhindert. Die Ziffern, die L'udovít Holotík in einer seiner Studien wiedergibt, belegen die wirtschaftliche Dominanz der Ungarn, welche die Slowaken auf den Bereich des ländlichen Lebens zurückdrängten und ihnen jegliche kulturelle Ausformung, jede Art von kapitalistischer Tätigkeit und somit auch die Bildung einer bürgerlichen Klasse außerordentlich erschwerten, was zu großen Auswanderungswellen insbesondere nach Amerika führte. Vor allem die Kirche, die evangelische wie auch die katholische, war es, welche die Interessen der slowakischen Nation wahrnahm, Schulen gründete und die obskure, verachtete slowakische Sprache verteidigte.

Das Sprachproblem schuf auch innerhalb der slawischen Gemeinschaft und für deren Emanzipation erhebliche Probleme. Einige Tschechen – es waren Tschechen, die an der Spitze des Austroslawismus standen – forderten das Tschechische als Schriftsprache auch für die Slowakei zugunsten der Einheit und der Wirksamkeit der Bewegung, wodurch dem Slowakischen der Rang eines eindeutig untergeordneten Heimatdialekts zugeschrieben wurde. Auch Ján Kollár, der große slowakische und tschechisch assimilierte Intellektuelle, bekräftigte diese von seinen Landsleuten mißbilligte Position, die darin das Ende ihrer Identität sahen und dagegen die Autonomie ihrer Sprache forderten und deren Varianten und Verwendungsmöglichkeiten diskutierten.

Diese Spannungen, die noch heute in der Rivalität zwischen Tschechen und Slowaken lebendig sind, unterminierten die Einheit der slawischen Renaissance und insbesondere die des Austroslawismus. Auf der einen Seite betrachteten sich die Slowaken – gerade wegen ihrer Isolierung, eben weil die archaische Physiognomie ihrer Nation unverändert geblieben war – als eine der ursprünglichen und

authentischen Geburtsstätten des slawischen Volkes und dessen alter einheitlicher Kultur und empfanden daher besondere Affinität zu anderen slawischen Bauernvölkern wie etwa den Ruthenen oder Slowenen. Bereits im 18. Jahrhundert rühmte Jan Baltazár Magin in seiner *Apologia*, die auf lateinisch die Verleumdung von Michael Bencsik, Professor an der Universität von Trnava, zurückwies, jene vollkommene ursprüngliche Reinheit. Ján Kollár hat diese übertriebene Slawophilie in seinem Gedicht *Die Tochter von Slawa* von 1824 zum Ausdruck gebracht. Dieser slawophile Messianismus verbreitete sich in der Slowakei früher und mit größerem Erfolg als unter den Tschechen.

Derartige Gärungsprozesse zeichneten sich in verschiedenen, teils auch entgegengesetzten Entwicklungen ab. Ein möglicher Ausweg war der philorussische Panslawismus, ein anderer der Austroslawismus, letzterer wurde beispielsweise von einem so kämpferischen Führer wie Milan Hodža vertreten, der den trialistischen Ideen Franz Ferdinands nahestand. Wenn aber der Austroslawismus, zu dem sich auch die Tschechen bekannten, bei diesen die Hoffnung auf eine bedeutende Stellung in der herbeigesehnten zukünftigen Reichsordnung weckte, so konnten die Slowaken, die einer jahrhundertelangen Magyarisierung unterzogen worden waren und sich erheblich von den Tschechen unterschieden, in diesem Projekt nur schwerlich eine Lösung ihres Minderheitenproblems erblicken. Štur, der Dichter und revolutionäre Patriot von 1848, schrieb gegen Ende seines Lebens das Buch *Das Slawentum und die Welt der Zukunft*, das im Jahre 1869 postum auf russisch veröffentlicht wurde und bereits das Ende des Habsburgerreiches voraussagte.

Die slowakische Literatur, sagt mir Stanislav Šmatlák, Essayist und Mitglied der Akademie der Wissenschaften, ist die Anklägerin der Weltgeschichte gewesen, eine Belastungszeugin ihres »verzehrenden Hauches«, wie sie Nietzsche genannt hat. In einem seiner Essays, der anläßlich des Prager Friedenskongresses geschrieben worden ist, beschreibt Šmatlák diese schmerzvolle pazifistische Tradition als roten Faden, der seiner Ansicht nach die gesamte Literatur seines Landes durchzieht, von der *Gentis Slavonicae lacrimae, suspiria et vota* von Jakub Jakobeus aus dem Jahre 1645 oder auch dem *Desiderium aureae pacis* von Michal Institoris von 1633 – zwei Werke, welche die Tragödien des Krieges betrauern und anklagen –

bis hin zu den *Blutigen Sonetten* aus dem Schicksalsjahr 1914 von Hviezdoslav, einem der Väter der Nationaldichtung, dessen Standbild auf dem Platz beinahe jeder Stadt oder Kleinstadt zu sehen ist.

Auch in der neueren Literatur tauchen diese Themen auf: Mihálik widmet ein Gedicht den Träumen der Dienstmädchen, die Verse von Válek sprechen vom Leben einer alten Großmutter, von einem Lebensrhythmus, der skandiert wurde wie durch das Knallen einer Peitsche, von einer weiten Ebene, durchquert von herrschaftlichen Kutschen, deren Furchen sich mit blutigem Schweiß füllen. František Švantner, ein kraftvoller und fruchtbarer Erzähler, beschreibt in seiner großartigen Erzählung *Der Priester* das dunkle und ungewisse Erwachen eines ethisch-politischen Bewußtseins (während des nationalen antifaschistischen Aufstands von 1944), das sich nach und nach aus einem jahrhundertelangen und nur in Wiederholungen ablaufenden bäuerlichen Leben zu entwickeln beginnt: aus einem Leben, das vollkommen an die Jahreszeiten gebunden ist, an das Land, an den landwirtschaftlichen Kreislauf. Eine Erzähltrilogie von Vincent Šikula gibt die Geschichte seiner Nation aus einer anderen Perspektive wieder, nämlich von unten, aus der Sicht der im Dunkeln gebliebenen, unterdrückten Klassen; und auch *Die tausendjährige Biene* von Peter Jaroš, ein Roman, der dank des bei den Festspielen 1983 in Venedig gezeigten Films Berühmtheit erlangt hat, ist die Geschichte einer Maurerfamilie aus der Gegend von Liptov.

Die Geschichte dieser Völker ist nicht einfach gewesen; auf einem Wappen, das im Stadtmuseum von Bratislava aufbewahrt wird, erscheinen unter dem habsburgischen Doppeladler die Worte: »sub umbra alarum tuarum«, unter dem Schatten deiner Flügel; doch unterstanden die Slowaken nicht der toleranten und korrekten österreichischen Administration, die häufig von den slawischen Völkern geradezu mythisch verklärt wurde, sondern der ungarischen und stark nationalistisch gesinnten Verwaltung. Die panslawische Ideologie oder die Forderung nach einer eigenen archaischen Ursprünglichkeit erklären sich aus der Notwendigkeit, sich mittels einer mythischen Rückbesinnung auf eine unzerstörbare Existenz gegen die Macht und gegen eine von der Macht faszinierte Kultur zu verteidigen, die Würde und Zukunft denjenigen abspricht, die bis zu diesem Zeitpunkt im Schatten gestanden haben.

Die Philosophen, die im vergangenen Jahrhundert den zwingenden Gesetzen des historischen Werdens nachforschten, waren den

kleinen Nationalitäten gegenüber, wie es viele unter den Slawen gab, weder besonders mitfühlend noch optimistisch hinsichtlich ihrer Entwicklung. Wer sich allzusehr von der »großen Welt« der Politik begeistern läßt, tendiert häufig dazu, die Tatsache zu vergessen, daß auch das Große klein gewesen ist, daß für jeden die Stunde des Aufstiegs und des Niedergangs schlägt und auch für Minderheiten der Augenblick kommt, da sie wieder das Haupt erheben.

Doch muß das kleine Volk sich von der Verachtung und Mißachtung der großen Völker – denen es vielleicht bestimmt ist, binnen kurzem zur Unbedeutendheit herabzusinken – zu befreien suchen, muß sich ebenfalls von seinem eigenen Komplex der Minderheit befreien, von dem Gefühl, fortwährend diesen Eindruck berichtigen oder widerlegen oder die Zeichen umkehren und die Minderheit als Merkmal der Auserwähltheit feiern zu müssen. Wer über längere Zeit die Rolle einer Minderheit zu spielen gezwungen war und alle seine Kräfte auf die Selbstbehauptung und Verteidigung seiner Identität wenden mußte, neigt dazu, derartige Verhaltensweisen auch dann hervorzukehren, wenn sie nicht mehr notwendig sind. Sich selbst zugewandt, auf die ständige Bekräftigung der eigenen Identität konzentriert und darauf bedacht, daß die anderen ihr den gebührenden Respekt bezeugen, läuft man Gefahr, alle seine Energie dieser Verteidigung zu widmen, den Horizont seiner Erfahrungen zu verengen und es in seinen Beziehungen zur Welt an Souveränität fehlen zu lassen.

Kafka, der gleichwohl vom Leben im jüdischen Getto und von dessen Literatur fasziniert war, hat mit Entschiedenheit und mit Betrübnis festgestellt, daß ein Dichter jedwede Literatur eines kleinen Volkes meiden müsse, da dieses, gezwungen, sich gegen äußere Einflüsse zu verteidigen, in dieser Abgrenzung alle seine Lebenskraft erschöpfe und keinen großen Schriftsteller ertragen könne. Kafka, schreibt Giuliano Baioni, wird ganz bewußt jener große Schriftsteller, den die Literatur einer unterdrückten Minderheit, die auf die Verteidigung der eigenen nationalen und kulturellen Identität abzielt und die sich positive, trostspendende Stimmen wünscht, ablehnen muß; denn jener Schriftsteller schafft eine Leere um sich herum, bewirkt Risse, bedroht den Zusammenhalt einer kleinen Gemeinschaft.

Der Schriftsteller ist nicht Familienvater, sondern der Sohn, der aus dem Haus gehen und seinen eigenen Weg finden muß; er erweist

sich dann als treu gegenüber seinem kleinen, unterdrückten Vaterland, wenn er dessen Wahrheit bezeugt, wenn er dessen Unterdrükkung auf sich nimmt und zumindest erleidet, und sie zugleich in aller notwendigen unerbittlichen Distanz, wie sie jeder Kunst und jeder befreienden Erfahrung eignet, transzendiert. Auch heute noch muß sich das Verhältnis zwischen Tschechen und Slowaken aus jener Spirale des gegenseitigen Mißtrauens und Argwohns befreien, aus dem Schatten alter Vorurteile heraustreten, müssen das Gefühl der Überlegenheit auf der einen, aber auch die fortwährenden Ressentiments auf der anderen Seite abgelegt werden.

Die lebendigere slowakische Kultur demonstriert diese Freiheit und vermag auch, gerade weil sie ihre bezaubernde Heimat so sehr liebt, deren Mangel und Armut hervorzukehren. 1924 beklagt der Essayist Štefan Krčméry, daß es aufgrund der Beschränktheit der politischen Bedingungen und des sich daraus ergebenden begrenzten Erfahrungshorizontes so schwierig sei, einen slowakischen Gesellschaftsroman zu schreiben. Ungeachtet des bedrückenden Polizeiregimes gewinnt man heute den Eindruck, daß sich die Menschen dieses Landes ihre Geschichte wieder angeeignet haben oder zumindest dabei sind, es zu tun. Es ist, als ob der Stil der staatlichen und herrschaftlichen Gebäude, der österreichisch-ungarische Stil, der die slawische Ebene mit ihren nur einstöckigen Bauernhäusern überragt, nach und nach mit diesen verschmelzen und sie nicht mehr durch ihre Größe und Pracht erdrücken würde. Das Schloß von Pezinok, der alten unabhängigen, nur dem König untergebenen Stadt, die von Weinbergen umgeben ist, geht unmerklich in die Bastion über, wo sich eine ländliche *vinarna* befindet, ein Gasthof mit ungemütlichen Räumen, wo es jedoch guten Fisch und vorzüglichen Weißwein gibt. Vielleicht hat die Justitia – die auf dem Dach eines öffentlichen Gebäudes in Oravský Podzámok neben der Waage nicht etwa ein Schwert, sondern, noch bedrohlicher, einen Krummsäbel in der Hand hält – entschlossen einige dieser ungerechten gordischen Knoten durchschlagen und läßt nun Wein und Fisch, einst ein Privileg der großen Herren, auch an einfacheren Tischen servieren.

Die Slowakei, die wesentlich zum Prager Frühling von 1968 beigetragen hat, ist paradoxerweise von der brutalen sowjetischen und prosowjetischen Reaktion vom Sommer desselben Jahres verschont, ja geradezu favorisiert worden, die hingegen die tschechische Kultur

erstickt und ausgelöscht hat. Prag ist damals enthauptet worden, während in der Slowakei, wo die totalitäre Reaktion ebenfalls bürgerliche Freiheiten und individuelle Rechte beschnitt, das politische Gewicht stärker auf die einzelnen lokalen Bereiche verlagert wurde, und zwar aufgrund eines politischen Kalküls und im Vertrauen auf die panslawische und somit russenfreundliche Tradition des Landes. So befindet sich heute die Slowakei gleichermaßen in einer Phase der politischen Unterdrückung und des geschichtlichen Aufstiegs, des Erwachens, der Entfaltung ihrer historischen Rolle. In dem wunderschönen Prag gewahrt man seit 1968 den Zauber der Verlassenheit und des Todes; Bratislava ist trotz allem heiter und lebensvoll, eine vitale und expandierende Welt, nicht der Melancholie des Vergangenen, sondern der Entwicklung und der Zukunft zugewandt.

3.

Das obskure Objekt der Begierde

Auch wenn wir in der Slowakei sind, die sich ihrer Weinproduktion rühmt, scheint der Wunsch nach einem Bier (in der Tschechoslowakei werden einige der besten Biere der Welt gebraut) durchaus legitim. Es stellt sich jedoch heraus, daß er beinahe ebenso unerfüllbar ist wie in einem berühmten Film von Buñuel das fortwährend frustrierte Verlangen, zu essen oder miteinander zu schlafen. Amedeo ist trotz seines Durstes nachgiebig gestimmt; Gigi jedoch, der leicht auf die Palme zu bringen ist, beginnt seinem gefürchteten Ruf Ehre zu machen. In den berühmtesten Lokalen wie im *Vel'ki Františkani* oder auch in einfachen Cafés finden die Kellner diesen Wunsch anscheinend höchst ausgefallen. Wenn wir in einem Gasthaus vergeblich nach *Pivo* gefragt haben, so wird uns anderenorts gesagt, daß wir vielleicht direkt Pilsen oder Budweis hätten bestellen sollen. Im Hotel *Kyjev* – einem jener typischen großen Hotels der Ostblockländer, wo sich Luxus, Ärmlichkeit und Zwielichtigkeit miteinander verbinden – können Ausländer alles finden, von erstklassigen hochprozentigen Alkoholika bis hin zu entgegenkommenden weiblichen Bekanntschaften, mit denen einige Araber aus Kuwait die Nächte verbringen – eine für die gesitteten Zimmernach-

barn genierlich geräuschvolle Angelegenheit. Doch auch im *Kyjev* ist das Bier eine Chimäre; eines Abends überläßt uns der Portier unter der Hand eine lauwarme Flasche.

Die Suche geht durch Täler und Dörfer, über Flüsse und Hügel, von der Niederen bis zur Hohen Tatra; wir werden nervös und zerfahren, während die Führer, in denen wir unterwegs blättern, sich Seite um Seite in Lobreden über die verschiedenen Biere der einzelnen Ortschaften ergehen, ihren unterschiedlichen Alkoholgrad, den unterschiedlichen Druck in den Fässern, die Farbabstufungen, die subtilen Unterschiede des Schaums beschreiben. Einer von uns schreibt diesen fortwährenden Mißerfolg einer unvorhergesehenen Panne im Verteilungssystem zu und beginnt an seiner sozialistischen Überzeugung zu zweifeln; andere vermuten eine national-slowakische Opposition gegen das typisch tschechische Getränk. Auf den Tischen eines Gasthofes in Podbiel, einem kleinen Dorf in der Tatra, stehen, als wir eintreten, schaumbedeckte Bierkrüge auf den Tischen; doch als wir bestellen wollen, ist das Faß soeben leer geworden. In Trenčin, unterhalb des großen Schlosses, kommt schließlich die Kellnerin mit einigen Bieren; doch wenige Schritte vor unserem Tisch stolpert sie, die Gläser fallen zu Boden und gehen zu Bruch, und langwierige, methodische Arbeiten – die Scherben aufsammeln und zusammenfegen, den Fußboden trocknen, Wischtuch und Scheuereimer wegstellen – verschieben abermals die Wunscherfüllung, wer weiß, bis zu welcher Raststätte.

4.

Jedem seine Stunde

In Gondola Ulica befindet sich die philosophische Fakultät der Universität von Bratislava; sie trägt den Namen des Philosophen und Pädagogen Comenius, dessen *Orbis Pictus* in den alten viersprachigen Ausgaben man heute in den Bibliotheken der alten slowakischen Städte bewundern kann. Die Ehrwürdigkeit dieser Gebäude erinnert mich an eine ungewöhnliche Person, der ich – damals noch Schüler – mein Interesse für die deutsche Kultur und die Entdekkung der Donauwelt verdanke. Er war Gymnasiallehrer, der in jungen Jahren Italienisch-Lektor an verschiedenen Universitäten Mit-

teleuropas gewesen war und ihre Atmosphäre mit eitler, aber genialer Intensität vermitteln konnte. Ich werde ihn Trani nennen; er ähnelte ein wenig dem bereits beleibten Napoleon und zugleich einem Shylock; mit seinen prägnanten Zügen und dem immer schlecht rasierten und ungewaschenen Gesicht besaß er die undurchdringliche Maske eines großen Schauspielers, einer Persönlichkeit, die dazu bestimmt gewesen wäre, auf dem weitläufigen Welttheater Charakterrollen ersten Ranges zu verkörpern und ein großer Mann zu werden, statt, wie es der Zufall gewollt hatte, Schulkindern Deutsch beizubringen.

Schüler und Eltern hatten zahlreiche und gerechtfertigte Gründe, sich über ihn zu beklagen; sein habgieriger, theatralischer und verschwiegener Charakter war nicht frei von Schatten, und seine Bedenkenlosigkeit konnte alles andere als vorbildhaft sein; und doch verdanken wir seinem Genie essentielle Einsichten. Er betrachtete uns als ein seinen Gaben keineswegs unwürdiges Publikum, Gaben, die sich höheren Orts hätten bewähren können und müssen; er bereitete für uns szenische Effekte vor und agierte vor uns, als wären wir Zuschauer in der Comédie-Française oder die Schwedische Akademie der Wissenschaften, die unvergänglichen Ruhm verleiht.

Er sprach mit uns nur auf deutsch oder im Triestiner Dialekt; er las uns Dantes Verse über die Sirene vor, die auf offenem Meer die Seeleute verwirrt, um uns begreiflich zu machen, was Dichtung sei, während er, um uns zu zeigen, was sie seiner Ansicht nach nicht sei, die Verse Carduccis über die Titti vortrug, die keine Federn hat, um sich anzuziehen, und nicht nur, gar nicht nur Zypressenbeeren ißt. Nur der schlechte Geschmack eines italienischen Professors, sagte er, habe der Tochter die paar Pfennige vorwerfen können, die sie zum Leben brauchte. Es gibt einige Konventionen, fügte er hinzu, die man einhalten muß: es ist einfach unmöglich, daß jemand bei Professor Carducci schellt und daß seine Tochter nackt die Tür öffnet. »Hättest eher dran denken sollen«, sagte er, »man muß nicht unbedingt Kinder haben, aber jetzt, wo du sie gemacht hast, behalt sie, freu dich an ihr, sorg für sie.« Insbesondere aber erregte er sich, wenn er die sehnsüchtigen Ausrufe des Dichters las, die gleich anschließend durch Vernunftgründe korrigiert werden: »O welche Lust, bei euch noch zu verweilen ... o welche Lust! Und doch, meine Zypressen, laßt mich gehen ...« Wirklich skandalös, kommentierte

er. »Das wäre so, als würde ich sagen: »Magris, ich geh nach Paris, soll ich deine Großmutter grüßen? – Ja gern, meine liebe alte Oma, wie wird sie sich freuen! – Ja, aber, weißt du, ich bleib nur zwei Tage, ich habe so viel zu tun, und sie wohnt am Stadtrand, ich muß dreimal mit der Metro umsteigen und einen Bus nehmen … – Scher dich zum Teufel, ich hab dich doch um nichts gebeten!«

Er wollte uns dazu bringen, sentimentales Geschwätz zu verachten, die falsche Güte derer, die einen Augenblick lang in gutem Glauben und voller Begeisterung Himmel und Erde versprechen und vollkommen überzeugt sind von der eigenen Großzügigkeit, um sich sogleich mit vielen guten und gewichtigen Gründen zurückzuziehen, wenn es daran geht, diese Versprechungen einzuhalten. Auf seine Weise liebte er uns und versuchte, uns auf die Unbarmherzigkeit des Lebens vorzubereiten. »Bis morgen lernt ihr dreihundert Verse auswendig«, sagte er, »und wer sie nicht kann, kriegt eine Fünf. Ich weiß, daß das ungerecht ist, denn es ist unmöglich, an einem Tag dreihundert Verse zu lernen, aber das Leben ist auch nicht gerecht und fordert von einem unmögliche Dinge, und ich bereite euch darauf vor, daß ihr so etwas ertragen könnt und nicht gleich auf die Nase fallt. Also – morgen sehen wir, wen's trifft.«

Diesem Menschen, über den die Eltern auf den Elternabenden so oft Klage führten, verdanke ich nicht allein die Entdeckung der mitteleuropäischen Kultur, sondern auch eine ungewöhnliche und wichtige moralische Lektion. Wenn es stimmt, daß er mit Privatstunden dunkle Geschäfte gemacht hat, so war er vielleicht selbst nicht in der Lage, Gerechtigkeit zu praktizieren, und doch lehrte er uns Gerechtigkeitsgefühl und Verachtung für das Schlechte. Auch in unserer Klasse gab es – wie in vielen Klassen – das typische Opfer, ein dicker, überaus schüchterner Junge, der leicht errötete und schwitzte, der auf Beleidigungen nicht zu reagieren wußte und somit Gegenstand jener unbewußten, aber darum nicht weniger schuldhaften Grausamkeit war, die in jedem von uns steckt und die sich, wird sie nicht von äußeren oder verinnerlichten Gesetzestafeln eingedämmt, auf jenen entlädt, der in diesem Augenblick der Schwächere ist – selbst wenn man sich dessen gar nicht bewußt ist.

Keiner von uns war ihm gegenüber unschuldig, aber niemand von uns fühlte sich schuldig. Eines Tages, während Trani unter theatralischen Gesten die Konjugation der starken Verben erläuterte, nahm der Banknachbar dieses Jungen, ein gewisser Sandrin, ihm den Fül-

ler weg und zerbrach ihn. Ich sehe noch heute, wie das Opfer rot wurde und zu schwitzen begann und seine Augen sich mit Tränen füllten wegen der Demütigung und des Gefühls, nicht darauf reagieren zu können. Auf die Frage des Lehrers nach dem Grund für seine Handlung antwortete Sandrin: »Ich war nervös… und wenn ich nervös bin, kann ich mich nicht beherrschen… wissen Sie, ich bin so, das ist meine Art.« Zu unserem Erstaunen – und zur Freude des Angreifers und zur weiteren Demütigung des Angegriffenen – erwiderte Trani: »Ich verstehe, du konntest nicht anders, du bist eben so, das ist deine Art, du bist nicht schuld daran, so ist das Leben«, und nahm seinen Unterricht wieder auf. Nach einer Viertelstunde begann er über die drückende Hitze zu klagen, er lockerte die Krawatte, zupfte an seiner Weste, öffnete das Fenster und schloß es wieder unter großem Getöse, sagte, daß es mit seinen Nerven nicht zum besten stehe, bis er schließlich, indem er einen Wutanfall vortäuschte, sämtliche Füller, Bleistifte und Schreibhefte von Sandrin nahm, sie zerbrach, zerriß, durch die Luft und auf den Boden warf. Indem er daraufhin so tat, als würde er sich wieder beruhigen, wandte er sich zu Sandrin: »Entschuldige, mein Lieber, ich habe für einen Moment die Nerven verloren, ich bin so, das ist meine Art, da kann man nichts machen, so ist das Leben…«, und fuhr mit den starken Verben fort.

Seitdem habe ich begriffen, daß Stärke, Intelligenz, Dummheit, Schönheit, Gemeinheit, Schwäche Situationen sind, Rollen, worin sich früher oder später jeder einmal befindet. Wer seine Übertretungen mit der Schicksalhaftigkeit des Lebens oder seines Charakters erklärt, wird eine Stunde oder ein Jahr später im Namen derselben unwiderlegbaren Gründe Schläge hinnehmen müssen. Genau das trifft auch auf Völker zu, auf ihre Kraft, ihren Niedergang, ihre Blütezeit. Schwerlich hätte ein Beamter des Dritten Reiches, der mit der »Endlösung« befaßt war, sich vorstellen können, daß wenige Jahre später die Juden einen Staat von großer Bedeutung und militärischer Schlagkraft errichten würden. Bratislava, die lebendige Hauptstadt eines kleinen und über lange Zeit unterjochten Volkes, weckt auch solche Erinnerungen und Gedanken, auch die an eine weit zurückliegende Lektion über Gerechtigkeit.

5.

Ein proletarischer Donausonntag

Nedel'a (»Sonntag«) ist der Titel eines der berühmtesten Bücher von Novomeský, das 1927 erschienen ist. Ladislav Novomeský hat sich mit dem Identitätsproblem seiner Nation beschäftigt, seitdem er in jungen Jahren hören mußte, daß man ihre Existenz in Abrede stellte. Als Dichter der Avantgarde und kämpferischer Kommunist hat er in seinem Werk und in seiner politischen Arbeit den Kampf um die nationale Kultur und die internationale Perspektive, die »Melancholie des Ostens«, die, wie es in einem Gedicht heißt, in seinen Adern fließe, und marxistische Revolution miteinander zu verflechten versucht. Als Ziel des revolutionären Kampfes betrachtete er die Befreiung aller Unterdrückten und somit auch die seines eigenen Volkes, das als ganzes gewissermaßen eine proletarische Nation bildete; die Vorläufigkeit und Veränderlichkeit der Grenzen der Slowakei, die häufig von fremden Herren in Besitz genommen wurde, wird in seiner Lyrik zum Symbol einer Welt ohne Grenzen.

Doch die »melancholische Donauprozession«, wie sie der Kritiker Štefan Krčméry in *Sonntag* wahrnimmt, ist nicht bloß die Aneinanderreihung der von Novomeský besungenen armseligen und leidvollen Schicksale; es ist die Melancholie eines Widerspruchs, der seine gesamte Dichtung durchzieht, ihre Größe bedingt und sie zu einem Knotenpunkt zwischen slowakischer Politik und Kultur werden läßt. Die Kunst von Novomeský ist zu Beginn rebellische Außenseiterpoesie, eine Symbiose der Poesie der Revolution und der Revolutionierung der Poesie, ist jene Negation des Bestehenden, die für die europäische Avantgarde charakteristisch ist und die bei den sozial engagierten Autoren zum Umsturz der Realität und zur Schaffung einer neuen, utopischen Realität, eines neuen und von den Ketten der Entfremdung befreiten Menschen tendiert.

Wenn aber anfangs die Melancholie der Dichtung deren Nutzlosigkeit in einer entfremdeten Welt reflektierte, so wird sie später – mit der Verwirklichung des realen Sozialismus – zu dem Gefühl, unnütz in einer Welt zu sein, die der Prosa der Arbeit und nicht der Dichtung der revolutionären Hoffnung bedarf: jener Hoffnung, die das neue System, je nachdem, wie man es sieht, entweder zur Wirk-

lichkeit werden lassen oder widerlegt hat. Und es wäre noch trauriger, nach beendigter Revolution einen lange vorher – in einem Augenblick der Niedergeschlagenheit, während man die Revolution erwartete – geschriebenen Vers wiederholen zu müssen: »Das Kind Poesie / hat das Gesicht der Welt nicht verändert.«

Novomeský hat niemals dieser Enttäuschung stattgegeben, nicht einmal, als er 1951 verhaftet und als »bürgerlicher Nationalist« verurteilt wurde, worauf er bis 1956 inhaftiert war. An dem einladenden Tisch in der *Klastorna* – zwischen Fässern, aus denen würzige und süffige Weine gezapft werden – erzählt mir Šmatlák des längeren von Novomeský, der nicht nur seine eigene Dichtung repräsentiert, sondern auch als exemplarisches Lehrstück zur neueren Geschichte dieses Landes insgesamt verstanden werden kann. Was hier noch auf den Nägeln brennt, ist nicht die Erinnerung an den Prager Frühling von 1968, sondern 1951, die Zeit der stalinistischen Prozesse, welche die Elite des Kommunismus vernichtet haben. Im Westen haben die Kommunisten erst 1956 nach dem Ungarnaufstand begonnen, sich des sowjetischen Totalitarismus bewußt zu werden; die Prozesse und Todesurteile der frühen fünfziger Jahre, die noch gravierender, da noch unsinniger und unmotivierter waren, haben damals nur wenige überzeugte Parteigenossen aufgerüttelt.

Novomeský, der 1963 rehabilitiert wurde (er ist 1976 gestorben) und zu neuen Ehren gelangte, hat sich nicht am Prager Frühling von 1968 beteiligt. Mit ihm wird heutzutage eine Figur gefeiert, welche die vorgebliche Kontinuität der kommunistischen Entwicklung repräsentiert, jene Kontinuität, die durch das, was man offiziell als blutige stalinistische Abweichungen bezeichnet, verletzt worden war, nicht aber durch die sowjetische Intervention im Jahre 1968, durch die jene Einheit – im Sinne der offiziellen Ideologie – wiederhergestellt wurde. Novomeský ist somit das Symbol einer in slowakischer Erde wurzelnden internationalistischen Dichtung, antistalinistisch, aber unberührt von den Gärungsprozessen des Jahres 1968. Sein dramatisches Schicksal liefert paradoxerweise dem konformistischen und autoritären Regime ein Alibi.

Es entsteht der Eindruck – nicht mehr als ein Eindruck angesichts der Zurückhaltung, die man diesem Thema gegenüber in der Regel antrifft –, daß sich Bratislava leichter mit der 1968 von der Sowjetunion durchgesetzten Restauration abgefunden hat. Am Vorabend dieses Frühlings, schreibt Enzo Bettiza, hatte Bratislava eine

geschickte Oppositionspolitik entwickeln können, indem es den starken Antrieb zur Demokratisierung im Innern mit geistiger und gefühlsmäßiger Sympathie zu Rußland verband. Die formalen und realen Veränderungen, die nach 1968 eingeführt wurden, haben die Stellung der Slowakei innerhalb des Staates bedeutend gestärkt und ihr – im Vergleich zu der unter den Tschechen und in der tschechischen Literatur entstandenen Leere – einigen Grund zur Befriedigung und Kompensation gegeben.

Während die tschechische Literatur im eigenen Lande erloschen ist und nunmehr unter den Exilanten überlebt – denn wer geblieben ist, muß sich entscheiden, ob er sich verstellen, Parasit oder jenes Tier aus Kafkas Erzählungen sein will, das sich unterirdische Tunnel gräbt –, hat die slowakische Literatur heute zu einem organischen Zusammenhalt gefunden, selbst wenn sie inzwischen mit Nachdruck eine neue Epik und eine neue Positivität fordert, eine Funktion beansprucht, die sich als Mitarbeit und nicht als politisch-soziale Opposition versteht. Sicherlich spielt in den Kritiken an Mňačko auch Opportunismus eine Rolle; der nach Israel ausgewanderte Schriftsteller hatte mit seinen *Verspäteten Reportagen* in den sechziger Jahren eine äußerst populäre Anklage gegen den stalinistischen Terror geschrieben; eine Erzählung aber wie *Fieber*, in der Jozef Kot den Frühling von 1968 in einem kritischen Licht darstellt, ist keineswegs dem servilen Lobgesang mancher tschechischer Intellektueller der fünfziger Jahre vergleichbar, in dem sie der Eliminierung ihrer Kollegen und Parteigenossen zustimmten.

Die positive Epik, die heute oft von der slowakischen Literatur bejaht wird, ist für das poetische Denken des Westens unannehmbar, doch sie entspricht vielleicht einem Volk, das sich selbst unter der Last einer bedrückenden bürokratischen Elite heute eher als in der Vergangenheit als Subjekt der eigenen Geschichte empfindet und sich somit in einer Anfangs- und nicht in einer epigonalen Phase sieht. Die Welt verändert sich, wenn auch wahrscheinlich nicht durch Novomeskýs Gedichte.

6.

Friedhöfe an der Straße

Es gibt ein Gedicht von Novomeský, das von einem slowakischen Friedhof handelt. In vielen Dörfern zwischen den Bergen sind die Friedhöfe nicht abgegrenzt oder höchstens so, daß man die Umfriedung kaum bemerkt, sie sind offen und dehnen sich über grasbewachsene Wiesenlandschaften aus, liegen direkt an der Straße, wie etwa in Matiašovce in der Nähe der polnischen Grenze, oder wie Vorgärten am Eingang des Dorfes. Diese epische Vertrautheit mit dem Tod – man findet sie übrigens in Bosnien bei den moslemischen Grabstellen wieder, die einfach im Garten vor dem Haus angelegt werden, während unsere Welt immer neurotischer den Tod zu verdrängen sucht – beweist ein rechtes Maß, ein Gefühl für das Verhältnis zwischen dem Individuum und den Generationen, der Erde, der Natur, den Elementen, aus denen sie sich zusammensetzt, und dem Gesetz, das über ihren Verbindungs- und Auflösungsprozessen waltet.

In den *drevenice* zeigen sich breite und gutmütige Gesichter an den Fenstern, ähnlich dem guten Holz ihrer Häuser. Diese Friedhöfe bar jeder Traurigkeit lassen erkennen, wie trügerisch und abergläubisch die Angst vor dem Tode ist. Ebenso wie sie nicht in einen abgesonderten Bereich verdrängt werden, sondern von alltäglichem Leben umgeben und in die Alltäglichkeit einbezogen sind, sollte man vielleicht lernen, den Tod von einer anderen Seite aus zu betrachten. In einem Gedicht von Milan Rúfus heißt es: »Nur davor ängstigt der Tod. / Danach / ist alles schön, unschuldig plötzlich / eine Karnevalsmaske, worin / nach Mitternacht du Wasser schöpfst / um zu trinken oder den Schweiß abzuwaschen.«

7.

Über die Tatra

Vor dem Violett eines unbeschreiblichen Sonnenuntergangs zeichnen sich in all der Geheimnistiefe großer Berge die bereits dunklen Umrisse der Hohen Tatra ab. Gigi und Amedeo kommentieren das Spiel der Lichtstrahlen, die Wirkung ihrer Brechung, das Verhältnis zwischen den Dingen dort in der Ferne und der Form, in der wir sie wahrnehmen. In diesem Augenblick sind wir alle davon überzeugt, daß dieser blaue und violette Abend auf irgendeine Weise fortdauern müsse, daß er irgendwo, über dem Himmel oder im Geiste Gottes, als platonische Idee des Abends, ewig und unveränderlich und für immer existiere. Es scheint uns, als umfaßten jene Gebirgszüge, jenes Leuchten am Himmel ganz konkret alle diese Tage, die wir miteinander verleben, und mithin ihr Geheimnis – so wie jene Zaubergegenstände im Märchen, die man nur zu reiben braucht, damit sogleich ein Geist erscheint.

Während wir im dunklen Wald umherirren, treffen die Scheinwerfer des Autos auf ein Schild mit einem Pfeil, das die Richtung nach dem zwei Kilometer entfernten Matliary anzeigt. Im Sanatorium von Matliary hatte Kafka einige Monate zwischen Dezember 1920 und August 1921 verbracht. In dem Moment, als das Fernlicht plötzlich den Wegweiser aus der Dunkelheit auftauchen läßt, fällt mir eine Photographie ein, die Kafka inmitten verschiedener anderer Personen und mit einem scheuen, beinahe glücklichen Lächeln vor dem Hintergrund jener Bäume von Matliary zeigt. Diese Photographie mit dem dunklen, geheimnisvollen Laub, dieser Wald, den wir jetzt durchqueren, sind nur ganz dünne, fortgeblasene Wände; das Leben, das die Photographie in einem seiner Augenblicke festgehalten hat, ist für immer verschwunden. Nicht einmal die Dichtung Kafkas läßt uns das Geheimnis vollständig erfahren, denn auch sie ist Papier, zwar solider und wahrer, aber trotzdem dem vergehenden Leben und ebenso der Finsternis dieses Waldes unangemessen, in dem wir uns befinden.

Die Ausflugsorte auf der Tatra wie etwa Tatranska Lomnica haben noch den Dekor des Luxustourismus aus der Belle Époque; heutzutage werden sie außer von Tschechen besonders von Deutschen aus der DDR besucht. Ihre Eleganz entbehrt nicht ganz der gewissen

plumpen Irrealität, die für jene Orte charakteristisch ist, wo es nur die Feriensaison gibt, beziehungsweise wo diese das Leben und den ursprünglichen Rhythmus des Ortes ausschließlich bestimmt und somit zerstört hat. Die auffällige oder verfeinerte Vulgarität gewinnt die Oberhand, sobald man sich an einen Ort begibt, um nicht so sehr harmlosen oder verbotenen Vergnügungen nachzugehen, sondern um dort Riten zu zelebrieren, die man der eigenen sozialen Stellung wegen für notwendig erachtet. Der Libertin, der sich seinen Neigungen hingibt, ist sicherlich nicht trivial; vulgär ist vielmehr der Libertin, der, indem er ihnen nachgeht, nicht so sehr an sein Vergnügen denkt, als daran, eine kulturell und gesellschaftlich signifikante Handlung auszuführen, die ihn einer überlegenen Spezies zuordnet.

Eine bestimmte Elite, die ihre historisch-politische Funktion erfüllt – eine noch herrschende Aristokratie, eine machtausübende militärische Kaste –, kann wohl abscheulich oder verbrecherisch sein, doch ist sie weder grobschlächtig noch versnobt, da sie eine reale und überpersönliche Tätigkeit ausübt, die alle Einzelkomponenten transzendiert. Die berüchtigten Touristen, die Capri zu einem Mythos haben werden lassen, tragen häufig das Stigma der Vulgarität, da sie eine undifferenzierte Menge von Exzentrikern bilden, die, ohne irgend etwas wirklich repräsentieren zu können, davon überzeugt sind, dank ihren vorhersehbaren Extravaganzen und ihrem ostentativ feinen Geschmack etwas darzustellen. Nicht ungern verlassen wir daher das Restaurant eines großen Hotels in der Tatra, auch wenn das Essen annehmbar gewesen ist und wir endlich – dank des internationalen Milieus – ein gutes Bier haben trinken können.

8.

Ein Antiquariat, das Leben und das Gesetz

In der Nachkriegszeit waren die Antiquariate in der Tschechoslowakei eine Fundgrube für jeden Liebhaber deutscher Kultur. Deutschstämmige Familien, die über Jahrhunderte hier gelebt hatten, wurden mit stupider Ungerechtigkeit vertrieben, die als Antwort auf die Verbrechen des Nationalsozialismus gelten sollte, in Wirklichkeit aber das eigene Land um eine seiner wesentlichen Komponenten gebracht hat. Die Deutschen gingen und verschleuderten ihre Bibliotheken; in den Läden der Antiquare konnte man die Auflösung der deutschen Kultur in der Tschechoslowakei mit Händen greifen. Inzwischen sind viele Jahre vergangen, die Spuren dieses tragischen Exodus sind beinahe verwischt, und von jenen Büchern finden sich nur noch ganz wenige. Zufällig geraten uns einige gebundene Ausgaben der *Lecture illustrée* in die Hände, jener geschmackvollen französischen Zeitschrift der Jahrhundertwende, und zwei auf lateinisch geschriebene Bände der *Ethica catholica (Generalis* und *Specialis)* von Doktor Josepho Kachník, Professor an der theologischen Fakultät von Olmütz in Mähren, erschienen 1910 in Olomucii, das ist Olmütz.

In einem Band der *Lecture illustrée* beschreibt ein Kenner der Physiognomie den Mund der großen Schauspielerin – und großen Kurtisane – Cléo de Mérode: »Ich habe den Mund von Mme. de Mérode gesehen, als sie fünfzehn Jahre alt war – ein großer, begieriger, neugieriger Mund –, und ich habe ihn heute gesehen. Er ist nicht mehr derselbe. Er hat sich zurück- und zusammengezogen, geschlossen wie der einer blasierten, einer saturierten Person, die nichts mehr zu lernen hat. Dieser schöne, sinnliche Mund läßt Müdigkeit erkennen, den Beginn von Erschöpfung. Und von Traurigkeit.« Bei dem Handbuch des Doktor Kachník handelt es sich um einen Traktat, der ohne Anspruch auf Originalität, sondern nur mit der Absicht, die Lehre der Kirche darzulegen, sämtliche menschlichen Handlungen umfaßt, die Probleme, die sie aufwerfen, die Normen und Vorschriften, die dabei eingehalten werden müssen; er untersucht und klassifiziert die Freiheit und die

Notwendigkeit des Handelns, die Ordnung und die Natur der menschlichen und religiösen Gesetze, die Pflichten und Ausnahmen, die Abweichungen und Gewohnheiten, die Umstände und die Leidenschaften, die Unterscheidungen zwischen den verschiedenen Sünden und Tugenden, die Kasuistik des Ehebruchs und die Phänomenologie der Betrunkenheit, die moralischen und gesellschaftlichen Werte, die Hindernisse, die mildernden und erschwerenden Umstände, die Phantasievorstellungen, die das Gewissen in Verwirrung stürzen können, und die verfänglichen Selbsttäuschungen, mit denen das Gewissen sich selbst zu hintergehen trachtet.

Ein Kapitel von außergewöhnlichem psychologischen Scharfsinn und rhetorischem Vermögen gilt dem strengen, skrupulösen Gewissen, dem neurotischen, irregeleiteten Leiden dessen, der von der Sünde besessen ist und sie überall findet, der voller Inbrunst und bei verschiedenen Beichtvätern beichtet, ohne sich überzeugen oder von seinen Hirngespinsten heilen zu lassen, der sich verliert, indem er sich selbstquälerisch an seinen Ängsten und an seinem Hochmut weidet, sich mit moralischen Lappalien befaßt und sich spitzfindig über Erlaubtes und Unerlaubtes ergeht, wobei er fortwährend seine Meinung ändert.

Der durchweg logische Doktor der Theologie, der von komischer Pedanterie wie von naiver klerikaler Engstirnigkeit nicht ganz frei ist, begreift indessen genau, daß die Obsessionen eines strengen Gewissens, welche die Kirche als Übel und als Sünde betrachtet, eine Krankheit, ein Zustand des Geistes sei, die aus einer körperlichen Verfassung heraus entstehe, aus melancholischer Gemütsart und organischen Dysfunktionen. Die zu Gewissensbissen neigende Depression sei die Konsequenz eines schlechten Zustands der Nerven oder auch des Gehirns, der die geistige und körperliche Unversehrtheit des Individuums beeinträchtige. Das übermäßig skrupulöse Gewissen habe nichts mit Moral zu tun, sondern sei eine Mischung aus neurotischer Angst und verbohrtem Hochmut, der sich nicht davon überzeugen lassen wolle, daß gar nicht gesündigt worden sei. Der Überängstliche »fürchtet ohne jeden Grund sowohl vor als auch nach seiner Handlung, eine Sünde zu begehen oder begangen zu haben; er gewahrt die Sünde auch dort, wo sie gar nicht besteht, er quält sich unnützerweise der unwichtigsten Dinge halber, und auch wenn man ihm versichert, daß eine Sache erlaubt

sei, fährt er hartnäckig fort, daran zu zweifeln, ob sie nicht vielleicht doch unerlaubt sei«.

Die furchtsamen Knaben und Mädchen, so bemerkt der Doktor, könnten aus Unwissenheit von Zweifeln über die Natur des sechsten Gebotes geplagt werden, doch vermöge eine rechte Unterweisung sie leicht davon zu befreien. Er mahnt die Beichtväter, mit jenen Überängstlichen geduldig, aber unnachgiebig gegenüber ihren Phobien zu sein, ihnen jene Festigkeit zu geben, deren sie bedürften, und sie daran zu hindern, sich an ihren obsessiven und selbstgefälligen Schuldgefühlen zu ergötzen und sich während der Beichte über alle ihre Grillen, Manien und vorgeblichen Sünden zu verbreiten, insbesondere, wenn es sich um Schändlichkeiten handele. Den Skrupulösen selbst empfiehlt er, neben anderen heilsamen Maßnahmen, den Umgang mit anderen Neurotikern zu meiden – keine »Unterhaltung mit Überängstlichen« –, insbesondere aber jene Angst vor jeglicher Gesellschaft und die Liebe zur Einsamkeit zu überwinden, die nur irrtümlich als Zeichen von Tiefe und geistigem Auserwähltsein angesehen würden; er ermuntert sie zu Gespräch und Geselligkeit, die – wie bereits Goethes Mephisto sehr wohl wußte – die Grundlage dafür sind, auf der jeder sich wirklich selbst finden kann.

Das Französisch des Physiognomen und das etwas schwülstige Latein des Theologen scheinen einander völlig entgegengesetzt, beide äußerst klug und faszinierend, zwei verschiedene Arten, das Leben zu verstehen und zu durchlaufen. Die Geschichte, die der Physiognom auf dem Mund der schönen Schauspielerin liest, kann man nur ahnen, aber nicht erklären – ein Leben, das sich, ohne es zu wollen und ohne es zu wissen, jener Melancholie überlassen hat, einem Dämon gehorchend, der es gebieterisch in allen Dingen lenkt, in unmerklichen Gesten, in einer bestimmten Art zu lächeln und sich hinzugeben, in einer Abfolge kleiner, geringfügiger Schritte, die – jeder dem Anschein nach zwar unbedeutend – in ihrer Summe sich aber schließlich als unentrinnbarer Verlauf des Schicksals erweisen. Es ist ein Leben von dunkler Tiefe und flüchtiger Oberflächlichkeit, das kommt, wie es kommt, und das Gefühl vermittelt, daß es weder zu verändern noch zu erklären sei. Der Moraltheologe läßt sich hingegen von dem ununterscheidbaren Fließen der Existenz, von den obskuren Schattenseiten und dem widersprüchlichen Gemurmel der Seele weder schrecken noch beeindrucken; er will Klarheit

schaffen, Gesetze festlegen und die Allgemeingültigkeit der Begriffe stützen.

Es ist verlockender, für das Leben und nicht für das Gesetz, für die bewegliche und spontane Schöpferkraft statt für die Symmetrie eines Lehrbuchs Partei zu ergreifen. Doch ist die Poesie eher in der Terzinen Dantes zu Hause als in formloser Vagheit. Das moralisch Schöpferische ist die Fähigkeit, freiwillig ein Gesetz zu suchen und zu begründen; allein die Kraft, den Fluß vitaler Gegensätze zu regulieren, läßt diesen Widersprüchen auch Gerechtigkeit widerfahren, die auf emphatische Weise verfälscht werden, sobald man in ihnen und in ihrer unbestimmbaren Oszillation die höchste Wahrheit des Lebens erblickt und sie ungeachtet der Ermahnungen Marc Aurels mit der Aktivität des Geistes verwechselt.

Wenn man im Namen der Philosophie des »So ist das Leben«, die mein Lehrer Trani jenem Mitschüler hatte austreiben wollen, jegliches Verhalten und jegliche Handlung auf dieselbe Ebene stellt, trübt sich das Urteil, verkommt ebenjene Vitalität, die durch das Falsche eingeschränkt wird. Der Sinn und die Strenge des Gesetzes ersticken die Leidenschaft nicht, sondern geben ihr Kraft und Realität. Wer weiß, vielleicht wäre, wenn Cléo de Mérode Latein gelernt und die Abhandlung des Doktor Kachník gelesen hätte, niemals jener Schatten von Traurigkeit auf ihrem wunderschönen Mund erschienen, denn der Doktor aus Olmütz lehrte vornehmlich, sich nicht überwältigen zu lassen von den Sophismen und der Nachgiebigkeit der »indoles melancholica«...

Pannonien

1.

An den Pforten Asiens?

Das Gelb der Sonnenblumen und des Maises breitet sich über die Felder aus, als hätte der Sommer seine Zelte zwischen diesen Hügeln aufgeschlagen; Ungarn, das Land, aus dem im 18. Jahrhundert der habsburgische Kanzler Hörnigk, ein Anhänger des Merkantilismus, die Kornkammer des Reiches machen wollte, bedeutet auch diese warme, lebensvolle Farbe, die sich in dem Ocker-Orange der Paläste fortsetzt.

Wenn schon nicht die Reise, so wird doch zumindest das Unterfangen, darüber zu reden, nunmehr zu einem Wagnis, denn die sorgfältige – und mit aller Sorgfalt konsultierte – Bibliographie gleicht die mangelnden Kenntnisse nicht aus, und in einem Land, in dem man eine agglutinierende Sprache spricht, kann man nicht so tun, als ob man sich mit derselben Leichtigkeit bewegte, mit der man sich in den Straßen und zwischen den Menschen in Wien bewegt. Der Reisende fühlt sich noch ein wenig überflüssiger als sonst, wie eine Figur aus den während der siebziger Jahre bei einer Generation von ungarischen Schriftstellern beliebten »Autostop-Novellen«. Diese Autoren, die in einem Klima innenpolitischer Entspannung und des Wohlstandes aufgewachsen waren, mißachteten die Fortschritte der ungarischen Gesellschaft, die ihnen viel zu langsam und zu vorsichtig erschienen, und überließen sich einem Gefühl der Ohnmacht und Leere, betrachteten das Leben selbst als umherirrendes, unberechenbares Wesen, das ziellos umherschweift wie die Protagonisten, die sich als Anhalter auf die Reise machen.

Daher wird vielleicht das Donaubuch an diesem Abschnitt des Flusses schließlich der »Jeans-Prosa« jener Autoren und ihren plötzlichen und zufälligen Wortergüssen ähneln. Im übrigen schützt auch ansehnlichere Kleidung nicht vor voreiligen Urteilen. Der Eiserne Vorhang, der zwischen Österreich und Ungarn die Einflußbereiche der beiden Weltmächte voneinander trennt, verführt zum Pathos der großen und vereinfachenden metapolitischen Definitionen, zu lapidaren weltgeschichtlichen Bonmots wie dem des Fürsten Metternich, demzufolge gleich am Rennweg, der Straße quer durch Wien, der Balkan – und somit auch Asien – anfange.

Diese kräftige und zugleich träge magyarische Landschaft wäre also bereits Orient, voller lebendiger Erinnerung an die asiatische Steppe, an die Hunnen, die Petschenegen oder den Halbmond; Cioran rühmt das Donaubecken als Schmelztiegel vitaler Völker von obskurer Herkunft, die weder Geschichte noch ideologische Epochenaufteilungen, wie sie von der westlichen Geschichtsschreibung erfunden worden seien, kennen würden: Schoß und Nährboden von Kulturen, die in seinen Augen noch nicht durch Rationalismus und Fortschritt degeneriert sind.

Dieses hingebungsvolle Pathos, das sich für ideologisch unabhängig erklärt, ist selbst ein ideologisches Konstrukt. Schon der Besuch einer Konditorei oder eines Buchladens in Budapest widerlegt die Ansicht, daß östlich von Österreich undifferenzierte asiatische Tiefe beginne. Mit der großen ungarischen Tiefebene betritt man sicherlich ein teilweise anderes Europa, stößt man auf Verbindungen aus anderen Bestandteilen als denen, womit der westliche Mörtel angerührt worden ist. Die Poesie Endre Adys, des großen ungarischen Dichters dieses Jahrhunderts, vermittelt die dunkle, jahrhundertealte Bürde, die, wie es heißt, auf den Magyaren laste, die notwendige und bisweilen unmögliche Entscheidung zwischen Orient und Okzident. Häufig ist den Ungarn in ihrer Geschichte diese Wahl in Wirklichkeit auferlegt worden, von der türkischen Eroberung über die habsburgische Einbindung bis zur sowjetischen Vormacht, oder es war eine erzwungene Entscheidung: »Der Westen hat uns abgewiesen, wenden wir uns zum Osten«, sagte der sozialdemokratische Führer Garbai 1919 während der kurzen Zeit der Räterepublik. Im vergangenen Jahrhundert meinte der Romancier Zsigmond Kemény, daß es die Aufgabe Ungarns sei, die Plurinationalität des Habsburgerreiches zu verteidigen, Germanisches und Slawisches voneinander zu trennen und die Übermacht des einen oder des anderen zu verhindern.

Die magyarische Nationalbegeisterung, die mit wildem und heroischem Ungestüm die ungarische Geschichte durchzieht, entstammt einem Land, über das Invasionswellen verschiedenster Völker und Stämme hinweggegangen sind, die sich dort gemischt und abgelagert haben, Hunnen und Awaren, Slawen und Magyaren, Tataren und Kumanen, Jazygen und Petschenegen, Türken und Deutsche. Diese Völkerwanderungen verwüsten, aber zivilisieren auch das Land, wie etwa die Türken, die nicht nur Krieg und Verhee-

rung, sondern auch islamische Kultur mit sich bringen; aus ihnen entstehen Mischungen aller Art, der geheime Ursprung aller Nationalismen und ihrer Obsessionen von völkischer Reinheit, wie die Legende, derzufolge die Ungarn von den Hunnen abstammen. Janus Pannonius, der Humanist und Dichter aus dem 15. Jahrhundert, ist kroatischer Herkunft wie die aristokratische Familie der Zríny, aus der Helden und Sänger des ungarischen Epos hervorgehen; die Mutter Petöfis, des ungarischen Nationaldichters, sprach überhaupt nicht Ungarisch, und der Graf Széchеny, der große Patriot und Vater des kulturellen Selbstbewußtseins in Ungarn, lernte die Sprache erst mit 34 Jahren. Das Symbol des irredentistischen Widerstands gegen die Habsburger, die von Anhängern Kossuths im Knopfloch getragene Tulpe, geht auf die osmanische Herrschaft zurück; die Tulpe erscheint in der türkischen Dichtung als Emblem der osmanischen Kultur. Jene nationale Leidenschaft folgt dem dringenden Bedürfnis, nicht etwa ein glühender ungarischer Patriot zu sein, sondern – wie der Roman *Der neue Gutsherr* von Mór Jókai um die Mitte des vergangenen Jahrhunderts beschreibt – überhaupt erst einer zu werden.

Ungarn, schreibt Evans, bildete eine ganze Skala unterschiedlicher Kulturen, ein Mosaik, in dem verschiedene Hoheitsgewalten in Kraft waren und sich bisweilen überschneiden konnten: das habsburgische Territorium, die *vilayet* beziehungsweise die türkischen Gebiete, das Fürstentum Transsylvanien. Gegen Ende des 18. Jahrhunderts festigte sich durch den Rückzug der osmanischen Macht die österreichische Vorherrschaft über das ganze Land. Der Führer der militärischen Partei, Marschall Montecuccoli, schreibt in seinem Buch *Ungarn Anno 1677*: »Die Ungarn sind stolz, unruhig, unstet und nicht zu befriedigen. Sie vereinigen in sich die Natur der Scythen und der Tataren, von denen sie ihre Abkunft herleiten. Sie streben nach einer zügellosen Freiheit ... die Gemüther der Ungarn ähneln jenem des Proteus, indem sie bald gewogen sind, bald nicht gewogen, bald in die Höhe erheben, bald niederdrücken, bald Eines, bald das Gegenteil wollen.«

Der energische Marschall beabsichtigte keineswegs, rassische Vorurteile zum Ausdruck zu bringen; sein gegenreformatorisches und germanisierendes Programm sah in dem magyarischen Partikularismus ein fortwährendes blutiges Chaos, ein Fehlen von klaren und deutlichen Gesetzen, eine auseinanderstrebende und raufl-

stige Pluralität, die von der planenden und einigenden Kraft des Kaiserreichs gebändigt und zu einer geordneten Existenz zurückgeführt, »mit eiserner Rute gelenkt und gewaltsam im Zaum gehalten« werden mußte. Wenn man von den Unterschieden absieht, wie sie zwangsläufig zwischen weit voneinander entfernten, durch Jahrhunderte getrennten Phänomenen bestehen, so hat sich die absolutistische Politik der Habsburger zwischen 1849 und 1860 an einem ähnlichen Einheitsgedanken orientiert.

Doch bildet diese zentralisierende und vereinheitlichende Modernisierung eine Ausnahme innerhalb der jahrhundertelangen habsburgischen Politik, die lieber auf eine flexible Weisheit, eine umsichtige Unbekümmertheit vertraut hat. Die habsburgische Herrschaft ist nicht der zentralistische, vereinheitlichende Despotismus eines Ludwig XIV., eines Friedrich II. oder Napoleons, sondern sie verwaltet vielmehr den Widerstand, den der mittelalterliche Universalismus und Partikularismus dem modernen Staat entgegenbringt. Die Regierungskunst der Habsburger erstickte weder den Zwist noch überwand sie die Widersprüche; sie überdeckte sie und brachte sie in ein immer wieder provisorisches Gleichgewicht, beließ im wesentlichen die Gegensätze und spielte den einen gegen den anderen aus. Der Herrscher des Reichs ist per definitionem ein Proteus, der Gesicht und Politik in seiner anpassungsfähigen Beweglichkeit zu ändern vermag und daher seine ebenfalls proteischen Untertanen auch gar nicht in Einheitsbürger verwandeln will, sondern zuläßt, daß sie von der Zuneigung zur Revolte übergehen und umgekehrt, von der Depression zur Euphorie, in einem Spiel ohne Ende und ohne Fortschritt, das keine strenge Einheitlichkeit unter den verschiedenen Völkern herstellen, sondern sie in ihrer Heterogenität belassen und zusammenleben lassen will.

Statt die Gesellschaft – oder vielmehr die Gesellschaften – zu erfassen und in sich aufzunehmen, sucht der Staat so wenig wie nur möglich mit ihnen in Berührung zu kommen. Die habsburgische Bürokratie ist vorausschauend und gründlich, doch scheint sie sich darauf zu beschränken, schöne, genaue Landkarten anfertigen zu lassen wie die von der Donau, die zwischen 1816 und 1820 vom Büro für die Mappirung der Donau und vornehmlich unter der Leitung des Chefingenieurs Otto Hieronymi und des Schiffahrtinspektors Paul Vásárhelyi hergestellt wurden. Unter den Landkarten und dahinter geht das Leben auf dem Fluß ungehindert weiter, Boote und Angelschnüre bedürfen keiner Kartographie.

Der Staat will, so scheint es, die Politik ganz und gar vergessen machen oder doch wenigstens deren Einmischung abschwächen, die Veränderungen verlangsamen und seine Untertanen davon überzeugen, daß diese Veränderungen nur über längere Zeiträume eintreten und somit eher im Hinblick auf ganze Generationen als aus der Sicht des einzelnen Individuums bemerkbar würden; er scheint die Dinge so lange wie möglich so bestehen zu lassen, wie sie eben sind, die Gefühle, die Leidenschaften, die Erinnerungen. In einem Gedicht von János Arany, dem großen Freund von Petöfi, zupft ein Alter aufs Geratewohl die Zither und entlockt ihr dabei uralte magyarische Klänge, das im Gedächtnis des Volkes bewahrte Nationalepos der Ungarn, Worte aus den Chroniken alter Zeiten, ein Echo des Stampfens hunnischer Pferde. Der »Ausgleich« von 1867, aus dem die österreichisch-ungarische Doppelmonarchie hervorgeht, ist der größte Versuch der Habsburger gewesen, eine eigene Wunde – den ungarischen Separatismus – in ein Heilmittel zu verwandeln, die gefährlichen Töne jener Zither und ihrer Lieder zu dämpfen, indem man ihnen Platz unter der eigenen Krone einräumte; der Versuch, dadurch zu überleben, daß die rebellische Kraft und die eigenständige Rolle Ungarns bewahrt und noch verstärkt wurde.

Die Historiker diskutieren noch immer, ob der Ausgleich in politischer und ökonomischer Hinsicht ein Sieg der Österreicher über die Ungarn gewesen sei, oder umgekehrt. Daß sich die österreichisch-ungarische Monarchie nicht gerade durch Harmonie auszeichnete, sondern vielmehr durch Spannungen zwischen beiden Teilen, ist hinreichend bekannt; an diesbezüglichen Episoden und Anekdoten besteht kein Mangel. Graf Károly erzählt, daß sein Urgroßvater eine Votivkapelle errichten ließ, um Gott für die Niederlage des österreichischen Heeres bei Königgrätz zu danken, und daß seine Mutter, wenn sie sich nach Wien begeben mußte, mit geschlossenen Augen in der Kutsche saß, um die Stadt nicht sehen zu müssen. Tisza, der politische Führer Ungarns, bezeichnete 1903 den österreichischen Premierminister Koerber als einen berühmten Ausländer, und Bánffy, der ehemalige ungarische Premierminister, war der Ansicht, daß die von den zisleithanischen Zolltarifen wirtschaftlich geschädigten Ungarn wie im Krieg Gefallene betrachtet und ihre Familien entsprechend behandelt werden müßten.

Eine austro-ungarische Solidarität existiert vielleicht erst heutzutage, da das Reich nicht mehr besteht, und aufgrund der Einbindung

Ungarns in den Ostblock, die die Sehnsucht nach Mitteleuropa entstehen läßt und Projekte angeregt hat wie die Revision österreichischer und ungarischer Schulbücher und die Korrektur nationalistischer Betrachtungsweisen auf beiden Seiten oder auch die Gründung einer plurinationalen Donauuniversität und eine Vermittlung der gemeinsamen Kultur als Voraussetzung für ein Bewußtwerden ebendieser Kultur. Seit einigen Jahren gibt es im ungarischen Radio die regelmäßige Sendung »An der Donau«, die Aspekte und Probleme der Koine an dem gemeinsamen Fluß behandelt. Der Rennweg führt nicht nach Asien.

2.

Der verkleidete König

Die melancholische, symmetrische Würde der habsburgischen Bauten von Sopron liefert einen würdevollen, stabilen Rahmen für die leichte Unsicherheit der Anhalter in Jeans. Ich betrete den Hof des Gebäudes in der Templom Utca Nr. 11 durch ein Tor, das eine Krone aus Eisen trägt, und steige eine Treppe hinauf. Es gibt wenig Licht, das Geländer ist rostig, doch in jedem Stockwerk sieht man im Schatten majestätische und banale Statuen stehen, umgeben von jenem Geheimnis, das für die konventionelle mimetische Kunst charakteristisch ist: Skulpturen, die der blassen, ausdruckslosen Selbstverständlichkeit von Personen ähneln, die sich in Pose stellen. Die Arabesken der Alhambra oder die Gefangenen von Michelangelo bestehen in ihrer Unsterblichkeit, doch die melancholischen, imposanten Standbilder auf dieser Treppe sind so unbedeutend wie wir selbst, sie altern wie wir; aus verständlichen Gründen vernachlässigt, rosten sie in diesem Halbdunkel vor sich hin, stellen die Nutzlosigkeit, die Einsamkeit, die Unbegreiflichkeit des Alterns dar.

Die Stadt ist unscheinbar, aber solide und undurchdringlich, als würde sie etwas hinter ihrer brüchigen Würde verbergen. In der Nähe des Liszt-Museums lehnt sich ein Mann im Schlafanzug aus einem Fenster im Erdgeschoß. Er ist jung, hat schwarze glatte, fettige Haare und zigeunerhafte Züge, entstellt durch einen leeren, freundlichen Gesichtsausdruck. Er ist geistig behindert, sein Körper

scheint wie ein leerer Sack in sich zusammenfallen zu wollen, und diese Trägheit wird allein durch wiederholte Konvulsionen unterbrochen. Als wir vorbeigehen, beugt er sich aus dem Fenster und stammelt mit Mühe einige abgerissene Laute, Worte oder Wortfetzen in ungarischer Sprache. Gigi bleibt stehen, hört ihm zu, versucht, ihn zu verstehen und ihm mit Gesten zu antworten, und ärgert sich über sich selbst, weil es ihm nicht gelingt, und geht dabei mit dem Schöpfer dieses diskutablen Universums hart ins Gericht.

Wenn wir verstanden hätten, was dieser Unbekannte uns sagen wollte, hätten wir vielleicht alles verstanden. Sicherlich konnte man dem stummen jungen Mann, der seinen Speichel nicht an sich halten konnte, keine klare oder entschiedene Absicht unterstellen, doch in dem Stottern, das er an uns gerichtet hatte, in der ihm eigenen Art und Weise und entsprechend seinen Möglichkeiten, war die Dringlichkeit zu spüren, etwas zu sagen, etwas, das er uns zu sagen hatte.

Der Stein, den die Bauleute verworfen haben, so steht es geschrieben, ist zum Eckstein meines Hauses geworden. Vielleicht war der Unbekannte, den wir in seinem Schmutz zurückgelassen haben, dieser königliche Eckstein, der als Bettler verkleidete König, der fürstliche Gefangene. Und vielleicht ist gerade er unser Erlöser, und es würde genügen, in ihm den Bruder zu erkennen, um uns von unserer Angst zu befreien, von unseren hysterischen Ekelgefühlen, von unserer Ohnmacht. Vielleicht ist er einer der sechsunddreißig Gerechten, die der Welt unbekannt sind und selbst nichts davon wissen und dank denen der hebräischen Legende zufolge die Welt weiterhin bestehen kann.

Die Täuschungen und Erdichtungen der Donaukultur, ihre ironischen Verstellungen dienen dazu, dem unerträglichen Skandal des Schmerzes auszuweichen und weiterzumachen. Man muß ihnen dafür dankbar sein, auch wenn dies zugleich ihre Grenze ist. Um vor diesem Fenster stehenzubleiben, mit einem Gesichtsausdruck, wie er in Gigis Zügen zu sehen war, muß man andere Stimmen und andere Schreie gehört haben. Musil hätte niemals das Evangelium schreiben können, Dostojewski hat es beinahe geschrieben. Seit jenem Morgen in Sopron wird der Kaiser aus Kafkas Erzählung, dessen Botschaft niemals ankommt und die immer unterwegs ist, dieser junge Mann mit der olivfarbenen Haut bleiben.

3.

Kocsis

In Sopron hat uns, wie vorgesehen, ein Kollege getroffen oder vielmehr erwartet, den ich Kocsis nennen möchte. Er ist ein Essayist von Rang, ein Grandseigneur der Kultur, der mehrere Sprachen spricht und dessen Bücher, wie man so sagt, von der internationalen Gelehrtenwelt sehr geschätzt werden. Er ist trotz seines Alters kraftvoll, hat ein breites pannonisches Gesicht und etwas Unerforschliches in den dunklen Augen, das jedoch in dem offenen und verführerischen Lächeln verschwindet. Er hat häufig eine Zigarette in der Hand, und bevor er sie anzündet, klopft er damit rhythmisch auf die Tischkante oder auf die Stuhllehne, streckt sie vor sich hin und beschreibt damit wie ein Schamane magische Kreise in der Luft, so als wollte er etwas unmittelbar Bevorstehendes noch für einige Minuten aufschieben, den Rauch, der sie verzehrt und für immer auflöst.

Kocsis ist eine kleine Institution in der Partei und daher ein wertvoller Begleiter. Mit der erloschenen Zigarette weist er auf Gegenstände und Figuren hin, auf Balkone mit schmiedeeisernen Gittern oder verschlafen tröpfelnde Brunnen, alte Bücher in Schaufenstern von Antiquariaten oder irgendein Gesicht inmitten der Menge, das ihm anthropologisch interessant erscheint. Vielleicht ist dies heute eine Aufgabe, wie sie einem Intellektuellen zukommt, der in die Hierarchie der Welt eingefügt ist und um seine Nebenrolle in der Gesellschaft weiß, der sich dessen bewußt ist, daß seine Arbeit die des Zusammenfassens und Rekapitulierens ist; gegenüber den geschichtlichen Ereignissen verhält er sich nicht wie ein Künstler, der Kunstwerke hervorbringt, noch wie der Museumsdirektor, der sie sammelt und ausstellt, sondern wie ein Cicerone, der auf sie aufmerksam macht und sie erläutert.

Kocsis ist eine kleine Institution in der Partei *gewesen*: eine ehemals mächtige Persönlichkeit, die zwar noch Respekt und Vergünstigungen genießt, aber keine Befehlsgewalt mehr besitzt, ähnlich wie der ehemalige Aufsichtsrat einer Aktiengesellschaft, der nicht mehr an den Schalthebeln der Macht sitzt, dem man aber noch seinen Dienstwagen mit Chauffeur gelassen hat. Sein politischer Werdegang hat beispielhaften Charakter. Während er zunächst von einer

akademischen Karriere ausgeschlossen war, da er die infamen Anklagen gegen Rajk nicht unterstützte – den kommunistischen Führer, der des Titoismus beschuldigt, fälschlicherweise wegen Landesverrats angeklagt und hingerichtet wurde –, konnte er in den fünfziger Jahren als Stalinist wieder Fuß fassen, der zwar niemals persönlich in den Terrorapparat Rákosis einbezogen, aber gleichwohl vom absoluten Primat der Partei überzeugt war.

Er war zu gebildet und zu scharfsinnig, um an das sowjetische Paradies zu glauben; er muß in jener Epoche des Kalten Krieges überzeugt gewesen sein, daß die Welt am Rande eines ungeheuerlichen und endgültigen Konfliktes stehe, einer Auseinandersetzung, die für immer und ewig zwischen Sieg und weltweiter Niederlage der Revolution entscheiden würde. Der Westen war reiner gesellschaftlicher Mechanismus, der Machtwille der wirtschaftlichen Prozesse, die dem Recht des Stärkeren überlassen blieben, bedeutete faszinierendes Leben, die Dinge, wie sie sind, frei, unabhängig und brutal; der kommunistische Osten sollte die Wirklichkeit im Namen der Dinge, wie sie sein sollten, korrigieren, Gerechtigkeit und Gleichheit schaffen, dem Durcheinander von Zufälligkeiten Bedeutung verleihen.

Gerade in Ungarn hat Lukács klassische Vorstellungen des Marxismus wiederbelebt, wonach die unvermittelte Spontaneität nicht authentisch sein kann, sondern nur durch die Disziplin einer Form Bedeutung erhält. Das stalinistische Ritual erschien als Form, Ordnung, Stärkung der Prinzipien gegenüber der nietzscheanischen »Anarchie der Atome«; der westliche Liberalismus erweckte den Anschein einer formlosen Spontaneität, einer amoralischen Vitalität, eines beliebigen Egoismus, von Abläufen, die allein den Bedürfnissen folgten und von jedem ethischen Gesichtspunkt absahen. Auf der einen Seite der Staat, auf der anderen die Gesellschaft. Noch im Jahre 1971 bringt Tibor Déry, ein engagierter Schriftsteller und Dissident, in einem seiner Romane seinen Abscheu gegenüber der amöbenhaften, promiskuösen, undifferenzierten Unschuld der amerikanischen Pop-Jugend zum Ausdruck, gegenüber einer Gesellschaft, die sich in einem einzigen libidinösen Strom selbst nivelliere.

Vor der Schlacht zwischen Gog und Magog schien es Kocsis verständlich, daß der Staat die gesamte Last und Kontrolle der Gesellschaft selbst übernähme und damit auch die Freiheit beschränkte

oder unterdrückte, wie dies eine Kriegswirtschaft und eine entsprechende Disziplin erforderten. Noch 1956 – und sogar in der kurzen Zeit, da ein solcher Standpunkt bedenklich oder gefährlich erschien für den, der ihn öffentlich äußerte – beharrte Kocsis auf seinem prosowjetischen Standpunkt, war gegen die Entscheidung der Regierung Nagy, aus dem Warschauer Pakt auszutreten, und befürwortete weiterhin – wobei er ein persönliches Risiko einging – die Unverletzlichkeit des östlichen Bündnisses. Heute steht er in dem Ruf, in keinem guten Einvernehmen mit der Politik Kádárs zu stehen, dessen Liberalismus – der aus Ungarn das demokratischste, wohlhabendste, westlichste Land des kommunistischen Europas gemacht hat – ihm noch zu vorsichtig und zu autoritär erscheint.

Kocsis ist eines der zahlreichen Beispiele für die Umwälzungen, die die ungarische Politik in den letzten Jahrzehnten erlebte und die recht wenig mit Opportunismus zu tun haben. András Hegedüs, ein Exponent der stalinistischen Richtung und rechte Hand von Rákosi, wurde während der Revolution von 1956 durch einen sowjetischen Panzer vor dem Zorn der Menge gerettet und außer Landes gebracht; in den sechziger Jahren hat Hegedüs sich zu einem liberalen Intellektuellen entwickelt und mit seiner Zeitschrift *Valóság* eine unvoreingenommene gesellschaftlich-politische Debatte über die Führung des Landes und sogar über die marxistische Theorie begonnen, was ihm den Ruf der Häresie eingebracht hat. Andere haben einen umgekehrten Weg zurückgelegt und sind nach der Revolte von 1956 zu orthodoxen Marxisten geworden.

Es ist die ungarische Geschichte, die diese Verwandlungen – mit den für sie so charakteristischen Veränderungen – hervorbringt: die Verbannten von 1956, die zurückkehren und teilweise wieder wichtige Positionen besetzen, der Wechsel von demokratischen Tendenzen und autoritärer Repression, die geradezu bevorzugende Behandlung – zumindest in den Augen vieler Altkommunisten –, welche die Regierung den Parteilosen zukommen läßt. Gerade auch Kádár ist ein markantes Beispiel für dieses Umdenken, das sich in seinem Fall im Namen einer höheren Mission vollzogen hat: ein engagierter Kommunist seit jeher, unermüdlich während der Zeit des Faschismus im Untergrund tätig, von der stalinistischen Geheimpolizei gefoltert, die ihm seine Fingernägel ausriß, ein Mann der sowjetischen Repression von 1956 und zugleich ein Staatsmann, der sein Land zu einem größtmöglichen Grad an Unabhän-

gigkeit von der Sowjetunion sowie an Freiheit und Wohlstand geführt hat.

»Das Leben ist in vieler Hinsicht ein Kompromiß«, hat Kádár einmal anläßlich seiner Geburtstagsfeier gesagt. »Die eigentliche Abkürzung kann manchmal der Weg sein, der am längsten scheint.« Vielleicht ist Kocsis mit seiner erloschenen Zigarette in der Hand gerade dabei, diese Abkürzung einzuschlagen, vielleicht bleibt er von Zeit zu Zeit stehen und sucht sich eine Bank, um sich zu setzen und die Landschaft zu bewundern. Gerade diese Kriegswirtschaft der Revolution, an die er glaubte, hat sich als Schwachstelle des realen Sozialismus erwiesen. Wenn die Macht sämtliche Probleme der Gesellschaft unmittelbar auf sich vereinigt und sich mit jedem Detail und der Kontrolle eines jeden Details belastet, so wendet sich, wie Massimo Salvadori bemerkt, ihr Totalitarismus gegen sie selbst und unterminiert den Staat von innen her, wie es bei Organismen geschieht, die sich über längere Zeit übermäßigen Kraftanstrengungen unterziehen. Die Revolution von 1956 ist auch eine Apoplexie dieser aufgeblähten Macht gewesen, der Kollaps nach dem titanenhaften Bemühen seitens des Staates und der Partei, das gesamte soziale Leben zu durchdringen und zu überwachen. Kádárs Kompromiß hat diesen Totalitarismus mit seiner elastischen und ausweichenden Formel – »Wer nicht gegen uns ist, ist für uns« – überwunden, indem er einer Vielfalt von Komponenten und Verhaltensweisen Spielraum läßt, die nicht mehr rigoros auf ein einziges Modell (»mit uns«) zugeschnitten, sondern nach liberaler Sichtweise nur negativ eingeschränkt werden (es genügt, nicht »gegen uns« zu sein). Der Kompromiß und die lange Abkürzung Kádárs folgen einer habsburgischen Strategie; den Rissen und Spalten des nach sowjetischem Modell geformten Systems entsteigt nicht allein die Sehnsucht nach Mitteleuropa, sondern auch die mitteleuropäische Form, ihr ethisch-politischer Stil.

Auch Kocsis hat seinen eigenen mitteleuropäischen Anknüpfungspunkt gefunden, seine eigene Abkürzung. Er ist dabei, wie er mir sagt, eine Monographie über Babits zu schreiben. Diese Wahl ist an und für sich schon bezeichnend, denn es ist eine – wenn auch nicht übermäßig – einseitige Entscheidung. Die Ideologie des Regimes bevorzugt die marxistischen Schriftsteller oder aber, und dies in noch größerem Maße, die großen, klassischen Nationaldichter wie Petöfi oder Vörösmarty, als deren wahrer Erbe sich der magyarische

Kommunismus versteht, oder auch jene zerrissenen Autoren, die wie Endre Ady die Krise und Dekadenz des Bürgertums denunziert und demaskiert haben. Die revolutionären Dichter wie Attila József sind schon eher verdächtig aufgrund ihrer Radikalität, die sie allzuleicht von der Parteilinie abweichen lassen, wenngleich die monumentale Biographie von Miklós Szabolcsi gerade über Attila József die kulturelle Öffnung des heutigen Ungarn beweist.

Mihály Babits ist ein Sonderfall; in den Handbüchern wie in der offiziellen Kulturdebatte wird dem Dichter die überzeugte Ehrerbietung, die man einem – vielleicht etwas abseitigen – Klassiker schuldig ist, und somit ein höfliches Vergessen zuteil. Babits, der von 1883 bis 1941 lebte, war ein Humanist, fasziniert einerseits von der Tradition, andererseits der Zerrissenheit der zeitgenössischen Lyrik bewußt, die er zu mildern und in einer reinen, klaren Form einzugrenzen suchte, beinahe als wollte er den Überresten aus dem Schiffbruch der modernen Dichtung, die an den Klippen des Nichts zerschellt waren, einen Rettungsring zuwerfen. Babits protestiert gegen die Kriegsbegeisterung und die Schrecken des Krieges, er nimmt den Lehrstuhl für Literatur an, der ihm in der kommunistischen Republik Béla Kuns angeboten wird, obwohl er sich zugleich als Antimarxist bezeichnet, und zieht sich später – während des faschistischen Regimes Horthys – in eine gemäßigte Opposition zurück; er bekämpft die Irrationalismen, seine ausgefeilte poetische Goldschmiedekunst atmet menschliches Leiden, seine Verse sind geprägt von der Trauer und dem Schmerz der Dinge, insbesondere vom Elend unterdrückter Individuen und Schichten.

Niemals besingt er die Sieger, und dies muß Kocsis an ihm gefallen haben. Vielleicht vermag er sich in den Versen des Dichters wiederzuerkennen, wenn Babits etwa sagt, er wolle das All in die Verse seiner Sonette zwängen, und doch könne er niemals über sich selbst und seine kleinen *impasses* hinausgelangen. Es ist nutzlos – schreibt er an anderer Stelle –, das Gedicht mit den Fingern zu formen wie Zeichen in den Sand: die Lyrik stirbt, die Götter sterben, und der Mensch lebt fort. Vielleicht sind die Götter Kocsis' tot; er lebt jedenfalls weiter, freundlich und aufgeschlossen, und vergnügt sich damit, dem Dichter heimlich zu folgen, der ebenso diskret die umherreisenden Buchstaben und Worte durch das Labyrinth des Papiers führte, indem er die eigene Müdigkeit zurückhielt und den fernen Geräuschen der Boote und Motoren lauschte, die von der Donau

herkamen, und dabei hoffte, daß irgendein Gott auch dem Fluß der Wörter ein Bett geben möge, die ihm ziellos über die Lippen traten, damit sie auf geordnete Weise fortfließen könnten bis zum Meer, um sich dort aufzulösen.

Die Lyrik Babits kann heute nicht mehr zum Gegenstand einer ideologischen Debatte werden, sie ist kein Thema mehr bei der unterschwelligen Auseinandersetzung zwischen rechts und links, zwischen den Konservativen und den Progressiven des kulturellen und politischen Lebens in Ungarn. Es ist eine klare, aber leise Stimme, ein Arkadien wie jenes, das der Dichter selbst in der Landschaft, die er um sich sah, in der Kindheit, zwischen den Weinbergen von Szekszárd fand. Ein pannonisches Arkadien und daher vertraut mit jener Gewalt, über die hinwegzusehen Babits sich zuweilen zwingt.

4.

Raupenketten im Schnee

Wir haben vor kurzem Fertöd, das Versailles der Esterházy, hinter uns gelassen. Diesen Feudalherrn gehörte im 18. Jahrhundert über eine Million Joch; zusammen mit anderen Adelsfamilien bildeten sie die gesamte – als solche bekannte – *natio hungarica*.

Unser Hinundhergezuckel auf der nur wenige Kilometer langen Strecke ist allmählich ebenso unregelmäßig und zerfahren wie das Kommen und Gehen der Autostop-Literaten oder auch der berühmten roten Postkutsche von Gyúla Krúdy, die auf den alten Landstraßen im Zickzack fährt. Doch leitet uns eine ganz präzise Absicht, während wir von dem direkten Weg nach Mosonmagyaróvár abweichen. Hier in der Nähe ist es gewesen, daß in der Nacht des 2. November 1956 Alberto Cavallari, der vom *Corriere della Sera* nach Ungarn geschickt worden war, um an Ort und Stelle die revolutionären Entwicklungen zu verfolgen, selbst zu einer Schlagzeile und zu einem neunspaltigen Artikel wurde, da sich das Gerücht verbreitet hatte, er sei von den Sowjets gefangengenommen worden. In Wirklichkeit hatte er die Nacht an einem Zufluchtsort der Aufständischen zugebracht, nachdem er zuvor vergeblich versucht

hatte, Wien – und zwar einen Tag im voraus – mit der Mitteilung zu erreichen, daß die Revolution nicht, wie allgemein geglaubt wurde, gewonnen sei, sondern ihrem Ende entgegengehe, und daß die sowjetische Repression begonnen habe. In seinem lakonischen und raschen Stil berichtet Cavallaris Reportage von der Konfusion in jener Schneenacht, dem Auto, das steckenbleibt und nicht mehr weiterfährt, den Straßen, die sich im Schlamm und in der Dunkelheit verlieren, den Schüssen und den Verwundeten, den unerwarteten Sperren der ungarischen Patrioten, den Panzern der sowjetischen Armee, denen er zufällig in der Finsternis begegnet, während sich jene zu den Maschen eines riesigen Netzes zwischen Wien und Budapest formieren und ganz Ungarn einschließen.

Indem wir demselben Weg zwischen Wien und Budapest folgen, scheinen wir Cavallaris Spuren nachzugehen; seine Artikel aus jenen Wochen zwischen Oktober und Dezember 1956, die unmittelbar die epochale Wende in den unbekannten Gesichtern faßbar machen, die in den Sümpfen oder hinter den Barrikaden verschwinden, sind zweifellos ein Leitfaden dieser Reise durch Ungarn: ein tragisches Brevier für eine so harmlose Reise, das man gleichwohl zur Hand nimmt, so wie Bérard, als er das Mittelmeer bereiste, die *Odyssee* dabeihatte, um mit Hilfe dieses Baedekers die Orte und ihre Geheimnisse wiedererkennen zu können. Die dreißig Jahre haben den Schnee schmelzen lassen und die Spuren der Raupenketten verwischt, nicht aber die Erinnerung daran. Das Urteil zu jener Zeit war eindeutig: Kádár war der Komplize des Verrats, der Helfershelfer bei dem Massaker, Werkzeug der Sowjets, die sich seiner nur zu bedienen schienen, um ihn bei nächster Gelegenheit fallenzulassen. Dreißig Jahre danach muß man gerechterweise zugestehen, daß er seine Person in den Dienst seines Landes gestellt hat, daß er den einzigen wirklich möglichen Weg eingeschlagen und diesen geschickt und rechtschaffen und zum Wohle Ungarns zurückgelegt hat.

All dies ändert nichts an dem damaligen Urteil, sondern ergänzt es vielmehr, reiht es neben anderen Urteilen ein, die jenes nicht ungültig werden lassen, sondern es kontrapunktisch erweitern, so als würde man dem Bildnis eines Menschen ein zehn Jahre jüngeres oder älteres Porträt hinzufügen. Die positive Bewertung, die der Person Kádárs heute widerfährt, bedeutet nicht, daß die damalige negative Einschätzung falsch oder daß es damals nicht notwendig gewesen wäre, seinen Standpunkt abzulehnen.

Es gibt eine Zukunft der Vergangenheit, ein Werden, das das Vergangene verändert. Wie die Realität, so erscheint auch das Ich, das sie erlebt und betrachtet, als vielschichtig. Indem man die Orte durchstreift, die in jener epischen Chronik von vor über dreißig Jahren verzeichnet sind, entsteht der Eindruck, als würde man dünne, unsichtbare Trennwände durchbrechen, Schichten verschiedener Realitäten bloßlegen, die noch gegenwärtig, wenngleich dem bloßen Auge nicht zugänglich sind, infrarote oder ultraviolette Strahlen der Geschichte, Bilder und Augenblicke, die heute kein Film mehr aufnehmen könnte, die aber doch da sind, die existieren wie die der sinnlichen Wahrnehmung unzugänglichen Elektronen.

Ich weiß nicht, ob irgendein Science-fiction-Autor bereits einen Raum-Zeit-Photoapparat erfunden hat, der in der Lage wäre, all das, was während der Jahrhunderte oder Jahrtausende in dem räumlichen Ausschnitt vorhanden war, der vom Objektiv erfaßt würde, abzulichten und womöglich in verschiedenen Vergrößerungen wiederzugeben. Wie die Ruinen von Troja mit den Schichten der neun verschiedenen Städte oder wie eine Kalksteinformation, so erfordert jedes Stück der Realität die Arbeit eines Archäologen oder Geologen, der jene Wirklichkeit entziffert, und vielleicht ist die Literatur gar nichts anderes als diese Archäologie des Lebens. Gewiß, ein armer dreidimensionaler Reisender ängstigt sich vor den Scherzen der vierten Dimension – auch wenn Reisen immer vier- (oder mehr-)dimensional ist – und hat Mühe, sich zwischen so vielen entgegengesetzten, aber gleichwohl nicht widersprüchlichen Aussagen zurechtzufinden. Man fühlt sich dann etwa so wie der Kardinal Mindszenthy nach seiner Befreiung aus jahrelanger Kerkerhaft, der über die neue und unbekannte Realität in Verwirrung geriet; man muß den Atem anhalten und sich umschauen und – bevor man noch irgendeinem Wunsch entspricht – antworten wie der ungarische Primas, nachdem er von den Rebellen befreit worden war und ihn Cavallari um eine Erklärung bat: »Ich werde Ihnen Freitag antworten; bis dahin werde ich begriffen haben, was mit der Welt los ist.«

5.

Im pannonischen Schlamm

Das ungarische Fernsehen zeigt *Die Glembays*, das berühmte, aggressive Drama von Miroslav Krleža, unter der Regie von János Dömölky. Wenige ungarische Schriftsteller haben die pannonische Welt, das Mosaik der Völker und Kulturen zwischen Budapest und Zagreb, mit der Kraft und Eindringlichkeit Krležas, des großen Patriarchen der kroatischen Literatur, geschildert. In seinen Texten wiederholt sich ein dunkles und obsessives Bild auf insistente Weise, das des pannonischen Schlamms, der kroatisch-magyarischen Ebene, die mit Staub und Sümpfen bedeckt ist, mit fauligem Laub, mit blutigen Spuren, die über Jahrhunderte hinweg von den Wanderungen und Auseinandersetzungen verschiedener Völker und Kulturen zurückgelassen worden sind: in dieser Ebene und in diesem Schlamm haben sie sich vermischt, überkreuzt und überlagert wie die Spuren, die die Hufe der Barbarenpferde hinterlassen haben.

Krleža, der 1893 in Zagreb geboren wurden und 1981 starb, und der in viele Sprachen übersetzt worden ist, ist ein kraftvoller und maßloser Autor, von elementarer Vitalität und außergewöhnlicher, mehrsprachiger und übernationaler Bildung. Er ist der Dichter der Begegnung und Auseinandersetzung zwischen Kroaten, Ungarn, Deutschen und anderen Völkern der Donauwelt; er ist ein Schriftsteller voll überschäumender Kultur und Begeisterung, ein Intellektueller und expressionistischer Dichter, der die essayistische Diskussion sucht, aber nicht minder Sprünge und Brüche, gezielte Verletzungen und beleidigende Sarkasmen zu schätzen weiß. Das zentrale Thema seines vielseitigen riesigen Werkes ist die Zerstörung der Welt des 19. Jahrhunderts, die er im wesentlichen am Verfall des jahrhundertealten österreichisch-ungarischen Reiches, am Beispiel der Entfesselung irrationaler und pathologischer Kräfte beschreibt, die aus der Agonie einer Gesellschaftsordnung hervorgehen. Der Kritik an dieser orgiastischen und nihilistischen Dekadenz – wie sie insbesondere in den *Glembays*, dem düsteren und grausamen Porträt des habsburgischen Untergangs, dargestellt wird – entnimmt Krleža den Nährstoff für seine grimmige Analyse und jene Anklage

gegen den Totalitarismus, den er aus jener Fäulnis entstehen und wie ein Krebs im Europa der dreißiger Jahre wachsen sieht.

Der Mitkämpfer in der jugoslawischen Arbeiterbewegung, als der er von der Ustascha verhaftet wird, ist niemals vom Kommunismus abgewichen; seine frühzeitige und radikale Abkehr vom Stalinismus – schon zu Stalins Zeiten und in den Jahren des antifaschistischen Kampfes – trug ihm große Konflikte mit der Partei ein. Unter den Anklägern, die damals seinen Kopf forderten, war auch in aller Parteilichkeit und Absolutheit Djilas, der bald darauf zum Fahnenträger der Abweichung werden sollte. Es ist Tito gewesen, der Krleža immer wieder verteidigt hat, der begriff – und zwar mit größerer Klarheit als der Intellektuelle Djilas –, daß Krleža in seiner Unabhängigkeit einen unersetzbaren Wert für das neue, revolutionäre Jugoslawien darstellte, und in der Tat ist der Schriftsteller – ähnlich wie der Marschall – zu einer Vaterfigur, zu einem Stammvater des neuen Staates geworden.

Krleža war vor dem Ersten Weltkrieg kroatischer Nationalist, wurde dann zum Patrioten eines von Serben dominierten Jugoslawien, wandte sich aber bald angewidert von dem reaktionären monarchischen Regime ab und kehrte zu seinen kroatischen Wurzeln und der Koine der Donau zurück, für die er – unter dem marxistischen Gesichtspunkt des Internationalismus – engagiert und mutig kämpfte. Sein Pannonien ist ein Schmelztiegel von Völkern und Kulturen, worin das Individuum die Vielschichtigkeit, die Unsicherheit, aber auch die Komplexität der eigenen Identität entdeckt. Im pannonischen Schlamm versinkt schmählich die österreichisch-ungarische *gentry*, wie sie von der Familie Glembay verkörpert wird; aufgesogen vom pannonischen Schlamm wird auch der Held seines vielleicht bemerkenswertesten Buches, *Die Rückkehr des Filip Latinovicz*, das 1932 erschienen ist und ganz außerordentlich – vielleicht auch zu sehr – Sartre gefiel, der darin eine Parabel auf die Krise der individuellen Identität erkannte, ein epochales Bild von der Entfremdung des Individuums, das sich auflöst und im Nichts verliert, da es den Zusammenbruch seiner Klasse und die Auflösung des eigenen Ichs bewußt erfährt.

Krleža hat sehr viel geschrieben, zuviel: Gedichte, Romane, Dramen, Essays, alles von unterschiedlicher Qualität. Seine Stärke besteht in seiner essayistischen Vielschichtigkeit, in der Fähigkeit, den Zusammenhang zwischen der gewöhnlichen Alltagsrealität,

den geschichtlichen Prozessen und den Naturgesetzlichkeiten herzustellen: in dem Blick, der in den einfachsten Handlungen den näherkommenden Tod, die Notwendigkeit des Universums, die Aggregation und Disaggregation der Atome, die dunklen biologischen Riten, die sich hinter der Bewegung der Ideen verbergen, zu erfassen vermag. Seine Grenzen zeigen sich da, wo er das Sinistre im Übermaß zeigt, wo das Schauerliche und Verwerfliche allein emphatisch betont wird, wo er mit der Fäulnis prunkt, was ihn bisweilen zu einer Wiederholung des Exzessiven und zu einem ermüdenden Intellektualismus verführt.

Die antihabsburgische Kritik Krležas ist sicherlich parteilich und einseitig – wie andererseits auch viele nostalgische Idealisierungen des Habsburgerreiches –, doch die poetische und moralische Wahrheit bedarf manchmal solcher sektiererischer Leidenschaftlichkeit, um jenseits der verbitterten Entstellungen zu einem wesentlichen Moment des Lebens und der Geschichte zu gelangen, zu einem absoluten menschlichen Wert, den eine objektive, realistische Genauigkeit nicht zu erfassen vermag, wie auch die großen satirischen Dichter wissen, die dank ihrer visionären Obsession dazu berufen sind, über die tendenziösen Angriffe hinaus einen unvergänglichen Augenblick des Lebens zu erhellen. Wien war keineswegs so infam, wie Karl Kraus es dargestellt hat, und wahrscheinlich war auch das antike Rom nicht so, wie Juvenal es beschreibt, doch wären ohne die wütende Erbitterung eines Karl Kraus oder Juvenal, die wie durch einen gewaltsam zerrissenen Vorhang blicken lassen, mancher extreme Ausdruck, manche abnorme Grimasse, wie sie bisweilen das Gesicht des Menschen entstellt, niemals enthüllt worden.

Das Werk Krležas, und insbesondere sein später Roman *Flaggen*, der eine Zusammenfassung seines Œuvres zu geben sucht, ist eine pannonische Enzyklopädie, ein monumentales Fresko nicht allein des kroatischen, sondern auch und vor allem des Lebens in Budapest und Ungarn zu Beginn dieses Jahrhunderts. Krleža ist hart und polemisch gegenüber dem Donaureich, doch auch sein Protest ist durchdrungen von der Kultur jener Welt, die er kritisiert; deutlich wird dies etwa in seinem Essay über Karl Kraus, die selbstanklägerische Stimme der habsburgischen Kultur.

In einem autobiographischen Spätwerk, das nicht ohne Zärtlichkeit das habsburgische Mosaik in Erinnerung ruft, bezeichnet sich

Krleža als »einer aus Agram«, wobei er seine Geburtsstadt Zagreb mit ihrem deutschen Namen nennt; die weitläufige kaiserlich-königliche Ökumene hatte ihn wie auch viele andere – etwa seinen ehemaligen Ankläger Djilas, der heute dem alten Mitteleuropa nachtrauert – dazu gebracht, sie durch die Rebellion zu lieben oder wenigstens zu begreifen.

6.

Auf traurige Weise magyarisch

Wie Perlen reihen sich die Städte an der Donau auf. Györ – 1956 Zentrum der radikalsten Forderungen, das dem gemäßigteren Budapest und der Regierung Nagy, die man als zu kommunistenfreundlich ansah, ein Ultimatum stellte – ist eine schöne und ruhige Stadt, die alten Straßen führen wie auf einem Sonntagsspaziergang zu den Ufern des Flusses, zu seinen Kais und dem grünen Wasser der Raab, die hier in einen Nebenarm der Donau mündet. Am Haus Nr. 5 der Dr. Kovacs Utca ziert ein stolzer, vornehmer magyarischer Schnurrbart das Gesicht Petöfis auf einem Medaillon; in der Kirche der Jesuiten umgibt grünes und von der Sonne vergoldetes Blattwerk die Fenster und die Gesichter, die sich einen Augenblick lang gegen das Licht abzeichnen und von noch herzzerreißenderer Schönheit sind als die gotischen Fenster. In der Alkotmany Utca hat Napoleon gewohnt; die kleinen Balkone tragen eine ruhige, gemessene Herrschaftlichkeit zur Schau, Karyatiden und Löwen, die mit Säbeln bewaffnet sind.

Komárom-Komárno (oder Komorn), das sich großenteils auf der anderen Seite der Donau, in der Tschechoslowakei befindet, ist ein kleines Konzentrat aus magyarischen Symbolen. Die Statue von Klapka, des Generals der Revolution von 1848, verweist auf den rebellischen Geist der Ungarn; das Schild am Geburtshaus von Mór Jókai spielt auf den nationalen Illusionismus an, der insbesondere nach dem »Ausgleich« so sehr gepflegt wurde und mit Hilfe dessen sich die herrschende ungarische Klasse eine Maske aus Glanz und Vitalität schuf und die Magyarität zu ihrem eigenen Klischee entstellte. Der im optimistischen Klima des Liberalismus aufgewach-

sene Jókai entwirft ein brillantes Porträt dieser ungarischen Adelsschicht, die hingegen Baron József Eötvos, ebenfalls Romancier und Urheber eines aufgeklärten, aber zumeist nicht respektierten Nationalitätengesetzes, als repressiv und parasitär beschreibt.

Die große ungarische Dichtung feiert nicht den Glanz eines heroischen Ungarn, sondern denunziert das Elend und das Dunkel des magyarischen Schicksals. Auch Petöfi, der Sänger des Vaterlandes und des magyarischen Gottes, geißelt den tatenlosen Egoismus der Adligen und die träge Nation. Endre Ady besingt die »düstere magyarische Erde«, er bezeichnet sich als »auf traurige Weise magyarisch« und erklärt, die »magyarischen Erlöser« seien »tausendmal mehr Erlöser«, da in ihrem Lande die Tränen salziger seien und sie sterben würden, ohne jemanden erlöst zu haben. Wer in Ungarn geboren werde, entrichte dem Leben ein Kopfgeld, denn das Leben – so heißt es in einem anderen Gedicht – ist ein stinkender See des Todes; die getretenen Ungarn seien die »Hofnarren der Welt«, und der Dichter spüre schmerzerfüllt die melancholische Ebene in sich.

Die magyarische Literatur ist eine umfangreiche Anthologie dieser Wunden, dieses Gefühls der Verlassenheit und Einsamkeit, wodurch sich die Ungarn, wie Attila József in einem seiner Gedichte schreibt, »an den Rand des Universums« versetzt fühlten. Der volkstümliche Schriftsteller László Németh hat von einem »Zustand permanenter Agonie« der ungarischen Literatur gesprochen. Von der Schlacht bei Móhacs bis zur Revolution von 1956 wird wie in einem Refrain immer wieder die eine Frage wiederholt: Werden wir also immer nur geschlagen? Wann werden die Ungarn endlich einmal siegen? Diese Fragen stellen die Schüler ihrem Geschichtslehrer, wenn er auf die von den Habsburgern niedergeschlagene Revolte von Rákóczi zu sprechen kommt, sie wird als rhetorische Frage auch von Tibor Déry und selbst von Kádár aufgeworfen, dem zufolge jedoch dieses Schicksal des Verlierers die Vergangenheit und nicht mehr die Gegenwart betreffe.

Der nationalen Selbsttäuschung, wie sie von Jókai und vielen anderen Autoren gepflegt worden ist, stehen somit bittere Enttäuschungen gegenüber, Stimmen, die aus dem Dunkel sprechen. Es ist nicht gesagt, daß die Selbstbezichtigungen und die Selbstverachtung aufrichtiger wären als das Selbstlob; Ungarn ist stets ein Spannungsfeld zwischen deutscher, slawischer und lateinischer Welt gewesen, es ist von seinen Nachbarn bedroht worden, ist ihnen aber niemals

unterlegen. Ungeachtet der Vorherrschaft der Türken und der zahlreichen gescheiterten Revolutionen ist Ungarn selbst eine beherrschende Nation gewesen, hat sich seine Slawen oder Rumänen unterworfen; es ist nicht irgendeine Provinz gewesen, die die Weltgeschichte vergessen hätte, sondern eine Nation, die Geschichte gemacht hat.

Eine teilweise Rehabilitierung des ausdrucksvollen Optimismus von Jókai ist daher nicht unberechtigt. Im übrigen zeigt auch Jókai in seinem Roman *Der Goldmensch* eine Traurigkeit, die sich von der stereotypen, folkloristischen Melancholie der Pußta unterscheidet: die kleine, unbekannte und verborgene Donauinsel wird darin zum Nicht-Ort, wo Mihály Timár, der zu Reichtum gekommene Bootsführer, enttäuscht über seinen zweifelhaften gesellschaftlichen Aufstieg, Zuflucht und Glück findet. In diesem Roman hat Jókai eine kleine Donau-Robinsonade geschrieben, die Geschichte eines Mannes, der seine von der Gesellschaft vernichtete Existenz aus dem Nichts wieder aufbaut und der im Gegensatz zu Robinson nicht in die Welt zurückkehren will. Seine Insel wird zu einem Paradies, zu einem Garten Eden, Otaheiti, einem Atoll der Südsee, auch wenn es nicht der Ozean ist, der diese unter melancholischen Umständen wiedergefundene Unschuld beschützt, sondern nur ein Stück der Donau.

In Komorn informiert ein weiteres, zweisprachiges Schild darüber, daß in jenem Haus Franz Lehár geboren sei, der Meister einer potenzierten Selbsttäuschung, einer Gebrauchsmusik, in der die Walzernostalgie eines Strauß trotz der genießbaren Meisterschaft zu einer dreisten Vulgarität verkommt. Die Operettenillusion, die die Probleme des Lebens mit dem Ruf »Herr Ober, Champagner!« löst, verschleiert freilich nicht, daß es sich dabei um eine brillante Fiktion handelt, um eine Maske, eine Vortäuschung von Lebhaftigkeit und Schwung. Lehárs Massenfertigungen von galantem und sentimentalem Zynismus sind ein Gebilde aus Pappmaché, die, ohne sich auch nur den Anschein von Bedeutung zu geben, vom Ernst des Lebens ablenken.

7.

Eine kaiserliche Büste hinter der Treppe

Esztergom. Diesen Ort bestimmte Geza, der Fürst der ein Jahrhundert zuvor unter der Führung von Árpád aus der russischen Steppe eingewanderten Ungarn, zu seiner Residenz und gründete 973 seinen Hof; hier wurde auch sein Sohn Stefan, später Stefan der Heilige und erster König von Ungarn, geboren. Mit dem ersten christlichen König Ungarns, der sein Land christianisierte und die heidnischen Petschenegen besiegte, endete die Herrschaft der Schamanen und der Wandergottheiten der Steppe; heute ist die Stadt der offizielle Sitz des Primas von Ungarn. Die gewaltige klassizistische Kathedrale, die über der Donau thront, ist von der kalten und toten Monumentalität eines Zenotaphs und strahlt eine eisige zeitliche Macht oder Übermacht aus.

In Esztergom ist viel gekämpft worden, Mongolen sind hier durchgezogen, Türken haben die Stadt mehrfach belagert und erobert. Im Kampf gegen die Türken ist hier 1594 Bálint Balassi, einer der ersten Dichter der ungarischen Literatur, gefallen. Das ihm gewidmete Museum ist geschlossen; das Mädchen, das die Tür öffnet, weiß von nichts, vor dem Eingang ist Schutt angehäuft. Hinter der Treppe der Eingangshalle liegt eine umgekippte und vergessene Büste von Sissi, der Kaiserin, die Ungarn so sehr liebte. Das Lächeln auf dem Gesicht, das von einem ganz und gar konventionellen Künstler verfertigt worden ist, zeigt eine Unwirklichkeit, die der unmöglichen Kaiserin, ihrem Traum, eine Möwe zu sein, nicht unwürdig ist. Auch die Weltgeschichte besteht aus Umzügen, die oft unterbrochen und dann nur zur Hälfte ausgeführt werden. Zepter, Kronen, Wappen landen beim Trödler; bei der Liquidation des Habsburgerreiches ist Sissi schließlich – wer weiß, durch welches Versehen – hierher geraten. Vielleicht um uns eine eventuelle Enttäuschung durch ein weiteres geschlossenes oder baufälliges Museum zu ersparen, vermeidet es Kocsis, uns zu dem zu führen, das nach seinem Mihály Babits benannt worden ist.

8.

Die Wirte von Vác

Die kleine Stadt – auch sie reich an blutigen Erinnerungen – ist wunderhübsch, voller Renaissance- und Barockgebäude. Auf seiner Donaureise, die ihn – noch vor dem Antiquarius – zu den Krimtataren führte, beklagte sich der Edelmann Nicolaus Ernst Kleemann über die ungarischen Wirte im allgemeinen und über die von Vác im besonderen, unter denen er »die Quintessenz von allen groben Wirthsleuten« fand: man speise und trinke schlecht, aus schmutzigen Schüsseln und Bechern und zu unerhörten Preisen. In Vác aber hat sich Schlimmeres ereignet. Im Theresianum, der alten Akademie für Adelszöglinge, die Maria Theresia erbauen ließ und die später in ein Gefängnis umgewandelt wurde, hat man die vom Horthy-Regime inhaftierten Kämpfer der Arbeiteropposition umgebracht.

9.

Szentendre

Szentendre ist ein Montmartre der Donau, die Farben der Häuser und der auf der Straße ausgestellten Bilder vermischen sich mit denen des Flusses, eine leichte, dahinfließende Ausgelassenheit umfängt den Flaneur und begleitet ihn entlang der malerischen Gäßchen, die sanft zum Ufer hinabführen. Das Städtchen hat ein serbisches Gepräge, das nach und nach verblaßt. Gegen Ende des 17. Jahrhunderts – während des Vormarschs der Osmanen – gelangten viele Flüchtlinge vom Balkan nach Szentendre, die vor allem vor den Türken geflüchtet waren: Albanier, Griechen, Bosnier, Dalmatier und vor allem Serben, angeführt von dem Patriarchen Arsenije Crnojević. Als unternehmungslustige Kaufleute verhalfen die Serben – zusammen mit den Griechen – der kleinen Stadt zu Blüte und wohlhabender Eleganz, zu Barock-, Rokoko- und klassizistischen Kirchen, zu vornehmen Kaufmannshäusern, harmonischen, stillen Plätzen, angesehenen Handelsschildern.

Von den 800 Familien, die mit dem Patriarchen hierherkamen,

sind heute etwa 60 bis 70 übriggeblieben. Eine Reise ist immer auch eine Rettungsaktion, die Dokumentation und Sammlung von etwas, was am Aussterben ist, was schon bald verschwunden sein wird, die letzte Landung auf einer Insel, die vom Wasser überflutet wird. Cuvier unterschied *voyageurs-naturalistes, -géographes* und *-botanistes*. Für den Botaniker ist es am einfachsten, er kann in aller Ruhe das letzte Exemplar einer Pflanze ausgraben und in seinem Herbarium aufbewahren oder sie sogar in ein Gefäß umpflanzen und – sofern es die klimatischen und thermischen Bedingungen erlauben – mit sich nehmen. Die menschliche Geographie kompliziert die Dinge ein wenig, da es schwieriger ist, eine Landschaft einzupacken, die unter Bau- und Grundstücksspekulationen verschwindet, oder eine Minderheit, die immer kleiner wird, ihre Straßen, ihre Gewohnheiten, die Leute, die auf dem Markt gestikulieren. Doch der Rückgang des Serbischen in Szentendre ist durchaus nicht melancholisch, denn die verbliebenen Serben wirken nicht wie pathetische, vereinzelte, isolierte Überlebende, sondern bilden eine Volksgruppe, die ganz selbstverständlich in die ungarische Realität integriert ist.

Ein *voyageur-botaniste* müßte viele Dinge sammeln – und mit aller Vorsicht, die dabei geboten ist – und in sein Herbarium stecken, um sie vor dem Lauf der Dinge zu schützen, auch wenn es dann immer schon zu spät ist. Der Schmerz aber existiert, und keine Schutzhülle und kein Reliquiar hält ihn fern; er ist auch auf den wunderschönen Keramiken von Margit Kovács zu erkennen, die permanent in dem als Haus des serbischen Kaufmanns Dimišić Vazul bekannten Gebäude aus dem 18. Jahrhundert ausgestellt sind. In den Figuren von Margit Kovács ist das Leiden stumm, unerklärbar, der Schmerz einer großen Mütterlichkeit, aus der Leben und Leiden hervorgeht. In diesem Schweigen aber liegt eine unzerstörbare Würde, die noch geheimnisvoller ist als der Schmerz – das Rätsel der Existenz und dabei auch der Glückseligkeit trotz aller Tragödie.

Nur noch wenige Schritte, bevor wir wieder ins Auto steigen und nach Budapest weiterfahren. In einem kleinen Antiquariat erinnert Gigi ein Band mit einigen Briefen von Ninon de Lanclos daran, daß der Maestro Eulambio von Gradisca, der über dreißig Jahre in Leipzig Musik lehrte, eine Oper mit dem Titel *Ninon de Lanclos* komponiert hat, die im Teatro Verdi in Triest aufgeführt worden ist. Ein würdiges und überflüssiges Werk, wie Gigi sagt, das die Tragödie

des braven Epigonen erkennen lasse, dessen unzweifelhaftes künstlerisches Talent nichts Neues mehr zu sagen vermöge. Die ehrenwerten Epigonen Verdis, die sich sogleich als die erweisen, die sie sind, und ihr Leben in einer Arbeit verbrauchen, die zwar respektabel, aber offenkundig überholt ist, sind tragische Gestalten; den durchtriebenen Epigonen Schönbergs oder Pounds, auch sie talentiert und überflüssig, gelingt es, ihre Verspätung zu verschleiern, sich für originäre Schöpfer auszugeben und dank ihrer Philisterhaftigkeit der Tragödie zu entgehen. Ihre Majestät die Vergessenheit, der Lichtenberg seine Werke widmete, erläßt sofort ein Dekret über Maestro Eulambio, während sie sich nach dem Mittagessen daran ergötzt, mit seinen Kollegen à la page zu spielen.

10.

Ein Eis in Budapest

Budapest ist die schönste Stadt an der Donau. Sie weiß sich ebenso wie Wien in Szene zu setzen, doch mit einer kraftvollen Substanz und Vitalität, deren es der österreichischen Rivalin ermangelt. Budapest vermittelt auch körperlich das Gefühl einer Hauptstadt, einer vornehmen und imponierenden Protagonistin der Geschichte, wenngleich Ady das magyarische Leben als »grau, von der Farbe des Staubes« beklagt. Gewiß, das moderne Budapest ist eine neuere Schöpfung und ganz verschieden von jener Stadt, die – wie es bei Mikszáth heißt – in den vierziger Jahren des vergangenen Jahrhunderts serbischen Wermut trank und deutsch redete. Der hauptstädtische Glanz von Budapest, der sich auf ein solides politisch-ökonomisches Wachstum gründet, zeigt auch das verführerische Antlitz eines Illusionismus, den die photographische Kunst von György Klösz mit magischer Hellsichtigkeit eingefangen hat. Wenn das moderne Wien mit seinen großen Boulevards das Paris des Baron Haussmann nachahmt, so imitiert Budapest seinerseits die Stadtplanung Wiens, ist eine Mimesis der Mimesis; vielleicht ähnelt es auch deswegen der platonischen Auffassung von Poesie – sein Panorama erinnert nicht so sehr an die Kunst als an den Sinn der Kunst.

Nicht zufällig ist Budapest zu Beginn des Jahrhunderts die

Geburtsstätte einer außerordentlichen Kulturbewegung gewesen, die sich – wie der junge Lukács, aber nicht nur er – die Frage nach dem wechselseitigen Bezug zwischen der Seele und den Formen stellte: ob es hinter der beliebigen Vielfalt eine Essenz des Lebens gebe und welche Beziehung das Wechselspiel der Dinge, so wie sie sind, mit der Wahrheit, der Authentizität dessen, was sein soll, verbinde. Jenes fiktive Szenarium, das in den monumentalen historisierenden Bauten zu den Festlichkeiten der Jahrtausendfeier im Jahre 1896 seinen Höhepunkt erlebte, begünstigte den Sinn für Künstlichkeit, für das Experiment, die Konstruktion, die Suche nach neuen Sprachen, wie die große künstlerische Avantgarde in Ungarn beweist; es begünstigt die Neigung zum Essayismus, dieser ebenso verzehrenden wie ironischen Peripetie der Intelligenz, welche die Unwahrheit des Unmittelbaren und die Kluft zwischen dem Leben und seiner Bedeutung bemerkt und gleichwohl, wenn auch indirekt, nach jener Transzendenz der Bedeutung strebt, die in der Realität zwar unerreichbar bleibt, aber im Bewußtsein ihrer Abwesenheit, in der Sehnsucht nach ihr wieder aufleuchtet.

Der junge Lukács wohnte nicht weit entfernt von dem im Városliget-Park – der sich an den Heldenplatz anschließt – zwischen 1896 und 1908 gebauten Schloß Vajdahund; er konnte den Potemkin-Effekt der offiziellen ungarischen Kultur der Jahrtausendfeier unmittelbar wahrnehmen. Die Festung, die die gleichnamige, im 15. Jahrhundert von János Hunyadi in Transsylvanien erbaute Burg imitiert, ist eine einzige Konzentration von Kitsch, eine heterogene Vielfalt von Baustilen, deren einer den anderen überlagert: ein gotisches Portal, ein paar romanische Blöcke, Renaissance-Elemente, Barockfassaden, der Turm als Reminiszenz an den des bezaubernden Schlosses in Sighişoara (oder Segesvár, oder Schäßburg), das heute in Rumänien liegt. Die Freunde, die sich 1915 im Hause von Béla Bálasz zum sogenannten »Sonntagskreis« einfanden (unter ihnen Lukács, Hauser, Mannheim), suchten nach »Möglichkeiten eines adäquaten Lebens«, eines von Bedeutung erfüllten Lebens. Sie wußten, daß sie in einer Zeit der Abschwächung des Realen lebten, wie Lukács einmal sagte, in einer Epoche der Instabilität, in einer Krisenzeit; sie eröffneten der Ästhetik und der Soziologie neue Wege, indem sie die individuellen Möglichkeiten analysierten, Werte in einer objektiven, gegenständlichen Welt zu bewahren, die jene verneint – die Tragödie dessen, der die entleerte Wirklichkeit

zurückweist, und der ironische und tolerante Essayismus dessen, der sich dennoch nicht der Realität verweigern, also sterben will. Der verführerische Kitsch von Budapest ist das Szenarium gewesen, das die Suche nach dem wahren Leben, nach der Wahrheit oder Falschheit der Form motiviert hat.

Der Glanz Budapests ist zum Teil der Tribut, den eine Stadt bezahlt, die ihren Charakter verliert – eine Mischung aus Gigantomanie und üppiger Blüte, die der hybriden Vereinigung von ungarischem Kapital und habsburgischem Adler entspricht und sich noch in dem historistischen Eklektizismus der Architektur ausdrückt, beispielsweise im alten Parlament oder in der Oper, die beide von Miklós Ybl im Renaissance-Stil erbaut wurden, oder im neuen gotisch-barocken Parlament von Imre Steidl. Die neue unternehmungslustige Bourgeoisie, so wurde gesagt, habe sich eine heraldische Vergangenheit bauen wollen, sie habe die fieberhaften Metamorphosen, die stürmische industrielle Expansion der Stadt, die dazu führte, daß der siebte Distrikt Chicago genannt wurde, unter dem Anschein unbeschwerter Heiterkeit verbergen wollen; sie habe versucht, eine Magyarität um jeden Preis hervorzukehren, und zwar um so mehr, als sie durch die kapitalistische Entwicklung ihrer Tradition beraubt wurde. Im Jahre 1907 kritisierte Géza Lengyel die leeren, theatralischen Fassaden, den Budapester »Potemkinismus in Gips«, der eine andere Wirklichkeit verdecke, wie Broch den Nicht-Stil der Wiener Ringstraße verurteilte, der die Entleerung der Werte verschleiere. Lechner baut 1900 die Postsparkasse; die Kunst Miksa Róths, der mit seinem opalisierenden Glas die ganze Welt erobert hat, dient ebenfalls dazu, durch die Fensterscheiben hindurch – wie in dem von Zsigmond Quittner entworfenen Gebäude der Gresham-Versicherung – die »ökonomische Macht der Gesellschaft« erkennen zu lassen, vor allem aber die Brutalität dieser Macht zu verzieren und ihr zu Anmut und Eleganz zu verhelfen.

Dieses »Amerika im Taschenformat«, das Budapest zwischen 1861 und 1914 darstellt, bemäntelt sich mit Lebhaftigkeit, mit gedankenloser Erregung: Mór Jókai besingt das alte Budapest des legendären Magnaten Moritz Sándor mit seinen tollkühnen Abenteuern, die Melonen- und Wasserverkäufer am Donauufer und den berühmten Jahresball der Juristen. Wie bereits eineinhalb Jahrhunderte zuvor der Adlige Kleemann, so schenkt auch er den Unverschämtheiten ganz besondere Aufmerksamkeit und erstellt sogar

eine klassifikatorische Ordnung von Rüpeleien, wobei der Kutscher des Fiakers Nr. 37 an der Spitze und der Kassierer des Theaters an zweiter Stelle steht.

So kann sich die großstädtische Gigantomanie durchaus mit der Anmut der guten alten Zeit bekleiden, die eine provinzielle Vertrautheit zu erlauben scheint und mit ihren Uferpromenaden, ihren langen Boulevards, in denen das Leben in seiner unverwüstlichen und sorglosen Gesundheit heiter und glanzvoll zu pulsieren scheint, der Lebensfreude einen passenden Rahmen bietet. Balkone, Fassaden, Friese, Karyatiden verbergen jene Tragödie der Moderne, die der junge Lukács und die anderen Freunde des Sonntagskreises engagiert und mit genialer Klarsicht analysiert haben; erst die Bomben von 1944/45 werden hinter den aufgerissenen Palästen und den in Stücke zerbrochenen majestätischen Standbildern den Blick auf die Hinterzimmer der Armut und der Obskurität freigeben, welche die Belle Époque zu verbergen gewußt hat und die der Faschismus, der äußerste, gewaltsame Krankheitsausbruch der Moderne, noch verschlimmerte, um sie dabei paradoxerweise zu demaskieren.

Auch heute noch betritt der Flaneur diese Archäologie von Glanz und Dunkelheit, die Verknüpfung von Stärke und Illusion, von hinreißender Poesie und pompöser Poetisierung der prosaischen Welt. Unter den Figuren, die auf dem Roosevelt-Platz die Statue Széchenys umgeben, symbolisiert Neptun zu Recht die Schiffahrt und Ceres die Landwirtschaft; Vulkan hat man dazu ausersehen, die Industrie darzustellen, während Minerva, die Göttin der Klugheit und des Denkens, zur Allegorie des Handels wird. Auf dem Petőfi-Platz erhebt sich natürlich das Standbild des Nationaldichters; der Reiseführer aus der Edition Corvina von 1984 schwingt sich zu einem Superlativ auf – der gemäßigt wird durch die weise Vorsicht dessen, der von der Stabilität der Börsenkurse doch nicht so ganz überzeugt ist – und stellt fest, daß Petőfi »bis zum heutigen Tag der bedeutendste Lyriker Ungarns« sei. Im übrigen leisten an dem zur Tausendjahrfeier auf dem Heldenplatz errichteten Monument die Statuen des mythischen Árpád und anderer Helden der ungarischen Geschichte wie János Hunyadi oder Kossuth denen der Arbeit und des Wohlstands, der Ehre und des Ruhms Gesellschaft, allesamt Ausdruck eines bürgerlichen Sinns für mythisch-heroische Verkleidungen und monumentalen Eklektizismus.

Die Donau fließt großartig dahin, der Abendwind weht über die

Cafés im Freien wie der Atem eines gealterten Europas, das nunmehr vielleicht am Rande der Welt sitzt und Geschichte nicht mehr hervorbringt, sondern nur noch konsumiert, so wie Francesca, die in der Konditorei Gerbeaud am Vörösmarty-Platz sitzt, mit ihrem schönen Mund an einem Eis lutscht und dabei mit halbgeschlossenen Augen unter ihren ruhmreichen Wimpern, die sich von diesem leichten Rauschen der Zeit unmerklich zusammengezogen haben, ihr eigenes Leben entgleiten sieht. Europa ist auch dieses Café, in dem nicht mehr die Geschäftsführer des Weltgeistes sitzen, sondern höchstens die Vertreter einige Unterfilialen, die keine Entscheidungen treffen, sondern sie ausführen, nebst einiger schöner Damen, die von sich reden machen.

Schülergesichter einer siebenten Klasse, auf der Schwelle zur Reife, Jungen, die ihre erste Zigarette rauchen, Mädchen in Matrosenanzügen und mit kleinen Krawatten, blicken aus einem Schaufenster mit Photographien in eine Zukunft, die ihnen mit einer Geschwindigkeit entgegenrast – und vielleicht werden sie sich gerade in diesem Moment, wie sie vor der Tür ihres Klassenzimmers stehen, dessen bewußt –, als fielen auf sie die Ionen eines Teilchenbeschleunigers. Szendy, Marianna hat schwarze Haare, dunkle, unruhige Augen und eine gebieterische Nase, die zumindest verspricht, jenem Mahlwerk, das auf sie wartet, gewisse Schwierigkeiten zu bereiten und nicht in das Netz des alten Fischers zu fallen, ohne ihm ein wenig – und wenn auch nur für einen Augenblick – die großen Zahlen durcheinanderzubringen. Kis, Zoltan ist der in jeder Klasse unverzichtbare Dicke, er läuft Gefahr, ein wenig eher in der Pfanne zu landen, so wie er in der Sportstunde vielleicht beim Hochsprung die Latte herunterriß; doch sein Gesicht auf der Photographie, die jeden Schüler mit Namen und Vornamen bezeichnet, ist das eines Menschen, der lachen kann, wenn der Klassenlehrer mit dem zufriedenen Ernst dessen, der verkündet, einer sei durchgefallen, ihm das Schulzeugnis überreicht. Vielleicht wird er auch die anderen Unglücksboten auslachen, die ihn auf seinem Weg erwarten.

Die Donau fließt wortreich unter titanischen Brücken, schreibt Ady, der die Flucht und schließlich den Tod in der Seine und in jenem Paris beschwört, das Budapest wie ein Empirespiegel reflektiert. Es mag sein, daß es mit Europa zu Ende geht, daß es zur unbedeutenden Provinz einer Geschichte geworden ist, die sich

anderswo, an den Schaltpulten anderer Reiche entscheidet. Der europäische Geist nährt sich aus Büchern wie die Dämonen in Singers Erzählungen, er knabbert an den Geschichtswerken der Bibliotheken oder verzehrt wie die Motten Damenhüte, Schals und andere Galanteriewaren.

Es ist nicht gesagt, daß Europa diese sekundäre Rolle einer Begleitdame als unabänderliches Schicksal bestimmt ist; die Vertrautheit mit den Darstellern Mitteleuropas und ihren Theaterproben läßt im übrigen nicht an unabänderliche Schicksale glauben, sondern vielmehr an die Unschärferelation. Sicherlich kann man in Budapest den Eindruck haben, man befinde sich in einem Europa, in dem der Theatervorhang bereits gefallen sei, doch ist es nicht – wie Wien – nur eine Erinnerungsbühne verflossener Herrlichkeit, sondern auch eine kräftige, lebensvolle Stadt, die erkennen läßt, welche Kräfte Europa besitzen könnte und müßte, wenn es seine überreichen und weit verstreuten Energien zu nutzen und zu vereinigen wüßte, statt sie in einer unablässigen gegenseitigen Aufhebung, in einem ewigen Patt zu zermürben. In Budapest denkt man in aller Eindringlichkeit an den Untergang oder vielmehr an den befürchteten und verkündeten Untergang Europas, gerade weil es Europa noch gibt, weil seine wärmende Sonne noch hoch über dem Horizont steht, wenngleich von Wolken und Rauchschwaden verhängt, die unerbittlich an eine Phase des Niedergangs erinnern. So ist die große ungarische Kulturavantgarde des frühen 20. Jahrhunderts eine Mischung aus Untergang und Zukunft gewesen: die neuen musikalischen Strukturen Bartóks und die selbstzerstörerische Dreiecksbeziehung zwischen Endre Ady, Ödön Diósy und ihrer Leda, *femme fatale* und Opfer wie viele fatale Frauen, mit ihren blaugefärbten Haaren und den gefärbten Nasenlöchern, rot wie die Schalen einer Muschel, Protagonistin einer nostalgischen Fin-de-siècle-Liebesgeschichte, deren Kern jedoch Adys Dichtung erhellt und zu einer herzzerreißenden Wahrheit verdichtet hat.

Der Nicht-Stil der eklektizistischen und historisierenden, schwerfälligen und häufig mit überlastigem Dekor verzierten Gebäude in Budapest erscheint bisweilen als ein bizarres Angesicht der Zukunft, eine historisierende und zugleich zukünftige Metropolen antizipierende Stadtlandschaft wie sie in Science-fiction-Filmen à la *Blade Runner* vorweggenommen wird: eine posthistorische Zukunft ohne Stil, von unüberschaubaren und durcheinanderge-

würfelten Massen bevölkert, national und ethnisch ununterscheidbar, rothäutig-malaiische Levantiner, die zwischen Baracken und Wolkenkratzern leben, Computern der zwölften Generation und wiederaufgefundenen verrosteten Fahrrädern, zwischen Trümmern aus dem vierten Weltkrieg und übermenschlichen Robotern. Die architektonische Landschaft dieser Großstadt der Zukunft ist archaisch-futuristisch, Kilometer von Wolkenkratzern und Kolossaltempel wie der Mailänder Bahnhof. Der Eklektizismus von Budapest, sein Mischmasch aus verschiedenen Stilen evoziert wie jedes heutige Babel das mögliche zukünftige Gewimmel von Überlebenden einer Katastrophe. Jeder habsburgische Erbe ist ein echter Mensch der Zukunft, da er früher als viele andere gelernt hat, ohne Zukunft zu leben, in einem Aussetzen jeglicher historischer Kontinuität, und mithin nicht zu leben, sondern zu überleben. Entlang dieser prächtigen Boulevards und in einer so vitalen, vornehmen Welt jedoch, die nichts von der Melancholie der osteuropäischen Länder hat, ist auch das Überleben liebenswert und verführerisch, großzügig und vielleicht, von Zeit zu Zeit, beinahe glücklich.

11.

Das Grab zwischen den Rosen

Das Grabmal des Gül Baba, des heiligen Moslems aus dem 16. Jahrhundert, der unter einem Rosenhügel begraben liegt, umgeben von Frieden und bewacht von seinem Rosengarten, blickt von oben auf Budapest herab, gewiß nicht mit dem hochmütigen Blick des ehemaligen Herrschers, sondern mit der heiteren Distanz dessen, der in Allah ruht. Angesichts dieser Kuppel und dieser Ruhe vermittelt der Tod keine Furcht; er ist die Rast, die Oase, die man erreicht, nachdem man die Wüste durchquert hat.

12.

Die Epik, der Roman und die Frauen

In einem Antiquariat kaufe ich ein lateinisches Handbuch der Poetik, *Institutiones Poeticae in usum Gymnasiorum Regni Hungariae et adnexarum provinciarum* (»Poetische Unterweisungen zum Gebrauch der Gymnasialschüler des ungarischen Königreiches und der angeschlossenen Provinzen«), verlegt 1831 in Buda. 1831 studierten die Schüler im wilden Pannonien also Latein und schrieben in dieser Sprache ihre Aufsätze.

Das Handbuch kommentiert, klassifiziert, unterteilt und geht entsprechend jener Geometrie des Geistes vor, welche die erste Voraussetzung für den *esprit de finesse* darstellt. Die Kapitel reihen sich, säuberlich und unerbittlich, eins ans andere: Definitio Poeseos, De Materia, De Forma, De Peripetia, De Machina, Definitio Epopoeiae, De Materia Epopoeiae, Divisium in Fabulam, Mores, Sententiam, Dictionem, Melodiam et Apparatum … Ein Abschnitt gilt einer wenig galanten Frage: Potestne esse femina, quae dicitur heroina, materia Epopoeiae? Kann eine Frau, die als Heldin gilt, Gegenstand eines epischen Werkes sein? Kann die Totalität des Epos, die die Welt zu Einheit und Harmonie zusammenfaßt und sich über jedes Detail erhebt, als Protagonist eine Frau zulassen, das kasuale und akzidentelle Wesen jeder frauenfeindlichen Metaphysik schlechthin, die Materie ohne Form, die rein sinnliche Passivität, unfähig, sich zu transzendieren?

Wer weiß, welche Antworten die Studenten, die mit Hilfe dieses Handbuchs ihre Arbeiten verfaßten, in ihren Aufsätzen gefunden haben. Ungefähr zur selben Zeit oder wenig später stellte sich János Arany im Hinblick auf die Epik etwas ernsthaftere Fragen: ob nämlich in einer »industriellen« Welt, die »genießbare« Formen verlange und hervorbringe, das Epos überhaupt noch möglich sei, das ein von Bedeutung durchdrungenes Leben voraussetze, den Atem des Ganzen, der die Details zu einer Einheit zusammenfasse. Die damalige Gesellschaft verbat sich die epische Naivität, sie ließ keine *Ilias*, kein *Nibelungenlied* zu; es war die Zeit Ossians und nicht die Homers; die elegische Klage um die verlorene Totalität hatte Hochsaison. Für Arany ist die moderne Epoche ein vergilisches Zeitalter,

das keine neue Kreativität mehr zuläßt, sondern nur noch kulturelle Wiederholungen und Aufbereitungen. Die Welt, heißt es in einem seiner Gedichte, ist ein abgetragener alter Dolman. Der Roman, so fügt in diesen Jahren Zsigmond Kemény, der transsylvanische Erzähler und Essayist, noch hinzu, hat die Aufgabe, Illusionen zu zerstören.

Die große Debatte über Epos und Roman entsteht in Deutschland, in der Epoche Goethes und Hegels, und erreicht ihren Höhepunkt im Werk des jungen Lukács, wobei sie nicht nur literarische Probleme, sondern auch Fragen nach der Essenz des Lebens und der Geschichte, die Möglichkeit einer authentischen Existenz, einer individuellen Erfüllung im Zeitalter der Moderne anspricht; sie findet in Arany einen aufmerksamen Gesprächspartner. Wie Puschkin weiß auch er, daß die Zeit »zur ernsten Prosa drängt«; selbst Autor epischer Gedichte, ist er der Meinung, daß seine Verse an die alten hunnischen Reiter erinnern, daß sie aber stolpern und straucheln, sobald sie versuchen, jenen im Galopp zu folgen. Der moderne Dichter, so fügt er – vielleicht auch zu seinem eigenen Trost – hinzu, könne nicht Homer, könne aber Tasso sein und dank seiner sentimentalischen Bewußtheit um die eigene Distanz zum Leben und dank der intellektuellen Sehnsucht, die indirekt diese Distanz umkreise, epische Naivität und Verbürgerlichung miteinander versöhnen.

Somit hofft Arany, daß sein Werk ein Epos sein könne, das nicht mehr der Erfahrung entnommen, sondern mit Hilfe der Kultur rekonstruiert wäre, und er nennt als Beispiel die *Frithjofssaga*, den *Childe Harold* und *Eugen Onegin*. Der wahre Volksdichter, sagt er, sei heute gebildet, er imitiere die alten Lieder, doch schaffe er dadurch Gesänge, die den alten Geist erfassen und sich wirklich unter dem Volk verbreiten und zum Allgemeingut würden. Das wahre Epos ist für die magyarischen Dichter und Patrioten die Nation mit ihrer ununterbrochenen Kontinuität von Vergangenheit und Gegenwart, die sich in die Zukunft hinein fortsetzt. Die objektive Tradition ist nicht so sehr der Nährboden der Poesie, sie ist die Poesie selbst.

13.

Mitteleuropa und Antipolitik

Das Buch von György Konrád, das eine günstige Aufnahme in der Öffentlichkeit, nicht aber bei Gigi gefunden hat, konnte aus Gründen der Zensur nicht in Ungarn gedruckt werden und ist daher in Deutschland – und in einer deutschen Fassung – erschienen. Konrád ist ein ungarischer Schriftsteller, und sein Roman *Der Besuch* hat ihn auch in Italien bekannt gemacht. Sein verbotenes Buch heißt *Antipolitik* und trägt als Untertitel *Mitteleuropäische Meditationen*. Mitteleuropa wird darin zur Chiffre einer politischen Verweigerung, oder genauer, einer Ablehnung der Politik als totalitäre Panpolitisierung, als Durchdringung sämtlicher Lebensbereiche durch den Staat und die Staatsraison. Die Teilung Europas zwischen den beiden Supermächten, wie sie auf Jalta beschlossen wurde, erscheint Konrád als ein typischer und tragischer Effekt dieser im falschen Sinne großen oder weltweiten und auf tyrannische Weise ihre Grenzen überschreitenden Politik.

Der Ideologie der beiden rivalisierenden Blöcke stellt Konrád eine flexible intellektuelle Strategie gegenüber, die liberal und tolerant und von maßvollem Realitätssinn geprägt wäre; mitteleuropäischer Geist bedeutet auch für ihn die Verteidigung des Partikularen gegenüber jedem totalisierenden und autoritären Zugriff. Mitteleuropa nennt Konrád seine hoffnungsvolle Konzeption eines vereinigten und von den Blöcken unabhängigen Europas; seiner Überzeugung nach wird der Wettstreit zwischen Russen und Amerikanern, der heute als Angelpunkt der Weltgeschichte erscheint, sich eines Tages als ebenso unvernünftig und unverantwortlich erweisen wie der zwischen Deutschen und Franzosen vor einigen Jahrzehnten. In Budapest existiert Europa folglich nicht allein in den Cafés entlang der Uferpromenade, sondern auch in den Köpfen. Dennoch hat Gigi vielleicht nicht völlig unrecht; wie für Kundera, so wird auch für Konrád »Mitteleuropa« zu einer noblen, aber vagen und allgemeinen Metapher, zu einem täuschenden *passepartout* ohne politischen Inhalt und somit für jede politische Absicht oder Richtung verwendbar. Konrád selbst bemerkt, daß eine Einheit von Volk und Intellektuellen, wie er sie erhofft, sich nur

realisieren lasse, wenn die Macht zusammenbreche, mithin in tragischen Ausnahmesituationen, die er sich keineswegs herbeiwünscht.

14.

Zwei Telegramme

15. Mai 1919, Telegramm von Baron Szilassy, akkreditierter Diplomat, aus dem Hôtel Salines in Bex, Schweiz, an den Volkskommissar Béla Kun in Budapest: »Ich rate Ihnen, sich auf den diesbezüglichen Passus des Entwurfes des Völkerbundes berufend, das Protektorat Amerikas über Ungarn zu verlangen, wenn möglich Ungarn als einen Staat der Amerikanischen Union auszurufen. Stop.« Die lakonische Antwort Béla Kuns zwei Tage darauf: »Wir haben Ihre Depesche erhalten.« Die Politik imitiert zuweilen das Kabarett. Die Geschichte des Donauraumes ist reich an niemals verwirklichten Plänen von plurinationalen Zusammenschlüssen, von einer deutsch-magyarisch-slawisch-lateinischen Konföderation oder einer allen Nationen offenen Donau-Bundesrepublik, die Baron Miklos Wesselényi 1842 beziehungsweise 1849 konzipiert hatte, bis hin zu dem Vielvölkerprogramm von István Széchenyi aus dem Jahre 1849; von der verspäteten Einsicht Kossuths (der in der Zeit seines leidenschaftlichen Kampfes erklärt hatte, er könne Kroatien auf keiner Landkarte finden) bis hin zu dem grandiosen Projekt des Rumänen Aurel Popovici von 1906, das sich *Die Vereinigten Staaten von Groß-Österreich* nannte. Keines dieser Projekte ist realisiert worden. Das Telegramm von Baron Szilassy scheint ein Scherz zu sein – und doch nicht nur das, wenn man bedenkt, was später bei der Konferenz von Jalta geschehen ist. Wie auch immer – die Idee eines Ungarn, das an Texas oder Wyoming grenzt, läßt die Groteske erkennen, die objektiv aus dem konkreten und kalkulierten Handeln der Politiker entspringt. Mit ihren beiden Telegrammen erscheinen der Baron und der Volkskommissar wie Vladimir und Estragon, die während ihres Geredes auf den Godot der Weltgeschichte warten.

15.

Kurvenreiche Aufklärung

Nahe dem sogenannten Wiener Tor, Bécsi Kaput, auf dem Berg von Vár erinnert eine Statue auf metaphorische Weise an den Aufklärer Ferenc Kazinczy. Die weibliche Figur hält eine Öllampe in der Hand, Symbol für das Licht der Vernunft, sie ist von schlanker Gestalt, ihr Körper besitzt leichte und sanfte Kurven. Die Aufklärung in weiblicher Gestalt läßt die Ratio weich und geschmeidig erscheinen, nimmt ihr etwas von der intellektuellen Härte, der Vorherrschaft des Progressiven, und scheint sie mit nachgiebigem, liebevollem Verständnis auszustatten, das sie der Dialektik von Fortschritt und Gewalt entziehen könnte, die der berühmten Analyse Horkheimers und Adornos zufolge unsere Zivilisation in einer fatalen Spirale bedroht.

Der Tag, der mit Wellenlinien und sinnlichen Vergnügen nicht geizt, bietet zudem die konzilianten Brüste der Göttin Fortuna, die in der Fortuna Utca Nr. 9 von einem nicht übermäßig berühmten Ferenc Medgyessy 1921 gemeißelt worden ist, zarte Modelle der Erdwölbung. *Fortuna* hieß auch das Lokal in der Nummer 4, das sich an der Stelle des heutigen Ungarischen Handels- und Gastgewerbemuseums befand. Inspiriert offenbar durch diesen Namen, macht sich Amedeo, der wie Monsieur Teste das Leben klassifizierend durchläuft, sogleich daran, eine Theorie zu entwerfen über den Zusammenhang zwischen Erotik und Kunst des Reisens, und sie in verschiedene Abschnitte zu teilen: Eros und Kutsche, Eros und Poststationen, Abenteuer im Zug, liederliche Kreuzfahrten, Sitten und Gebräuche in Hafen- und Binnenstädten, Unterschiede zwischen Haupt- und Provinzstädten, Flugzeug und sexuelle Inaktivität (nicht nur, aber vor allem bedingt durch die Kürze der Flugreisen, die lästigen Unterbrechungen und das Umsteigen).

Das Ungarische Handels- und Gastgewerbemuseum regt, um die Wahrheit zu sagen, eher zu Gaumenfreuden als zu Ausschweifungen an, es zeigt Reklameplakate historischer Konditoreien wie jener von Joseph Naisz, der Maraschino aus Zara, Curaçao, Anisette und Tamarinde verspricht; es stellt majestätische Torten aus, die sich wie Tempel erheben, es reproduziert berühmte Süßigkeiten, Figuren, die einst aus Sahne und Schokolade bestanden, Ananaskuchen à la

Zichy, Fruits entiers à la duchesse Gisèle. Die Eßfreude liebäugelt mit einem weiteren Vergnügen, dem Pain de Framboises à la Leda: eine Pyramide der Versuchungen, eine Platte mit einer nackten Frau, die sich in einer Muschel einem – offenkundig ebenfalls eßbaren – Schwan hinzugeben scheint, der ihr seinerseits seinen langen Hals entgegenstreckt. Wie jede Preziosität erregen diese Leckereien schließlich Überdruß und Übelkeit. Der Schubladengriff aber in der nachgebauten alten Konditorei ist der gleiche, den man noch vor vierzig Jahren in Fiume und Triest finden konnte: winziges Wappenschild eines häuslichen Mitteleuropas, geheimnisvolle Schätze der Kindheit, ferne Heimatluft.

Wir steigen an der Margaretheninsel aus, wo – einem Sprichwort zufolge – die Liebe beginnt und endet. Auch das Pathos dieser Vergänglichkeit des Herzens und der Sinne hat in den dreißiger Jahren eine umfangreiche ungarische Romanliteratur inspiriert; eine Serienproduktion von Büchern mit Titeln wie *Versuchung in Budapest* oder *Begegnung auf der Margaretheninsel*, die der einschmeichelnden und stereotypen Umgebung aus Blumenrabatten, Parks, Gasthöfen, Pavillons aus der Belle Époque, Brunnen inmitten von Rosen zu entsprechen scheinen. Doch auch dieses Verführung streift die Seele wie ein flotter alter Walzer, ist ebenfalls eine kleine *promesse de bonheur* und bewirkt jene Melancholie, wie sie jeder Reflexion über die Freude eigen ist. Und daß die Liebe enden könne, ist stets ein Gedanke, der das Herz zusammenschnürt, auch wenn er nur in dem banalen Refrain eines kleinen Liedes oder in einem Schlagwort ausgesprochen wird. Im *Matthias* spielt am Abend ein Zigeuner die *pácirta*, die Lerche. All dies ist noch Dekor der Jahrhundertwende, der Stil der deklassierten *gentry*, die sich darin gefiel, magyarische und Zigeunermusik zu hören, die weder magyarisch war noch etwas mit Zigeunern zu tun hatte. Doch ist die *pácirta* ein schönes Lied, die Violine wird meisterhaft gespielt, und die Liebe endet – zumindest heute abend – noch nicht. Auch an irgendeinem beliebigen Abend kann es passieren, daß es richtiges Leben im falschen gibt.

16.

Der Bücherschrank über der Donau

Eine der letzten Photographien zeigt den sechsundachtzigjährigen Lukács neben seinem mit Papier und Büchern bedeckten Schreibtisch stehen, im Hintergrund sein großer Bücherschrank im fünften Stockwerk des an der Donau gelegenen Hauses in der Belgràd Rakpart Nr. 2 in Budapest. Die Schultern sind leicht gekrümmt, in der rechten, seitlich halb verdeckten Hand hält er die berühmte Zigarre, die ein langes Leben – ein Leben, das eine wichtige Rolle bei den wesentlichen Ereignissen dieses Jahrhunderts gespielt hat – treuer als der Weltgeist und der rote Faden der Weltgeschichte begleiten und besser trösten konnte.

Die ein paar Wochen zuvor aufgenommenen Photographien zeigen einen vitalen, kämpferischen alten Mann, für den das Papier, das sich auf seinem Tisch angehäuft hat, der Vortrag, den er vorbereitet, oder die Diskussion mit seinen Zuhörern Handlungen voller Bedeutung sind, konkreter Ausdruck von etwas Wesentlichem, an das er glaubt. Es ist immer noch jener Mann, der 1971, eben mit sechsundachtzig Jahren, an Krebs erkrankt und unter einer Sklerose leidend, die zunehmend seine Konzentrationsfähigkeit beeinträchtigt, erklärte, daß er »in der Beurteilung der Ontologie nicht mehr kompetent« sei – jenes philosophischen Werks, dessen Abfassung und Revision er seine letzten Jahre gewidmet hatte, und das er im Vollbesitz seiner Geisteskräfte zu Ende bringen hatte wollen, in der Hoffnung, dabei schneller zu sein als seine fortschreitende Krankheit. Indem er seine körperliche Gebrechlichkeit und die Tatsache, sein eigenes Werk nicht mehr beurteilen, nicht mehr darüber verfügen zu können, gelassen hinnahm, übergab er es mit einer gleichermaßen demütigen und stolzen Gewißheit seinen Schülern beziehungsweise der Geschichte, die – davon war er überzeugt – jenes Buch nicht ignorieren, ins Nichts fallen oder unter dem Staub der Dinge verschwinden lassen werde.

Lukács legte seinen biologischen Verfall zu den Akten, er verließ die Szene mit einer Geste ähnlich jener Entschlossenheit des Eskimos, der, sobald er spürt, daß sein Ende nahe ist und daß er der Gemeinschaft keinen Nutzen mehr bringt, seinen Iglu verläßt, um

zu sterben. Diese symbolische Geste, mit der sich Lukács vom Erkenntnisvermögen und von der Vitalität verabschiedete, war auch ein Sieg über seine eigene Unfähigkeit, der Sieg der extremen Intelligenz dessen, der begriffen hat, daß seine logische Verstandeskraft bisweilen getrübt ist. Lukács' letzte Monate waren keine Monate der Trägheit, sondern der Aktivität; es ging ihm jegliches sentimentale Pathos ab und auch die Melancholie dessen, der sein Leben schwinden sieht.

Auf dem letzten Bild jedoch erscheint sein Gesicht verändert. Der Blick ist müde und ironisch, er überschreitet die Grenzen jener Ordnung, auf denen der Philosoph die Prinzipien seiner Existenz und seiner Arbeit gebaut hatte; wohlwollend und überrascht betrachtet er ein Territorium, das nicht mehr das seine ist und das zu beherrschen ihm nicht mehr gelingen will, die Szenerie einer unsinnigen Komödie, als sei er überrascht über diese Enthüllung und spöttele über die Naivität seiner eigenen Überraschung. Es ist ein Blick des Abschieds, der Blick dessen, der das Geheimnis entdeckt, den Schmerz und das lächerliche Mißverständnis eines jeden Abschieds, der unseren Wunsch nach Ewigkeit verlacht. Mit diesem letzten Blick des alten Lukács scheint in dem Philosophen, der sich um die Einheit zwischen Vernunft und Realität bemüht hatte, die Sehnsucht des jungen Lukács wiedererwacht, der in seinen Jugendwerken – von *Die Seele und die Formen* bis zur *Theorie des Romans* – auf geniale Weise den Riß zwischen der Existenz und ihrer Bedeutung, zwischen der Seele und den Worten, der Essenz und den Phänomenen zu beschreiben gewußt hatte.

Doch der rätselhafte und ironische Blick, den Lukács, während er für die Aufnahme posierte, auf den Photographen richtete, sah auf der Wand gegenüber seinem Bücherschrank nicht das Bild Irma Seidlers, der Frau, für die er seine Jugendessays geschrieben hatte, sondern die drei Porträts von Gertrud, der so geliebten Gattin. Irma war der sehnsüchtige Wunsch nach Leben gewesen, eine symbolische Figur für die Unversöhnbarkeit von Leben und Kunstwerk, zwischen wahrem Leben und alltäglicher Banalität; sie war insbesondere aber Symbolfigur eines männlichen Egoismus gewesen, der nicht so sehr die Frau selbst wie das eigene Verlangen nach der Frau liebt und diese der literarischen Phantasmagorie aufopfert, aus der das Kunstwerk entsteht. In der Skizze zu einem niemals abgeschickten Brief, den man viele Jahre später gefunden hat, teilt

Lukács Irma seine Absicht mit, Selbstmord zu begehen; allerdings war es dann Irma, die nach dem Bruch und einer unglücklichen Ehe 1911 Selbstmord beging, während er sie in bester Gesundheit um sechzig Jahre überlebte.

Diese in jugendlichem Alter geschriebenen Bücher sind Lukács' Meisterwerke, sie sagen uns mehr als die orthodoxen und abgerundeten *Essays über Realismus* oder andere zähe und didaktische Bücher, die den Stempel des Kompromisses mit dem Stalinismus tragen. Aber Lukács' Größe besteht nicht allein darin, daß er sich als junger Mensch gefragt hat, ob es nicht eine Melodie gebe, die das Leben eines Individuums in einer von Bedeutung erfüllten Einheit umfassen könnte, sondern auch darin, daß er eine Antwort auf diese Frage gesucht und damit auch die Grenze akzeptiert hat, die jede Antwort auf eine vage und undefinierbare Sehnsucht enthält, jede konkrete historisch-gesellschaftliche Realität, ohne die das Leben leere Rhetorik ist.

An der Wand gegenüber dem Bücherschrank, wohin Lukács' Blick fällt, hingen – und hängen heute noch dort, wo sie dem Betrachter in die Augen fallen – die drei Porträts von Gertrud. Nach der lyrisch-egozentrischen Verliebtheit in Irma und nach einer kurzen gescheiterten Ehe mit Jelena Grabenko (einer anarchistischen Revolutionärin, die der messianisch-dostojewskischen Position des frühen Lukács nahestand) hatte er Gertrud Bortstrieber geheiratet, mit der er 43 Jahre lang bis zu ihrem Tode 1963 zusammenleben sollte.

Gertrud war das Epos der Liebe und der Ehe, die Frau, von der Lukács unbedingt Bestätigung brauchte und mit der er keinen Unfrieden ertragen konnte. Auch mit ihr gab es, wie er sagte, »Momente des Entfremdens«; nun aber waren im Gegensatz zu den früheren Liebesbeziehungen »diese Momente für mich unerträglich«. Lukács, der seiner hegelianischen Übereinstimmung mit dem Weltgeist nur allzu sicher war und darum voreilig seine eigenen Intuitionen als Ausdruck oder Eingebung oder auch als Strategie jenes Weltgeistes verstand, aber vielleicht gerade deshalb im ungewissen über seine eigentliche geistige Substanz war, hat einmal erklärt, daß es für ihn keine größere Selbstbestätigung gegeben habe als die Erkenntnis, wie reich und formend auch für Gertrud ihr gemeinsames Zusammenleben gewesen sei.

Gertrud ist mit ihrer stillen Strenge für Lukács' Hinwendung zum Kommunismus wahrscheinlich von entscheidender Bedeutung ge-

wesen. Von diesem Augenblick an verschmilzt Lukács' Biographie mit der des Kommunismus, wird zu einer geschichtlichen Lektion, reich an Daten und erfüllt von ernster Hingabe an eine objektive Sache. Bisweilen bringt dies eine anmaßende Identifikation mit der Notwendigkeit der Ereignisse mit sich. Eingedenk seiner jugendlichen und später verschwiegenen Leidenschaft für Dostojewski ist Lukács bereit, seine Seele der Sache zu opfern und dabei alle Schuld, die dadurch entsteht, auf sich zu nehmen. Auch die Autobiographie erhält für Lukács einen objektiven und überpersönlichen Rang; sie ist ein Zeugnis für die Verknüpfung zwischen der Geschichte des Individuums und den allgemeinen Entwicklungen in der Welt und der Gesellschaft.

Lukács ist es insbesondere darum zu tun, die Einheit und Kohärenz seiner Biographie, den ordentlichen und organischen Ablauf bei der Bildung seiner Persönlichkeit hervorzuheben. »Bei mir ist jede Sache die Fortsetzung von etwas. Ich glaube, in meiner Entwicklung gibt es keine anorganischen Elemente«, erklärt er mit jener naiven Unumstößlichkeit, die man den von bedeutenden geschichtlichen Entwicklungen geprägten großen alten Männern nachsehen kann. Lukács ist ein großartiges Beispiel für die hartnäkkigen Bemühungen, dem Leben und den Ereignissen einen Sinn zu geben, und dies mit dem eilfertigen Selbstbewußtsein, dazu auch in der Lage zu sein: »Die Sache steht so, daß ich 1956 als eine große Bewegung begreife. Diese Bewegung brauchte eine bestimmte Ideologie. Ich erklärte mich bereit, diese Aufgabe in verschiedenen Vorträgen zu übernehmen.« Sein Denken ist der grandiose Versuch, die chaotische Vielfalt der Welt auf eine Einheit, auf rationale Gesetzmäßigkeiten zurückzuführen, auch wenn man darin allzu deutlich die Anstrengung und den Preis dieser vom Stalinismus gezeichneten Operation gewahrt.

Gertrud war für Lukács das Leben, und ihr Geheimnis ist nicht geringer gewesen als das der unausgesprochenen Sehnsucht nach Leben. Zwei jener Bilder zeigen eine alte Frau, das dritte ein ganz junges, strahlendes Mädchen mit einem bezaubernd klaren und reinen Gesicht unter dem welligen Haar, das ihr in die Stirn fällt. Die Geschichte, die Zeit, die zwischen diesen drei Bildern verflossen ist, hat sich darin nicht weniger zerstörerisch gezeigt als jene, die das Unglück Irmas skandiert hat. Zwischen diesen Wänden, zwischen diesen Bildern muß etwas verlorengegangen sein. Auch Bloch, als er

den Verlauf seiner Freundschaft und die Geschichte seiner Entfernung von Lukács rekapituliert, ist der Ansicht, daß etwas in ihrer Geschichte verlorengegangen sein müsse.

Die Größe des reifen Lukács besteht in der Kraft, mit der er diesen Verlust an Leben, dieses Vergehen in ein unbestimmtes Nichts bekämpft hat, indem er mit strenger Disziplin jene bedeutsamen Momente erfaßte – so wie die berühmte Stunde nach dem Mittagessen, die er jeden Tag und um jeden Preis dem Zusammensein mit Gertrud widmete –, die sonst, wenn sie einer spontanen Unmittelbarkeit überlassen bleiben, sich in einen Wirbel von Sorgen auflösen.

In diesem Zimmer hat Lukács gelebt, hat sich der Reflexion überlassen, wohl wissend, daß diese das Leben nicht verdirbt. Vor seinem Schreibtisch aus dunklem schweren Holz erinnerte ihn eine Büste von Endre Ady, dem ungarischen *poète maudit*, an seine jugendliche, verleugnete Liebe zur Avantgarde. Von seinem Fenster aus konnte er die große Donau sehen, aber wahrscheinlich schätzte er sie nur wenig, unempfindlich wie er gegenüber der Natur war, die in seinen Augen den Fehler besaß, weder Kant noch Hegel gelesen zu haben. Bloch machte ihm Unverständnis gegenüber der Natur, den Tränen der Dinge zum Vorwurf; gewiß braucht man, um aus Lukács' Werken Trost zu schöpfen, eine gute Gesundheit und darf nicht zu sehr leiden, während bei Bloch auch Platz für die Dunkelheit ist, für jene Augenblicke, da man sich als Wrack, als Auswurf der Welt empfindet.

Hinter dem müden, ausweichenden alten Mann, der sich – vielleicht zum letztenmal – dem Objektiv des Photographen stellt, befindet sich die Bibliothek der großen deutschen Kultur, die die Welt nicht allein beschrieben, sondern vor Gericht zitiert hat, um ihr eine Bedeutung aufzuerlegen. Ich nehme eins dieser Bücher, Wittgensteins *Tractatus*, zur Hand; einige der Paragraphen hat Lukács am Rand angestrichen. Wer weiß, vielleicht hat jener Blick, der nur noch für kurze Zeit auf dieser Welt ruhen sollte, über die Frage reflektiert, ob die tiefsten philosophischen Probleme, wie es in dem unterstrichenen Paragraphen 4003 heißt, sinnlos seien, daß sich keine anderen Antworten darauf finden lassen könnten als die Erkenntnis ihrer Sinnlosigkeit.

17.

Ein Stück Stalin

Csepel, die Donauinsel südlich von Budapest, ist ein politischer und industrieller Mittelpunkt, ein Arbeiterviertel mit Stahlwerken und Fabriken. 1949 und in den darauffolgenden Jahren kamen zahlreiche begeisterte junge Kommunisten hierher, die nach Stachanovschem Muster die neue revolutionäre Gesellschaft aufbauen wollten. Im Jahre 1956 wurde Csepel zum Stalingrad der antibolschewistischen Revolution, zum Zentrum der antikommunistischen Sowjets: die Arbeiterräte der Fabriken, die sich in dieser Zeit gebildet hatten, setzten den sowjetischen Panzern den erbittertsten bewaffneten Widerstand entgegen. Als sich andernorts die Aufständischen bereits zurückzogen, belagerte die UdSSR noch immer eines der vom Industrieproletariat gebildeten Bollwerke. Das Proletariat machte eine liberale Revolution – jene liberale Revolution, zu der das Bürgertum schon seit langem nicht mehr fähig ist. In der gegenwärtigen Epoche ist die Epik, die umfassende Vision, die auch dem Tod mit Mut und Schlichtheit entgegengehen läßt, vor allem ein Charakteristikum der Arbeiterklasse; aus ihr, dort, wo es sie noch gibt, aus ihrer hageren Härte können Gestalten einer heutigen *Ilias* hervorgehen.

Im Herbst 1956 zerbrach die europäische Ordnung von Jalta in Stücke; der ungeheure Aufwand der Macht, um sie aufrechtzuerhalten, ließ unversehens den unermeßlichen Preis dafür erkennen – die zum Zerreißen gespannten Sehnen des Lastenträgers. In jenen Tagen wurde in Budapest die große Statue Stalins zertrümmert. Der junge Chronist dieser Augenblicke steht wie ein Tacitus vor den Ruinen eines Reiches. »Das Stalindenkmal«, schreibt Cavallari, »war bereits geborsten, doch oben auf dem Sockel standen noch die Überreste seiner Stiefel, und die Menschen stiegen eine lange, ganz lange Leiter hoch, um mit Steinen, Meißeln und sogar Eisensägen nach und nach auch die großen Füße des Diktators zu zerlegen. Ich erinnere mich, daß auch wir die lange Leiter hochstiegen, um besser sehen zu können und uns ein ›Stück Stalin‹ als Souvenir mitzunehmen, und daß wir sie gleich darauf auf der Flucht vor den Panzerspähwagen wieder verloren, während sie, die Ungarn, inmitten der Schüsse weiterhin hochstiegen, um abzuschlagen, zu zertrümmern und zu zerbre-

chen. Ich erinnere mich, daß sie nicht einmal bei dem Erscheinen der Panzer herabstiegen, und daß zwei Arbeiter in aller Seelenruhe Stalins Stiefel absägten, während der Lärm der Kettenfahrzeuge immer näher kam.«

Die erschütterte und zusammengebrochene Ordnung ist wiederhergestellt worden, wenn auch in anderer Form; Stalins Standbild ist nicht wieder repariert, nicht mehr zusammengesetzt und nicht wieder aufgestellt worden, doch sind seine Fragmente deshalb noch keine Souvenirs geworden; sie sind weiterhin Gebrauchsgegenstände, wenngleich zu anderen Zwecken. Ungeachtet des radikalen Umschwungs, der dieses Datum kennzeichnet, scheint auch die ungarische Revolution von 1956 teilweise jener geheimnisvollen Regie der Weltgeschichte zu gehorchen, die insbesondere darum besorgt zu sein scheint, die Folgen großer Ereignisse zu neutralisieren oder abzuschwächen und so zu tun, als ob es das, was gerade geschehen ist, niemals gegeben hätte.

18.

Kalocsa

Auf dem Gittertor des erzbischöflichen Palastes thront gelassen und beschützend eine Bischofsmütze. Es ist ein schwüler Spätsommertag, die Buchsbaumsträucher sind mit Spinnennetzen überzogen, ebenso feinen wie vergänglichen Geweben, deren Arbeitsaufwand – wie alle Investitionen der Natur und des einzelnen Individuums – in keinem Verhältnis zu dem bescheidenen Resultat zu stehen scheint. Ein heißer Wind weht durch die Straßen, wandert umher wie ein Nomade, die Alleen bieten breiten und dichten Schatten. Am unteren Teil der unvermeidlichen Dreifaltigkeitssäule ist auf einem Hinweisschild die gleiche Säule noch einmal abgebildet, mitsamt dem Hinweisschild, das sie wiederum abbildet, und so fort *ad infinitum*, Scheherazade, die die Geschichte aus Tausendundeiner Nacht erzählt, worin auch die Geschichte von Scheherazade enthalten ist, die jene erzählt. Doch ist jede Erzählung ein Paradox, ein unendliches Spiel mit Spiegeln. Wer eine Geschichte erzählt, erzählt die Welt, die auch den Erzähler selbst enthält; der verwegene Erzähler, der zwei braune Augen beschreibt, einen tiefen und unmerklich

erstaunten Blick, findet in diesen dunklen Gewässern all das, was sich in ihrem Spiegel reflektiert – auch den eigenen sehnsüchtigen Blick, der sie zu erforschen sucht.

Kalocsa ist berühmt für seine Trachtenblusen mit den roten Stikkereien, die den Halsausschnitt umgeben wie die Brandungsgischt den Strand einer kleinen Bucht. Der Kauf von ein paar dieser Blusen ist an und für sich kein metaphysisches Ereignis; ein großzügiger Ausschnitt aber, der im rechten Augenblick wahrgenommen wird, ist der Apfel Newtons, das Wachsstück Descartes', die Entdeckung der unbestreitbaren, generösen Realität. In Kalocsa pflegt das Kunsthandwerk übrigens nicht nur die Eitelkeit des Weiblichen, sondern auch die der Trauer: aus Holz geschnitzte Grabstatuen, mit Farben bemalt, so intensiv wie der Jüngste Tag, stilisierte und archaische Figuren, episch wie die Erde oder der Tod. Über einem Grab erhebt sich ein schwarz bemalter großer Frauenkopf, der von den Osterinseln und aus längst vergangenen Zeiten stammen könnte, der aber statt dessen an die 1969 verstorbene Kakony Lászloné erinnert. Der Grabstein von Apostol Pálné, gest. 1980, ist dagegen rot, von einem warmen, dunklen Ziegelrot, eine Farbe, die aus der Erde gewachsen ist wie eine Feldblume, rauh und sorglos.

19.

Epilog auf Baja

Das ockerfarbene Licht dieser Mittagsstunde und der grüngoldene Hintergrund des Flusses sind ebenso wie das weitläufige herrschaftliche Béke Tér mit seinen gelben Gebäuden ein würdiger Rahmen, um einen Epilog oder vielmehr ein Postskriptum zu der habsburgischen Geschichte zu schreiben, die sich an diesen Donaugestaden abgespielt hat. Karl, der letzte Kaiser, hatte 1921 versucht, sich die Krone von Sankt Stefan abermals aufzusetzen; nachdem dieser Versuch gescheitert war – der eine kleine Schlacht auslöste, freilich ein wichtiges Fußballspiel, das zur gleichen Zeit in Budapest stattfand, keineswegs beeinträchtigte –, brachte ihn ein britisches Kanonenboot zusammen mit der Kaiserin Zita von Baja nach Madeira, an den Ort seines Exils. Der Apostolische Nuntius gab ihm an diesem Ufer seinen Segen. Und so fuhr der letzte Habsburger die Donau, den

Fluß seiner Krone, abwärts, gelangte zum Schwarzen Meer, durchquerte das Mittelmeer, kam zu den Säulen des Herkules und erreichte sein Exil.

Der Strom fließt talwärts. Hölderlin jedoch besingt deren Verlauf nicht nur als den einer mythischen Reise deutscher Ahnen, die mit dem Strom zu den Sommertagen, den Ufern des Schwarzen Meeres und zu den Sonnenkindern ziehen, sondern auch als Weg des Herakles von den Griechen zu den Hyperboreern. Für Hölderlin, der von der Dichtung forderte, daß sie die Risse der modernen Zeit heilen möge, und selbst von der ersehnten Versöhnung zerrissen wurde, ist die Donau Weg und Begegnungsstätte zwischen Orient und Okzident, Synthese von Kaukasus und Deutschland, hellenischer Frühling, der in deutscher Erde gedeihen sollte, um die Götter wiederkehren zu lassen. Der Dichter verspürt Sehnsucht danach, Hellas oder den Kaukasus aufzusuchen, die Wiege, den Ursprung, und die Donau weist den Verlauf dieser erlösenden Reise, doch scheint in dem Hymnus *Der Ister* der Fluß zurückzufließen, er kommt aus dem Orient und bringt Griechenland nach Deutschland und nach Europa, den Morgen und die Wiedergeburt in das Land des Abends.

Führt also der Fluß zur Quelle zurück, und sind demnach jene Mündungen im Schwarzen Meer mit ihren klingenden Namen nicht das Ende, sondern der Ursprung, der Beginn des Lebens? Vielleicht zielt jede Reise auf den Ursprung, ist eine Suche nach dem eigenen Gesicht und dem *fiat*, das es aus dem Nichts geschaffen hat. Der Reisende flieht die Zwänge der Realität, die ihn in der Wiederholung gefangenhält, und sucht die Freiheit und die Zukunft, oder besser, die Möglichkeit einer noch offenen Zukunft, einer noch offenen Entscheidung, und somit die Kindheit, das Elternhaus, wo das Leben noch vor einem liegt.

Vielleicht hofft er, daß dort unten, wo die Donau fließt, sich die Müdigkeit aus dem Gesicht verliert, die es verschleiert, und daß die Augen, statt begierig und zurückhaltend umherzuschauen wie jemand, der unterwegs seine Götter verloren hat, sich bezaubert öffnen wie die jenes Kindes, das auf einer Photographie glücklich strahlend eine Katze im Hof beobachtet. Die alte, hartnäckige, süße Täuschung, die Illusion, nach Haus zurückzukehren, wieder aus der Quelle schöpfen zu können, die Poesie des Herzens wieder in Reichweite zu haben. Vergil ist deswegen ein Dichter, weil er – wenn auch zu spät – begriffen hat, daß man die *Äneis* verbrennen muß, um

ihre Unmöglichkeit zu artikulieren; der Reisende, der von der *Odyssee* träumt, von Erfüllung und Wiederkehr, sollte beizeiten innehalten, um nicht eine unfreiwillig komische Rolle zu spielen, und sich lieber am Donauufer zum Angeln niederlassen. Vielleicht wird er an diesen Wassern eine ehrenvolle Erlösung finden, auch wenn niemand weiß, wie Hölderlin schreibt, »was aber jener tuet, der Strom«.

Attila József zufolge sprechen die Wellen der Donau, »trüb, weise und groß«, in ihrem monotonen Fließen von dem Alter und der fortdauernden Gegenwart der Jahrhunderte, dem Ineinanderfließen von Siegern und Besiegten, dem Zusammenprall der Völker, die sich dann mit der Zeit und dem Wasser verbinden und vermischen wie das kumanische Blut der Mutter mit dem rumänischen des transsylvanischen Vaters in seinen Adern; seine Donau ist »Vergangenheit, Gegenwart und Zukunft«. József war ein großer Dichter, er konnte in seinem Gesang die anarchische Freiheit der Dichtung mit der rationalen, menschlichen und gesellschaftlichen Solidarität verschmelzen; persönliche und politische Verzweiflung trieben ihn 1937 unter die Räder eines Zuges. In seinen Donau-Gedichten erinnert er sich voller Zärtlichkeit seines Vaters; dieser – so erzählt Miklós Szabolcsi – verließ seine Familie und wußte nicht, daß sein Sohn Schriftsteller geworden war. Wenige Jahre nach dessen Tod wunderte er sich sehr, als er erfuhr, daß er Vater eines in Ungarn und in Europa berühmten Dichters gewesen sei.

Über die Donau zu schreiben, fällt nicht leicht, denn der Fluß, so schrieb vor einigen Jahren Franz Tumler in seinen *Sätzen von der Donau*, fließt unaufhörlich und unbestimmt, er weiß nichts von Sätzen, von einer Sprache, welche die Einheit des Gelebten trennt und spaltet. Die Tiefe schweigt, schreibt József in einem seiner Gedichte. Beharrt man darauf, sie zum Sprechen zu bringen, läuft man Gefahr, ihr eine eloquente, stilisierte Emphase in den Mund zu legen, wie dies in dem *Carmen saeculare* zweier rumänischer Dichter geschieht, Dimítrie Anghel und Stefán Octavián, worin die Donau auf vornehme und gänzlich überflüssige Weise mit der Doina, der allegorischen Personifikation der Volkspoesie, Konversation treibt.

20.

Der Wein von Pécs

»Dem Deutschen Bécs, dem Ungarn Pécs«, die Deutschen haben Wien, die Ungarn Pécs, heißt es in einem Sprichwort. Still und selbstvergessen verdient die Stadt, die auf deutsch Fünfkirchen heißt, diesen hyperbolischen Vergleich mit Wien ebenso wie die zahlreichen Lobeshymnen, die sie seit dem Mittelalter rühmen: ihr Klima (milde Winter, luftige Sommer, ein lang anhaltender sanfter Herbst) und ihre kulturellen Traditionen, die sowohl ein reiches Erbe aus der römischen Antike als auch vielfältige Beziehungen zu Chartres aufweisen, ihre Chronisten und Gelehrten, ihre 1367 gegründete Universität – die erste in Ungarn und vierte in Mitteleuropa –, die Bibliothek ihres Bischofs Georg Klimó. Die Panegyriker vergessen auch die Weine nicht: die von Mecsek, die einst von den Deutschen getrunken wurden, den Siklós, den die Slawonen bevorzugten, den Alfó-Baranyer, vom dem alle Serben der Batschka schwärmten.

Die önologischen Ruhmesreden auf die Baranya – das Gebiet um Pécs – unterteilen sich jedoch seit langer Zeit in solche, die den ersten Platz dem lokalen Wein von Pécs, der Hauptstadt, zuerkennen wollen, und die kämpferischeren, die dem Wein von Villány diesen Rang zusprechen. Das Parisurteil gebührt Gigi – oder zumindest gebührt ihm der Vorsitz in der selbsternannten Jury, die sich im Restaurant *Rózsakert* versammelt hat. »Richtet nicht«, so heißt es, aber richten kann auch eine durchaus angenehme Beschäftigung sein, wenn man nicht menschliche Handlungen und Gefängnisjahre abwägen muß, sondern Bücher oder Jahrgangsweine. Die Juroren, die über Literaturpreise entscheiden, setzen sich zusammen, diskutieren, bewerten, verkünden, verleihen und gehen zum kalten Buffet über; das undurchsichtige Leben vergeht glücklicherweise in der Zwischenzeit unbeobachtet und abgeschwächt, und das unbestimmte Gefühl von Bedeutung, das jenen beschleicht, der den Preis überreicht und sich leicht vor dem auf das Podium steigenden Preisträger verbeugt, hilft dabei, die eigene Leere und das Nahen des endgültigen Epilogs zu vergessen. Heute abend, im *Rózsakert*, gibt es keine Autoren, sondern nur Werke, Flaschen aus dem Weinkeller, und viel zu diskutieren gibt es auch nicht. Der Weißwein aus Pécs ist

ausgezeichnet, schlank und süffig, der dunkle Rotwein aus Villány ist leicht säuerlich, und so bricht der Ruf des letzteren, der sich so hartnäckig gehalten hat, an einem x-beliebigen Abend in sich zusammen.

Die Baranya, die Alexander Baksay mit einem von zwei Flüssen durchzogenen Gobelin verglichen hat, ist ein verschiedenartig und vielschichtig zusammengesetztes Grenzgebiet. Abgesehen von den Ungarn und einer deutschen Minderheit gab es dort Serben oder Raizen, wie man im 18. Jahrhundert sagte, und Schokatzen, katholische Slawen vom Balkan, die das Kreuzeszeichen mit der offenen Handfläche machten und bei denen meist nur die Frauen lesen und schreiben konnten – möglicherweise um den Männern auch diese Mühe zu ersparen und somit die Ausbeutung der Frau zu vervollständigen. Man erzählt, daß in Ormánság in der Baranya ein Kandidat für das Amt des Richters, der von der zuständigen Kommission befragt wurde, ob er lesen und schreiben könne, antwortete: »Lesen und schreiben kann ich nicht, aber singen.«

Prägend ist vor allem die Präsenz des Deutschen gewesen; das Komitee der Baranya nannte man die »Schwäbische Türkei«. Während Adam Müller-Guttenbrunn, der das Deutschtum gegen die Magyarisierung verteidigte, vor achtzig Jahren ebenso die Banater Schwaben wie die Siebenbürger Sachsen als Anhänger Österreichs und Gegner der ungarischen Revolution von 1848 darstellte, so betont heute die Literatur der Ungarndeutschen, die sich insbesondere in Pécs und in Bonyhád entwickelt hat, die Beziehungen zwischen Ungarn und Schwaben in diesem Gebiet, und zwar gerade um 1848 und mit deutlicher antihabsburgischer und antiösterreichischer Tendenz. Wilhelm Knabel, der 1972 gestorben ist, hat in einem offenen Brief vom 17. November 1967 ausdrücklich die Funktion des deutschen Schriftstellers in Ungarn zum Gegenstand seiner Überlegungen gemacht. Seine in Deutsch und im schwäbischen Dialekt geschriebenen Verse sind ehrliche, epigonale Gedichtchen, ähnlich wie die Prosa verschiedener Autoren in der von Erika Áts zusammengestellten Anthologie *Tiefe Wurzeln*, die ein naives lokales Epigonentum bezeugen; die Kritiker wie Béla Szende, die ihnen noch am wohlwollendsten gegenüberstehen, bescheinigen ihnen eine »an das Herz eines jeden rührende Schlichtheit«. Nach dem vollkommenen Schweigen, das über die deutsche Bevölkerung in Ungarn verhängt war – bedroht durch die Magyarisierung während

der Habsburger Epoche, nach 1918 im stetigen Rückgang begriffen, kompromittiert von germanischem Chauvinismus zur Zeit des Nationalsozialismus und daher nach 1945 unterdrückt oder gänzlich ignoriert –, versucht man ihr heutzutage – auch auf künstliche Weise – Kraft und Bedeutung wiederzugeben. Dabei wird ihre vermittelnde Funktion zwischen den verschiedenen Kulturen (der Schlüsselbegriff für ganz Mitteleuropa) in Anspruch genommen, ähnlich jener Wende im vergangenen Jahrhundert, als etwa der deutsch-magyarische Jude Dóczi Lajos oder Ludwig von Dóczi Goethes *Faust* ins Ungarische übersetzte und *Die Tragödie des Menschen* von Madách ins Deutsche.

Der insistente magyarische Patriotismus dieser deutschen Autoren ist darum bemüht, die Erinnerung an die heftige ungarisch-germanische Feindschaft während der Zeit des Dualismus und insbesondere an die Spannungen während des Dritten Reiches zu tilgen. Gerade in dieser Zeit war die Situation reichlich verworren: die deutschnationale Bewegung der germanischen Bevölkerungsgruppe in Ungarn, die von Jakob Bleyer geführt wurde, identifizierte sich ungeachtet ihrer völkischen Ideologie nicht mit dem Nationalsozialismus, und im übrigen beabsichtigte Hitler trotz des Schutzes für die deutsche Minderheit keineswegs, das Gebiet, in dem sie lebte, zu annektieren. Horthy seinerseits, der Führer der faschistischen oder parafaschistischen ungarischen Regierung und Hitlers Verbündeter, verfolgte eine nationalistische Politik, die schwer auf allen in Ungarn lebenden Minderheiten und somit auch auf den Deutschen lastete.

In den Jahren unmittelbar nach dem Zweiten Weltkrieg vertrieb und unterdrückte die ungarische Regierung die deutsche Minderheit, die sie mit dem Nazismus identifizierte. Heute bekunden die ungarischen Schriftsteller deutscher Sprache, die von Budapest ermutigt und geschützt werden, ihre Loyalität zur magyarischen Nation und zum Sozialismus. Sicherlich hat der »Bund«, die nationalsozialistische Organisation, seinerzeit die größte Anhängerschaft in der Baranya und insbesondere in Bonyhád gefunden – es sei denn, daß auch dies zu den jüdischen Verleumdungen gehöre, die, wie man weiß, für alles Böse und sogar für den Nazismus verantwortlich sind; denn sogar Hitler muß – den Antisemiten zufolge – jüdischer Abstammung gewesen sein, da nur ein Jude in der Lage sei, solche Verbrechen zu begehen. Nach Bleyer war der Korrespon-

dent des *Völkischen Beobachters* in Ungarn jüdischer Herkunft und schrieb, um das Volk aufzuhetzen, in ungarischen Zeitungen unter einem Pseudonym antideutsche Artikel...

21.

Der falsche Zar

Wie Kapitän Speke auf seiner Nilreise, so erlauben auch wir uns von Zeit zu Zeit, unsere Wegstrecke im Zickzack zurückzulegen und zu irgendeinem Abstecher in eine andere Richtung den Fluß zu verlassen, um dann wenige Kilometer weiter wieder zu ihm zurückzukehren. Amedeo schlägt einen Ausflug nach Szeged vor, da er einmal eine gewisse Klára kannte, die aus Szeged war und Ringelstrümpfe trug.

Die staubige Pußta ist die düstere magyarische Erde Adys. Die Straße verläuft an der südlichen Grenze der Tiefebene; unermeßlich wie das Meer, nennt sie Petöfi, Sänger des kleinen Kumanien mit seinen Störchen und der Fata Morgana am äußersten Horizont. In dieser leeren und gleichförmigen Landschaft fließt das Leben teilnahmslos dahin, wie eine Tierherde, die in unbestimmte Fernen zieht, das einzige Ereignis ist das Vergehen der Zeit. Die Jahre, heißt es in einem Gedicht Petöfis, fliegen davon wie ein Vogelschwarm nach einem Schuß.

Die Theiß zu überschreiten, den faulen ungarischen Nil, wie ihn Mikszáth nennt, und das an einem faden und düsteren Abend, ist etwas unangenehm, etwa so, als würde man eine Gegend, in der man sich heimisch fühlt, verlassen und in die Fremde gehen. Im Vertrauen auf die Autorität des Geschriebenen möchte ich auf der kleinen Gelben Insel, die an dem Zusammenfluß von Theiß und Mieresch, das ist Maros, liegt, jene Gaststätte suchen, wo – Kálmán Mikszáth zufolge – »die alten Szegeder Fischer das herrliche Fischpaprikasch kochen«, doch eindeutig gehört die Literatur nicht zu den strengen Wissenschaften, deren Ergebnisse falsifizierbar sein müssen. Es ist daher fraglich, ob die Theiß, wie der Antiquarius behauptet, aus zwei Dritteln Wasser und einem Drittel Fischen besteht, Hechten und Karpfen in so großen Mengen, daß sie zu Tausenden kaum einen Dukaten kosteten.

Mikszáth entwirft in dem vom Erzherzog Rudolf geförderten monumentalen Werk, *Die österreichisch-ungarische Monarchie, beschrieben und illustriert*, ein Porträt dieser Stadt: »Wie bei den meisten in der Ebene wohnenden Völkern«, so schreibt der liebenswerte Erzähler, »ist auch hier weniger Poesie zu finden als in den Bergen.« Auch in der Liebe zeige der Einwohner von Szeged wenig Hingabe und sei geneigt, sich seine Liebste unter jenen Mädchen auszusuchen, die eine große Mitgift brächten oder wenigstens in der Lage seien, schwere Säcke auf dem Rücken zu tragen.

Die Stadt ist verwahrlost, sie ähnelt einem Bahnhofsvorplatz. »In der Geschichte der Stadt«, fährt der verdrießliche Rhapsode fort, »wimmelt es von düsteren Katastrophen jeder Art«, von politischen oder Naturkatastrophen. Es ist möglich, daß soviel Unheil die Strafe für den rebellischen Geist der Stadtbewohner, für ihre fest verwurzelten demokratischen Traditionen war. Sogar die wohlhabenden Bürger sympathisierten mit Dózsa, dem großen Anführer der Bauernrevolte, so daß die Adligen, nachdem sie ihn besiegt, gefangengenommen und zu Tode gefoltert hatten, ihm den Kopf abschlugen und ihn als warnendes Geschenk an den ersten Magistrat der Stadt, Blasius Pálfy, schickten. In dieser Gegend scheint die Gewalt zum Alltag gehört zu haben. Aus den Fenstern des Adelspalastes von Ladislaus Szilágy traf 1527 eine Kugel den falschen Zaren Ivan oder Iova, »den schrecklichen schwarzen Mann«, der mit seinen Banditen das Gebiet zwischen Temes und Theiß in Angst und Schrecken versetzt hatte. Ivan – sein richtiger Name lautet Franz Fekete – ist einer der in der slawischen Geschichte so zahlreichen falschen Zaren, einer jener Banditen und Usurpatoren, die zunächst von Raubgier getrieben werden und dann dank ihrer Fähigkeiten, ohne es eigentlich zu wollen, zu einer wirklichen politischen Rolle aufsteigen und schließlich in ihre ursprüngliche Realität des Brigantentums zurückgeworfen und wie Unkraut vertilgt werden.

Nachdem er sich eigenmächtig zum Abkömmling einer Familie serbischer Despoten erklärt hatte, sammelte Franz Fekete eine Armee von fünftausend – andere sprechen von zehntausend – Mann, zum größten Teil Bauern, mit denen er das Land verheerte. Eine Schar von sechshundert Soldaten bildete seine Leibwache, seine »Janitscharen«, wie er sie wahrscheinlich in einem Taumel von Größenwahn nannte, um sich damit dem Sultan von Konstanti-

nopel, Suleiman dem Prächtigen, gleichzustellen, der mit der Schlacht von Mohács Ungarn erobert hatte.

Anspruch auf die ungarische Krone erhoben in dieser Zeit – nach der Katastrophe von Mohács – sowohl Kaiser Ferdinand von Habsburg, der in Wien residierte, als auch der Woiwode von Transsylvanien, Janos Zápolya, der bei verschiedenen Gelegenheiten von den türkischen Landesherren unterstützt wurde. Die Rivalität zwischen den beiden Mächten zog den falschen Zaren, den Straßenräuber, der sich bald mit dem einen, bald mit dem anderen verbündete, in das Spiel der »großen Welt« hinein, in den Machiavellismus der hohen Politik.

Wer weiß, ob sich der schreckliche schwarze Mann dessen bewußt war, was mit ihm geschah, ob er die Rolle erkannte, die ihm die Geschichte zugedacht hatte, oder ob er bis zuletzt nur an Raub und Plünderung dachte. Ohne es zu wissen und ohne es zu wollen, war er vielleicht im Begriff, eine gespaltene Persönlichkeit zu werden, eine jener Figuren, die nach und nach von der Maske, die sie angenommen haben, verändert werden. Der gelehrte Stojacskovics zählt ihn als den sechsten Despoten Serbiens auf, während Schwicker, der alte Historiker des Banat, diese Anschauung mitnichten teilt und ihn statt dessen den Briganten zurechnet. Nachdem er in Szeged besiegt und verwundet worden war, flüchtete er sich in die Wälder, wo ihn seine Verfolger stellten und ihn mit seinen letzten Gefährten niedermachten. Sein Kopf wurde an Zápolya geschickt, der in Ofen, dem ehemaligen Buda, residierte.

Offenkundig paßt der Tod zu Szeged. Auf dem Dom tér, dem Domplatz, zeigt ein marmornes Pantheon an drei Seiten die Büsten und Porträts berühmter Männer. Der Enzyklopädiker Apaczai Cseri Janos ist als Skelett mit Totenschädel dargestellt, er trägt eine Jacke und Halsbinde, im Mund fehlen ihm zwei Zähne, während er mit seinen Skelettfingern ein Buch hält, die *Magyar Encyclopaedia MDCLIII*. Sollte das Wissen demnach dem Tod ähneln, wäre es die tödliche Erstarrung der Existenz und ihres Fließens? In der serbischen Kirche unweit vom Dom gewährt auch die Heilige Jungfrau keine Befreiung, keine weibliche und mütterliche Fürbitte, die jede Hartnäckigkeit schmelzen läßt. Die Stirn dieser Balkanmadonna ist gekrönt, doch dringt die Krone in ihr Fleisch, läßt das Blut heraustreten, das über den Kopf des Kindes an ihrer Brust fließt und ihm

die Lippen befleckt. Diese düstere, schmerzensreiche Gottheit evoziert keine Litaneien der Maienandacht, keine Anrufung des Morgensterns.

22.

Eine Violine in Mohács

Wir sind von unserem Abstecher zurückgekehrt und in Mohács angelangt. Auf dem alten Schlachtfeld, auf dem 1526 das ungarische Reich von den Türken überwältigt und für Jahrhunderte von der politischen Landkarte gestrichen wurde, steht heute eine Phalanx aus Maisstauden und Sonnenblumen. Der Tag ist schwül und drükkend, die vereinzelten Büsche von blauem Ageratum und rotblühendem Salbei weisen vergebens darauf hin, daß das Leben nicht nur aus Krieg besteht. Mohács ist auf seine Weise ein Museum – ein herzzerreißendes Museum, das nicht irgend etwas ausstellt, sondern das Leben selbst ist, seine Flüchtigkeit und Ewigkeit. Jemand hat an der Gedenktafel frische Blumen aufgestellt; jene alte Niederlage ist noch nicht verwunden, jene Toten sind noch nicht lange verstorben.

Einige Holzskulpturen, wie Piken oder wie die Stangen abgerissener Zelte in die Erde gerammt, erinnern an eine Schlacht, an ihre Ordnung und Unordnung, an ihre aufgelöste Symmetrie, an den Augenblick, in dem der Staub zerstiebt, an die unauslöschliche Starrheit der Gewalt und des Todes. Jene verwegenen und genialen Skulpturen deuten Menschen- und Pferdeköpfe an, Mähnen sterbender Pferde, riesige Turbane, Keulen, die tödlich verwunden, Todeskampf und vom Haß verzerrte Gesichter, Kreuze und Halbmonde, unterjochte Sklaven, Köpfe, die zu Füßen Suleimans des Prächtigen rollen. Alles ist abstrakt, essentiell, Andeutung, erhellender Hinweis, skizzenhaft in Holz geschnitten, nachgeahmt im Wogen der Ähren.

Der Wind läßt die metallenen Wehrgehänge aneinanderschlagen, die den Kopf Suleimans des Prächtigen mit barbarischem Schmuck zieren, und dieses gedämpfte Geräusch, in das noch weitere vom Luftzug bewegte Klingen einstimmen, ist das Echo jenes fernen Lärms, eine tönende Woge, die über Jahrhunderte hinweggeht, trü-

gerisch sanft, wie jeder Schmerzenslaut, der aus der Vergangenheit zu uns herüberdringt, dessen musikalischen Zauber wir vernehmen, nicht aber den Schmerz selbst.

Dieser Wald ist wie ein umgeworfenes Schachspiel, die Ähren wogen im Wind hin und her wie die Waffen der Schlachtreihen. Die Anordnung der Figuren ist kreisförmig, aber kleine Häufchen von Flüchtigen und Verfolgern fallen aus dem Kreis heraus, zerstreuen und verlieren sich im Staub der Dinge. Das Leben erscheint ewig, und ewig jede Handlung, jede Geste während der Schlacht, die vor Gott und vor der Leere die Gewalt, das Schluchzen, den Schrei, die Flucht, das Verschwimmen der Welt vor den Augen dessen, der stirbt, das Fallen, das Ende hier für immer eingeprägt hat. Ein großes Kollektiv von Bildhauern hat auf diesen dürren, versengten Feldern ein Denkmal für die fortwährende Gegenwart eines jeden Todes errichtet, für die Geometrie der Schlacht, für die gewissenhafte Ordnung, mit deren Hilfe sie das Chaos herbeiführt, die Zersetzung und die Auflösung des Heeres, der Körper und der Moleküle unter der Sonne.

Mohács ist wie Kosowo ein epochaler Augenblick, eine Schlacht, die für Jahrhunderte das Schicksal eines Volkes besiegelt; an dem Tag von Mohács, so heißt es in der Überlieferung, verdorrte mit einem Mal der zweihundert Jahre zuvor von Ludwig dem Großen gepflanzte Olivenbaum in Pécs. Die Seiten, die von jenem 29. August 1526 erzählen – so etwa *De conflictu hungarorum cum turcis ad Mohatz verissima descriptio* (»Wahre Beschreibung der Schlacht der Ungarn mit den Türken bei Mohács«) von István Brodarics aus dem Jahr 1527 –, bilden einen eigenen Abschnitt in der ungarischen Literatur. Beim Nahen des imposanten Heeres Suleimans des Prächtigen schickte der ungarische König Ludwig II. nach altem Brauch einen blutigen Säbel von Haus zu Haus, damit jeder dem Aufruf folge und bewaffnet zu seinem Banner eile. Der ungarische Adlige, dem mehr darum zu tun war, die königliche Macht zu schwächen, als die osmanische Bedrohung abzuwehren, blieb gegenüber der Aufforderung des Königs praktisch taub oder war mit seinen internen Zwistigkeiten beschäftigt. Mit seinem reduzierten Heer versuchte Ludwig zunächst, den Zeitpunkt der Schlacht hinauszuschieben, um auf Verstärkung zu warten, doch die im Kriegsrat anwesenden Adligen, die vom Erzbischof Tomori unterstützt wurden, widersetzten sich und zwangen ihn, den Türken eine Schlacht zu liefern.

Der König, schreibt der Antiquarius, zuckte mit den Schultern und ging seinem Schicksal, über das er sich völlig im klaren war, mit dieser gleichmütigen Geste entgegen, nachdem er angeordnet hatte, daß man seine Jagdhunde zweimal in der Woche waschen solle. Auf dem Schlachtfeld, erzählt der Chronist weiter, erbleichte er, nachdem ihm der Knappe den Helm aufgesetzt hatte, und warf sich daraufhin ins Getümmel. Wenige Stunden später, als die Niederlage schon besiegelt war, fand er den Tod; er wurde von seinem Pferd zerquetscht, das im Schlamm eines kleinen Baches, des Csele, gestürzt und auf ihn gefallen war. Ein Lied aus der Baranya, das noch im vergangenen Jahrhundert gesungen wurde, preist die Brombeerranken, die den König bedecken. Die Kriegsbeute der Türken wird vom Antiquarius genauestens aufgelistet, ein typisches Beispiel für die poetische Katalogisierung, wie sie sich häufig in der Barockliteratur findet, die so begierig darauf ist, die Welt zu benennen.

Die große Pforte von József Pölöskei, der Brunnen von Gyula Illyés, die Skulpturen von Király, Kiss, Szabó junior und Pál Kö – ozeanische oder afrikanische Statuen, die in die ungarische Erde verpflanzt worden sind wie Bäume, an denen sich die Blumen einer lokalen oder transsylvanischen Ornamentalkunst emporranken – scheinen ein einziges Monument, einheitlich und vielfältig wie die Natur, episch und umfassend wie der Krieg. Alles steht still, doch ist in dieser Fixierung der jähe und verzweifelte Ausbruch der Schlacht erfaßt, der absolute Augenblick des Todes. Es ist heiß, wir suchen den kühlen Schatten einer kleinen Baumgruppe auf, um uns auszuruhen. Amedeo zieht seine alte Reisevioline heraus, baut ein Notenpult auf und beginnt zu spielen, während im Hintergrund das metallene Klingen anhält. Er spielt diesmal keine klassischen Stücke, sondern Zigeunerlieder, Wanderlieder für Hinterhof und Gasthaus, wie einer der vagabundierenden Spielleute der jiddischen Literatur. Diese Musik ist eine Antwort auf die Schlacht, auf das blecherne Schellen der Wehrgehänge. Jossele Solovej, Jossele die Nachtigall, singt – in einem Roman von Scholem Aleichem – mit seiner Violine von dem, was dem Herzen fehlt. Solovej, Solo-vej, ein Solo, das dem Leiden Ausdruck gibt; in einem seiner Gedichte spielt Israel Bercovici mit diesem bezaubernden jiddischen Wort, Solovej, Nachtigall, zerteilt es in seine Silben, stellt sich vor, daß Nachtigall ein Sologesang sei, der das *vej* ausspreche.

Amedeos kurzsichtige Augen sehen ins Weite, über die altmodi-

sche Brille hinweg, betrachten jene Ebene der sterbenden Ritter und Pferde. Seine Geige singt davon, daß etwas verlorengegangen ist und verlorengehen wird. Doch jene Sehnsucht nach der schwindenden Poesie des Herzens ist, wie die unbezähmbare Pirouette des wandernden jüdischen Spielmanns, eine Sehnsucht, welche die flüchtige Liebe noch festzuhalten vermag. Die Geige protestiert gegen das Schlachtfeld, die große Welt, den blutigen Glanz der epochalen Ereignisse. Unter diesen Bäumen ist man zu Hause; vielleicht erbleicht man ein wenig, wie der unglückliche König, doch dann zuckt man die Schultern, man dankt dem imaginären Publikum, das gewiß Münzen in den Hut des Musikanten werfen würde, man grüßt und geht fort, jeder seines Weges.

Großmutter Anka

1.

»In mehreren Völkern« denken

Die Geschichte hat mir Miklós Szabolcsi in seinem Landhaus in Göd an der Donau in der Umgebung von Budapest erzählt. Es war Abend, der Fluß zog ruhig dahin, seiner fernen Mündung zu, und man sprach von alten Geschichten über Temesvár, Timişoara, Temeschburg, die (ungarische? rumänische? deutsche?) Stadt, die von der Zeit der Tataren über die der Türken und Prinz Eugens bis zu der Franz Josephs so häufig in der Geschichte Osteuropas eine wichtige Rolle gespielt hat. Vor einigen Jahren hatte Szabolcsi in einer Fernsehserie versucht, das ungemein schöpferische ungarische Kulturmilieu in den ersten Jahrzehnten dieses Jahrhunderts darzustellen, die Zeit des jungen Lukács, Endre Adys und Béla Bartóks, eine Dokumentation, in die er alle mehr oder minder bedeutenden Persönlichkeiten einbezog, und deren wechselvolle Schicksale auch über diese geniale und leidenschaftliche Epoche hinaus – die in den zwanziger Jahren durch das faschistoide Regime Horthys beendet worden war – weiterverfolgte.

Das Mosaik, das Szabolcsi nach verschiedenen Recherchen zusammengesetzt hatte, war beinahe vollständig, doch fehlte ihm noch ein kleines Steinchen; er hatte die Spur eines gewissen Robert Reiter oder Reiter Róbert verloren, eines ungarischen Dichters der Avantgarde, der zu den engagiertesten experimentellen Gruppen gehört hatte. Ein wirklicher Literaturkritiker ist ein Detektiv, und vielleicht besteht der Reiz dieser fragwürdigen Tätigkeit nicht so sehr im Schreiben von ausgetüftelten Interpretationen, als in dem Aufspüren einer Schublade, einer Bibliothek, des Geheimnisses eines Lebens. Dank seiner detektivischen Spürnase fand Szabolcsi den Gesuchten; er erfuhr, daß Reiter Róbert noch lebe, daß er in Timişoara in Rumänien wohne, sich nunmehr Franz Liebhard nenne und auf deutsch ziemlich traditionelle Gedichte in Sonettform und mit verschränktem Reim schreibe. Er hatte Nationalität, Name, Sprache und literarischen Stil geändert; heute wird er geehrt als Patriarch der deutschsprachigen Schriftsteller im Banat bezie-

hungsweise der im Banat lebenden deutschen Minderheit; im August 1984 hatte er seinen fünfundachtzigsten Geburtstag gefeiert.

Reiter Róbert, der in der von der Budapester Akademie der Wissenschaften zur experimentellen ungarischen Lyrik veröffentlichten Anthologie vertreten ist und als deutscher Schriftsteller in Rumänien gefeiert wird, Autor auch von Gedichten in schwäbischer Mundart, das heißt in dem Dialekt der zu Beginn des 18. Jahrhunderts in den Banat gelangten schwäbischen Siedler – Reiter Róbert alias Franz Liebhard hat einmal in einem Interview gesagt: »Ich habe gelernt, im Sinne von mehreren Völkern zu denken.« Seine Persönlichkeit ist indessen vielfältiger, als durch seinen doppelten Familiennamen zum Ausdruck gebracht wird, der außerdem nicht nur doppelt, sondern dreifach ist; Liebhard nannte sich einer seiner Freunde, ein Bergmann, der bei einem Unfall ums Leben kam und dessen Namen der Dichter zum Zeichen seiner Treue zu Beginn der vierziger Jahre übernommen hatte. Reiter Róbert ist also zunächst Robert Reiter geworden, der unter diesem Namen Werke veröffentlichte, und später zu Franz Liebhard. Im übrigen aber enthüllt dieser deutsche Name die Identität des Schriftstellers, die eines Schwaben aus dem Banat, der mit seiner 1952 auf deutsch erschienenen *Schwäbischen Chronik* seinen Landsleuten seine Stimme geliehen hat, die einst Untertanen von Wien und später von Budapest waren und heute eine schwindende Minderheit in Rumänien darstellen.

Warum hat Reiter Róbert plötzlich geschwiegen, welcher Weg hat ihn aus dem Ungarischen zu seiner Muttersprache zurückgeführt? Ein Kritiker hat ihn vor einigen Jahren mit Rimbaud verglichen – wohl eher dieses geheimnisvollen Schweigens und der Verwandlung wegen, als im Hinblick auf seine Dichtung. Der Titel seines ersten Gedichtes, das im November 1917 in der berühmten ungarischen Avantgardezeitung *Ma* erschienen ist, lautet *Wald*, obgleich seine sprachlichen Seiltänzereien wenig vom Wald, von seinem Schatten und seinem Grün sprechen. Jenes »Heute«, wie sich die Zeitschrift nannte, ist zu einem Gestern oder Vorgestern geworden. Heute beschreibt der alte Reiter-Liebhard in gereimten Versen und ohne gewagte Metaphern gute und vertraute Wälder, ihren freundlichen und erholsamen Wohlgeruch.

2.

Ein grünes Pferd

Ist die Geschichte von Reiter-Liebhard ein Schritt vorwärts oder rückwärts, erzählt sie die epische Rückkehr des Odysseus oder die eines Ausreißers, der reumütig wieder nach Hause zurückkehrt und nunmehr einen anständigen Weg einschlägt? Ist jenes Denken »in mehreren Völkern« eine einheitliche Synthese oder ein heterogener Wirrwarr, eine Summe oder eine Subtraktion, bewirkt es, daß man dadurch reicher oder zu einem Niemand wird? Vielleicht auch um eine Antwort darauf zu finden, befinde ich mich jetzt im Banat, zusammen mit Großmutter Anka, die mit ihren achtzig Jahren eine Antwort *in personam* ist. Der Ausgangspunkt unseres Streifzuges ist Bela Crkva, ihre Geburtsstadt. Im alten Eisenbahnfahrplan des Habsburgerreiches von 1914 wurde sie – nach dem damaligen Kriterium, die Bezeichnung zu gebrauchen, die in dem Ort vorwiegend üblich war – Fehértemplom genannt; die heute in Jugoslawien liegende Stadt gehörte damals zum Königreich Ungarn. Heute tragen die offiziellen Schrifttafeln drei, nämlich den serbischen, ungarischen und rumänischen Namen, Bela Crkva, Fehértemplom, Biserika Albă; die deutsche Ortsbezeichnung Weißkirchen ist fast völlig verschwunden. Es gibt katholische, protestantische, russisch-, griechisch-, rumänisch-orthodoxe Kirchen; einige von ihnen, wie die der Slowaken, sind zerfallen.

Die irreguläre Abweichung von dem strengen und präzisen Verlauf der Donau hat in diesem Fall auch eine historische Rechtfertigung, vornehmlich aber einen psychologischen Grund, nämlich den kurzentschlossenen Dezisionismus, mit dem Großmutter Anka dies entschieden hat, da sie schlicht und einfach so und nicht erst über Apatin, Novi Sad, Zemun und Pančevo fahren wollte, wie es der schönen Ordnung von Zeit und Raum entspräche, die verlangt, daß das Zuvor dem Danach vorausgeht und daß die Vier ihren Platz zwischen der Drei und der Fünf hat. Hier aber bin ich mit Großmutter Anka zusammen, die mit der ruhigen Selbstgewißheit dessen, der keiner systematischen Ordnung bedarf, selbst entscheidet, was erst und was später kommt.

Von Bela Crkva aus werden wir also – mit regelmäßigen Abstechern in alle Richtungen – die übrigen im Banat gelegenen Orte an

der Donau aufsuchen. Auch der Antiquarius, der ansonsten mit ermüdender Pedanterie den Fluß Meter für Meter abgeht, erlaubt sich an dieser Stelle Abweichungen und Exkursionen, verläßt sogar gänzlich die Donau, um sich beispielsweise über Temesvár zu verbreiten, das ungefähr hundert Kilometer entfernt liegt. Und doch hat er – ebenso wie Großmutter Anka – keineswegs unrecht, da dieses ganze Gebiet Donau ist, die dessen Lebensnerv, die Geschichte selbst ist, wie Schwicker, der gelehrte Chronist des Banat, feststellte. Ohne diesen »welthistorischen« Strom, so eiferte Müller-Guttenbrunn, und ohne die Weltgeschichte, die er auf seinen Wellen mitgeführt hat, gäbe es in diesen Landstrichen nur Sümpfe und Niederungen. Die Mauern von Temesvár sind Donauufer, und die Kirchen von Bela Crkva sind die Pappeln und Weiden dieser Uferlandschaft.

Großmutter Anka zeigt mir ihr Geburtshaus, das Haus des wohlhabenden Händlers und Proviantverwalters Milan Vuković, der seiner Vorliebe fürs Magyarische wegen seinen Zunamen nach ungarischer Schreibweise in Vukovics abwandelte. Vor diesem Haus pflegte nach dem Ersten Weltkrieg die Kutsche des Doktors Jon Gian zu halten, Abgeordneter der rumänischen Minderheit in Belgrad und einer der zahlreichen Verehrer Großmutter Ankas, einer der wenigen, denen es nicht gelang, sie zu heiraten, wenn man bedenkt, daß sie – bis jetzt – vier Ehemänner mit unparteiischer Fürsorge betreut und zu Grabe getragen hat. Kinder hat sie nicht gehabt.

Bela Crkva ist eine Kleinstadt, die etwa hundert Kilometer von Belgrad entfernt am linken Donauufer liegt, ein Zentrum Pannoniens und des alten Habsburgerreiches. Das Banat ist heute eines der drei Gebiete, die zusammen die zu Serbien gehörende autonome Region Wojwodina ausmachen; es bildet den nordöstlichen Teil der Wojwodina und grenzt über weite Strecken an Rumänien. Die beiden anderen Gebiete der Wojwodina sind der Srem – Syrmium, wie ihn die alten Römer nannten – südlich der Donau, und die Batschka im Nordwesten. Ein großer Teil jedoch des alten, historischen Banat, das nicht zufällig Banat von Temesvár heißt, befindet sich heute in Rumänien, und in der Tat ist Temesvár oder Timişoara seine Hauptstadt. Francesco Griselini, der venezianische Aufklärer, der diese Gegenden zwischen 1774 und 1776 bereiste und mit seinen *Reisebriefen* ein noch heute wichtiges Porträt dieser Landschaft hinter-

lassen hat, nennt als Grenzen des Banat die Flüsse Donau, Theiß und Maros sowie die Transsylvanischen Alpen. Das Banat ist ein Mosaik aus verschiedenen Völkern, durchzogen und überlagert von verschiedenen Volksgruppen, Mächten, Gerichtsbarkeiten; ein Land, in dem das Osmanische Reich, die habsburgische Macht, der hartnäckige Wunsch der Ungarn nach Unabhängigkeit und schließlich nach Herrschaft, die serbische und die rumänische Erneuerungsbewegung auf- und gegeneinander stießen.

Ein Dokumentarfilm im Fernsehen spricht von 24 ethnischen Gruppen in der Wojwodina, Griselini nennt etwas bescheidener zehn verschiedene Nationen, die er genauestens aufzählt: Walachen oder auch Rumänen, Raitzen beziehungsweise Serben, Griechen, Bulgaren, Ungarn, deutsche Kolonisten, Franzosen, Spanier, Italiener, Juden. Tatsächlich hatte nach der Wiedereroberung von Temesvár, das 1716 den Türken durch Prinz Eugen entrissen worden war, General Mercy, ein kluger und unternehmungsfreudiger Gouverneur, Sümpfe trockenlegen lassen, die verödeten Tiefebenen wieder besiedelt und Emigranten aus verschiedenen Staaten ins Land gerufen; 1734 war die kleine Stadt Becskerek voller Katalanen, die dort ein Neu-Barcelona gegründet hatten.

Die große Kolonisierung erfolgte durch die von Maria Theresia und Joseph II. im 18. Jahrhundert ins Land geholten Deutschen, die vor allem aus Schwaben, aus der Pfalz und vom Oberrhein kamen und mit ihren »Ulmer Schachteln« donauabwärts gefahren waren, zähe und arbeitsame Bauern, die die ungesunden Moorgegenden in fruchtbare Ländereien verwandelten. Schwaben, ein Zentrum des alten Deutschland, verpflanzte sich somit ins Banat, und noch heute hört man in einigen Dörfern im rumänischen Teil schwäbischen oder alemannischen Dialekt sprechen, so als wäre man in Württemberg oder im Schwarzwald.

Die Deutschen waren nicht die einzigen, die sich hier ansiedelten. Es gab Slowaken, vornehmlich Protestanten; in aufeinanderfolgenden Wellen kamen, bedingt durch die türkische Bedrohung, Serben und Angehörige anderer Volksgruppen ins Banat. »Völker tauchen auf, es zittert die Welt vor ihrer Mächtigkeit, doch auch sie bezahlen bald der Vergänglichkeit des Irdischen ihren Tribut«, schreibt der gelehrte Schwicker. Alle zittern vor allen, die Türken vor dem Reich, das Belgrad einnimmt, und das Reich vor den Türken, die es wiedererobern. Mit den Jahren, den Jahrzehnten und Jahrhunderten

ändern sich die Statuten der Städte und die Anzahl der Nationalitäten und Religionen; der Schmelztiegel hört niemals auf zu kochen, einzuschmelzen, zu verbinden, zu verbrennen und zu verzehren.

Gegen Ende des 19. Jahrhunderts gab es in Pančevo székelgsche Dörfer; Becskerek weiß nicht mehr, daß es eine spanische Stadt gewesen ist. Bis zur Mitte der vergangenen Jahrhunderts kann man nicht von Nationalismus oder Nationalismen sprechen; der Gouverneur Mercy, der die deutschen Siedler herholte, wollte das Land nicht germanisieren, sondern wollte es mit fähigen Bauern und Handwerkern besiedeln, um dadurch – im aufklärerischen Sinne – den Fortschritt herbeizuführen. Diese deutschen Siedler hätten ebensogut auch Rumänen oder Slawen sein können, bemerkt Josef Kallbrunner, vorausgesetzt, daß sie deutsche Ordnung und Betriebsamkeit gelernt und infolgedessen dort verbreitet hätten.

Die fünf großen Volksgruppen, die in der jugoslawischen Wojwodina in friedlicher Koexistenz – diese wird in der Verfassung aus dem Jahre 1974 festgelegt – heute nebeneinander leben, sind Serben, Ungarn, Slowaken, Rumänen und Ruthenen, doch gibt es unter den zahlenmäßig kleineren Nationalitäten auch Deutsche, Bulgaren und Zigeuner sowie noch einige Bunjewatzen und Schokatzen, die vor Jahrhunderten aus dem südlichen Dalmatien, aus Bosnien und aus der Herzegowina eingewandert sind und sowohl von den Serben – obwohl sie katholisch sind – als auch von den Kroaten für sich beansprucht werden, während sie selbst dazu neigen, sich als eine eigene Gruppe zu betrachten. Wer weiß, ob in dieser Idylle – sie ist real, wenngleich sie mit propagandistischer Großsprecherei immer wieder hervorgehoben wird – noch jener rumänische Spruch existiert, in dem gefragt wird: »Wer hat jemals ein grünes Pferd oder einen intelligenten Serben gesehen?« Großmutter Anka, die es mir ohne Mißbilligung erzählt, stammt aus einer alten serbischen Familie. Wer weiß, was Reiter Róbert über die Deutschen und Franz Liebhard über die Ungarn denkt.

3.

Der kluge Stadtrat Tipoweiler

In den offiziellen Friedens- und Brüderlichkeitserklärungen belobigen diese verschiedenen ethnischen Gruppen einander und erkennen sich gegenseitig die höchsten Qualitäten zu. In Großmutter Anka, die alle ihre Sprachen spricht, sind diese Nationalitäten auf widersprüchlichste Weise ineinander verflochten. Auf der Fahrt nach Bela Crkva kommen wir durch Straža, ein rumänisches Dorf, was sie zum Anlaß nimmt, die Rumänen als Lumpen und Diebe ohne Opanken zu bezeichnen: wenn ihr Vater in seinem Wagen an ihnen vorbeigefahren sei, habe er eine Laterne in der einen und eine Pistole in der anderen Hand gehalten; dabei vergißt sie aber ihre eigene vielgeliebte rumänische Großmutter. Während sie die Rumänen herabsetzt, lobt sie die arbeitsamen, ordentlichen Deutschen, doch wenig später spricht sie voller Verehrung von der »rumänischen Vornehmheit« des Präsidenten Popescu, seinerzeit oberster Richter in Bela Crkva, und fügt hinzu, daß sich hinter den guten Manieren der Deutschen häufig Starrsinn und unlautere Habgier verborgen hätten, nennt sie »streunendes Gesindel, schlimmer als die Zigeuner, die heute im Mercedes herumfahren« und erinnert – als strenge Antikommunistin – an die grausame nationalsozialistische Besatzungsmacht und an die Heldentaten der Partisanen im Schnee.

Der hitzigste Germanophile in Bela Crkva mit dem wenig deutschen Namen Ben Mates habe einmal im Wirtshaus lauthals gerufen, daß er mit den Köpfen der Serben Kegelspielen wolle; die Mutter von Großmutter Anka, die gerade vorüberging, antwortete ihm gelassen: »In Ordnung, Mates, heute ihr mit unseren, morgen wir mit euren.« In der Tat ließ die Vergeltung nicht lange auf sich warten. Zwischen dem Ende des Jahres 1944 und 1945 erfolgte der erzwungene Exodus der Deutschen aus dem Banat und der Batschka, ihre wahllose Deportation in Arbeits- und Konzentrationslager, die bald auch zu Todeslagern wurden, alles im Namen einer kollektiven Verantwortung, die man unterschiedslos allen Deutschen zusprach und die Racheakte und rassistische Verfolgung rechtfertigen sollte. Der frühzeitig verstorbene slowenische Kommunistenführer Kardelj

war einer der wenigen, die gegen diese Vergeltungsmaßnahmen Einwände erhoben und die Vertreibung einer gesellschaftlich und wirtschaftlich produktiven Bevölkerungsgruppe bedauerten.

Großmutter Anka mag weder Tito noch den Kommunismus, auch wenn sie mit unerschütterlicher Unparteilichkeit an die soziale Ungerechtigkeit und Unterdrückung zurückdenkt, die zur Zeit ihrer Kindheit herrschten; dank ihrer Ordnungsliebe andererseits und ihrer slawischen Gefühle verehrt sie die Sowjetunion, während sie Amerika und Reagan abschätzig ansieht, »ein schlechter Schauspieler, der, wenn er im Fernsehen spricht, immer nur auf seine jüdischen Souffleure achtet«. Dieses Konzentrat von Vorurteilen und geschichtlichen Ressentiments enthält – wie der Querschnitt eines Baumstammes – selbstverständlich auch antisemitische Komponenten, die aber plötzlich wieder verschwunden sind, wenn sie etwa von dem Advokaten Loewinger spricht, der in ihren Erzählungen zu einer Personifikation der Weisheit und der tausendjährigen Würde des jüdischen Volkes wird. In diesen absurden vorgefaßten Meinungen liegt vielleicht auch ein Fünkchen Wahrheit, denn kein Volk, keine Kultur – ebensowenig wie irgendein Individuum – ist frei von historischer Schuld; sich mitleidlos aller Fehler und Obskuritäten, auch der eigenen, bewußt zu werden, kann eine nützliche Voraussetzung für ein ziviles und tolerantes Zusammenleben sein, nützlicher vielleicht als die optimistischen Lobesbekundungen, in denen sich jede offizielle politische Erklärung ergeht.

Die Konflikte und Widersprüche sind bei Großmutter Anka vollkommen unpersönlich; jedes Vorurteil bedeutet zugleich das Recht anderer auf Vorurteile, oder besser deren Notwendigkeit. Auch in Bela Crkva sieht man jene flachen, einstöckigen, rötlichen und ockergelben Häuser, die sich überall in Ungarn finden und das östliche Mitteleuropa – wie Musil meint – mit aufgestülpten Nasenlöchern versehen. In der Partisankastraße befanden sich die Häuser der Deutschen, die gepflegter, mit Friesen und weiblichen Gipsköpfen über den Fenstern geschmückt und mit Kacheln in lebhaften rumänischen Farben bedeckt waren und die sich im Innern zu kleinen Gärten hin öffneten. Die Banater Schwaben, heißt es in der Überlieferung, waren so wohlhabend, daß sie als Knöpfe für ihre Jacken und Kleider Golddukaten verwendeten. Nach dem Exodus der Deutschen – in Bela Crkva gibt es heute nur noch einen einzigen und sehr alten – wohnen hier Mazedonier und Bosnier, die von den

Ortsansässigen verächtlich »Kolonisten« genannt werden, sogar von den Bosniern und Mazedoniern, die wenige Jahrzehnte zuvor hierhergekommen sind. Weißkirchen, das deutsche Bela Crkva, lebt heute in der in Salzburg angesiedelten Exilgemeinde, die ein Buch ums andere mit gelehrten, qualvollen und verbitterten Zeugnissen aus der Vergangenheit veröffentlicht. Das kürzlich erschienene *Heimatbuch der Stadt Weißkirchen im Banat* mit 666 engbedruckten Seiten ist von Alfred Kuhn herausgegeben – »ich kenne ihn gut, diesen miesen Deutschen«, sagt Großmutter Anka.

In einem dieser Häuser wohnte der alte Tipoweiler, Stadtrat und häufiger Gast im Elternhaus von Großmutter Anka – ein wirklich feiner Herr, wie sie sagt. Kaum daß der Krieg mit Serbien 1914 ausgebrochen war, versammelten sich einige der in Bela Crkva mehrheitlich lebenden Deutschen, um darüber zu diskutieren, ob es zweckdienlich sei, die herausragendsten Serben zu beseitigen, nämlich jene, die über ihrer Haustür das Kränzchen mit den gelben Blumen und den Nelken von Sankt Ivandan befestigt hatten. Der Vorschlag schien nach einer friedlichen Diskussion bei der Mehrheit der Anwesenden Zustimmung zu finden, als der alte Tipoweiler, eine Person mit gesundem Menschenverstand, bemerkte, daß die Idee, ja, einverstanden, durchaus gut sein könne, daß aber Bela Crkva nahe an der serbischen Grenze liege; und wenn das serbische Heer bei einem Vorstoß die Stadt erobern würde, dann wären es die Deutschen, denen aus Rache das gleiche geschähe, und dann? Somit ging die nächtliche Versammlung ganz friedlich auseinander.

Diese Episode hat in den Augen Großmutter Ankas die Respektabilität des Herrn Tipoweiler – auf dessen Liste vielleicht auch der Name ihres Vaters gestanden hatte – keineswegs geschmälert. Im übrigen erzählt mir Großmutter Anka – sie nennt die Serben des rechten Donauufers, die über Jahrhunderte unter dem Joch der Türken gelebt hatten, »gedža« oder »Serbianer« –, daß sie nie und nimmer einen Serben, nicht einmal einen vom linken Donauufer geheiratet hätte. »Aber du, was bist du denn?« frage ich sie. »Serbin«, antwortet sie voller Stolz, »wir kommen aus einer der ältesten serbischen Familien.«

4.

Ein mehrsprachiger Papagei

Es gab in Bela Crkva auch angenehmere nationale Verflechtungen, so etwa im Falle von Scheschеrkos Papagei. Ersterer war ein sehr reicher Mann, und sein stattliches Haus – neben dessen Relikten sich heute eine staubige Autobusstation befindet – stand in der Nähe des großen Platzes, wo auch der Palast des Präsidenten Popescu mit seinem imposanten Wachturm, der Pavillon des ungarischen Generals, welcher der Garnison vorstand, das Offizierskasino und das Realgymnasium lagen – eines der besten im ganzen Königreich Ungarn, sagt Großmutter Anka. In jenem Haus gab es in einem Käfig, der so groß war wie ein Zimmer, einen Papagei, der singen konnte. Wenn ihn die Jungen auf deutsch baten, dies zu tun, zierte er sich zunächst ein wenig, indem er deutsch – mit schwäbischem Akzent – redete, gab dann aber doch nach und sang auf ungarisch ein Stück aus der *Csárdásfürstin*. Wurde er um eine Wiederholung gebeten, bedachte er sich, offenbar wiederum auf deutsch, sang aber dann erneut dasselbe ungarische Lied. Wenn man aber ein drittes Mal darauf bestand, verlor er die Geduld und antwortete – auf deutsch – mit jenem Satz, den man in einer wohlerzogenen Umschreibung in Deutschland als »Götzzitat« kennt, denn Goethes *Götz von Berlichingen* gilt als der erste berühmte Text, in dem der Ausdruck »Leck mich am Arsch« zu literarischen Würden gelangt ist.

5.

Unter Lenaus Büste

In einem Gedicht von Vasko Popa – ein Dichter des heutigen Jugoslawien und zugleich eine Stimme dieser Landschaft – küßt man sich auf einer Bank in dem Stadtpark von Vršac unter der Büste Lenaus. Vršac ist der bedeutendste Ort im jugoslawischen Banat und liegt wenige Kilometer von Bela Crkva und der rumänischen Grenze entfernt. Der ebenso brillante wie oberflächliche ungarische Erzähler

Ferenc Herczeg, der hingebungsvoll die mit mondäner Eleganz ausgestatteten Leidenschaften und die überschäumende Illusionswelt der *gentry* beschrieben hatte und damit in der Gunst eines breiten europäischen Publikums stand, hat 1920 den Frauen seiner Geburtsstadt Vršac einen Roman mit dem Titel *Die Heiden* gewidmet, ein Monumentalgemälde vom Kampf zwischen Völkern und Religionen, zwischen Magyaren und Petschenegen, zwischen dem Kreuz und der heiligen Eiche der Awaren während der Morgendämmerung der ungarischen Geschichte. Sein farbenfroher und pathetischer Roman beschwört die Goldene Horde der petschenegischen Nomaden, den Wind der Pußta, der die Seele daran hindert, sich zum Himmel zu erheben, und sie statt dessen über Ebenen und Steppen ziehen läßt, die Völkerwanderungen, die im pannonisch-balkanischen Nebel verschwunden sind.

Mit ganz anderer Kraft evoziert die Lyrik Vasko Popas – der anfangs auf rumänisch, seit vielen Jahren aber schon auf serbokroatisch schreibt – die barbarischen Winter und die Wölfe von früher. Die schon geschriebene Literatur ist wie ein kuppelartig auf der Welt ruhender konkaver Spiegel – so als sollte er unsere Unfähigkeit bewahren, die Dinge und Gefühle unmittelbar auszusprechen. Ein kultivierter literarischer Geschmack und vorsichtige Zurückhaltung hindern einen Epigonen daran, von der Einsamkeit und dem Wind der großen Steppe, von den Spuren der Völkerwanderungen in den morastigen Ebenen zu sprechen. Wenn aber ein sentimentaler Romancier oder ein strenger Lyriker jenen Wind, jene archaische Heftigkeit wieder hervorruft, so kann ein einwandfreies Zitat ermöglichen, daß durch die Worte des anderen – und ohne daß man gefühlsselige Folklore befürchten müßte – all jene Dinge benannt werden. Die Literatur liegt daher über der Welt wie eine Hemisphäre über der anderen, zwei Spiegel, die wie beim Friseur sich wechselseitig reflektieren und, indem der eine auf den anderen verweist, die Unerreichbarkeit des Lebens – unsere Unfähigkeit, es zu erreichen – erkennen lassen.

Lenaus Büste zierte einst den Stadtpark und befindet sich heute im Museum von Vršac, aber sein Geburtshaus steht heute auf rumänischem Staatsgebiet in der Umgebung von Timişoara, wo nach ihm das deutsche Gymnasium benannt ist. Der große österreichische Dichter, der auch ungarische und slawische Vorfahren besaß und 1850 im Wahnsinn starb, ist ein ungewöhnlicher Lyriker der Einsam-

keit und des seelischen Leidens gewesen, Dichter einer verführerischen und vom Nichts zersetzten Natur, eines Weltschmerzes, der mit allen Fasern einer äußerst musikalischen Sensibilität gelebt wurde, ein selbstquälerischer und neurotischer Mensch. Sein negativer und verzweifelter *Faust* gehört zu den großen Faustdichtungen nach Goethe und in jene Zeit, da der goetheschen Klassik, die trotz allem darauf baute, daß die Geschichte einen Sinn habe, innerhalb der europäischen Kultur eine tiefe Krise folgte, die Überzeugung, alles sei sinnlos und nichtig.

Lenaus *Faust*, der Selbstmord begeht, weil er sich nur noch als einen vagen Traum empfindet, den ein Gott, oder vielmehr ein ununterscheidbares und bösartiges Alles träumt, ist ein Werk von hoher Poesie, worin sich die weitläufige Plurinationalität Lenaus zu einer Universalität transzendiert, die jeglicher lokaler Färbung des Donauraumes enträt. Heute gibt es – im Namen einer einheitlichen mitteleuropäischen Kultur – eine nach Lenau benannte internationale literarische Gesellschaft; im Jahre 1911 stritt Adam Müller-Guttenbrunn, der Verteidiger der deutschen Kultur im Banat, wider die magyarischen Versuche, sich dieses Dichters zu bemächtigen und in dessen Geburtsstadt, die heute rumänisch ist, für »Lenau Miklós, einen Ungarn, der deutsch geschrieben hat«, ein Denkmal zu errichten. Herczeg, dessen Muttersprache Deutsch war, zeigte mit seinem magyarischen Nationalismus, der sich den chauvinistischen Positionen eines István Tisza annähert, beispielsweise in den *Heiden* heftige antideutsche Tendenzen und Sympathien – wenn überhaupt – höchstens noch für die Bunjewatzen. Doch er läßt in seinem Roman *Die sieben Schwaben* von 1916, der zur Zeit der 48er Revolution spielt, seinen Protagonisten sagen, daß er die Pflicht fühle, sich auf die Seite der ungarischen Rebellen zu schlagen, und zwar gerade im Namen »deutscher Treue«, denn er habe Seite an Seite mit den Magyaren gelebt und könne sie nun als Deutscher, das heißt als loyaler Mann, im Augenblick der Gefahr nicht verlassen, auch wenn die Erhebung gegen das deutsch-österreichische Wien gerichtet sei.

Die Ebene von Vršac hüllt sich in Melancholie. Milo Dor, ein zeitgenössischer österreichischer Schriftsteller, der in Budapest geboren wurde, von serbischen Eltern abstammt und heute in Wien lebt, hat in seinem Roman *Nichts als Erinnerung*, worin der Verfall einer wohlhabenden serbischen Familie aus dem Banat geschildert wird,

diese melancholische Trägheit beschrieben, die in einer Flasche Sliwowitz landet und diese, sobald sie geleert und fortgeworfen wird, in eine Flaschenpost verwandelt und dem pannonischen Meer anvertraut, aber ohne irgendeine Nachricht. Diese Melancholie ist wie Lenaus Nihilismus ein Gefühl der Leere, das gleichwohl noch die Sehnsucht und das Bedürfnis nach Werten und Bedeutungen erkennen läßt. In einem seiner Gedichte wendet sich Vasko Popa an »unsere erinnerungslosen Kinder ohne Sündenfall«; mit dem häufig allzu einfachen Enthusiasmus eines Avantgardedichters besingt er die Freiheit dieser neuen Generation; doch läßt die fehlende Erinnerung, das fehlende Bewußtsein für moralische Konflikte jene Kinder einer amorphen, farblosen Masse gleichen, jenseits von Gut und Böse, ohne Sünde und ohne Glückseligkeit, schuldlos und leer.

6.

Grüne Vitalität

Welch ein feiner Herr, sagt die magyarophile Großmutter Anka vor dem Grab Adams, der 1914 als mutmaßlicher serbischer Spion von den Ungarn erschossen worden ist. Es ist eine ihrer Lieblingsformulierungen. Großmutter Anka ist das, was Lenaus Faust vergeblich zu sein wünschte: reine Vitalität, dämonisch, da unveränderbar, episch wie die Natur selbst. Sie ist achtzig Jahre alt und besitzt die Energie und die Lebhaftigkeit eines jungen Menschen. Mit runden Raubvogelaugen besieht sie das Leben von oben, wie es nur jemand vermag, der fest mit dem Grundbesitz verwurzelt ist und der, wenn er seine Güter betrachtet, nirgends kleine persönliche Miseren oder verschwommene nervöse Seelenzustände erblickt, sondern Wälder und Wiesen und den Ablauf der Jahreszeiten.

Es hat wenig zu sagen, daß sie heute ganz bescheiden in einer kleinen Wohnung in Triest lebt; die Sicherheit und Souveränität jener Betrachtungsweise hat sie mitgenommen, ist ein Teil ihrer Persönlichkeit. Großmutter Anka erinnert an die letzten Werke von Benedetto Croce, der – zur Bestürzung seiner getreuen Anhänger – fasziniert und beunruhigt ein Moment reiner und von jedweden moralischen oder spirituellen Bereichen unberührter Lebenskraft, eine unbezähmbare »grüne Vitalität« entdeckte, die weder Wertvor-

stellungen noch Reflexionen kennt. Croce bezeichnet diese Affirmation, diese Expansion von Energie auch als »ökonomisches Moment«; obwohl Großmutter Anka äußerst großzügig ihr Geld an andere verteilt und dabei sehr bescheidene eigene Bedürfnisse hat, ist das Leben für sie eine Bilanz von Soll und Haben; Jugend, Ehe und Alter verschmelzen zu erworbenen oder verlorenen Besitztümern, abgeholzten Wäldern, aufgekauftem Land – so wie in den Figuren Balzacs sich das Blut ähnlich wie der Fluß des Geldes zu bewegen scheint. In dem gelborangefarbenen Haus, das sie mir zeigt, wohnte Lazar Lungu, der reichste Schweinehändler des Unteren Banats, der sie damals heiraten wollte. »Willst du unter Schweinen leben, Anka?« fragte sie ihr Vater. »Geld ist viel, sehr viel, aber nicht alles. Such dir einen jungen Mann, der dir gefällt, und ich kauf ihn dir.«

Das ländliche Epos ist von einem überpersönlichen Stil geprägt, der jede eitle Subjektivität ausschließt. Zwei der vier Ehemänner von Großmutter Anka – den letzten, den sie in hohem Alter kennenlernte, und den zweiten, mit dem sie über zwanzig Jahre zusammenlebte – hat sie sehr geliebt; die beiden anderen hat sie mit Geduld ertragen. Liebe und Überdruß haben dennoch ihre beispielhafte Hingabe nicht im geringsten beeinflußt, denn die Ehe war für sie eine objektive Realität, welche die Ungewißheit der Gefühle nicht erschüttern konnte.

In ihrem Leben gibt es kein Lamento, keine wortreiche Klage über Unglücksfälle oder Mißgeschicke, weder über die eigenen noch die der anderen. Sie bemitleidet weder sich selbst noch irgend jemand anderen, sie kommt gar nicht auf die Idee, sich vor dem Tod zu fürchten, oder sich durch den Tod anderer beunruhigen zu lassen, auch wenn sie sogleich bereit ist, jedem, der sie braucht, zu helfen, wobei sie weder die Mühe scheut noch auf den Gedanken verfällt, daß dies ein Opfer sein könne; in ihrer Welt geschehen die Dinge einfach. Sie zeigt mir ein Haus, in dem eine ihrer Freundinnen wohnt, die, von einer schweren Krankheit heimgesucht, praktisch zu einem vegetativen Leben reduziert ist, das nur noch von Zeit zu Zeit durch einen Anflug von Angst oder Zärtlichkeit bewegt wird. Wenn sie in Bela Crkva ist, verbringt Großmutter Anka ganze Nächte bei ihr, ohne zu schlafen und offenbar ohne müde zu werden; sie spricht stundenlang mit ihr, sie streichelt sie, wischt ihr den Speichel vom Kinn, bringt sie zum Balkon, um ihr die vorüberge-

henden Menschen zu zeigen, all das Gesindel, wie sie sagt; es kommt ihr mitnichten in den Sinn, daß sie, wie man zu sagen pflegt, ein gutes Werk tut; diese Vorstellung existiert für sie nicht, sie tut es, und damit basta.

Wenn man mit Großmutter Anka zusammen ist, spürt man, daß ihr nichts geschehen kann, daß sie sich niemals verloren und verlassen fühlen könnte. Sie identifiziert sich mit den Jahrhunderten Pannoniens. Mit ihren achtzig Jahren vermittelt ihre üppige und gebieterische Gestalt Sicherheit und Stärke; um ihre frühere Welt zu lieben, braucht sie sie nicht zu idealisieren; haargenau erzählt sie mir von der Bestechlichkeit der damaligen Richter. In jenem Haus, so erinnert sie sich, habe der Advokat Zimmer gewohnt, und dessen Frau, fügt sie hinzu, indem sie nachdenklich mit den Fingern abzählt, sei die Geliebte des Doktor Pútnik gewesen, des Advokaten Raikow, des Apothekers Schlosser, des Oberst Németh ... Das Haus einige Meter weiter erzählt eine Geschichte nicht aus der Habsburger Epoche, sondern aus der Zeit nach dem Zweiten Weltkrieg. Es war das Haus von Maierosch, einem Mühlenbesitzer, das von der Regierung Titos beschlagnahmt wurde. Seine Tochter weigerte sich, das Haus zu verlassen, und als die Wachen ihre Möbel auf den Hof warfen, schlief sie über zwei Jahre in eine Decke gewickelt auf dem Hausflur, bis ihr die jugoslawischen Behörden einen Teil ihrer Wohnung wieder überließen. Die Renovierungsarbeiten am Haus dauern noch an. In den osteuropäischen Ländern gibt es immer und überall Arbeiten, die beharrlich fortgeführt und niemals beendet werden; man kehrt nach einem Jahr an irgendeinen Ort zurück und findet die Backsteine, die Werkzeuge, den Schutt und die provisorische Unordnung an derselben Stelle wieder. Die Zeit vergeht langsamer, wodurch diese Länder dem Reisenden das Gefühl der Sicherheit und der Vertrautheit, den Trost des Bekannten vermitteln.

Großmutter Anka liebt die zahlreichen Friedhöfe der verschiedenen Gemeinden, und sie führt mich zu dem orientalisierenden Mausoleum des Präsidenten Popescu, zu dem verschwenderischen Grabmal des schwerreichen Boboroni, der mit 23 Messerstichen getötet wurde, zu der kleinen Kapelle, zu der sich jeden Abend der Apotheker Schmitz begab, um seiner hier bestatteten Frau seinen Tagesablauf zu erzählen und sie um Rat zu fragen. Sie liebt die Friedhöfe, denn das Grab ist das Eigentum der Erde, kennzeichnet die Grenze eines

Besitztums, und tatsächlich kommt sie häufig nach Bela Crkva, vornehmlich, um mit der Gemeinde oder den Nachbarn wegen einer Grabstelle zu streiten. Sie erinnert mich an die Mutter eines Freundes, die überaus stolz war, daß ihr Familiengrab größer war als dasjenige neidischer Bekannter, doch auch ein wenig traurig, da der Prunk des Todes ja auch Trauer verlangt, so daß sie bedauernd sagte: »Denk nur, so ein schönes Grab, und beinahe ganz leer.«

7.

Timişoara

»Es ist aber Temeswar vielen Fatalitäten unterworfen gewesen«, schreibt der Antiquarius über die Hauptstadt des alten Banat. Schön und trotz seines Grüns nicht ohne Melancholie erzählt Timişoara mit jedem seiner Steine eine jahrhundertealte, verwickelte Geschichte. Griselini erwähnt die zahlreichen Gasthäuser und das hier verbreitete Fieber, das mit dem Gifthauch aus den mit Krähen bevölkerten Sümpfen emporsteige, und vermerkt den hohen Verbrauch an Brechmitteln. Der symmetrische Stil des Zeitalters Maria Theresias wechselt mit dem schwerfälligen, ungarischen Eklektizismus und dem lebhaften Schmuck der rumänischen Farben; auf der prächtigen, weiträumigen und leeren Piaţa Unirii erhebt sich wie auf allen Plätzen Mitteleuropas die Dreifaltigkeitssäule. Vor den Toren der Stadt besiegte 1514 der Adel das große Oberhaupt der Bauernrevolte, György Dózsa, der nackt auf einen glühenden Eisenthron gesetzt wurde, während man ihm mit Zangen das Fleisch ausriß.

Die Steine erinnern an Janos Hunyadi, den Führer im Kampf gegen die Türken, an das muselmanische Reich, an Ali Pascha, an die österreichische Belagerung von 1848; an einem kleinen, verkommenen Haus mit gelb-rötlichem Anstrich und Geranien vor den Fenstern verkündet eine Tafel, daß an dieser Stelle am 13. Oktober 1716 Prinz Eugen in Timişoara eingezogen sei und es damit von den Türken befreit habe. Der Pascha, der die Stadt verteidigte, hatte, als man ihn zur Übergabe aufforderte, geantwortet, daß er sich wohl bewußt sei, nicht mehr siegen zu können, aber daß er sich verpflichtet fühle, zu dem Ruhm des Prinzen Eugen beizutragen, und ihm den Sieg daher teurer und glänzender zu machen gedenke. Die

Informationsblätter für Touristen betonen dagegen lieber, daß diese Stadt die erste elektrische Straßenbahn gehabt und daß außerdem hier Tarzan – beziehungsweise Johnny Weissmüller – das Licht der Welt erblickt habe.

Das auch von ungarischen und serbischen Minderheiten bewohnte Timişoara ist eines der Zentren der deutschen Bevölkerung in Rumänien, deren Zahl noch etwa 300 000 beträgt, aber von Jahr zu Jahr rapide sinkt. Das andere Zentrum ist Siebenbürgen, das heißt Transsylvanien, wo seit acht Jahrhunderten eine aus Sachsen stammende Volksgruppe lebt. Timişoara ist eine Hauptstadt, ein epischer Ort für die unendlichen Geschichten, die die alte Donau erzählt. Es gab Literatencafés, doch war der wichtigste Künstlertreffpunkt zu Beginn dieses Jahrhunderts der Friseurladen in der Lonovichgasse, dessen Besitzer Anton Dénes nicht nur der Figaro, sondern auch der Eckermann einer literarischen Lokalgröße, des Dichters und Romanciers Franz Xaver Kappus, gewesen ist. Dieser war nicht so sehr um dessentwegen berühmt, was er schrieb, sondern eher wegen der *Briefe an einen jungen Dichter*, die Rilke an ihn gerichtet hatte. Auf dem Sofa dieses Friseurladens thronte Kappus wie Nasreddin, der witzige türkische Weise, der – ebenfalls beim Barbier – mit einer schlagfertigen Antwort den furchtbaren und grausamen Welteroberer Tamerlan zum Schweigen brachte.

Die Geschichtchen von Kappus sind geistvolle Anekdoten, Witze, Schnurren und Alltagsklatsch; es ist schwierig, die von ihm geschriebenen Zeilen von jenen zu unterscheiden, die das Leben – die kleine epische Tradition der Lonovichgasse, die in seinen Laden mündete – selbst erzählt hat. Jene Anekdoten sind Trümmerstücke der Jahrhunderte, Überreste einer weit zurückreichenden Geschichte, Ablagerungen von Idyllen und Konflikten der verschiedenen Völker, die der Wind für einen Augenblick wie den Staub auf der Straße hochwirbeln läßt und in seinen Laden trägt. Kurz darauf nimmt der Friseur den Besen, fegt den Fußboden und schüttet alles – einschließlich der Haare seiner Kunden, die er soeben bedient hat – wieder auf die Straße.

Temesvár war die Hauptstadt des Banat und somit der Banater Schwaben, die im Unterschied zu den Siebenbürger Sachsen wenig geneigt waren, ihr Nationalbewußtsein um jeden Preis zu bewahren. Unmittelbar nach dem Kriege wurden die Banatdeutschen aufs schlimmste behandelt, enteignet, diskriminiert, in Massen nach

Rußland verschleppt. In seinem 1968 erschienenen Roman *Der fragwürdige Bericht Jakob Bühlmanns* erzählt und analysiert Arnold Hauser – ein deutscher Schriftsteller, der eine eminent wichtige Stellung im politisch-kulturellen Leben Rumäniens einnimmt – jene Odyssee seiner Landsleute und die Fehler, die von seiner Partei begangen wurden; im Jahre 1972 hat Ceauşescu die Vertreibung von Serben und Deutschen, die Jahre zuvor von der rumänischen Regierung beschlossen worden war, sowie die Enteignung ihres Grund und Bodens offiziell verurteilt.

Heute fördert der rumänische Staat die literarische Produktion der sprachlichen Minderheiten; spezialisierte Verlage veröffentlichen Zeitschriften und eine große Anzahl von Büchern in ungarischer, deutscher, serbischer, slowakischer, ukrainischer, jiddischer und in anderen Sprachen. Begleitet wird dieser Eifer von einer repressiven, geradezu erstickenden politischen Überwachung; wer beispielsweise – wie viele Deutsche – einen Auswanderungsantrag gestellt hat, darf nichts mehr veröffentlichen; und die überzogene, ehrfurchtsvolle Huldigung an den Präsidenten ist in jedem Fall unerläßlich.

Somit ist ein ebenso schwieriges wie intensives literarisches Leben entstanden, das sich durch eine Mischung von Offenheit und Zurückhaltung auszeichnet und stets durch die Angst vor Verfolgungen beeinträchtigt wird. Abgesehen von Bukarest, wo die bedeutendsten Buch- und Zeitschriftenverlage ansässig sind, liegen die Zentren dieser Literatur im Banat, in der Umgebung von Timişoara, und in Siebenbürgen, das heißt in Transsylvanien, mit den drei Städten Braşov (Kronstadt), Sibiu (Hermannstadt) und Cluj (Klausenburg). Ein blühender Mittelpunkt deutscher Kultur war die habsburgische Bukowina – die Heimat von Gregor von Rezzori, Margul Sperber und dem ganz großen, dem extremen Paul Celan; doch gehört Czernowitz, die bukowinische Hauptstadt, heute zur Sowjetunion.

Während in der Wojwodina die Zahl der Deutschen auf 5 000 bis 4 000 zurückgegangen ist, erweist sich ihre Kultur in Rumänien – das heißt im Banat und in Siebenbürgen – als noch sehr lebendig. Zwischen 1944 und 1984 sind mehr als 100 literarische Werke erschienen, und sogar die mundartliche Lyrik hat wieder an Bedeutung gewonnen. Nikolaus Berwanger, der ehemalige, allzu unternehmungsfreudige Repräsentant der deutsch-rumänischen Kultur,

der vor kurzem in die Bundesrepublik übergesiedelt ist, hat vor einigen Jahren die Notwendigkeit betont, in einem »Esperanto-Samisdat« zu schreiben: wahre Dichtung müsse geheim und verborgen sein, untergründig wie eine verbotene Stimme des Widerstands, und gleichzeitig alle ansprechen. Seine leitende Funktion hat ihn fatalerweise zur Allgemeinheit des Esperanto hingeführt; *Niederungen*, die Erzählungen von Herta Müller, die gleichermaßen einfach und schwierig sind, so wie das Vorüberziehen der Jahre, besitzen hingegen die existentielle Wahrheit des Samisdat, des poetischen Wortes, das immer inoffiziell bleibt. Herta Müller erzählt von einem Dorf, wie viele vorangegangene Schriftsteller des Banat; doch ist ihr Dorf der Ort der Abwesenheit, worin die undurchsichtigen Dinge, die ohne Sinn in ihren Sätzen ohne Prädikat aneinandergereiht werden, die erdrückende Fremdheit der Welt und auch des Individuums gegenüber sich selbst zum Ausdruck bringen.

In Anlehnung an die neue, in Österreich entstandene dörfliche Entfremdungsliteratur eines Bernhard, Handke oder Innerhofer entfaltet Herta Müller auf ihre Weise die sensible und düstere Radikalität jener Autoren; sobald sie darüber theoretische Überlegungen anstellt, verfällt sie manchmal – wie übrigens auch ihre Vorbilder – in eine Stereotypie, die nicht frei von Arroganz ist. Aufgrund des massiven politischen Drucks, der auf den Deutschen in Rumänien lastet, ist auch Herta Müller gegenwärtig zum Schweigen verurteilt.

Der unmittelbar bedrohte rumänisch-deutsche Schriftsteller lebt und erlebt diese Fremdheit, die Duplizität, die Identitätskrisen, welche die Dichtung stimulieren. Abgesondert von der deutschen Welt, vergegenwärtigt er rumänische Realität in einer Sprache, die jener fremd ist; wenn er sich andererseits zur Emigration in die Bundesrepublik entschließt, also den Exodus wählt, gerät er in ein westliches Land, das vollkommen verschieden ist von seiner Heimat – in gewisser Hinsicht weniger »deutsch« –, über die er weiterhin schreibt, während sich dieses Land, das er verlassen hat, im Verlauf der Jahre verändert und ihm immer fremder wird. Bisweilen wird die Last dieses Dramas unerträglich; Rolf Bossert, einem jungen Dichter, den ich in Bukarest kennenlernte, während er auf seine Auswanderungsgenehmigung wartete, gelang es, jener bleiernen Schwere zu entgehen und das Land zu verlassen; wenige Monate später hat er sich in der Bundesrepublik, wo er Freiheit erlangt und Erfolg gehabt hatte, das Leben genommen.

Das Panorama der rumänisch-deutschen Kultur umfaßt ein so weites Spektrum an Situationen, daß darin auch eine Vielfalt von Epochen miteingeschlossen ist, denn unter verschiedenen Bedingungen und mit unterschiedlichen Empfindungen zu leben, bedeutet auch, zu verschiedenen Zeiten zu leben. Der »Literaturkreis A. Müller-Guttenbrunn« – eine Kulturvereinigung der Deutschen im Banat, die integriert ist in den rumänischen Staat und in die sozialistische Ideologie – trägt den Namen jenes Schriftstellers aus dem 19. Jahrhundert, der das deutsche Erbe des Banat gegen die Magyarisierung verteidigt hat, mit unüberhörbaren nationalistischen Tönen. Während der Ereignisse des Jahres 1848 wußten weder die Banater Schwaben noch die Siebenbürger Sachsen, was sie tun sollten, sie wußten nicht, was sie waren. Tendenziell loyal gegenüber den Habsburgern und zugleich von Ungarn umgeben, waren sie – wie sich nach dem »Ausgleich« in aller Deutlichkeit zeigen sollte – objektiv von den Ungarn bedroht und somit deren Gegner. Doch in Bela Crkva beispielsweise führten die chaotischen Unruhen von 1848 zu einer konkreten militärischen Auseinandersetzung zwischen Deutschen und Serben, die die Stadt belagerten und schließlich einnahmen; indem die »Donauschwaben« gegen die Serben kämpften, unterstützten sie die ungarischen Rebellen gegen Österreich, da die Serben mit den Magyaren verfeindet und somit Verbündete Wiens waren.

In Temesvár gab es 1902 zwölf deutsche, zwölf ungarische und eine rumänische Zeitung; durch die Magyarisierung wurde die Präsenz der Deutschen allerdings mehr und mehr unterminiert. Adam Müller-Guttenbrunn beschreibt diese zunehmende Entnationalisierung, die rückgehende Zahl der deutschen Schulen, die Magyarisierung der Vor- und Zunamen, die immer seltener werdenden Porträts Franz Josephs an den Wänden der schwäbischen Wohnungen. Während die Siebenbürger Sachsen hartnäckig ihre nationale Identität verteidigten, ließen sich die Banater Schwaben freiwillig assimilieren, gaben ihren Kindern ungarische Namen und paßten ihre eigenen der ungarischen Schreibweise an. In einer saftigen polemischen Schrift aus dem Jahre 1916 verurteilt der Bürgermeister von Temesvár Müller-Guttenbrunn und dessen Forderung nach Schutz der deutschen Minderheit, doch war dieser Bürgermeister, der die Magyarisierung befürwortete, ein Schwabe.

Die Revolution von 1848 hat ihre metaphorische Bedeutung für

für Konfusion und Wirrwarr behalten. Als Junge spielte Müller-Guttenbrunn mit den Steinen eines zerschlagenen Denkmals, grinsenden Tierköpfen, die seinerzeit, als das Monument errichtet wurde, um die Verteidigung des von den ungarischen Rebellen angegriffenen Temesvár zu verherrlichen, die Dämonen der nationalen Revolution versinnbildlichen sollten, die von der Kraft des kosmopolitischen Reiches überwunden werden. Das Denkmal wurde von den Ungarn zerstört, doch waren diese auf der Erde verstreuten Dämonen für den Jungen noch lebendig und bedrohlich. Auch wenn Großmutter Anka heute auf ein Gebäude in Bela Crkva zeigt und sagt: »Hier stand vor der Revolution ...«, so meint sie selbstredend: vor 1848.

8.

Ein deutsches Schicksal

Wir sind wiederum in Bela Crkva. In der Ulica 1. Oktober Nr. 35 wohnte ein Deutscher namens Vogter, ein reicher Industrieller und Grundbesitzer, der auch nach dem Ersten Weltkrieg im Banat geblieben war. Während des Zweiten Weltkrieges – so erzählt mir Großmutter Anka – beherbergte er zur Zeit der deutschen Besatzung einen Leutnant der Wehrmacht, den er mit verschwenderischem Luxus bewirtete. Die Wehrmacht war 1941 nach Bela Crkva gekommen; die deutsche Bevölkerung unter der Führung von Dr. Josef Janko verfolgte das Ziel einer Banater Autonomie, und ihre Division »Prinz Eugen« war als militärische Truppe eigens zu dem Zweck bestimmt, jene zu verteidigen, weshalb Janko, der das nationale Deutschtum vom Nationalsozialismus zu unterscheiden suchte, dagegen protestierte, als man sie zu anderen Aufgaben und in anderen Gebieten einsetzen wollte.

Das deutsche Heer war stark und gefürchtet, das Reich noch mächtig, und der reiche Vogter lebte sicher und im Überfluß. Seine Bauern gingen im Sommer um zwei Uhr morgens auf die Felder und arbeiteten bis zehn Uhr abends, kehrten dann nach Hause zurück und aßen in einer Hütte hinter dem Haus des Grundbesitzers ihre einzige Mahlzeit, wobei sie alle aus einem Topf aßen, der mit einer

dünnen Brühe gefüllt war; dazu gab es etwas Brot und Speck. Eines Abends betrat der Leutnant ahnungslos die Hütte und fragte die Leute, warum sie zu dieser Stunde derartiges Zeug äßen. Die Tagelöhner sprangen auf und antworteten eingeschüchtert und mit der Mütze in der Hand, daß dies ihr Abendbrot sei. Der Leutnant stürzte den Topf mit einem Fußtritt um, rief Vogter herbei und schrie ihn an, er sei ein Schurke und entehre den deutschen Namen; dann sagte er zu den Bauern, von nun an sollten sie auf seine Kosten jeden Tag im Wirtshaus essen. Ich frage Großmutter Anka, was aus diesem Offizier geworden sei. »Tja«, antwortet sie, »wer weiß, wahrscheinlich ist er beim Zusammenbruch von denen im Wald getötet worden, von den Partisanen, womöglich von einem der Leute, die er zum Essen ins Gasthaus geschickt hat.«

9.

Das Grab von Octavián

Großmutter Anka sagt unvermittelt, daß sie einen Sprung nach Siebenbürgen machen möchte, nach Sighişoara, wo sich das Grab Octaviáns befinde. Ich frage sie, wer dieser Octavián sei – die Grammatik verlangt eigentlich, da sie von seinem Grab gesprochen hat, daß ich frage, wer er gewesen sei, doch kommt es mir immer etwas seltsam vor, von einer Person – von jeder Person – in der Vergangenheit zu sprechen. Das autoritäre und noch immer schöne Gesicht von Großmutter Anka wird nachdenklich, beinahe verlegen, wenngleich es nur schwer denkbar ist, daß sie überhaupt in Verlegenheit geraten könnte. »Ach, ein junger Mann, ein Offizier, der mir den Hof gemacht hat; ich war siebzehn Jahre alt, er gefiel mir, wir waren fast verlobt. Und dann, du weißt ja, wie das ist, irgendwann, aus einer Laune heraus, habe ich ihn sitzenlassen, ich weiß nicht mehr warum.« »Und er?« »Er hat sich erschossen.« Ich frage sie, ob es ihr etwas ausgemacht habe. »Nein«, antwortet sie entschieden, »damals nicht, überhaupt nicht, ich habe gar nicht mehr daran gedacht. Aber seit einigen Jahren denke ich immer wieder daran, sein Grab aufzusuchen.«

Die alte, verjährte Schuld von jemand anderem führt mich also

nach Transsylvanien, in ein rumänisch-deutsch-ungarisches Völkermosaik, in dem seit acht Jahrhunderten die von Geza II. ins Land gerufenen Siedler sächsischer Herkunft leben; im Jahre 1224 verlieh ihnen König Andreas II. einen Freibrief mit Sonderrechten und Privilegien. Heute ist das Völkergemisch in diesen Landstrichen in der Auflösung begriffen. Die deutsche Kultur – zusammen mit der jüdischen – war ein wesentlicher Faktor der Zivilisation und Einheit im östlichen Mitteleuropa; die Plätze von Sibiu-Hermannstadt und Braşov-Kronstadt stellen eine deutsche Tradition vor, die es in Deutschland wahrscheinlich nicht mehr gibt, sind wie die Bögen und die Aquädukte der Römerzeit das Siegel einer einheitlichen Kultur, die Mitteleuropa geprägt hat.

Obwohl sie verallgemeinernd Sachsen genannt werden, kamen die Siedler aus verschiedenen Gegenden Deutschlands, wie auch der Historiker Friedrich Teutsch schreibt, der »Herodot der Sachsen«, der nicht ohne Bedauern damit die monistische These seines Vaters – auch dieser ein berühmter Gelehrter – widerlegt. Über Jahrhunderte hinweg haben sich die Sachsen einer stolzen Autonomie erfreut; neben den Ungarn und den Szeklern – ein magyarischer Stamm, der unmittelbar von Attilas Hunnen abzustammen meinte und deren Angehörige sämtlich Adelsprivilegien genossen – waren sie eines der drei anerkannten Völker, gegenüber denen sich insbesondere im 19. Jahrhundert die Rumänen mit ihrem eigenen nationalen Anspruch überhaupt erst behaupten mußten. Als freie Bauern und stolze, ehrenwerte Bürger waren den Sachsen Feudalrecht oder Leibeigenschaft weitgehend fremd. Isoliert und weit entfernt von ihrer ursprünglichen Heimat, sind sie immer eine »Kulturnation« geblieben, die nicht auf eine territoriale Wiedervereinigung mit Deutschland, sondern auf die Bewahrung der eigenen kulturellen Identität ausgerichtet war.

Großmutter Anka interessiert das Grab, das sich in Sighişoara befindet, doch ist sie deswegen weiteren Aufenthalten oder Abstechern in Transsylvanien keineswegs abgeneigt. In Sibiu bietet die Buchhandlung *Eminescu* eine Probe von der Reichhaltigkeit und der Lebendigkeit der heutigen Literatur in Rumänien; diese ist, wie mir in Braşov der Redakteur der *Karpathen-Rundschau*, Horst Schuller, erzählt, außerordentlich vielseitig. Es gibt sicherlich auch Heimatdichter wie den kürzlich verstorbenen Peter Barth, der in Blumenthal Apotheker war und durchschnittlich zehn mundartliche Gedichte am

Tag schrieb; doch gibt es andererseits auch die *Neue Literatur* in Bukarest, eine anregende Zeitschrift, die den Vergleich mit anderen, weitaus bemittelteren und ungebundeneren europäischen Zeitschriften keinesfalls scheuen muß. In den Jahren 1970 bis 1975 gab es eine politisch-literarische Avantgarde, die *Aktionsgruppe*, die mit ihrer linken Kritik am Regime eine bemerkenswerte Wirkung erzielte. Die Untersuchungen von Peter Motzan und Stefan Sienerth, um nur einige zu nennen, und insbesondere die Studien von Gerhardt Csejka, einem jungen Kritiker und Essayisten aus Bukarest, bezeugen ungemein lebhafte Initiativen, ein geistiges Aufblühen zum Zeitpunkt des Verfalls. Während Erwin Wittstock vor einigen Jahrzehnten die sächsische Provinz in kräftigen, lebensvollen Zügen darstellte, heißt es heute in der Lyrik seines Sohnes Joachim: »Was gilbt, nehmen wir ernst.« Die Literatur und vor allem die Literaturkritik der Deutschen in Rumänien sind nicht die eines abgesonderten Randbezirks, sondern das intellektuell vielfältige und differenzierte Lebenszentrum eines sterbenden Körpers.

Auch unter den Emigranten gibt es große Unterschiede – zwischen jenen, die ihre Heimat wie beispielsweise Heinrich Zillich vor vierzig Jahren verlassen haben und weiterhin ein Land beschreiben, das es inzwischen nicht mehr gibt, und den aufeinanderfolgenden Wellen von Auswanderern, von denen jeder ein anderes Stück seiner Heimat und eine andere Zeit mit sich geführt hat. Vor einigen Jahren ist auch Alfred Kittner gegangen, der große alte Patriarch, der schützend die Hand über Generationen von Schriftstellern gehalten hat, ein Freund auch Paul Celans. Der legendäre Kittner glaubt an die Ewigkeit der Dichtung; jede der verschiedenen *nouvelles vagues* junger experimentierfreudiger Autoren, die seine Unterstützung fanden, hat ihn später belächelt und ihn für überholt angesehen, und jedesmal waren nach zehn Jahren viele der undankbaren Kinder von der Bildfläche verschwunden, während es den alten Vater noch gab und immer noch gibt.

Vielleicht hat Kittner falsch gehandelt, indem er fortging, vielleicht bestand seine Aufgabe gerade darin, bis ganz zum Schluß seine Welt zu beschützen. Wenn noch vier oder fünf weitere bedeutende Autoren gehen werden, sagt Csejka zu mir, dann schreibe ich meine Kritiken und Essays für niemanden mehr. Für die Literatur jedoch könnte es heutzutage auch von Vorteil sein, für niemanden zu schreiben, da überall die Kulturindustrie fälschlicherweise so tut, als würde sie alle repräsentieren.

10.

Ein doppeldeutiger Jupiter

Im Brukenthal-Museum zu Sibiu hängt ein Gemälde von Carlo Cignani, das Jupiter mit Flora darstellt. Samuel von Brukenthal war zu Zeiten Maria Theresias Gouverneur des Großfürstentums Siebenbürgen, ein außerordentlich befähigter Politiker, der die Treue zum aufgeklärten zentralistischen Absolutismus mit der Rücksicht auf lokale Eigentümlichkeiten zu verbinden wußte; ihm verdankt man die Kunstsammlung, die heute seinen Namen trägt.

Der Jupiter Cignanis, der gerade dabei ist, ein sehr appetitliches, ziemlich gewöhnliches Mädchen zu verführen, ist eine Art Hermaphrodit, beunruhigend und abstoßend, mit einem kraftvollen muskulösen Körper und einem Gesicht, das mit dem dichten weißen Haar, das es umgibt, das eines alten Mannes oder eher noch das einer lasziven, zweideutigen alten Frau sein könnte. Er erinnert an die ambivalenten Gestalten aus Fellinis *Satyricon*, die fortlaufend ihre Geschlechterrolle wechseln, oder an Friedrich II. aus Heiner Müllers Drama, der von einer finsteren, herrschsüchtigen Alten verkörpert wird. Cignani war Bologneser und malte im Stil der Carracci, doch scheint sein Jupiter eher der gräzisierend-byzantinischen Welt des Pontus Euxinus anzugehören, wohin auch die Wasser der Donau führen, eine Welt des Unbestimmten, der ununterscheidbaren Triebe, ein levantinischer Basar der Seele.

11.

Die Stadt im Osten

Die Schwarze Kirche von Kronstadt, dem heutigen Braşov, deren alte Mauern den lutherischen Vers »Ein feste Burg ist unser Gott« zu versinnbildlichen scheinen, ist eine deutsche Festung des Glaubens und der Klarheit, wie ein Bollwerk gegen das Gewimmel und die Vermischungen gerichtet, deren polymorpher Gott Cignanis Jupiter ist. In der Kirche steht auf einem Grabstein von 1647: »Ich weiß

und glaube«; die Statue des Kriegers in Rüstung, Helm, Halsberge und mit mächtigem Schnurrbart erinnert an Dürers Ritter, der unbeirrt seines Weges geht und den weder Todesangst noch die verführerischen Schmeichelreden des Teufels davon abweichen lassen.

Wie das Honterus-Gymnasium gegenüber der Kirche und der Honterus-Statue selbst ist dieses deutsche Ethos durch und durch protestantisch, besitzt die Nüchternheit, die Geradheit, die robuste Stärke der Reformation. Aufgrund dieser ausgeprägten und festen Tugenden sind die Deutschen die Römer Mitteleuropas gewesen, haben einem großen Sammelbecken von verschiedenen Volksgruppen ein einheitliches Gepräge gegeben. Die prächtigen türkischen Wandteppiche in der Schwarzen Kirche, welche die osmanische Präsenz in Transsylvanien bezeugen, sprechen von einem anderen Glauben; auch dieser ist eine Antithese zu jeglicher morbiden Ambivalenz, ist Hingabe an Allah, den einzigen Sieger.

Die Poesie dieser sächsischen Städte ist eine bürgerlich-handwerkliche Poesie, solide und melancholisch wie jene Strenge, die Adolf Menschendörfer, der Sänger von Kronstadt – der »Stadt im Osten« beziehungsweise der Civitas an der Ostgrenze Europas –, an seinem Vater und seinem Großvater, dem Schulmeister, bewunderte. Die sächsische Überlieferung rühmt Statuten und alte Vorrechte, kennt Auseinandersetzungen zwischen den Zünften, Lederhändler etwa gegen Sattler, preist die wohlgehütete Unabhängigkeit gegenüber jeglicher Macht, was die Schuhmacher von Kronstadt dazu führte, im Jahre 1688 dem deutschen Kaiser den Krieg zu erklären und in der Zeit des Dualismus der Magyarisierung zu widerstehen. Auch der Ungar Zsigmond Móricz verweist in seinen historischen Romanen über Siebenbürgen auf jene Statuten, die es jedem Heer – sei es auch das des Kaisers oder des Wojwoden – untersagten, sich innerhalb der Mauern von Klausenburg aufzuhalten, und spricht dabei ehrerbietig von dem Stolz, mit dem der Vogt die Privilegien der Stadt verteidigte.

Diese städtische Poesie ist zugleich eine melancholische Poesie der Ordnung und der Wiederholung, eine methodische Leidenschaft für Gewohnheiten und Orte, die dem fliehenden Leben und der alles verschlingenden Geschichte eine Garantie, eine Illusion von Dauerhaftigkeit und Stabilität abzuringen sucht. Das bürgerlich-handwerkliche Ethos der Deutschen bedeutet Liebe zum

Elternhaus, zur Familie, zur Freundschaft, zu einem allgemeinmenschlichen Rhythmus: Geburt, Heirat, Tod; das Essen, die Werkstatt, die Wirtschaft, die Zigarre, das Kartenspiel, der Gottesdienst, der Schlaf. In einer Erzählung von Heinrich Zillich überquert der alte Bretz jeden Abend zur gleichen Stunde den Marktplatz, biegt in die Gasse »Am Suezkanal« ein, stellt sich breitbeinig hin, knöpft die Hose auf und pinkelt in aller Ruhe, während er im Dunkeln den Gruß der vorübergehenden Spaziergänger erwidert, des Stadtrats oder des Schulmeisters, und diese strenge abendliche Gewohnheit bedeutet eine unerschütterliche Sicherheit, die sich in gewisser Weise dem grausamen Vergehen des Lebens und der unbedachten Liebe zum Neuen widersetzt.

Die unbeschwerte Heiterkeit des Abends geht unversehens in Melancholie über; die Zeit vergeht, sie beendet nach und nach das Leben der einzelnen Individuen und schließlich auch das der deutschen Gemeinschaft; bereits in dem Roman von Meschendörfer *Die Stadt im Osten* von 1931 bleibt dem Protagonisten, der seinen Heimatort Kronstadt über alles liebt, in seiner Einsamkeit nichts anderes übrig, als eine Chronik seiner Stadt und ihrer Erinnerungen zu schreiben und in dieser liebevoll pedantischen Gelehrsamkeit, die ganz der Vergangenheit zugewandt ist, Trost in der Verlassenheit seiner gegenwärtigen Existenz zu finden. Man kann sich immer, wie Svevos Greis, dem grauenvollen wirklichen Leben entziehen, indem man es zu Papier bringt und somit auf Distanz hält. Großmutter Anka schreibt freilich nicht und hat auch nicht das Bedürfnis, es zu tun.

12.

Transsylvanismus

Die bald beschauliche, bald melancholische Pedanterie dieser deutschen Bürgerlichkeit grenzt bisweilen ans Lächerliche. Während der Revolution von 1848 waren die Siebenbürger Sachsen uneins darüber, ob sie den Zusammenschluß mit Ungarn akzeptieren oder zurückweisen sollten; Kronstadt war dafür, Hermannstadt dagegen – und zwar so sehr, daß die Torwachen die Fremden, die in die Stadt zu gelangen wünschten, zunächst fragten, auf welcher Seite sie stünden, auf der des Kaisers oder der ungarischen Rebellen. Antwortete

der Gefragte, daß er es mit den Rebellen halte, durfte er die Stadt nicht betreten; man scheint damals die Möglichkeit, daß jemand die Unwahrheit sagen könnte, gar nicht in Erwägung gezogen zu haben. Das Jahr 1848 war – wie überall – auch bei den Sachsen chaotisch und voller Widersprüche: liberale und revolutionäre Forderungen, die sich gegenseitig ausschlossen, die Auflehnung der Ungarn gegen die Habsburger, während sie zugleich der rumänischen Rebellion unter der Führung von Iancu feindlich gegenüberstanden. Die gesamte transsylvanische Geschichte ist ein höchst kompliziertes Geflecht von Gegensätzen, Überlagerungen, Auseinandersetzungen, nationalen Allianzen und deren Auseinanderbrechen; die Romane von Móricz oder Milós Jósika zeigen beispielsweise, wie sich die transsylvanischen Fürsten während der Epoche der osmanischen Herrschaft geschickt zwischen den Habsburgern und den Türken durchzulavieren verstanden.

Dieser Schmelztiegel von Völkern und Gegensätzen begünstigte auch – wie dies manchmal in gemischt bewohnten Grenzgebieten vorkommt – das Bewußtsein einer gemeinsamen Zugehörigkeit, einer besonderen Identität: mit Kontrasten durchsetzt, aber unverwechselbar in dieser ihrer konfliktreichen Eigenart, in der alle darin verwickelten Komponenten ihre Selbständigkeit bewahrten. Seit der Autobiographie von Miklós Bethlen aus dem 18. Jahrhundert oder den aus derselben Zeit stammenden *Bekenntnissen* und *Erinnerungen* des Fürsten Ferenc Rakóczi II., dem großen Anführer des Kuruzzen-Aufstandes gegen die Habsburger, ist Transsylvanien eine Wiege der ungarischen Kultur; doch ist hier auch das rumänische Nationalbewußtsein entstanden, die literarischen Schulen, die zwischen dem 18. und dem 19. Jahrhundert die Kontinuität des lateinischen Elements in Dazien und somit die nationalsprachliche Einheit Rumäniens festigten.

Lucian Blaga, ein rumänischer Dichter und Übersetzer des *Faust*, hat sich in einer breitangelegten Studie mit der Kultur Transsylvaniens im 18. Jahrhundert beschäftigt, doch lebt sein poetisches Transsylvanien vornehmlich in jener Dörflichkeit, wie sie in seiner Dichtung gepriesen wird. Die Liebe ist frei von Ressentiments gegen die Stadt, sie gilt dem Dorf nicht als dem Ort einer Rückbesinnung auf die bäuerlichen Vorfahren, sondern als einem mythischen Modell, als ideellem »mioritischem Raum«, als rumänischer Seelenlandschaft; die Mioriţa ist im rumänischen Volkslied das Lämm-

chen, Symbol eines Opfers, das aus Liebe zu den anderen freiwillig auf sich genommen wird, damit der eigene Tod keine Vergeltung oder Rache nach sich zieht.

Düster und dramatisch dagegen ist *Das verwehte Dorf* (1919) des transsylvanischen Ungarn Dezsö Szabó, einer seltsamen und zerrissenen vitalistisch Intellektuellengestalt. Durchdrungen von der Lektüre Nietzsches sowie von dem Gedanken einer reinen und absoluten Magyarität, predigte Szabó den Kult der Rasse und des Bodens und wandte sich einem faschistoiden und antiurbanen Chauvinismus zu, dessen Idealbild seiner Ansicht nach das unverdorbene transsylvanische Dorf darstellte. Nach dem Triumph der Konterrevolution Horthys stellte er jedoch als guter Nietzscheaner fest, daß nicht allein die Demokratie, sondern auch und im besonderen Maße der Faschismus jene ursprüngliche Reinheit der Tradition zerstörte und zu einer künstlichen, verfälschenden Modernisierung umwandelte; er erklärte daher ihnen allen den Krieg, der »deutsch-jüdisch-slawischen« Bourgeoisie, dem Faschismus und dem darauffolgenden Nationalsozialismus – allesamt Feinde magyarischer Lauterkeit.

Der »Transsylvanismus« meint eine Vielheit von Volksgruppen, die das Gefühl verbindet, zu einem vielfältig gemischten und zusammengesetzten Gebiet zu gehören. Die Sachsen hatten gewiß heftig unter der Beendigung ihrer Autonomie gelitten, die von der ungarischen Regierung mit der Absetzung des *Comes*, des »Sachsengrafen« – der ihre »Nationsuniversität«, den sie bindenden nationalen Zusammenhalt, repräsentierte –, 1876 beschlossen worden war. Romane und Erzählungen beschreiben – teils wohlwollend, teils verbittert – die Assimilation sowie den Widerstand dagegen, die Raufereien zwischen deutschen und ungarischen Jugendlichen, die sich gegenseitig mit Steinen bewarfen.

Die Sachsen hatten gleichwohl über die Jahrhunderte hinweg ein solches Gefühl für die eigene Autonomie entwickelt, daß ihr Führer Rudolf Schuller im Jahre 1908 erklären konnte: »Wir wollen nicht Deutsche schlechthin, sondern Siebenbürger Deutsche sein.« Sie waren fest entschlossen, allein ihre sächsische Eigenart und Lebensweise zu verteidigen, ohne sich dabei für die von der Magyarisierung bedrohten Schwaben opfern zu wollen, waren sogar damit einverstanden, daß »die anderen Deutschen« Ungarns als eigenständige Volksgruppe untergingen.

Die deutschen Schriftsteller waren darum bemüht, die Treue zur transsylvanischen Autonomie mit dem Deutschtum und der Habsburger Krone, mit der Verehrung Franz Josephs – nicht als König von Ungarn, sondern als Kaiser von Österreich – zu versöhnen. Adolf Meschendörfer preist das Deutsche als Universalismus, als Idee des Heiligen Römischen Reiches, welche alle Völker – germanische und keltische, Slawen und Galiläer – umfasse; er verspottet die teutonischen Rassisten, die einen »gotischen Menschen« erfunden hätten, denn die Universalidee, deren Vorreiter die Deutschen seien, könne seiner Ansicht nach nicht auf eine Rasse oder eine bestimmte Lebensart beschränkt sein, sondern müsse sich auf das ganze – auch auf das lateinische und slawische – Europa erstrecken. Der deutsche Kaiser aber, so sagt in einem Buch der Gemeindepfarrer von Kronstadt, sei ein Verräter, da er die Deutschen im Osten, die wahren Vorkämpfer und Vorposten der germanischen Idee, im Stich gelassen und dem Untergang preisgegeben habe. Auch in dem Roman *Zwischen Grenzen und Zeiten* (1937) von Heinrich Zillich fühlen sich die Deutschen, die ihren Nachbarvölkern immer etwas »gegeben« hatten, vom Wiener Hof verlassen.

In diesem Buch, das von chauvinistischen und antisemitischen Ressentiments nicht frei ist, erinnert Zillich an den transsylvanischen Schmelztiegel verschiedener Völker wie auch an die Streitigkeiten, und zwar durchaus voller Sympathie für die verschiedenen ethnischen Komponenten; der Freundeskreis des Protagonisten Lutz umfaßt verschiedene Nationalitäten, und wenn zu Beginn Lutz mit Überraschung feststellt, daß ein Pfarrer Rumäne ist, oder sich kaum vorstellen kann, daß jenseits der Berge seines Landes sich ein anderer Staat, nämlich Rumänien, befindet, so symbolisiert am Ende eine andere Figur, sein Freund Nicolas, der inzwischen Leutnant im rumänischen Heer geworden ist, in dem neuen Rumänien, das nach dem Ersten Weltkrieg Transsylvanien annektiert hat, nicht den Bruch mit der Tradition, sondern vielmehr die Hoffnung auf ihre Kontinuität.

Auch Zillich, der sich über den ebenso kleinlichen wie emphatischen Kult des Germanischen lustig macht, hält das deutsche Volk für groß, weil es, wie er schreibt, nicht nur sich selbst behaupten wolle, wie jene kleinen Volksstämme, die nicht über ihren beschränkten Gesichtskreis hinaussähen, sondern allgemeingültige Ideen und Werte vertrete, »das Große«, »das allen Gerechte«. Daher

sei es der Protagonist der »Weltgeschichte«, das Element, das die Völker im mittleren und östlichen Europa einige und verbinde, die sonst voneinander getrennt wären und nichts voneinander wüßten; und ebenso sei das Deutsche – wie das Lateinische in der antiken Welt – die gemeinsame und daher universale Sprache, an deren Seite die jeweiligen Sprachen der anderen Völker bestehen könnten, ohne daß eine dabei die Grenzen ihres Stammes überschritte. Diese gesamtdeutsche Perspektive ist ein zweischneidiges Schwert: sie konnte sich in den Jahren des Nationalsozialismus dessen barbarischem, rassistischem Imperialismus im Namen der Universalität widersetzen, konnte aber auch mit ihren ideologischen Vorstellungen und den damit verbundenen Leidenschaften die nationalsozialistische Herrschaft unterstützen.

Auch Zillich schwankt zwischen nationalistischen Tönen und brüderlich-übernationalen Akzenten; am Ende seines Romans emigriert Lutz nicht aus Siebenbürgen nach Deutschland, sondern bleibt in seinem Land und in seiner neuen Heimat Rumänien; denn die Aufgabe der Sachsen sei es nunmehr, wie er sagt, Rumänien das zu geben, was sie vorher Österreich und Ungarn gegeben hätten. Dies sei ihre Aufgabe und ihre Art, deutsch zu sein – eine harte Aufgabe, denn »es ist schwer, unendlich schwer, Deutscher im Osten zu sein«.

So schwer, daß man dies weder in Berlin noch in Wien verstand; die Habsburger und die Hohenzollern haben ihre treuesten Wachposten verraten. Die Beziehung zwischen Zentrum und Peripherie ist immer problematisch; wer an einer kulturellen oder geographischen Grenze lebt, fühlt sich stets als der wahre Hüter und Vertreter seiner Nation, fühlt sich zugleich von ihr unverstanden und hält sie ihrer eigenen Nationalität für unwürdig. Wenn in einer Erzählung von Erwin Wittstock die Familie Vogt in Hermannstadt mit religiöser Verehrung ein Bild von Bismarck aufbewahrt, so wird dagegen in Zillichs Roman der Reichskanzler verurteilt, weil er, um sich die Ungarn nicht zum Feind zu machen, die Deutschen im Osten zynisch ihrem Schicksal überlassen habe. Großmutter Anka, mit der ich auf diese Frage zu sprechen komme, hat schnell eine Anwort parat: Dieser Bismarck sei gewiß ein Jude gewesen.

13.

Auf dem Uhrturm

Das Grab Octaviáns befindet sich in Sighişoara, jener Stadt, die Enea Silvio Piccolomini fasziniert hatte, das Schmuckstück Transsylvaniens, das turmreiche und unzugängliche »Siebenbürger Nürnberg«. Mit seinen gotischen Häusern und seinen Türmen, welche die verschiedenen Zünfte repräsentieren – der Turm der Schmiede, der Schuhmacher, der Schneider, der Kürschner, der Kupferschmiede –, und mit seinen stillen, bezaubernden Gassen, die sich zu der Zitadelle hochschlängeln, erinnert Sighişoara – für die Sachsen Schäßburg und für die Ungarn Segesvár – an Prag, an das Geheimnis seiner Steine und seiner Türen, die sich zu irgendeinem anderen, mysteriösen Raum hin öffnen, um eine unerwartete Seite der Dinge sehen zu lassen. Die schlanken spitzen Wetterfahnen auf den Türmen stehen fest und unerschrocken vor dem Himmel und gegen den Wind, Ritter, die auf dem Turnierplatz furchtlos einen unbekannten Gegner erwarten. Die Stadt ist ganz Frieden und Schweigen, doch wenn man die Augen zu jenen Fahnen emporhebt, erwartet man einen Trompetenstoß und den Beginn einer unbestimmbaren, aber unvermeidlichen Schlacht.

Diese grazile Heraldik ist nicht von Mord und Schrecken verschont geblieben. Am 31. März 1785 schreibt der Patrizier Andreas Metz aus Alba Julia an seinen Bruder Mihai, ein Mitglied des Senats von Sighişoara, und übermittelt ihm mit Befriedigung die Nachricht von der Exekution Horeas und Cloşcas, der Oberhäupter der großen Bauernrevolte von 1784, die sich in ihrem Kampf gegen die Leibeigenschaft auf Joseph II. und seine Versprechungen beriefen; tragischerweise mußte der Kaiser ihren Aufstand niederschlagen lassen, obgleich die Verbündeten seiner Reformpolitik die Bauern waren und nicht die Adligen, gegen die sich jene erhoben hatten. Zur Erbauung von Johannes Andreas Metz starb Cloşca auf dem Rad, während Horea auf Fürsprache des Herzogs Jankovics der Ehre teilhaftig wurde, zweimal mit einem Säbel durchbohrt und dann erst aufs Rad gebunden zu werden. Die Leichen wurden daraufhin gevierteilt, die Köpfe vor die Haustüren gelegt und die übrigen Teile in den Straßen ausgestellt, »um den anderen walachischen Rebellen als Mahnung zu dienen«.

Auf den Friedhof begleite ich Großmutter Anka nicht; das sind Angelegenheiten, die man unter sich ausmachen muß, ohne die störende Gegenwart eines Dritten; schließlich ist sie es, die mit ihrem Leutnant ins reine kommen will. Während sie bei Octavián ist, besteige ich den Uhrturm aus dem 14. Jahrhundert. Ganz oben im vierten Stock befindet sich das Räderwerk mit den etwa einen Meter großen Figuren der Wochentage, die um Mitternacht wechseln und die ihnen jeweils zukommende Position innerhalb ihres Turnus einnehmen. Ich stehe hinter dem Räderwerk der Uhr, oder vielmehr mittendrin, inmitten der Winden und Flaschenzüge, welche die Sekunden bewegen, die etwas ungeschlachten, grell bemalten Figuren und alles übrige, auch die Jahre, die vergangen sind, seit Großmutter Anka Octavián das letztemal gesehen hat. Wie sagt der Hauptmann in Büchners *Woyzeck*? »Woyzeck, es schaudert mich, wenn ich denk', daß sich die Welt in einem Tag herumdreht, was 'ne Zeitverschwendung, wo soll das hinaus... ich muß immer weinen, wenn ich meinen Rock an der Wand hängen sehe, da hängt er.«

Von diesem Observatorium aus erscheint das ganze Leben als Zeitverlust, als eine zerbrechliche Maschinerie. Die Wirklichkeit ist wie die Uhr, die sie skandiert, ein Räderwerk, die Organisation einer unablässigen Wiederholung, eine Fließbandmontage, die immer nur auf die nachfolgende Phase verweist. Wer das Leben liebt, muß vielleicht auch dieses Spiel des Einfügens und Einzwängens lieben, darf sich nicht nur für die Reise nach fernen Inseln begeistern, sondern auch für die Wartezeiten auf dem Amt, wenn man seinen Paß verlängern will. Die Überzeugung, die der allgemeinen täglichen Mobilmachung widerstrebt, ist Liebe zu etwas anderem, das mehr als das Leben ist und einzig in den Pausen, in den Unterbrechungen aufleuchtet, wenn die Mechanismen aussetzen, die Regierung und die Welt in Vakanz sind, im wahrsten Sinne des Wortes – *vacare*, Leere, Mangel, Abwesenheit –, während nur noch das starke, unbeirrbare Licht des Sommers existiert. Die Welt, sagt Borges, ist wirklich, aber warum muß sie einem dermaßen auf den Sack gehen? Die Ansprüche, die man im Grunde genommen stellt, sind ganz bescheiden, ab und zu die Schule schwänzen zu können, ohne es dabei an Respekt gegenüber den Lehrern fehlen zu lassen.

Die Figur des Mondes, des Montags, zeigt mir den Rücken, der Sonntag aber, der Tag der Sonne und des Goldes, des Reichtums, wie

der Reiseführer weiß, zeigt mir sein großes, gerötetes, stumpfsinniges Gesicht. Aus dem Fenster blicke ich nach unten; Großmutter Anka ist von ihrem Besuch zurückgekehrt und bedeutet mir lakonisch, wieder herunterzukommen. Das Bierlokal, auf das uns ein Passant in deutschem Dialekt hingewiesen hat, ist trotz der Versorgungskrise in Rumänien mit annehmbaren Würsten versehen.

14.

Am Rande des Schweigens

Bistriţa verdankt seinen Ruhm dem Grafen Dracula – aber nicht dem wirklichen, Vlad dem Pfähler, dessen Haus in Sighişoara gezeigt wird, sondern dem falschen, dem Vampir aus dem Roman von Bram Stoker, worin übrigens die Stadt mit ihrem deutschen Namen Bistritz genannt wird. Wie auch immer, ich bin jedenfalls besser geschützt als Stokers Protagonist Jonathan Harker, denn Großmutter Anka ist vollkommen resistent gegen jegliche Art von nächtlichen Ungeheuern und ganz allgemein gegen jeden, der Angst und Schrecken verbreiten will.

Das literarische Uhrwerk in Stokers Roman ist vollkommen, es enthüllt selbst die Mechanismen seiner Verführungskunst. Was darüber hinaus den Donaureisenden zur Neugierde reizt, ist die Tatsache, daß Graf Dracula im 3. Kapitel seinen hunnischen Volksstamm, die Szekler, rühmt: jene Reiternomanden, die über Jahrhunderte ihre Grenzen gegen magyarische, langobardische, awarische, bulgarische und türkische Invasionen verteidigt haben, ein Volk, das nur aus Adligen bestand, da sie in ihrer Freiheitsliebe auf dem Rücken ihrer Pferde alle gleich galten. Seit unvordenklichen Zeiten unterscheiden sich die Szekler so gut wie gar nicht von den Magyaren; in den letzten Jahren haben der ungarische Schriftsteller György Kovács und die rumänische Autorin Lucia Demetrius dieses Volk beschrieben. Eine Sammlung seiner Volkspoesie ist 1863 unter dem Titel *Wilde Rosen* erschienen; im Vergleich zu dem Rot dieser Rosen ist das in den Dracula-Büchern und -Filmen so gern verspritzte Blut nur gefärbtes Wasser.

Draculas Schloß, heißt es in Stokers Roman, sei nahe der Grenze

zur Bukowina gelegen, die heute zum sowjetischen Staatsgebiet gehört. Im Jahre 1865 erhoffte sich Ferdinand Kürnberger, der Meister des Wiener Feuilletons, von dieser abgelegenen und unberührten östlichen Provinz des Habsburgerreiches die Entstehung einer neuen, unverbrauchten Literatur deutscher Sprache, die durchdrungen wäre von Einflüssen aus allen Kulturen dieses österreichisch-rumänisch-jüdisch-russisch-ruthenischen Schmelztiegels. Die jungfräulichen Reben des Pruth sollten in den Wiener Adern den langweiligen Rheinwein ersetzen. Der Wunsch ist in Erfüllung gegangen, als das Reich, das sich durch seine Ostländer hätte erneuern sollen, nicht mehr existierte; Czernowitz, die Hauptstadt der Bukowina, ist nach 1918 ein aus vielen Nationalitäten zusammengesetztes literarisches Zentrum geworden, zu dem Itzik Manger, Alfred Margul-Sperber, Rose Ausländer und viele andere gehörten. In *Ein Hermelin in Tschernopol* hat Gregor von Rezzori, »apatride« und »polyglotter homme à tout faire« wie seine Figuren, die fruchtbare Mehrdeutigkeit jenes Babel und dessen ironisches und beunruhigendes Spiel mit dem Wahren und dem Falschen, die fortwährend ihre Rollen tauschen, mit ausweichender, melancholischer Poesie zum Ausdruck gebracht.

Diese Welt ist verschwunden, und ihr größter Repräsentant, Paul Celan, hat die ganze Wahrheit über dieses Verschwinden, das Verstummen, den Tod gesagt. Die Lyrik Celans ist bis zum Äußersten orphische Dichtung, ein Gesang, der in der Nacht, im Reich der Toten aufsteigt, der sich mit dem ununterscheidbaren Gemurmel des Lebens vermischt und jede sprachliche und gesellschaftliche Form zerbricht, um das magische und geheime Wort zu finden, welches das Gefängnis der Geschichte öffnen könnte. In der höchsten Parabel moderner Poesie will der Dichter der Erlöser sein, das Übel der Existenz auf sich nehmen, die wahren Namen der Dinge wiederfinden, die von der falschen Sprache der Kommunikation ausgelöscht worden sind. In dem unentwirrbaren Vermittlungsnetz, welches das Individuum umgibt, ist der Dichter ein anomales Wesen, das sich weigert, in diesem Netz seinen Schlupfwinkel zu bauen, das darum kämpft, es zu zerreißen und auf den Grund des Seins zu gelangen, den es verbirgt. Häufig – wie bei Hölderlin oder Rimbaud – ist das Abenteuer tödlich, denn jenseits des Netzes gibt es nichts, und der Dichter stürzt hinab in dieses Nichts.

Auch Celan hat diesen »Ungrund« des Lebens gesucht, von dem

er in einem seiner letzten Gedichte spricht. Celan wurde 1920 in Czernowitz geboren und hat 1970 in Paris Selbstmord begangen; er hat den jüdischen Holocaust, bei dem seine Eltern ums Leben gekommen sind, als eine vollkommene Finsternis erlebt, worin jede Möglichkeit einer Geschichte, eines wirklichen Lebens verlöscht ist, und hat später die Unmöglichkeit erfahren, in der westlichen Kultur heimisch zu werden. Er hat – wie einmal gesagt wurde – in sich selbst ein Jahrhundert europäischer Poesie zusammengefaßt, die entstanden war aus dem Riß zwischen Individuum und Realität, und hat dabei noch den Verlust jener Träume, die Welt wieder einzurichten, zum Ausdruck gebracht und sich in dieser Darstellung des eigenen Martyriums selbst zerstört.

Seine Lyrik lehnt sich über den Rand des Schweigens hinaus, sie ist ein dem Schweigen entrissenes und aus dem Schweigen, aus der Verweigerung und der Unmöglichkeit einer falschen und entfremdeten Kommunikation emporblühendes Wort; seine spröden Verse sind sämtlich eingeflochten in die gewagtesten lexikalischen und syntaktischen Formulierungen dieser Negationen, dieser Weigerungen, in denen sich die einzig wahre Möglichkeit des Empfindens ausspricht.

Celan hat seine Zerrissenheit, hat die Vernichtung als das absolut Böse verstanden. Letzteres existiert sicherlich nicht, und Eric Weil warnt zu Recht vor seiner medusenhaften Verführung; noch die grausamste Handlung ist geschichtlich eingebunden – und somit geschichtlich relativierbar – in das weite Netz der Realität. In dem Augenblick aber, da man sie erlebt, wird das Böse als absolute Gewalt empfunden, und auch die Reflexion, die dessen Ursachen zu begreifen sucht, vermag jenen Moment des absoluten Erleidens nicht vergessen zu machen, ohne in eine philisterhafte Versöhnlichkeit zu verfallen, die den Schmerz abstumpfen und ein authentisches Begreifen der Tragödie verhindern würde.

Celan stellt sich – in qualvoller Nachbarschaft und ohne irgendeine absichernde begriffliche Vermittlung – auf die Seite der Besiegten. Vielleicht ist er der letzte Orphiker gewesen, ein religiöser Reformator – wie ihn Giuseppe Bevilacqua bezeichnete – der orphischen Dichtung, die er noch einmal zu ihrer ursprünglichen blendenden Reinheit zurückführt, bevor sie endgültig erlischt. Über ein Jahrhundert lang haben diese radikalen sprachlichen und existentiellen Verweigerungen einen realen Widerstand gegen die gesellschaft-

liche Entfremdung gebildet. Heute bewirken sie keinen Skandal mehr, sondern werden als wertvolle Skandalobjekte gehandelt. Wer nochmals diesen Weg ginge, so bemerkt Tito Perlini, und sei es auch in voller persönlicher Authentizität, würde heute wahrscheinlich ein pathetisches Schicksal erleiden und mit Leichtigkeit vom Räderwerk der entfremdeten Kommunikation vereinnahmt werden. In Celan erkennt man auch diesen radikalen Verzicht, die Geste dessen, der eine Tradition beschließt und sie zusammen mit sich selbst auslöscht.

Die platonische Verwerfung der Poesie ist unannehmbar, doch wird es immer wieder notwendig, sich mit ihr zu befassen. Die Dichtung, die nur von sich selbst ihre Erlösung erhofft, läuft Gefahr, selbstzufrieden die Widersprüche, das Elend und vielleicht auch die Banalität der eigenen Gemütsverfassung mimetisch darzustellen, was nach Platon die Suche nach dem Guten und Wahren ausschließt. Offensichtlich wird heute niemand mehr das Problem so auffassen wie Platon; doch kann eine Lyrik, die sich nur aus sich selbst nährt, gegen die Poesie sündigen. Wie die Vierzeiler und die gereimtem Kurzstrophen können auch die Fetzen der in der Dunkelheit umherirrenden Worte sich ins Unendliche wiederholen und sich ebendort von ihrer Qual erholen und dabei zu einer wenngleich immer noch zerrissenen Phrase werden. Celans Opfer ist auch ein Exorzismus dieser Gefahr. Die unmögliche Überzeugung zwingt ihn, zu schweigen und zu verschwinden, nachdem er eventuellen Zeitgenossen oder Nachkommen seine »Flaschenpost« hinterlassen hat. Celan ist in der Nacht verschwunden, im Wasser der Seine, wo er den Tod gesucht hat. »Ich leuchte hinter mir«, heißt es in einem seiner Verse; die Dichtung ist dieses Leuchten, das anzeigt, wohin er – mit seinen Versen – entschwunden ist.

15.

Hypothesen über einen Selbstmord

Eine kleine intellektuelle Enttäuschung, die sich aus der Versuchung einer *art d'apres l'art* ergeben hat. In der Bukowina hat Robert Flinker gelebt, Psychiater und Autor deutschsprachiger Romane und Erzählungen über rätselhafte Prozesse, obskure Schuldverhaftungen, mysteriöse Tribunale, doch ungeachtet der offensichtlichen Beeinflussung durch Kafka ein beunruhigender und sehr persönlicher Erzähler. Flinker, der Jude war, hatte sich während der Hitler-Okkupation verborgen gehalten; nach der Befreiung 1945 beging er Selbstmord. Dieses Schicksal faszinierte mich: ich stellte mir einen Menschen vor, der dem drohenden Tod widerstanden hatte, sich aber dann, als der Alptraum vorbei war, nicht mehr an die Freiheit gewöhnen konnte; oder aber einen Menschen, der zwar den Nazismus als das Böse schlechthin zu ertragen vermocht hatte, nicht aber den Stalinismus in Gestalt des Befreiers, und sich dieser Vorstellung wegen – daß die Alternative zu Hitler Stalin sei – umgebracht habe.

Wolfgang Kraus hat mir indessen erzählt, daß sich Flinker aus Liebe getötet habe, einer Schwärmerei, einer sentimentalen Enttäuschung wegen, der er sich hingegeben hatte wie ein Gymnasiast. Der potentielle Roman über den Romancier löst sich in Luft auf. Aber wenn es vielleicht doch dasselbe wäre? Wenn man des Lebens müde ist, sucht man sich, um sich davon zu befreien, auch unbewußte und indirekte Mittel, den Infarkt, den Krebs. Und warum nicht eine unglückliche Liebe? Nachdem Flinker seine Freiheit mit Stalin identifiziert hatte, war er nicht sogleich in der Lage, die Konsequenzen daraus zu ziehen und sich umzubringen; vielleicht bedurfte er eines auslösenden Moments, und so fand er irgendein Mädchen, das ihm jenen letzten Anstoß gab, der ihm noch gefehlt hatte.

16.

Subotica oder die Poesie des Falschen

Wir kehren nach Bela Crkva zurück und fahren dabei einen weiten Umweg, über Ungarn und von dort wieder nach Jugoslawien, und zwar nach Subotica, denn Großmutter Anka ist der Auffassung, daß ich, um mir eine Vorstellung von all den umliegenden Gebieten zu machen, diese Stadt sehen müsse. Unvorhersehbar und unwahrscheinlich, erscheint Subotica als eine Stadt faszinierender Fälschungen und Ordnungsverstöße. Zu Beginn des 14. Jahrhunderts übergab Gabriel Szemléni, Geheimsekretär König Sigismunds, der Stadt einen Freibrief mit gültigem Siegel, der später – wie eine Reihe ähnlicher Dokumente – für gefälscht erklärt wurde, weshalb der Sekretär auf dem Scheiterhaufen endete. Unmittelbar bevor die Stadt im 16. Jahrhundert in die Hände der Türken fiel, war sie über einen kurzen Zeitraum Residenz und Herrschaftsgebiet des sogenannten Zaren Jova, des Abenteurers.

Von Maria Theresia, die Subotica zur freien Stadt erhob, hat es das staatlich-melancholische Gepräge des theresianischen Stils erhalten, der zu Beginn des 20. Jahrhunderts durch einen ungezügelten Jugendstil überlagert wurde. Die Häuser sind in schreienden Farben bemalt, gelb und blau, werden zu Muschelschalen, sind überfrachtet mit Zierat und extravaganten Schmuckformen, Kronen, die an eine Ananas erinnern, Putti mit ausladenden weiblichen Brüsten, riesigen bärtigen Karyatiden, die weiter unten Löwengestalt annehmen, die sich dann ihrerseits zu unförmigen Wellen auflöst.

Eine verlassene Synagoge scheint aus einem Disneyland hierherversetzt: schwellende Kuppeln, grelle Farben, falsche Bögen zwischen den zerbrochenen Fenstern – aber grasüberwachsene Stufen. Das Rathaus ist eine Orgie aus Glas und Freitreppen und verschiedenartigen Ornamenten; hier ist der Jugendstil allzu freigebig gewesen, das Gebäude ist eine Konzentration und Kombination unverträglicher Elemente, so als hätten sich die Stadträte nach Wien, Venedig und Paris begeben und als hätte jeder irgendein Stück, das er dort gesehen hätte, kopiert, um anschließend aus allem zusammen das Rathaus zu bauen. Broch, der an dem Wiener Eklektizismus der

Jahrhundertwende den Zerfall der Werte verurteilte, der vom Flitter beziehungsweise vom Kitsch verschleiert werde, hätte hier ein schlagendes Beispiel für Kitsch finden können. Das Falsche scheint die Poesie von Subotica zu sein; in der Phantasie des faszinierenden Erzählers Danilo Kiš, der dort geboren wurde, wird das Falsche sowohl zur ungeheuerlichen Verfälschung des Lebens durch den Stalinismus als auch zur heimlichen Verdoppelung der Revolutionäre, die, um der Macht zu entgehen, ihre Identität ändern, vervielfachen, tarnen oder verlieren. Die Personen eines der bedeutendsten Bücher der serbischen Gegenwartsliteratur, *Ein Grabmal für Boris Dawidowitsch*, sind Figuren einer Universalgeschichte, die nichts anderes ist als eine Galerie von Fälschern, Mördern und Opfern.

Wer weiß, warum sich dieser Kitsch gerade in Subotica ausgetobt hat. In dem benachbarten Sombor zeigt der Palast des Zentralkomitees eine gediegene geometrische Ordnung, die Solidität einer Stadt, in der man sich der Planung von Kanälen zwischen der Donau und anderen Flüssen widmete. In der Nähe von Sombor lebten die Schokatzen, bei Subotica hingegen die Bunjewatzen, die in den vorangegangenen Jahrhunderten aus der Herzegowina hierhergelangt waren und von denen ein Buch vom Ende des 19. Jahrhunderts behauptet, daß sie im Unterschied zu den Magyaren, die rotwangige und füllige Frauen liebten, bleiche und zarte Schönheiten bevorzugten. Ganz in der Nähe zu Ungarn gelegen, ist Subotica eine lebendige, mehrsprachige Grenzstadt; von Zeit zu Zeit weiß man nicht mehr, ob man sich in Jugoslawien oder in Ungarn befindet. In der Kidriceva Ulica stehen auf einer Blechwand, die wegen Straßenarbeiten aufgestellt worden ist, die nicht ganz exakten Worte eines verliebten Polyglotten: »Jai t'ame«.

17.

Novi Sad und Umgebung

Wieder an der eigentlichen Donau. Novi Sad war das »serbische Athen«, Ausgangspunkt einer kulturellen und politischen Renaissance. Heute ist Novi Sad Hauptstadt der Wojwodina. Die offiziell bei den Behörden und im Parlament anerkannten Sprachen sind Serbisch, Ungarisch, Slowakisch, Rumänisch und Ruthenisch; das Übergewicht der Serben, insbesondere im Heer, steht allerdings außer Zweifel. Die Landschaft ist wunderschön; die Festung von Petrowaradin, die sich gebieterisch über der Donau erhebt, erinnert an die einstige österreichische und osmanische Präsenz, und in den nahe gelegenen Wäldern von Fruška-Gora verbergen sich die orthodoxen Klöster mit ihren Ikonen und ihrem archaischen Frieden.

Auf dem Markt von Novi Sad sieht man auch Bäuerinnen in ihrer slowakischen Nationaltracht. Wie in Novi Sad, so zeigt sich in der ganzen Wojwodina der Vielvölkerstaat gewissermaßen in konzentrierter Form: jene Einheit und Vielfalt, wie sie generell für Jugoslawien charakteristisch sind und von Zeit zu Zeit durch wirtschaftliche Krisen und zentrifugale Eigenbestrebungen der verschiedenen Republiken bedroht werden. In dem Interview der bereits erwähnten Fernsehsendung bekräftigt Jon Petrović – ein Rumäne, der das Amt für kulturelle Selbstverwaltung in Zitište leitet –, daß er sich als Ausländer fühle, wenn er sich in Rumänien aufhalte. Bački Petrovac ist ein Zentrum der Slowaken mit blühender Kulturtradition; nachdem Jugoslawien 1948 aus dem Kominform ausgeschlossen worden war, hatten einige Slowaken große Schwierigkeiten, da ihnen Sympathien für die stalinistische Tschechoslowakei unterstellt wurden; und andere, die in die Slowakei ausgewandert waren, mußten Schikanen über sich ergehen lassen, da man sie des Titoismus verdächtigte. Im Fernsehen präsentiert ihr Bischof Joraj Struharik die rote Knollennase eines Mannes, der nach gesunden Prinzipien dem Bier und der Wurst zugetan ist. Die Ruthenen oder Russinen unterscheiden sich ausdrücklich von den Slowaken oder Ukrainern und bemühen sich, wie ihr Sprecher Julijan Rac sagt, in ihrer Kultur die eigene Identität zu finden.

Wie die Slowaken und sogar in größerem Maße als diese haben die Ungarn ihre eigenen Zeitungen, Zeitschriften und Verlage und eine eigenständige, lebendige Literatur. Vor einigen Jahren ist Erwin Sinkó gestorben, eine große Persönlichkeit von Novi Sad, der nach seiner Beteiligung an der Republik von Béla Kun nach Moskau ins Exil gegangen war; in seinen Lebenserinnerungen *Roman eines Romans* erzählt er von den Schwierigkeiten, in dem Moskau der stalinistischen Säuberungen seinen Roman *Die Optimisten* zu veröffentlichen, eine breitangelegte, 1200 Seiten umfassende Schilderung der ungarischen Revolution von 1919, und beschreibt dabei vor allem auch jene furchtbaren stalinistischen Jahre. *Der Roman eines Romans* ist ein bemerkenswertes Zeugnis, es ist die Geschichte eines Schriftstellers, der glaubt, für niemanden geschrieben zu haben, denn sowohl sein Buch als auch seine Tagebuchaufzeichnungen scheinen dazu bestimmt, unveröffentlicht zu bleiben; der Autor erlebt mithin das Drama eines Werkes ohne Leser, das Phantasma einer schriftstellerischen Arbeit, die das Leben aufzuzehren scheint, doch ohne Zweck und Ziel.

Im stalinistischen Moskau lebte Sinkó – im Schatten der Prozesse, Säuberungsaktionen und Verfolgungen – außerdem als »objektiver Heuchler«, denn in der Tat verspürte er wenig Neigung, aus persönlichem Egoismus zum Mittäter zu werden, während er andererseits trotz der Schändlichkeiten dieser Tyrannei objektiv auf ihre Erpressungen einging, da er davon überzeugt war, daß es in jenem Moment des antifaschistischen Kampfes nicht möglich sei, sich gegen das stalinistische Regime aufzulehnen und es zu schwächen, und dabei sehr wohl begriff, daß diese Überzeugung die stillschweigende Grundlage für die Entfaltung des Terrors bedeutete.

Eine großartige Stelle diese Buches ist das am 18. März 1936 aufgezeichnete Gespräch zwischen Gorki und Malraux, der die UdSSR bereiste, eine Momentaufnahme des Stumpfsinns, vor der niemand sicher sein kann. Man kommt auf Dostojewski zu sprechen; für Gorki ist er ein predigender Theologe und somit erledigt, während Malraux – der gleichwohl einräumt, daß der Dostojewski der großen Weltfragen veraltet sei – dennoch gütigst bemerkt, daß es daneben einen gültigen Dostojewski gebe, der der Solidarität und der Zukunft zugewandt sei.

Kaum einer der schlichteren, ahnungsloseren Leser, die in aller Welt – und in schlechten Fassungen und verderbten Ausgaben –

Dostojewski lesen, hat jemals ähnliche Dummheiten von sich gegeben. Der Geist weht, wo er will; hier erreichen Gorki und Malraux, zwei respektable Schriftsteller, einen Negativrekord: es gibt in diesem Augenblick niemanden, der weniger von Literatur verstünde als sie. Weder waren sie zu dieser Äußerung gezwungen, noch wurde diese durch irgendeine Drohung gerechtfertigt; Stalin hätte sie nicht nach Sibirien geschickt, wenn sie nicht über Dostojewski gesprochen hätten. Was sie dazu bewogen hat, war vielleicht eine noch größere Feigheit oder Niedertracht, ein obskures Verlangen nach Konnivenz, um dadurch unter den Ersten zu sein, Akzente zu setzen, den Ton in der Kulturdebatte anzugeben. Jedenfalls können sie von sich behaupten, ihr Ziel erreicht zu haben und einen beneidenswerten Rekord zu halten.

In der Wojwodina fehlen auch Zigeuner nicht, die »Roma«, die nicht nur Geigenspieler, sondern auch Philologen sind wie etwa Trifun Dimić, der Autor eines Zigeuner-Wörterbuches; in Sibiu in Rumänien gibt es übrigens auch ein Oberhaupt, das, zumindest in der ersten Instanz, ihre Streitigkeiten nach altem Stammesrecht schlichtet. Bei den Meldebehörden in der Wojwodina häuft sich die Zahl derjenigen, die als ihre Nationalität einfach »jugoslawisch« angeben. Ein Italiener, der in Novi Sad lebt, meint allerdings, daß er sich hier wie Leutnant Drogo in Buzzatis *Die Tatarenwüste* vorkomme, versunken in die träge Erwartung von etwas, das niemals eintrifft.

18.

Grenzer

Großmutter Anka spricht ungern von den »Grenzern«, den legendären, nicht zur regulären Armee gehörenden Soldaten der Militärgrenze; diese war von Franz Joseph etwa zwanzig Jahre vor ihrer Geburt aufgelöst worden, doch es scheint, als habe ihre Großmutter eine Affäre mit einem Tschaikisten gehabt, was ihr in der kleinen Welt von Bela Crkva, wo es gewiß nicht leicht war, Geheimnisse und Skandale zu verheimlichen, Schmach und Schande eintrugen. Die Tschaikisten, wie man sie aufgrund ihrer kleinen schnellen Boote, den Tschaikas, nannte, die bewaffnet und immer gänzlich unerwar-

tet die Donau entlangfuhren, waren Lotsen und Soldaten, in der Mehrzahl Serben. Ihre Flotte, die zum Krieg gegen die Türken bestimmt war, gehörte ebenfalls zur Militärgrenze, die als dauerhafte Institution mit ihren Tschardaken oder Wachposten im 18. Jahrhundert auch im Banat errichtet wurde. Die Militärgrenze war ein weiter autonomer Landstrich, der sich zum Schutze des Reiches über tausend Kilometer von Krain bis zum Balkan erstreckte, und bildete die Grundlage für den nationalen Zusammenhalt an der Donau: ein Limes, der ebenso robust und solide war wie der der Römer und zugleich nomadenhaft wie die Wandervölker, die auf der Flucht vor den Türken und den Feudalherren in verschiedenen Wellen hier zusammengetroffen waren. Sie war in der Steiermark und in Krain im 16. Jahrhundert entstanden, hatte sich dann wie eine Schlange immer weiter nach Süden und nach Osten fortgewunden, eine bewegliche Mauer, die sich in dem Maße ausdehnte, wie die kaiserlichen Armeen anwuchsen.

Die Militärgrenze besaß einen autonomen Status, der die Soldaten und ihre Familien zu einer Gemeinschaft zusammenfaßte; diese unterstanden ihrem Knez beziehungsweise ihrem Wojwoden und dem fernen, unsichtbaren Kaiser, waren aber keinem Fürsten oder Feudalherrn untertan. Entlang der tausend Kilometer gehörten dazu Menschen verschiedenster Nationalitäten, Wenden, Deutsche, Illyrer, Walachen, aber die Nationalität der Militärgrenze selbst war zusammengesetzt und undefinierbar. Die Grenzer waren größtenteils – insbesondere zu Beginn – Kroaten, doch umfaßte diese Bezeichnung damals eine ganze Reihe verschiedener Völker; einen wesentlichen Bestandteil machten die Serben aus, die innerhalb der *zadruga* lebten, einer Güter- und Blutsgemeinschaft, einer Einheit, die unterschiedslos Verpflichtungen, Gefühle und Besitz miteinander verknüpfte. Die Grenzer verteidigten das Reich gegen Einfälle und Angriffe der Türken, doch befanden sich in ihren Reihen umherstreunende Abenteurer, die sich kaum von Räubern unterschieden, Haiduken und Uskoken, insbesondere aber Bauern, die sich der Leibeigenschaft entzogen hatten.

Die Großgrundbesitzer haßten diese freien Soldaten, über die sie keine Macht besaßen; mehr als über die Angriffe der Türken beklagten sie sich über die Autonomie der Grenzer, die sich ihrerseits aber genausowenig von ihnen einschüchtern ließen, wie sie den Halbmond fürchteten. In einer Erzählung von Heinrich Zillich versohlen

die Grenzer einem hochfahrenden ungarischen Baron den Hintern bis aufs Blut; sein Besitz grenzt an ihr Territorium, und um langwierige juristische Auseinandersetzungen zu vermeiden – denn der Streit spielt sich gerade auf diesem Landstrich an der Grenze ab, und es ist fraglich, welches Recht gelten solle, das feudale oder das des autonomen Gebiets –, legen die Grenzer den Baron auf eine Bank, die sich genau auf der Grenze befindet, und bezahlen ihm ihren Tribut auf die Hand, die sich noch auf seinem Grund und Boden befindet, während sie ihm gleichzeitig den Hintern ruinieren, der in das Grenzgebiet hineinreicht.

Die Geschichte der Militärgrenze, die auch eine Sicherheitszone gegen die Pest war, ist über die Jahrhunderte hinweg eine Geschichte der Unordnung, aber auch der Disziplin gewesen, des eisernen Bandes zwischen jenen Volksgruppen, deren Heimat das Niemandsland zwischen den Heimstätten anderer Völker war; eine Geschichte voller Wildheit, grausamer und barbarischer Taten, von Treue, Mut, unglaublichen Mühen und Anstrengungen, ungebundener Vitalität und militärischer Prahlerei, wie jene Geschichte von den beiden Panduren, die ein Reichsregiment von fünfhundert Infanteristen eskortierten, damit diese nicht überfallen würden. Vor allem aber ist es eine Geschichte stolzer Autonomie, einer eifersüchtigen Wahrung der eigenen Unabhängigkeit vor jeglicher Autorität von außen. Als im Jahre 1871 – und endgültig 1881 – ein Reichsdekret die Auflösung der jahrhundertealten Militärgrenze verfügte und sie der ungarischen Verwaltung unterstellte, fühlten sich die Grenzer verraten. Svetozar Miletič, der ungekrönte König der ungarischen Serben, klagte Franz Joseph öffentlich an, und Mihajlo Pupin erinnert sich, wie sein Vater, ein alter serbischer Grenzer, zu ihm sagte: »Du wirst niemals ein Soldat im Heer des Kaisers werden; der Kaiser hat sein Wort gebrochen, für die Grenzer ist er ein Verräter.«

Die Unternehmungslust jenes Tschaikisten, an die Großmutter Ankas Familie eine peinliche Erinnerung bewahrt hat, ist daher vielleicht eine der letzten Taten der Grenzer gewesen. Wie viele derer, die ihr Leben der Treue zu einer Sache oder einer Fahne aufopfern, sind auch sie von ihrer Fahne betrogen worden. Der große österreichische Mythos vom treuen Diener seines Herrn lehrt, daß der Diener treu ist, während der Herr ihn häufig verrät.

19.

Ein stalinistischer Werther

Bela Crkva hat, wie man sich leicht vorstellen kann, seine eigene ordentliche Literatur. Jede Volksgruppe kann sich ihrer Kultur rühmen; die Serben beispielsweise sind zu Recht stolz auf einen Juristen und Justizminister wie Gliša Gersić, Kenner des öffentlichen und internationalen Rechts, Experte des römischen und des Kriegsrechts sowie Autor eines grundlegenden Werkes über die juristischen Aspekte der Balkankrise von 1909. Meine Berufsausbildung sowie meine bescheidenen sprachlichen Kenntnisse sind offensichtlich die Ursache dafür, daß sich mein Interesse hauptsächlich auf die deutschsprachige Literatur richtet. (Die Deutschen waren in Bela Crkva zahlenmäßig gut vertreten: 1910 gab es 6062 Deutsche gegenüber 1213 Ungarn, 1994 Serben, 42 Slowaken, 1806 Rumänen, 3 Ruthenen, 29 Kroaten, 312 Tschechen, 42 Zigeunern, 1343 in der Garnison stationierten Soldaten unterschiedlicher Herkunft, 29 als »andere« eingeordneten Personen, 250 »jüdischer Religion«. Von 11 524 Einwohnern konnten 8651 lesen und schreiben.)

Die deutsche Literatur in Bela Crkva scheint eine vornehmlich weibliche Domäne gewesen zu sein, die von den Damen und Fräulein der guten Gesellschaft betrieben wurde. »Auch unter den Offizierstöchtern gibt es dichterische Begabungen«, heißt es in der voluminösen österreichischen Literaturgeschichte von Nagl-Zeidler-Castle in dem Kapitel über das Banat. Auch eine der jüngsten lyrischen Stimmen, die sich nostalgisch dem Städtchen zuwenden, ist die einer Frau, Hilda Merkl. Die Dichterin schlechthin von Bela Crkva ist jedoch Marie Eugenie delle Grazie, die wehmütige, einsame Nachtigall aus der »kleinen weißen Stadt« im Banat. Die 1864 geborene, introvertierte und neurotische Schriftstellerin hat ihre kleine Heimat gefeiert, den Bahnhofsschaffner, der den Ortsnamen in mehreren Sprachen ausruft, die von ihr als Kind heißgeliebte Konditorei Turoczi, den griesgrämigen Herrn Bositsch, dem die Drogerie *Der schwarze Hund* gehörte, die wunderschöne Frau Radulowitsch, eine Serbin, die unter allgemeiner Bewunderung in ihrer Kutsche vorbeifuhr, die Haiduken zu Pferde, die unter dem Hügel begrabenen Janitscharen, das Eis auf der Donau, das im

Frühling aufbrach – auch Großmutter Anka erzählt davon, jedoch mit weitaus größerer Expressivität –, und die Störche, die aus den Ländern des Nils zurückkamen.

In ihrem Roman *Ein Donaukind* entwirft die Autorin mit der Figur der Nelly ein Selbstporträt; auch Nelly liebt ihre Heimat über alles, auch ihr ist – Ausdruck einer stolzen, aber unglücklichen weiblichen Emanzipation – eine verschlossene, geradezu pathologische Einsamkeit beschieden; aus der Erzählung *Die Zigeunerin*, die 1885 geschrieben wurde, spricht uraltes umherirrendes Leid, der Schmerz eines Volkes, dessen Elend bei niemandem Mitleid oder Interesse zu wecken vermag und das nur seine Violine besitzt, um von seinem traurigen Schicksal zu sprechen.

Der wahrscheinlich letzte deutsche Schriftsteller von Bela Crkva, Andreas A. Lillin, ist vor kurzem gestorben. Als überzeugter Stalinist war er natürlich ein epischer Erzähler, ein klassischer Vertreter des sozialistischen Realismus. Sein Roman *Dort wo das Korn gemahlen wird* ist ein robustes und in raschen Zügen entworfenes Gemälde ländlichen Lebens, ein Hymnus auf die Errichtung der kommunistischen Gesellschaft und den Weltgeist, der – auch wenn er in Gestalt des Fünfjahresplans erscheint – stets für das Wohl des einzelnen sorgt, selbst wenn dieser davon nichts weiß oder gar den Eindruck gewinnt, daß er darunter zu leiden habe.

Doch leider ändern sich die Zeiten, die Gewißheiten verfallen, und das Leben der Orthodoxen wird angesichts des rapiden Ablaufs der Dinge und des Wechsels der Perspektiven immer vorläufiger und melancholischer. Als Wächter der Totalität wurde Andreas A. Lillin immer einsamer, war der letzte oder einer der ganz wenigen, welche die monolithische Einheit des Systems und der die Welt zusammenhaltenden Ideologie verteidigten. Um ihn veränderten sich die Menschen und die Realität; Titos Jugoslawien verließ das Kominform, Rumänien, wo er lebte, wählte seinen eigenen nationalen Weg zum Sozialismus, die Sowjetunion selbst stellte den Stalinismus zur Diskussion, die Kommunisten in aller Welt schlugen neue Richtungen ein, und niemand mochte mehr darauf schwören, daß die avantgardistische Kunst bürgerliche Dekadenz bedeute und alle Romane schreiben müßten wie *Der stille Don*.

Wie viele strenge Wächter einer unveränderlichen Wahrheit war auch Andreas A. Lillin – wie mir Joachim Wittstock erzählt – innerlich labil und empfindsam, ein stalinistischer Werther, eine schöne

Seele, die in der Rüstung eines unerschütterlichen Glaubens Schutz für ihre Verwundbarkeit zu finden hoffte. Wie alle litt er an der sich verändernden Welt, an den Wahrheiten, die vorübergehen, an den geliebten Gesichtern, die sich einem entfremden, an den Dingen, die sich in unermeßlicher Weite verlieren; er versuchte, dem unbestimmten und flüchtigen Wirrwarr mit einer unwandelbaren Sichtweise, einer abgesicherten Ordnung entgegenzutreten. Je mehr sich die Welt um ihn veränderte und ihm fremd wurde, desto mehr zog er sich in störrische Einsamkeit zurück, in eine pathetische und leidvolle, wenngleich nach außen hin strenge und unbeugsame Isolation. Sein letztes Buch, *Unsere teuren Anverwandten* aus dem Jahre 1983, ist gegen die zunehmende Tendenz der Rumäniendeutschen gerichtet, in den Westen auszuwandern; es ist ein schwerfälliger Roman in predigendem Ton, der diesen tragischen Exodus als ein von den Kapitalisten angezetteltes niederträchtiges Betrugsmanöver darzustellen sucht.

Lillin ist vereinsamt und vergessen gestorben, ein winziges Steinchen in jenem Mosaik des dahinsiechenden Deutschtums im Banat. Ein im übrigen häufig widersprüchliches Mosaik: Milleker, Leiter des städtischen Museums von Vršać, schreibt in einer Studie von 1941 über die archaische Symbolik des Hakenkreuzes, daß dessen eigentlicher Name »Swastika«, den man im Banat über 6000 Jahre weit zurückverfolgen könne, ein slawisches Wort gewesen sei, und fügt hinzu, daß die Nationalsozialisten kein edleres Zeichen hätten wählen können als dieses uralte »Symbol der Liebe«. Großmutter Anka, die hervorragend Deutsch spricht, erzählt, daß man bei ihr zu Hause mit den Hunden Deutsch gesprochen habe, schließt aber ganz kategorisch aus – schließlich bewundert sie Doktor Kremling, den Vorsitzenden der Ungarländischen Deutschen Volkspartei –, daß damit irgendeine abschätzige Bedeutung zum Ausdruck gebracht worden wäre.

20.

Eine Belgrader Saga

Von Pančevo auf die rechte Donauseite, auf Belgrad und die Festung Kalemegdan blickend, hat Stanisław Jerzy Lec, der polnische Humorist, einmal gesagt, daß er sich hier, wo er stehe, am linken Donauufer, noch zu Hause fühle, nämlich innerhalb der alten Grenze der Habsburgermonarchie, während auf der gegenüberliegenden Seite ein anderes, fremdes Land beginne. Tatsächlich bildete die Donau die Grenze zwischen österreichisch-ungarischer Doppelmonarchie und serbischem Königreich; ein Onkel von Großmutter Anka, welcher der Leibwache des Königs Alexander Obrenović angehörte, von dem bevorstehenden Attentat auf den Monarchen wußte und es weder zu unterstützen noch sich ihm zu widersetzen wagte, warf wenige Stunden vor dem Anschlag seine Uniform fort und sich selbst in die Donau, wurde von ungarischen Zöllnern ein gutes Stück flußabwärts herausgefischt und verbrachte, als serbischer Deserteur zum Tode verurteilt, den Rest seiner Tage unter dem Schutz des Doppeladlers.

Der polnische Erzähler Andreij Kuśniewicz, der in seinen Romanen mit anteilnehmender, gespenstischer Poesie den Verfall der Doppelmonarchie beschrieben hat, verweist auf jenen Satz seines Landsmanns und Kollegen und übernimmt dessen gleichermaßen sentimentale wie phantasievolle Perspektive; auch er erkennt in jener verlorenen Grenze noch die seiner eigenen Welt. Belgrad liegt damit sowohl für Lec als auch für Kuśniewicz auf der anderen Seite.

Es ist schwer zu sagen, wo und auf welcher Seite Belgrad liegt, es ist schwierig, die proteische Identität und außergewöhnliche Vitalität dieser unglaublichen Stadt zu erfassen, die so häufig zerstört und so häufig wiederaufgebaut worden ist, daß die Spuren ihrer Vergangenheit darin verwischt wurden. Belgrad ist in vielen Epochen eine bedeutende Stadt gewesen, doch jede ihrer Blütezeiten, so schreibt Pedia Milosavljević in seiner Liebeserklärung an die chamäleonartige Hauptstadt, »ist mit erstaunlicher Schnelligkeit wieder verschwunden«. Die Geschichte, die Vergangenheit Belgrads lebt nicht so sehr in den wenigen verbliebenen Monumenten als in einem unsichtbaren Substrat: Kulturen und Zeitalter, die sich wie Blätter

in der Erde zersetzt haben, einem vielschichtigen, fruchtbaren Humus, in die diese mehrfache Stadt ihre Wurzeln gesenkt hat, die sich unaufhörlich erneuert, weshalb sie in ihrer Literatur häufig als Keimstätte der Metamorphosen beschrieben wird.

In Belgrad dürfte sich jedenfalls ein Enkel des Habsburgerreiches innerhalb seiner seelischen Landesgrenzen und mithin zu Hause fühlen. Wenn Slowenien heute die authentischste habsburgische Landschaft ist, so ist Jugoslawien – und somit auch die Hauptstadt, die das schwierige, da von der Zentrifugalkraft bedrohte Gleichgewicht zu halten sucht – der Erbe des Doppeladlers, hat dessen zusammengesetzten, übernationalen Status und dessen vermittelnde und ausgleichende Funktion zwischen Ost und West, zwischen verschiedenen, sogar entgegengesetzten politischen Blöcken und Welten übernommen. Jugoslawien ist ein wirklicher Vielvölkerstaat, beziehungsweise ist aus so vielen verschiedenen Volksgruppen zusammengesetzt, daß sie unmöglich auf ein einheitstiftendes oder vorherrschendes Element zu reduzieren wären; wie nach Musil der Begriff des »Österreichischen«, so ist vielleicht auch der des »Jugoslawischen« rein imaginär; er bezeichnet die abstrakte Kraft einer Idee eher als die beliebige Konkretheit irgendeiner Realität, er ist das Ergebnis einer Subtraktion, das Element, das übrigbleibt, nachdem man alle nationalen Eigenarten abgezogen hat, und das allen gemeinsam und mit keinem und niemandem identisch ist.

Marschall Tito hat schließlich immer mehr Ähnlichkeit mit Franz Joseph gewonnen, und sicherlich nicht deshalb, weil er im Ersten Weltkrieg unter der Fahne des Kaisers gedient hat, sondern aus dem Bewußtsein oder dem Wunsch heraus, dieses übernationale Donauerbe anzutreten und zugleich dessen Führungsanspruch zu übernehmen. Aber auch oder vielmehr vor allem Djilas, der große Häretiker des Tito-Regimes, ist zu einem fast offiziellen Vertreter des alten Mitteleuropa geworden, einer der angesehensten, geradezu mythischen Repräsentanten seiner Wiederentdeckung, seiner politisch-kulturellen Wiederbelebung und vielleicht auch seiner versöhnlichen Idealisierung. Ähnlich wie im Habsburgerreich ist heute das jugoslawische Mosaik gleichermaßen eindrucksvoll und vorläufig, es spielt eine nicht unbedeutende Rolle in der internationalen Politik und ist selbst zwischen der Eindämmung und Aufhebung der eigenen zersetzenden Spannungen hin- und hergerissen; die Solidität dieses Staates ist für das europäische Gleichgewicht unver-

zichtbar, und seine eventuelle Auflösung hätte in dieser Hinsicht ebenso katastrophale Folgen wie die Auflösung der Doppelmonarchie für die damalige Welt.

Belgrad entzieht sich einer Charakterisierung; seine Metamorphosen lassen sich eher erleben oder evozieren als beschreiben. Der nunmehr fünfzigjährige jugoslawische Schriftsteller Momo Kapor erzählt in seinem Roman *Die Foliranten* von 1974 die Sage der Knez-Mihailova, der schönsten epischen Straße der Hauptstadt, und der verwirrten Generation, die zwischen den fünfziger und sechziger Jahren ihre Jugend und ihr Leben im Strudel des alten, verschwindenden und des neuen Belgrad oder vielmehr der neuen, ephemeren Belgrads verloren hat, die in dem immer schneller werdenden Rhythmus der Geschichte und der Gesellschaft entstehen, faszinieren und wieder verschwinden. Seine »Foliranten«, das heißt Simulanten, werden von den Versprechen aufgesogen, die das Leben zwischen dem Welttheater auf der Knez-Mihailova aufleuchten läßt, zwischen strengen ideologischen Überresten und dem Flitter des westlichen Wohlstands, zwischen qualvollen Wahrheiten und verführerisch-gefühlvollen Ersatzvorstellungen, zwischen unterschwelliger Krise des Sozialismus und kinematographischen Mythen. Kapor hat in seinem Buch eine kleine *Éducation sentimentale* der Hoffnungen und Träume der Nachkriegszeit geschrieben, in einem Land, das eine – bisweilen verlorene – Vorhut der Dritten Welt bildet. Belgrad ist jenes Szenarium, auf dem sich das Karussell der Enttäuschungen, aber auch das des Lebens dreht, das sich gerade durch diese Desillusionierung zu erneuern vermag, und dessen Verwandlungsfähigkeit Erstaunen erregt – wie Mima Laševski, das Mannequin von der Knez-Mihailova.

21.

Am Eisernen Tor

Das Tragflächenboot zum Eisernen Tor fährt von Belgrad ab, nahe dem Zusammenfluß von Donau und Save. Als wir ablegen, zeigt mir Großmutter Anka mit einer Handbewegung jenen Teil der Stadt, wo sie während der deutschen Bombardierung vom 6. April 1941 einen Tag lang zusammen mit ihrem zweiten Ehemann unter den Trüm-

mern gelegen hat – natürlich unverletzt, sogar alle beide. Die Sonne erhebt sich über dem Fluß, verschmilzt Wellen und Nebel zu einem einzigen grellen Widerschein. Wir fahren rasch donauabwärts, wo ein Gedenkstein an die Feldzüge Trajans gegen die Daker und ihren König Decebalus erinnert, die Strömung entlang, die vor dem Bau der Schleuse und des großen Wasserkraftwerks von Djerdap an der jugoslawisch-rumänischen Grenze in der Nähe Bulgariens Strudel und andere Gefahren barg. Das gigantische Unternehmen, das bedeutende Energiemengen produziert, hat die Landschaft verändert und viele Spuren der Vergangenheit ausgelöscht; vor wenigen Jahren beispielsweise gab es noch die Donauinsel Ada Kaleh mit ihrer türkischen Bevölkerung, ihren Cafés und einer Moschee; heute jedoch ist Ada Kaleh verschwunden, ist in den Fluten versunken, gehört den langen, verzauberten Zeitaltern der Meerestiefen an wie das mythische Vineta der Ostsee.

Am Eisernen Tor äußerte der römische General Gaius Scribonius Curio im Jahre 74 v. Chr. seine Abneigung, die finsteren Wälder jenseits der Donau zu betreten – als würde er, der Repräsentant einer ebenso ordentlichen wie eroberungslustigen Zivilisation, einen dunklen Widerwillen gegenüber jenen vielfachen Ablagerungen von undefinierbaren, miteinander vermischten Völkern und Kulturen verspüren, Ablagerungen, die heute bei den Ausgrabungen von Turnu-Severin zutage treten. Ich spaziere in dem Kraftwerk umher, schließe mich einer Gruppe von Schülern an, die es zu Unterrichtszwecken besichtigen; das Kraftwerk ist beunruhigend grandios, es erinnert an ein bedrohliches Heldenepos. Der Dokumentarfilm, den man uns vorführt, berichtet von den Bauarbeiten, zeigt gigantische Steinblöcke, die in den Fluß versenkt werden, das Zerteilen und Hochschlagen der Wellen, den unaufhaltsamen Vormarsch der riesigen Räder der Lastwagen. Da man inzwischen an die fortwährende Fortschrittskritik gewöhnt und besorgt ist um das ökologische Gleichgewicht, ist man überrascht angesichts dieser Saga eines Fünfjahresplans, dieser Bilder der über die Natur triumphierenden Technik und Rationalisierung, und man fragt sich, ob diese von Zement gebändigten Wasser gezähmt oder nur unterdrückt sind und finster auf den Augenblick ihrer Rache warten.

Doch besitzt dieses Epos, das an die römischen Aquädukte, an die von Tamerlan quer durch die Berge gelegten Straßen oder an die Elefanten von Kipling erinnert, eine eigene Größe, eine überpersönli-

che Poesie, die unsere verängstigte und gewiß verständliche Ablehnung der Technik, von der unsere Kultur durchdrungen ist, nicht wahrzunehmen vermag. Vielleicht sollte man diese modernen Pyramiden ohne fortschrittsbegeisterte Emphase und ohne apokalyptischen Schrecken betrachten und dabei jedem seine Berechtigung zukommen lassen; wie etwa Kipling, der in den *Brückenbauern* völlig unparteiisch die britischen Ingenieure und die indischen Gottheiten zu Wort kommen läßt, die Herkulesarbeiten des Fortschritts preist und zugleich relativiert. Dem glänzend gemachten und eindrucksvollen Film mangelt es freilich nicht an indirekter Propaganda für das Regime, die indessen durch die Schüler neutralisiert wird, da diese – ungeachtet der Ermahnungen der hübschen und gutmütigen Lehrerinnen – Knallerbsen durch den dunklen Vorführraum werfen und sich gegenseitig Maulschellen verpassen und dadurch das Gleichgewicht zwischen dem Ernst der Arbeit und der Impertinenz des Lebens aufrechterhalten.

Ohne diesen respektlosen Unfug der Schüler hätte ich womöglich jenes zyklopische Pathos weniger zu schätzen gewußt. Im Autobus fahren wir nach Kladovo zur bulgarischen Grenze. Die Geographie wird für den unvorbelasteten Westeuropäer immer unbestimmter. Felix Hartlaub, ein deutscher Schriftsteller, der überaus ergreifende Notizen hinterlassen hat, *Von unten gesehen*, das heißt, vom Oberkommando der Wehrmacht aus, vermerkte, als er in jenes »Dickicht des Südostens« beordert wurde, daß nach Belgrad in seinen Vorstellungen ein undurchdringlicher Nebel beginne, der ihm jene Balkanländer, in denen er sich befinde, vage und undeutlich werden lasse, so daß er sich frage, wo er eigentlich sei. Während ich auf den Autobus nach Kladovo warte, frage auch ich mich, wo ich bin.

Eine ungewisse Kartographie

1.

Sie verachten die Türken

Im Jahre 1860 befuhr der französische Forschungsreisende Guillaume Lejean den Blauen Nil bis nach Gondokoro und den Weißen Nil herauf und zeichnete – wie man in den Enzyklopädien nachlesen kann – eine der ersten verläßlichen Karten dieser Weltgegend. Zwischen 1857 und 1870 durchforschte er die Balkanhalbinsel und stellte mit 49 Blättern – von denen zwanzig ausgearbeitet und vollständig waren – ein eindrucksvolles kartographisches Material zusammen. Dennoch beklagte sein Wiener Freund und Kollege Felix Philipp Kanitz, als er 1875 Bulgarien bereiste, daß die geographischen Karten dieses Landes fehlerhaft und unzuverlässig seien, in den Gebieten an der Donau imaginäre Ortschaften verzeichneten und dafür die wirklich existierenden ausließen; er war derselben Auffassung wie Professor Kiepert, der Bulgarien als das unbekannteste Land im östlichen Europa bezeichnete. Andere Kartographen erfanden ganze Städte oder zeichneten sie über Hunderte von Kilometern weit von ihrem richtigen Standort entfernt ein oder ließen die Flüsse von ihrem wirklichen Verlauf abweichen und ganz nach Willkür irgendwo münden. Kanitz korrigierte Lejeans verdienstvolle Karten, die weniger exakt waren als die vom Nil, weshalb er Bulgarien als eine »vollkommene terra incognita« bezeichnete; die Donau sei unbekannter als der Nil, und von den Völkern an ihrem Unterlauf, so meinte Professor Hyrtl beschwörend, wisse man weniger als von den Südseeinseln.

Die Kartographie hat inzwischen zweifelsohne weitreichende Fortschritte gemacht; dennoch ist Bulgarien von allen Ländern des Ostens das unbekannteste geblieben, ein Ort, zu dem man nur selten gelangt, während es im grellen Rampenlicht als ein Szenarium unwahrscheinlicher und unnachweisbarer Intrigen erscheint; phantastische Spuren von sensationellen Komplotten, Beschuldigungen des Völkermords und entsprechende Dementis, Repräsentanten der türkischen Minderheit, die von der internationalen Presse für ermordet erklärt werden, aber gleichwohl noch Interviews geben.

Westliche Kommunisten, die davon hören, daß jemand – insbesondere wenn es sich nicht um einen Parteigenossen handelt – in Bulgarien gewesen sei, beeilen sich, ein ironisches und distanziertes Mitleid zur Schau zu tragen und ihre Verwunderung über etwaige positive Eindrücke zu bekunden.

Die Bulgaren ihrerseits sind bemüht, ebendiese positiven Eindrücke hervorzurufen, und ihre herzliche und großzügige Gastfreundschaft, die sich kaum anderswo so ausgeprägt findet, ist eine festliche Lektion in Geschichte, Literatur und Kultur, die dem Fremden neben dem Wissen auch die Liebe zu dem Land vermittelt. Unsere Dolmetscherin Kitanka, ein lebhaftes und festliebendes junges Mädchen, das Rakia – den vorzüglichen Schnaps – und die späten Nachtstunden liebt, schildert die Größe ihres Landes und zwingt dabei den Gast auf eine liebenswürdige Weise, der man sich unmöglich entziehen kann, all jene Beschreibungen zu verifizieren, und zwar mit der Natürlichkeit und Leidenschaft dessen, der dazu auffordert, einen herrlichen Tag zu genießen.

Der Reisende ist nicht daran gewöhnt, solche rückhaltlose Liebe zum eigenen Land anzutreffen; ein gewisses Maß an eigener Entmystifizierung gehört zu jenen Konventionen, denen man sich fast überall verpflichtet fühlt. Spöttische Selbstkritik ist – gleich ob sie berechtigt scheint oder nicht – keineswegs ein Privileg westlicher Dekadenz; auch in Ungarn oder Rumänien fühlt sich jeder, der eine öffentliche Institution repräsentiert, dazu genötigt, einen distanzierten Unterton anklingen zu lassen. Unabhängig von den jeweiligen politisch-gesellschaftlichen Gründen und jenseits aller Grenzen ist ein solcher Protest in erster Linie eine Auflehnung gegenüber der Realität. Von den Übungen für die Aufmärsche am 1. Mai bis hin zu den gut ausgestatteten und gut besuchten Gasthäusern und Kiosken vermittelt Bulgarien hingegen den Eindruck einer Epik voller Lebendigkeit; junge, sorgfältig überwachte Rekruten, die immer dazu aufgelegt sind, im Schlafsaal Lärm zu machen, aber ihre Kaserne und ihre Fahne lieben.

In Vidin verbreitet sich Kitanka unbefangen über die alte – erst römische, dann bulgarische und schließlich türkische – Festung Baba Vida, doch findet sie wahrscheinlich unser Interesse für die Moschee Osman Paswantoglus übertrieben, die anstelle des Halbmondes eine Spitze in Form eines Herzens trägt. Zwischen dem Ende des 18. und dem Beginn des 19. Jahrhunderts rebellierte der

mächtige Pascha von Vidin, der seine Stadt prächtig ausgestattet, aber auch modernisiert und europäisiert hatte, gegen den Sultan Selim III. und ersetzte den Halbmond durch sein eigenes Symbol, jene herzförmige Figur. Diese Rebellion, der in Vera Mutafčievas Roman *Chronik einer unruhigen Zeit* von 1966 gedacht wird, entbehrt nicht der Paradoxie: der gewiß nicht reaktionäre Pascha erhebt sich gegen den aufgeklärten Sultan, der fortschrittliche Reformen gefördert hatte, und stellt sich an die Spitze der von Selim III. aufgelösten Janitscharen, ruft aber auch Christen – die von der Hohen Pforte unterdrückten bulgarischen Bauern – ebenso wie Kardshalis – Rebellen und Briganten, die bei der Gelegenheit sowohl dem Mythos nach wie in der Realität gegen die Türken fechten – zu seinen Fahnen.

Diese innerosmanischen Streitigkeiten berühren Kitanka überhaupt nicht; sie bestätigt eine Beobachtung von Lamartine, der auf seiner Bulgarienreise während eines Aufenthalts im Jahre 1833 in der auch von Türken, Griechen und Armeniern bewohnten bezaubernden Stadt Plowdiw niederschrieb: »Sie verachten und hassen die Türken.« Diese Leidenschaften sind noch mächtig, der Zorn noch frisch; Bulgarien feiert nicht so sehr den Aufbau des Sozialismus als seine nationale Wiedergeburt oder Wiederauferstehung, und die bulgarisch-russische Brüderschaft gründet sich insbesondere auf den Befreiungskampf gegen das türkische Joch im vorigen Jahrhundert.

Jedes Schlachtfeld, jede Episode wird bis hin zu den kleinsten Kleinigkeiten mit Begeisterung geschildert; hübsche junge Mädchen kommentieren gelehrt und mit feurigem Eifer vor Schulklassen jeden Graben, jeden Angriff bei der Belagerung von Plewen, die in einem Rundpanorama rekonstruiert worden ist; an dem Denkmal, das auf der Bergspitze von Šipka zur Erinnerung an die Entscheidungsschlacht errichtet worden ist, liegen wie in Mohács immer frisch geschnittene Blumen. Die Moscheen und Minarette, die sich auf den Bildern vom Ende des letzten Jahrhunderts so zahlreich abzeichnen, sind nahezu verschwunden, heruntergekommene Ruinen, an denen man rasch vorübergeht, einsame, unwirkliche Umrisse, die den alten Eindruck des Mathematikers und Astronomen Boscovich, des Gründers des Mailänder Observatoriums, bestätigen; dieser war bereits 1762 vom Verfall der osmanischen Bauwerke betroffen gewesen.

Es gibt – soweit man ihre Zahl überhaupt abschätzen kann – noch etwa 700000 Türken in Bulgarien. Ihre Existenz wird jedoch von offizieller Seite bestritten; ihr zufolge handelt es sich um islamische Bulgaren – die einstigen »Pomaken« –, denen heutzutage zur Pflicht gemacht wird, einen bulgarischen Nachnamen anzunehmen. Täglich veröffentlichen die *Nouvelles de Sofia* Interwievs mit Türken oder vielmehr mit islamischen Bulgaren, die Amnesty International oder den Zeitungen in Ankara zufolge auf geheimnisvolle Weise verschwunden seien, während die Behörden des Landes versichern, daß jene lebten und sich bester Gesundheit erfreuten. Heute ist die Reihe an Damjan Christow, Leiter einer Werkstatt für Autos und Traktoren in Antonow, der lächelnd auf alle Fragen über sein Verschwinden antwortet.

Die fünfhundert Jahre des osmanischen Jochs sind sicherlich furchtbar gewesen: Mord, Raub und Plünderungen, abgeschlagene Köpfe und Schmarotzertum; die herrlichen Ikonen, die auf die Glanzzeit des bulgarischen Reiches zurückgehen und in der Krypta der Kirche Alexander Newski in Sofia aufbewahrt werden, bezeugen mit ihrer religiösen und künstlerischen Ausdruckskraft jene hohe und edle Kultur, die gegen Ende des 14. Jahrhunderts von den Türken überwältigt wurde und für Jahrhunderte versank. Im 19. Jahrhundert mußten die Bulgaren, noch bevor sie eine Wiederbelebung ihrer Kultur versuchen konnten, sich überhaupt erst deren Existenz bewußt werden und ihre eigene Identität wiederentdekken; so wie Aprilow, der sich – unter dem Einfluß der entnationalisierenden griechisch-orthodoxen Kirche, welche die Osmanen unterstützte – als Grieche verstand und sich erst bei der Lektüre des von dem ukrainischen Gelehrten Venelin 1829 veröffentlichten Buches *Die alten und die heutigen Bulgaren* selbst als Bulgare erkannte. Überhaupt spielt das Buch für die bulgarische Identität eine eminent wichtige Rolle; ihr Wiedererwachen nach Jahrhunderten des Schweigens wird angekündigt von dem 1762 als Handschrift verbreiteten und vielfach kopierten Buch *Slaveno – bulgarische Geschichte* von Paisij von Hilendar.

Der jahrhundertelange Widerstand der verschwundenen Bulgaren ist eine außergewöhnliche kulturelle Leistung. Doch jedes Volk erinnert sich an Gewalttaten, die ihm von anderen zugefügt wurden, und wenn solche von den Türken verübt wurden – wie etwa das Massaker von Batak 1876 –, so sind letztere vermutlich in anderen Gebie-

ten ihres Reiches nicht zartfühlender vorgegangen. Warum also haben sich über diese Grenze hinaus Zorn und Verbitterung hier so hartnäckig gehalten? Der Grund hierfür wird gewiß nicht in dem sonst großzügigen und gastfreundlichen bulgarischen Charakter zu suchen sein. Kitanka löst das Problem, indem sie sagt, daß es in Bulgarien keine Türken und folglich auch keine unterdrückte und zum Niedergang verurteilte Minderheit gebe. Die Ansicht der Betroffenen zählt nicht; der Schriftsteller Anton Dončev, der epische Dichter der Rodoper, berichtet davon, daß er sich mit einem Funktionär, der in der Nähe von Šumen wohnte, darüber gestritten habe, denn dieser bestand darauf, sich als Türke zu bezeichnen, während nach Dončev die historischen Belege seine Abstammung von Dschingis-Khan bezeugten. Die Unterscheidung zwischen Nationalität und Staatsbürgerschaft erscheint unverständlich; wer in Bulgarien lebt, ist notwendigerweise Bulgare. Als ich das Beispiel der bewunderten Sowjetunion anführe, in der verschiedene Völker zu einem Staat vereinigt sind, schweigt die schöne Kitanka, mitnichten überzeugt.

2.

Autobiographie eines Haiduken

Die Felsen von Belogradčik verschmelzen mit den Schutzwällen der alten türkischen Festung, die auf römischen Ruinen erbaut ist, sie erheben sich über die umliegende Landschaft wie ein einsamer Raubvogel: dies ist die rauhe Melancholie des Balkan, die immer schon sentimentale Reisende beeindruckt hat, der schroffe, unwegsame Hintergrund der Heldentaten von Haiduken und Kardshalis. Die gesamte Balkanhalbinsel ist ein Theater des rebellischen Haiduken gewesen, dem man in ungarischen, serbischen und rumänischen Erzählungen und Gesängen begegnet, dessen eigentliche Heimat aber wahrscheinlich Bulgarien ist, wo man ihn während der langen Zeit des türkischen Jochs geradezu mit der Fackel der nationalen Befreiung identifizierte. Besungen wurden die Haiduken auch von Karawelow, dem Schriftsteller der bulgarischen Renaissance, und von Christo Botew, dem revolutionären Schriftsteller und Märtyrer, dem Petöfi seines Volkes. Wenn die Pomaken, die islamisierten Bul-

garen, politisch indifferent waren und die Tschorbadschi, die der türkischen Herrschaft keineswegs abgeneigten, sondern eher zustimmenden Besitzenden, ihnen feindlich gesinnt waren, waren die Haiduken, halb Patrioten, halb Briganten, die unerbittlichen Feinde der Türken, mit denen sie im übrigen später zuweilen verschmolzen; sie waren die ewigen Freischärler, die Herren der Bergkämme und Schluchten; Dorfsänger, Chronisten und Reisende beschreiben die Haiduken als wild und unbezähmbar, so daß die Saptieh und die Baschibosuk, die türkischen Milizen, und die Arnauten, die Albanier in osmanischem Dienst, ihnen vergebens nachzustellen versuchten.

Georg Rosen, Autor von Büchern über die Haiduken und Übersetzer ihrer Volkspoesie, hat sich die Frage gestellt, ob ihr unentwegter Guerillakampf die bulgarische Nation verteidigt oder deren ökonomische Entwicklung verlangsamt, ihren Handel, ihre Industrie beeinträchtigt habe. Die *Lebensgeschichte des Haidukenführers Panajot Hitov, von ihm selbst beschrieben*, die Autobiographie des interessantesten dieser patriotischen *outlaws*, zeigt in der Frische und Unmittelbarkeit der eigenen Lebenserfahrung den realen Widerstand der Haiduken gegenüber der osmanischen Despotie und ihren Beitrag zur Befreiung Bulgariens.

Vor dem Hintergrund der Balkanlandschaft gewinnt der Haiduke ein pittoreskes, auch chaotisches und barbarisches Aussehen, doch sind dies stereotype Elemente einer verbreiteten Konvention. »Balkanisch« ist ein Adjektiv, das dem Vokabular der Schimpfwörter entstammt; Arafat beispielsweise hat einmal Syrien beschuldigt, eine »Balkanisierung des Libanon und des gesamten Nahen Ostens« zu betreiben. Wer die Straßen und den spiegelblank geputzten Basar von Sarajewo oder die klare und saubere Ordnung in Sofia gesehen hat und sie mit Städten oder Ländern vergleicht, deren Namen gewissermaßen beispielhaft für Kultur und Zivilisation stehen, gerät in Versuchung, den Ausdruck »balkanisch« als Kompliment zu gebrauchen, wie etwa andere das Wort »skandinavisch« verstehen.

3.

Manuskripte in der Donau

In Vidin fiel der erste wirkliche moderne Dichter Bulgariens, Petko Slawejkow, in den Cibăr, einen kleinen Fluß, und verlor im Wasser einige Manuskripte; andere poetische Blätter wurden ihm zufällig von der Donau geraubt, der wie einer wohlwollenden Gottheit des Vergehens und Vergessens sämtliche Flußbücher geopfert werden sollten, angefangen bei dem Opus von Neweklowsky bis hin zu seinen Nachahmern. Slawejkow ging großzügig und verschwenderisch mit seinem Leben wie mit seinem Werk um, er kämpfte in Šipka und landete in einem Gefängnis in Istanbul, er besang das Vaterland, die Liebe und die Enttäuschung; der leichtfertige Verlust in den Strudeln der Donau paßt zu der verschwenderischen Art, mit der er mit sich selbst umging. Die Ironie wäre vollkommen gewesen, wenn die Gedichte seines Sohnes Pentscho Slawejkow im Wasser verschwunden wären, eines nietzscheanischen Dichters und somit Dichter eines Lebens und Werdens, das alles mit sich reißt.

In den letzten Jahren des vergangenen und in den ersten Jahren dieses Jahrhunderts ist Bulgarien, das soeben kartographische Präzision erlangt hat, zugleich eine abgelegene Provinz Europas und ein Gebiet, in dem die Stimmen der noch heute unerledigten europäischen Krise zu vernehmen sind: Nietzsche, Stirner, Ibsen, Strindberg, die großen Wahrsager der Gegenwart, die der Realität eine Maske, eine Verkleidung, eine Kulisse nach der anderen herunterreißen, um auf diese Weise das Leben zu finden und zu entdecken, daß es ohne Grund ist. Bulgarien, das später als andere Völker einen Nationalstaat gebildet hat, lebt in verschiedenen Epochen; nach 1945, erzählt Jana Markowa, Direktorin der Gesellschaft »Jus Autor« und eine Autorität im kulturellen Leben, gab es noch Dörfer, deren Bewohner noch niemals eine Theateraufführung gesehen hatten und in denen die Bauern – genau wie in einem Kapitel des volkstümlichen bulgarischen Nationalromans par excellence, *Unter dem Joch* von Iwan Wazow, der 1885 erschien –, die zum erstenmal in ihrem Leben einem patriotischen Drama beiwohnten, den Darsteller der heroischen Intellektuellen Lewski, der von den Türken aufgehängt wurde, gebührend feierten, während sie den Schauspie-

ler, der die Rolle des bösen Paschas spielte, grimmig ansahen. Wenn man bedenkt, welch ein langer Weg zu Wohlstand und allgemeiner Schulbildung in den letzten vierzig Jahren von diesem Land zurückgelegt worden ist, wird man dem Sozialismus, der diese Fortschritte gelenkt hat, seine Bewunderung kaum versagen können.

Doch das Bulgarien der Dörfer, die – wie es dem Herrschaftsbereich des Islams entsprach – kein Theater kannten, war auch das Land der ruhelosen tolstoiischen und nietzscheanischen Intellektuellen, wie sie in dem zwischen 1958 und 1964 geschriebenen Roman *Iwan Kondarew* von Emiljan Stanew geschildert werden. Stanew überträgt in seinen Romanen die Philosophie Nietzsches, das ethische Streben nach einem Leben, das keine Moral kennt, auf die bogomilische Häresie, die jegliche absichernde dogmatische Vermittlung ablehnt; die Suche nach religiöser Reinheit und Ursprünglichkeit wendet sich schließlich dem unerforschlichen Fluß des Lebens zu, das jenseits von Gut und Böse dahinfließt und wie Wasser durch die Finger rinnt, sobald man sein klares und amoralisches Fließen zu erfassen sucht.

Wie jede wirklich vitale Person ist auch Kitanka wenig empfänglich für die verzehrende Sehnsucht nach Vitalität, sie ist stolz auf ihr Land und trinkt in aller Ruhe eine beneidenswerte Menge Rakia, wobei ihr nicht die geringste Wirkung anzumerken ist. Vielleicht ist ihre unverwüstliche Heiterkeit ein Erbteil des osmanischen Jochs, wie Wasow formulierte, ein Dichter der Revolution gegen ebendieses Joch; die Unterdrückung, schreibt er in seinem Romanepos Bulgariens, hat den Vorteil, daß sie die Völker fröhlich macht; wo die politische Arena verschlossen bleibe, suche sich die Gesellschaft Trost in den unmittelbaren Genüssen des Lebens, im Wein, den man unter Bäumen trinkt, in der Liebe, in dem Zeugen von Kindern: »Unterjochte Völker haben ihre eigene Philosophie, die sie mit dem Leben aussöhnt.« Wahrscheinlich würden diese Worte des großen Wasow die Machthaber seines Landes, die ihn wie eine Schutzgottheit verehren, in einige Verlegenheit bringen. Die Faszination Bulgariens besteht gewiß auch heute noch in diesem Eindruck einer Versöhnung mit dem Leben – womöglich aufgrund eines anderen Jochs?

4.

Tataren und Tscherkessen

Unter den aufrührerischen Fahnen von Osman Paswantoglu gab es auch einen tatarischen Sultan, der später vom Pascha von Silistra geschlagen wurde. An den Ufern der Donau haben sich die verschiedensten Völker zusammengefunden, die in den aufeinanderfolgenden Jahrtausenden durch die Wellen der Völkerwanderung herangeführt wurden, und Vidin war ein Hafenviertel der Geschichte. Es gab hier Raguser, Albanier, Exilkurden, Drusen aus dem Libanon – Kanitz erinnert sich daran, sie wie Raubvögel in einem Käfig eingesperrt gesehen zu haben –, Zigeuner, Griechen, Armenier, spanische Juden und vor allem Tataren und Tscherkessen. Tataren gab es bereits vorher, doch wurden in einer Art Völkeraustausch in den sechziger Jahren des vorigen Jahrhunderts noch weitere hierhergebracht; während viele russophile bulgarische Familien im Anschluß an die verschiedenen russisch-türkischen Kriege nach Bessarabien und auf die Krim auswanderten, siedelte die Hohe Pforte insbesondere in den Jahren 1861 und 1862 gegen die Herrschaft der Zaren rebellierende Tataren und Tscherkessen in Bulgarien an – eine tragische Odyssee sowohl für die Neuankömmlinge wie für die ansässigen Bulgaren, die jenen Platz machen mußten.

In der inzwischen kanonisierten und auch unter Bulgaren und bulgarophilen Reisenden verbreiteten Vorstellung ist der Tatar sanftmütig, arbeitsam, gesittet und höflich; der Tscherkesse hingegen wild, ein Räuber und Pferdedieb, arbeitsscheu und ein gefährlicher Wachhund der Türken. In einer Erzählung von Wasow ist es die Kugel des Tscherkessen Džambalazat – schwarz und schrecklich wie die Kämpfer der Ungläubigen in den Ritterepen –, die Christo Botew, den Dichter und Märtyrer der bulgarischen Revolution, tötet. Die sprichwörtliche Schönheit der tscherkessischen Frauen wird von den Bulgarophilen nicht geleugnet, erscheint aber im Licht einer aufreizenden und geradezu entwürdigenden Sinnlichkeit, wilde und beherrschende Körper auf schmuddeligen Fellen.

Dieses doppelte, sich überkreuzende Exil – Bulgaren auf der

Krim, Tscherkessen in Bulgarien – ist eine Ballade auf die Eitelkeit jeglicher Eroberung. Indem sich die Tscherkessen in bulgarischen Dörfern niederlassen und mit ihren Streifzügen Furcht und Schrekken verbreiten, erfahren sie ein tragisches Schicksal, das von Europa mit Betroffenheit aufgenommen wird. Der Exodus des Tscherkessen aus dem Kaukasus gehört in den Zusammenhang mit ihrem unter Schamil geführten Krieg gegen die Russen, an den Tolstoi in *Hadschi Murat* erinnert – ein Meisterwerk, das die Dichtung gegen Ende seines Lebens dem verbohrten moralischen Willen zum Verzicht auf die Poesie noch entreißen konnte. Die Tscherkessen wurden in Trapezunt oder in Samsun in Massen eingeschifft, unter unsäglichen hygienischen Umständen, eingepfercht mit Tieren, Sterbenden und gerade Gestorbenen, waren Hunger, Krankheiten und Epidemien ausgesetzt; in Samsun gab es im September 1864 60 000 lebende Flüchtlinge und 50 000 Tote; hinter den Schiffen, die sie transportierten, bildeten die ins Meer geworfenen Leichen eine lange weiße Gischt auf den Wellen.

Die Führer der Tscherkessen ließen, nachdem sie in das ihnen zugeteilte Donaugebiet gelangt waren, ihre Toten begraben, die man noch nicht wie Abfälle ins Meer geworfen hatte, und glaubten, sich auf diese Weise das Land zu eigen zu machen, das jene sterblichen Hüllen aufnahm; sie steckten nach altem Brauch ihre Säbel in die Erde und glaubten, dadurch ihre alten Traditionen fortzupflanzen, während in Wirklichkeit das Ende ihres Mythos besiegelt war. Die legendäre kaukasische Freiheit endete auf diesem trostlosen Weg, der die Rebellen aus dem Kaukasus in eine ahnungslose Menge vor dem Arbeitsamt verwandelte.

In London entstanden Komitees zur Tscherkessen-Frage, es wurden Protestnoten an die Russen geschickt, und den Führern der Tscherkessen wurde im Whittington Club Sympathie und exotische Neugierde zuteil. Ihre Tragödie war jedoch größer als die englischen Philanthropen ahnten, denn die Tscherkessen waren nicht einfach von den Russen vertrieben worden, sondern begaben sich auf eine Wanderung, von der sie teilweise glaubten, sie selbst hätten sich dafür entschieden, und die ihnen auch als siegreicher Marsch in ein zu eroberndes Land zu sein schien, das ihnen der Sultan zur Verfügung stellte. Zehn Jahre später protestierten die Londoner Clubs, die hinsichtlich des Tscherkessen-Problems antirussisch und protürkisch gewesen waren, wie ganz Europa gegen die türkischen Massa-

ker unter den aufständischen Bulgaren. Die Meilensteine einer Reise durch Bulgarien, schreibt Kanitz, sind die Grabhügel verschwundener Völker.

5.

Der Agent Rojesko

Das tscherkessische Territorium bestand vornehmlich aus einem Landstrich entlang der Donau in der Gegend von Lom. In diesem Städtchen gab es ein Büro der k.k. Donau-Dampfschiffahrts-Gesellschaft, das von dem Agenten Rojesko geleitet wurde. Dieser ließ über Wochen seine Fenster, die zum Fluß hinausgingen, geschlossen, um nicht den Geruch der Kranken und Toten, der von den typhusverseuchten Schiffen der Tscherkessen ausging, ins Haus dringen zu lassen. In schriftlichen und mündlichen Berichten ist davon die Rede, wie Rojesko sich unermüdlich und voller Eifer um die Neuankömmlinge kümmerte, Vorsorgemaßnahmen gegen Ansteckung traf, den Flüchtlingen Unterkunft und Nahrung beschaffte, sie kurierte, unterbrachte und für sie sorgte.

Entlang der Donau finden sich in diesen Gegenden mit noch ungewisser Geographie viele solcher Figuren – Handelsagenten, Konsuln, Ärzte, Abenteurer, Vorposten oder Vorhut der Ordnung, die sich etwas zu weit vorgewagt haben und von der Unordnung aufgesogen werden: der epische Rojesko, der die Genauigkeit des österreichischen Angestellten mit dem Erfindungsgeist eines verirrten Entdeckungsreisenden verbindet, oder Doktor Barozzi, der offiziell zu den Schiffen entsandt war, die mit ihrer tscherkessischen Fracht von Samsun abfuhren; der »spaniolische« beziehungsweise sephardische Jude Alexander Tedeschi, der später in Varna Konsul für Österreich-Ungarn und für Frankreich wurde; Angestellte und Kapitäne des Lloyd Triestino; der undurchsichtige St. Clair, ein ehemaliger englischer Kapitän, der unter dem Namen Sinkler zu einem kleinen Lokalsatrapen wurde, der den Bulgaren feindlich gesinnt, dafür aber ein Freund der Türken und der Briganten war, eine Mischung aus Conrads Kurtz, Kiplings Mann, der König werden wollte, und Lawrence von Arabien. Nachdem sie ihre Aufgabe und

ihre Verpflichtungen erfüllt haben, verschwinden diese Gestalten wie Matrosen, die an Land gehen, sich in der Menge verlieren und nur in den Listen des Hafenamtes eine Spur zurücklassen.

6.

Die Welle und der Ozean

Der bulgarische Schmelztiegel ist älter als jene pittoresken bulgarisch-kaukasischen Mischungen, kennt ganz andere mythische Untiefen; es geht zurück auf den archaischen Zusammenstoß zwischen der bäuerlichen Kultur des Südostens und den eindringenden Steppennomaden. Bulgarien ist ein wesentliches Zentrum Großslawiens, es ist das Gebiet, in dem sich dank Kyrill und Method die paläoslawische oder – wie sie auch genannt wird – die altbulgarische Sprache bildet. Die Protobulgaren ihrerseits stammen aus dem Altai, erreichen im 7. Jahrhundert unter dem Khan Asparuch die Donau und gründen ein mächtiges Reich, das mehr als einmal Byzanz bedroht; sie werden nach und nach von den Slawen absorbiert, die ein Jahrhundert zuvor eingewandert waren und die sie sich unterworfen hatten; sie verschmelzen mit den Besiegten und übernehmen deren Sprache, werden aufgesogen von der großen assimilierenden und verbindenden Kraft der slawischen Zivilisation, die hin und wieder in ihren Anfängen die Ausbreitung ihrer Kultur anderen Völkern zu überlassen schien, so etwa den Awaren, den siegreichen, aber schon bald wieder verschwundenen Eroberern, die für die rasche Ausdehnung nicht der awarischen, sondern der slawischen Kultur gesorgt haben.

Tiefer aber noch als dieser slawische Untergrund, der stets zum Vorschein kommt, ist die außerordentlich weit verbreitete thrakische Völkergemeinschaft, die das Substrat der gesamten Zivilisation zwischen Balkan, Karpaten und Donauraum bildet. Die Thraker, heißt es bei Anton Dontschew – der mit einer Pietät, die sogar das türkische Erbe miteinbezieht, episch-mythische Darstellungen der Ursprünge seines Landes schreibt –, sind der Ozean, die unogondurischen und onogurischen Protobulgaren, die vom Kaspischen und vom Asowschen Meer hierher gelangten, sind die Welle, die jenes Urmeer bewegen und aufwühlen, die Slawen dagegen das Land und

die geduldige Hand, die es bearbeitet und ihm Form gibt, während die modernen Bulgaren die Verbindung aller drei Elemente darstellen.

Der Verweis auf den Ursprung, den Nietzsche als bedeutungslos entlarvt hat, ist ein Topos in der bulgarischen Kultur, der zwischen Pathos und scherzhafter Koketterie oszilliert. Einen protobulgarischen Körperbau zu besitzen, ist heute Grund genug für fundierte Komplimente; Professor Rösler war vor hundert Jahren fest davon überzeugt, daß die Protobulgaren samojedischer Abstammung seien. Wie dem auch sei, es gibt jedenfalls eine imposante und faszinierende bulgarische Physiognomie, die der naive Maler Zlatio Bojadiew in seinen großen melancholischen Jägern zur Darstellung gebracht hat, seinen massigen, selbstvergessenen karakatschanischen Nomaden, die sich wie Hirtenkönige auf ihre Stäbe stützen.

Bis 1956, als die vom Stalinismus geschätzte epische Monumentalität zu zerbröckeln begann, hat die bulgarische Literatur ganz im Zeichen des Epischen gestanden. Dimitrow, dessen Leichnam in Sofia – wie derjenige Lenins in Moskau – mit asiatischem Ritual zur Schau gestellt wird, hatte die bildende und erzieherische Aufgabe der Literatur in einem Brief vom 14. Mai 1945 an den Bulgarischen Schriftstellerverband formuliert und darin versucht, die Literatur seines Landes in eine einzige Richtung zu lenken. Heute hat sich das Spektrum verändert; Bulgarien hat weder einen Prager Frühling noch einen ungarischen Herbst erlebt, es kennt – zumindest offiziell – weder Auseinandersetzungen noch Revisionismen, doch haben das Plenum vom April 1956, die Rede an die Jugend, die Schiwkow 1969 in Sofia hielt, und der X. Parteitag 1971 – um nur einige herausragende Ereignisse zu nennen – die literarische Situation grundlegend geändert. Heute macht sich der bulgarische Roman – Iwailo Petrow ist ein Beispiel dafür – auch auf liebenswerte Weise über den erbaulichen offiziellen Optimismus lustig; so etwa die köstliche Erzählung *Der beste Bürger der Republik*, die Geschichte eines braven Mannes, der, um eine ihm zugesprochene schmeichelhafte Auszeichnung auch zu erhalten, von den Amtswegen und bürokratischen Abläufen aufgerieben wird. Wer weiß, ob der arme Onkel Ančo, der von den Ehrungen, mit denen man ihn förmlich überschüttet, und den damit verbundenen Verpflichtungen überwältigt und in seiner Bewegungsfreiheit förmlich eingeschnürt wird, nicht ein Abkömmling der Protobulgaren ist.

7.

Die mazedonische Frage

Über lange Zeit hat Bulgarien – wie blutige Seiten der Geschichte und leidenschaftliche Seiten der Dichtung bezeugen – politisch und ethnisch Anspruch auf Mazedonien erhoben. Die mazedonische Frage kann mit jener Geschichte zusammenfassend beschrieben werden, die mir Adam Wandruszka erzählt hat: Herr Omerić, wie er sich während der jugoslawischen Monarchie nannte, wurde während der Zeit der bulgarischen Besetzung im Zweiten Weltkrieg zu Omerow und anschließend – als Mazedonien eine Republik innerhalb Jugoslawiens wurde – zu Omerski. Der ursprüngliche Name, Omer, war türkisch.

8.

Grünes Bulgarien

Kozlodúj. Hier bemächtigte sich Christo Botew 1876 des Dampfers *Radetzky*, landete mit zweihundert Mann auf bulgarischem Gebiet und gab damit das Signal zum Aufstand; er selbst fiel mit achtundzwanzig Jahren gleich darauf in der Schlacht. Der romantisch-revolutionäre Dichter, der in seinen Gedichten davon spricht, daß man, während der Abend sich senkt, den Balkan ein haidukisches Lied anstimmen höre, dachte an eine gleichermaßen nationale wie soziale Befreiung, an einen brüderlichen Zusammenschluß aller Balkanvölker im Zeichen einer Religion der Humanität. Für ihn war die revolutionäre Klasse die der Bauern, und zwar aufgrund der demokratischen Tradition des Agrarpopulismus in Bulgarien, die im bäuerlichen Kleingrundbesitz wurzelte, der hier sehr viel verbreiteter war als in den angrenzenden – durch Großgrundbesitzer unterdrückten – Ländern.

Die bulgarische Agrarbewegung war von offenem und fortschrittlichem Charakter, wie die Politik Stamboliskis, ihres bedeutendsten Führers, bezeugt, und kennt nicht jene regressiven und faschistoiden Züge, wie sie sich bei anderen bodenständigen Ideologien und

Bewegungen finden, so zum Beispiel bei den von Codreanu, dem Anführer der rumänischen Legionäre, erträumten »grünen Menschen«. Die fortschrittliche bulgarische *Intelligenzija* geht größtenteils von den Kadern der Dorfschullehrer aus; das kleine Dorf Bozjenči, das weit ab in den Wäldern liegt und in seiner Lebensform unversehrt geblieben ist, bietet ein Bild dieses bescheidenen und würdevollen ländlichen Bereichs, dem die archaische Barbarei fremd ist, eine Atmosphäre, die man auch in dem Geburtshaus von Schiwkow spürt, in diesen kleinen Räumen eines beschränkten, aber hellen und klaren Lebens, in denen die Berufung zum revolutionären Führer entstanden ist. Um sich vor einer Idealisierung der Idylle zu hüten, ist es immerhin zweckmäßig, sich an jene Bemerkung von Kanitz im Hinblick auf die von der Arbeit zermürbten Bäuerinnen zu erinnern, daß nämlich wenige Züge der zwanzigjährigen Frau noch das junge Mädchen erahnen ließen, das sie mit siebzehn Jahren gewesen sei.

9.

Erzählungen aus Tscherkaski

Die dörfliche Kultur stirbt überall, auch in Bulgarien, doch hat sie hier einen Dichter gefunden, dessen märchenhafte Phantasie, indem er ihr Verschwinden in die Abgründe der Zeit beschreibt, zum letztenmal aus dem Mythos schöpft und diesem die ironische Magie entlehnt, die jene Auflösung darzustellen vermag. Der sechzigjährige Jordan Raditschkow gehört selbst zu jener bäuerlichen Welt, die in seinen Erzählungen zu einem Märchen, zu dem imaginären Dorf Tscherkaski geworden ist. Mit Schnee bedeckt und von Hühnern und Schweinen bevölkert, die mindestens ebenso wichtig sind wie die Menschen, erweist sich Tscherkaski als ein Dorf, in dem sich die Dämonen an den unglaublichsten Stellen verstecken; die Schlitten machen sich von selbst davon, die Gewehre beginnen zu schießen, die Maiskolben und die Eichelhäher führen das große Wort wie die Feldhüter oder der Gemeindevorsteher, und ein Luftballon, der vom Wind hin und her getrieben wird, liefert dem ganzen Dorf und der Polizei eine Schlacht.

Der Sänger von Tscherkaski ist die Stimme der mündlichen Erzählung selber; seine wunderbaren und absurden Erlebnisse sind Wirtshausgeschwätz, Geschichtchen, die von Mund zu Mund gehen, die man erfindet, um sich weitschweifig über das Leben zu ergehen und sich nicht von der großen Geschichte einschüchtern zu lassen, Lügen, die jeder seinen Gevattern erzählt, bis er schließlich selbst Stein und Bein schwört, daß es die reine Wahrheit sei. Solange man sich Geschichten erzählt, erstirbt das Leben nicht; die Geschichten aus Tscherkaski liegen verborgen zwischen den Häusern und dem Werkzeug, der Axt, die im Hackklotz steckt, dem Eimer im Brunnen, und es sind auch die Dinge selbst, die diese Geschichten flüsternd erzählen und verbreiten.

In seinem Haus in Sofia erzählt Raditschkow von Wintern und von Tieren, von der vereisten Donau und von seinem Vater, der ihn ausschickte, mit einem kleinen Handbeil das Eis aufzuschlagen, um Wasser aus dem Fluß zu schöpfen. Er spricht von den Zigeunern und den Türken seiner Kindheit, und Kitanka, die sich als Dolmetscherin betätigt, fügt hinzu, daß es sich dabei um eine poetische Umschreibung handele, da es in Bulgarien keine Türken, sondern nur Bulgaren gebe. Raditschkow ist ein Dichter der Kälte, des Schnees, der weißen Winter. Er ist ein feinsinnig-ironischer Schriftsteller, der die Welt in eine Seifenblase verwandelt, doch ist er ebensosehr der lebenszugewandte Bauer, der in dem umfassenden Epos, aus dem er erzählt und dessen Ende er ausschmückt und variiert, fest verwurzelt, der mit dem Tod vertraut und fähig ist, allen Stimmen des Lebens zu lauschen, dem Epos der Störche auf dem Dach und des Wurms im Holz.

Raditschkow ist heute der berühmteste Schriftsteller Bulgariens. Er spürt die Weisheit in der Tiefe alltäglicher Einfalt auf, die Intelligenz im Gewand der Dummheit, der poetische Wahnsinn, der sich als tumber Hausverstand oder als mürrischer Starrsinn verkleidet, Don Quijote, der sich für Sancho Pansa ausgibt. Er ist der Dichter einer vereisten, winterlichen Donau, und wie gefrorene Springbrunnen bisweilen phantastische Gebilde entstehen lassen, so ist er der Zauberer, der die in diesem Eis gefangenen Figuren und Geschichten wieder befreit. Sein Vater, so erzählt er, sei immer mit der Wünschelrute umhergegangen, um Schätze zu suchen; jeden Abend habe er sich mit seinen Freunden getroffen, um die Expedition des nächsten Tages vorzubereiten. Als wir uns an der Tür nicht ohne Traurig-

keit von ihm verabschieden, frage ich ihn noch, ob denn sein Vater auch Schätze gefunden habe. Nein, niemals, antwortet er mit der größten Selbstverständlichkeit.

10.

Die von Satanael geschaffene Welt

An der Mauer einer Kirche in Eskus – heute Gigen – in der Nähe der Donau fordert eine Inschrift, die wahrscheinlich noch vor dem 11. Jahrhundert entstanden ist, zu Verwünschungen gegen die Häretiker auf. Gemeint sind offenbar die Bogomilen, denen der 1211 zusammengetretene Synod des Zaren Boril eine ganze Reihe von Kirchenbannen schickte. Die Bogomilen, die im 10. Jahrhundert in Bulgarien entstanden und sich bis zum 14. Jahrhundert über die gesamte Balkanhalbinsel ausbreiteten, waren Väter und Brüder der Katharer und Albigenser, wurden wie diese grausam verfolgt, ermordet, auf dem Scheiterhaufen verbrannt; sie behaupteten, daß Gott die geistige und himmlische Welt geschaffen habe, Satanael hingegen, der Teufel, die irdische, mithin die sinnlich wahrnehmbaren und vergänglichen Erscheinungen. Als Nachfahren des manichäischen und gnostischen Dualismus, der in dem asiatischen Reich der Uiguren sogar Staatsreligion gewesen ist, wurden sie häufig verwechselt mit Anhängern ähnlicher Häresien, den Paulizianern und den Messalianern; sie erklärten den fortwährenden Triumph des Bösen und des Leidens allein dadurch, daß es ein perverser Gott gewesen sei, der die Welt geschaffen habe. Satanael, der gefallene Engel, nach anderen Überlieferungen auch Gottessohn, der ältere und bösartige Bruder Christi, war der Weltenschöpfer, der Herrscher über eine grausame und ungerechte Schöpfung, der »Verwalter« des Universums und Antagonist des guten Gottes bis zum Ende aller Zeiten oder auch – wie die radikalsten Dualisten behaupten – bis in alle Ewigkeit. Alles Wirkliche gehörte Satanael, und Leben erzeugen und fortsetzen bedeutete nichts anderes, als sich seinen Gesetzen zu unterwerfen wie sein Komplize Noah, der dem Bösen zu überleben half, wie Moses und die Propheten des Alten Testaments, für sie ein Buch der Ruhmsucht und der Gewalttätigkeit.

Jeder Fürst oder Machthaber dieser Welt war ein Diener des Abgrunds und der Hölle; Jerusalem war von Dämonen bewohnt, und auch Johannes der Täufer – den die Ikonen in der Krypta der Kirche Alexander Newski mit struppig aufgerichteten Haaren darstellen, die vor boshafter Energie zu vibrieren scheinen, und mit dem zornerfüllten Ausdruck dessen, der sich daran freut, Unheil zu verkünden – war ein Sendbote der Finsternis.

Da Leid und der Tod aller Kreatur verbieten, daß man die Fragen, die sich die Bogomilen stellten, zu den Akten der Geschichte legt; sie fragen unentwegt danach, wem das Leid zuzuschreiben sei, das den Lebenden zugefügt wird. Die Revolte gegen das Böse war auch Protest gegen die Ungerechtigkeit; die Bogomilen sprachen für die unterdrückten und erniedrigten Bauern und predigten gegen die gesellschaftlichen Hierarchien, gegen alle Herren dieser Erde. In zweien seiner Romane, *Die Legende von Sibin, dem Fürsten von Preslaw* von 1968 und *Der Antichrist*, der zwei Jahre später erschien, schildert Stanew das aufgewühlte Bulgarien zur Zeit der Bogomilen, er entwirft ein historisches Bild, das zugleich eine Parabel ist auf die Fragen und die Unordnung, die das radikale Bedürfnis nach Wahrheit im Menschen entfesselt. Fürst Sibin erlebt nicht allein die von der Häresie – und deren Verfolgung – ausgelösten politischen Stürme, sondern lebt selbst auch die seelischen Widersprüche dessen, der von der Vermischung des Guten und des Bösen, der schöpferischen und der zerstörerischen Kräfte, und der Unmöglichkeit, beide auseinanderzuhalten, innerlich zerrissen ist.

Die Herrlichkeit der Natur verhilft dem Geist zu einem Gespür für das Ewige, doch vielleicht ist es auch Satanael, der in den Blättern jener Bäume raschelt, der in jenen vitalen Kräften atmet. Das zerstörerische Prinzip negiert die höchste göttliche Schöpfung, und doch ist diese Negation notwendig für den Schöpfungsprozeß und ebenso für das moralische Leben und kann daher auch gut und göttlich sein, sogar wenn diese Ahnung eine der Versuchungen Satanaels wäre, der die Menschen erhöht und von oben herab das Rad der Welt erblicken läßt, so daß Gut und Böse als Triebkräfte der Bewegung erscheinen und als notwendig alles, was sie bewirken, das Martyrium der Häretiker ebenso wie die Wut derer, die sie martern.

Stanew beschreibt die Bestürzung eines Menschen, der diese ununterscheidbare Vermischung von Wahrem und Falschem in allen Dingen gewahrt, in den Augen des todwunden Hirsches, in der

Sinnlichkeit, in der Askese, sogar in dem Versuch, diese Ambivalenz zu begreifen und zu akzeptieren. Unordnung und Aufruhr entflammen in den Herzen und unter der Menge der Häretiker, schüren die sozialen Konflikte und bringen weitere und widersprüchliche Häresien hervor, verführen dazu, Gott in der Reinheit wie in der Schändlichkeit zu suchen. Die Suche nach der absoluten Wahrheit verzehrt jegliche Wahrheit, endet paradoxerweise in einer Gleichwertigkeit und Gleichgültigkeit von und gegenüber allem; das Verlangen nach Reinheit und die Sehnsucht nach Erlösung von der Sünde führen schließlich zur Betäubung in der Orgie; das Leben, dem man bis zu seiner Essenz nachgeht, leugnet und verkehrt unermüdlich jedes seiner Gesichter ins Gegenteil.

Stanew nähert sich dem Drama der Bogomilen mit nietzscheanischer Intuition, die es ihm übrigens auch ermöglicht hat, großartige Tiergeschichten zu schreiben. Das christliche Bewußtsein sucht in dem Blick des sterbenden Hirsches das Geheimnis des Schmerzes und der Schuld zu entschlüsseln und zerreißt sein Innerstes bei dieser Suche ohne Ziel und Antwort. In dem Strudel solcher Fragen, der ihn fortreißt, fühlt Sibin zuweilen Sehnsucht nach Tangra, der spröden und indifferenten Gottheit der Protobulgaren, der Himmel, der sich über der Steppe wölbt und über allen Dingen, so wie sie sind, ohne die Seele oder den Geist zu quälen.

Das »Dornenkraut der Häresie« war überall verbreitet; auch in Serbien und Bosnien, in Rußland und im Westen wuchs es und wurde wieder vertilgt, doch war Bulgarien das Land der Häretiker schlechthin, der »verdammten Bulgaren«. Kitanka fühlt sich geschmeichelt und ist gleichzeitig verärgert; die große historische Rolle Bulgariens, das in Europa religiöse Bewegungen von solcher Bedeutung auslöste, ist ihrem Patriotismus zuträglich, doch widerspricht diese Tatsache einer ihrer anderen Thesen: »Wir Bulgaren sind immer Atheisten gewesen.«

11.

Die Gotenbibel

Nikopoli. In der Nähe dieser Stadt an der Donau, die heute zu einem Dorf zusammengeschrumpft ist, hat Sultan Bajasid der Wetterstrahl im Jahre 1392 das von König Sigismund von Ungarn geführte Heer vernichtet; die Chronisten jener Zeit und der Bericht des Weltenbummlers Schiltberger – ein bayrischer Marco Polo – heben insbesondere die verachtungsvolle Eleganz hervor, mit der die französische Kavallerie unbekümmert um strategische Erwägungen Hals über Kopf und in geschlossener Ordnung der Niederlage entgegenritt. Zehn Jahrhunderte zuvor hatten sich in der Provinz von Nikopoli eine Gruppe von Goten niedergelassen, unter ihnen Bischof Wulfila, dessen Bibelübersetzung ins Gotische den Beginn der germanischen Literatur bedeutet. Diese Gestade, die sonst keine deutsche Präsenz gekannt haben, bilden in gewisser Weise den Ausgangspunkt der deutschen Kultur: von hier aus hat sie sich nach Westen verbreitet, um einige Jahrhunderte später sich erneut nach Osten zu wenden und sich schließlich, von anderen epochalen Völkerwanderungen zurückgedrängt, wieder ganz nach Westen zurückzuziehen, wie ein Fluß, der seinen Verlauf mehrfach ändert.

12.

Ruse

In Ruse, schreibt Canetti – für ihn heißt die Stadt Rustschuk –, hieß die übrige Welt Europa, und wenn jemand die Donau hinauf nach Wien fuhr, sagte man, er fährt nach Europa. Doch schon Ruse ist eigentlich ein kleines Wien, mit dem Ockergelb der Handelshäuser aus dem 19. Jahrhundert, den weiten, herrschaftlichen Parks, dem Eklektizismus der Gebäude aus dem Fin de siècle mit ihren schwerfälligen Karyatiden und Ornamenten und einer verspäteten neoklassizistischen Symmetrie. Hier fühlt man sich zu Hause, in der vertrauten Atmosphäre eines soliden und arbeitsamen Mitteleuropa, zwischen dem alten, ausdrucksvollen merkantilen Wohlstand

des Flußhafens und der düsteren Imposanz der Schwerindustrie. In den Straßen und Plätzen finden sich Winkel, die man aus Wien oder aus Fiume kennt, die beruhigende Einheitlichkeit des Donaustils.

Bis in die zwei Jahrzehnte zwischen den beiden Weltkriegen hinein war Ruse, »das kleine Bukarest«, die reichste Stadt Bulgariens, in der auch die erste Bank gegründet worden war; Midhat Pascha, der türkische Gouverneur, hatte die Stadt erneuert und modernisiert, hatte Gasthöfe und eine Eisenbahnlinie bauen und – nach dem Pariser Vorbild des Barons Haussmann, den er persönlich kannte – die Straßen und Alleen verbreitern lassen. Die beiden Schwestern Elias, Italienerinnen – ihr Vater war Prokurist der Hutfabrik Lazar & Co –, die gegen Ende des ersten Dezenniums geboren sind, erinnern sich an den haushohen Schnee im Winter und an das sommerliche Baden in der Donau, an die türkische Konditorei Teteven und die französische Schule von Monsieur und Madame Astruc, an die Bauern, die frühmorgens große Mengen von Joghurt und Flußfischen herbeibrachten, an das Atelier »Photographie Parisienne« von Carl Curtius, wo man sich anläßlich der Klassenphotos versammelte, und an die allgemeine Neigung, den eigenen Reichtum zu verbergen.

Gegen Ende des 19. Jahrhunderts war man freilich weniger vorsichtig. Die Konsuln der verschiedensten europäischen Staaten und Händler aller möglichen Nationalitäten sorgten für ein reges abendliches Leben – wie etwa jener berühmte griechische Getreidehändler, der in einer einzigen Nacht im Spiel sein Vermögen, das rote neoklassizistische Gebäude in der Nähe der Donau und seine Frau verlor. Die Fassade der Bezirkssparkasse an der Ecke des Platzes 9. September symbolisiert jene habgierige, chaotische und in ihre Wohlanständigkeit eingebettete Welt; um den Eingang zu der alten Bank hausen fratzenhafte Gestalten, der Kopf eines Satyrn, ein Moloch des Geldes, ist mit einem Schnurrbart geschmückt, der sich verlängert und in einem Jugendstilfries auflöst und mit lasziven Schlitzaugen herabschielt. Ganz weit oben ragt ein ganz anderer Kopf aus dem Gemäuer, ein würdevoll ausdrucksloses Gesicht, mit Lorbeer bekränzt: vielleicht ist es der Gründer der Bank, der vornehme Vater all dieser Finanzdämonen, die heute den Erzengeln des Staates zur Überwachung anvertraut sind.

13.

Ein lautstarkes Museum

In Ruse landeten in der letzten Phase der osmanischen Herrschaft die Patrioten und Revolutionäre, die sich in Rumänien, insbesondere in Bukarest und Brăila, sammelten. Das Museum der Baba Tonka, das unmittelbar zur Donau hinausgeht, erinnert an die heldenhafte und unermüdliche Bulgarin, an die Frau, die die eigentliche Seele der vaterländischen Konspiration gewesen ist, die das in Ruse 1871 gegründete Revolutionäre Komitee und die blutig niedergeschlagenen Erhebungen von 1875 und 1876 inspiriert hat. Baba Tonka zeigt ein schroffes Antlitz mit hartem, rechteckigem Kiefer, den Gesichtsausdruck einer Frau, die allzu selbstzufrieden darüber ist, daß sie dem Vaterland vier Söhne – zwei davon tot, die beiden anderen im Exil – geschenkt hat und die bereit ist, wie sie selber sagte, ihm noch einmal vier Söhne zu schenken. In dem Museum hängt auch das Porträt von Midhat Pascha, mit Fes, Zweireiher und Brille à la Cavour. Es war ein genialer Mann, der sich indessen auf eine ausweglose Situation eingelassen hatte; er sah deutlich genug den Verfall und auch die Unrechtmäßigkeit der türkischen Herrschaft, er setzte sich aufopferungsvoll für fortschrittliche Reformen und für eine Modernisierung des Landes ein, doch war er andererseits entschlossen, das türkische Reich, das er verändern wollte, zu verteidigen, und nach den Reformen kam der Galgen. Am Ufer der Donau wohnte in einem Haus mit gelber, mit schwarzem Holz eingelegten Fassade seine Favoritin.

Das Museum der Baba Tonka ist lautstark; Ivan Wasow, der in seinem Roman *Unter dem Joch* den Aufstand von 1876 feiert, hatte den Mut, jenen als »auf tragische Weise ruhmlos« zu bezeichnen und die Widersprüche der revolutionären Bewegung aufzuzeigen, die Unreife des bulgarischen Volkes, das zu diesem Zeitpunkt für seine Befreiung noch nicht vorbereitet gewesen sei. Gerade deswegen ist Wasow, der heute als Klassiker schlechthin gilt, ein wirklicher patriotischer Schriftsteller und sein großer Roman das authentische – realistische, tragische und bisweilen auch humorvolle – Epos Bulgariens und seiner Renaissance.

14.

Sgraffiti in Iwanowo

In der Nähe von Iwanowo, etwa zwanzig Kilometer von Ruse entfernt, liegt eine hoch zwischen unzugänglichen Felsen versteckte Grottenkirche aus dem 15. Jahrhundert; das Innere der Grotte ist mit Wandmalereien geschmückt – die Farben Giottos, sein nachtblauer Himmel und die Landschaft der Sieneser Malerei, ein gegeißelter Christus mit geradem und gelassenem Blick. Die Fresken, die sich in diesem Schlupfwinkel erhalten haben, der eine wundervolle, von wildem Frieden erfüllte Landschaft überragt, sind von bezaubernder Schönheit. Sie gehören zur byzantinischen Schule von Târnovo, der alten Hauptstadt des bulgarischen Zaren, und sind Ausdruck einer hohen Kultur, die für fünfhundert Jahre zum Schweigen verurteilt war. Was jene Felsmalerei heute bedroht, sind nicht mehr die Türken, sondern neben der Feuchtigkeit auch die Besucher, die den Stein mit ihrem Namen und anderen Kritzeleien versehen. Dieses Rowdytum, das dem sehnlichen Wunsch entspringt, sich zu verewigen, hat berühmte Vorbilder, etwa Lord Byron, der den Poseidon-Tempel in Kap Sunion mit seinem Namen verunzierte. Die Zeit jedoch adelt die Wandalismen; die Beschriftungen einiger Griechen oder Armenier aus dem 17. Jahrhundert, die einen zauberhaften blauen Himmel ruiniert haben, sind heute Gegenstand des Interesses und werden praktisch mit der gleichen Sorgfalt geschützt wie jener blaue Himmel. Was ich nicht ausstehen kann, sagte Victor Hugo, wenn er etwas besonders Schlechtem oder Dummem begegnete, ist der Gedanke, daß all dies morgen Geschichte sein wird.

15.

Der Storchenmast

In einem Dorf zwischen Iwanowo und Ruse baute ein Storch sein Nest auf einem Lichtmast, ohne sich des Risikos sowie der Schäden, die er dadurch verursachen könnte, bewußt zu sein. Nachdem die Gemeinde vergeblich versucht hatte, ihn davonzuscheuchen, baute

sie ihm mit offizieller Genehmigung einen zweiten Mast, der eigens für den Storch reserviert war, und tatsächlich akzeptierte er den neuen Mast als Domizil während seiner sommerlichen Aufenthalte. Bulgarien ist auch das Land solcher freundlichen Gesten, was sich nicht allein in dem berühmten Tal der Rosen zeigt, das Moltke auf seiner Besichtigungsreise zu militärischen Anlagen Zerstreuung bot, sondern auch in dieser Aufmerksamkeit gegenüber den Tieren und deren Poesie.

16.

Canettis Geburtshaus

An dem Haus Nr. 12 der Ulica Slavianska in Ruse, die unmittelbar zum Hafen führt, ist auch heute noch neben einem schmiedeeisernen Balkon das große steinerne Monogramm mit dem Buchstaben C zu sehen; das dreigeschossige Haus war das Firmengebäude von Canettis Großvater, heute ist es ein Möbelgeschäft. Das Viertel der unternehmungslustigen »Spaniolen« – die früher zahlreich in Ruse vertreten waren und eine ziemlich geschlossene Schicht bildeten – zeigt jedoch noch die vornehmlich einstöckigen und von Grün umgebenen Häuser. In Bulgarien ging es den Juden gut; in ihrem Buch über Eichmann erinnert Hannah Arendt daran, wie die bulgarische Bevölkerung – als die verbündeten Nazis die Regierung in Sofia dazu zwangen, Juden zum Tragen des Judensterns zu verpflichten – ebenjenen, die ihn trugen, Sympathiebekundungen zukommen ließ und im allgemeinen die Durchführung antisemitischer Maßnahmen zu verhindern suchte.

In diesem Viertel befindet sich auch das Haus, in dem Canetti seine Kindheit verbracht hat; der Direktor des städtischen Museums, Stojan Jordanow, ein freundlicher, intelligenter und gebildeter Mann, führt uns zu jenem Haus in der Gurkostraße, dessen genaue Adresse zu nennen sich Canetti in seiner Autobiographie tunlichst hütet. Die Straße vor dem Gitter ist immer noch »staubig und verschlafen«, der Hof mit dem Gärtchen jedoch nicht mehr so weiträumig, da inzwischen weitere Anbauten entstanden sind. Noch immer muß man, um zu Canettis Wohnung zu gelangen, im Hof links einige Stufen hochgehen; das Haus ist in verschiedene

Appartements unterteilt, in der ersten wohnt eine Familie Dakowi, die letzte Tür ist die der Hausbesitzerin, Frau Wâlcowa, die uns eintreten läßt. Die Zimmer sind unglaublich voll, angefüllt mit Gegenständen aller Art, alles kunterbunt durcheinandergeworfen, Teppiche, Topfdeckel, Schachteln, Koffer, Spiegel auf den Sesseln, Tüten, künstliche Blumen, Pantoffeln, Papiere, Kürbisse; an den Wänden hängen große, eingerissene Photographien von Filmstars, eine Marina Vlady, ein junger De Sica mit verführerischem Lächeln.

Hier also erblickte einer der großen Schriftsteller dieses Jahrhunderts die Welt, ein Dichter, der mit unvergleichlicher Kraft den Wahnsinn unserer Epoche – der jeden Blick auf diese Welt trübt, blendet oder entstellt – erfassen und darstellen sollte. In diesem Gerümpel, in dem Geheimnis, das stets in jedem aus dem formlosen Universum herausgeschnittenen Raum gegenwärtig ist, ist irgend etwas unwiederbringlich verlorengegangen. Auch die Kindheit Canettis ist entschwunden, und selbst der minutiösen Autobiographie gelingt es nicht, sie wieder zu erfassen. Wir schicken eine Karte an Canetti in Zürich, aber ich weiß, daß er dieses Eindringen in seine Privatsphäre, diesen Versuch, seine Vergangenheit aufzuspüren, sein Versteck zu identifizieren, nicht schätzen wird. In seiner Autobiographie, die vielleicht entscheidend gewesen ist für die Verleihung des Nobelpreises, macht sich Canetti auf die Suche nach sich selbst und nach dem Autor der *Blendung*; mit jenem Preis sind zwei Autoren ausgezeichnet worden: jener von einst, der sich versteckt hält, und der von heute, der wieder zum Vorschein gekommen ist. Ersterer ist ein geheimnisvolles, außergewöhnliches Genie, das vielleicht verschwunden und für immer unerreichbar ist, der Schriftsteller, der 1935, im Alter von dreißig Jahren, sein einziges wirklich großes Buch, eines der größten dieses Jahrhunderts, veröffentlicht hat, die *Blendung*, das damals schon bald wieder von der literarischen Bildfläche verschwand.

Dieses unmögliche, abweisende Buch, das keine Zugeständnisse macht und sich nicht vom allgemeinen Kulturbetrieb assimilieren läßt, ist die groteske Geschichte einer delirierenden, lebenszerstörenden Intelligenz, entwirft ein furchtbares Bild von Verblendung und fehlender Liebe; daß es in jener vorbildhaften Mittelmäßigkeit, wie sie für die Literatenrepublik und ihre gutgemeinte Geschichtsschreibung kennzeichnend ist, auf Ablehnung stoßen mußte, war ganz normal, bedeutete die Zurückweisung radikaler, absoluter und

unerträglicher Größe. Dieses Buch, das wie nur wenige andere unser Leben erhellt, ist über lange Zeit beinahe unbekannt geblieben, und Canetti hat seine Randexistenz mit einer Festigkeit ertragen, die vielleicht hinter seiner freundlichen Bescheidenheit das unzweifelhafte, geradezu anmaßende Bewußtsein der eigenen Genialität verbarg.

Der Autor der *Blendung* hätte nicht allein für dieses Werk, und auch nicht für andere frühere Werke, den Nobelpreis erhalten; denn damit diese anerkannt würden, bedurfte es vielleicht eines anderen Schriftstellers, ebenjenes Autors, der dreißig Jahre später ins Rampenlicht getreten ist und den Erfolg seines wiederentdeckten Buches begleitete, als handle es sich um einen postumen Erfolg, indem er einen Leitfaden für die Lektüre, die Interpretation, den Kommentar zur Verfügung stellte: so als würde man mit jahrzehntelanger Verspätung den *Prozeß* wiederentdecken, und es erschiene ein gealteter, liebenswürdiger Kafka, der sich selber als Führer durch die eigenen Labyrinthe betätigte.

Die Autobiographie, die mit der Kindheit in Ruse beginnt, ist diese Konstruktion des Selbstporträts, diese Auflage, einen Kommentar zu sich selbst zu schreiben; statt lebendige Realität zu vermitteln, läßt sie diese in der Beschreibung erstarren. Canetti will die Genesis der *Blendung* erzählen, doch sagt er im Grunde nichts über dieses grandiose Buch und auch nichts über dessen unvorstellbaren Autor, der sich am Rande der Katastrophe und des Nichts befunden haben muß; er spricht nicht einmal von der Abwesenheit und dem Schweigen jenes Autors, seines Alter egos, von dem Schwarzen Loch, das ihn in sich aufgesogen hat und dessen Beschreibung ein weiteres großes Buch hätte entstehen lassen können; statt dessen hat er die Kanten abgeschliffen und die Dinge in einem bündig-versöhnlichen Ton zurechtgerückt, als wollte er versichern, daß im Grunde genommen alles in Ordnung sei. Und somit sagt sein Buch gleichermaßen zuviel und zuwenig.

Ich denke, daß er dieses Urteil, das gewiß ebenso diskutabel ist wie jedes andere, nur schwerlich gutheißen wird; aber es entspringt der Liebe zu dem Autor und zu seiner Lektion über die Wahrheit. Bisweilen ähnelt Canetti den Mächtigen aus seinen Büchern, teilt mit ihnen jenen Wunsch, das Leben zu kontrollieren, den er in *Masse und Macht* untersucht und demaskiert hat. Jeder große Schriftsteller ist von den Dämonen besessen, die er entlarvt, er kennt

sie, weil er sie in sich selbst spürt, er verurteilt ihre Macht, gerade weil er ihr anheimzufallen droht. Es hat den Anschein, als wolle er zuweilen die Welt in der Faust halten oder doch wenigstens das eigene Bild, um sich den uneingestandenen Wunsch zu erfüllen, daß nur Canetti über Canetti reden dürfe. Als Frau Grazia Ara Elias ihm schrieb, daß auch sie in Ruse geboren und aufgewachsen sei und daß sie sich der Canettis und auch des Doktor Menachemoff erinnere, der in der Autobiographie beschrieben wird, antwortete ihr Canetti mit keiner Zeile, vielleicht beunruhigt darüber, daß irgend jemand anderer auf jenes Bild von Ruse Anspruch erheben und eigene Rechte geltend machen könnte, auf die Figur des Arztes und auf all das, was er vielleicht als seinen ausschließlichen Besitz betrachtete, nachdem er einmal darüber geschrieben hatte.

Seinen Briefen – die mir einst in aller Großzügigkeit Zutritt zu seinem Leben gewährten und mir dabei halfen, in mein eigenes einzutreten –, seiner ganzen Persönlichkeit und seiner *Blendung* verdanke ich einen konstitutiven, essentiellen Teil meiner Realität. Meine Reaktion auf seine Autobiographie wird ihm vielleicht mißfallen haben; doch wer von ihm gelernt hat, die tausend Gesichter der Macht zu erkennen, hat auch die Pflicht, in seinem Namen der Macht zu widerstehen, auch wenn diese – für einen Augenblick – seine eigenen Gesichtszüge annimmt. Während Frau Wâlcowa die Tür schließt, betrachte ich, wahrscheinlich zum letztenmal in meinem Leben, jene mit allem möglichen Krimskrams angefüllten Zimmer, in denen ein unbekanntes Kind spielte und aufwuchs, ein ganz großer Dichter, der Treue gelehrt hat, den Widerstand gegen die unannehmbare Kränkung des Todes.

Matoas

1.

Auf dem Weg des Bösen

Die Brücke, die zwischen Ruse und Giurgiu die Donau und die bulgarisch-rumänische Grenze überspannt, nennt sich Brücke der Freundschaft und behauptet von sich, mit ihren 2224 Metern nach jener in Lissabon über den Tejo die zweitlängste in Europa zu sein. Der alte Chronist Grigore Ureche meinte, daß das rumänische Land »auf dem Weg des Bösen«, nämlich in der Richtung jener Invasionen liege, die jahrhundertelang aus dem Osten über Europa hereinbrachen. Nicht allein der Ansturm der Jazygen, Roxolanen, Awaren, Kumanen und Petschenegen, sondern auch banale Mißverständnisse oder alltägliche Versehen können die Existenz schmerzhaft verwunden. Vielleicht wäre es gut, sich mit jener Fügsamkeit der vorübergehenden und vergilbenden Zeit zu unterwerfen, die Zamfirescu, der Dichter des Landlebens, so sehr an den rumänischen Bauern bewunderte, die angesichts eines jeden unbegreiflichen Schicksalsschlages gelassen zu sagen vermochten: »So ist es eben.«

Diese Ergebung scheint einem Klischee über die rumänische Seele zu entsprechen, das nicht allein von oberflächlichen Rednern und sentimentalen Verseschmieden immer wieder hervorgehoben wird. Sogar Mihail Sadoveanu, der kraftvolle Erzähler, der mit seinem Werk ein Nationalepos geschaffen hat, spricht in einer Erzählung aus dem Jahre 1905 davon, daß sein Volk von Natur aus dazu neige, sein jeweiliges Schicksal hinzunehmen, und Cioran rühmt die Bestimmung seines Volkes, seine Ketten zu tragen, »die Tugend unserer Zurückhaltung, den Adel unserer Knechtschaft«. Ein geneigtes Haupt wird nicht abgeschlagen, lautet stolz ein rumänisches Sprichwort, und George Coşbuc, Bauer und patriotischer Dichter, schreibt in dem Gesang *In oppressores*: »Immer wieder angeschrien / ausgepeitscht, von euch bespien, / nahmen wir das Schicksal hin / Schande und Verbrechen.«

Seit der Volksballade Mioriţa, die Sanftmut und Opferbereitschaft besingt, wird dieses Ja zum eigenen Schicksal als Ausdruck einer angeborenen Milde, einer Berufung zur Friedfertigkeit

gerühmt. Die ideologisch aufbereitete *Geschichte des rumänischen Volkes*, die von einer Autorengruppe unter der Leitung des Akademiemitglieds Andrei Otetea zusammengestellt worden ist, weist nach, daß »menschliches Gefühl« als Kennzeichen eines »arbeitsamen und zutiefst demokratischen Volkes«, das niemals das Verlangen gehabt habe, sich über seine Nachbarvölker zu erheben, sich bereits im Dakien des Königs Decebalus zeige, des genialen und gefürchteten Feindes Trajans, und sieht sogar in der Einigung Dakiens durch König Burebista im ersten Jahrhundert vor Christus einen ersten Schritt nicht nur in Richtung auf den Sozialismus im allgemeinen, sondern als Vorboten des Ceauşescu-Regimes im besonderen.

Die sanfte und melancholische Idylle ist auch den Intellektuellen teuer, die Unabhängigkeit demonstrieren; die lebendig geschriebene *Illustrierte Geschichte des rumänischen Volkes* von Dinu C. Giurescu, die eine sich über viele Jahrhunderte erstreckende Geschichte rekonstruiert, lebt geradezu von der Harmonie der Landschaft und dem Rauschen der Wälder, die gleich zu Beginn des Buches beschworen werden und gewissermaßen den ewigen Fluß des Lebens und das historische Werden und dessen Vergänglichkeit in Übereinstimmung bringen. Diese sanfte, harmonische Landschaft hat freilich Gewalt und Tragödien kennengelernt; in seinen Romanen beschreibt Zaharia Stancu eine düstere, unbändig wütende, von der Geschichte, von Kämpfen aufgewühlte Donau, den Hunger und die nackten Füße der Bauern, durch Leibeigenschaft erniedrigt und dennoch fähig, sich wie in jener großen Revolte von 1907 mit Feuer und Schwert zu erheben, mit einer Intelligenz begabt, die sich nicht von einer als Schicksal verkleideten Unterdrückung täuschen läßt.

Der Weg des Bösen, wie der Chronist sagte, ist der Weg des Krummsäbels der Geten, der auf den der Römer traf, der mazedonischen Infanterie, die sich von der Donau her näherte und – den Berichten Arrianus' zufolge – die hohen und dichtstehenden Ähren mit ihren langen Lanzen abschlug, um der Kavallerie den Weg zu bahnen; der Weg des Eisenschwertes, das die Skythen wie einen Gott verehrten, der Weg der von den Türken geraubten Kinder und des osmanischen Jochs aus Holz, das, wie der Historiker Michai Cserey sagte, durch Joche aus Eisen ersetzt wurde; der Weg des Korns und der Binsen, die Stefan II., Großfürst der Moldau, beim Anrücken des Heeres von Mehmet II. verbrennen ließ; der Weg

geplagter und gepeinigter Bauern; von Raub und Mord, Knechtschaft und Gewalt. »Wir tragen noch, wir dulden noch / den Pferdezaum, das Ochsenjoch«, heißt es in einem Gedicht von Coşbuc.

Das Böse ist ein Übermaß an Geschichte, ein Kreuzweg oder auch nur eine Bedarfshaltestelle, immer aber auf der Route der Weltgeschichte gelegen, der entlang in den Schlachthöfen – auch an den weniger wichtigen Stationen – im Akkord gearbeitet wird. In einem Bonmot, das Bundeskanzler Kreisky zugeschrieben wird, soll dieser vor wenigen Jahren geäußert haben, daß Österreich aus der Geschichte ausgetreten und darüber sehr zufrieden sei. Jeder richtige habsburgische Erbe oder Epigone wird sich nur mit Verdruß im großen Welttheater einfinden und nur ungern die Bühne der Weltgeschichte betreten, auf die ihn Mächte geschickt haben – damit er irgendeine Nebenrolle übernehme –, die nicht weniger launisch sind als die Geister und Genien der alten Wiener Zauberkomödie. Weniger unbefangen als Tamino und voller Zweifel, ob er von gutartigen höheren Mächten beschützt werde, möchte der Komparse jene Szenerie verlassen und sucht einen Ausweg hinter den Kulissen, möglichst ohne allzuviel Aufsehen zu erregen.

Die Schritte indessen scheinen sich nicht so sehr einem hypothetischen Theaterausgang zuzuwenden als im lockeren, weichen Erdreich zu versinken – wie wenn der Fuß auf eine Schicht aus herabgefallenem und beinahe schon vermodertem Laub gesetzt wird, so daß es unter dem Gewicht nachgibt und den Fuß in eine tiefere Schicht einsinken läßt, in das bereits zerfallene Laub des vergangenen Jahres, das zu einer feuchten Komposterde geworden ist. Der große Historiker Nicola Jorga, der rumänische Benedetto Croce, hat sich, um den vollständigen Weg der Geschichte seines Landes und seiner Kultur nachzuzeichnen, gründlich mit den undurchdringlichen Tiefen des Volkslebens befaßt, das – wie er schreibt – keine Spuren in den schriftlichen Quellen, in den von Gelehrten und Angehörigen der höheren Klassen verfaßten Dokumente hinterlassen habe, sondern in den Sitten und Gewohnheiten, in den alltäglichen Handlungen und Umgangsformen, die in Jahrhunderten wurzeln.

Indem er bis in die Tiefen dieses Humus hinabstieg und dabei den Weg gleichsam zurückverfolgte, den der Pflanzensaft von den Wurzeln durch die Äste bis zu den Blättern hinaufsteigt, fand Jorga archaische und vergrabene Schichten, die gleichwohl noch fruchtbar

und voller Lebenskraft waren, die Spuren der osmanischen Völkerwanderung und darunter die der turanischen Völker aus Mittelasien, die zum mythischen »Land Rum« zogen; er entdeckte, wie seine Enkelin und Erbin seiner historischen Aufgabe, Bianca Valota Cavallotti, schreibt, eine Einheit und Kontinuität, die wie ein unterirdischer Strom Byzantinisches, Türkisches und Mongolisches verband: jene alte, nie unterbrochene »karpatisch-balkanische Gemeinschaft«, die sich auf uraltem thrakischen Grund gebildet hatte und von dem plurinationalen griechischen Element weiterentwikkelt wurde, das insbesondere für den Handel, die Verwaltung und die Kultur in der Geschichte der Donaufürstentümer von entscheidender Bedeutung gewesen ist.

Dieser Schmelztiegel von Völkern und Zivilisationen enthält den ursprünglichen Nährboden unserer Geschichte, ein nilotischer Schlamm, in dem noch unbestimmte und ununterscheidbare Keime wimmeln. Wenn die im 8. Jahrhundert vor Christus von den Skythen verdrängten Kimmerier ebenfalls, wie Nestor behauptet, zu den Thrakern gehörten und wenn die – von Herodot und Strabon so genannte – getische Wüste sich so weit ausdehnte, daß sie praktisch an die Grenzen des alten odrysischen Reiches stieß, welches das Donaudelta beherrschte, so bedeutet ein Verfolgen des Flußverlaufes bis hin zu seiner Mündung, sich in einen kimmerischen Ursprungsnebel zu begeben, sich in einem Ende zu verlieren, das auch eine Wiederkehr des Anfangs ist.

Pompejus Trogus spricht von einem »Histrianorum rex«, einem König Istriens, als dem Herrscher der Geten, der die Skythen bekriegte; die Dobrudscha wird in der Zeit Justinians Scythia Minor genannt – all dies waren für mich bis vor kurzem reine Namen, *flatus vocis*, phantasievolle Wörter, die man im Mund hin- und herbewegen kann und die ein undeutliches Echo hervorrufen, so wie wir in der Schule Trebisonda sagten, ohne zu wissen, ob es nun Trapezunt sei oder nicht, oder wie wir lernten, daß Mithradates König von Pontus und Prusias König von Bithynien gewesen sei, aber nicht, wo genau Bithynien oder Pontus lagen, und wie es uns gefiel, Kilikien oder Kappadokien zu sagen, so wie ich heute gern Lepton, Baryon, Myon sage. Wenn ich hingegen in den gelehrten Schriften meines Landsmanns Pietro Kandler lese, daß die Dobrudscha oder Scythia Minor in noch älteren Zeiten Istrien genannt wurde, dann ist dies etwas ganz anderes, dieser Name hat Geruch und Ge-

schmack, ist die rote Erde, ist der weiße Felsen am Meer, die Orte der Überzeugung.

Sind die Istrier demnach Thraker, wie es Apollodorus will, oder sind es – nach Plinius und Strabon – Kolcher oder Gepiden? Führt die Suche nach dem Goldenen Vlies im barbarischen Kolchis etwa nach Hause zurück, zu jenem Strand hin, den die Regie auserwählt hat, um mir klarzumachen, daß man unsterblich sein kann, und ist jenes Vlies die aus meinem Meer emporgetauchte Amphore? Es ist ein Scherz der Donau, und das ganze Durcheinander entsteht aus jenem Irrtum der Alten, die glaubten, daß die Donau, der Ister, sich in zwei Arme verzweige, von denen einer ins Schwarze Meer, der andere – als Mirna oder Timavo – in die Adria münde. Und so wurde Istrien einmal zum Land des Pontus Euxinus und andererseits die weiße adriatische Halbinsel.

Vielleicht haben die Thraker, die vom Schwarzen Meer kamen, die Gerüchte um jene Donaugebiete mitgebracht, oder es waren die Kolcher, die das Gold jener Namen mitbrachten, als sie den Argonauten folgten, die Donau, die Save und die Ljubljanica hinauffuhren und sich schließlich die Schiffe auf die Schultern luden. Auch im Schwarzen Meer gibt es eine Absyrtide, eine Insel, die wie die Absyrtiden der Adria aus dem Leichnam des von Medea getöteten Bruders entstanden sein soll.

Die Gelehrten gehen mit den Mythographen, die sich von Wörtern verführen lassen, hart ins Gericht: Strabone et Pline ne sont pas excusables d'avoir dit que le meurtre d'Absirte se fit dans les Isles Absyrtides qui sont dans le golphe de Venise, steht in dem Wörterbuch von La Martinière. Ist die Glückseligkeit also nicht gänzlich und vollkommen ausgeschlossen, auch wenn ihre Verheißung allein aus den Irrtümern der antiken Geographen hervorscheint? Ich gedenke eigentlich nicht, ihnen erneut Glauben zu schenken – wie es in der Wissenschaft Usus ist, die in periodischen Abständen die gewonnenen Resultate verwirft und zu den bereits überwundenen Hypothesen zurückkehrt. Pomponio Mela kann offenkundig der Kritik nichts entgegensetzen, die diesbezüglich von Bernardo Benussi gegen ihn erhoben wurde; dieser hatte seine Einwände in den »Heften des kaiserlich-königlichen Gymnasiums von Capodistria« von 1872 veröffentlicht, als der Autor trotz seines jugendlichen Alters bereits – wie es in der Einführung heißt – »ordentlicher Professor, Bibliothekar und Klassenlehrer« war.

Der unerreichbare und immer ungewisse Ursprung bedeutet wenig, und auch Jorga vermag nicht, die ursprüngliche Schicht seiner Kultur zu entdecken. »Die Geschichte kennt keines Volkes Anfänge«, schreibt Curtius, weil sie nämlich gar nicht existieren; es ist vielmehr die Historiographie, die sie schafft und hervorbringt, indem sie dieses Problem stellt und untersucht. Jede Genealogie geht auf den Urknall zurück; die Frage nach dem lateinischen Ursprung der Rumänen beziehungsweise nach der dakisch-getisch-lateinisch-rumänischen Kontinuität, die so häufig von der Geschichtsschreibung und von der rumänischen Nationalideologie wiederaufgeworfen wurde, ist nicht wesentlich bedeutender als jener Streit zwischen Furtwangen und Donaueschingen um die Donauquellen.

2.

Götter und Pfannkuchen

Bukarest. Sieht man einmal von dem sparsamen Umgang mit elektrischer Energie ab, wodurch des Abends die Erscheinung einer Ville Lumière unterbleibt, so repräsentiert Bukarest, das Paris des Balkans, eine letzte profane Ära in jenem Emanationsprozeß, während dessen die Vorstellung und das Vorbild der Stadt schlechthin, Hauptstadt Frankreichs und Europas zumindest im 19. Jahrhundert, sich nach und nach ausbreitet und dann zerfällt, je weiter man nach Südosten gelangt. Wie in dem von der neoplatonischen Religion und Philosophie beschriebenen sukzessiven Übergang von einer Hypostase zur anderen, ist auch hier das Sich-Verströmen und Herabsinken des All-Einen, der Idee, durch die verschiedenen Stufen der Materie hindurch nicht einfach eine Degeneration, ein Verlust, sondern weckt zugleich auch einen dunklen Impuls zur Erlösung.

Der franko-balkanische Stil wird grober und ornamentaler, gibt der Verführung des Dekorativen ebenso nach wie dem *horror vacui*; die Balkone und die schmiedeeisernen Verzierungen der den Pariser Gebäuden nachempfundenen Fassaden betonen Kurven und verschlungene Schnörkel, der Klassizismus ist massiver, der Eklekti-

zismus markanter und schwerfälliger, gekünstelte Säulen und Kapitelle, heitere Kuppeln in einem mittelmäßigen Art Déco. Der Jugendstil stellt viel Gold und Armut zur Schau, ergeht sich in bemalten Glasfenstern und verfallenen Freitreppen. In dem Jugendstil-Atrium der Casa de Mode drängen sich Zigeuner, während unweit davon die Marktstände in Lipscani übelriechende Süßigkeiten und Büstenhalter anbieten, die vor kurzem benutzt zu sein scheinen. Eine Passage, die übertrieben pariserisch wirkt, führt zu einer Reihe von Läden, in denen Ausstellungen, Bilder und Kunsthandwerk zu sehen sind, deren pechschwarze Eisentüren jedoch, sobald sie geschlossen sind, wie an die Mauer gelehnte Särge aussehen.

In Lipscani Nr. 12 erinnert eine Hinweistafel an die journalistische Tätigkeit des Nationaldichters Eminescu, der von sich schrieb, er lebe so, als würde seine Existenz von jemand anderem erzählt werden, und dem ein Kritiker wegen seiner häufigen Wohnungswechsel einen pathologischen »deambulatorischen Automatismus« bescheinigte. Hinter dem Tor öffnet sich ein Hof voller Schmuckfriese und Müll; in einer Ecke steht eine weibliche Skulptur, wacht über die von den Mietern angehäuften Müllsäcke; ihre Jugendstil-Erotik wird von der sie umgebenden Öde und Ärmlichkeit alles andere als neutralisiert. In dem Hotel Hanul Lui Manuc, dem Gasthof von Manuc Bey, der 1808 erbaut wurde, bedecken rote Teppiche die Holztreppen; dichtgedrängt trinken die Gäste Bier und Kaffee, sowohl im Hof als auch in den anderen Geschossen, unter ebenfalls hölzernen Arkaden und Säulen; zwischen den Tischen im Erdgeschoß befindet sich ein Hühnerstall.

Dennoch ist Bukarest gewiß nicht nur die Stadt überfüllter Basare, sondern auch weiter, herrschaftlicher Flächen, grüner Parks und breiter Boulevards, die zu am Stadtrand gelegenen Seen führen, der Villen aus dem 19. Jahrhundert und der Residenzen aus dem Fin de siècle wie jene, die Madame Lupescu, die berühmte Geliebte des Königs, besaß, neoklassizistischer Gebäude sowie von Bauten aus der Stalin-Ära. Bukarest ist eine wirkliche Hauptstadt, hat deren Atmosphäre, die majestätische Weite, die unbekümmerte Platzverschwendung. Trotz einiger Wolkenkratzer im sowjetischen Stil der fünfziger Jahre – wie das Scînteia-Gebäude – dehnt sie sich wie Paris in die Breite aus, steigt nicht in die Höhe wie viele moderne westliche Städte, sondern breitet sich in der Ebene aus.

Die Basarstände in Lipscani oder der Müll neben den sanften weiblichen Kurven jener Statue im Hof sind nicht die Negation, sondern die Fortsetzung jener Pariser Eleganz, die letzte und niederste Schar von Engeln, die jene verkünden und verbreiten, indem sie sich unter die alltäglichsten und vergänglichsten Dinge mischen. In dieser plotinischen Prozession fließt das überströmende Sein von den höheren zu den niederen Stufen des Lebens, die Seele steigt hinab in den Strom der überall aufkeimenden Materie, die sich unter ihr ausbreitet, die Pariser Passage verwandelt sich in den Suk, den levantinischen Markt. Der vornehme und elegante Stil nimmt eine zweideutige Physiognomie an wie ein vulgär geschminktes Gesicht, doch erhält er dadurch auch die Humanität einer jeden menschlichen Inkarnation, die Demut des Gestanks und des Schweißes, die unreine, sich verzehrende Sterblichkeit des Geschreis und des Gestikulierens, den feuchten Atem dessen, was Saba das warme Leben genannt hat.

Die Balkanisierung von Paris ist eine Art gnostischer Sinnlichkeit, die in der Verderbtheit des Fleisches von der Sehnsucht nach Erlösung erfüllt ist und sich der wimmelnden Niedrigkeit des endlichen Lebens überläßt, ohne den eigenen Ursprung und die eigene göttliche Bestimmung zu vergessen. Der unbestimmte, vieldeutige Nährboden dieses rumänischen Schmelztiegels absorbiert und verändert unaufhörlich das Kaleidoskop der Gestalten. Es ist nicht zufällig, daß in der rumänischen Kultur so ausführlich der Unterschied zwischen Grund und Formen diskutiert worden ist. Im Gegensatz zu den politisch und wirtschaftlich entwickelten Staaten, bemerkt der Marxist Gherea, gehen die gesellschaftlichen Formen in den rückständigen, halbkapitalistischen Ländern dem gesellschaftlichen Grund voraus und bleiben daher schwache und vorläufige Strukturen eines Überbaus, der von der Basis fortwährend gelockert und wieder aufgelöst wird. In manchen Stadtvierteln von Bukarest scheint dieser unaufhörliche Zersetzungsprozeß, diese Vitalität, welche die endgültigen Grenzen auflöst, noch heute zu bestehen. Die ethnische Vielfalt dieses Landes ist das wechselhafte, schillernde Antlitz eines über die Jahrhunderte hinweg gebildeten Amalgams; die olivfarbenen Augen und die gebieterische Nase der schönen Fanariotinnen und die schwarzen, fettigen Haare, welche die Urenkel der Aromunen oder Kutzlovachen aus Mazedonien kennzeichnen, mischen sich in dem Gedränge wie Blasen in einem Topf.

Das Niedrige enthält – wie die Bruchstücke abgefallener Ornamente – das Hohe und die Erinnerung an das Hohe; wenn die Tradition der byzantinischen Malerei in die rumänische Volkskunst und in die Votivbilder der walachischen Bauern übergegangen ist, so kann man sich in diesen volkstümlichen Grund versenken und dort vielleicht wieder zu der alten Strenge der Sakralkunst finden. So würde Grischa Rezzori, der eindringliche, nostalgische Rhapsode der Erotik Bukarests, wahrscheinlich in den majestätischen Brüsten jener Zigeunerin, die mit unbekümmerter Dreistigkeit an ihrem Stand Gürtel und Schnallen feilbietet, die erste Stufe des Aufstiegs und der Rückkehr erkennen, die Botschafter des Heils, die zur untersten Schicht in der Engelshierarchie gehören, aber gerade deswegen bis zu uns herunterreichen, in das dichte Gedränge der Existenz. In diesen Straßen des Viertels Lipscani begreife ich Grischa und die messianische Sehnsucht nach Sexualität, die in seinen Bukarester Geschichten zur Höhe und zum Nichts emporstrebt, so als würde man, versunken in dem breiten Becken dieser Zigeunerin und zwischen ihren Schenkeln ihrem königlichen und leicht zugänglichen Despotismus huldigend, etwas suchen oder finden, was einmal ganz vage versprochen wurde.

Trotz ihrer zweifelsohne unvergeßlichen Bluse glaube ich nicht, daß diese Zigeunerin eine Himmelsbotin war, doch kann es in diesem Basar, in dem die Geschichte und die Völker zum Ausverkauf dargeboten werden, unzählige Götter geben, so wie noch bis zum vorigen Jahrhundert in der Walachei und in der Moldau 60 verschiedene Münzarten als Zahlungsmittel kursierten: Aspri aus Silber, Bani, Kopeken, Creiţar, Dukaten, Gulden, Galbenen, Groschen, Leu, Ortul, Taler, Pitak, Potronik, Schillinge, Timfi, Ughii, Złoty, Tult, Dinare, vielleicht sogar noch die tatarischen Dirhem. Die Inflation ist eine Katastrophe, doch trägt eine bestimmte Rate innerhalb gewisser Grenzen zum Umlauf und zur Erneuerung des Lebens bei. Hier sind viele Götter inflationär entwertet und konsumiert worden – wie die fettigen Pfannkuchen, die an den Ständen verkauft werden; einer der bislang letzten ist Ceauşescu, dessen Bild überall auftaucht.

Dieser Verbrauch an Göttern – ähnlich dem Betrieb in einem Stundenhotel – läßt das Fehlen einer geschichtlichen Essenz deutlich werden, die Abfolge des Vergänglichen, die Apotheose der Entzauberung. Mit seiner vollkommenen und zur Schau gestellten

Desillusionierung ist Cioran aus dieser vegetabilen Tiefe des rumänischen Universums hervorgegangen – auch wenn er nicht aus Bukarest stammt –, diesem Gemisch, wie er schreibt, aus Frische und Fäulnis, Sonne und Kuhmist. Das radikale Lachen freilich verspottet nicht nur den Glauben an Ordnung und Werte, sondern auch die Vermessenheit des Chaos und des Nichts, doch ist der von nostalgischer Fäulnis geblendete Cioran zu solchem authentischen Skeptizismus ebensowenig fähig wie zu Humor. Indem er allen Philosophien und Ideologien einen Schleier nach dem anderen herunterreißt, glaubt er, auf dem Laufsteg der zu Ende gegangenen Weltgeschichte einen Basar der Meinungen und Glaubensartikel vor sich zu sehen, die zum Ausverkauf bereitstehen, ohne zu merken, daß auch er in dieser universalen Ausstellung vorbeidefiliert. Als Parasit des Unbehagens flüchtet er sich in die absolute Negation und richtet sich in aller Bequemlichkeit zwischen den Widersprüchen der Existenz und der Kultur ein, deren Wahnsinn er unterstreicht, statt zu versuchen, den viel schwierigeren Wirbel des Guten und des Bösen, des Wahren und des Falschen, wie ihn jeder Tag mit sich bringt, zu erfassen.

Die Marktschreier, die zwischen ihren Ständen in Lipscani ihr Leben zu fristen versuchen, könnten den Philosophen der absoluten Negation lehren, daß diese ein bequemes Hilfsmittel ist, um sämtliche Probleme ein für allemal zu lösen und sich vor jeglichem Zweifel zu schützen. Cioran ist ein genialer Abkömmling dieses Marktes, der aber einen anderen Weg eingeschlagen und sich in seiner Pariser Mansardenwohnung von jenem demütigen und fröhlichen menschlichen Elend distanziert hat. Lipscani ist auch ein Fest der Vulgarität, doch aus dem Fehlen der Werte, aus dem es entsteht, geht auch die Angst vor dem Nichts und vor dem Tod hervor, die jene zweideutige Frivolität zu betäuben sucht. Die Vulgarität erheischt auch Respekt; zimperlich zu sein, ist – wie Kafka sehr gut wußte – eine Sünde wider das Leben.

3.

Ein verlegter Kongreß

Der Schriftstellerverband, bei dem die rumänisch-italienische Begegnung stattfindet, ist in einem kleinen Gebäude aus dem Ende des 19. Jahrhunderts – in eklektizistischem Jugendstil und mit verschwenderischen Verzierungen – untergebracht. Zu viert repräsentieren wir Italien – vorausgesetzt, daß irgend jemand irgend etwas repräsentieren kann –, Bianca Valota, Umberto Eco, Lorenzo Renzi und ich; die Einführung hält – wohl in ehrenvollem Andenken an die Symbiose beider Kulturen – ein berühmter Gelehrter, eine alles andere als Graue Eminenz innerhalb der rumänischen Naturwissenschaft. Es ist ein gutaussehender Mann, der sich dessen auch bewußt ist, und während er spricht, fährt er mit seiner großen, schlanken Hand häufig und mit sichtbarer Genugtuung durch die langen, dichten und rabenschwarzen Haare, die kaum mit seinem Alter – er ist nahe der Emeritierung – zu vereinbaren sind. Er ist sehr intelligent, liebenswürdig, ein außerordentlich gebildeter und origineller Kopf; während irgendeine wichtige Persönlichkeit die hier wie auch andernorts unvermeidliche stereotype und konventionelle Rede hält, lauscht er, die Augen nach oben verdreht, mit resignierter und unverhohlen spöttischer Leidensmiene, doch als er an der Reihe ist, erhebt er sich und äußert gleichmütig eine ähnliche Litanei von Gemeinplätzen. Er spricht leise, gewählt, ist wohlwollend und gleichwohl bereit zu unvermittelter Härte; im persönlichen Umgang großzügig, fürsorglich, häufig auf diplomatische Weise ausweichend, aber auch verachtungsvoll kühn in seinen Urteilen, nicht zuletzt bei heiklen Fragen, die ihn durchaus in Gefahr bringen könnten. Er besitzt die Kunst, zwischen den Schwierigkeiten hindurchzugleiten, so als wollte er nur die Stürme meiden, während er ihnen in Wirklichkeit direkt begegnet und dabei die Zügel fest in der Hand hält.

Die Jahre, die er durchgemacht hat, von der Eisernen Garde bis hin zum Stalinismus, umfassen eine Epoche, die der Feder eines Tacitus würdig wäre, doch haben sie seine zwanglose Freundlichkeit, seine natürliche Herzlichkeit nicht im mindesten beeinträchtigt. Wie bei Rezzoris Herrn Tarangolian, so verbinden sich auch bei ihm Authentisches und Falsches zu einem unentwirrbaren Geflecht,

aber man spürt, daß man auf ihn zählen kann. Seine Bildung ist nicht nur eine persönliche Qualität, sondern reflektiert auch das Niveau der rumänischen Intellektuellen, die Ernsthaftigkeit ihrer Studien, die Weitläufigkeit ihres Interesses und ihres geistigen Horizonts, die Strenge und zugleich Offenheit ihrer Intelligenz.

Mehr als die Reden und Vorträge zählen die vorsichtig geführten und mit anspielungsreichen Indiskretionen durchsetzten Gespräche und Plaudereien in den Pausen. Auch über diesen Riten wacht der Kult des Satrapen Ceauşescu, aber sogar die persönliche Tyrannei und die wirtschaftlichen Fehlschläge des Regimes erscheinen als bedeutender Fortschritt im Vergleich zu dem Rumänien der Bojaren und dem Elend der Bauern. Viele flüstern Andeutungen, andere kritisieren offen Regierung, Staat und Partei. Indem er mir eines seiner Bücher überreicht, bittet mich einer der Professoren, es vertrauensvoll bis zum vorletzten Kapitel zu lesen und das letzte, das von der Nachkriegszeit handelt, wegzulassen, da darin, wie er pedantisch betont, alles falsch sei. Bianca, die den interessantesten Vortrag gehalten hat, ist beunruhigt, auch wenn sie ihr Unbehagen mit strahlender Anmut zu überspielen weiß. Die Enkelin des großen Jorga, die von ihm das historische Bewußtsein eines Nationalgefühls geerbt hat, das in einem kosmopolitischen Bewußtsein wurzelt, möchte uns ein anderes Rumänien zeigen, dasjenige, das sie liebt und das wie alle Vaterländer vielleicht nur in dieser Liebe existiert.

Es fehlt in der Diskussion nicht an beherzten Einwürfen und Fragen, die von einigen jungen Leuten vorgebracht werden. Die Folge davon erleben wir am nächsten Tag, als wir zur Fortsetzung der Konferenz an einen anderen Ort, nämlich zum Jorga-Institut gebracht werden. Das zahlreiche Publikum, das davon nichts weiß, ist natürlich zu dem Haus des Schriftstellerverbandes zurückgekehrt, wo dem vorgesehenen und öffentlich angekündigten Programm zufolge der Kongreß stattfinden sollte. Nur einige einfallsreiche und unternehmungsfreudige junge Leute haben diesen anderen Veranstaltungsort in Erfahrung bringen können und sind uns hierher gefolgt. Während die Leute, die vornehmlich durch den Namen Eco und auch aus Sympathie für Italien oder aus allgemeinem Interesse für das Ausland angelockt worden sind, verwirrt woanders auf uns warten, setzen wir, die wir nun zahlreicher sind als unsere Zuhörer, unsere Arbeit fort.

4.

Das Fenster des Marschalls

In diesem Zimmer, erzählt mir der Kunstkritiker und Dichter Grigore Arbore und zeigt dabei auf ein Fenster des königlichen Palasts, der heute Palast der Republik heißt, hat König Michael den Militärdiktator des Landes, Marschall Antonescu, am 23. August 1944 um 16 Uhr verhaftet. Antonescu war ein Mussolini, der vergeblich und zu spät versuchte, ein Badoglio zu werden. Im Januar 1941 hatte der Marschall die Eiserne Garde, die faschistischen Legionäre, aus der Regierung entfernt und ihre Organisation verbieten lassen; als Verbündeter der Nazis und aktiv bei dem Angriff auf die Sowjetunion im Juni 1941 beteiligt, versuchte Antonescu die politisch-militärische Autonomie Rumäniens zu retten, und vielleicht verdankt man auch seiner Taktik oder zumindest seiner vorsichtig abwartenden Haltung, daß es trotz des verbreiteten Antisemitismus in Rumänien weder Vernichtungslager noch Deportationen in die Konzentrationslager jenseits der Grenzen gegeben hat.

Seine Politik gegenüber den Nazis bestand im wesentlichen darin, diese davon zu überzeugen, daß die Juden ohnehin im Land blieben und nicht entweichen könnten, weshalb man auch das Ende des Krieges abwarten könne, um dann zu sehen, was mit ihnen geschehen solle. 1944 hatte er Verhandlungen mit den Russen aufgenommen, um einen Waffenstillstand herbeizuführen, doch waren die Verhandlungen noch im Gange und ihr Ausgang ungewiß, als der Marschall an jenem 23. August sich dem König widersetzte, der ihn dazu aufforderte, die sofortige Feuereinstellung zu verkünden. Der Diktator, der bestrebt war, sich von den deutschen Verbündeten zu lösen, aber noch keine hinreichenden Garantien zu haben glaubte, um diesen Schritt ausführen zu können, wurde somit aufgrund seiner Weigerung, sich auf der Stelle von den Nazis zu trennen, überraschend verhaftet.

Es scheint, als gebe es in Rumänien vorsichtige Anzeichen für eine geringfügige Revision hinsichtlich des Urteils über den *Conducator*, den am 1. Juni 1946 hingerichteten Führer. Die Geschichte Antonescus ist eine klassische Parabel auf den Faschismus und die zersplitterte europäische Rechte. Antonescu nahm aktiv an der

Niederschlagung der kommunistischen Revolution Béla Kuns in Ungarn teil, indem er an der Besetzung Budapests teilnahm; ein Prototyp des politischen Reaktionärs, verbündete er sich als Diktator mit den Nazis, erstickte aber den rumänischen Faschismus. In jenen Jahrzehnten ist der Faschismus bis zu einem gewissen Punkt eine Kraft, deren sich andere politische Kräfte bedienen zu können glauben; die westlichen Mächte suchen ihn zu benutzen, um den Kommunismus einzudämmen und ihn gegen die Sowjetunion zu richten, die ihrerseits das Spiel durcheinanderbringt, indem sie, um Zeit zu gewinnen und sich im Innern zu festigen, sich mit Hitler verbündet. Irgendwann fällt dieses Spiel in sich zusammen, der Faschismus erweist sich als zu keinem politischen Zweck und für niemanden nützlich, er stellt sich gegen alle und wird gegen alle gestellt, sein Schicksal wird ein wahnwitziges Abenteuer, Niedertracht und Verzweiflung.

Einige Faschisten oder extreme Rechte, die sich den Faschisten angeschlossen haben, versuchen noch, als die Verhältnisse plötzlich umschlagen, vom Wagen abzuspringen und militärischen Nationalismus von dem schwarzen Ultraradikalismus zu unterscheiden; Antonescu gelingt es nur, einen Schritt zurück anzudeuten.

Es scheint, als habe seine Verhaftung die Nazis völlig unvorbereitet getroffen, sogar den äußerst aktiven deutschen Botschafter in Bukarest, Fabritius. Die Tragödie jener Monate und Tage in Bukarest entbehrt auch nicht einiger grotesker und irrealer Züge, sie zeigt ein absurdes Nebeneinander und paradoxe Überschneidungen. Die Geschichte eines ehemaligen italienischen Carabiniere, der in Bukarest geblieben ist, wo er eine Familie gegründet hat, ist ein lebendiges Dekameron dieser Tage. Während des Krieges stand er im Dienst der italienischen Botschaft. Von Salò aus ernannte Mussolini, nach dem Bruch mit dem italienischen König, einen neuen Botschafter, einen in Bukarest lebenden Italiener. Dieser ging nun zu Antonescu, der sein Beglaubigungsschreiben empfing, das ihn als Botschafter einer verbündeten Macht auswies, ihm jedoch erklärte, daß Anstand und Takt ihm verbieten würden, den Botschafter des – nunmehr feindlichen – italienischen Königs aus seiner Residenz zu vertreiben. Und somit blieb während des ganzen Krieges und bis zur Ankunft der Russen der Botschafter des Königs, mithin einer feindlichen Macht, ebenso unnütz wie ungestört, in der italienischen Botschaft. Deutsche und Rumänen taten so, als merkten sie nichts, und um die

Form zu wahren und nach außen Sicherheit zu bekunden, hielt der Carabiniere mit seiner Muskete an der Eingangstür Wache, während feindliche Abteilungen vorbeizogen. Er habe sich damals allerdings nicht eindeutig entscheiden können, sagt er, was er mit jener Muskete, die auch brav geladen war, getan hätte, wenn eine jener Abteilungen auf die Idee gekommen wäre, seine Phantombotschaft anzugreifen.

5.

Mahalá und Avantgarde

Die Mahalá, die Vorstadt von Bukarest, hat dem Klassiker des rumänischen Theaters, Ion Luca Caragiale, einen unerschöpflichen Fundus an Geschichten, Intrigen, Verwicklungen und pikaresken Begebenheiten geboten. In den Cafés der Peripherie sammelte er gegen Ende des vorigen Jahrhunderts Schicksale und deren Parodien, melancholische Situationen, Individuen, Beziehungen, in denen sich die ungestüme und ungefähre Entwicklung des neuen Rumäniens, das erst vor kurzem zu einem einheitlichen Staat geworden war, die Herausbildung seiner gesellschaftlichen Klassen und insbesondere der groben und habgierigen führenden Schicht widerspiegelten. Er selbst war nicht nur der Schriftsteller, der diese Welt darstellte, sondern auch eine ihrer Figuren. Der fruchtbare Autor von Komödien, Erzählungen und Skizzen war Journalist, Theatersoufleur, Fahnenkorrektor; er gründete Zeitschriften, beispielsweise *Die rumänische Flause* im Jahre 1893, eröffnete Bierlokale und Bahnhofsrestaurants – alles Unternehmungen, die regelmäßig scheiterten.

Seine heiteren, lebendigen Komödien stellen einen vollkommenen Mechanismus des Nichts dar, ein Vaudeville, das mit unvermittelter Präzision abläuft und das die Inkonsistenz der Gesellschaft und des Lebens demonstriert. Wenn Caragiale ein rumänischer Labiche ist, so ist Ionesco aus seiner Schule hervorgegangen. Der französisch-rumänische Ionesco gehört in der Tat zu jener Avantgardeliteratur, die – namentlich der Dadaismus – einigen Kritikern zufolge eine »rumänische Schwangerschaft« erlebt hatte, bevor sie

regulär das Licht des Abendlandes erblickte: Tzara, Urmuz mit der Selbstzerstörung des Subjekts in der Sprache und seinem symbolischen Selbstmord, Virgil Teodorescu, der in der von ihm erfundenen Leopardasprache schrieb: »Sobroe Algoa Dooy Fourod Woo Oon Toe Negaru...«

Auch wenn seine Welt Frankreich ist, entstammt Ionesco diesem rumänisch-dadaistischen Humus, entnimmt ihm jenen Spaß an der absoluten Parodie, die seine Witze belebt und auch in seinem metaphysischen Clownsgesicht zum Ausdruck kommt, einem Gesicht à la Buster Keaton, das sein eigentliches Meisterwerk ist. Caragiale ist vielleicht ein subtilerer Meister des Un-Sinns und des Absurden als Ionesco, da dieser, um die feierliche Leere der Existenz und der daraus folgenden gesellschaftlichen Gebote hervorzuheben, sich bisweilen gezwungen sieht, diese Irrealität ausdrücklich auf schematisch-didaktische Weise darzulegen, so wie jemand einen Witz noch einmal erklärt, ohne daß man darum gebeten hätte.

Caragiale hat es nicht nötig, die Realität zu entstellen, sie explizit zu verspotten, um ihre Falschheit und Leere aufzuzeigen; es genügt ihm, sie zu zeigen, wie sie ist, in gewöhnlichen Worten zu zitieren, wie sie wirklich gesagt werden, um das Nichts dahinter zu entschleiern, das desto beunruhigender erscheint, je normaler es ist. Seine Personen sagen keine ausdrücklichen Absurditäten, sondern vollkommen vernünftige Sätze, die eben deswegen um so absurder sind; sie stellen ein getreues Abbild dar und keine Karikatur der Seifenblasen, aus denen wir gemacht sind.

Trotz der stereotypen Mechanik des Absurden, die ihm den Zugang zu wahrer Größe verstellt, ist Ionesco dennoch ohne Zweifel größer als Caragiale, da er auch der Angst vor dem Tod, der Dunkelheit der Existenz und deren vergeblichem, aber ununterdrückbarem Verlangen nach Ewigkeit Ausdruck verleiht. Sein bissiger Sarkasmus trifft vornehmlich die Parasiten des Absurden, die wortreichen vorgeblichen Theoretiker der paradoxen Sophistereien und der Einfälle, die immer *up to date* sind. Das bürgerliche Philistertum der Familie Smith in der *Kahlen Sängerin*, die ständig Phrasen aus den Tageszeitungen und die gängigen Redewendungen nachplappert, ist in nichts verschieden von jenem Philistertum der Intellektuellen, die stets auf dem laufenden sind, die Bürger verhöhnen und behaupten, daß die wahre Ernsthaftigkeit dieses zweideutige Doppelspiel sei, und verkünden, daß »nur das Vergängliche dauert«.

Wenn die Avantgarde sich selbst treu bleiben will, beseitigt sie jenen Wirbel avantgardistischer Novitäten, die inzwischen zu einem vollkommen kalkulierbaren Spiel der Wiederholungen geworden sind. In *Impromptu oder Der Hirt und sein Chamäleon* mißfällt Bartholomäus I – einem der Chefliteraten, die dem armen Autor Regeln und Gesetze vorschreiben – das Wort »schöpferisch«. Als braver Vertreter einer redlichen Experimentalliteratur beziehungsweise reiner Rhetorik liebt er statt dessen das Wort »Mechanismus«. Wer weiß, ob Ionesco, als er an ihn und an seine realen Vorbilder dachte, sich jenes lapidaren Satzes des rumänischen Dadaisten Mihai Cosma erinnerte: »Literatur: das beste Toilettenpapier des Jahrhunderts.«

Die rumänische Kultur verwaltet heute mit Umsicht und nicht ohne Wohlwollen das Erbe ihrer großen avantgardistischen Tradition; bereits 1964 wurden *Die Nashörner* von Ionesco aufgeführt, der als leidenschaftlich antikommunistischer Autor bekannt ist. Gegen Ende der vierziger Jahre war das Regime im Namen eines vulgärmarxistischen Pseudoklassizismus gegen jene Autoren vorgegangen, die der nihilistischen »Auflösung der Dichtung« verdächtigt wurden, und sogar der große revolutionäre Dichter Tudor Arghezi hatte seine Schwierigkeiten. In einer Mischung aus Provokation und verhaltener Beschwörung betitelte Nina Cassian 1945 eine ihrer Lyriksammlungen *Ich war ein dekadenter Dichter*. Doch nicht einmal einem Autor wie Marin Sorescu gelingt es – was er etwa mit seinem 1968 geschriebenen *Jonas* beabsichtigt hatte –, in angemessener und positiver Weise auf Ionescos *Der König stirbt* – und noch weniger auf Becketts *Warten auf Godot* – eine Antwort zu finden.

6.

Die *slot machine* der Dichtung

In einem Vorstadtviertel lebt auch der jiddische Dichter Israil Bercovici. Die Literatur, sagt er mir, sei eine *slot machine*; das Leben und die Geschichte würfen einen Schwall von Ereignissen ein, das einmalige Licht eines Abends, Liebeshändel oder Weltkriege, doch könne man niemals wissen, was dabei herauskomme, kümmerliches

Kleingeld oder eine königliche Belohnung, eine Kaskade von Poesie. Der schüchterne, zurückhaltende Bercovici ist ein feinsinniger Dichter, der jene familiäre Freundlichkeit ausstrahlt, jene unbeirrbare *pietas,* die Jahrhunderte von Gewalttaten und Pogromen überdauert haben; die Bibliothek in seiner schmucken, bescheidenen Wohnung ist eine kleine Arche Noah des Ostjudentums, und wenn er eines seiner Gedichte, zum Beispiel *Solovej*, Nachtigall, liest – während seine Frau, aus dem Krankenhaus zurückgekehrt, wo sie als Ärztin arbeitet, das Essen kocht –, begreift man auch einige Erzählungen Singers besser, das Mysterium der Ehe, das leidenschaftliche Epos des jüdischen Familienlebens.

Unter den Büchern befindet sich eine Mappe von Isahar Ber Rybak mit Stichen und Zeichnungen, die den Titel *Shtetl* trägt. Es ist die Welt Chagalls, ebenso magisch und unzerstörbar, aber kräftiger und poetischer. Rybak ist ein noch größerer Künstler als der große Chagall; trotz seiner Pariser Zeit, während der er mit all der Poesie seines östlichen Vaterlandes Zugang in die westliche Kultur fand und sich dabei einen gewissen Ruf erwarb, ist er niemals, wie er es verdient hätte, international bekannt geworden und wird es vielleicht niemals werden. Früher einmal hätten Zeit und Nachwelt ihm vielleicht Gerechtigkeit widerfahren lassen und die Rangunterschiede des Erfolgs korrigiert. Heute kann die Zeit nicht mehr ehrenhaft sein und die Botschaft hinter dem Medium entdecken. Die Medien sind heutzutage die Botschaft, sie verändern und löschen die Geschichte wie der Große Bruder in Orwells *1984*. Die Kulturindustrie hat die Nachwelt zerstört; es wird keine Revision der gegenwärtigen Triumphe geben, Rybaks wirkliche Stunde wird niemals kommen, bestenfalls gibt es eine vorübergehende Wiederentdekkung seitens einiger weniger Liebhaber. Wer da hat, dem wird gegeben, wer aber nicht hat, von dem wird auch genommen, was er hat. Doch wenn die große Welt zu Bücklingen zwingt, kann man sie ihr immer – wie Bertoldo – von hinten machen. Die unerhörte Größe Rybaks leuchtet im Schatten.

Jiddische Literatur gibt es in Rumänien heute nur noch vereinzelt; die Juden – und unter ihnen auch die Schriftsteller – haben zu großen Teilen das Land verlassen, und die wenigen verbliebenen sind zumeist alte Leute. »Wir haben neue Kräfte«, sagt mir Bercovici lächelnd und zeigt mir eine jiddische Literaturzeitschrift, »ganz neue Dichter. Mag sein, daß sie ein wenig spät zu schreiben begin-

nen, jedenfalls haben sie keine Eile, ihre Berufung zu entdecken; dieser hier beispielsweise ist ein Debütant von neunundsiebzig Jahren, und dieser, der es schon zu seiner zweiten Gedichtsammlung gebracht hat, hat seine erste mit sechsundsiebzig Jahren veröffentlicht.«

In der überwiegenden Mehrzahl handelt es sich nicht um sentimentale und pathetische Ergüsse jener zweiten literarischen Adoleszenz, die bisweilen alte Menschen unmittelbar vor der Poesie des Testaments überkommt. Die Gedichte sind nüchtern, subtil, frei von epigonalem Pathos, bezeugen Kenntnis und geübten Umgang mit den formalen Abenteuern der Gegenwartsdichtung. Was bedeutet »neue Dichter«? Die *slot machine* der Literatur wartet fortwährend mit Überraschungen auf und spielt auch mit der Beziehung zwischen den Generationen.

7.

Im Dorfmuseum

Das Dorfmuseum am Ufer des Herăstrău-Sees ist nicht nur eine der berühmten Sehenswürdigkeiten Bukarests, sondern auch ein Kompendium jahrhundertealten rumänischen Lebens. Letzteres wird bestimmt von der Wiederholung und zugleich von der langsamen Evolution innerhalb der bäuerlichen Welt: die Hütten und Holzkirchen, die Dächer aus Stroh und Schlamm, die Betten mit den großen farbigen Decken bilden ein Universum, das wie die Natur vollkommen statisch und unbeweglich scheint und sich dennoch – wie das Wachsen und Altern großer Bäume – langsam und geduldig verändert. Die rumänische Zivilisation ist eine Zivilisation des Holzes, besitzt dessen Güte und Kraft, die fromme, solide Sanftmut vertrauter Gebrauchsgegenstände, der Tische und Bänke, die im Hause die Erinnerung an die großen Wälder bewahren: jene Wälder, in denen zu alter Zeit die Ureinwohner Schutz vor den wechselnden Invasoren suchten.

Häufig erscheint in der rumänischen Literatur das Dorf als Mittelpunkt der Welt und als Standpunkt, von wo aus man die Welt betrachtet. Coşbuc, der den Geist des Volkes besingen wollte, suchte das Epos des rumänischen Dorfes zu komponieren, und Mihail

Sadoveanu, der dieses Epos geschaffen hat, wurzelt mit seiner rebellischen Kunst – ungeachtet des tiefen und ruhigen Atems seiner erzählerischen Kraft – in dem sogenannten Seminatorismus, der politisch-kulturellen Bewegung, die 1901 mit der Zeitschrift *Semănătórul* entstanden ist und sich für Erneuerung und Fortschritt in strenger Anlehnung an bäuerliche Traditionen einsetzte. Der rumänische Populismus verkündete – durch den Mund Ion Mihalaches, des Führers der ţaranistischen Partei – die Einheit der Bauernschaft und behauptete, daß sie »die einzige homogene Klasse« in Rumänien bildete.

Die Apologeten der ländlichen Welt wußten diese mit kämpferischem politischem Gespür vor der feudalen wie vor der kapitalistischen Ausbeutung zu schützen, doch haben sie die Vergangenheit idealisiert. Ausgedehnte Latifundien einerseits und andererseits winzige Besitztümer, die nicht zur Ernährung einer Familie ausreichten, waren paradoxerweise das Ergebnis der im 19. Jahrhundert erlassenen Agrargesetze und insbesondere der »Organischen Reglements« von 1831. Diese hatten das alte Gewohnheitsrecht aufgehoben und den Privatbesitz im modernen Sinn definiert; dadurch verloren die alten Landgemeinden die Kontrolle über ihr Dorf, und die neuen Übereinkünfte und Verträge, die der Landbevölkerung aufgezwungen wurden, setzten diese der Gnade und Ungnade der Grundbesitzer aus.

Jorga, der gleich nach der Revolution von 1907 die Behauptung der Bojaren widerlegte, die erklärten, seit Urzeiten gehöre das Land ihnen, evozierte das harmonische Bild einer früheren Dorfgemeinschaft, welcher der Bojar auf gleicher Stufe wie alle anderen angehörte; sogar der demokratische und revolutionäre Mihail Sadoveanu zeichnet eine archaische Welt, in der Bauern und Herren freie und einander gleichgestellte Menschen sind, und Panait Istrati, der anarchische Rebell, der die räuberischen, blutigen Racheakte der Haiduken gegen die grausamen und korrupten Feudalherren, Gouverneure und Prälaten verherrlicht, entwirft ebenfalls einen ursprünglichen Zustand gesellschaftlicher Harmonie, in dem die Bojaren keine Grundbesitzer sind, sondern Oberhäupter einer Gemeinschaft, der allein das Land gehört. Auch Eminescu verteidigt »die alten Klassen« gegen die »moderne« kapitalistische Ausbeutung, und Zamfirescu feiert in seinem *Leben auf dem Lande* (1894) die »gesunden« nationalen Schichten, Bauern und Adel, im Gegen-

satz zu der neuen brutalen Klasse der sich bereichernden Gutsverwalter, die mit ihrem Geld die Beziehung zum Land und zur Erde zerstören.

Der romantische Antikapitalismus idealisiert unverdientermaßen das Landleben, den warmen Stallgeruch der Gemeinschaft, die häufig genug von finsterer Armut und düsterer Gewalt erfüllt war. Die städtische Gesellschaft, die so oft und so einseitig der Entfremdung beschuldigt worden ist, hat das Individuum befreit oder zumindest die Voraussetzungen für seine Befreiung geschaffen. Doch jene Intellektuellen, die wie Jorga die bäuerliche Welt verklärten, beabsichtigten keineswegs eine verlorene Idylle wiederherzustellen; die Idealisierung vermittelte ihnen den entscheidenden Impuls, eben nicht zur Vergangenheit zurückzukehren, sondern gegen die Mißstände der Gegenwart anzukämpfen. Die Sehnsucht nach der alten Zeit ließ sie in die Zukunft blicken. Die Häuser, die Kirchen, die Meiereien, die Mühlen und Keltern dieses Dorfmuseums sind authentisch, sind zwar verpflanzt und in einem künstlichen Zusammenhang – eben in einem Museum – wiederaufgestellt worden, aber in diesem fingierten Dorf spazierenzugehen, in diese wirklichen Hütten einzutreten und die alten Backtröge ebenso wie das frische Laub des beginnenden Juni zu betrachten, ist gewiß nicht weniger authentisch als das »Leben auf dem Lande«, wie es Zamfirescu nennt. In den richtigen Dörfern wird man heutzutage wahrscheinlich nur vorgestellte Dinge finden; um die Natur zu sehen, muß man ein Museum besuchen.

8.

Hiroshima

Die Leute in Bukarest nennen jenen Stadtteil »Hiroshima«, den Ceauşescu abreißen, abbrechen, einebnen, verwüsten und versetzen läßt, um – vielleicht in Konkurrenz zu Präsident Pompidou, wie es sich dem Paris des Balkans ziemen würde – sein neues Zentrum zu bauen, das Monument seines Ruhms. Der chinesische Kaiser Shih Huang Ti, der unentschieden war, ob er zerstören oder aufbauen solle, ließ seine beiden widersprüchlichen Leidenschaften zu ihrem Recht kommen, indem er die Große Mauer errichtete und sämtliche

Bücher verbrannte. Der Größenwahnsinn Ceauşescus scheint sich – zumindest was dieses pyramidale Bauvorhaben anbetrifft – in einer besonderen Form der Zerstörung, nämlich der Überführung, verwirklichen zu wollen. Die Gebäude werden häufig nicht abgerissen, sondern erhalten; dafür wird aber die Landschaft zerstört, da die Bauwerke im ganzen abtransportiert und irgendwo in der Nähe wiederaufgebaut werden; er läßt sie um einige zehn oder hundert Meter verschieben, damit neuer Raum – Raum für ihn – geschaffen wird.

Er läßt eine Kirche aus dem 18. Jahrhundert zerlegen, um sie mitsamt ihrem Fundament um fünfzig Meter zu verschieben, er versetzt Paläste und Häuser, er plaziert eine Kapelle neben eine Mietskaserne, die eineinhalb Jahrhunderte später gebaut worden ist, und wenn zwei Häuserblöcke nicht vollkommen ineinanderpassen, schneidet er von dem einen wie von dem anderen ein Stück ab und wirft es weg; er greift in die Urbanistik und in die Planimetrie ein wie ein Kind, das im Sandkasten Burgen baut. Die Machthaber, die Canetti porträtiert hat, müssen, um das Gefühl ihrer Macht zu verspüren, menschliche Leere um sich herum schaffen, die Stadt entvölkern wie der Sultan Muhammad Tughlak in Delhi. Ceauşescu berauscht sich statt dessen an diesem Großumzug der Geschichte und deren Hausrat. Er ist zugleich Vorarbeiter und Inhaber einer Speditionsfirma, die das Szenarium der Jahrhunderte kurzerhand einpackt.

Plätze, Straßen, Alleen und Gassen in der Umgegend der eingeebneten panoramaartigen Fläche, wo sich der Palast der Nationalversammlung und die Kirche des Patriarchen erheben, bilden eine große Baustelle voller Dynamik – Löcher, Risse, Erd- und Steinhaufen, bewegliche Plattformen, Schutt und Trümmer. Diese Öde hat ihre eigene geheimnisvolle Majestät; in der Trostlosigkeit dieser sich in die Länge ziehenden Räumungsaktion liegt der Zauber der Düsternis, das larvenhafte Königtum des Unterirdischen, des grauen und blinden Lebens, das durch die Kellergewölbe kriecht, durch Ritzen und Spalten, und mit den Abwässern zu den verborgenen Schätzen im Innern der Erde fließt.

Diese freigelegten Kellergeschosse ähneln Maulwürfen und Fledermäusen, die man gewaltsam ans Licht gezerrt hat, oder Käfern, die auf den Rücken gefallen sind, doch löst dieses Eindringen des Tages in die Domäne der Dunkelheit mitnichten das Geheimnis

jenes untersten und sonst verborgenen Reiches. Die träge, feuchte und nunmehr aufgelockerte Dunkelheit, über der einmal ein Haus gestanden hat, ist der in die Tiefe zurückgedrängte Ursumpf, in den das Leben seine Wurzeln senkt. Das Haus strebt in die Höhe, das helle Eßzimmer, das Spielzimmer der Kinder, die Bibliothek – all dies weiß nichts von jener gesichtslosen Schicht, die das Ganze trägt. Die Existenz erinnert sich nicht jenes Untergrunds, aus dem sie hervorgegangen ist, sie will sich nicht daran erinnern; zusammen mit ihren Sekretionen und allen anderen Schlacken entleert sie auch den Gedanken daran, daß sie dem Irdischen verhaftet bleibt, in die Ausgüsse der Abwasseranlagen. Eine Archäologie der Kanalisation könnte vielleicht eine geheime, umgestülpte Geschichte der Städte schreiben, wie dies Ernesto Sábato in seinem großartigen Roman *Über Helden und Gräber* getan hat.

Doch jenes Universum ist nicht nur die von dem argentinischen Schriftsteller beschworene unterirdische Kloake. Zwischen Müll und Abfällen scheint der Glanz irgendeines Schatzes hervor, den die Zwerge aus den Eingeweiden der Erde hervorgeholt haben. Als Kinder glaubten wir, wenn ein Bleisoldat oder das Silberpapier einer Praline auf mysteriöse Weise für immer verschwand, daß sie in irgendeine Erdspalte gerutscht und in jenes unbekannte Land hinabgestiegen, dort empfangen und auf einen Thron gesetzt worden seien wie die Fischer, die von den Sirenen auf den Meeresgrund gezogen wurden.

Die Literatur ist immer von den Tiefen, von Auswurf und Abfall angezogen worden, nicht als handle es sich um ein Elendes, das der Erlösung bedürftig wäre, sondern als seien es Winkel, in denen sich ein unwiederbringlicher Zauber versteckt habe. Die Reisen nach unten – von denen Jules Vernes bis zu den etwas bescheideneren von Sussi und Biribissi in die Senkgruben – sind märchenhafter als alle anderen, da man hier den abgelegensten und unzugänglichsten Teil betritt, das mythische Zentrum des Feuers, das an jene Zeitalter erinnert, da die Erde ein glühender Ball war, oder an den Abfall des Lebens, an das, was wir niemals wiedersehen werden.

In seinem Roman *Auf der Mântuleasa-Straße* ist Mircea Eliade in die Keller des alten Bukarest hinabgestiegen, in denen seine Personen auf geheimnisvolle Weise verschwinden, so wie die Pfeile, die sie in die Luft abschießen, nicht wieder herabfallen. Die geheime Staatspolizei versucht in dem Roman, die politische Bedeutung der mär-

chenhaften Berichte über das Verschwinden von Personen und über magische Begebenheiten zu entschlüsseln und verirrt sich schließlich selbst in den Mäandern dieser mythischen Geschichten. Der alte Meister Zaharia Farâma, der sie erzählt, überlebt die Machthaber, die ihn verhören, um ihm die vermeintlichen Staatsgeheimnisse zu entreißen, überlebt die gefürchtete Anna Pauker, die ihn jener Phantasie wegen zur Rechenschaft zieht.

Bei Mircea Eliade wird die authentische, unsterbliche Volksmythologie der falschen technokratischen Mythologie der Macht gegenübergestellt. Der große Mythologe hat vielleicht unrecht, er erhöht und überhöht die Vergangenheit; wahrscheinlich ist jeder archaische Mythos, der uns heute als unverdorbene Wahrheit erscheint, ursprünglich Mittel zum Zweck einer technokratischen Machtausübung gewesen, ein von der Macht akkumuliertes Geheimnis, die Rätselhaftigkeit, mit der sich eine Geheimpolizei umgab. Die Jahrhunderte lassen die Geheimpolizei und ihre Macht in Vergessenheit geraten, so daß allein die Geschichte – *mythos* – ihres Geheimnisses überliefert wird, rein und authentisch, wie jede Erzählung, die keine Ziele verfolgt, sondern nur erzählen will. Wenn die entsprechende Zeit vergangen sein wird, können vielleicht jenes Versinken und Wiederauftauchen, wodurch sich Ceauşescus städtebauliche Aktivitäten auszeichnen, ähnlich wie die Zerstörungen der Antike zu Quellen der Dichtung und des Mythos werden.

9.

Die Trophäe Trajans

In Adamclisi befindet sich das *Tropaeum Traiani*. Von dem ursprünglichen Bauwerk, das der römische Kaiser 109 errichten ließ, um den Sieg gegen die Daker und die Sarmaten zu feiern, ist allein das kreisförmige Fundament übriggeblieben; das heutige Bauwerk ist eine Rekonstruktion des antiken und geht auf das Jahr 1977 zurück. Trajan hatte jenes errichten lassen, um an seinen Triumph über Decebalus zu erinnern, den König der Daker, nunmehr ein Nationalheld, den die Rumänen zu den bedeutendsten Figuren ihrer Geschichte

zählen; die Nachkommen von Decebalus haben es abermals erbaut, um beider Ruhm vor Augen zu führen, den des Siegers und den des Besiegten.

Decebalus ist eine historische Persönlichkeit und zugleich eine symbolische Figur, ein genialer politischer Stratege, der im Lauf der Jahrhunderte zu einer heroischen Gestalt der Dichtung und der Volkslieder wurde, zu einem Sinnbild der rumänischen Freiheit. Doch betrachten sich die Rumänen, die ihn als Vorkämpfer für ihre unterdrückte nationale Identität verehren, zugleich als Kinder seines Feindes, als Nachkommen sowohl der unterworfenen Daker als auch der römischen Invasoren. Die dakisch-römische Synthese – und die Kontinuität dieser Synthese, die so viele Jahrhunderte überdauert hat – bildet in Rumänien die Grundlage für Nationalgefühl und nationale Idee. In seiner *Illustrierten Geschichte des rumänischen Volkes* verweist Dinu Giurescu auf einen von den Söhnen eines gewissen Daizus errichteten Grabstein; dieser war im Kampf gegen die Kostoboken in der Nähe des *Tropaeum Traiani* gefallen. Von diesem Stein erfährt man, daß Daizus ebenso wie sein Vater Comozus einen dakischen Namen trug, während seine Söhne bereits lateinische Namen hatten, nämlich Iustus und Valens. Der Historiker zeigt seine Befriedigung über diese Romanisierung innerhalb dreier Generationen, für die er noch weitere Beispiele aufführt, und mit ihm bekundet auch der rumänische Patriotismus Stolz und Zufriedenheit hinsichtlich seiner Latinität – den Stolz, ein Felsenriff im slawischen Meer zu sein, wie der zaristische Minister Gorčakow beklagte und Cavour mit Befriedigung feststellte.

10.

Schwarzes Meer

Nach Nestor hätten die Griechen den Namen »schwarz«, mit dem die Eingeborenen das Binnenmeer bezeichneten, als ungastlich, *axeinos*, interpretiert, um es dann später als gastfreundlich, *euxeinos*, zu definieren, als sie ihre Städte an der Küste gründeten und es in ein hellenisches Meer verwandelten. Doch die Macht der Sprache projiziert auf das Schwarze Meer noch heute die Vorstellung einer Seewü-

ste, eines großen, deprimierenden Teichs: ein Ort des Exils, des Winters, der Einsamkeit. Weininger assoziierte es mit Nietzsche, einem dunkelumwölkten Gesicht, das jeglicher Heiterkeit entbehrt. Die Badesaison an den berühmten Stränden zwischen Konstanza und Mamaia mit ihren Hotels und ihren Touristen entkräftet nicht die Magie jenes Namens und jenes Meeres, »dessen Wasser manchmal wirklich schwarz zu sein scheinen, als hätte die Nacht hier ihre Wiege«, wie Vintila Horia schreibt. Die Schwüle, das ölige, träge Meer und der vorgetäuschte, ärmliche und zugleich überhebliche Luxus passen vollkommen zu dem dunklen, trüben Zauber dieser Vokabel und zu den archaischen und barbarischen Mythen, die sie evoziert.

Konstanza, das antike Tomi, wo Ovid in der Verbannung lebte, ist heute ein Zentrum von Industrie und Handel mit intensivem Hafenverkehr. Der architektonische Eklektizismus ist plump und schwerfällig, der Jugendstil droht finster und monumental; das Meer an diesem Tag ist wirklich düster und fahl unter den dunkel verhangenen Regenwolken, die Hafenkräne zeichnen sich in ihrer rostigen Traurigkeit gegen den Horizont ab. Horia stellt sich in seinem Ovid-Roman vor, wie der verbannte Dichter den gellenden Schreien der Möwen lauscht und in ihren Rufen »Medeaaa!« zu vernehmen glaubt, so rauh und innerlich zerrissen wie die barbarische Zauberin. Auch ohne irgendwelche phantastischen Einflüsterungen lastet der feuchte Wind auf dem Herzen, und die Wirkung des Barometers auf den Blutdruck ist kaum geringer als die der magischen und giftigen Kräuter, die Medea bekannt waren.

Ist also eine Mischung aus hoher Luftfeuchtigkeit und literarischen Reminiszenzen ausreichend, um das Leben zu entleeren, seine düstere Unbedeutendheit zu entdecken, eine schlaffe Einsamkeit wie die jener Fahne, wenn der Wind sich plötzlich legt? Die Kräne sind das metallene Takelwerk eines großen, häßlichen Schiffs, Charons Nachen, der in einer staatlichen Werft vom Stapel gelassen wurde; die ganze Stadt ist ein gigantischer anonymer Frachter, der die Anker gelichtet hat, noch bevor wir Zeit hatten, uns zu verabschieden, ein Kahn, der in der Windstille leicht hin und her schaukelt, die den Schmerz wie auch die Wehmut des Abschieds schwinden läßt. Die Wasser sind ein heidnisches Leichentuch, eine letzte Schwelle, hinter der nicht das Wissen oder die Antwort auf viele Fragen erscheint, sondern nur ein bleicher Limbus, dieselbe Realität

wie zuvor, ebenso unvollständig, aber gleichgültiger in ihren larvenhaft gedämpften Begierden und Empfindungen, als wäre die Abstumpfung das einzige Geheimnis und als gliche die Wahrheit einem Verlust an Interesse.

Das christliche Jenseits kennt Seelen und Körper, das heidnische nur Schatten; vielleicht ist es deswegen moderner und glaubhafter; es ist ein Kino, das in ständiger Wiederholung den Film einer nunmehr inexistenten Realität, nur die Silhouetten des Lebens zeigt. Diese haben sich wahrscheinlich wenig zu sagen, sie sind des einstmals so stimulierenden Drehbuchs überdrüssig, stumm und apathisch bewegen sie sich aneinander vorbei, wie die Photographien zweier Liebender, die im Karton zwar aufeinanderliegen, sich aber nicht umarmen. In diesem Schirokko würde uns auch das geliebte Gesicht, das wir hinter einer Ecke verschwinden sähen, weder Leid noch Schmerz zufügen, und das wäre die Unterwelt.

Als ihm der Wind des Schwarzen Meeres diese Melancholie zutrug, hat sich Ovid, nach dem dieser Platz benannt ist, Eros zugewandt, einem Gott, den man durchaus anrufen kann, wenn man sich vor dem Leerlauf der Zeit schützen will. Doch dieser Rausch, diese simpelste Medizin, konnte ihm in Tomi nicht genügen, denn Ovid war nicht der Dichter der Liebe oder der Sexualität, sondern der Erotik, und die Erotik bedarf der Metropole, der Massenmedien, des Salongeschwätzes, der Öffentlichkeit. Der begabte erotische Schriftsteller – Ovid oder D'Annunzio – ist ein Spezialist des Marketing, er setzt bestimmte Verhaltensweisen fest und erfindet Slogans und Werbesprüche wie D'Annunzio, er schreibt Moden und Kosmetikartikel vor wie Ovid. Dies alles hindert ihn nicht, ein bedeutender Dichter zu sein, was beide gewesen sind. In jedem Fall benötigt er ein großes Forum und insbesondere eine komplexe und in sich differenzierte Gesellschaft, ein Netz gesellschaftlicher Vermittlung, einen Reproduktionsmechanismus des Realen: all das, um das Medium von der Botschaft, die Erfahrung von der Information, das Produkt von der Reklame ununterscheidbar werden zu lassen. Der erotische Schriftsteller muß, um als solcher zu bestehen, in den richtigen Kreisen verkehren, er braucht das kaiserliche Rom oder Byzanz, Paris und New York. Es wäre schwierig oder unmöglich gewesen, literarische Erotik im provinziellen, biederen Deutschland des 19. Jahrhunderts zu betreiben, und es war sicherlich noch

schwieriger unter den Geten. Jene sarmatischen Winter müssen für Ovid tatsächlich sehr frostig gewesen sein; Augustus hatte sich seine Rache gut überlegt.

11.

Der thrakische Reiter

Die Götter im Museum von Konstanza sind Bilder der Ambiguität und der Verschmelzung, rätselhafte Masken, in denen die kimmerische Unterschiedslosigkeit der Ursprünge in dekadente Promiskuität übergeht. Ein Apollon aus dem ersten Jahrhundert v. Chr. ist ein schöner Frauenkopf, viel weiblicher und verführerischer als der der unweit aufgestellten Aphrodite; Isis besitzt einen sinnlichen Mund mit wulstigen Lippen, die eleusische Trias verweist auf die Zyklen von Tod und Wiedergeburt, Pontus unterwirft sich Fortuna, und auf einem Fries ist Eros auf Löwenjagd mit dem Gesichtsausdruck eines perversen Kindes dargestellt. Die ermutigenden Aussprüche Ceauşescus, die sich in großen Buchstaben über die Wand verbreiten, belagern die dreiköpfige Hekate und versuchen, sogar die große Mutter Kybele und deren orgiastische Mysterien den sauberen und ordentlichen Empfindungen des Sozialismus zu unterwerfen.

Diese Figuren, die sich ebenso entziehen wie ihre zwielichtige und unbestimmte Erotik, verweisen auf das vielfältige und zusammengesetzte Substrat dieser Zivilisation, Völker, Epochen und Götter, die miteinander verschmelzen wie in den Elendsvierteln einer Hafenstadt. Jorga glaubte, den Ursprung der karpatisch-balkanisch-byzantinischen Gemeinschaft, deren erste und ursprüngliche Schicht in den Thrakern identifizieren zu können, die Herodot als »das größte Volk der Welt nach den Indern« bezeichnete und die seiner Ansicht nach das mächtigste hätte sein können, wenn es vereinigt und von einem Herrscher allein regiert worden wäre, statt in viele Völker mit unterschiedlichen Namen zu zerfallen.

Die Figur, die den Serail der Götter im Museum zu Konstanza beherrscht, ist in der Tat der thrakische Reiter. Dieser hat keinen eigenen Namen und ist auch kein Gott; er ist das Symbol einer verborgenen Gottheit, die durch Abbilder nicht profaniert werden kann – vielleicht weil sie ebenso unaussprechbar und ebensowenig

darzustellen ist wie Gott – und deren unerschrockener Ritter er ist. Auf seinem Pferd, dem heiligen Tier, stürmt er vorwärts, sein Mantel wallt auf und bläht sich im Wind. In einer Darstellung hat die Zeit den Kopf von Reiter und Pferd verstümmelt, eine andere hingegen zeigt eine unversehrte Figur, das Gesicht und den Blick dessen, der einen guten Kampf kämpft.

Die Überlieferung bezeugt die Heiterkeit der Thraker und der Geten, ihre ruhige und gelassene Bereitschaft zum Tode, den hellen Glanz, den in der *Ilias* die goldenen Waffen und die Pferde des Rhesos – weiß wie Schnee und schnell wie der Wind – ausstrahlen. Diese Gelassenheit ist Vertrautheit mit dem Tode, die Freiheit von Furcht und Angst, die jede blinde Idolatrie des Lebens befördert; die Thraker beweinten die Geburt, die dem Menschen so viele Leiden zufügte, und feierten sein Ende, das ihn vom Übel befreite und der Glückseligkeit zuführte. Die Geten fürchteten den Tod nicht und suchten ihn oft freiwillig, um nicht in Gefangenschaft oder Sklaverei zu geraten.

Woher kam diese Heiterkeit? Ergab sie sich aus der Vertrautheit mit der Natur, die dazu führt, daß das menschliche Leben erfahren wird als das von Blättern, die wachsen und zu Boden fallen, oder gründete sie in dem Glauben an Unsterblichkeit, in der Überzeugung, daß mit dem Tod das wahre und ewige Leben bei Zalmoxis, dem verborgenen Gott, beginne? Das Weiß und das Gold, das den im Schlaf überfallenen und getöteten Rhesos umgeben, bilden eine Aureole der Überzeugung, welcher der nächtliche Mord nichts anhaben kann und die Homer, ein Nachfahre seiner Feinde, über Tausende von Jahren leuchten läßt. Vielleicht ist der Thrakische Reiter ein Sinnbild der Überzeugung, vielleicht hat der Tod keine Macht über ihn, der sicher auf dem Rücken seines Pferdes reitet, dem Tier der Unterwelt, das sein treuer Gefährte geworden ist. Wohin gelangt man auf diesem Pferd, zu welchem Übergang? In der Lichtung von Pomočnjaki auf dem Monte Nevoso hatte sich an einem Morgen, da die Sonne gerade aufgegangen war und der Dunst über der Wiese aufzusteigen begann, ein lichterfüllter, undurchdringlicher Schleier gebildet, der den dahinterliegenden Wald verhüllte. Die Gestalt, die sich erhoben hatte und zu jenem lichten Vorhang hinaufgegangen war, um in die Klarheit zu treten und darin zu verschwinden, hatte sich jenseits jener Schwelle meinen Blicken entzogen, doch war in diesem Verschwinden und in dem Erkennen

dieses Verschwindens weder Furcht noch das Gefühl von Verlust.

Das wahre Mysterium ist hell und rein wie jener Morgen, verschmäht Wunder und Tricks, den Krimskrams des Okkulten und Sensationellen. Im Museum steht die Statue Glykons, des dreigestaltigen Ungeheuers mit dem Hunde- oder Antilopenkopf, menschlichen Augen und Haaren, dem Körper einer Schlange und dem Schwanz eines Löwen. Glykon wurde im zweiten Jahrhundert nach Christus in Paflagonien als Inkarnation des Äskulap verehrt; sein Kult gelangte bis nach Rom. Er könnte ein Genius loci dieses Szenariums aus Ununterscheidbarkeit und Metamorphose sein; viel prosaischer, erinnert er in Wirklichkeit an eine Betrügerei. Ein Schwindler namens Alexander von Abonuteichos hatte eine Schlange gezähmt und entsprechend ausstaffiert, um sie so den Gläubigen zu präsentieren, die gegen hohe Preise Antworten auf ihre Fragen sowie Voraussagen über die Zukunft erhielten. Die Epigonen wie die epigonalen Zeitalter können weder an Gott glauben noch den Atomen und der Leere ins Antlitz schauen; ihre Halbkultur, die weder die Evangelien noch Lukrez zu begreifen vermag, wendet sich intellektuellen Nippesfiguren zu, deren prätentiöse Sophisterei zu wohlfeilen Preisen zu haben ist, und verlangt Trost von dem Übernatürlichen, wie man es auf dem Jahrmarkt findet. Das Geheimnis des Lebens, des Todes und des Schicksals verschmilzt mit dem der zersägten Jungfrau, die am Ende wieder aus ihrem Gehäuse hervorkommt und ihre Verbeugung vor dem Publikum macht.

Der Kult des Glykon ist die Huldigung gegenüber dem eigenen Unvermögen, den Trick zu verstehen. Um wieviel unerforschlicher ist dagegen einige Meter weiter das Geheimnis der aus dem Meer geholten Amphoren oder das Meer selbst, auf das sie verweisen, oder aber der wunderschöne Kopf einer trauernden Frau, der die ganze Unerklärlichkeit des Schmerzes ausdrückt. Es ist kaum vorstellbar, daß diese bezaubernde und leidende Frau fragen könnte, wie es der dreiste Alexander von Abonuteichos wahrscheinlich getan hat: »Welches Sternzeichen hast du?«

12.

Die tote Stadt

Die Reise der deutschen Ahnen entlang der Donau bedeutete für Hölderlin den *nostos* hin zu den Tagen des Sommers, zum Land der Sonne, Hellas und Kaukasus. Ich erreiche Histria, die tote Stadt, die für mich den Namen des Sommers und vertrauter Orte trägt. Es ist eigenartig, zu dieser Stunde, gegen Abend, hier anzukommen; es ist noch eigenartiger, allein hier anzukommen – denn jenes Wort, Histria, Istrien, verbindet sich mir mit dem vollkommensten Licht, dem erfüllten Tag, einer Nähe, die keine Einsamkeit kennt.

Hier jedoch, in dieser archäologischen Metropole, ist Wüste. Das Gittertor ist bereits geschlossen; die Schlote, die nicht mehr rauchen, und die vereinzelten Lastwagen erscheinen ebenso verlassen wie die Ruinen der alten miletischen Kolonie. Ich steige über die Mauer, wandere zwischen Disteln und Gräsern, zwischen den Überresten des Zeustempels und der Basilika, verfallenen Säulen, die im Sonnenuntergang wie Stelen erscheinen, massigen Toren, stummen Thermen. Der unbewegliche, lichtdurchflutete Abend wölbt sich über dieses Grab der Jahrhunderte, eine Ringelnatter verschwindet zwischen den Steinen, die Vögel schwirren über die abbröckelnden Mauern hinweg; die Ruinen reichen bis zum Meer, das tief ist und voll rötlicher Algen.

Die tote Stadt hat die Ewigkeit der Zerstörung; die Steine erzählen nichts von dem Zeitpunkt, da die Schiffe der Mileter Kolonisten hierhergelangten, um die Stadt zu gründen, sondern sprechen vielmehr von den Wellen ihrer Vernichtung durch Goten, Slawen und Awaren, von den Augenblicken, da das Leben endete. Ein Kreuz zwischen den Ruinen erinnert an Panait, Emil, Simion, Mihai und Platon, Emil, die am 12. März 1984 gestorben (ertrunken?) sind, doch in diesem Schweigen von Jahrhunderten stellen die Überreste eines Tempels, der zu Ehren einer unbekannten lokalen Gottheit errichtet wurde, jene der christlichen Basilika in den Schatten, obwohl es die Zeit des Ave-Maria ist.

Die Stadt ist groß, ihre Straßen kreuzen, verzweigen und verlieren sich in einem Labyrinth, und einen Moment lang habe ich Mühe, den Rückweg zu finden. Wie die Weiße Kobra in Kiplings toter Stadt hat man in dieser klaren Luft, die doch jeden Laut unbeeinträchtigt

wiedergibt, in gewisser Weise das Gefühl, taub geworden zu sein und nicht mehr die Stimmen der Realität zu vernehmen. Die Jahrhunderte des Todes, die sich über diesen Ruinen angehäuft haben, bilden keine Finsternis, keine Dunkelheit, welche die Bilder verschlucken würde, sondern vielmehr ein helles, unveränderliches Licht, in dem das Auge jeden einzelnen Gegenstand wahrnimmt; sie bilden eine Glaswand, die von den Geräuschen der Welt trennt. Zwischen diesen Trümmern der Vergangenheit bewegt man sich nicht blind, sondern eher taub, eingehüllt in die ungeschickte und komische Irrealität, die den Schwerhörigen umgibt.

Man fühlt sich wehrlos, als leichte Beute eines überraschenden Angriffs; in den Kriminalromanen gibt es gefürchtete Mörder und fähige Detektive, die blind, aber niemals solche, die taub sind. Auch das Alter muß eher taub als blind sein. Gewiß kommt uns auch in diesem Zustand der verminderten Fähigkeiten der Wortschatz mitleidig zu Hilfe, und man kann sich immer überzeugen, wie der Arzt beruhigend zu einem Onkel von Gigi sagte, daß es sich nicht eigentlich um Taubheit, sondern nur um Hypakusis handele. Aber ich, antwortete der Onkel, ich hör aber trotzdem nichts.

13.

An der Grenze

Bald wieder unmittelbar am Fluß, um ihn bis zum Ende nicht mehr zu verlassen. Weiter im Westen dehnt sich der Bărăgan aus, die rumänische Steppe, ein Ort des Exils und der Verzweiflung, glühendheiße Sommer und eisige Winter, grenzenlose Horizonte. In den Bărăgan wurden unter dem Regime Antonescus die Zigeuner deportiert – diesem Exodus hat Zaharia Stancu mit seinem Roman *Solange das Feuer brennt* ein Denkmal gesetzt – und nach 1945 die in Rumänien lebenden Deutschen. Sadoveanu und Panait Istrati haben die Sonnenuntergänge in dem grenzenlosen Meer der Ebene besungen, die Disteln, die Kämpfe der Bauern, die Zigeunergeige und den Gesang der Amsel, worin eine tief ins Herz schneidende Sehnsucht anklingt.

Zu Füßen des Hügels von Denis Tepe, etwas nördlich von Baba-

dag liegt die Bucht, in der die Argonauten auf ihrer Rückkehr von Kolchis geankert haben sollen. Die Reede ist leer, das Meer verblaßt, an dem farblosen Abhang des Hügels bieten einige sporadische Industrieanlagen den Anblick trostloser Vorstädte. Die Donau beginnt sich zu verbreitern, sich auszugießen wie der Wein aus einem zerbrochenen Krug, wie es im Gedicht heißt, als der getroffene Held aus der Kutsche fällt. Diese Anzeichen des bevorstehenden Endes sind dennoch voller Ruhe und Majestät und reich an fruchtbarer Vitalität. In der Baltă verschmilzt die Donau mit den Wiesen zu einem großen, unentwirrbaren Wasserdschungel; dichtstehende Bäume neigen sich über den Fluß und bilden Wassergrotten, tiefe und unstete Behausungen, dunkelgrün und tiefblau wie die Nacht, so daß es unmöglich ist, Land, Wasser und Himmel zu unterscheiden; die Vegetation überdeckt alles, rankt und windet sich überall empor, paßt sich überall an, wuchert in aller Üppigkeit; ein Spiel mit lauter Spiegeln, die sich wechselseitig ihre Reflexe zuwerfen.

Die 60 Kilometer lange Insel Brăila, die zwischen dem Hauptarm der Donau und der Alten Donau liegt, ist ein feuchter Garten Eden, der an Alcinas Zauberlandschaften erinnert und in dem das Binsengras regiert; hier in der Nähe erklärten sich die Goten bereit, wie Gibbon schreibt, den Römern ihre Frauen und Kinder zu übergeben, nicht aber ihre Waffen. Bei Brăila findet der Strom wieder zusammen, ist wieder einheitlich und mächtig, wie es der blühenden und verkehrsreichen Industriestadt mit ihrem betriebsamen Flußhafen und in noch größerem Maße dem des benachbarten Galaţi oder Galatz zukommt.

Die antike Handelsniederlassung ist heute ein großes Zentrum der metallverarbeitenden Industrie und des Schiffsbaus; das Ocker eines vornehmen und schwerfälligen 19. Jahrhunderts mit seinen neoklassizistischen Schmuckformen, den jugendstilartigen Voluten und Karyatiden, geht in die unbestimmbare levantinische Zweideutigkeit des Orienthafens über, der alles vermischt und alles verbindet, was die Wellen an Land spülen. Im 19. Jahrhundert war Brăila auch ein Sammelpunkt bulgarischer Emigranten, die von hier aus die Revolution vorbereiteten; Wasow hat die Patrioten, die Chăšovi, und ihre endlosen nächtlichen Diskussionen in den Schänken der Stadt beschrieben.

Die Wände im Restaurant *Donau* am Lenin-Platz täuschen mit

ihrer pompösen roten Verkleidung ein Fin de siècle-Dekor vor, während das Licht so schwach ist, daß auch die Allianz des wolkenlosen Mittagshimmels mit der eingeschalteten Saalbeleuchtung kaum hinreicht, um die Speisekarte zu entziffern. Die *Strada Republicii*, die ich gerade entlanggegangen bin, ist eine jener von eklektizistischen, häufig ocker-orangefarbenen Gebäuden flanierten Alleen, die ich in den vergangenen Jahren so oft abgelaufen bin, in Ungarn, in der Slowakei, im Banat, in so vielen Städten und Kleinstädten des pannonischen Meeres; im Halbdunkel dieses Restaurants kommt es mir so vor, als würden alle jene Straßen auf diesen Platz münden und hier für immer enden, so als wäre hier die Grenze meiner Donau-Welt, meine Grenze.

Türken und vor allem Griechen haben der Stadt Brăila oder Ibrail ihr Gepräge gegeben, von den Händlern, deren Reichtum sich prunkvoll in der griechischen Kirche zur Schau stellt, bis zu den Partisanen von Markos, die 1948 nach dem Bürgerkrieg hierhergelangten. Der Sohn eines griechischen Schmugglers, den er nie gekannt hat, ist der Dichter von Brăila geworden, Panait Istrati, dessen seine Heimatstadt gedenkt und den sie zur Schau stellt. Eine Photographie im Museum zeigt ihn 1921 in Nizza auf der Straße, während er die *Humanité* liest, einen breitkrempigen Hut auf dem Kopf und in einer Haltung à la Fitzgerald, die alles sagt über die verzehrende Insolenz, die sträfliche und wehrlose Naivität jener verlorenen Generation, die ihre Verlorenheit pathetisch zum Ausdruck brachte.

Aus dem Krankenhaus in Nizza – nachdem er versucht hatte, sich die Kehle durchzuschneiden – schickte er einen Brief an Romain Rolland, einen verzweifelten Hilferuf, den er am Abend vor seinem Selbstmordversuch geschrieben hatte und in dem er zweimal sein Lamento unterbricht, um komische Episoden aus seiner Kindheit einzuflechten. Rolland war begeistert über diesen »Erzähler des Orients«, der durch die halbe Welt gereist war und die unmöglichsten Berufe ausgeübt hatte, über diesen »Gorki der Balkanländer«, den Dichter der Vagabunden, der Einsamen und Verlassenen, und förderte die Veröffentlichung und Verbreitung seiner Werke in Frankreich. Wenige Jahre darauf genoß Panait Istrati Weltruhm; seine Erzählungen, die fast ausschließlich in Rumänien beziehungsweise in den Balkanländern spielen, aber bisweilen auf französisch geschrieben waren, das er als Autodidakt erlernt hatte, lagen in fünf-

undzwanzig Sprachen übersetzt vor, und ein Meister der Kritik wie Georg Brandes, dem Thomas Mann seinerzeit ängstlich und ehrerbietig seine *Buddenbrooks* geschickt hatte, erklärte unvorsichtigerweise, er würde ihn mehr als alle anderen zeitgenössischen europäischen Schriftsteller schätzen. Von den einen als Kommunist angefeindet und bekämpft, bekam der Autor auch den Zorn der orthodoxen Linken zu spüren, da er Kritik am sowjetischen Regime geübt hatte; 1925 gab er seine schriftstellerische Arbeit auf, um sich ausschließlich der Arbeit für die zwischen Dnjestr und Theiß lebenden, von der rumänischen Regierung annektierten und unterdrückten Bevölkerungsgruppen zu widmen.

Rolland verglich seine Geschichten, die ohne eigentliches Ende ineinander übergehen, mit den Windungen und Mäandern der Donau, mit jenem Gewirr von Wasser und Ufer, das Panait Istrati – fasziniert von ihrem Glitzern, ihrem unerfindlichen Verlauf und betroffen von ihrer Verstellung, den unheilvollen Schicksalsschlägen und der Grausamkeit, die hinter den Biegungen und Schlaufen im Hinterhalt lauern – in seinem Roman *Kyra Kyralina* beschreibt. Er ist der Dichter der Promiskuität und der Doppeldeutigkeit des Orients, jener Unordnung, von der er sich gleichermaßen Gewalt und Erlösung zu erwarten scheint; sein rebellischer Anarchismus läßt ihn zu einem Bruder der Opfer und der Besiegten werden, was sich literarisch weniger glücklich ausgewirkt hat, wenn er – wie beispielsweise im Roman *Die Haiduken* – ihren Aufstand schildert und von ihrer Rache predigt.

Wie häufig bei einem Immoralismus, der aus ethischen Gründen sich gegen eine falsche Moral auflehnt, so erliegt schließlich auch Panait Istrati, der Verteidiger der Schwachen und Unterdrückten, der naiven Verführung der Vitalität, ohne sich bewußt zu werden, daß diese auf unergründliche Weise die Übergriffe der Starken befürwortet. Die polymorphe Sexualität wird als freie, zügellose Lust verherrlicht, doch wird sie gleichwohl zu einer Falle, welche die Opfer in den Strudel des Lebens und in die Arme ihrer Verfolger treibt. Panait Istrati ist ein Dichter, wenn er den Schmerz und das Leiden vernimmt, und ein bloßer Rhetor, wenn er das gesetzlose Leben oder den Fortschritt besingt; für ihn ähnelt die Existenz einem orientalischen Bordell mit seinen einladenden Vorhängen am Eingang und dem Schmutz im Innern.

Brăila und auch Galatz, dessen Unsittlichkeit der Antiquarius

ebenso wie die zahlreichen Prostituierten an jeder Ecke mißbilligend hervorhebt, sind beides Orte, die zu seinen Basarerzählungen passen. Heute stellen sie keine Teppiche mehr aus, sondern – insbesondere Galatz, ein Hamburg der Donau – Werften, Kräne, Unterwelten aus Stahl, die indessen nur dem als solche erscheinen, der ein kurzes Gedächtnis besitzt und die menschliche Qual vergißt, wie sie die farbenfrohe Welt von gestern erlebt hat. Beide Städte, und vornehmlich Galatz, sind das Symbol der rumänischen Bemühungen, auch dank industrieller Investitionen unabhängig von der Sowjetunion zu werden – und das Symbol der wirtschaftlichen Krise, zu der diese ehrgeizigen Pläne geführt haben.

Der Pruth, dessen Wasser einst als rein und heilsam gerühmt wurde, markiert Kilometer über Kilometer die Grenze zu Rußland, jenseits derer die Donaukoordinaten nicht mehr funktionieren. Das Pathos der Grenze ist nichts anderes als Unsicherheit, Berührungsangst wie jene, die die Personen Canettis einschnürt, die dunkle Furcht vor dem Anderen. Wie jede Grenze – einschließlich der unseres eigenen Ichs – ist auch der Pruth eine imaginäre Linie, hinter der das Gras nicht anders ist als das, welches an diesem Gestade wächst. Vielleicht auch erzieht die Kultur der Donau, die sich so offen und kosmopolitisch gibt, zu ebendieser Angst, dieser inneren Verschließung; es ist eine Kultur, die über allzu viele Jahrhunderte hinweg besessen war von dem Gedanken der Eindämmung und der Abschottung gegen die Türken, gegen die Slawen, gegen alle anderen. »Die Donau ist daher die Ausgangsbasis einer jeden Operation in jede beliebige Richtung, wie sie auch die Verteidigungslinie schlechthin darstellt und geeignet ist, einer Attacke, aus welcher Richtung diese auch immer kommen mag, zu begegnen…« (*Versuch über strategische Geographie,* von Oberst G. Sironi, Turin 1873, S. 135.)

14.

Im Delta

Graf István Széchеny, Pionier der Verbindungswege in Südosteuropa und überdies Vater der ungarischen Erneuerungsbewegung, schrieb am 13. Oktober 1830 an seinen Freund Lazar Fota Popovich einen Brief, in dem er seine Freude darüber ausdrückte, daß er den Fürsten von Serbien, Milŏs Obrenović, getroffen und in ihm einen überzeugten Befürworter der »Regulation«, jener für die Donauschiffahrt unverzichtbaren Pläne und Arbeiten, gefunden habe. Széchеny kehrte gerade aus Konstantinopel und Galatz zurück, wohin er gereist war, um die Ausführung seiner grandiosen Projekte zu befördern; er war bis zur Mündung und über die Mündung, über das Ziel jenes Wasserwegs hinaus vorgedrungen, der ihm vorschwebte, und erkrankte auf der Rückreise so schwer, daß er auf dem Schiff, das ihn in die Heimat brachte, an den Grafen Waldstein einen Brief schrieb, von dem er sich vorstellte, er sei sein politisches Testament.

Somit hatte Széchеny in diesen Monaten aus mehr als einem Grunde mit dem Pathos des Endes gelebt. Die Regulation paßt zum Ende und zur Annäherung an das Ende: der Schluß fällt in die Kompetenz der Ingenieure, Notare und anderer Adepten des Kalküls, der Buchhaltung und der genauen Auflistung. Der Tod gibt dem so approximativen Leben die Würde der Ordnung zurück: der gedankenlose Fluß des Geldes gelangt zur Klarheit des Testaments, die illegitimen Beziehungen verschwinden im Nichts und überlassen in den Totenreden, Nachrufen und Kondolenzen dem rechtmäßigen Ehegatten das Feld, der Todeskampf wird überwacht und gemessen wie kein anderer Augenblick der Existenz. Auf Seite 745 seiner gewichtigen Monographie über die Donau aus dem Jahre 1881 ist Alexander F. Heksch damit beschäftigt, die eigenen Schritte zurückzuverfolgen und einige Details der vorangegangenen Beschreibungen zu korrigieren, da die Realität, während er seiner Arbeit nachging, Veränderungen erfahren hatte und mit jenen nicht mehr übereinstimmte; bis zu diesem Augenblick hatte er sich nicht weiter darum gekümmert und war rasch und gedankenlos fortgefahren, doch zum Ende hin empfindet er die Notwendigkeit, alles in Ordnung zu bringen.

Es kommt schließlich zu einer Übereinstimmung zwischen der zentrifugalen Verlangsamung und dem Katasterplan, der sie aufzeichnet. Das Delta, in das der Dampfer eindringt und worin er sich verliert wie ein Ast, der in der Strömung forttreibt, ist die große Auflösung; Wasserläufe, Flüsse und Seitenarme verzweigen sich, gehen ihre eigenen Wege, wie die Organe eines sterbenden Körpers sich nach und nach voneinander lösen und sich das eine nicht mehr um die Funktionen des anderen kümmert; und doch ist das Delta auch ein perfektes Netz aus Kanälen, eine sorgfältige und genaue Geometrie, ein Meisterwerk der »Regulation«. Es ist ein grandioser Tod, den man wie den des Marschalls Tito oder anderer Protagonisten der Weltgeschichte kontrolliert – ein Tod, der unaufhörliche Regeneration bedeutet, eine Fülle von Pflanzen und Tieren, Reiher, Binsengräser, Störe, Wildschweine, Kormorane, Röhricht und Eschen, einhundertzehn Arten von Fischen und dreihundert Vogelarten, ein Laboratorium des Lebens und seiner Erscheinungsformen.

Eine entwurzelte Eiche vermodert im Wasser, ein Geier schießt wie ein Blitz auf ein kleines Wasserhuhn herab, ein Mädchen zieht sich die Sandalen aus und läßt die Beine über den Rand des Schiffes baumeln; die verbundenen und komprimierten Atome drängen in jedem Aggregatzustand zu anderen Formen und anderen Kombinationen. Das Delta ist das Labyrinth der *ghiol*, der Wasserwege, die sich zwischen dem Schilf verflechten, es ist auch der Plan der Kanäle, die den Wasserlauf und die Verbindungen im Labyrinth regulieren. Das Epos des Deltas besteht in den namenlosen Geschichten, die sich zwischen den aus Binsen und Schlamm errichteten Hütten der Lippowaner Fischer zugetragen haben, in dem Eis und der Schneeschmelze, die sie überschwemmt, aber auch in den Protokollen der 1856 gegründeten *Commission Européenne du Danube*, die zwischen 1872 und 1879 754 654 Franken zum Bau von Dämmen in Sulina bereitstellte.

Es ist viel einfacher, in einem Reisebericht etwas über den Kanal zu schreiben als über den *ghiol*; einfacher, sich über den Ingenieur Constantin Barsky zu verbreiten, den Experten und wortgewandten Erläuterer jenes Projekts, das einen Kanal namens Cánara zwischen der Donau und dem Schwarzen Meer vorsah, und worüber er vor einhundert Jahren Vorträge hielt, als über Kovaliov Dan, den lippowanischen Fährmann und Fischer, wohnhaft Meile 23 des Flußarmes, der nach Sulina führt, oder über den kleinen Nikolai, von dem

ich nichts anderes als ein scheues Lächeln kenne, da ihm ein junges Mädchen, als es unser Schiff verlassen hatte, einen Kuß gab. Ein Buch müßte, um sich zu rechtfertigen, die Geschichte Nikolais erzählen, von seinem leichten Widerstreben gegenüber dem Gesicht, das sich zu ihm hinunterbeugte; doch sind die Bücher dieser Geschichte nicht gewachsen, sie weichen aus und verlegen sich auf Kompendien und Zusammenfassungen von Eroberungen und untergegangenen Reichen, schreiben über Kabinettsanekdoten und Tratsch vom Hofe und vom Parnaß und von Protokollen internationaler Kommissionen.

Das Schiff gleitet über das Wasser, das Schilf weicht an den Bordwänden zurück; ein Kormoran, der die Flügel ausgebreitet hat, um sie zu trocknen, zeichnet sich von seinem Baum aus gegen den Himmel ab wie ein Kruzifix, kleine Fliegen schwärmen aus, sorglos wie eine Handvoll Kleingeld des Lebens; und der Germanist, dessen Spezialgebiet die Donauliteratur ist, beneidet weder Kafka noch Musil mit ihrem Genie, dunkle Kathedralen oder ergebnislose Komitees zu beschreiben, sondern eher Fabre oder Maeterlinck, die Dichter der Bienen und Termiten, und er begreift, warum Michelet, nachdem er die Geschichte der Französischen Revolution geschrieben hatte, die Naturgeschichte der Vögel und des Meeres schreiben wollte. Ein Dichter ist Linné, der dazu auffordert, die Gräten der Fische zu zählen und die Schuppen der Schlangen, die Schwung- und Steuerfedern der Vögel zu beobachten; das Flüstern des Sommers und des Flusses erforderte von dem, der es protokollieren wollte, die Genauigkeit des schwedischen Klassifikators, seine Kommata, welche die Sätze einteilen, die Strichpunkte, die sie unterteilen, seine Punkte, die sie trennen und voneinander unterscheiden.

Sicherlich, der Katalog des Deltamuseums in Tulcea, der letzten Stadt auf dem Festland, von wo aus unser Schiff abgefahren ist, erleichtert die Beschreibung der Grünfinken, Dohlen und Regenpfeifer, der Störche, Reiher und Pelikane, der Fischotter, Hermeline, Wildkatzen und Wölfe, des Hagedorns, der Hundsrosen, Euphorbien und Weiden. Schließlich zählt Linné unter die Phytologen, die Pflanzenkundler, nicht nur die eigentlichen Botaniker, sondern auch aleatorische Pflanzenliebhaber, unter ihnen die Poeten, Theologen, Bibliothekare und Verfasser von Miszellen. Doch ist die Miszelle eine Zusammenfassung der Welt, während darum herum die Welt selbst ist, und der bibliothekarische Pflanzenfreund bemerkt,

daß er – ähnlich wie Buffon , der einzig und allein durch königliche Order Naturkundler geworden ist – angesichts der alten Mutter in Verwirrung gerät und sich womöglich wie der französische Edelmann, um den Lauf der Hasen zu beschreiben, zu einem Exkurs über die Völkerwanderung genötigt sieht.

Gestern war ich im Deltamuseum, heute bin ich im Delta; Gerüche, Farben, Reflexe, bewegte Schatten auf dem Fluß, Schimmern von Flügeln in der Sonne, flüssiges Leben, das zwischen den Fingern zerrinnt und dazu zwingt, selbst bei dem Fest dieses einen Tages, an dem man auf der Schiffsbrücke steht wie ein homerischer König auf seinem Kriegswagen, die gesamte Unzulänglichkeit unserer Wahrnehmung einzugestehen, die seit Jahrtausenden verkümmerten Sinne, Gehör und Geruch, unverständig gegenüber den Botschaften der schwankenden Grasbüschel, zu lange getrennt von diesem Fließen, verlorene und verschmähte Bruderschaft, Odysseus, der sich nicht mehr fesseln zu lassen braucht, die Schiffer, die sich nicht mehr die Ohren zustopfen müssen, da der Gesang der Sirenen in Ultraschallhöhen erklingt, die Seine Majestät das Ich nicht zu unterscheiden vermag. Ein Kormoran fliegt mit vorgestrecktem Schnabel in der Luft, ähnlich einem prähistorischen Vogel des Urmoores, doch der gewaltige Chor des Deltas, sein tiefer Basso continuo ist für unsere Ohren nur ein Wispern, eine Stimme, die zu erfassen und zu begreifen nicht gelingen will, das Rauschen des Lebens, das ungehört vergeht und uns in unserer Schwerhörigkeit zurückläßt.

Das ist nicht die Schuld der Donau, die hier beweist, daß sie nicht aus jenem fabulösen Wasserhahn in Furtwangen entspringt; es ist vielmehr die Schuld desjenigen, der gegenüber diesem Gleißen und dieser Musik des Wassers das Bedürfnis verspürt, sich an ein solches Märchen zu klammern, wenn auch nur, um es verachtungsvoll zu dementieren und sich mit Betrachtungen über jenes hypothetische Getröpfel abzulenken, anstatt sich dem Gesang des Flusses hinzugeben. Wahrscheinlich ist auch das Bordbuch, eher von einem Hydrauliker als von einem Odysseus geschrieben, leck, gleitet nicht rasch und sicher dahin wie das Schiffchen, das Nikolai sicherlich aus Rinde und etwas Papier herstellen kann. Die Bücher sind, wie man weiß, Artikel, bei denen das Risiko weitgehend abgedeckt ist, die literarische Gesellschaft ist ein vorausschauender Versicherungsträger, und es geschieht selten, daß ein poetischer Unfall nicht großenteils versichert ist. Doch um ruhigen Herzens auf dieser kleinen

Brücke und inmitten der Deltamäander Notizen zu machen, müßte die maritime Klausel »all risks« auftauchen, die wirklich alle Risiken umfaßt, einschließlich besonderer Havarien, abgerissener Haken, Kontakt mit verseuchten Substanzen eines Frachtguts, Diebstahl, Einbruch, verzögerte oder ausbleibende Lieferung, Bruch und/oder Gewichtsverlust.

Der Tag ist herrlich, das Schiff streift wie ein Tier durch die verschiedenen Arme des Flusses. Im alten Delta, nach Chilia hin, verfestigt sich der Schlamm nach und nach zu Festland, erst nachgiebig und ohne Grund, wird er allmählich zu Erde, auf der gebaut, gepflanzt, geerntet werden kann; Flußarme und Kanäle bilden ein Delta im Delta, Weiden und Pappeln erheben sich in diesen Gebieten aus Erde und Wasser über Brombeer- und Tamariskensträuchern, große weiße und gelbe Seerosen liegen hingestreckt wie in den alten Kosmographien das Land über dem Urozean. Chilia Veche, die griechische Kolonie und Genueser Handelsniederlassung, wo der Notar Antonio di Ponzo im 14. Jahrhundert den Verkauf von Teppichen, Wein, Salz und zwölfjährigen Sklavinnen verzeichnete und der Mönch Niccolò Barsi im 17. Jahrhundert die 2000 täglich gefangenen Störe vermerkte, läßt nahe der Grenze zur Sowjetunion die hohen Türme seiner Kirche erkennen, welche die lippowanischen Fischer in Oskar Walter Ciseks Roman *Der Strom ohne Ende* aus den dreißiger Jahren so sehr erstaunten.

Der längste, sich über 110 Kilometer erstreckende Meeresarm, der bis nach Sfîntu Gheorghe reicht, führt bei Mahmudia an der Festung von Salsovia vorbei, in der Konstantin Licinius ermorden ließ, läßt zur Linken einen tropischen Wald und flache sandige Ebenen vorbeiziehen, das Reich der Frösche und Schlangen, wo im Sommer die Temperaturen bis auf sechzig Grad steigen. Die Literatur des Deltas bevorzugt freilich das Eis und nicht die sommerliche Hitze; Cisek beschreibt die Fischer, die im Winter Löcher in das Eis schlagen, um so zu ihrer Beute zu gelangen, Stefan Bânulescu spricht vom Crivâţ, der eisig und schneidend weht, er beschwört Orkane und Seestürme, das Krachen des Eises, das zu brechen und zu schmelzen beginnt. Vornehmlicher Topos der Literatur des Deltas, ihr episches Szenarium par excellence, ist natürlich die Überschwemmung, das Hochwasser, die Donau, die über die Ufer tritt und die Dörfer im Wasser versinken läßt, die Flut, die Ställe, Hütten, Koben in den Wald schwemmt und bei hohem Wasserstand wie bei einer Sintflut

Wild und Haustiere, Rinder, Hirsche und Wildschweine ins Wasser treibt.

Das Delta ist für Sadoveanu auch ein Sammelbecken von Stämmen und Völkern, so als würde die Donau Trümmer der Jahrhunderte und Kulturen, Fragmente der Geschichte mit sich führen und um sich herum verteilen, wenn sie über die Ufer tritt. Doch haben diese Reste nur eine kurze Lebensdauer; sie strömen in der Zeit der Überschwemmung über das Gestade und verschwinden in der Erde wie Blätter oder andere Schlacken, die der Fluß mit sich führt. Die Geschichten der Donau, sagt Sadoveanu, entstehen und verschwinden in einem Atemzug, wie eine Pfütze, die wieder austrocknet. Stefan Bănulescu beschreibt in einer Erzählung das Begräbnis eines Kindes während eines Wintersturms, das Boot auf der Suche nach einer Erhebung oder einer Düne, wo ein Grab ausgehoben werden könnte, das aufgewühlte Wasser, welches das armselige Grab zu überschwemmen droht, den Winter, der auch diese Tragödie und diesen Schmerz, das vorläufige Grab und die namenlose Geschichte auslöscht.

Häufig erscheinen in den Erzählungen von Sadoveanu und Bănulescu Zigeuner, so als wäre dieses umherziehende Volk am Rande der Gesellschaft ein geeigneter Stamm, die archaische und vergessene Welt des Deltas zu bewohnen. Einhundert Jahre zuvor war es tatsächlich ein Reich von Umhertreibern und Flüchtlingen, Niemandsland und Zufluchtsstätte von Gesetzlosen von überall her. Die Türken unterhielten dort keine richtige Garnison, sondern einzelne und bunt zusammengewürfelte Milizen, die sich aus den ansässigen Bauern rekrutierten und sich mit den in den Sümpfen verborgenen Briganten und Deserteuren, die sie überwachen und bekämpfen sollten, zusammentaten und sich von diesen kaum unterschieden. Die Reiseführer des vergangenen Jahrhunderts – wie zum Beispiel das monumentale Werk des Baron Amand von Schweiger-Lerchenfeld – sprechen von einem Dschungel von Menschen aller Art und Rasse, Türken und Kaukasiern, Zigeunern und Negern, Bulgaren und Walachen, Russen und Serben, Seeleuten aus aller Welt, Abenteurern, Delinquenten, Vertriebenen: »Mordtaten waren an der Tagesordnung.« Nach dem Krimkrieg gelangten die von Seuchen dezimierten Nogaier und Tscherkessen hierher, die nach Bulgarien wollten.

Heute ist das Delta, in dem ungefähr 25 000 oder 30 000 Menschen

leben, vor allem die Heimat der Lippowaner, der Fischer mit den langen Patriarchenbärten, die im 18. Jahrhundert aus religiösen Gründen Rußland hatten verlassen müssen und hierhergekommen waren. Die Altgläubigen, Anhänger des Mönches Philipp, hatten sich von der Moldau in die Bukowina geflüchtet; sie lehnten Priesterschaft, Sakramente, Ehe und Militärdienste ab, sie weigerten sich insbesondere, auf den Zaren zu schwören und für ihn zu beten, während sie als höchste Buße den freiwilligen Tod auf dem Scheiterhaufen oder durch Fasten ansahen. In der österreichischen Bukowina gewährte ihnen Joseph II. Freiheit der Religionsausübung und Befreiung vom Militärdienst; der aufgeklärte Kaiser verachtete wahrscheinlich die Prinzipien, die ihnen verboten, irgendeine Medizin zu nehmen, doch schätzte er sicherlich ihre arbeitsame und gesetzestreue Sanftmut und insbesondere ihren praktischen Einfallsreichtum, dank dessen sie sich als technisch hochqualifizierte Handwerker und Bauern erwiesen. Um die Mitte des 19. Jahrhunderts akzeptierten viele Lippowaner wieder die Hierarchie und hielten die Messe entsprechend der alten Liturgie ab, und gegen Ende des Jahrhunderts konvertierten einige von ihnen zur griechisch-orthodoxen Kirche.

Heutzutage sind die Lippowaner im Delta Fischer, doch üben sie auch anderswo, in den rumänischen Industrieunternehmen, die verschiedensten Berufe aus. Sie sind gleichwohl weiterhin das Volk des Flusses, sie leben im Wasser wie die Delphine oder andere Meeressäugetiere. Ihre schwarzen Boote am Strand ähneln Tieren, die am Ufer und in der Sonne ruhen, Seehunde, die bereit sind, bei dem geringsten Signal unterzutauchen und in den Wellen zu verschwinden. Über dem Wasser stehen ihre Häuser aus Holz, Schlamm und Stroh, mit Schilfrohr bedeckt, ihre Friedhöfe mit den blauen Kerzen, die Schulen, zu denen die Kinder in Kanus gelangen. Die Farben der Lippowaner sind Schwarz und Blau, klar und sanft wie die Augen von Nikolai unter seinen blonden Haaren. Während das Schiff an ihren Häusern vorbeifährt, zeigen sich die Leute gastfreundlich und fröhlich, sie grüßen und geben Zeichen, man möge anhalten und bei ihnen einkehren; mit wenigen Paddelschlägen ist jemand herangekommen, liegt Seite an Seite mit unserem Schiff und bietet uns im Tausch gegen Rakia ganz frischen Fisch an.

Es gibt keine Grenze zwischen Erde und Wasser, die Straßen, die in den Dörfern von einem Haus zum anderen führen, sind bald Feld-

wege, mit Gras überwachsen, bald Kanäle, in denen Binsen und Seerosen schaukeln; Fluß und Land vermischen sich, gehen ineinander über, die mit Schilfrohr bedeckten *plaur* schaukeln wie flußabwärtstreibende Bäume oder sind wie Inseln im Grund verankert, und es gibt unter den Kuppeln seiner Kirchen auch ein Venedig des Deltas, die Stadt Valcov.

Zaharia Haralambie in der Nähe von Meile 23 am alten, doppelt gewundenen Lauf der Donau, in der Nähe des Kanals, der nach Sulina führt, ist Wildhüter im Reservat der Pelikane; sein ganzes Leben hört er ihre Schreie, ihr Flügelschlagen. Wie die anderen Lippowaner hat er ein offenes und freimütiges Gesicht, eine Unschuld ohne Furcht. Die Kinder, die uns zuhauf umringen, kaum daß wir das Schiff verlassen haben, tauchen im Fluß unter und trinken sein Wasser, sie spielen Fangen, ohne zwischen Wasser und Festland zu unterscheiden. Die Frauen sind gesprächig, liebenswürdig, neigen zu einer unbefangenen Vertraulichkeit, die Cisek in seinem Roman zu anregenden amourösen Phantasien verführt. Das Delta ist die Hingabe des Fließens, das flüssige Universum, das löst und befreit, Blätter, die sich von der Strömung treiben lassen.

Wo endet die Donau? In diesem unaufhörlichen Enden gibt es kein Ende, es gibt nur den Infinitiv Präsens dieses Zeitworts. Die Seitenarme des Flusses gehen ihre eigenen Wege, emanzipieren sich von der gebieterischen Einheitlichkeit und Identität, sterben, wenn es ihnen gutdünkt, der eine etwas eher, der andere etwas später, wie das Herz, die Nägel und die Haare, die der Totenschein von dem Versprechen wechselseitiger Treue entbindet. Der Philosoph geriete in Schwierigkeiten, wenn er in diesem Gewirr mit dem Finger die Donau bezeichnen wollte, seine Ostension würde zu einer unbestimmten, vage ökumenischen kreisförmigen Geste, denn die Donau ist überall, und auch ihr Ende existiert in jedem einzelnen der 4300 Quadratkilometer des Deltas.

Büsching erwähnt sieben Mündungen wie der alte Ammianus, Kleemann zählt 1764 wie Herodot und Strabon fünf, Sigmund von Birken nennt ihre Namen, wie er sie bei Plinius gefunden hat: Hierostomum oder heilige Mündung, Narcostomum oder träge Mündung, Kalostomum oder schöne Mündung, die falsche Mündung, Pseudostomum, Boreostomum oder Nordmündung, Stenostomum und Spirostonum, die enge und die geschlängelte Mündung.

Es gibt drei offizielle Flußarme, die von Tulcea ausgehen: derjenige von Chilia im Norden, der seinerseits über fünfundvierzig Mündungen im Gebiet der Sowjetunion ins Meer strömt und zwei Drittel des Wassers und des Gerölls mit sich führt; der mittlere von Sulina, der sich dank der zwischen 1880 und 1902 hergestellten Kanalisierung direkt ins Schwarze Meer ergießt, die Schiffahrt dadurch erleichtert und den Verlauf auf symbolische Weise entschieden und gradlinig geraten läßt; und jener von Sfîntu Gheorghe im Süden, schlangenförmig gewunden, dem die Donau ihre von den Handbüchern kanonisierte Länge verdankt. Streng genommen gibt es noch einen vierten, den Dunavăţ-Kanal, der sich vom vorhergehenden abtrennt und, indem er sich nach Südost zurückwendet, in den großen Razinsee fließt, wie übrigens auch der Dranov-Kanal, der von demselben Arm abführt.

Um die Mündung festzulegen, ist es sicherlich geboten, sich nicht wie um die Quellen ungebührlich in die Haare zu geraten, sondern vielmehr jeden, Mensch, Fluß oder Tier, in Frieden sterben zu lassen, ohne ihn weiter zu fragen, wie er heiße. So ist es vielleicht erlaubt, sich allein aufgrund des Namens für die eine oder die andere Donaumündung zu entscheiden und aus Neigung zu einem weitschweifigen trägen Schluß den Narcostomum zu bevorzugen oder angesichts dieses Durcheinanders von Karten Sympathien für die falsche Mündung zu bekunden, den Pseudostomum, der gewiß noch ein As im Ärmel verborgen hält; Kohärenz und Zauber müßten mich eigentlich dazu bewegen, der heiligen Mündung den Vorzug zu geben, da sich nach Sigmund von Birken in ihrer Nähe eine Stadt erhob, die in der Antike Istropolis genannt wurde.

Die Konfusion nimmt tatsächlich überhand, wie bei alten Leuten, die Namen und Daten durcheinanderbringen, sich um Jahrzehnte vertun und Lebende mit Verstorbenen verwechseln. Die Wahl kann daher nur konventionell und willkürlich ausfallen, wie es der Epoche des vollendeten Nihilismus zukommt; wenn es keine Wahrheit gibt, kann man das Kriterium, mit dem man arbeiten will, beliebig festlegen wie die Regeln des Schachspiels oder die Verkehrszeichen. Die gerade Linie, die nach Sulina führt, entspricht dem Dezisionismus, und im übrigen reizt die effiziente Schiffbarkeit, die dank der Kanalisierung erreicht worden ist, jeden Liebhaber der »Regulation«. Es versteht sich also, daß die Donau bei Sulina aufhört.

15.

In t'el mar grando

Die Kunst, das Zeichensystem par excellence, ermutigt zu der Entscheidung zugunsten Sulinas. An den Ufern der domestizierten Donau, die langsam und in aller Ruhe dem Ende zufließt, knien Frauen im Wasser, um Teppiche zu waschen, oder hängen diese zum Trocknen auf. Rostige Schiffe schaukeln auf den Wellen, deuten noch die Bewegung, den Betrieb eines geschäftigen Hafens an, doch die Stadt schlummert wie ein abgetakelter Kahn, läßt den Müßiggang eines apathischen, sich in die Länge ziehenden Krankenhausaufenthalts erkennen, an dessen Grund sich niemand mehr richtig zu erinnern vermag. In den Läden und Kaufhäusern gibt es fast nichts, etwas Speck und Lebensmittel in Dosen; auch auf dem Markt sind die Stände leer, während ein massenhaftes Angebot von Radieschen den Überfluß parodieren zu wollen scheint.

Eine farblose Modernisierung, die auf halbem Weg stehengeblieben ist, hat das alte türkische Städtchen aufgerieben, hat es zerbröckelt und in staubige Straßen, Bauschutt und einzelne Bäume aufgelöst; die Schalter des Hafenbüros, das für den Passagierverkehr entlang des Flusses zuständig ist, sind geschlossen, und eine kleine, unentschlossene Menge formiert sich andeutungsweise zu einer Schlange, ohne daß jemand wüßte, ob und wann man Fahrkarten kaufen kann. Einige Soldaten, die nur Teile ihrer Uniform anhaben, sind mit irgendeiner undefinierbaren Arbeit beschäftigt. Im Gasthof Farul gibt es etwas zu knabbern, doch um zu trinken muß man sich in den Hof setzen, wo es wiederum nicht möglich ist, etwas zu essen zu bekommen.

Sulina bietet ein Bild der Leere, der Verlassenheit, ein Filmstudio, in dem schon lange keine Aufnahmen mehr gedreht werden; das gesamte Team ist fortgegangen und hat die Requisiten, Kostüme und Kulissen, die nicht mehr gebraucht werden, hier zurückgelassen. Der Jurist Constantin Frantz, ein Gegner Bismarcks und Befürworter eines mitteleuropäischen Vielvölkerbundes, in dem das deutsche Element eine einigende, aber keine vorherrschende Funktion haben sollte, erträumte eine Donau-Föderation, die – buchstäblich – auch die Mündungen umfassen würde, das Delta, auch diesen Leuchtturm von Sulina, der den Übergang des Flusses in das Meer mar-

kiert. All dies ist längst den Fluß hinuntergegangen, antwortet mir sein Klatschen und Schwappen. Der Film, der bereits gedreht worden ist, ist der des alten Donau-Europas, irgendeine Liebesgeschichte vor dem Hintergrund diplomatischer Intrigen und der Eleganz der Belle Époque, angesiedelt im Milieu der *Commission Européenne du Danube*, die unter Einhaltung unauffälliger Vorsichtsmaßnahmen und nicht zuletzt mit Hilfe der in der Politik des 19. Jahrhunderts üblichen amourösen Verbindungen die Arbeiten zur Regulierung und Erweiterung des Hafens von Sulina durchführte.

Ebendiese Geschichte hat Sulina entleert, hat dabei ein paar türkische Häuser zurückgelassen, den Leuchtturm, der mit Hilfe der von den anlegenden Schiffen erhobenen Steuern erbaut wurde, einige jugendstilähnliche Fassaden. Heute gelangt nach Sulina der von der Donau mitgeführte Schutt. In seinem Roman *Europolis* von 1933 sieht dort Jean Bart alias Eugen P. Botez auch menschliche Schicksale wie Überreste aus einem Schiffbruch stranden; die Stadt lebt, wie ihr imaginärer Name zum Ausdruck bringt, noch in jener Atmosphäre von Reichtum und Glanz, ist ein Hafen, an dem bedeutende Wasserwege zusammentreffen, ein Ort, wo Menschen aus fernen Ländern zusammenkommen, wo man Reichtümer erträumt, sucht, zu finden glaubt und sich ihrer bedient, wo man sie vor allem aber verliert.

In dem Roman ist die griechische Kolonie mit ihren zahlreichen Cafés der Hintergrund dieser niedergehenden Blüte, die die Donau-Kommission – zumindest andeutungsweise – um politisch-diplomatische Würden bereichert hat. Das Buch ist gleichwohl ein Buch der Illusion, der Dekadenz, des Betrugs und der Einsamkeit, des Unglücks und des Todes; eine Symphonie des Endes, während der sich die Stadt, die sich als kleine europäische Metropole gebärdet, in ein verkommenes Hafenviertel, in eine verlassene Reede verwandelt.

Ich gehe zum Meer, neugierig darauf, die Mündung zu sehen, möchte die Hand und den Fuß in das Mischwasser tauchen oder die Unterbrechung des Kontinuums berühren, den hypothetischen Punkt der Auflösung. Der Staub wird zu Sand, das Land ist bereits Düne, die Schuhe versinken in Pfützen, die vielleicht ebenfalls Mündungen sind, kleine schiefe Münder, welche die Donau aufsaugen. Im Hintergrund sieht man das Meer. Zwischen verlassenen Baustellen, Schutt von Straßenarbeiten, zwischen Erikagestrüpp und Teer-

geruch reihen sich auf dem stoppeligen Heideland zahlreiche Friedhöfe aneinander – der Orthodoxen, der Türken, der Juden, der Altgläubigen in unmittelbarer Nachbarschaft. Simon Brunstein war an jenem 17. Mai 1924, nach dem für ihn kein weiterer Tag mehr folgen sollte, 67 Jahre alt; ein ganzer Wald von Gitterstäben, die in der Erde stecken wie aufgerichtete Lanzen, bewacht ein namenloses türkisches Grab. Eine Stelle erinnert an Kapitän David Baird, der 1876 sechsundvierzigjährig in Sulina ertrunken ist; Margaret Ann Pringle war am 21. Mai 1868 dreiundzwanzig Jahre alt, sie liegt neben William Webster begraben, Erster Offizier der *Adalia*, der ums Leben kam, als er sie aus dem Wasser zu retten versuchte.

Margaret und William also wie Paul und Virginie, Hero und Leander, Senta und der Fliegende Holländer oder andere Figuren des Märchens, welches die Liebe, das Meer und den Tod verbindet? Jeder Friedhof ist ein unerschöpfliches Epos, das sämtliche möglichen Romane andeutet und hervorbringt. Ein kleines Stück dieser sandigen Parzelle mißbräuchlich einzäunen und hier all die Schilder und Hinweistafeln der Bierlokale, Restaurants und Cafés einpflanzen, die ich schließen gesehen habe, wobei ich jedesmal umquartiert wurde, so als wäre nichts; eine gute Buchhaltung jedenfalls ist eine Absicherung, vermittelt die Illusion, die Verluste einzudämmen und ihrer Herr zu werden, sie überführt das Pathos des Trauermarsches in die gelassene Prosa der Registratur.

In der noch hochstehenden Nachmittagssonne fliegen zahlreiche Möwen und Reiher, viele Reiher, stoßen laute, heisere, monotone Schreie aus; fette, behaarte Schweine wühlen mit dem Rüssel im Schlamm, von Zeit zu Zeit lassen die Schatten, die sich verlängern und sich zwischen den Dünen brechen, sie für einen Augenblick riesenhaft erscheinen. Der Strand ist groß, die Gestalten sind abstrakte Umrisse, ein paar ausgediente Radarschirme liegen auf dem Sand wie Schiffswracks oder riesige Vögel, die alten Kraniche mit gelbem und rostbraunem Gefieder, welche die Meister des Tao in ihre Himmel tragen. Das Meer ist trüb und ölig, riecht nach Benzin und birgt die schon gewohnte und vorhersehbare Verschmutzung, man bemerkt nichts von jenem Übergang, jener Linie, entlang deren laut Ammianus die vom offenen Meer kommenden Fische gegen die unüberwindliche Welle der Donau anschwimmen, und noch viel weniger läßt sich jene Flußströmung entdecken, die – den Worten Salomon Schweigers zufolge – mit ihrem klaren Wasser in das

Schwarze Meer hineinfließt und es geradewegs und ohne sich zu mischen durchquert, um zwei Tage später noch vollkommen rein und trinkbar in Konstantinopel anzukommen.

Die Luft ist drückend, ich habe Durst, jemand ruft mir irgend etwas von weitem zu, das ich nicht verstehe; die Schweine wühlen und grunzen noch immer um die großen Eisenvögel herum, die Donau ist die große Pfütze, in die sie ihre Schnauze stecken, und nirgendwo fließt jenes klare Wasser ins Meer, von dem das alte Buch spricht – ob unsere Fahrt im Nichts ein Ende nimmt, fragt eine Gedichtzeile von Arghezi. Der Horizont ist unermeßlich und grau, eine durchbrochene Mauer von ungeheurer Höhe, die Sonne durchstößt das Meer mit weißen Lanzen, der Rand einer Wolke senkt sich, gleitet herab, ihre Wimpern, wenn sie die Augen schließt, wären wir nicht in einem umständlichen Land des Ostens, könnte ich sie anrufen von irgendeiner Bar am Strand aus, das Delta, heißt es in den Reiseführern, ist ein Kreuzungspunkt von Vögelzügen, sechs Richtungen im Frühling und fünf im Herbst, und wenn es einem gelänge, die Geschichte, die vollständige Flugbahn auch nur eines einzigen dieser wandernden Vögel zu verfolgen, wie Buffon es sich seinerzeit wünschte, so wüßte man alles, platonische Sehnsucht, Eros der Ferne; nach Stephanos von Byzanz und Eustathios nannten die Skythen den unteren Verlauf der Donau Matoas, Fluß der Glückseligkeit; die Möwen und Reiher stoßen ihre Schreie aus, eines der Schweine hat mit seinen Hauern ein Grasbüschel ausgerissen, zerkaut und zerteilt es, betrachtet mich, ganz aus der Nähe, mit stumpfen, grausamen Augen.

Es gibt keine Mündung, die Donau sieht man nicht, es ist nicht einmal gesagt, daß diese schlammigen Rinnsale zwischen Binsenrohr und Sand wirklich aus Furtwangen stammen und die Margaretheninsel umspült haben. Und doch, eine Mündung, irgendeine der vielen, unzähligen, darf zur Regulation eines eigensinnigen Donautagebuchs nicht fehlen; ich suche sie, wie man einen Schlüssel sucht, nach einem Wort, das auf der Zunge liegt, einer fehlenden Seite, man kramt in den Taschen und Schubladen, auf dem Paß fehlt der Stempel, und ohne Stempel kann man nicht ausreisen, kein Steamer balançant ta mâture, kein Hochseeschiff mit großer Takelage, kein Matrosengesang im Herzen.

Stauungen und Blockierungen gehören naturgemäß auch zur Welt des Papiers, zum Amtsschimmel und zu jedem Behördenweg: ein Überlaufen, das aber dann jedesmal aus unerfindlichen Gründen

nachläßt, so daß alles wieder in den rechten Bahnen verläuft. Der Irrtum war einfach der, die Mündung hier zu suchen, im offenen und unbestimmten Raum der Dünen und des Strandes, zwischen Horizont und Meer, wohin man unwillkürlich den sich verströmenden und verlierenden Wasserläufen gefolgt ist. Man wird zurückkehren müssen; ein freundlicher, nachlässig gekleideter Soldat, den ich, während er mit dem Fahrrad zwischen den Pfützen hindurchsteuert, anhalte und frage, weist in die Richtung, wo die Donau ins Meer fließt, seine Handbewegung ähnelt der Geste des blassen zarten Psychagogen Tadzio-Hermes, wie er auf einen fernen Punkt in der Unendlichkeit, in der Unermeßlichkeit des Meeres hindeutet, wo jede empirische Endlichkeit sich auflöst; doch das, wohin der hemdsärmlige Soldat lächelnd zeigt, indem er den Arm ausstreckt, ist der Eingang zum Hafen, die Wachstube, wo der diensthabende Posten hinter einer Schranke, deren Anstrich abgebröckelt ist, die Eintretenden kontrolliert und sich die Durchgangserlaubnis zeigen läßt.

Die Donau, die gebührend kanalisiert ist, mündet im Hafenbereich, der den dort Arbeitenden vorbehalten ist, verliert sich unter Aufsicht des Hafenamtes ins Meer. Der Zugang zum Ende erfordert eine besondere Genehmigung, einen Passierschein; doch die Kontrolleure sind Menschen von Welt, sie begreifen nicht genau, was der Ausländer hier will, aber sie begreifen, daß er harmlos ist, und erlauben ihm einen Spaziergang, damit er seinen Blick auf das Nichts werfen kann, das es da zu sehen gibt, einen Kanal, der ins Meer fließt, umgeben von Schiffen, Winden, Trägerbalken, einer Unmenge von Kisten und Kästen auf den Molen, Stempel auf Postpaketen, Sichtvermerke der Zollabfertigung.

Das also wäre alles? Nach einem dreitausendkilometerlangen Film erhebt man sich und verläßt für einen Moment den Saal, sucht nach dem Popcorn-Verkäufer und nimmt zerstreut den Hinterausgang. Es sind wenige Leute da, alle haben Eile, der Hafen leert sich. Doch der Kanal fließt leicht und ruhig und sicher ins Meer, ist nicht mehr Kanal, Grenze, Regulation, sondern ein Fließen, das sich öffnet und sich den Wassern und den Ozeanen diese Erdballs hingibt und den Geschöpfen ihrer Tiefen. Mach, daß mein Tod, Herr, heißt es in einem Vers von Marin, sei wie das Fließen eines Stroms in t'el mar grando, in das große Meer.

Inhalt

Eine Frage der Traufe

Die universale Donau des Ingenieurs Neweklowsky

In der Wachau

Café Central

Burgen und Drevenice

Pannonien

Großmutter Anka

Eine ungewisse Kartographie

Matoas

DDR
BRD
TSCHECHOSLOWAKEI
ÖSTERREICH
ITALIEN
JUGOSLAWIEN
Adria
Donau
Brigach
Breg
Furtwangen
Donaueschingen
Immendingen
Meßkirch
Sigmaringen
Ulm
Günzburg
Lauingen
Dillingen
Neuburg
Ingolstadt
Kelheim
Regensburg
Straubing
Passau
Vilshofen
Linz
Sankt Florian
Mauthausen
Grein
Artstetten
Stein
Krems
Tulln
Kierling
Wien
Eckhartsau
Carnuntum
Eisenstadt
Sopron
Pezinok
Bratislava (Preßburg)
Masonmagyaróvár
Győr
Komárom
Esztergom
Szentendr
Trenčin
Oravasky
Pécs
Mohács